아함경 11

출가의 길과 세간생활의 도

학담평석 아함경 **11**

승보장 5 속박의 집을 나와 해탈의 길로
승보장 6 해탈의 길, 정토의 세상

한길사

Āgama-Sūtra

by. Hakdam

Published by Hangilsa Publising. Co., Ltd., Korea, 2014

학담 아함경의 구성

승보장 僧寶章 5
속박의 집을 나와 해탈의 길로

승보장 僧寶章 6

해탈의 길, 정토의 세상

제7부 세간 생활의 도와 재가수행자의 길

일러두기

1. 번역 대본 및 참고한 주요 불전과 문헌은 다음과 같다.
   - 북전 산스크리트어의 한역(漢譯) 네 아함을 번역 대본으로 삼고, 필요한 경우 그에 해당하는 남전 팔리어 니카야를 번역해 함께 수록했다. 그 가운데 상윳타니카야(Saṃyutta-nikāya, 상응부경전)와 마즈히마니카야(Majjhima-nikāya, 중부경전)는 보디(Bodhi) 비구의 영역본을 기본으로 해서 일어역 『남전장경』(南傳藏經)을 참조했다. 또한 동국역경원 한글 번역본을 초역에 참고했다.
   - 비나야(vinaya, 律)로는 동아시아 불교 율종(律宗)의 토대가 된 『사분율』(四分律)의 주요 내용을 뽑아 실었다.
   - 천태지의선사(天台智顗禪師)의 교관(教觀)을 경전 해석의 기본 틀로 삼아 천태선사의 저술 『마하지관』(摩訶止觀)·『법계차제초문』(法界次第初門) 가운데 많은 법문을 번역해 실었다.
   - 그밖에 참고한 다양한 불전 및 문헌들은 제12책(아함경 독해의 길잡이) 끝에 자세히 실었다.
2. 네 아함의 한문 경전은 직역을 원칙으로 했으며 자연스러운 우리말을 풍부히 살렸다. 특히, 게송은 뜻을 살리면서 운율의 맛이 느껴지게 했다.
3. 기존 한역 네 아함과 남전 다섯 니카야의 불전 체계를 귀명장·불보장·법보장·승보장 삼보(三寶)의 새로운 틀로 재구성했다. 전12책 20권의 편제다.
4. 해제, 이끄는 글, 해설에서 모든 경을 대승 교설과 회통하여 깊고 명쾌하게 평석했다. 부·장·절 그리고 각 경에 제목을 붙여 내용의 이해를 도왔다.
5. 지명·인명·용어 등은 산스크리트어 표기를 원칙으로 하되 이미 익숙해

진 발음은 아래처럼 예외를 두었다.

• 붓다는 산스크리트어 Buddha의 어원을 나타내기 위해 '붇다'로 표기한다. 싣단타(siddhānta)와 데바닫타(Devadatta)의 경우도 마찬가지이다.

• 산스크리트어 표기는 묵음화된 현대 발음을 쓰지 않고 고대 한자어로 음사한 음을 따라 쓴다. 예를 들어 Veda는 웨다로 쓰지 않고 베다로 쓴다. 산스크리트어 비파스야나(vipaśyanā)는 위파사나로 하는 이들이 있지만, 우리말에 익숙해진 비파사나로 쓴다.

• ⟨ś⟩의 발음은 ⟨śari⟩처럼 뒤에 모음이 오면 '사리(스)', ⟨Śrāvastī⟩처럼 뒤에 자음이 오면 '슈라바스티(슈)', ⟨Aśvajit⟩처럼 단어 중간에 모음 없이 오면 '아쓰바짓(쓰)'으로 표기한다.

• 팔리어 인·지명만 남아 있을 경우 '巴'로 팔리어임을 표시했다.

• 산스크리트어의 원래 발음을 찾지 못한 한자 음사어는 우리말 한자음과 현대 중국어 발음을 참고해서 원어에 가깝게 표기하고 한자어를 병기한다.

• 산스크리트어 빅슈(bhikṣu)·빅슈니(bhikṣuṇī)는 팔리어 비구(bhikkhu)·비구니(bhikkhunī)로 쓴다. 산스크리트어 슈라마네라(śrāmaṇera)·슈라마네리카(śrāmaṇerikā)도 사미·사미니로 쓴다. 산스크리트어로 슈라마나(śramaṇa), 팔리어로 사마나(samaṇa)는 사문(沙門)으로 쓴다.

• 용수(龍樹)-나가르주나(Nāgārjuna), 마명(馬鳴)-아쓰바고샤(Aśvaghoṣa), 세친(世親)-바수반두(Vasubandhu) 등 일부 인명은 익숙한 한자음 표기를 혼용한다.

6. 경전명·저술명은 가급적 한자어로 표기한다.『중론』·『성유식론』·『기신론』·『대지도론』·『열반경』·『화엄경』등.

7. 불(佛)·법(法)·승(僧)은 어원에 따라 붇다·다르마·상가로 쓴다.

8. " " - 직접인용 및 대화　　　' '-" " 속의 인용과 대화 및 어구 강조
　⟨ ⟩ - ' ' 속의 인용과 대화　　　「 」- 경전(품)·논문·단편
　『 』 - 경전·불전·책(빈번히 언급되는 남·북전 아함경은 생략)
　[ ] - 병기 한자어 및 원어 독음이 다를 때

속박의 집을 나와 해탈의 길로

제6부

출가수행자의 도

지혜의 흐름에 들어가면
도를 보는 지위가 이루어지고
도를 본 뒤 믿음 따르는 행·지혜로 법을
따르는 행·선정을 몸으로 증득함이 있고,
이 믿음과 지혜와 선정은 아라한의
지위에 가서야 완성된다.
이러한 단계론적 수행주의는, 처음 끊어야
할 중생의 미혹과 의심과 탐욕의 연기가
없지 않음에 실천의 뿌리를 두고,
그 '번뇌의 일어나 있음'을 수행을 통해
덜어가고 없애가는 과정을
단계론적으로 표현한 것이다.

해탈의 도, 해탈의 과덕

1. 연기법에서 해탈의 인과

1) 연기법에서 니르바나의 뜻

붇다의 깨달음은 인간의 언어[言辭], 세간의 언어[俗諦]로 말해지고, 문자로 표시되어 세간 사람들에게 읽히게 되면, 역사 속에 이미 형성된 구체적인 언어의 개념을 통해 설명할 수밖에 없다.

연기의 진리는 만들어지고 조작된 법이 아니지만, 그것을 가르치는 언어는 기성 철학의 언어, 세간의 언어를 빌려 기술할 수밖에 없다.

붇다는 브라흐만에 의한 세계의 전변을 반대하며 새롭게 일어났던 사문들[新興沙門] 가운데 한 분이었다. 사문들의 언어는 대개 일원론적 신성의 세계전변을 부정하는 다원적 언어를 통해 표현된다. 붇다 또한 연기론의 교설을 일원론적 신의 철학의 대치점에 서 있던 사문들의 다원적 언어를 통해 피력할 수밖에 없었다.

그러나 붇다의 세계관과 실천관은 기성 다원주의적 철학에서 실체적 요소들의 쌓임에 의해 존재의 생성을 말하는 세계관[積聚說]도 넘어서므로, 붇다의 교설에서 다원주의 철학의 언어와 닮은 갖가지 표현들도 늘 연기적 세계관[緣起論]에 입각해서 읽어야 한다.

보기를 들어 살펴보자. 존재의 연기성을 해명하는 데 붇다는 존재를 물질[色] · 느낌[受] · 모습 취함[想] · 지어감[行] · 앎[識]의 다섯 법에 의해 일어난 존재로 보고 그것을 다섯 가지 쌓임[五蘊, pañca-skandha]의 교설로 설명한다. 그러나 다섯 쌓임은 원자적 요소의 모임이 아니라, 물질도 느낌 · 앎을 떠나지 않은 물질이므로 공하고, 느낌과 얇도 물질을 떠나지 않고 연기한 것이므로 공하다.

붇다의 연기법은 어떤 '있음'[有]을 들어보여도 그 있음은 늘 이처럼 연기적이므로 '있되 실로 있지 않은 것'[有而非有]이며, 다른 조건이 되는 법의 있음과 더불어 있는 것[緣成故有]이다.

실천법에서도 마찬가지다.

붇다는 기존의 생활방식과 기성 철학의 세계관에 젖은 사람들을 교화할 때, 맨 처음 계[戒, śīla]를 논하고 보시[施, dāna]를 논하고 하늘에 태어남[生天]을 논하셨다. 그런 다음 탐욕은 깨끗하지 않다는 생각[欲不淨想]을 심어주고, 번뇌의 집을 나오는 것이 해탈의 요점이 된다[出家爲要]는 것을 가르치신다.

여기서 계란 특정 교단의 틀에 갇힌 율법의 뜻이 아니고 구체적 행위 속에서 삶의 진실에 맞지 않는 온갖 악행을 그치고 진실 그대로의 착함을 짓는 것이 해탈의 토대가 됨을 가르치신 것이다.

그 다음 보시를 논하는 것은 나[我]와 내 것[我所]이 실로 있는 것이 아니므로 내 것을 내 것으로 붙들지 말고 늘 가진 것을 나누고 베풀도록 가르치심이다.

'하늘에 남'[生天] 또한 마찬가지다. 브라마나(brāhmaṇa)들은 불로 브라흐만(Brahman)을 섬기거나, 물로 몸을 정화하고 베다(Veda)가 정한 율법을 지킴으로써, 절대자 브라흐만의 형상적 권화(權化)인 브라흐마하늘왕[梵天王]의 하늘 브라흐만의 집[梵室]에 가서 난다고 말한다.

절대신성의 존재를 부정하는 다른 바깥길 사문들은 고행을 통한 정신의 단련으로 욕계하늘·색계하늘로 높이 올라갈 수 있다고 말한다.

붇다는 계와 보시의 실천을 통해 지금 있는 것에 물들고 닫히지 않는 바른 생활을 할 때 미래의 보다 나은 풍요와 안락의 삶이 보장되는 것을 '하늘에 남'으로 가르치신다.

연기법에서 지금 있는 것이 '실로 있지 않음'[實非有]을 통찰하지 못하는 어리석음의 구체적인 발현은 탐욕의 생활이다. 그래서 붇다는 하늘에 나기 위해서는 탐욕을 떠나야 하므로 그 다음 '탐욕은 깨끗하지 않다는 생각'을 가르치신다.

그리고 탐욕과 속박의 삶은 있음을 실로 있음으로 붇들어 실로 있음에 갇힌 생활이므로, '모든 존재의 묶임'[諸有結]에서 해탈하지 못하는 중생에게 '탐욕의 집을 벗어나는 것'[出家]이 해탈의 요점[出要]이 된다고 가르치신다.

이렇게 중생의 탐욕을 꾸짖은 다음, 경은 늘 모든 붇다들이 설하신 항상한 법인 사제법(四諦法)을 설했다고 말하고 있으니, 사제법은 연기론에서 해탈의 길을 보인 가르침이다.

사제법에서 고통과 해탈은 인과적 과정 속에 있는 고통과 해탈이다. 고통은 연기된 것이므로 해탈될 수 있는 고통인 것이니 고통을 무너뜨릴 수 없는 것으로 보아서는 안 되고, 해탈 또한 이르러야 할 실체적인 지점으로 이해되어서는 안 된다.

곧 사제법에서 고통은 집착과 탐욕의 삶에서 연기한 것이므로 공하고, 공하므로 고통은 본래 니르바나되어 있는 것[本寂滅]이다.

그러므로 해탈(解脫, mokṣa)의 다른 이름인 니르바나(nirvāṇa)는 수행을 통해서 얻는 어떤 곳이거나 영적 실체성이 아니라, 본래 니르바나되어 있는 현실의 진실을 새롭게 구현해 쓰는 활동이다.

그러므로 니르바나의 사라져 다함[滅盡]이란 사라져 다한 어떤 곳이 아니라, 연기의 진실을 잘못 이해하는 온갖 거짓과 헛것, 환상이 사라져 존재의 있음 아닌 있음의 진실이 온전히 드러나는 곳이니, 니르바나는 다시 보디(bodhi)로 기술되고 마음의 해탈[心解脫]·지혜의 해탈[慧解脫]로 기술되는 것이다.

보디는 온갖 환상과 망념이 사라진 진실의 발현이며, 해탈의 삶은 바로 그 보디의 작용이다. 그러므로 해탈은 존재의 실체적 닫힘의 소멸이고, 고통을 실체화하는 사유와 물들고 막힌 삶활동의 지양이자, 있되 공한 실상의 실현이고 발현이다.

해탈인 니르바나일 때 그 니르바나는 어떤 사라져 다한 곳에 들어가는 것이 아니라 해탈의 행인 계와 보시가 지음 없는 지음[無作之作]으로 드러나는 때이고, '하늘에 남'이라고 표현된 보다 나은 삶으로의 전진과 번영의 추구가 과정 아닌 과정으로 전환되는 때이다.

니르바나는 이처럼 여덟 가지 바른 길[八正道]로 기술된 실천 너머의 수행을 통해 얻는 사라져 다한 곳이 아니다. 여덟 가지 바른 길이 짓되 지음 없는 지음으로 전환되어 바른 선정·바른 지혜가 온전히 현전하는 때가 니르바나이니, 니르바나의 살아 움직이는 작용이 보디와 해탈인 것이다.

사제법에서 도제(道諦)는 니르바나[滅諦]를 구현하는 원인의 실천이고, 니르바나는 도제를 통해 구현되는 실천의 과덕이다.

연기법에서 결과는 원인을 통해 성취되지만, 원인 너머에 얻는 것이 아니라 원인과 결과가 서로 규정해서 이루어지는 공한 원인과 결과이다.

원인이 되는 실천행이 행함 없는 행함이 되면 그 원인은 본래 니르바나되어 있는 결과의 땅에서 일어나 온전히 결과를 싣고 있는 원인이 된다. 그러므로 하되 함이 없고 짓되 지음 없는 행이 현전하는 그 곳이 곧 니르바나다. 따라서 니르바나는 바로 중생의 닫히고 물든 행이 해탈의 행이 되는 곳일 뿐이다.

여덟 가지 바른 길, 일곱 갈래 깨달음 법 등 연기론적 실천법은 요약하면 계·정·혜(戒定慧)이다. 계법이 선정과 지혜의 바탕이 되나 다시 선정과 지혜가 하나된 생활이 계행이 되므로, 계·정·혜 세 가지 배움[三學]은 선정과 지혜로 요약된다.

선정은 사마타(śamatha)의 그침[止]이고 지혜는 비파사나(vipaśyanā)의 살핌[觀]이나, 연기법의 선정에서는 사마타의 고요함일 때 비파사나의 밝음이므로, 비파사나 없는 사마타 없고 사마타 없는 비파사나가 있을 수 없다.

사마타의 그침은 존재가 연기이므로 공하여 있되 있지 않음[有而空]에 상응한 실천이고, 비파사나의 살핌은 존재가 공하므로 연기하여 공하되 있음[空而有]에 상응한 실천이다.

실천과정[因行]에서 선정과 지혜, 사마타와 비파사나의 실천은 실천의 완성인 과덕(果德)에서는 니르바나와 보디로 기술된다.

실천과정에서 계행은 늘 선정과 지혜의 바탕이면서 다시 선정과 지혜가 하나된 해탈의 행이 된다.

이를 과덕에서 살펴보자. 해탈의 과덕으로서 니르바나는 보디인 니르바나이므로, 니르바나는 죽어 있는 고요함이 아니라 보디의 밝음과 하나된 고요함이다. 또한 과덕에서 보디와 니르바나의 하나됨은 프라티목샤(prātimokṣa)의 해탈의 행으로 발현되는 것이다.

그러므로 니르바나일 때 니르바나를 지향하는 보시와 파라미타의 모든 행은 니르바나 자체인 행으로 드러나는 것이니, 니르바나일 때 참으로 줌이 없이 주는 보시행이 드러나야 하고, 끊음 없이 악을 끊고 지음 없이 착함을 짓는 창조적 행위, 해탈의 행위가 늘 현전해야 하는 것이다.

2) 초기 불교 실천관의 실체론적 표현

붇다의 연기론의 교설도 역사 속에서 연기한 것이므로 붇다 또한 세간 중생의 일반적인 사고의 흐름과 일상언어의 풍조에 따라 연기법의 진리를 설파하지 않을 수 없다.

곧 말로 할 수 없는 연기의 진리를 세계실단(世界悉壇)의 인연을 따라 중생에게 말로 보인 것이 연기의 교설이므로, 연기법 또한 적취적 언어 실체론적 언어를 빌려서 표현되어지곤 한다.

연기법에서 세계는 행위와 동시에 주어지므로 공한 세계이다.

연기법에서 하늘에 남도, 더 높은 도덕적 행위의 실천을 통해 행위에 따르는 행복의 과보가 주어짐을 지금의 삶보다 나은 하늘세계에 태어남으로 보인 것이다.

다른 바깥길 사문들의 실천에서 하늘에 태어남은 정신의 단련을 통해 고양된 수준에 따라 욕계하늘 · 색계하늘 · 무색계하늘로 그 태어남이 높아진다.

붇다 또한 하늘에 남을 추구하는 세간의 풍조를 따라 선정을 더 높은 하늘에 비상함으로 표현한다.

탐욕의 마음이 가라앉음으로 첫째 선정의 하늘[初禪天]이 이루어진다고 말하고 나아가 물질의 탐욕이 다해 느끼는 선정의 기쁨, 선정의 고요함마저 집착하지 않음으로 사유의 청정이 이루어지는 것을 둘째 선정의 하늘[二禪天] · 셋째 선정의 하늘[三禪天] · 넷째 선정의 하늘[四禪天]을 얻는 것으로 표현한다.

선정의 청정한 사유가 내면 안에 닫힌 사유가 아니고 한량없는 자비의 마음이 되어야 함을, 색계선정 위의 네 가지 한량없는 마음으로 표현한다. 다시 선정이 주관과 객관 그 어디에도 머물러야 할 처소가 없되 공에도 머물지 않아야 함을 허공의 곳[虛空處], 앎의 곳[識處], 있는 바 없는 곳[無所有處], 생각 있음도 아니고 생각 없음도 아닌 곳[非想非非想處]의 선정으로 그 경계가 향상됨으로 보인다.

이처럼 붇다의 선정의 실천에서 네 가지 선정[四禪定]은 실체적인 색계하늘 세계에 태어나는 것이 아니고, 탐욕의 흐름[欲漏]이 다한 선정을 색계하늘의 네 가지 선정으로 표현하고, 존재의 흐름[有漏]이 다한 선정을 무색계의 네 가지 선정[四無色定]으로 표현한다.

무명의 흐름[無明漏]이 다해 있음과 없음의 집착이 끊어진 선정은 '느낌과 모습 취함이 사라진 선정'[滅受想禪定, nirodha-samādhi]으로 표현된다.

느낌과 모습 취함[受想]이 사라짐이란 느낌에서 느낌이 없고 모습 취함에서 모습 취함이 없는 것이다. 이는 알려지는 모습[色]에 모습 없고 아는 활동[名]에 앎 없음을 나타내니, 바로 다섯 쌓임[五蘊]이 본래 공함을 나타낸다.

이렇게 보면 하늘위에 올라감으로 표현된 실체론적 언어구조는 모습에 대한 탐욕이 사라져서 모습에 물듦이 다한 선정이 성취되고, 존재에 대한 집착이 사라짐으로 모습 없는 선정이 성취되며, 그 선정의 고요한 모습마저 지양되는 실천의 과정을 점차적 상승구조로 표현하고 있는 것이다.

집착할바 모습과 관념이 본래 공하므로 집착이 사라짐으로 성취되는 선정의 연기된 모습[禪定相]도 공한 것이니, 붇다는 차제적인 선정의 모습[次第禪相]을 통해 차제가 끊어지고 고요한 본래의 사마디[本三昧]를 보여주고 있는 것이다.

2. 아비다르마에서 사문의 네 가지 과덕 그 기본 내용

아함경에서는 여래의 법을 믿고 계와 선정과 지혜를 닦아 현성의 도에 들어간 수행자를, 네 가지 과덕[四果] 얻은 이나 네 가지 과덕에 향하는 이[四向]라고 표현한다.

경은 네 가지 과덕 얻은 이나 네 가지 과덕에 향하는 여덟 무리 현성[八輩賢聖]을 삼보로 공경받을 수 있는 여래의 상가라 하고, 네 가지 과덕을 사문의 네 과덕[沙門四果]이라 한다.

여기서 사문(沙門)은 출가·재가의 형식을 떠나 흔들림 없는 믿음의 땅에 서서 지혜의 흐름에 들고, 끝내 나고 죽음이 다함에 나아가는 수행자를 모두 포함하는 뜻으로 보아야 한다.

그러나 붇다 니르바나 이후 성문승(聲聞乘)을 최고의 이상적 수행자상으로 추앙하며 붇다께서 설한 법에 대한 논의[對法, abhidharma]에 치중했던 여러 논사들은, 네 가지 과덕을 출가한 수행자 중심의 실천과덕으로 해석한다.

또한 선정의 심화를 통해 성취한 네 가지 과덕의 세계를 수행을 통해 얻게 되는 수행자의 내면의 신비공간으로 이해하는 실체론의 오류를 범하게 된다.

존재론에서 붇다께서 여러 가지 법[dharma]을 시설한 것은 존재[我]가 법에 의해 연기함을 보이되, 법 자체도 공함[法空]을 보이기 위함이다.

그러나 아비다르마 논사들의 '법에 대한 논의'[abhidharma-kathā]는 곧 법을 존재를 내는 실체적 요인으로 이해하고 있으니, 존재론에서 법에 대한 그릇된 이해가 실천론에 적용된 것이 '네 가지 과덕'[果德]의 유아론적 해석이다.

사문의 네 가지 과덕에 대한 경전의 이야기 가운데 대표적인 것이 '색계의 하늘에 가서 다시 욕계에 돌아오지 않는다[anāgāmin, 不來]'고 하는 것이다. 이는 실로 색계에 가서 그곳에서 온전한 니르바나에 들고 사람 세상에 다시 돌아오지 않는다는 뜻이 아니라, 탐욕의 물든 땅을 벗어나 탐욕의 세계에 물들지 않는다는 뜻으로 보아야 한다.

한 번 저 하늘에 가서 다시 이곳에 온 뒤[一往來]에 니르바나를 향해 간다고 하는 말 또한 기존의 물든 생활, 그릇된 세계관에 한두 번 동요를 겪다가 연기법을 명확히 이해하고 체달하여 나고 죽음에서 해탈한다는 뜻으로 이해해야 한다.

'네 가지 과덕설'[四果說]의 해석을 아비다르마의 실체론적 견해로 살펴보고, 그에 대한 『금강경』(金剛經)의 구절로 다시 살펴보자.

수행자의 실천과덕에 관해서는 네 가지 향함[四向]과 네 가지 과덕[四果]의 지위가 설해져 있다.

네 가지 과덕은 스로타판나(srotāpanna)·사크리다가민(sakṛdāgāmin)·아나가민(anāgāmin)·아라한(arhat)의 네 지위다.

스로타판나는 '흐름에 들어감'[入流]이라고 옮겨지니, 무너짐이 없는 깨끗한 믿음을 얻어 지혜의 흐름에 들어감을 말한다.

이 지위에서 그릇된 견해의 묶음[見結], 삿된 계에 대한 집착[戒取

結], 의심의 묶음[疑結]이 끊어지는데, 일곱 번까지 사람과 하늘에 가고 오면[七往來] 깨달음에 향하게 된다고 말한다.

이는 비록 연기법에 믿음이 생겨도 탐욕의 세계와 탐욕이 사라진 세계 사이에 갈등과 동요가 없지 않으므로, 그 동요를 거치어 참된 지혜의 세계에 나아감을 뜻한다.

이미 지혜의 세계에 들어가면 연기법에 법의 눈[法眼]을 뜬 사람이다. 그러므로 사람과 하늘 사이에 실로 가고 옴[實往來]이 있다고 말하면, 지혜의 흐름[入流]에 들어 법의 눈을 뜬 것이 아니다.

사크리다가민(sakṛdāgāmin)은 '한 번 이곳에 와 태어남 받음'[一來]이라고 옮기니, 세 가지 묶음[三結]이 사라지고 어리석음이 사라져서 한 번만 탐욕의 세계에 와서 난 뒤 해탈의 세계로 가는 것을 말한다.

이는 진리에 대한 회의가 사라져 한두 번 삶의 동요를 거치고는 지혜의 세계로 힘있게 나아감을 말한다.

아나가민(anāgāmin)은 '오지 않는 자'[不來]라 옮긴다. 하늘에 태어나 다시 이 사람 세상에 오지 않는 이를 말하지만, 이는 다시 탐욕의 세계에 떨어짐이 없이 지혜의 바다로 나아감을 뜻한다.

아나가민을 다섯 가지 낮은 곳[五下分]의 번뇌 곧 욕계의 다섯 가지 번뇌인 탐냄·성냄·그릇된 견해·삿된 계에 대한 집착·의심의 묶음[欲界五結]을 끊은 자라고 한다.

아라한(arhat)은 '번뇌의 흐름이 다한 자'[漏盡], '응당 공양할 자'[應供]라고 옮기니, 탐욕과 존재에 대한 미혹이 다해서 마음의 해탈과 지혜의 해탈을 얻은 자이다.

이 네 가지 과덕을 말하면서 경에서는 믿음이 이루어져도 아직 탐욕과 미혹의 갈등이 다 그치지 않은 삶에 대해서, 지금 탐욕에 물든 사람 세상과 하늘세계에 가고 옴이 있다[往來]고 말하고, 미혹의 갈등과 동요가 그친 삶에 대해서 하늘에 가서 다시 오지 않음[不來]으로 표현하고 있다.

탐욕의 경계는 탐욕의 마음밖에 따로 없으니, 하늘에 가서 다시 이곳에 온다는 표현을 듣고 실로 하늘에 가고 사람 세상에 다시 돌아온다는 뜻으로 보아서는 안 된다.

『금강경』은 실천에서의 실체론적 집착을 깨기 위해, 공(空, śūnyatā)을 이해함[解空]에 으뜸인 수부티 존자를 붇다의 대화 상대로 등장시킨다.

『금강경』은 중생이 탐욕과 미혹의 흐름에 물들어 있는 현실을 상대해 지혜의 흐름에 들어감을 말하고, 탐욕의 때를 떠나 하늘에 가서 돌아오지 않는다고 말하지만, 중생의 탐욕과 탐욕의 경계가 본래 공하므로 그 뜻을 '실로 들어감이 있다'고 하거나 '가고 옴이 있다'고 하면 여래의 뜻이 아니라고 가르친다.

붇다는 수부티와 '수행자의 네 가지 과덕'에 대해 다음과 같이 문답하신다.

"수부티여, 어떻게 생각하느냐. 스로타판나는 '내가 스로타판나의 과덕을 얻었다'고 생각할 수 있겠는가."

"아닙니다, 세존이시여. 왜냐하면 스로타판나는 지혜의 흐름에 들어감[入流]을 말하지만 들어간 바가 없으니, 빛깔·소리·냄새·맛·닿음·법에 들어가지 않는 것을 스로타판나라 하기 때문입니다."

"수부티여, 어떻게 생각하느냐. 사크리다가민이 '내가 사크리다가민의 과덕을 얻었다'고 생각할 수 있겠는가."

"아닙니다, 세존이시여. 왜냐하면 사크리다가민은 한 번 갔다 옴[一往來]을 말하는데 실로는 가고 옴이 없음이 바로 사크리다가 민이기 때문입니다."

"수부티여, 어떻게 생각하느냐. 아나가민이 '내가 아나가민의 과덕을 얻었다'고 생각할 수 있겠는가."

"아닙니다, 세존이시여. 왜냐하면 아나가민은 '오지 않음'[不來]을 말하는데, 실로는 오지 않음이 없으므로 아나가민이라 하기 때문입니다."

"수부티여, 어떻게 생각하느냐. 아라한이 '내가 아라한의 도를 얻었다'고 생각할 수 있겠는가."

"아닙니다, 세존이시여. 왜냐하면 실로 아라한이라 할 법이 없기 때문입니다. 세존이시여, 아라한이 만약 '내가 아라한의 도를 얻었다'고 생각하면 곧 나[我, ātman]·사람[人, pudgala]·중생(衆生, sattva)·목숨[壽, jīva]에 집착하는 것입니다."

"세존이시여, 붇다께서는 '네가 다툼 없는 사마디를 얻은 사람들 가운데서 가장 으뜸이 되며 으뜸가는 욕심 여읜 아라한이다'라고 말씀하십니다. 그러나 저는 '내가 바로 욕심 여읜 아라한이다'라고 생각하지 않습니다.

세존이시여, 제가 만약 '나는 아라한의 도를 얻었다'라고 생각하면 세존께서는 '수부티는 아란야행을 좋아하는 자이다'라고 말씀하지 않으실 것입니다.

수부티가 실로 행하는 바가 없으므로 '수부티가 아란야행 좋아하는 이다'라고 하시는 것입니다."

위 경의 구절에 대해 천태선사(天台禪師)의 『금강경소』(金剛經疏)는 다음과 같이 풀이한다.

스로타판나란 여기 말로 하면 샘이 없는 지혜를 닦아 익혀 나고 죽음의 흐름을 거스르고 진리의 흐름에 들어감이다. 나고 죽음의 흐름을 거스름이란 빛깔 등 객관경계[色塵]에 들어가지 않음이 흐름을 거스르는 것[逆流]이다.

깊이 논함[至論]은 거스르는 것도 없고 들어가는 것도 없음을 살핌에 있다.

'빛깔 등에 들어가지 않는다'고 말하는 것에서 빛깔이란 곧 여섯 가지 경계[六塵]인데, 이는 과거의 무명(無明)이 불러일으킨 것이다. 무명이 실답지 않으니 불러일으킨 여섯 가지 경계가 어찌 실다움이 될 수 있겠는가. 이미 실다움이 아니니 어찌 있음과 없음으로 정할 수 있을 것인가.

예순두 가지 견해[六十二見]란 정할 것 없는 존재의 모습을 헤아리므로 지혜의 흐름에 들어가지 못함이라 말한다.

바다란 여러 가지 강의 흐름이 모여듦이 되고, 보디(bodhi)는 신묘하고 지극함의 연원이다. 남이 없음[無生]을 깨쳐야 반드시 근원을 다하게 되는 것이다. 진리[理]에는 어긋나고 따름이 없으니 어떤 들어감이 있겠는가.

어긋나고 따름이 없는 존재의 실상을 멀리하므로 여섯 가지 경계에 들어가게 되니, 객관경계의 실체성을 등지면[背塵] 곧 실상을 깨닫게 된다.

아래의 여러 과위(果位)들도 스로타판나와 같이 모두 그렇다.

사크리다가민(sakṛdagāmin)은 여기 말로는 엷은 미혹에 머묾[薄]이고 또한 한 번 갔다 옴[一往來]이다. 욕계의 아홉 가지[九品] 감성의 미혹[思惑]에서 이미 여섯 가지는 끊고 나머지 세 가지는 있으므로 미혹이 엷다고 말한다.

사람과 하늘에 각기 한 번 난 뒤에 곧 아라한을 이루므로 한 번 갔다 옴이라 말한다. 그런데도 실로는 가고 옴이 없다는 것은 이미 나[我]와 법(法)의 두 가지 공함[我法二空]을 얻었기 때문이다.

아나가민(anāgāmin)은 여기 말로는 '돌아오지 않음'[不還] 또는 '오지 않음'[不來]이다. 욕계의 얽매임이 다하여 높은 세계에서 아라한의 배울 것 없는 지위를 깨달으므로 이곳 욕계의 세계에는 '오지 않음'이라 말해야 한다.

간략히 없다[無]는 뜻을 '아니다'[不]라는 글자와 겸해 쓰는 것은 글을 바꾸어서 나타냄일 뿐이다.

아라한(arhat)은 여기 말로는 집착 없음[無著]이고 또는 나지 않음[不生]이니, 삼계에 태어남이 다하고 지을 바를 이미 이룸[所作已辦]이다.

아라한에 대해서는 도(道)라 말하고 앞의 세 가지는 모두 과(果)라 말하나 과란 실로 네 가지에 다 통한다.

그런데도 아라한에 대해서만 홀로 도라고 한 것은 '남이 없는 두 가지 지혜'[無生二智]를 모두 얻고 성문의 도[聲聞道]가 지극해졌으므로 도라고 이름한 것이다.

이는 이미 풀이한 바로써 진리가 헛되지 않음을 증험해 보인다.

마음이 본래 공하여 늘 고요하니 다툼이 어디에서 일어날 것인가. 아란야(araṇya)란 고요한 행이다.

모습이 밖에서 다하고 마음이 안에서 쉬어 안과 밖이 모두 고요하니 어느 때에 고요하지 않겠는가. 고요한 행을 좋아하는 이라는 이름을 얻은 것이 허망하지 않으니 반드시 실상에 맞다[稱實].

아란야란 여기 말로 하면 '일 없음'인데, 만약 스스로 '바로 욕심을 여의었다'라고 말하면 바로 '일이 있음'이 되니 어찌 일 없음이라 할 수 있겠는가.

3. 천태의 '여섯 가지 지위설'[六卽位說] 다시 읽는 아함의 '네 가지 과덕설'

1) 연기법 본래의 선정관과 아비다르마의 차제적 선정관

붇다의 연기법에서 선정은 초월자의 무한한 품에 돌아가 개별적 자아를 초월적 보편자와 합일하는 것[梵我一如]도 아니고, 개인 안의 영적 신비성에 복귀하는 것도 아니다.

연기론의 바른 선정은 실상 그대로의 선정이다. 그러므로 선정은 지금 사물을 마주하거나 선정의 고요한 경계 가운데 있거나, 마주함과 고요함 매 상황의 연기적 성취가 본래 공해 니르바나되어 있음을 확인하는 지혜와 둘일 수 없다.

천태의 『마하지관』(摩訶止觀)의 표현으로 하면, '본래 니르바나되어 있음을 확인하는 지혜가 다시 니르바나의 자기현전이 되는 때', 곧 '법성이 고요하되 비추는 때가 바로 바른 선정이 되는 때'이다.

살피되 살피는 바가 공한 줄 알아 살핌이 곧 그침이 되면 공에도 머묾 없이 공한 비춤이 현전하니, 『마하지관』은 '법성이 고요하되 비춤'[法性寂而照]이 곧 살핌[觀, vipaśyanā]이라고 말한다. 다시 그 살핌은 살피되 살핌 없어 비추되 고요하므로, 『마하지관』은 '법성이 비추되 고요함'[法性照而寂]이 그침[止, śamatha]이라 말한다.

이처럼 그침과 살핌이 둘이 없어서 그치되 살피고 살피되 그치면 그때가 바로 붇다가 말씀한 바른 선정이다.

연기법의 선정은 그치되 살핌이므로 선정 속에서 온갖 모습은 모습 아닌 모습으로 늘 새롭게 정립되고, 사유는 앎 아닌 앎으로 늘 새롭게 현전한다.

중생의 번뇌의 흐름이 그치고 헛된 관념이 사라짐으로써 성취되는 선정 또한 인연으로 성취되었으므로 있되 공하다.

선정의 모습[禪定相]이 내면에 하나의 있음으로 굳어지고 그 선정의 모습을 더욱 강화해서 높은 깨달음을 성취하려는 것은, 연기법의 선정이 다시 저 적취적 세계관을 따르는 이들의 유아론적 선정주의에 복귀하는 모습이 된다.

끊어야 할 번뇌와 망상이 본래 공하고 본래 실로 남이 없다면, 번뇌의 정화를 통해 얻어지는 선정의 고요한 모습과 밝은 모습, 밝은 생각도 얻을 것이 없다.

선정의 차제는 본래 얻을 것이 없는 곳에 세워진 차제 아닌 차제이다. 번뇌 끊음의 차제가 세워지는 것은 중생을 물들이는 번뇌가 인연으로 일어나 실로 없지 않음에 상응해서 세워진 것이다.

얻을 것이 있는 선정을 강화해서 위없는 도에 이른다고 주장하는 비연기론적 선정주의는 지금 대개 두 갈래 방향으로 표출되고 있다.

그 하나는 아비다르마 불교에서 단계론적 선정주의를 말한다. 이는 선정을 통해 마음의 청정을 심화시키고 더욱 높은 청정의 길을 밟아 올라 위없는 아라한의 도를 이룬다고 말하는 입장이니, 붇다고샤(Buddhaghoṣa)의『청정도론』(淸淨道論)이 그 대표적 주장이다.

또 한 주장은 망상이 본래 공해 실로 한 생각도 끊을 것이 없는 연기법의 관점에서 이탈하여, 화두(話頭)를 들어 미세한 망념을 끊어 가장 높은 깨달음[究竟覺]을 이룬다고 말하는 수행관이다. 이는 조사선(祖師禪)·간화선(看話禪)의 이름으로 표방된다 하더라도 간화선의 수행가풍을 이탈한 실체론적 수행관이다.

선정의 단계적 성취가 연기된 것이므로 그 선정의 과정이 과정 아닌 과정으로 이해되지 않으면, 유아론적 선정주의의 틀을 벗어나지 못하며, 그러한 유아론적 선정주의자들의 선적 체험은 자아의 벽을 깨고 세계 속에 복귀하지 못할 것이다.

번뇌에 물든 중생(衆生)과 번뇌의 흐름이 다한 현성(賢聖)은 분명 서로 다르며, 깊이 선정을 닦아 번뇌에 물들지 않는 좌선행에 선적 체험이 없지 않다.

그러나 그 선적 체험과 선정의 성취 또한 연기적 성취이므로 그 있음은 있음 아닌 있음이니, 선정의 단계를 실체적 단계라고 말할 때 선정의 지혜로의 발현과, 역동적 파라미타(pāramitā)행의 토대인 선정의 고요한 뜻이 설명될 수 없다.

아비다르마 불교에서 단계론적 수행론, 경험주의적 선정을 말하는 대표적 논서라 할 수 있는『청정도론』의 입장을 그 큰 줄기만 간략히 살펴보자.

『청정도론』은 실천의 길에서 다음 일곱 가지 청정의 단계를 설정한다.

① 계의 청정[戒淸淨]

② 마음의 청정[心淸淨]

③ 견해의 청정[見淸淨]

④ 의심 건넘의 청정[度疑淸淨]

⑤ '도와 도 아님을 아는 지위'[見道位]의 지혜와 견해의 청정
[道非道智見淸淨]

⑥ '도 행하는 지위'의 지혜와 견해의 청정[行淸淨]

⑦ '배울 것 없는 지위'의 지혜와 견해의 청정[智見淸淨]

첫째, 계의 청정은 금한 계를 잘 지님이다.

둘째, 마음의 청정이란 여덟 가지 선정법 갖춤[八等至]이다.

셋째, 견해의 청정이란 지혜의 뿌리를 갖춤[慧根]이다.

견해의 청정, 의심 건넘의 청정, '도를 보아 아는 지위'[見道位]의
지혜와 견해의 청정까지가 지혜의 바탕[慧體]이 된다.

견해의 청정함에서 지혜의 뿌리가 갖춰지지만, 그 지혜의 뿌리는
세간 벗어난 지혜가 되지 못하고, 맨 마지막 '배울 것 없는 지위'의
지혜와 견해의 청정이 이루어질 때, 샘이 없는 지혜[無漏慧]가 된다.

다섯째, '도와 도 아님을 아는 지위'의 지혜와 견해의 청정에 이르
러야 비로소 '도를 보는 지위'[見道] 곧 스로타판나에 향하는 지위
[入流向]가 된다.

그 다음 여섯째, '도 행하는 지위'의 지혜와 견해의 청정에서 '도를
닦아 행하는 지위'[修道]가 이루어지고, 일곱째 모든 샘[諸漏]이 다해
지혜와 견해의 청정이 완성될 때 '더 배울 것 없는 지위'[無學道]가
이루어진다.

곧 '도와 도 아님을 아는 청정의 지위'가 스로타판나에 향함이 되니 이것이 도를 보는 지위[見道]이다.

도를 닦아 행하는 지위[修道位]에는 앞에서 말한 네 가지 과덕 가운데 맨 나중 아라한을 뺀 모든 지위가 포함되니, 스로타판나 · 사크리다가민 · 아나가민의 현성이 모두 도 닦는 지위이다.

아라한의 지위에서 믿음의 해탈[信解脫] · 지혜의 해탈[慧解脫] · 함께함의 해탈[俱解脫]이 성취되니, 배울 것 없는 지위[無學位]이다.

곧 지혜의 흐름에 들어가면 도를 보는 지위[見道位]가 이루어지고 도를 본 뒤 믿음 따르는 행[隨信行] · 지혜로 법을 따르는 행[隨法行] · 선정을 몸으로 증득함[身證]이 있고, 이 믿음과 지혜와 선정은 아라한의 지위에 가서야 완성된다.

이러한 단계론적 수행주의는, 처음 끊어야 할 중생의 미혹과 의심과 탐욕의 연기가 없지 않음[不無]에 실천의 뿌리를 두고, 그 '번뇌의 일어나 있음'을 수행을 통해 덜어가고 없애가는 과정을 표현한 것이다.

그러나 만약 끊어야 할 중생의 미혹과 의심과 탐욕이 본래 공하고 본래 니르바나되어 있음에서 수행의 첫걸음을 시작하면, 그 뒤의 온갖 끊음의 과정은 끊음 없는 끊음이 되고 그 위의 온갖 선정과 지혜의 성취는 얻음 없는 얻음이 되는 것이다.

끊되 끊음 없고 얻되 얻음 없음을 알아야 『청정도론』이 말하는 청정의 길 범행의 길이 닦음 없는 닦음의 길이 되는 것이다.

2) 천태선사의 같으면서 다른 '여섯 가지 지위설'로 본 선정의 차제

중생과 해탈한 보디의 성취자 여래가 아주 다르다 하면 중생과 여

래는 길이 두 모습이 되니, 중생이 해탈할 길은 영원히 없을 것이다. 그러나 번뇌와 고통 속에 있는 중생과 여래가 같다고 하면 중생이 번뇌를 끊고 해탈의 길에 나아가야 할 실천적 당위성이 없어지니, 이는 관념적으로 두 법을 하나로 합한 모습[一合相]이다.

중생은 본래 니르바나되어 있되 고통의 삶을 돌이켜 현실의 니르바나를 성취해야 할 중생 아닌 중생이다.

그러므로 천태선사는 중생이 본래 니르바나되어 있는 곳에서 끊음 없는 번뇌 끊음을 통해 보디와 해탈을 얻음 없이 얻어가는 실천과정을 '육즉위'(六卽位)로 나타낸다.

곧 '같으면서 다른 여섯 가지 지위'에서 보면 번뇌의 중생은 보디의 완성자 여래와 다르지만, 그 본래 니르바나되어 있는 진리에서 보면 여래와 다르지 않다.

지금 보디사트바의 닦아 행함[修行]도 보디의 완성자 여래와 다르고 미혹의 중생과 다르지만, 본래 닦을 것이 없는 데서 보면 중생과 다르지 않고 여래와 다르지 않다.

여섯 가지 지위의 같음과 다름의 뜻을 자백진가선사(紫栢眞可禪師)의 해석으로 보면 '여섯 가지 지위가 같으면서 다름'은 물결[波]과 같고, '여섯 가지 지위가 다르면서 같음'은 물[水]과 같다.

이제 이와 같은 천태선사의 여섯 가지 지위[六卽位]의 뜻으로 아비다르마에서 말하고 있는 수행의 지위점차를 다시 살펴보자.

천태에서 여섯 가지 같으면서 다른 지위란 다음과 같다.

① 진리로 같음[理卽] 중생이 번뇌 속에 있으나 본래 갖춘 진리에서 보면 여래와 다름없음.

② 말로 이해함으로 같음[名字卽] 가르침을 듣고 믿음을 내고 가르침을 이해하는 첫 입문자도 중생이 곧 여래장임을 이미 이해하면 여래장을 자재히 쓰는 여래와 다름없음.

③ 닦아 행함으로 같음[觀行卽] 관행을 일으켜 닦아 행하는 지위 그대로 여래와 다름없음.

④ 참된 지혜와 가까워진 지위 그대로 같음[相似卽] 닦아서 십신(十信)의 믿음이 성취된 지위에서 여래와 같음.

⑤ 청정한 지혜의 지위에서 같음[分證卽] 아직 구경의 깨달음이 아닌 해탈의 지위에서 그대로 여래와 같음.

⑥ 마쳐 다한 지위에서 같음[究竟卽] 여래의 구경의 지위가 실은 중생이 본래 갖춘 진리가 온전히 드러난 것이므로 둘이 아님.

천태선사의 이 다르면서 같은 지위의 뜻으로, 아비다르마 불교의 『청정도론』에서 붇다고샤가 말하는 일곱 가지 청정의 지위를 보아야 일곱 가지 지위가 닦음 없고 얻음 없는 청정의 길[淸淨道]이 되는 것이다.

끊을 번뇌가 본래 공하고 중생이 이미 적멸되어 있는 곳에서 실천의 첫걸음을 떼면 청정의 지위가 되기 전의 범부라 해도 곧 여래와 다름없고, 지혜의 뿌리를 갖춘 지위, 지혜의 바탕이 갖춰진 지위에서도 여래와 다름없다.

다시 지혜의 흐름에 들어 도를 보아[見道] 바른 견해를 세워서 도를 닦아[修道], 더 배울 것 없는 지위의 청정에 이른다 해도 그 모든 지위가 다 지금 닦아 행하는 자리를 떠나지 않고, 여래의 지혜와 다름없어서 실로 끊음도 없고 실로 얻음이 없는 것이다.

이런 뜻을 『사십이장경』(四十二章經)은 다음과 같이 말한다.

안으로 얻는 바 없고 밖으로 구하는 바 없어서 마음이 도에도 묶이지 않고, 업도 맺지 않아서 생각 없고 지음 없으며, 닦아가지도 않고 깨달아 얻지도 않아서 모든 지위를 거치지 않고 스스로 높고 거룩하나니 이것을 도라고 한다.

같으면서 다른 여섯 가지 지위[六卽位]의 뜻으로 보면 중생은 번뇌에 묶인 붇다이고, 붇다는 해탈한 중생이니, 물든 붇다와 해탈한 중생이 같음도 아니고 다름도 아닌 모습을 『번역명의집』(飜譯名義集)에서 보윤법사(普潤法師)는 다음과 같이 노래한다.

진리로 같음[理卽佛]
세간법의 움직임과 고요함은
진리가 온전히 이것이나
바른 행이 숨으면 일이 다 그릇되니
어둡고 어둡게 사물을 따라가
아득하고 아득히 돌아갈 줄 모르네.
動靜理全是　行藏事盡非
冥冥隨物去　杳杳不知歸

말로 이해함으로 같음[文字卽佛]
남이 없는 가락 바야흐로 듣고
죽지 않는 노래를 비로소 들어서

지금 이 자리가 바로 이것임을 아니
스스로 헛디뎠음을 돌이켜 한탄하도다.
方聽無生曲　始聞不死歌
今知當體是　翻恨自蹉跎

닦아 행함으로 같음[觀行卽佛]
생각생각 항상한 진리를 비추어
마음마음이 허깨비의 티끌을 쉬네.
모든 법의 성품을 널리 두루 살피니
거짓도 없고 또한 참됨도 없네.
念念照常理　心心息幻塵
遍觀諸法性　無假亦無眞

참된 지혜와 가까워진 지위 그대로 같음[相似卽佛]
네 머무는 번뇌 비록 먼저 벗었으나
여섯 티끌에 공함 아직 다하지 못했네.
보는 눈 가운데 오히려 가림 있어서
허공 속에서 헛된 꽃이 붉음을 보네.
四住雖先脫　六塵未盡空
眼中猶有翳　空裏見華紅

청정한 지혜의 지위에서 같음[分眞卽佛]
툭 트여 마음이 열려 깨치니
맑고 맑게 온갖 것이 통했네.

근원을 사무쳐도 오히려 다함 아니니
오히려 달이 흐릿해 어두움을 보네.

豁爾心開悟　湛然一切通

窮源猶未盡　尙見月朦朧

마쳐 다한 지위에서 같음[究竟卽佛]
지금껏 참됨이 곧 망령됨이었다
오늘에야 망령됨이 다 참됨이네.
다만 근본을 돌이킨 때의 성품이니
다시 한 법도 새로워짐 없네.

從來眞是妄　今日妄皆眞

但復本時性　更無一法新

3) 사교판으로 본 여섯 가지 지위설

• 교설의 언어적 방향의 차이에 따라 달리 읽어야 할 수행의 과덕

수행론을 다시 동아시아 불교권에서 세워진 교판(敎判)과 연결
지어 생각해보자.

천태선사의 화법사교(化法四敎)의 교판에 의하면 여래의 교설은
네 가지 언어적 방향으로 그 가르침이 설해졌다.

첫째, 나고 사라짐의 인과로 법을 설함[生滅法].

둘째, 나되 남이 없음을 설함[生不生法].

셋째, 남이 없이 남을 설함[不生生法].

넷째, 남과 남이 없음이 모두 아님을 설함[不生不生法].

아함에서 수트라[經, sūtra]와 비나야[律, vinaya]와 아비다르마[論, abhidharma]는 주로 존재가 인연으로 나고 인연으로 사라짐을 통해 고통과 해탈의 연기를 보인 교설[三藏敎]이니, 나고 사라짐의 사제 법[生滅四諦法]과 십이연기법[生滅十二緣起法]이다.

『반야경』과 『중론』 등은 실로 남이 있고 사라짐이 있다고 연기법 을 이해하는 이들에게 인연으로 만법이 일어나므로 나되 남이 없으 며[生而無生], 존재가 있되 공함[有而空]을 주로 강조하여 연기중도 (緣起中道)를 보인 교설이다.

유식과 여래장은 다시 공을 집착하는 이들에게 공하므로 법이 연 기하여[空而有] 존재가 남이 없이 남[無生而生]을 강조하여 중도를 말하는 교설이다.

『법화경』과 『열반경』은 연기의 진실이 실로 남도 아니고 나지 않음 도 아님을 보여 나지 않되 남[不生生]과 나되 나지 않음[生不生]의 치 우침을 모두 깨뜨린 교설이다.

그러나 법화 · 열반의 교설이 인연으로 나고 인연으로 사라짐을 보 인 아함교설을 떠나지 않으니, 연기(緣起)가 곧 공(空)이고 거짓 있음 [假]이며 중도(中道)라는 관점이 천태 사교판(四敎判)의 입장이다.

이 나고 사라짐의 연기를 보인 사제법과 십이연기법을 우익지욱 선사(藕益智旭禪師)의 『교관강종』(敎觀綱宗)을 통해 '여섯 가지 지 위설'로 다시 살펴보자.

『교관강종』은 천태교관(天台敎觀)의 개설서이며 입문서이다. 그 래서 『교관강종』에서는 아함의 나고 사라짐의 연기가 곧 남이 없음 [無生]이고 중도라는, 용수(龍樹, Nāgārjuna)와 천태의 관점을 이어 받아 붓다의 교설을 사교판의 잣대로 나누고 있다.

그러나 지욱선사가 '나고 사라짐의 교설'이라고 채택한 법은 주로 부파불교의 아비다르마에서 해석한 입장을 아함의 법으로 들어보인 것으로서, 치우친 공[偏空]으로 니르바나를 삼는 성문승의 입장을 비판하는 뜻도 담겨 있다.

그러므로 근본교설인 아함 자체와 아비다르마의 법집에 떨어진 교설은 서로 구분해야 함을 전제하고, 다음 지욱선사의 해석을 살펴보아야 한다.

① 나고 사라짐의 연기법을 보인 삼장교에서 치우친 진제의 뜻

지욱선사는 아비다르마의 관점을 이끌어 삼장교(三藏敎)를 보이고, 그 삼장교가 '치우친 진제'[偏眞]의 교설임을 이렇게 보인다.

나고 사라짐의 연기법을 보인 삼장교는 네 아함[四阿含]이 경장이 되고 비나야(vinaya)가 율장이 되며 아비다르마(abhidharma)가 논장이 된다.

이 가르침은 나고 사라짐의 사제법을 말한다.

(곧 나고 사라짐의 사제법이란 다음과 같이 말함이다.

괴로움은 나고 달라지고 사라짐의 세 모습이 옮긴다.

괴로움의 모아냄은 탐냄·성냄·어리석음의 네 마음이 흘러 움직인다.

괴로움 없애는 길은 번뇌를 마주해 다스려 바꾸어 빼앗음이다.

괴로움이 사라짐은 있음을 없애 다시 없음이 되는 것이다.)

또한 삼장교는 '생각할 수 있고 말할 수 있는 나고 사라짐의 십이인연'[思議生滅十二因緣]을 말한다.

(곧 나고 사라짐의 십이인연은 다음과 같이 말함이다.

무명 때문에 지어감이 있고, 지어감으로 앎이 있고, 앎 때문에 마음·물질이 있고, 마음·물질 때문에 여섯 들임이 있다.

여섯 들임 때문에 닿음이 있고, 닿음 때문에 느낌이 있다. 느낌 때문에 애착이 있고, 애착 때문에 취함이 있고, 취함 때문에 존재가 있고, 존재 때문에 남이 있고, 남 때문에 늙고 죽고 근심하고 슬퍼하는 괴로움이 있다.

무명이 사라지므로 지어감이 사라지고 …… 괴로움이 사라진다.)

또한 이 가르침은 '사법의 여섯 파라미타행'[事六度行: 보시·지계·인욕·정진·선정·지혜]을 말하고, 또한 실로 있는 속제(俗諦)와 진제(眞諦) 두 진리[實有二諦: 오온·십이처·십팔계 등은 속제, 실로 있는 속제가 사라짐이 진제]를 말한다.

그리하여 삼계 안의 근기 무딘 중생에게 가르침을 보여 '쪼개어 공을 알게 하는 살핌'[析空觀]을 닦게 하고(곧 땅·물·불·바람·허공·앎 등 여섯 영역에 나와 내 것 없음을 살피게 함이다), '덩이가 있는 나고 죽음'[分段生死]을 벗어나 '치우친 진제의 니르바나'[偏眞涅槃]를 얻게 한다.

그리하여 바로 성문·연각 두 치우친 실천의 수레 탄 이들[二乘]을 교화하고 곁으로 보디사트바를 교화한다.

그러나 여기서 지욱선사가 아함의 교설이 '치우친 진제의 니르바나'를 얻게 한다는 풀이는 본서에서 말하는 아함의 입장과 다르고 천태선사 자체의 입장과도 다르다.

『교관강종』은 곧 다섯 쌓임·열두 들임이 연기이므로 곧 공하고

해탈의 도, 해탈의 과덕 43

중도라고 아함의 뜻을 보지 않고, 테라바다 교단 성문승의 입장에 서서 아비다르마에서 해석한바 진제와 니르바나의 뜻을 아함의 가르침과 동일시하고 있는 것이다.

그렇게 하는 것은 속제를 없애 진제가 되고, 나고 사라짐을 끊고 니르바나가 된다는 아비다르마의 관점을 비판하기 위한 것이다.

② 천태선사의 여섯 가지 같으면서 다른 지위로 본 삼장교에서 과덕의 지위

다시 『교관강종』에서 삼장교에 대입해 보이고 있는 여섯 가지 같으면서 다른 지위를 살펴보자. 『교관강종』은 다음과 같이 말한다.

이 삼장교를 잡아서도 스스로 '여섯 가지 같으면서 다른 지위' [六卽位]를 논할 수 있으니 다음과 같다.

진리로 같음[理卽] 치우친 진제에서 여러 과덕의 지위가 같음이다.

모든 행은 덧없으니
이것은 나고 사라짐이다.
나고 사라짐이 사라지면
고요하여 즐거우리라.

諸行無常　是生滅法
生滅滅已　寂滅爲樂

이 게송의 뜻을 아비다르마의 뜻으로 보면, 사라짐[滅]을 인해 진제를 아니 사라짐도 진제가 아니다.

사라짐도 오히려 진제가 아닌데 하물며 괴로움과 괴로움 모아

냄과 괴로움 없애는 길이 어찌 진제이겠는가. 진제는 인과의 사법의 모습 밖에 있는 것이다.

그러므로 쓸데없는 교판[洴敎判]에 의하면 치우친 진제라 말한다.

이『교관강종』의 뜻은 아함의 교설이 근본교설이라는 생각과, 아비다르마의 관점으로 해석된 아함의 교설에는 여래의 뜻이 다 드러나지 않았다는 두 뜻이 함께 있다.

니르바나의 교설에 관해서는 후대 아비다르마에서 나고 사라짐을 끊어야 진제가 된다는 해석이 일반적인 입장으로 뿌리내려져 있었다. 그러므로 그에 대한 일정한 비판적인 사고가 함께하지 않을 수 없으므로 속제를 끊고서 얻는 진제는 치우친 진제가 된다는 점을 '쓸데없는 교판'이라는 말로써 비판하고 있다.

그러나 아함의 나고 사라짐[生滅]이 나되 남이 없고[生而無生] 사라지되 사라짐 없음[滅而無滅]의 뜻으로 보면, 나고 사라진다는 말에서 그대로 중도를 보아야 하니, 그것이 치우치지 않은 진제이고 중도의 뜻이다.

중생의 번뇌가 본래 나되 남이 없다면 비록 중생이 번뇌의 흐름과 얽매임 속에 있어도 중생이 진리에서 여래와 같은 것이고, 닦음에 닦을 것이 없으므로 닦아가는 지위[修道位]의 사문과 보디사트바가 여래와 같은 것이다.

다시『교관강종』의 육즉위설에 관한 다음 풀이에 돌아가보자.

말로 이해함으로 같음[名字卽] 문자를 배움이다. 가르침으로 듣고 온갖 법이 인연으로 나서 때와 곳을 좇아 나거나, 브라흐마하늘, 네 요소[四大] 등을 좇아 난 것도 아니고, 또한 인연 없음도 아니며, 스스로 난 것도 아님을 아는 것이다.

그러니 인연으로 난 법이 다 덧없고[無常] 나 없음[無我]을 아는 것이다.

닦아 행함으로 같음[觀行即] 아비다르마에서 닦아 행함은 첫째 다섯 그치는 마음[五停心], 둘째 모습 나누어 네 곳 살핌[別相念], 셋째 모습을 모아 네 곳 살핌[總相念]이니, '아직 탐욕 없는 세계에 들지 못한 바깥 범부의 진리의 식량 모으는 지위[外凡資糧位]' 이다.

다섯 그치는 마음이란 다음과 같다.

첫째, 탐욕 많은 중생에게는 '깨끗하지 않다는 살핌'[不淨觀]으로 그치게 한다.

둘째, 성냄 많은 중생에게는 '자비로 거두는 살핌'[慈悲觀]으로 그치게 한다.

셋째, 흩어짐이 많은 중생에게는 '숨 세는 살핌'[數息觀]으로 그치게 한다.

넷째, 어리석음이 많은 중생에게는 '인연 살핌'[因緣觀]으로 그치게 한다.

다섯째, 장애 많은 중생에게는 '붇다 생각하는 살핌'[念佛觀]으로 그치게 한다.

이 다섯 가지 법으로 방편을 삼아 그 마음을 고루고 그치어 네 곳 살핌[四念處]을 닦아갈 수 있게 한다. 그러므로 마음 그침[停心]이라 한다.

모습 나누어 살핌이란 다음 네 가지이다.

첫째, 몸이 깨끗하지 않음을 살핌[觀身不淨]이다.

둘째, 느낌이 괴롭다고 살핌[觀受是苦]이다.

셋째, 마음이 덧없다고 살핌[觀心無常]이다.

넷째, 법에 나 없다고 살핌[觀法無我]이다.

이렇게 네 가지로 모습을 나누어 다섯 쌓임에서 일어난 네 가지 뒤바뀜[四倒], 곧 몸이 깨끗하다는 뒤바뀜[淨倒], 느낌이 즐겁다는 뒤바뀜[樂倒], 마음이 항상하다는 뒤바뀜[常倒], 법에 나가 있다는 뒤바뀜[我倒]을 상대해 다스리는 것이다.

모습을 모아 네 곳 살핌이란 다음과 같다.

첫째, 몸이 깨끗하지 않음을 살피면 느낌·마음·법 또한 다 깨끗하지 않음을 살피는 것이다.

둘째, 느낌이 괴롭다고 살피면 마음·법·몸 또한 다 괴롭다고 살피는 것이다.

셋째, 마음이 덧없다고 살피면 법·몸·느낌 또한 다 덧없다고 살피는 것이다.

넷째, 법이 나 없다고 살피면 몸·느낌·마음 또한 나 없다고 살피는 것이다.

참된 지혜와 가까워짐으로 같음[相似卽]   탐욕 없는 세계[色界]에 들어온 안의 범부가 행을 더해가는 지위[內凡加行位]이다.

첫째, 지혜의 불을 따뜻이 함[煖]이다.

둘째, 지혜의 불이 정수리에 오름[頂]이다.

셋째, 잘 참아 견딤[忍]이다.

넷째, 세간의 으뜸가는 지혜가 됨[世第一]이다.

이 네 가지 닦아감으로 색계의 샘이 없는 착한 뿌리[無漏善根]

를 얻어 도를 보는 지위[見道位]에 들어가게 되는 것이다.

청정한 지혜의 지위에서 같음[分證卽] 지혜의 흐름에 들어서 세 가지 과덕을 얻은 배움 있는 지위[三果有學位]이다.

첫째, 스로타판나의 과덕이니 여기 말로 '흐름에 들어섬'[預流]이다. 여덟 가지 참음[八忍], 여덟 가지 지혜[八智]를 써서 단박 삼계의 견해의 미혹[三界見惑]을 끊으면 처음 거룩한 지혜의 흐름에 들어섬이니, 도를 보는 지위라 이름한다.

둘째, 사크리다가민의 과덕이니, 여기 말로 '한 번 옴'[一來]이다. 탐욕세계의 여섯 단계 지어감의 미혹[欲界六品思惑]을 끊었지만 나머지 세 단계는 오히려 한 생을 욕계에 나도록 함[潤一生]이다.

셋째, 아나가민의 과덕이니, 여기 말로 '오지 않음'[不來]이다. 탐욕세계의 지어감의 미혹[欲界思惑]이 다해 위의 여덟 가지 지위의 지어감[八地思]을 나아가 끊어서, 다시는 탐욕의 세계에 돌아오지 않음이다.

사크리다가민 · 아나가민 이 두 지위는 도 닦음의 지위[修道位]이다.

마쳐 다한 지혜를 성취하여 같음[究竟卽] 성문(聲聞) · 연각(緣覺) · 보디사트바(bodhisattva)의 배움 없는 지위[三乘無學位]이다.

삼승을 나누어보면 다음과 같다.

첫째, 소승(小乘, hīna-yāna)의 네 번째 아라한의 과덕이다. 이 아라한은 세 가지 뜻을 머금으니, 도적을 죽임[殺賊], 응당 공양해야 함[應供], 남이 없음[無生]이다.

삼계의 견해와 지어감의 미혹[三界見思惑]을 모두 끊어 다해 씨앗의 얽맴[子縛]이 이미 끊어졌으나 과보의 얽매임[果縛]이 오히려 남아 있으므로 남음 있는 니르바나[有餘涅槃]라 이름한다.

만약 몸을 없애고 지혜를 없애면[灰身泯智] 남음 없는 니르바나
[無餘涅槃]라 이름한다.

둘째, 중승(衆乘)의 프라테카붇다의 과덕이다. 이 사람은 근기
와 성질이 차츰 날카로워져 거스르고 따라 십이인연을 살펴서 견
해와 지어감의 미혹[見思惑]을 끊음은 아라한과 같다.

다시 번뇌의 익힌 기운[習氣]까지 침범하므로 성문(聲聞) 위에
있다.

셋째, 대승(大乘, mahāyāna)의 붇다의 과덕이다. 이 사람은 근기
와 성질이 아주 날카로워 처음 마음 낼 때부터 사제의 경계를 살펴
네 가지 넓은 서원을 내니, 곧 보디사트바가 여섯 파라미타[ṣaḍ-
pāramitā]를 닦아 행함이라 이름한다.

첫째, 아승지겁에 사법의 행[事行]이 비록 강하나 진리의 살핌
[理觀]이 오히려 약해 성문의 지위를 바라보면, 탐욕 없는 세계
'바깥 범부의 지위'[外凡位]에 있다.

(바깥 범부 지위 다음은 안의 범부로서 네 가지 선근의 지위이니,
따뜻한 지위 · 정수리 지위 · 참음의 지위 · 세간에서 으뜸가는 지위
이다.)

둘째, 아승지겁에 진리를 아는 지혜가 차츰 밝아져 지혜의 불이
따뜻한 지위[媛位]에 있다.

셋째, 아승지겁에 진리를 아는 지혜가 더욱 밝아져 지혜의 불이
꼭대기가 되는 지위[頂位]에 있어서, 여섯 파라미타가 이미 차면
다시 백 겁을 머물러 상호의 인행[相好因]을 닦아 '아래의 참음의
지위'[下忍位]에 있게 된다.

그리하여 다음 '옆자리에서 모시는 지위'[補處]에 들어가 투시타하늘에 나고, 나아가 태에 들고 태에서 나오며 집을 나와 마라를 항복받고 보디 나무에 앉아 움직이지 않을 때, 이것이 '가운데 참음의 지위'[中忍位]이다.

다음 한 찰나에 '위의 참음'[上忍]에 들어가고 다음 한 찰나에 세간에서 으뜸가는 지위[世第一]에 들어가 '참으로 샘이 없는 서른네 가지 마음'[眞無漏三十四心]을 일으키게 된다.

그래서 견해와 지어감의 미혹[見思惑]을 단박 끊어 남음 없음[無餘]을 바로 익혀 '나무로 된 보디 나무' 밑에 앉아 산풀[生草]로 자리를 삼아 '낮은 응신'[劣應身]을 이룬다.

그리하여 브라흐마하늘왕의 청을 받아 세 번 사제의 법바퀴를 굴리어 세 가지 근기와 성질의 중생을 건네주고 연이 다하면[緣盡] 니르바나에 든다.

이것은 아라한 프라테카붇다와 같으나 구경에 '치우친 참됨의 법성'[偏眞法性]을 같이 증득해, 몸과 지혜[身智], 의보와 정보[依正]를 다시 얻을 것이 없다.

이 가르침도 삼승의 법을 갖추고 있다.

성문은 사제를 살펴서 고제(苦諦)로 첫 문을 삼는다.

가장 날카로운 자가 네 생이고 가장 무딘 자는 백 겁에 네 가지 과덕을 얻는다.

프라테카붇다는 십이인연을 살펴 괴로움 모아내는 진리[集諦]로 첫 문을 삼는다.

가장 날카로운 자가 네 생이고 가장 무딘 자가 백 겁이다. 얻는 과덕의 가름[果分]을 세우지 않으나 붇다 계신 때 나오면 연각(緣覺)이라 하고, 붇다 안 계실 때 나오면 독각(獨覺)이라 한다.

보디사트바는 넓은 서원으로 여섯 파라미타를 닦으니 도제(道諦) 곧 파라미타의 행으로 첫 문을 삼는다.

미혹을 조복해 중생을 이롭게 하는데 반드시 세 큰 아승지겁을 거치어 단박 깨쳐 보디를 이룬다[頓悟成佛].

그러나 이 세 사람은 닦아 행하고 과덕을 얻음이 비록 같지 않으나 같이 '견해와 지어감의 미혹'[見思惑]을 끊어서 같이 삼계를 벗어나 같이 치우친 진제[偏眞]를 얻는다.

다만 삼백 요자나(yojana, 由旬, 1요자나는 약 1.3킬로미터)를 걸어서 길 가운데 '변화로 된 성'[化城]에 들어서는 것이다.

• **지욱선사의 뜻을 다시 풀이함**

지욱선사는 중국불교에서 가장 회통적 교판을 표방하며 종파주의적 편향을 넘어선 선풍을 천명하며, 천태교로써 종(宗)과 교(敎)의 바른 관계를 정립하는 데 자신의 사상적 정열을 모두 바쳤다.

그럼에도 『교관강종』에서 지욱선사는 아함의 삼장교에 대한 교판에는 아함의 인연법 자체에 대한 용수·천태의 기본 입장을 받아들이면서도 상좌부 아비다르마 불교에서 통용되고 일반화된 법집(法執)에 떨어진 아비다르마의 해석을 또한 인정하고 있다.

위에서 풀이되고 있는 삼장교는 여래 교설의 뿌리로서 연기법이라기보다는 아비다르마에서 해석된 아함교(阿含敎)이다.

공에 치우친 진제[偏眞]와 나고 사라짐을 다해서 얻는 니르바나를 지향하는 가르침이 아함의 가르침으로 설정되어 있으니, 그 점을 감안하고 아함에 대한 교판을 읽어야 한다.

삼승(三乘)에서 지혜의 완성에 이르는 길을 '세 아승지겁'의 긴 시간으로 표현한 것도 탐냄·성냄·어리석음의 삼계를 벗어나는 지난한 실천과정을 길고 먼 시간개념으로 서술한 것이니, 아승지겁을 정해진 시간으로 보아서는 안 된다.

선정의 부단한 향상과 자기지양을, 욕계에서 색계하늘, 무색계하늘로 올라가는 것으로 표현하듯, 건너야 할 미혹의 바다를 시간개념으로 나타낸 것이다.

지욱선사가 아비다르마의 차제적인 수행관을 천태선사의 육즉위설로 다시 보인 것은, 아함교의 닦아 올라가는 차제의 과정 가운데도 실로 닦아 얻을 것이 없는 평등성이 함께하고 있음을 보인 것이다.

아비다르마의 해석처럼 실천의 차제를 실체화하는 것은 실천의 주체를 실체화하는 것으로 유아론의 닫힌 벽을 넘지 못하는 것이다.

아비다르마에 의해 해석된 아함교의 수행론이 단계론을 극복하지 못하고 있지만, 단계적 수행론도 천태의 '여섯 가지 다르면서 같은 수행론'으로 보면 차제 가운데서 같음을 찾아볼 수 있다.

곧 첫걸음에 미혹의 중생이 이미 진리로 아라한과 같음이 있는 것이니 그 뜻이 진리로 같음[理卽]이다.

"모든 행이 덧없어서 / 이는 나고 사라지는 법이네 / 나고 사라짐 다하면 / 고요하여 즐거우리라"는 이 게송을 지욱선사는 '나고 사라짐을 다 끝낸 뒤에 니르바나 얻는다'고 한 아비다르마의 진리관의 토대가 되는 게송으로 해석한다.

그래서 지욱선사는 이를 공에 치우친 진제[偏眞]라고 비판하고 있으나, 아비다르마에서도 중생의 번뇌가 나고 사라져서 끝내 고요함에 돌아가므로 중생 속에 이미 아라한의 과덕이 있는 것이다.

한 걸음 더 나아가 위 게송의 뜻을 나고 사라짐이 나되 남이 없으며 사라지되 사라짐 없음으로 바로 알아들으면, 중생의 번뇌의 삶 한복판이 번뇌가 나되 남이 없는 진리의 터전인 것이다.

번뇌가 나되 남이 없음[生而無生]을 알면 믿음의 첫걸음에서 번뇌를 끊어 아라한의 도를 성취할 때까지 그 실천과정을 실로 끊음 없이 끊고 얻음 없이 얻는 과정이 된다.

그리하여 늘 나의 온갖 행은 나에 나 없고[無我] 내 것에 내 것 없는[無我所] 열린 행이 되어, 선정 닦아감이 그대로 보시와 지계의 행, 파라미타의 행이 되는 것이다.

그에 비해 비록 간화선(看話禪)을 말하고 돈오선(頓悟禪)을 말하면서도 화두를 들어서 미세한 망념을 끊어 구경각을 얻는다고 말하면, 진리의 첫걸음[初發心]과 마지막 마쳐 다한 깨달음[究竟覺]에 서로 하나되는 소통공간이 없게 되는 것이다.

이러한 실체적이고 절대주의적 수행관에는 화두 들기 이전[未擧已前]에 중생의 번뇌가 본래 남이 없다는 바른 믿음의 입각처가 보이지 않으니, 이런 실천관은 번뇌를 실로 끊고 보디를 실로 얻는다고 보는 실체주의적 수행론이자 정신을 단련하여 높은 세계로 비약하려는 선정주의의 실천관에 다름 아니라 할 것이다.

옛 조사[蒙山德異禪師]는 바르게 화두 드는 법을 '들기 이전에 눈을 대고 홀연히 다시 살아나라'[未擧已前着眼 忽然再甦]고 가르치고 있다. 그렇게 화두를 드는 자는 번뇌가 남이 없되 남 없음도 없는 곳에 발을 대고, 듦이 없이 화두를 드는 자라 할 것이며, 화두의 한 생각[話頭一念]이 곧 생각에 생각 없는 진여의 자기현전이 되는 것이라 할 것이니, 간화선의 수행자들은 깊이 살펴야 할 것이다.

천태교관으로 보면 『기신론』(起信論)은 번뇌가 공하지만 번뇌 끊음이 없지 않음을 말하는 별교(別敎)의 수행관을 보이고 있으니, 『기신론』에서 '마쳐 다한 깨달음'은 닦아 얻음이 없지만 닦음 없는 것도 아니다.

닦아 얻음이 없지 않은 『기신론』의 수행관에서 '마쳐 다한 깨달음'은 바로 지금 일어나는 번뇌의 한 생각[一念]에 본래 일어나는 첫 모습이 없음[念無初相]을 온몸으로 증험하는 때이니, 이 구경의 깨달음은 실로 얻음이 없이 얻는 깨달음인 것이다.

아함교는 다섯 쌓임·열두 들임·열여덟 법의 영역이 인연으로 나고 사라짐을 보여, 있음에 취할 있음이 없음을 보이는 가르침이다.

그러므로 아함교의 나고 사라짐[生滅]이 실은 통교(通敎)의 남이 없음[無生]과 공(空)을 보인 가르침의 토대이다.

또한 연기한 법이 공하고 공하므로 연기해서 연기와 공이 둘이 없어서 아함교 밖에 별교(別敎)의 남이 없이 남[不生生]을 보인 가르침의 언어가 따로 없는 것이고, 원교(圓敎)에서 남이 아니고 나지 않음도 아닌 가르침[不生不生]이 따로 없는 것이다.

이러한 원융한 교관의 관점이 용수·천태의 기본 입장이고 우리 불교 원효(元曉)의 기본 관점이다.

4) 천태선사의 십승관행(十乘觀行)으로 본 아함의 수행관

연기론의 기본 시각으로 불교 수행론을 모두 모아 한 마음의 세 가지 살핌[一心三觀]인 원돈지관(圓頓止觀)에 회통한 수행론이 천태선사의『마하지관』(摩訶止觀)이다.

『마하지관』은 수행의 첫 마음에서 바로 닦을 것 없고 끊을 것 없이 중도실상에 서서 중도실상을 현전시키는 최상승의 선관을 보인 선서(禪書)이자, 대승의 아비다르마이다.

『마하지관』은 천태선사가 동아시아 불교 최고의 성사(聖師)이자 스승인 남악혜사선사(南嶽慧思禪師)의 직접적인 가르침을 받고, 멀리 인도의 나가르주나(Nāgārjuna, 龍樹) 존자를 이어 쓴 대승의 아비다르마[大乘論]이므로, 천태가(天台家)와 법안종(法眼宗)의 선사들은『마하지관』을 대정혜론(大定慧論)이라 불렀다.

한국불교사에서 조선조 오백 년 불교 억압의 시기는 한국불교 선종사에 대정혜론인『마하지관』이 사라진 시기이다.

본 아함경은 필자가 온전히 천태선사의『마하지관』의 관점으로 아함의 교설과 수행관을 풀이한 책으로, 편집의 최종 목표 또한 한국불교사에『마하지관』의 복권에 있다.

『마하지관』에서는 일승의 수행관을, 살피는바 경계인 원융삼제(圓融三諦)를 온전히 주체화하는 한 마음의 세 가지 살핌[一心三觀]으로 요약한다.

그 수행의 길은 살피는 지혜[能觀智]를 잡아 '열 가지 실천의 수레'[十乘]로 종합되고, 십승의 실천에서 살피는바 경계[所觀境]는 '열 가지 경계'[十境]로 말해진다.

열 가지 실천의 수레 그 첫 출발이 '부사의경계를 살핌'[觀不思議境界]이니, 여기서 살피는바 부사의경계란 바로 본 아함전서에서 셀 수 없이 등장하는 다섯 쌓임[五蘊]·열두 들임[十二入]·열여덟 법의 영역[十八界]의 중도실상이다.

연기법에서 진리란 지금 경험하고 있는 일상활동 밖의 어떤 선험적 진리는 세워질 수 없는 것이고, 일상경험의 연기적 진실이 곧 부사의경계이니, 살피는바 부사의경계란 바로 지금 일어나는 한 생각[現前一念]이다.

이 관점이 천태선사의 『마하지관』의 입장이고, 본 아함전서 편집의 이론적·실천적 관점이다.

『마하지관』의 열 가지 실천의 수레는 다음과 같다.

　　① 부사의경계를 살핌[觀不思議境]
　　② 보디의 마음과 자비의 마음을 일으킴[起慈悲心]
　　③ 지관에 편안히 함[巧安止觀]
　　④ 치우친 법 두루 깨뜨림[破法遍]
　　⑤ 통하고 막힘을 앎[識通塞]
　　⑥ 갖가지 실천법을 닦음[修道品]
　　⑦ 상대해 다스림을 도와 엶[對治助開]
　　⑧ 같으면서 다른 수행의 지위를 앎[知次位]
　　⑨ 편안히 참음[能安忍]
　　⑩ 법의 애착을 떠남[離法愛]

지욱선사의 『교관강종』에서도 천태선사의 열 가지 실천의 수레[十乘觀法]에 아함의 수행론을 다시 대입해서 살피고 있으니, 다음과 같다.

열 가지 법으로 실천의 수레 이룸[十法成乘]은 다음과 같다.

첫째, 부사의경계를 살핌이란 바른 인연의 경계[正因緣境]를 살핌이니, 삿된 인연[邪因]과 인연 없음[無因]의 두 가지 뒤바뀜을 깨뜨림이다.

둘째, 보디의 마음과 자비의 마음을 일으킴이란 참되고 바르게 마음을 냄[眞正發心]이니, 세간의 이름과 이익을 구하지 않고 오직 니르바나를 구함이다.

셋째, 지관에 편안히 함이란 그침과 살핌을 가르침에 의해 닦음[遵修止觀]이니, 곧 다섯 가지 그침[五停]을 그침[止, śamatha]이라 하고 네 곳 살핌[四念處]을 살핌[觀, vipaśyanā]이라 한다.

넷째, 치우친 법 두루 깨뜨림이란 견해와 애착의 번뇌[見愛煩惱]를 두루 깨뜨림이다.

다섯째, 통함과 막힘을 앎이란 도제와 멸제, 환멸연기와 여섯 파라미타[六度]는 통함인 줄 알고, 고제와 집제, 유전연기와 여섯 가지 가리는 행[六蔽]은 막힘인 줄 아는 것이다.

여섯째, 여러 실천법을 고루어 맞춤[道品調適]은 서른일곱 실천법을 고루고 맞추어서[調適] 세 가지 해탈문[三解脫門]에 들어감이다.

일곱째, 상대해 다스림을 도와 엶이란 만약 근기가 무디어 들어가지 못하면 상대해 다스리는 사법의 선정[事禪]을 닦게 해야 함 등이다.

여덟째, 수행의 지위를 앎[知次位]이란 바른 수행과 돕는 수행을 합쳐 행해[正助合行] 때로 그 이익됨이 엶으면 반드시 차제의 지위를 알아야 하는 것이니, 그래야 범부와 성인이 넘치지 않는 것[凡聖不濫]이다.

아홉째, 편안히 참음[能安忍]이란 안과 밖의 여러 장애를 잘 참는 것이다.

열째, 법의 애착을 떠남이란 '지혜에 가까워진 비슷한 도[似道]'에 법의 애착을 내지 않는 것이니, 이것이 요점이 되는 뜻이다.

날카로운 사람은 닦아감의 마디마디에서 들어갈 수 있지만, 무딘 사람은 이 열 가지 법을 갖추어야 바야흐로 깨칠 수 있다.

지욱선사는 아함의 수행관을 말하면서 왜 천태의 『마하지관』의 뜻을 이끌어 보이는가.

나가르주나 존자는 부파불교 시대 아비다르마의 논사들에 의해, 붇다의 연기법이 법집에 갇힌 세계관으로 왜곡될 때 『중론』(中論)을 저술해 연기의 진실을 새롭게 밝혀낸다.

곧 여래의 연기로 있다[緣起有]는 가르침이, 연기이므로 곧 공이고 중도를 말하고 있음을 밝혀, 연기의 세계관을 바르게 풀이하였다.

중국불교에서 『마하지관』의 집필은 모든 불교 실천론의 종합이자 연기론적 선정을 십승관행으로 집대성한 것이다.

남북조 이후 수(隋)의 중국 통일시기 시대정신의 흐름을 따라 천태선사는 스승 혜사선사(慧思禪師)와 나가르주나 존자의 뜻을 이어 『마하지관』을 집필하여 원돈지관(圓頓止觀)으로 불교의 모든 실천관을 회통한 것이다.

그러므로 아함의 교설은 천태의 중도론에 의해서 그 뜻이 온전히 드러나고, 아함의 수행관은 천태의 『마하지관』의 열 가지 실천의 수레를 통해 그 빛이 다시 밝혀지니, 이 열 가지 실천의 수레밖에 아함의 뜻이 없다.

십승관행의 첫째 '부사의경계를 살핌'이 다섯 쌓임·열두 들임·열여덟 법의 영역의 실상을 살핌이고, 다섯 쌓임·열두 들임·열여덟 법의 영역이 지금 일어난 한 생각에 갖춰 있으므로, 살핌의 한 생각[能觀一念]으로 한 생각의 실상[所觀一念]을 바로 살펴 생각에서 생각 떠나고 생각 없음에 생각 없음마저 떠나는 것이 곧 부사의경계를 살핌이다.

뒤의 아홉 가지 살핌은 실상 바로 살피는 행[正行]의 돕는 행[助行]이고 차별지이니, 열 가지 실천의 수레가 복잡한 살핌이 아니다. 실천과정의 차제와 법의 문이 여러 가지로 벌어지는 것은 중생 번뇌의 차별에 응하는 것일 뿐 차제가 차제가 아닌 것이니, 실천의 차제를 실체적 차제로 보는 한 선정과 지혜에서 유아론의 닫힌 벽을 넘어설 수 없다.

온갖 존재가 이미 니르바나되어 있음에서 출발한 차제 아닌 차제의 교설 속에서만 지금 닦아감이 온전히 니르바나의 자기현전인 닦음이 되고, 미혹의 중생이 지금 니르바나를 향해 선정과 지혜를 닦되 닦는 그 자리에서 온전히 실천의 행과 공덕을 중생과 역사 진리에 회향하는 삶이 현전할 것이다.

한량없는 파라미타행을 말하고 성문·연각·보디사트바의 지혜를 말해도 본래 고요한 니르바나의 땅에서 연기하여 그 온갖 행이 짓되 지음 없이 다시 법계의 땅에 돌아가는 것이니, 『화엄경』(「십지품」十地品)은 이렇게 말한다.

만약 여래 지혜 얻고자 하면
온갖 허망한 분별 떠나야 한다.

있고 없음 통달해 다 평등하면
사람 하늘 큰 인도자 빨리 지으리.

若有欲得如來智　應離一切妄分別
有無通達皆平等　疾作人天大導師

붇다의 법 잘 행하는 보디사트바는
그 마음이 고요하여 잘 고루고 따라
평등하고 걸림 없음 허공과 같아서
모든 흐린 때를 떠나 바른 도에 머무니
이 빼어난 행 그대는 반드시 들으라.

其心寂滅恒調順　平等無礙如虛空
離諸垢濁住於道　此殊勝行汝應聽

백천억 겁에 모든 착함 닦으며
한량없고 끝없는 붇다께 공양하고
성문과 연각께도 또한 그러해
중생 이익 위해 크나큰 마음을 내네.

百千億劫修諸善　供養無量無邊佛
聲聞獨覺亦復然　爲利衆生發大心

　위 게송의 뜻처럼 보디사트바가 닦는 온갖 착한 일이 허공같이 평
등한 진여의 땅에서 일어난 것이다. 그러므로 인연으로 있는 모든 존
재의 모습뿐만 아니고, 한량없는 갖가지 실천의 이름 보디 이룸과 이
루지 못함에 취할 것이 없어야 본래 고요한 해탈의 땅에 돌아가게 되

는 것이다.

「여래출현품」(如來出現品)은 이렇게 말한다.

어떤 사람이 마음을 변화해 붇다를 지으면
변화와 변화하지 않음의 성품 다름 없듯
온갖 중생이 보디를 이룬다고 하지만
이룸과 이루지 않음에 늘고 줆이 없도다.

如人化心化作佛　化與不化性無異
一切衆生成菩提　成與不成無增減

바르게 위없는 보디 이루신 분은
온갖 법의 진실을 밝게 깨쳐 아시니
둘이 없고 둘을 떠나 다 평등하여라.
자기성품 청정하여 허공 같으니
나와 나 아님에 분별하지 않으시네.

正覺了知一切法　無二離二悉平等
自性淸淨如虛空　我與非我不分別

「여래출현품」은 다시 여래의 과덕이 중도실상인 니르바나의 온전
한 실현일 뿐 한 법도 얻음이 없음을 다음과 같이 노래한다.

비유하면 허공이 시방에 두루하여
물질이나 물질 아님 있음과 있음 아님
삼세 모든 중생의 한량없는 몸과 국토에

이와 같이 널리 있어 끝이 없음과 같네.

譬如虛空遍十方　若色非色有非有

三世衆生身國土　如是普在無邊際

모든 붇다 참된 몸도 또한 이같아
온갖 법계에 두루하지 않음이 없어
볼 수도 없고 취할 수도 없지만
중생을 교화하기 위해 몸을 나투네.

諸佛眞身亦如是　一切法界無不遍

不可得見不可取　爲化衆生而現形

제1장

늘 삼보의 길을 생각해
삼보에 돌아감

"한 법을 닦아 행하고 한 법을 널리 펴야
신통을 이루고 뭇 어지러운 생각을 버리고,
사문의 과덕을 얻어 스스로 니르바나 이룰 것이다.
어떤 것이 한 법인가? 곧 붇다를 생각하는 것이다.
한 법을 닦아 행하고 한 법을 널리 펴야
신통을 이루고 뭇 어지러운 생각을 버리고,
사문의 과덕을 얻어 스스로 니르바나 이룰 것이다.
어떤 것이 한 법인가? 곧 다르마를 생각하는 것이다.
한 법을 닦아 행하고 한 법을 널리 펴야
곧 신통을 이루고 뭇 어지러운 생각을 버리고,
사문의 과덕을 얻어 스스로 니르바나 이룰 것이다.
어떤 것이 한 법인가? 곧 상가를 생각하는 것이다."

세속의 집을 나와 머리를 깎고 몸의 꾸밈거리를 버리고 떨어진 옷을 입고 밥을 빌며 상가의 한 숫자로 사는 것은, 여래의 삶의 자취를 따라 사는 길인가. 붇다라고 하는 빼어난 신비능력자의 구원을 받기 위함인가. 여래가 가르친 길은 그것이 아니다.

집을 나와 사문이 되는 것은 삼보의 진리가 나의 삶의 진실임을 믿고 스스로 자기진실을 체득해 해탈에 이르는 길이다. 곧 여래 안에 성취된 해탈의 결과를 자기 삶의 해탈의 원인으로 삼아, 다시 삼보로 표현된 해탈의 과덕을 스스로 증험하는 길이다. 그 뜻을 경은 붇다를 생각하고 다르마를 생각하고 상가를 생각해서 스스로 온갖 얽매임과 어지러움을 버리고 사문의 과덕을 얻는다고 가르친다.

삼보를 통해 구현해가는 주체적인 실천의 길을 옛 조사들은 '여래의 걷는 곳을 따라 걷지도 말라'[莫向如來行處行]고 가르치고, '바이로차나 붇다의 정수리 위를 높이 걸으라'[高步毘盧頂上行]고 가르친다.

여래를 따라 배워 스스로 보디의 땅에 들어가는 것이 사문의 길이니,『화엄경』(「보현행품」普賢行品)은 말한다.

> 한량없는 여러 붇다의 제자들
> 가르침을 잘 배워 법계에 들어가
> 신통의 힘 모두 자재하여서
> 시방세계에 널리 두루하도다.
>
> 無量諸佛子 善學入法界
> 神通力自在 普遍於十方

곧 여래를 따라 배움은 여래의 위없는 보디가 법계의 진실이며 법계
의 진실은 바로 나의 생각에 생각 없는 사유의 진실임을 믿고 생각에
서 생각 떠나는 길이니, 「입법계품」(入法界品)은 또 이렇게 말한다.

지혜로운 이는 붇다의 보디
이와 같이 오롯이 생각해야 하나
이 사유는 생각하고 말할 수 없어
생각해서는 얻을 수 없어라.

智者應如是　專思佛菩提
此思難思議　思之不可得

보디는 말할 수 없으니
말의 길을 뛰어넘었네.
모든 붇다 이를 좇아 나셨으니
이 법은 사의할 수 없어라.

菩提不可說　超過語言路
諸佛從此生　是法難思議

1 삼보의 법을 닦아야 사문의 과덕에 이르니

여래의 지혜는 세계의 실상인 지혜이다. 그러므로 중생이 미혹과 삼계(三界) 존재의 바다[有海]를 건너려면 세계의 진실을 온전히 회복해 해탈을 구현하신 분의 가르침을 듣고서 믿고 그 길을 따라 다시 스스로 해탈의 저 언덕에 나아가야 한다. 상가공동체의 한 구성원이 되어 사문의 길을 가는 자, 사문 가운데 사문이신 여래의 가르침을 듣고서 망설임과 뉘우침 없이 그 길을 따라 여래 안에서 성취된 세계의 진실을 그 스스로 체달할 때 사문다운 사문이 된다.

사문은 다만 여래의 길을 뒤따라 걷는 자가 아니라, 크신 사문[大沙門] 여래의 행을 온전히 행해 여래의 장엄으로 자신의 삶을 장엄하고 여래의 장엄으로 더불어 사는 세간을 장엄하는 자이다.

그 첫걸음은 여래의 말씀을 온전히 받아 안음에 있으니, 『화엄경』 (「십인품」十忍品)은 이렇게 말한다.

비유하면 세간에 사람이 있어
보배 곳간이 있다고 들으면

보배를 얻을 수 있으므로
마음에 큰 기쁨을 냄과 같네.

譬如世有人 聞有寶藏處
以其可得故 心生大歡喜

마하사트바는 보디 구하여
이 넓고 큰 음성을 들으면
마음 깨끗이 견디고 참을 수 있어
이 법의 소리에 의혹 없도다.

大士求菩提 聞斯廣大音
心淨能堪忍 於此無疑惑

보디에는 또한 취할 보디의 모습이 없으므로 사문은 사문의 행을
닦아 스스로 해탈의 땅에 오르면, 세간의 믿지 못하는 중생에게 다시
그 믿음을 세워주어 세간 중생이 스스로 번뇌의 타는 불을 끄고 보디
를 이루게 한다. 「명법품」(明法品)은 이렇게 말한다.

보디사트바는 닦은 뭇 착한 행으로
널리 중생을 다 성취하기 위하여
무명의 어두움 깨뜨려 번뇌를 없애
마라의 군대를 항복받아서
중생이 모두 보디를 이루게 하네.

菩薩所修衆善行 普爲成就諸群生
令其破闇滅煩惱 降伏魔軍成正覺

붇다·다르마·상가와 실라를 생각하는
한 법으로 이루는 사문의 과덕

붇다를 생각함

이와 같이 들었다.

한때 붇다께서는 슈라바스티 국 제타 숲 '외로운 이 돕는 장자의 동산'에 계셨다.

그때 세존께서 여러 비구들에게 말씀하셨다.

"한 법을 닦아 행하고 한 법을 널리 펴야 신통을 이루고 뭇 어지러운 생각을 버리고, 사문의 과덕[沙門果]을 얻어 스스로 니르바나 이룰 것이다.

어떤 것이 한 법인가? 곧 붇다를 생각하는 것[念佛]이다.

붇다 생각하는 한 법 잘 닦아 행하고 널리 연설해 펴면 곧 신통을 이루고 뭇 어지러운 생각을 버리고, 사문의 과덕을 얻어 스스로 니르바나 이룰 것이다.

그러므로 여러 비구들이여, 이와 같이 한 법을 닦아 행하고 한 법을 널리 펴야 한다.

여러 비구들이여, 반드시 이렇게 배워야 한다."

그때 여러 비구들은 붇다의 말씀을 듣고 기뻐하며 받들어 행하였다.

다르마를 생각함

이와 같이 들었다.

한때 붇다께서는 슈라바스티 국 제타 숲 '외로운 이 돕는 장자의 동산'에 계셨다.

그때 세존께서 여러 비구들에게 말씀하셨다.

"한 법을 닦아 행하고 한 법을 널리 펴야 신통을 이루고 뭇 어지러운 생각을 버리고, 사문의 과덕을 얻어 스스로 니르바나 이룰 것이다.

어떤 것이 한 법인가? 곧 다르마를 생각하는 것[念法]이다.

다르마를 생각하는 한 법 잘 닦아 행하고 널리 연설해 펴면 곧 신통을 이루고 뭇 어지러운 생각을 버리고, 사문의 과덕을 얻어 스스로 니르바나 이룰 것이다.

그러므로 여러 비구들이여, 이와 같이 한 법을 닦아 행하고 한 법을 널리 펴야 한다.

여러 비구들이여, 반드시 이렇게 배워야 한다."

그때 여러 비구들은 붇다의 말씀을 듣고 기뻐하며 받들어 행하였다.

상가를 생각함

이와 같이 들었다.

한때 붇다께서는 슈라바스티 국 제타 숲 '외로운 이 돕는 장자의 동산'에 계셨다.

그때 세존께서 여러 비구들에게 말씀하셨다.

"한 법을 닦아 행하고 한 법을 널리 펴야 곧 신통을 이루고 뭇 어지러운 생각을 버리고, 사문의 과덕을 얻어 스스로 니르바나 이룰 것이다.

어떤 것이 한 법인가? 곧 상가를 생각하는 것[念僧]이다.

상가 생각하는 한 법 잘 닦아 행하고 널리 연설해 펴면 곧 신통을 이루고 뭇 어지러운 생각을 버리고, 사문의 과덕을 얻어 <u>스스로</u> 니르바나 이룰 것이다.

그러므로 여러 비구들이여, 이와 같이 한 법을 닦아 행하고 한 법을 널리 펴야 한다.

여러 비구들이여, 반드시 이렇게 배워야 한다."

그때 여러 비구들은 붇다의 말씀을 듣고 기뻐하며 받들어 행하였다.

실라를 생각함

이와 같이 들었다.

한때 붇다께서는 슈라바스티 국 제타 숲 '외로운 이 돕는 장자의 동산'에 계셨다.

그때 세존께서 여러 비구들에게 말씀하셨다.

"한 법을 닦아 행하고 한 법을 널리 펴야 신통을 이루고 뭇 어지러운 생각을 버리고, 사문의 과덕을 얻어 <u>스스로</u> 니르바나 이룰 것이다.

어떤 것이 한 법인가? 곧 실라(śīla, 戒)를 생각하는 것[念戒]이다. 실라 생각하는 한 법 잘 닦아 행하고 널리 연설해 펴면, 곧 신통을 이루고 뭇 어지러운 생각을 버리고, 사문의 과덕을 얻어 <u>스스로</u> 니르바나 이룰 것이다.

그러므로 여러 비구들이여, 이와 같이 한 법을 닦아 행하고 한 법을 널리 펴야 한다.

여러 비구들이여, 반드시 이렇게 배워야 한다."

그때 여러 비구들은 붇다의 말씀을 듣고 기뻐하며 받들어 행하였다.

• 증일아함 2 십념품(十念品) 一 ～ 四

붇다와 다르마와 상가 그리고 거룩한 계가 출가사문이 보디의 행로에 첫 발뿌리를 대야 할 믿음의 땅[因地]이고 사문이 이르러야 할 과덕의 땅[果地]이다.

여래의 삶에서 증험된 진실의 결과를 자기 삶의 지표와 실천의 원인으로 채택하지 않으면 끝내 그 진실의 결과에 이를 수 없으니, 진실이 아닌 것에서 진실이 나올 수 없기 때문이다.

붇다(Buddha)를 생각하는 한 법은 붇다 안에 성취된 위없는 보디 아누타라삼약삼보디(anuttara-samyak-saṃbodhi)에 돌아감이니, 온갖 거짓과 헛것, 탐욕의 흐름을 다해 샘 없는 지혜를 성취함이다.

다르마(dharma)를 생각함은 곧 붇다 안에서 성취된 지혜를 통해 세계의 진실을 깨달아 니르바나의 성에 들어감이다.

상가(saṃgha)를 생각함은 걸림 없고 막힘없는 법계의 진실 그대로 온갖 다툼과 대립을 떠나 평등과 화해의 삶에 돌아감이고 다툼 없는 사마디를 성취함이다.

실라(śīla)를 생각함은 경계의 모습에 물든 애착의 삶을 돌이켜 범행을 이룸이고, 나와 남을 함께 해탈의 땅에 이끄는 파라미타행에 돌아감이다.

이처럼 삼보를 생각하는 것이 스스로의 진실을 구현하는 행이 되므로, 경은 삼보와 계를 생각하는 한 법이 온갖 환상과 어지러움을 넘어서 사문의 과덕에 이르게 하고 니르바나의 성에 이르게 한다고 가르친다.

붇다의 거룩한 모습을 우러러보고 그 공덕을 생각하되 스스로는 보디에 돌아가지 못하고 니르바나의 진실한 땅에 돌아가지 못하면 참으로 붇다를 생각함[念佛]이 아니다.

『화엄경』(「수미정상게찬품」須彌頂上偈讚品)은 이렇게 가르친다.

설사 백천 겁의 기나긴 세월
늘 여래의 모습을 본다고 해도

진실한 뜻을 의지하지 않고서
세간 건지시는 이 살핀다 하자.

假使百千劫　常見於如來
不依眞實義　而觀救世者

이 사람은 모든 모습 취함이라
어리석음과 미혹의 그물 늘리어
나고 죽음의 감옥에 매이고 묶여
눈 어두워 붇다를 보지 못하리.

是人取諸相　增長癡惑網
繫縛生死獄　盲冥不見佛

온갖 것 아는 지혜의 보디사트바가
앞에서 이미 이와 같이 모든 붇다의
위없는 보디의 법 말해주었으니
나는 그 보디사트바를 따라 듣고서
바이로차나 붇다를 뵐 수 있으리.

一切慧先說　諸佛菩提法
我從於彼聞　得見盧舍那

삼보에 대한 믿음이 길이 굶주림 없애는 길이니

이와 같이 내가 들었다.

한때 붇다께서는 슈라바스티 국 제타 숲 '외로운 이 돕는 장자의 동산'에 계시면서 여러 비구들에게 말씀하셨다.

"네 가지 먹음[四種食]이 있어서 중생을 기르고 네 가지 요소를 거두어 자라게 한다. 어떤 것이 넷인가.

덩이로 먹음[摶食] · 닿아 먹음[觸食] · 뜻으로 먹음[意思食] · 앎으로 먹음[識食]이다.

이와 같이 복과 덕을 윤택하게 하고 편안하고 즐거운 먹음[安樂食]이 있다. 어떤 것이 넷인가.

곧 붇다에 대한 무너지지 않는 깨끗한 믿음과, 다르마와 상가와 거룩한 계율에 대한 무너지지 않는 깨끗한 믿음을 성취하는 것이다.

그러므로 비구들이여, 다음과 같이 이렇게 마음을 가져야 한다.

'나는 붇다와 다르마와 상가에 대한 무너지지 않는 깨끗한 믿음을 성취하고 거룩한 계율을 성취하리라.'"

붇다께서 이 경을 말씀하시자, 여러 비구들은 그 말씀을 듣고 기뻐하며 받들어 행하였다.

- 잡아함 838 식경(食經)

존재는 늘 다른 것을 의지해 자기 정체성을 구성하므로 나만의 나도 없고 실로 있는 탐욕의 대상으로 내 것도 없다. 그러나 미망의 중생은 대상을 내 것으로 취해 존재의 일시적 성취가 사라지면 또다시 대상을 취해 삶의 목마름과 배고픔이 길이 쉬지 못하니, 이것이 중생의 해탈하지 못한 먹음의 생활이다.

덩이밥을 먹되 먹을거리가 공한 줄 알아 먹되 먹음 없고 사물을 알되 앎이 없으면, 알되 앎이 없는 이곳이 길이 무너짐 없는 진리의 땅이고 여래장 다함없는 보디의 식량[[菩提資糧]]이 넘치는 곳이다.

이곳이 삼보와 거룩한 계율의 땅이며 존재의 진실처이니, 그곳을 떠나 다시 그 무슨 환상의 처소를 믿을 것인가.

『화엄경』(「보살문명품」菩薩問明品) 또한 붇다가 보인 복덕의 땅이 온갖 공덕 갖추어 평등하게 중생의 목마름을 없애주고 배고픔 없애줌을 다음과 같이 말한다.

　　비유하면 큰 땅이 하나이지만
　　씨앗 따라 각기 싹을 내어
　　거기에 원수와 친함이 없듯
　　붇다의 복덕의 밭 또한 그러네.

　　譬如大地一　隨種各生芽
　　於彼無怨親　佛福田亦然

　　비유하면 깨끗하고 밝은 거울이
　　빛깔 따라 모습을 나타내듯
　　붇다의 복덕의 밭도 이와 같아서
　　마음 따라 뭇 공덕의 과보를 얻네.

　　譬如淨明鏡　隨色而現像
　　佛福田如是　隨心獲衆報

삼보와 계 생각함이 사마디의 첫걸음

이와 같이 내가 들었다.

한때 붇다께서는 슈라바스티 국 제타 숲 '외로운 이 돕는 장자의 동산'에 계셨다. 그때 세존께서는 여러 비구들에게 말씀하셨다.

네 가지 하늘들[諸天]의 하늘길이 있어서, 깨끗하지 못한 중생은 깨끗하게 하고, 이미 깨끗해진 중생은 더욱더 깨끗하게 한다.

어떤 것이 그 네 가지인가?

곧 거룩한 제자가 여래의 일[如來事]을 이와 같이 생각함이다.

'여래는 공양해야 할 분·바르게 깨친 분·지혜와 행을 갖추신 분·잘 가신 이·세간을 잘 아시는 분·위없는 스승·잘 다루는 장부·하늘과 사람의 스승이며 붇다 세존이시다.'

그는 여래의 일을 생각하고 나면 악한 탐욕을 끊고 마음의 악하여 착하지 않은 잘못을 끊게 된다.

그리고 여래를 생각하므로 마음이 따라 기뻐함을 내고, 마음이 따라 기뻐하면 즐거워지고, 즐거워지고 나면 몸이 편히 쉰다.

몸이 편히 쉬고 나면 즐거운 느낌이 나고, 즐거운 느낌이 나면 사마디의 고요함이 되고, 사마디의 고요함이 되면 거룩한 제자는 이와 같이 배우게 된다.

'어떤 것이 여러 하늘들의 하늘길인가?'

그는 다시 이런 생각을 한다.

'나는 성내지 않는 것이 여러 하늘로 올라가는 하늘길이라고 들었다. 나는 오늘부터 세간의 두려운 것이든 편안한 것이든 그 모든 것에 성냄을 일으키지 않고, 나는 반드시 순일하고 원만하며 깨끗한 여러 하늘들의 하늘길을 받아 지녀야 한다.'

이와 같이 법과 상가와 거룩한 계의 성취에 대해서도 또한 이와 같이 말한다.

붇다께서 이 경을 말씀하시자, 여러 비구들은 붇다의 말씀을 듣고 기뻐하며 받들어 행하였다.

• 잡아함 849 천도경(天道經) ③

• 해설 •

하늘에 오르는 하늘길은 지금 얽매임과 궁핍의 처소를 떠나 해탈과 번영의 땅을 향해 더욱 앞으로 나아감이다. 그것은 어떤 길인가. 삼보와 거룩한 계법 사유하는 길이다.

삼보와 거룩한 계란 존재의 진실을 깨친 분과 보디를 완성하신 분의 진실 그대로의 삶과 행위, 깨달은 진리의 세계에 붙인 거짓 이름이다.

그러므로 삼보를 생각하는 것은 연기의 진실을 생각함이고, 연기의 진실을 생각함은 실로 생각할바 대상의 모습이 공한 줄 알아 비록 대상을 생각하되 생각함이 없는 것이다.

삼보를 생각해 저 보여지는바 존재가 공한 줄 알면 알되 알 것이 없으므로 몸과 마음이 쉬어 늘 사마디가 된다. 곧 삼보를 생각함이 사마디의 길이고, 사마디가 될 때 탐욕과 성냄을 떠나고 온갖 물든 삶의 때를 떠나 삼보로 표현된 연기의 진실이 늘 현전하는 것이다.

그러므로 네 가지 하늘길, 그것이 위태롭고 험난한 삶의 길 가운데 안온한 해탈의 길이 되고 행복과 번영의 길이 되는 것이다.

붇다를 따라 배우는 모든 구도자들이 네 가지 하늘길에 잘 머물면 사마디의 고요함으로 모든 붇다의 경계를 밝히게 될 것이니, 『화엄경』(「입법계품」) 또한 이렇게 말한다.

법이 모습 없음 깨달으므로
그 분을 붇다라고 이름하지만
붇다께서 모습 갖춰 장엄하심은
일컬어 드날려서 다할 수 없네.

以了法無相　是故名爲佛
而具相莊嚴　稱揚不可盡

보디의 길 배우는 이들이
이 모습 없는 법에 머물면
생각생각 사마디에 들어가서
낱낱의 사마디의 문으로
모든 붇다의 경계 밝히게 되리.

佛子住於此　念念入三昧
一一三昧門　闡明諸佛境

2 여래의 일없는 즐거움 따라
니르바나를 향하는 출가수행자

• 이끄는 글 •

『금강경』에 '온갖 모습 떠난 이를 곧 모든 붇다라 이름한다[離一切相卽名諸佛]'고 하였으며, '여래의 위없는 보디에는 위없는 보디라고 이름할 정해진 법이 없다'고 하였다.

그러므로 붇다는 붇다가 아니라 중생으로서 중생의 모습 다한 분이 붇다이고, 여래이되 여래의 모습 없는 이가 붇다이며, 사문으로서 사문의 완성자가 붇다이고, 브라마나로서 브라마나의 완성자가 붇다이다.

중생을 떠나 여래의 보디가 없을 뿐만 아니라, 여래의 길을 떠나 중생의 길이 없고 사문의 길 · 비구의 길이 없다.

출가사문은 집 없는 데로 집을 나왔으나 모습에 모습 없는 여래의 집에 살므로 번뇌의 집 그 얽매임과 집 없는 자의 불안과 방황이 없으며, 여래의 일 여래의 행을 같이 행하므로 여섯 티끌에 물든 번뇌의 일이 없으나 다만 일 없이 사는 자의 적막과 공허도 없다.

사문이라 이름 지어진 구도자의 해탈 여정은 어디에서 어디로 가는 길인가. 그는 여래를 삶을 통해 증험된 니르바나의 땅에 서서 해탈의 언덕을 향해 가니, 그는 가되 감이 없고 이르르되 이르름이 없다.
　옛 사람[修山主]은 말한다.

　　가고 가되 실로 가지 않으나
　　길 가운데서 잘해야 하고
　　오고 오되 실로 오지 않으나
　　길 위에서 이지러뜨려
　　위태롭게 하지 말라.

　　去去實不去　途中好善爲
　　來來實不來　路上莫虧危

끝내 사문이 밟아가는 곳은 어디인가.
옛 사람[大慧]의 다음 한마디를 살펴보아야 하리라.

　　이익이 있든 이익이 없든
　　저잣거리를 떠나지 마라.
　　한 수를 놓아 지내면
　　두 번째에 떨어지리라.

　　有利無利 不離行市
　　放過一著 落在第二

참된 믿음으로 다시 잃을 것 없는
삶의 길에 나아가니

이와 같이 내가 들었다.

한때 세존은 코살라 국의 어느 숲속에 머물고 계셨다.

그때 어느 바라드바자족의 브라마나는 열네 마리의 소를 잃고 마음이 뒤집혀 어지러웠다. 그래서 그 바라드바자 성씨의 브라마나는 소를 찾으러 그 숲으로 들어갔다.

그때 그는 세존이 숲속에 두 발을 맺고 앉아 몸을 바로하고 생각을 바로하여 선정에 드신 것을 보았다.

그래서 그는 세존께 다가가 세존 앞에서 다음과 같은 게를 설하였다.

이 사문에게는 열네 마리 소를 잃고
오늘까지 엿새 동안을 찾아도
찾지 못하는 이런 일은 없을 것이니
이 사문은 편안하고 즐거우리라.

이 사문에게는 지금 밭을 갈아
깨씨를 뿌려놓고는 잡초가 우거질까
걱정하는 이런 일도 없을 것이니
이 사문은 편안하고 즐거우리라.

이 사문에게는 텅 빈 쌀 곳간에
쥐가 끊임없이 그 안에 들끓어
뛰어다니는 일도 없을 것이니
이 사문은 편안하고 즐거우리라.

이 사문에게는 일곱 달째 깔린 멍석에
벼룩과 이가 모이는 일도 없을 것이니
이 사문은 편안하고 즐거우리라.

이 사문에게는 딸 일곱이 모두 과부가 되어
홀로 자식 기르는 일도 없을 것이니
이 사문은 편안하고 즐거우리라.

이 사문에게는 꾸벅꾸벅 졸고 있으면
검버섯투성이의 할멈이 와서
발로 차는 일도 없을 것이니
이 사문은 편안하고 즐거우리라.

그 사문에게는 아침 일찍부터
빚쟁이들이 몰려와 조르는 일 없으니
이 사문은 편안하고 즐거우리라.

얻고 잃음이 없는 사문의 길을 보이심

세존도 역시 게로써 말했다.

브라마나여, 나에게는 열네 마리 소를 잃고
오늘까지 엿새 동안을 찾아도
찾지 못하는 것과 같은 이런 일은 없다.
그러므로 브라마나여 나는 편안하고 즐겁다.

브라마나여, 나에게는 밭을 갈아
깨씨를 뿌려놓고는 잡초가 우거질까
마음 졸여 걱정하는 이런 일도 없다.
그러므로 브라마나여 나는 편안하고 즐겁다.

브라마나여, 나에게는 텅 빈 쌀 곳간에
쥐가 끊임없이 그 안에 들끓어
뛰어다니는 이런 일도 없다.
그러므로 브라마나여 나는 편안하고 즐겁다.

브라마나여, 나에게는 일곱 달째 깔린 멍석에
벼룩과 이가 모여드는 이런 일도 없다.
그러므로 브라마나여 나는 편안하고 즐겁다.

브라마나여, 나에게는 일곱 딸이 과부가 되어
홀로 자식을 기르는 이런 일이 없다.
그러므로 브라마나여 나는 편안하고 즐겁다.

브라마나여, 나에게는 꾸벅꾸벅 졸고 있으면

검버섯투성이의 할멈이 와서
발로 차는 것과 같은 이런 일도 없다.
그러므로 브라마나여 나는 편안하고 즐겁다.

브라마나여, 나에게는 아침 일찍부터
빚쟁이들이 몰려와 조르는 이런 일도 없다.
그러므로 브라마나여 나는 편안하고 즐겁다.

세존의 게송을 듣고 브라마나가 귀의하여 비구가 됨

이 같은 게송을 듣고 이 바라드바자 성씨의 브라마나는 세존께 말씀드렸다.

"좋은 벗 고타마시여, 빼어나십니다. 좋은 벗 고타마시여, 빼어나십니다. 마치 넘어진 것을 일으켜 세우는 것과 같이, 숨겨진 것을 드러내는 것과 같이, 헤매이는 자에게 길을 가르쳐주는 것과 같이, 또는 어두움 속에 등불을 밝히고 '눈 있는 자는 보아라'라고 말하는 것과 같이, 이와 같이 좋은 벗 고타마께서는 여러 가지 방편으로 법을 설하셨습니다.

저는 거룩한 이 고타마와 법과 비구상가에 귀의합니다. 저도 존자 고타마의 밑으로 집을 나와 비구계를 받고자 합니다. 들어주시길 바랍니다."

이리하여 바라드바자라고 불리는 브라마나는 세존의 밑에서 출가하고 비구계를 받을 수 있었다.

비구계를 받고 얼마 지나지 않아 장로 바라드바자는 홀로 한가한 곳에 고요히 머물러 방일하지 않고 부지런히 정진하여, 곧 출가하여 바라는 바대로 위없는 범행을 현세에서 스스로 알고 깨달았다. 그리하여 '나의 태어남은 이미 다하고, 범행은 이미 서고, 지을 바를 이미 지어 다시는 뒤의 있음을 받지 않는다'라고 스스로 알았다.

이리하여 이 바라드바자 성씨를 가진 브라마나 또한 아라한의 한 사람이 될 수 있었다.

• 남전 상응부경전 7. 10. 바부제저(婆富提低)

• 해설 •

잃음과 없어짐의 두려움과 절망은 어디서 오는 것인가.

지금 있는 것, 지금 가진 것을 실로 가진 것이라 보는 집착에서 비롯한다. 지금 가진 것이 실로 가진 것이 아님을 바로 알면, 상실의 고통이 그를 어지럽게 하지 않을 것이며 없어짐의 두려움이 그의 삶을 덮치지 않을 것이다.

저 바라드바자 브라마나는 소 잃고서 숲속에 앉아 좌선하는 세존을 보고 잃을 것 없고 걱정거리 없는 아란야의 행을 물어 세존을 따라 집을 나와, 지금 가진 것이 실로 가진 것 없고 지금 있는 것이 남이 없음을 깨달아 상실과 소멸이 없는 삶의 길을 깨달아 아라한이 되었다.

그러나 사문의 아란야행은 다만 세간의 걱정거리와 번거로움을 피해 고요한 곳에서 그 걱정거리를 다해 얻는 고요함이 아니다. 아란야행은 시끄러움에서 시끄러움 그대로 고요함을 얻고, 지금 더불어 살아감 속의 시끄러움이 공한 줄 알아 세간의 어지러움 가운데서 어지러움을 떠나는 행이다.

그러므로 사문의 멀리 떠남은 멀리 떠나 참으로 세간을 거두는 떠남이고, 그의 걱정거리 없음은 스스로 걱정거리 떠나 고통받는 삶들에게 해탈의 길을 일러주며 세간 중생의 병을 함께 앓는 자비의 길인 것이다.

저 숲속의 비구는 숲속 일이 없나니

이와 같이 내가 들었다.

한때 세존은 코살라 국의 어느 숲에 머무르고 계셨다.

그때 또 '나무장인'[木匠]이라 불리는 바라드바자 성씨를 가진 브라마나는 그 숲에서 일을 하고 있었다.

'나무장인'이라 불리는 바라드바자족의 브라마나는 세존이 한 그루 사알라 나무 아래에서 두 발 맺고 앉아 계신 것을 보았다.

그래서 그는 생각했다.

'나는 이 숲에서 일로써 즐기고 있다. 이 사문 고타마는 대체 무엇을 즐기고 있는 것일까?'

그래서 '나무장인'이라 불리는 브라마나는 세존께 다가가 게로써 세존께 물었다.

> 비구여 그대는 사알라 숲속에서
> 도대체 무엇을 행하려 하는가.
> 오직 홀로 고요한 숲에 사는데
> 고타마시여 무슨 즐거움이 있는가.

세존도 게로써 대답하셨다.

나는 이미 숲에서 해야 할 아무것도 없다.

우거진 덤불숲들은 모조리 잘려졌다.

그러므로 숲에 있어도 번뇌의 숲은 없고

가슴을 찌르는 날카로운 가시 없으며

뉘우침 없어 고요함 홀로 즐긴다.

이와 같이 듣고, '나무장인'이라 불리는 브라마나는 세존께 말씀 드렸다.

"좋은 벗 고타마시여, 빼어나십니다. 좋은 벗 고타마시여, 빼어나 십니다.

마치 넘어진 것을 일으켜 세우는 것과 같이, 숨겨진 것을 드러내 는 것과 같이, 헤매이는 자에게 길을 가르쳐주는 것과 같이, 또는 어 두움 속에 등불을 밝히고 '눈 있는 자는 보아라'라고 말하는 것과 같이, 이와 같이 좋은 벗 고타마께서는 여러 가지 방편으로 법을 설 하셨습니다.

저는 거룩한 이 고타마와 법과 비구상가에 귀의합니다.

오늘부터 목숨 다하도록 변함없이 귀의하는 거룩한 이 고타마의 우파사카가 되고자 합니다. 저를 받아주소서."

• 남전 상응부경전 7. 17, 목장(木匠)

• 해설 •

범부는 들에 살면 들의 일이 있고 숲에 살면 숲의 일이 있고 저자에 살면 저자의 일이 있으나, 여래의 삶에서는 들에 살아도 들의 일이 없고 숲에 살 아도 숲의 일이 없다. 그러나 여래의 일 없음은 일을 끊고 돌아가는 일 없음이 아니라 일에 일 없으므로 일 없되 일 없음의 고요함에도 머묾 없다.

좋은 일을 찾아 끝없이 밖으로 내달리는 세상의 호사가(好事家)와 일을 끊고 고요함을 찾아 좌망(坐忘)의 길을 좇는 명상가들은 세존의 일 없는 뜻을 알지 못하리라.

나무장인은 숲의 고요함 속에서 숲의 일도 보지 않는 여래의 고요함을 따라 우파사카가 되었으니, 그가 곧 세간의 시끄러움 속에서 아란야의 고요함을 아는 자라 할 것이며, 세존을 따라 숲에 사는 사문은 숲에서 숲의 일을 보지 않으니 숲에 살되 저 세간을 버리지 않는 자라 할 것이다.

숲에서 숲을 보지 않고 거리에서 거리를 보지 않는 사문의 발걸음은 어떠한가. 옛 사람[肇法師]은 이렇게 말한다.

> 움직임은 흘러가는 구름과 같고
> 그침은 마치 골짜기와 같네.
> 이미 저것과 이것에 마음 없으니
> 가고 옴에 어찌 모습 두겠는가.
>
> 動若行雲　止猶谷神
> 卽無心於彼此　豈有象於去來

사문 또한 잘 밭 가는 자이니

이와 같이 내가 들었다.

한때 세존은 마가다 국의 다키나기리[南山]에 있는 에카나라[一
葦]라고 하는 브라마나 마을에 머무르고 계셨다.

그때 또 '밭 가는 이'라고 불리는 바라드바자족의 브라마나는 씨앗
을 뿌릴 때가 되자 오백 개의 가래를 준비하여 밭을 갈고 있었다.

그때 세존은 아침 일찍이 가사를 입고 발우를 들고 '밭 가는 이'라
고 불리는 바라드바자족 브라마나가 일하고 있는 곳으로 다가가셨다.

그리고 마침 그 '밭 가는 이'라고 불리는 브라마나는 사람들에게
음식을 나누어주고 있었다. 그때 세존께서는 음식을 나누어주고 있
는 곳으로 다가가서 그 옆에 서 계셨다.

그 '밭 가는 이'라고 불리는 브라마나는 세존이 밥을 빌기 위해 그
곳에 서는 것을 보고 세존께 말했다.

"사문이여, 나는 밭을 갈고 씨를 뿌립니다. 밭을 갈고 씨를 뿌려 그
것으로 먹고 삽니다.

사문이여, 그대도 밭을 갈고 씨를 뿌려야 하오. 밭을 갈고 씨를 뿌
려 그것으로 먹고 살아야 하오."

"브라마나여, 나 또한 밭을 갈고 씨를 뿌리오. 밭을 갈고 씨를 뿌려
그것으로 먹고 사오."

"하지만 우리는 고타마의 멍에도 가래도 고삐도 채찍도 소도 본

적이 없소.

   그런데도 사문 고타마가 '브라마나여, 나 또한 밭을 갈고 씨를 뿌리오. 밭을 갈고 씨를 뿌려 그것으로 먹고 사오'라고 말하는 것은 어째서입니까?"

   그리고 '밭 가는 이'라고 불리는 브라마나는 게로써 세존께 말했다.

> 그대 스스로 밭을 간다 말하지만
> 나는 아직 그대 밭갈이 보지 못했네.
> 내가 그대에게 묻노니 말해보라.
> 어떻게 그대 밭갈이 내가 알 건가.

밭 갈고 씨 뿌려 먹고 살아야 한다는 브라마나의 따짐에 답하심

세존은 게로써 답해 말했다.

> 믿음은 씨앗이고, 계는 적시는 비
> 지혜는 멍에에 매인 가래이고
> 늘 살핌은 자루이고 선정은 줄
> 바른 생각 나의 고삐와 채찍이니
> 몸을 보살피고 마음 보살피며
> 먹을거리 그 양을 잘 조절하여
> 법으로써 거친 풀을 베어내네.

> 즐거이 머무름은 나의 휴식
> 정진은 나를 이끄는 소이니

나를 고요하고 안온함에 이끌어

가서 다시 돌아오는 일 없고

가서 다시 슬퍼하는 일 없네.

이와 같음이 내가 씨 뿌려 가는 일

단이슬의 니르바나는 그 열매이니

나는 늘 이와 같이 밭을 갈아서

모든 괴로움에서 해탈하였네.

세존의 계송을 듣고 브라마나가 귀의하여 우파사카가 됨

이를 듣고 '밭 가는 이'라 불리는 브라마나는 큰 청동 발우에 음식을 한가득 담아 세존께 바치고 말했다.

"거룩한 이 고타마시여, 받아주십시오. 거룩한 이 고타마는 정말 밭을 갈고 계십니다. 거룩한 이께서 밭을 가시려 하는 것은 단이슬의 열매 때문이었습니다."

그러나 세존은 그것을 사양하고 게로써 답했다.

나는 게를 외우고 밥을 얻는 자가 아니다.

브라마나여, 이는 바로 아는 이의 법 아니다.

붇다들은 게를 외워 그 대가 바람 없나니

브라마나여, 법에 의해 사는 것이 바른 도이다.

모든 번뇌 다하여 다시 근심이 없는

위없고 크신 성인께 먹을거리 올리면

공덕을 쌓는 자의 위없는 복밭 되리라.

이와 같이 듣고, '밭 가는 이'라 불리는 브라마나는 세존께 말씀드렸다.

"좋은 벗 고타마시여, 빼어나십니다. 좋은 벗 고타마시여, 빼어나십니다.

마치 넘어진 것을 일으켜 세우는 것과 같이, 숨겨진 것을 드러내는 것과 같이, 헤매이는 자에게 길을 가르쳐주는 것과 같이, 어두움 속에 등불을 밝히고 '눈 있는 자는 보아라'라고 말하는 것과 같이, 이와 같이 좋은 벗 고타마께서는 여러 가지 방편으로 법을 설하셨습니다.

저는 거룩한 이 고타마와 법과 비구상가에 귀의합니다.

오늘부터 목숨 다하도록 변함없이 귀의하는 거룩한 이 고타마의 우파사카가 되고자 합니다. 저를 받아주소서."

• 남전 상응부경전 7. 11, 경전(耕田)

• 해설 •

모든 중생은 먹어야 살고 먹지 않으면 죽는다. 먹을거리를 먹고 오직 자기 것을 늘리는 탐욕만을 키우면 어두운 범부와 축생의 삶이고, 먹을거리를 먹고 업(業)을 일으켜 남을 해치고 죽인다면 지옥의 중생이며, 먹을 것을 먹고 나와 이웃의 기쁨을 늘리면 하늘의 삶이 된다.

붇다는 먹을 것을 먹어도 먹음이 없으므로 그 먹음이 법의 기쁨을 먹음[法喜食]이 되고, 먹을 것을 먹고 일으키는 업에 하되 함이 없지만 하지 않음이 없으니, 붇다의 한 생각은 온통 법계인 한 생각이고 붇다의 업은 온전히 중생과 세계를 보디로 장엄하는 업이다.

붇다의 마음은 마음 아닌 마음이므로 온갖 물질을 거두는 마음이고, 붇다의 몸은 몸 아닌 몸이므로 온갖 마음 온갖 중생을 거두는 몸이다.

붇다는 몸소 밭갈이하지 않지만 생각생각 밭갈이하는 중생 거두지 않음이 없고, 붇다는 몸을 낮춰 법을 빌므로 붇다의 몸 붇다의 걸음걸음 중생 섬김 아님이 없고 중생의 은혜 갚음 아님이 없다.

붇다의 법의 비[法雨]는 높고 낮은 곳 그늘지고 어두운 곳을 가리지 않고 널리 자비의 은택을 입혀, 그 은택을 입은 이가 농부면 그는 농부인 마하사트바가 되고, 상인이면 그는 상인인 마하사트바가 되며, 바깥길 브라마나·사문이면 그는 브라마나 가운데 브라마나가 되고 사문 가운데 사문이 된다.

붇다의 보디의 길은 육체노동이 아니지만 육체노동 아님이 없고, 붇다의 파라미타행은 정신노동이 아니지만 정신노동 아님이 없으니, 붇다의 마음 마음 저 세계를 정토로 가꾸는 물질의 행이 되고, 붇다의 걸음걸음 중생을 보디에로 성숙시키는 마음의 활동이 된다.

스스로 밭갈이해 스스로 먹고 살되 오직 탐욕의 마음으로 나와 내 것을 탐착하고 마음·물질의 진실 알지 못하는 저 브라마나가, 마음·물질이 아니되 마음·물질 아님도 아닌 여래의 보디의 행을 어찌 알 것인가.

참으로 밭갈이해 중생과 세간을 정토로 가꾸는 붇다의 가르침에, 저 브라마나인들 어찌 귀의하지 않을 것인가.

『화엄경』(「범행품」梵行品) 또한 법계 공덕의 땅에 믿음의 씨앗을 뿌려 해탈의 꽃 모습 없는 보디의 과덕으로 세간 중생을 널리 거두어 니르바나에 이끄는 보디사트바의 행을 다음과 같이 가르친다.

보디사트바는 세간 이롭게 하기 위해
크고 넓은 보디의 마음을 내니
그 마음은 시방의 중생과 국토
삼세의 법과 붇다와 보디사트바의
가장 빼어난 바다에 널리 두루하네.

爲利世間發大心　其心普遍於十方
衆生國土三世法　佛及菩薩最勝海

마쳐 다한 허공은 법계와 같으니
그 가운데 있는 온갖 모든 세계에
모든 붇다의 법과 같이 모두 널리 가서
이와 같이 마음을 내 물러나 구름 없네.

究竟虛空等法界　所有一切諸世間
如諸佛法皆往詣　如是發心無退轉

시방세계는 이루 말할 수 없으나
한 생각에 두루 가서 다하지 않음 없이
중생 이익 위해 붇다께 공양하고
시방의 모든 붇다 계신 곳에서
깊고 깊은 보디의 뜻을 묻도다.

十方世界不可說　一念周行無不盡
利益衆生供養佛　於諸佛所問深義

모든 여래께 어버이 같다는 생각 내며
중생을 이롭게 하기 위해 보디의 행 닦아
지혜와 방편으로 법의 곳간 통하여
깊은 지혜의 처소에 들되 집착 없도다.

於諸如來作父想　爲利衆生修覺行
智慧善巧通法藏　入深智處無所著

제2장

집을 나온 사람은 오직 해탈과
니르바나 찾나니

"집을 나온 사람은 밑으로 낮추어 삶을 살아가야 한다.
머리를 깎고 발우를 가지고 집집마다 밥을 빌며 천대를
받기도 한다. 그래도 그렇게 사는 것은 '빼어난 뜻'을
구하기 때문이고, 태어남 · 늙음 · 병듦 · 죽음과, 근심 · 슬픔 · 번민 ·
괴로움을 건너 괴로움의 끝을 마쳐 다하려 하기 때문이다.
여러 잘 행하는 이들이여, 너희들은 왕이나 도적이 시켜서
하는 것도 아니요, 빚진 사람 때문도 아니며, 두려움 때문도 아니요,
목숨을 잃지 않기 위해 집을 나온 것도 아니다.
바로 태어남 · 늙음 · 병듦 · 죽음과, 근심 · 슬픔 · 번민 ·
괴로움을 해탈하기 위해서이다.
너희들은 이 때문에 집을 나오지 않았느냐?"

붇다의 성도(成道) 이후 맨 처음의 교설은 사제법(四諦法)이다.

사제법은 고통에 대한 자각으로부터 출발하여 그 원인을 성찰하며 고통의 원인을 없애는 실천을 통해 해탈이 구현될 수 있음을 보인 교설이다.

사제법은 그대로 붇다 스스로의 출가에서부터 성도까지 삶의 과정의 기록이다.

붇다는 실천적으로 검증되지 않고 반성되지 않은 교조적 이론을 사람들에게 열어 보인 것이 아니다. 붇다의 가르침은 오직 지금 삶 속에서 지각되고 있는 고통, 그 발생의 과정을 거슬러서 스스로 증험한 해탈의 과덕을 열어 보인 것이다. 곧 붇다에 있어서 해탈의 길은 주어진 삶의 실천적 반성의 과정이며, 반성을 통해 고통을 소멸해가는 실천의 인행과 해탈의 과덕을 진술한 것이다.

붇다는 스스로 증험하였고 남에 의해 증험될 수 있는 해탈의 진리, 나에게 성취된 것이 온갖 곳 모든 이들의 삶의 진실의 실현이 되는 법을 있는 그대로 거짓 없이 말했기 때문에 그 가르침이 진리인 것이다.

사제법의 진리관으로 보면 지금 경험되고 있는 것의 연기적 진실 밖에 그 어떤 선험적 진리도 부정된다. 또한 거짓과 환상을 넘어 존재의 진실에 이끌지 못하고 니르바나의 해탈에 향하지 않는 그 어떤 주장도 진실되지 못한다.

여래에게 존재의 진실에 부합된 법의 말[法說]과 니르바나에 이끌고 해탈을 지향하는 언어적 실천[義說]밖에 그 어떤 화려한 관념적 수사도 진실의 가르침이 될 수 없다.

비구·비구니 출가수행자는 붇다의 입장에서 보면 붇다 스스로 증험한 해탈의 길을, 형식과 내용 모두를 그대로 따라 행하기 위해 집이 아닌 데[非家]로 집을 나와[出家] 범행을 닦는 이들이다.

사제법이 보이고 있듯 출가는 오직 지금 중생이 느끼고 있는 고통의 현실적 상황[俗諦]으로부터 니르바나를 구현해가는 길이다. 크신 스승 붇다께서 출가상가의 제자들에게 금한 계를 지키고 사마디를 닦고 보시를 행하고 이웃과 세상에 자비를 행하게 하는 것은 무엇을 위함인가. 그것은 곧 그렇게 행하는 것이 나[我]에 나 없는[無我] 존재의 진실에 맞는 행이 되고 해탈의 행이 되므로 갖가지 실천의 길을 행하도록 하시는 것이다.

미망과 고통의 중생이 다시 해탈과 니르바나에 돌아갈 수 있는 것은 지금 비록 중생이 물들어 있고 윤회의 굴레에 닫혀 있지만, 번뇌와 윤회가 본래 공해, 중생 스스로 이미 나에 나 없는 해탈의 장에 서 있기 때문이다.

다만 붇다의 가르침이 차별되는 것은 사람의 근기와 각기 다른 생활상의 처지에 따라 어떤 때는 현실의 고통[苦諦]에 대한 자각으로 처음 들어가는 문을 삼기도 하고, 어떤 때는 고통의 원인[集諦]인 무명(無明)에 대한 자각으로 들어가는 문을 삼기도 하기 때문이다.

또 어떤 때 여래는 높은 근기의 사람을 위해 여덟 가지 바른 길·여섯 파라미타행의 실천적 행[道諦]으로 들어가는 문을 삼기도 하고, 본래 니르바나되어 있고 해탈되어 있음[滅諦]으로 들어가는 문을 삼기도 한다.

사제의 교설은 고제(苦諦)로부터 출발하는 내용 그대로, 지금 고통 속에 있는 중생의 현실에 대한 자각을 해탈의 법에 들어가는 첫 문으로 삼는다.

그에 비해 십이연기설(十二緣起說)은 나고 죽음의 윤회와 고통의 뿌리인 무명에 대한 자각을 니르바나 성에 들어가는 첫 문으로 삼는다.

그에 비해 보시[dāna]를 설하고 범행(梵行)을 설하며 자비(慈悲)를 말하고 사마디(samādhi)를 말하는 갖가지 교설은 고통을 돌이켜 니르바나에 이르게 하는 실천법을 저 언덕에 건너는[pāramitā] 해탈의 문[解脫門]으로 삼는다.

화엄(華嚴)·법화(法華)·열반(涅槃)의 교설은 이미 온갖 존재가 본래 고요하여[本寂滅], 법계의 진리를 온전히 갖추고 있으며[本具足], 본래 깨쳐 있음[本覺]을 강조하며 본래 니르바나되어 있음으로 해탈의 문을 삼는다.

그러므로 이러한 교설을 중국불교의 교판사상에서는 '온 글자의 가르침'[滿字敎], '두렷한 가르침'[圓敎]이라 한다.

온 글자의 가르침은 본래 니르바나되어 있으므로 닦을 것 없고 얻을 것 없음을 보인 교설이니, 이는 끝내 돌아갈 니르바나의 땅에 이미 서서 다시 그 진리의 땅[實際理地]에 들어감이 없이 들어감[入法界]으로 문을 삼는다.

사제법에서 고제는 인연으로 난 고제라 공하여 남이 없는 고제이니, 중국불교 교판사상으로 보더라도 '반 글자의 가르침'[半字敎]인 아함의 사제설을 떠나 법화·열반의 온 글자의 가르침이 없는 것이다.

여래의 가르침을 듣고 그에 따라 세간 속에서 고통의 현실을 능동적으로 부정하고 번뇌의 집을 나와 여래의 지혜의 바다에 나아가면, 고통의 이 세간과 나의 진실이 곧 여래의 지혜와 니르바나가 된다.

그 뜻을 『화엄경』(「비로자나품」毘盧遮那品)에서는 이미 니르바나

의 땅에 서 있는 붇다가 보디의 바다에 잘 나아가는 구도자에게 주는
찬탄과 격려로 표현한다. 경은 말한다.

거룩하구나 공덕 지혜의 바다여
마음 내 큰 보디에 나아가나니
너는 반드시 붇다의 부사의함을 얻어
널리 중생 위해 의지처되리라.

善哉功德智慧海　發心趣向大菩提
汝當得佛不思議　普爲衆生作依處

너는 이미 바다 같은 큰 지혜를 내서
온갖 법을 모두 두루 깨달았으니
반드시 사유할 수 없는 묘한 방편으로
붇다의 다함없이 행하는 경계 들어가리.

汝已出生大智海　悉能遍了一切法
當以難思妙方便　入佛無盡所行境

1 법을 향해 늘 방일함이 없이 나아가는 비구

• 이끄는 글 •

세간 속박의 짐을 벗고 여래의 집에 들어가면 다시 뉘우침과 망설임이 없어야 하니, 여래의 집은 한량없는 공덕의 곳간이기 때문이다. 한 생각 번뇌의 생각에 생각 없음[無念]을 알아 진여의 문[眞如門]을 열면, 그는 결코 가난한 자가 아니니 진여의 문 안에 한량없는 법의 재물이 가득하기 때문이다.

또한 지혜바다 공덕의 물에 몸이 젖으면 그는 결코 게으르거나 나약함에 빠지지 않으니, 공덕의 물 넘치는 생명수가 늘 삶에 새로운 활력을 주기 때문이다.

『화엄경』(「비로자나품」)은 이렇게 가르친다.

만약 보디사트바가 굳세고 굳세게
모든 빼어난 행을 닦아 행하여
싫증내 물리거나 게으름 없으면
가장 빼어나고 높아 걸림 없는 지혜
이 같은 묘한 지혜 반드시 얻으리.

若有菩薩能堅固　修諸勝行無厭怠
最勝最上無礙解　如是妙智彼當得

복덕의 빛이고 복덕의 깃발인 자
복덕의 곳이고 복덕의 바다인 자
사만타바드라와 같은 크나큰 원에
그대 큰 빛의 구도자 들어가리라.

福德光者福幢者　福德處者福海者
普賢菩薩所有願　是汝大光能趣入

그대는 이 넓고 큰 보디의 원으로
사의할 수 없는 붇다의 바다에 들어
모든 붇다 복의 바다 끝이 없음을
그대는 묘한 지혜로 볼 수 있으리.

汝能以此廣大願　入不思議諸佛海
諸佛福海無有邊　汝以妙解皆能見

집을 나온 이들이여, 너희는 해탈을 위해
집을 나오지 않았느냐

이와 같이 내가 들었다.

한때 붇다께서는 슈라바스티 국 제타 숲 '외로운 이 돕는 장자의 동산'에 계셨다.

그때 대중들 가운데 적은 다툼의 일이 있었다. 세존께서는 여러 비구들을 꾸짖으시고는, 이른 아침에 가사를 입고 발우를 가지고 성으로 들어가 밥을 비셨다.

공양을 마치고 성을 나와 가사와 발우를 거두어 들고 발을 씻은 뒤엔, 안다 숲으로 들어가 한 나무 밑에 앉아 홀로 고요히 이렇게 사유하셨다.

'대중들 가운데 적은 다툼의 일이 있어 나는 여러 대중들을 꾸짖었다. 그러나 그 대중들 가운데 많은 나이 어린 비구들이 아직 집을 나온 지 오래되지 않았다.

그래서 그들은 큰 스승[大師]을 보지 못하면 곧 뉘우치는 마음을 일으키고 시름하고 근심해 즐겁지 않을 것이다.

나는 이미 기나긴 밤에 여러 비구들에게 가엾이 여기는 마음을 가져왔다. 나는 그들을 가엾이 여겨 이제 다시 돌아가 그들을 거두어주어야겠다.'

하늘왕이 새로 배우는 이들 거두어주시길 세존께 권청함

이때 큰 브라흐마왕[大梵王]이 붇다께서 마음속으로 생각하고 계시는 것을 알고 마치 힘센 장사가 팔을 굽혔다 펴는 아주 짧은 시간 동안에 브라흐마하늘에서 사라져 붇다 앞에 나타나 붇다께 말씀드렸다.

"그렇습니다, 세존이시여. 그렇습니다, 잘 가신 이시여.

여러 비구들을 꾸짖으신 것은 적은 다툼 때문이었습니다. 그 대중들 가운데는 많은 나이 어린 비구들이 아직 집을 나온 지 오래되지 않았습니다. 그들은 큰 스승을 뵙지 못하면 곧 뉘우치는 마음을 일으키고 시름하고 근심해 즐겁지 않을 것입니다.

세존께서는 기나긴 밤에 가엾이 여겨 대중상가를 거두어 받아들이셨습니다.

잘 생각하셨습니다. 세존이시여, 지금 곧 돌아가시어 여러 비구들을 거두어주시길 바랍니다."

그때 세존의 마음은 이미 브라흐마하늘을 가엾이 여겼기 때문에 잠자코 허락하셨다. 이때 큰 브라흐마하늘은 붇다 세존[佛世尊]께서 잠자코 허락하신 것을 알고 붇다께 절하고서 오른쪽으로 세 바퀴 두루고 문득 나타나지 않았다.

그때 세존께서 큰 브라흐마하늘왕이 돌아간 지 오래지 않아 곧 제타 숲 '외로운 이 돕는 장자의 동산'으로 돌아오셨다.

니시다나를 펴고 몸을 거두어 바르게 앉아, 얼굴 모습을 조금 나타내 보여 여러 비구들이 와서 뵐 수 있게 하셨다.

이때 여러 비구들은 붇다 계신 곳에 와서 부끄러워하는 빛을 품고 앞에 나아가 붇다의 발에 절하고 한쪽에 물러나 앉았다.

오직 해탈의 길에 나아가는 출가수행자의 길을 설하심

그때 세존께서 여러 비구들에게 말씀하셨다.

"집을 나온 사람은 밑으로 낮추어 삶을 살아가야 한다.

머리를 깎고 발우를 가지고 집집마다 밥을 빌며 천대[嫌呪]를 받기도 한다. 그래도 그렇게 사는 것은 '빼어난 뜻'[勝義]을 구하기 때문이고, 태어남·늙음·병듦·죽음과 근심·슬픔·번민·괴로움을 건너 괴로움의 끝을 마쳐 다하려 하기 때문이다.

여러 잘 행하는 이들이여, 너희들은 왕이나 도적이 시켜서 하는 것도 아니요, 빚진 사람 때문도 아니며, 두려움 때문도 아니요, 목숨을 잃지 않기 위해 집을 나온 것도 아니다.

바로 태어남·늙음·병듦·죽음과 근심·슬픔·번민·괴로움을 해탈하기 위해서이다. 너희들은 이 때문에 집을 나오지 않았느냐?"

비구들이 붇다께 말씀드렸다.

"참으로 그렇습니다, 세존이시여."

붇다께서 비구들에게 말씀하셨다.

"너희 비구들은 이와 같이 빼어난 뜻을 위해 집을 나왔는데, 어떻게 그 가운데 오히려 다시 어떤 어리석은 범부가 있어, 탐욕을 일으키고 아주 물들어 집착함을 내며, 성내고 사나우며, 게으르고 아주 낮고 못나서, 바른 생각을 잃어 안정하지 못하고, 여러 아는 뿌리가 그리 어지러우냐?

비유하면 어떤 사람이 어두움에서 다시 어두움 속으로 들어가고, 캄캄한 곳에서 다시 캄캄한 곳으로 들어가며, 뒷간에서 나왔다가 다시 뒷간에 떨어지고, 피로써 피를 씻으며, 여러 나쁜 행을 버리고 떠났다가 도로 다시 나쁜 행을 취하는 것과 같다.

내가 이 비유를 말하니, 어리석은 비구 또한 이와 같다.

또 비유하면, 시체를 태우는 장작은 무덤 사이에 버려도 나무꾼이 주워가지 않는 것과 같다.

내가 이 비유를 말하였는데도, 어리석은 범부의 비구가 탐욕을 일으키고 아주 물들어 집착함을 내고, 성내고 사나우며, 게으르고 아주 낮고 못나서, 바른 생각을 잃어 안정하지 못하고, 여러 아는 뿌리가 흩어져 어지러운 것 또한 이와 같다."

네 곳 살핌으로 단이슬의 문에 이르도록 당부하심

"비구들이여, 세 가지 착하지 못한 느낌의 법이 있다.

어떤 것이 그 세 가지인가? 탐내는 느낌[貪覺]·성내는 느낌[恚覺]·해치는 느낌[害覺]이다. 이 세 가지 느낌은 모습 취함[想]을 말미암아 일어난다.

어떤 것이 모습 취함인가? 모습 취함에는 한량없는 갖가지가 있으니, 탐냄의 모습 취함[貪想]·성냄의 모습 취함[恚想]·해침의 모습 취함[害想]이 그것이다.

여러 좋지 못한 느낌은 이로부터 생긴다.

비구들이여, 탐냄의 모습 취함·성냄의 모습 취함·해침의 모습 취함과 탐내는 느낌·성내는 느낌·해치는 느낌 및 한량없는 갖가지 좋지 못한 것을 어떻게 해야 마쳐 다해 사리지게 할 수 있는가?

네 곳 살핌[四念處]으로 마음을 잡아매 모습 없는 사마디[無相三昧]에 머물러 닦아 익히고 많이 닦아 익히면, 악하여 착하지 않은 법은 이를 좇아 다 사라지고 남음 없이 길이 다할 것이다.

바로 이 법으로써 잘 행하는 남자와 잘 행하는 여인이 믿음으로 즐겁게 집을 나와 모습 없는 사마디를 닦아 익혀, 닦아 익히고 많이 닦아 익히게 되면 단이슬의 문[甘露門]에 머물고 나아가 단이슬의 니르바나[甘露涅槃]를 마쳐 다하게 될 것이다."

세간법에 취할 것이 있으면 해탈의 길에서 멀어짐을 보이심

"그러나 나는 세 가지 견해[三見]에 의지하는 자에게는 이 단이슬의 니르바나를 말하지 않는다.

어떤 것이 그 세 가지인가? 한 가지 견해를 두어 '목숨[命]이 곧 몸[身]이다'라고 이와 같이 말하는 자와, 다시 '목숨이 다르고 몸이 다르다'고 하는 이와 같은 견해를 가진 자와, 또 '물질[色]이 곧 나[我]로서 둘도 아니고 다름도 없으며 길이 남아 변하지 않는다'고 말하는 자이다.

그러나 많이 들은 거룩한 제자[多聞聖弟子]는 이렇게 사유한다.

'이 세간에 취할 수 있는 어떤 한 법이라도 죄와 허물 없는 것이 있는가?'

이렇게 사유하고 나면, 취할 수 있는 어떤 한 법도 죄와 허물 없는 것을 보지 못하게 된다.

그러니 내가 만약 물질을 취하면 곧 죄와 허물이 있게 된다. 만약 느낌 · 모습 취함 · 지어감 · 앎을 취하면 곧 죄와 허물이 있게 된다.

이렇게 알고 난 뒤에는 곧 모든 세간에서 취할 것이 없게 되고[無所取], 취할 것이 없게 되면 곧 스스로 니르바나를 깨닫는다[自覺涅槃].

그리하여 '태어남은 이미 다하고 범행은 이미 서며, 지을 바를 이미 지어 다시는 뒤의 있음을 받지 않는다'라고 스스로 안다."

붓다께서 이 경을 말씀하시자, 여러 비구들은 붓다의 말씀을 듣고 기뻐하며 받들어 행하였다.

• 잡아함 272 책제상경(責諸想經)

• 해설 •

무엇 때문에 집을 나와 수염과 머리를 깎고 세속의 집이 아닌 상가에서 머물고 있는가. 무엇 때문에 편한 밥을 먹지 않고 발우를 지니고 집집마다 다니며 때로 남의 천대를 받으며 밥을 비는가.

이 물음은 붇다께서 당시 출가해서 부질없는 논쟁을 일삼으며 왕의 일, 세간의 큰 명예와 재물에 관심을 두고, 부지런히 사마디를 닦지 않는 비구들에게 던지는 질문이자, 오늘 이 시대를 사는 출가자 종교인에 던지는 질문이다.

출가는 자발적 결단의 길이다. 큰 권세 가진 이, 폭력을 휘두르는 이가 협박해서도 아니고 빚을 져서 빚쟁이를 피하기 위함도 아니고, 먹고살기 위함도 아니다. 더욱이 이름과 이익 권력을 추구하기 위함도 아니다.

그러나 모여 앉으면 높은 권세 가진 이, 돈 많은 이, 이름 높은 이에 대한 화제로 날을 지새우고 연기의 진리에 맞지 않는 논쟁으로 때를 헛되이 보낸다면, 이것이 어찌 집을 나와 보디를 구하는 이의 삶의 모습일 것인가.

반면 세간의 권세와 재물에 대한 집착은 별로 없다 해도 어떤 신비한 도를 얻거나 영적 능력을 얻어 대중 위에 군림하려 한다면, 이것 또한 세간의 탐욕을 정신의 신비와 출세간(出世間)의 옷으로 겉포장한 것이라 볼 수 있으니, 이것이 어찌 출가의 길인가.

여래가 가르친 빼어난 진리의 뜻[勝義]은 무엇인가.

여래는 온갖 연기된 세간의 모습 그것이 물질적인 것이든 관념적인 것이든 그 모든 것에는 취할 모습이 없으므로 모습[相]에서 모습 취함[取像]이 없어야 모습의 장애 속에서 장애를 벗어난다 가르치신다.

또 모습 취해 일으키는 탐욕과 성냄의 타는 불길을 꺼야 삶의 안락을 누리며 온갖 갈등과 대립의 삶 속에서 평화를 얻을 수 있다 가르치신다.

연기의 법에서는 인연으로 난 모습에 취할 모습이 없으므로 모습 없음에도 머물러야 할 공한 모습이 없는 것이 여래가 가르치신 빼어난 진리의 뜻이다. 그러므로 이 진리의 뜻을 어기면 곧 죄와 허물이 나고, 모습에서 취할 모습을 보지 않으면 곧 죄와 허물에서 벗어나는 것이다.

빼어난 진리의 뜻을 향해 나아가는 자, 그는 비록 떨어진 누더기 옷을 입고 남의 문밖에서 밥을 빌며 살아가되, 단이슬의 문[甘露門]에 들어가 기나긴 밤에 무너지지 않는 법의 재물[法財]을 얻어, 길이 가난에 떨어지지 않고 배고픔에 시달리지 않을 것이다.

그러나 이 세간법이 법자리를 떠나지 않고 세간 모습[世間相]이 늘 머무는 모습[常住相]이니, 빼어난 뜻을 세간법 밖에 구하고 위를 향하는 길을 구해 찾으면 곧 그르치는 것이다. 그렇다 해도 윤회의 굴레에 갇혀 빼어난 뜻 찾지 않으면 번뇌의 땅에 머물러 있는 자이니, 어떻게 빼어난 뜻을 향해 나아갈 것인가.

대혜선사의 어록[大慧語錄]은 옛 사람의 한 노래를 다음과 같이 들어보인다.

    소를 찾으려면 발자취를 찾아야 하고
    도를 배우려면 마음 없음 찾아야 하네.
    소 발자국 있으면 소가 있는 것이고
    마음 없으면 도를 쉽게 찾으리.

    尋牛須訪跡　學道訪無心
    跡在牛還在　無心道易尋

비구는 번뇌의 흐름을 다해
뭇 삶들에게 자비 행해야 하리

이와 같이 들었다.

한때 붇다께서는 슈라바스티 국 제타 숲 '외로운 이 돕는 장자의 동산'에 계셨다. 그때 세존께서 여러 비구들에게 말씀하셨다.

"내가 이제 아주 묘한 법을 말해주겠으니, 이 법은 처음도 좋고 가운데도 좋으며 마지막도 좋아, 뜻과 이치가 깊고 멀며 범행을 두루 갖추어 닦을 수 있는 것이다.

이 경의 이름을 '모든 샘이 있는 법을 깨끗이 함'[淨諸漏法]이라고 하니, 너희들은 잘 사유해 생각하라."

비구들이 대답했다.

"그렇게 하겠습니다, 세존이시여."

번뇌의 흐름 끊는 여섯 가지 방편을 보이심

이때 여러 비구들이 붇다께 가르침을 받아들으니, 세존께서 말씀하셨다.

"그 무엇을 '모든 샘이 있는 법을 깨끗이 함'이라 하는가.

어떤 샘이 있음[有漏]은 보아서[見] 끊어진다.

어떤 샘이 있음은 가까이함[親近]으로 끊어진다.

어떤 샘이 있음은 멀리 여읨[遠離]으로 끊어진다.

어떤 샘이 있음은 즐거워함[娛樂]으로 끊어진다.

어떤 샘이 있음은 바른 몸가짐[威儀]으로 끊어진다.

어떤 샘이 있음은 사유함[思惟]으로 끊어진다.”

보아서 끊음을 가려 보이심

“그 어떤 샘이 있음이 봄[見]으로 말미암아 끊어지는가. 여기에 대해서는 이렇게 말할 수 있다.

범부의 사람이란 성인을 보지 못하면 여래의 법을 따르지 않고, 현성의 법을 보살피지 않으며, 좋은 스승과 벗을 가까이하지 않고 좋은 벗을 따라 일하지 않는다. 그래서 법을 듣고서도 사유해야 할 법은 가려 알지 못하고, 사유하지 않아야 할 것은 사유한다.

거기서 아직 생기지 않은 탐욕의 흐름[欲漏]은 생기고, 이미 생긴 탐욕의 흐름은 더욱 많아지며, 생기지 않은 존재의 흐름[有漏]은 생기고, 이미 생긴 존재의 흐름은 더욱 많아지며, 생기지 않은 무명의 흐름[無明漏]은 생기고, 이미 생긴 무명의 흐름은 더욱 많아진다.

이것이 ‘이 법은 사유하지 않아야 하는데, 사유한다’는 것이다.

그 어떤 법을 ‘이 법은 사유해야 하는데, 사유하지 않는다’고 하는가.

사유해야 할 법이라 함은 생기지 않은 탐욕의 흐름은 생기지 못하게 하고, 이미 생긴 탐욕의 흐름은 없애는 것이다. 또 생기지 않은 존재의 흐름은 생기지 못하게 하고, 이미 생긴 존재의 흐름은 없애는 것이다. 또 생기지 않은 무명의 흐름은 생기지 못하게 하고, 이미 생긴 무명의 흐름은 없애는 것이다.

이것을 ‘이 법은 사유해야 하는데, 사유하지 않는다’고 하는 것이다.

이렇게 ‘사유하지 않아야 할 것을 다시 사유하고, 사유해야 할 것을 다시 사유하지 않음'으로, 생기지 않은 탐욕의 흐름은 생기고, 이미 생긴 존재의 흐름은 더욱 많아지며, 생기지 않은 무명의 흐름은 생기고, 이미 생긴 무명의 흐름은 더욱 많아지는 것이다.

그 사람은 이와 같이 사유한다.

'어떻게 오래고 먼 과거가 있는가, 나에게는 지금 오래고 먼 과거가 있다.'

때로 다시 생각한다.

'오래고 먼 과거는 없다. 어떻게 오래고 먼 과거가 있을 것인가. 누구에게 오래고 먼 과거가 있겠는가. 어떻게 오래고 먼 미래가 있는가. 나에게는 지금 오래고 먼 미래가 있을 것이다.'

또는 다시 말한다.

'오래고 먼 미래는 없다. 어떻게 오래고 먼 미래가 있을 것인가. 누구에게 오래고 먼 미래가 있겠는가. 어떻게 오래고 먼 중생이 있는가. 오래고 먼 이 중생은 어디서 왔는가. 여기서 목숨을 마치면 어느 곳에 날 것인가.'

그 사람은 이 좋지 않은 생각[不祥之念]을 일으켜 곧 여섯 가지 견해[六見]를 일으키고 더욱더 삿된 생각을 낸다.

곧 나가 있다[有我]는 견해로 참으로 이 견해 있음을 살핀다.

나가 없다[無我]는 견해로 참으로 이 견해를 살펴 일으킨다.

나가 있기도 하고 나가 없기도 하다는 견해[有我見無我見]로 그 가운데서 참으로 그 견해를 일으킨다.

또다시 스스로 몸을 살펴 다시 '자기에 대해 보지 않는다'는 이런 견해를 일으킨다.

다시 나 없음[無我]에서 나 없음을 보지 않고 그 가운데서 이런 견해를 일으킨다.

그때에 그는 또 이런 삿된 견해를 일으킨다.

'나[我]라는 것은 지금의 세상이고 또한 뒷세상이며, 늘 세상에 있어 없어지지 않고 변해 바뀌지 않으며 다시 옮겨 움직이지 않는다.'

이를 삿된 견해의 무더기라 하니, 삿된 견해의 재앙·근심·슬픔·괴로움·번민은 모두 이것으로 말미암아 생겨 고쳐 나을 수 없고[不療治], 또한 다시 버릴 수도 없어 괴로움의 근본을 더욱 늘려간다.

이로 말미암아 사문의 행과 니르바나의 길이 되지 못한다.

다시 비구들이여, 현성의 제자는 그 법을 닦되 차례를 잃지 않고 잘 보살피며 좋은 벗과 더불어 함께 일한다. 그는 잘 분별하여 사유하지 않아야 할 법도 잘 알고, 사유해야 할 법 또한 잘 안다.

그래서 그는 사유하지 않아야 할 법은 사유하지 않고 사유해야 할 법은 사유한다.

그는 어떻게 사유하지 않아야 할 법을 사유하지 않는가.

이에 대해서는 이렇게 말할 수 있다. 가령 모든 법에서 아직 생기지 않은 탐욕의 흐름은 생기고, 이미 생긴 탐욕의 흐름은 더욱 많아진다 하자. 또 생기지 않은 존재의 흐름은 생기고, 이미 생긴 존재의 흐름은 더욱 많아진다 하자. 또 생기지 않은 무명의 흐름은 생기고, 이미 생긴 무명의 흐름은 더욱 많아진다 하자.

그는 이것을 '이 법은 사유하지 않아야 할 법이다'라고 하는 것이다.

그는 어떻게 사유해야 할 법을 사유하는가.

이에 대해서는 이렇게 말할 수 있다. 가령 모든 법에서 생기지 않은 탐욕의 흐름은 생기지 않게 하고, 이미 생긴 탐욕의 흐름은 없앤다 하자. 또 생기지 않은 존재의 흐름은 생기지 않게 하고, 이미 생긴 존재의 흐름은 없앤다 하자. 또 생기지 않은 무명의 흐름은 생기지 않게 하고, 이미 생긴 무명의 흐름은 없앤다 하자.

그는 이것을 '이 법은 사유해야 할 법이다'라고 하는 것이다.

그는 사유하지 않아야 할 것은 사유하지 않고, 사유해야 할 것은 사유한다.

그는 이와 같이 사유하여 곧 세 가지 법을 없앤다. 어떤 것이 세 가지 법인가.

몸이 있다는 그릇된 견해[身見], 그릇된 계율에 대한 집착[戒盜], 그리고 의심[疑]이다. 이것을 바로 알고 보지 못하면 샘이 있는 행[有漏行]을 늘리게 되고, 만약 잘 보고 듣고 생각하고 알면 샘이 있는 행을 늘리지 않을 것이다.

이미 알고 보았으면 샘 있음[有漏]이 나지 않을 것이니, 이것을 '번뇌의 흐름이 바로 보아서 끊어지는 것[見所斷]이다'라고 하는 것이다."

공경과 가까이함으로 끊음을 보이심

"어떻게 공경(恭敬)으로 번뇌의 흐름이 끊어지는 것인가.

이에 대해서는 이렇게 말할 수 있다. 비구라면 굶주림과 추위를 견디어 참아야 하고, 바람·비·모기·등에와 욕설과 꾸짖음에 힘들어하고 괴로워하여, 몸이 크게 아파 아주 번민하고 아파서 곧 목숨이 끊어지려 해도 그것을 참아낼 수 있어야 한다.

만약 그렇게 참지 않으면 곧 괴로움을 내게 되고, 만약 그것을 잘 견디어 참으면 이와 같이 그 괴로움이 나지 않는다.

이것을 '이 번뇌의 흐름이 공경으로 끊어진다'고 하는 것이다."

어떻게 가까이함[親近]으로 번뇌의 흐름이 끊어지는 것인가.

이에 대해서는 이렇게 말할 수 있다. 비구라면 마음을 잘 지니어 옷을 받아 그것을 화려하게 꾸밀 마음을 일으키지 않고 다만 그것으로 몸을 버티고 추위와 더위를 없애려 하고 비바람이 몸에 들이치지 않게만 해야 한다. 또 몸을 덮어 밖으로 맨살이 드러나지 않게만 해야 한다.

또 마음을 잘 지니어 때로 밥을 빌어도 거기에 물들어 집착하는 마음을 내지 않고, 다만 몸을 버티어서 묵은 병을 고치고 새 병은 나지 않게 하며, 뭇 행을 잘 보살펴서 닿아 범하는 일이 없게 하여 기나긴 밤에 안온하게 범행을 닦으면서 오래 세상에 살아가려 한다.

또 마음과 뜻을 잘 지니어 앉을 자리를 가까이하고[親近床座] 화려한 옷을 입지 않는다.

다만 굶주림과 추위, 바람과 비, 모기와 등에의 무리를 막아 그 몸을 버티어 도법(道法)을 행하려 한다.

다시 마음을 잘 지니어 의약을 가까이하되 거기에 물들어 집착하는 마음을 내지 않고, 다만 그 의약으로 병을 낫고 몸을 안온하게 하려한다. 그래서 만약 바른 법을 가까이하지 못하면 샘 있음의 걱정거리를 내고, 바른 법을 가까이하면 샘 있음의 걱정거리가 없게 된다.

이것을 '번뇌의 흐름이 가까이함으로 끊어진다'고 하는 것이다."

멀리 떠남과 즐거워함으로 끊음을 보이심

"어떻게 번뇌의 흐름이 멀리 떠남[遠離]으로 끊어지는 것인가.

이에 대해서는 이렇게 말할 수 있다. 비구라면 어지러운 생각을 없애야 하니, 다음과 같다.

마치 사나운 코끼리·낙타·소·말·범·이리·개·뱀·전갈과, 깊은 구덩이, 가파른 언덕과 가시덤불, 벼랑·늪·진창들을 멀리 피하는 것처럼, 나쁜 벗과 같이 일하지 말고 또 나쁜 사람은 서로 가까이 하지 않으며, 깊이 사유해 마음과 머리에 두어서는 안 된다.

그래서 만약 잘 보살피지 않으면 곧 샘 있음을 내게 되고, 잘 보살피면 샘 있음을 내지 않게 된다.

이것을 '멀리 떠남으로 샘 있음이 끊어진다'고 하는 것이다.

어떻게 샘 있음이 즐거워함으로 끊어지는가.

이에 대해서는 이렇게 말할 수 있다. 비구가 탐욕을 내 버리지 못하고 성내는 생각을 일으키고도 버려 떠나지 못하고, 다시 미움의 생각을 일으키고도 버리지 못하여, 만약 그것을 버려 떠나지 못하는 사람은 샘 있음을 내게 된다.

그것을 버려 떠날 수 있는 사람은 곧 샘 있음을 일으키지 않는다.

이것을 '번뇌의 흐름이 즐거워함으로 끊어진다'고 하는 것이다."

바른 몸가짐과 사유함으로 번뇌 끊음을 보이심

"어떻게 번뇌의 흐름이 바른 몸가짐으로 끊어지는가.

이에 대해서는 이렇게 말할 수 있다. 비구가 만약 눈으로 빛깔을 보아도[眼見色] 빛깔이라는 생각을 내지 않고 또 물든 마음을 일으키지 않으면, 눈의 아는 뿌리를 갖추고 또한 빠뜨려 샘이 없어서 눈의 뿌리를 잘 보살피게 된다.

만약 귀로 소리를 듣고[耳聞聲] 코로 냄새를 맡으며[鼻臭香] 혀로 맛을 알고[舌知味] 몸으로 부드러운 닿음을 느끼거나[身知細滑] 뜻으로 법을 알아도[意知法], 전혀 물든 마음을 일으키지 않고 또 모습 취해 집착함을 내지 않으면, 뜻의 아는 뿌리 등을 보살피게 된다.

만약 그 바른 몸가짐을 거두지 않으면 샘 있음의 걱정거리를 내고, 그 바른 몸가짐을 거두면 샘 있음의 걱정거리를 내지 않는다.

이것을 '번뇌의 흐름이 바른 몸가짐으로 끊어진다'고 하는 것이다.

어떻게 번뇌의 흐름이 사유함으로 끊어지는가.

이에 대해서는 이렇게 말할 수 있다. 비구는 생각의 깨달음 법[念覺意]을 닦아 탐욕 없음을 의지하고 물듦 없음을 의지하고[依無欲依無汚] 사라져 다함을 의지해 벗어남의 길을 구한다[依滅盡而求出要].

또한 법 가림의 깨달음 법·정진의 깨달음 법·기쁨의 깨달음 법·쉼의 깨달음·선정의 깨달음 법·버림의 깨달음 법을 닦아 탐욕 없음을 의지하고 물듦 없음을 의지하고 사라져 다함을 의지해 벗어남의 길을 구한다.

만약 이것을 닦지 않으면 샘 있음의 걱정거리를 내고, 만약 이것을 닦으면 샘 있음의 걱정거리를 내지 않는다.

이것을 '번뇌의 흐름이 사유함으로 끊어진다'고 하는 것이다."

번뇌 끊는 여섯 가지 방편을 보이시고 늘 사마디 닦고 자비 행할 것을 당부하심

"만약 다시 비구들이여, 비구 가운데서 모든 번뇌의 흐름이 있으면 봄으로 끊을 것은 보아서 끊고, 공경으로 끊을 것은 공경하여 끊으며, 가까이함으로 끊을 것은 가까이하여 끊어야 한다. 멀리 떠남으로 끊을 것은 멀리 떠나 끊으며, 즐거워함으로 끊을 것은 즐거워함으로 끊으며, 바른 몸가짐으로 끊을 것은 바른 몸가짐으로 끊고, 사유함으로 끊을 것은 사유하여 끊어야 한다.

그러면 이것을 비구여, 온갖 몸가짐을 갖추어 맺음[結]을 끊고 애착을 없애 네 흐름[四流]을 건너서 차츰 괴로움을 벗어나는 것이라 한다.

또 이것을 비구여, '샘이 있는 법을 없애고 모든 붇다 세존들께서 늘 베풀어 보이신 행[常所施行]인 온갖 모습 있는 무리들 사랑해 생각함[慈念一切有形之類]을 지금 바로 이미 베풀어 행한다'고 하는 것이다.

그러니 너희들은 고요한 곳이나 나무 밑을 늘 즐겨 부지런히 더욱 정진하여 게을리하지 말라. 지금 부지런히 더욱 정진하지 않으면 뒤에 뉘우친들 이익이 없다. 이것이 내가 깨우쳐 가르치는 것이다.”

그때에 비구들은 붇다의 말씀을 듣고 기뻐하며 받들어 행하였다.

• 증일아함 40 칠일품(七日品)① 六

• 해설 •

번뇌의 물든 삶이 어떻게 청정해지는가.

탐욕과 그릇된 관념에 물든 삶이 샘이 있음[有漏]이니, 샘이 있음은 여섯 가지로 끊어진다. 봄[見]으로 끊어지고 공경과 가까이함[親近]으로 끊어지며, 멀리 여읨[遠離]으로 끊어지고 즐거워함[娛樂]으로 끊어지며, 바른 몸가짐[威儀]으로 끊어지고 사유함[思惟]으로 끊어진다.

봄으로 끊음이란, 크신 스승을 만나 뵙고 스승으로부터 바른 법을 듣고 스스로 연기의 진실을 바르게 보아서 번뇌의 흐름을 끊음이다.

탐욕의 본질은 있는 것이 공함을 알지 못하는 무명이 그 뿌리이니, 있는 것을 있는 것으로 탐착하여 그것을 늘리어 가지려는 마음이 탐욕이다. 있는 것이 곧 공해 취할 것이 없음을 바로 보아야 탐욕의 흐름·존재의 흐름·무명의 흐름이 다해 그 물든 번뇌의 흐름이 이어가거나 늘어나지 않는다.

존재는 있되 공하고 공하되 있음 아닌 있음으로 있다. 과거·현재·미래의 법도 있음이 있음 아니기 때문에 과거·현재·미래의 서로 이어감이 있을 수 있는 것이니, 삼세의 법에는 취할 법이 없다.

나 없음[無我]은 나 있음에 대한 상대로서 나 없음이 아니라 온갖 존재[我]가 연기이므로 공해 나 없음[無我]이므로 나 없음 또한 공하다.

나에서 나라는 실체가 다하면 나 없다는 견해도 소멸된다. 그러므로 나 없다는 견해와 그 견해를 두지 않는다는 생각도 나지 않으니, 이것이 흐름이 다함이다.

존재에 대한 그릇된 견해가 다할 때 니르바나의 법에 대한 온갖 의심과 망설임이 다하고, 몸을 몸으로 보는 견해와 해탈의 원인이 아닌 그릇된 율법주의에 빠지지 않는다.

공경과 가까이함으로 끊음이란 참기 어려운 두타행(dhūta)을 늘 공경하고 두타행과 아란야행 가까이함으로 번뇌 끊어짐을 말한다.

멀리 떠남으로 끊음이란 나쁜 벗[惡友]을 멀리하고 나쁜 스승[惡知識]의 가르침에서 멀리 떠남으로 번뇌 끊음을 말한다.

즐거워함으로 끊음이란 탐욕의 즐거움을 버려 떠나고 법의 기쁨[法喜]을 즐거워함으로 번뇌의 끊음을 말한다.

바른 몸가짐으로 끊음이란 앎의 여섯 아는 뿌리를 잘 보살펴서 여섯 아는 뿌리가 여섯 티끌경계를 대할 때 모습 취하지 않음으로 번뇌 끊음을 말한다.

사유함으로 끊음이란 일곱 갈래 깨달음 법[七覺支]을 늘 사유해 번뇌 끊음을 말하니, 곧 사마타(śamatha)와 비파사나(vipaśyanā)를 같이 행함[止觀俱行]이다.

이와 같은 여섯 가지 방편으로 번뇌의 흐름을 끊는다는 것은 사유가 끊어져 아무것도 없는 허무와 적막 속에 머무는 것인가.

그릇된 사유의 흐름이 다하면 지혜의 흐름에 들고[入流], 탐욕의 흐름이 다하면 탐욕이 온통 넓고 큰 마음[廣大心]이 되고, 성냄의 흐름이 다하면 크나큰 자비의 마음[大慈悲心]이 현전하니, 번뇌 끊는 행이 그대로 사랑의 생각[慈念]을 행함이고 번뇌 끊는 행이 그대로 크나큰 베풂의 삶이 되는 것이다.

그러므로 고요한 아란야 바위굴속과 나무 밑에 앉아 사마디를 닦되 그 사마디에 탐착하는 자, 그 또한 번뇌의 흐름을 다하지 못한 자이니, 고요하고 고요하면 늘 밝고 밝아야 하는 것이며, 함이 없으면 하지 않음도 없어야 하는 것이다.

여래께서 샘 있음이 다함을 비록 여섯 법으로 나누어 보였지만, 지금 보고 듣고 느끼어 아는[見聞覺知] 마음활동을 돌이켜 살펴 보되 봄이 없고 앎이 없으면 곧 샘이 있음이 다해 온갖 법의 재물과 자비공덕을 갖추게 되니, 조사선(祖師禪)의 가풍에서는 여래의 법문을 이렇게 다시 보인다.

만약 지금 한 생각을 벗어나지 못했으면 발뿌리 밑[脚跟下]을 향해 알고 봄[知見]을 단박 없애라[頓亡知見].
그러면 큰 조사와 더불어 같이 행할 것이니, 아직 이와 같지 못하면 부디 알고 봄[知見] 위를 향해 이르려고 말라.

멀리 떠남에 머물러, 선정 닦는 현성과 가까이하라

이와 같이 내가 들었다.

한때 붇다께서는 슈라바스티 국 제타 숲 '외로운 이 돕는 장자의 동산'에 계셨다.

그때 세존께서는 여러 비구들에게 말씀하셨다.

"중생은 늘 경계와 함께하고 경계와 어울려 합한다.

어떻게 중생이 늘 경계와 함께하고 경계와 어울려 합하는가.

곧 중생은 착하지 않은 마음을 쓸 때에는 좋지 않은 경계와 함께하고, 착한 마음을 지닐 때에는 좋은 경계와 함께한다.

착한 마음을 지닐 때에는 좋은 경계와 함께하고, 물든 마음을 지닐 때에는 물든 경계와 함께한다.

그러므로 여러 비구들이여, 반드시 좋은 경계를 배워야 한다."

그러고는 이 게를 말씀하셨다.

늘 모이므로 언제나 나는 것이니
서로 떠나면 남은 곧 끊어지리.
마치 사람이 작은 나무를 잡고
저 큰 바다로 들어가게 되면
사람과 나무가 함께 빠짐과 같아
게으름과 함께함 또한 그러니

반드시 게으름을 멀리 떠나고
낮고 못난 정진을 떠나야 하리.

현성은 언제나 게으르지 않고
멀리 떠남에 늘 편히 머물러
간절하게 선정에 정진하여서
나고 죽음의 흐름을 뛰어건너네.

아교칠이 칠하는 바탕을 얻고
불이 바람을 만나 잘 타오르며
흰 마노구슬 우유와 빛깔이 같듯
중생이 경계와 같이하여서
서로 비슷한 것들 같이 어울려
늘어나고 자람 또한 다시 그러네.

• 잡아함 446 계경(偈經)

• 해설 •

경계 없는 주체의 마음이 없고 객체 없는 주체가 없다. 또한 마음 없는 경계가 없고 안의 요인이 없는 밖의 여건이 없다.

마음이 바르지 못하면 삿된 경계 물든 경계와 함께하고, 바깥 물든 조건을 가까이하면 안의 주체적 요인 또한 따라 물든다.

어진 이와 가까이하고 시끄러움 멀리 여읜 곳을 가까이하면 어진 이를 따르는 이 또한 현성의 도에 함께 젖어들고, 상가의 아란야를 가까이하는 이의 그 마음도 쉽게 사마디의 마음이 된다.

안과 밖이 모두 공하지만 안의 씨앗이 밖의 조건을 만나 좋은 열매를 이루는 것이니, 연기의 뜻을 잘 알아 연기의 법을 잘 따르면 어두움과 삿됨은 쉽게 사라지고 밝음과 바른 지혜는 쉽게 현전할 것이다.

그러나 마음과 경계가 모두 인연으로 있어서 실로 있지 않음을 가르치는 크신 스승의 가르침을 믿지 않고 믿어 살피지 않으면, 보는 것이 마라의 경계가 되고 보는 마음이 마라의 마음이 되어 닿는 경계[觸境遇緣]마다 의혹을 내고 망설임을 낼 것이다.

번뇌의 집을 나와 현성의 가르침을 믿고 그 믿음의 땅에 굳건히 발을 대고 용맹하게 정진하는 자, 그에게는 저 마라의 경계가 허깨비와 같아서 마라의 경계가 보디의 길[菩提路]이 되어 세간에 자재의 몸 나투게 되니,『화엄경』(「현수품」賢首品)은 이렇게 가르친다.

만약 용맹하게 위없는 도에 머물면
모든 마라의 힘을 꺾어 없애고
만약 모든 마라의 힘을 꺾어 없애면
네 가지 마라의 경계 벗어나리라.

若住勇猛無上道　則能摧殄諸魔力
若能摧殄諸魔力　則能超出四魔境

만약 네 마라의 경계를 벗어나면
물러섬이 없는 지위에 이르게 되고
물러섬이 없는 지위 이르게 되면
남이 없는 깊은 법인 얻게 되리라.

若能超出四魔境　則得至於不退地
若得至於不退地　則得無生深法忍

만약 지혜가 앞에서 이끎이 되어
몸과 말과 뜻의 업에 늘 잃음 없으면

그 원의 힘에 자재함 얻게 되고
널리 모든 길을 따라 몸을 나투리.

若以智慧爲先導　身語意業恒無失
則其願力得自在　普隨諸趣而現身

만약 번뇌가 일어남이 없음을 알아
길이 나고 죽음에 빠지지 않으면
법의 성품 공덕의 몸을 얻게 되고
법의 위력으로 세간에 나투게 되리.

若知煩惱無所起　永不沒溺於生死
則獲功德法性身　以法威力現世間

2 해탈의 길을 걸어 해탈 이루어가는 비구

• 이끄는 글 •

여래를 따라 보디의 길 가는 '비구의 길 사문의 길'은 어떤 것인가.
그 길은 본래 니르바나되어 있는 법계의 땅에서 가되 감이 없이 걸어
해탈의 언덕에 오르는 발걸음이니, 그 걸음걸이를 대혜선사(大慧禪
師)는 옛 사람의 말을 이끌어 다음과 같이 보인다.

잘 말하는 자의 말은 말에 말할 것이 없고
잘 길 가는 자의 자취는 자취에 자취할 것이 없다.
자취에 자취할 것이 없어서 길을 가되 자취가 없고
말에 말할 것이 없어서 말하되 말이 없다.

善言言者　言所不能言
善迹迹者　迹所不能迹
迹所不能　迹無迹
言所不言　言無言

이는 옛 사람[古人]의 말인데, 옛 사람의 말처럼 이미 말이 없고

자취 없으나 운문(雲門, 大慧)의 손에 쥔 부채가 서른세하늘 위에 뛰어올라 인드라하늘왕 콧구멍에 맞고[築著帝釋鼻孔] 동쪽 바다 큰 고기에 한 몽둥이를 치니 비가 동잇물 붓듯 하도다.

끝내 이는 무슨 종지인가.

산이 끊기니 쉬어갈까 생각하고
봉우리 높으니 또 일어나 오네.

山斷疑休去　峯高又起來

이와 같은 사문의 발걸음은 빛깔을 보고 소리 듣는 범부의 일상생활 밖의 기특한 길이 아니나, 어떻게 해야 오고 감이 없되 길 가운데서 위태로움이 없이 잘 오고 갈 수 있는가. 대혜선사는 다시 말한다.

지금 네 바다의 맑기가 거울 같으니
길 가는 이는 길과 원수 되지 말라.

而今四海淸如鏡　行人莫與路爲讐

집착 없애 세찬 흐름 건너가는 이가 비구이니

이와 같이 내가 들었다.

한때 붇다께서는 슈라바스티 국 제타 숲 '외로운 이 돕는 장자의 동산'에 계셨다.

때에 어떤 하늘사람이 얼굴 모습이 아주 묘했는데, 그는 새벽녘 붇다 계신 곳에 와서 붇다의 발에 머리를 대 절하고 한쪽에 물러앉았다. 그러자 그 몸의 여러 밝은 빛이 제타 숲 '외로운 이 돕는 장자의 동산'을 두루 비추었다.

때에 그 하늘사람이 붇다께 말씀드렸다.

"세존이시여, 비구라 하시니 그 비구는 세찬 흐름을 건넙니까."

붇다께서는 말씀하셨다.

"그렇다, 하늘사람이여."

하늘사람은 다시 여쭈었다.

"아무 붙잡아 생각하는 바도 없고 또한 머무는 바가 없어야 세찬 흐름을 건넙니까."

붇다께서는 말씀하셨다.

"그렇다, 하늘사람이여."

하늘사람은 다시 여쭈었다.

"아무 붙잡아 생각하는 바도 없고 또한 머무는 바가 없이 세찬 흐름을 건넌다는 것은 그 뜻이 어떠합니까."

비구의 행을 듣고 하늘사람이 세존을 찬탄함

붇다께서는 말씀하셨다.

"내가 이와 같고 이와 같이 바른 뜻을 안고[如是抱], 이와 같고 이와 같이 곧게 나아가면[如是直進], 곧 물에 떠내려가지 않는다.

이와 같고 이와 같이 바른 뜻을 안지 않고, 이와 같고 이와 같이 곧게 나아가지 않으면, 곧 물에 떠내려간다.

이와 같음을 하늘사람이여, 붙잡아 생각하는 바가 없고[無所攀緣] 머무는 바가 없이[無所住] 세찬 흐름을 건넘이라 한다."

때에 그 하늘사람은 다시 게송으로 말하였다.

오래도록 브라마나 보아왔더니
온전한 니르바나 얻으셨어라.
온갖 두려움을 모두 이미 벗어나
길이 세간 은혜 애착 뛰어나셨네.

그때 그 하늘사람은 붇다의 말씀을 듣고 기뻐하고 따라 기뻐하면서 붇다의 발에 머리를 대 절하고 곧 사라져 나타나지 않았다.

• 잡아함 1267 도류경(度流經)

• 해설 •

모든 행이 덧없다는 것은 존재가 과정으로 주어지며, 존재가 과정으로 주어진다는 것은 존재가 공함을 말한 것이다.

공한 존재의 덧없음은 흐르되 흐름 없음이니, 온갖 존재의 있음에서 있음을 벗어나 붙잡지 않고 취하지 않아야 찰나찰나 덧없는 흐름 속에서 흐름 없는 진여(眞如)에 설 수 있고, 진여에 서서 흐름 없이 흐름을 따를 수 있다.

옛 조사가 '다리는 흐르되 물은 흐르지 않는다'[橋流水不流]고 했으니, 이 뜻을 바로 알아야 여래께서 가르치신 '물에 떠내려가지 않고 흐름 건넌 비구'의 뜻을 알리라.

『화엄경』(「수미정상게찬품」) 또한 범부의 삶은 모습 취함으로 모습에 따라 굴러 세찬 흐름 건너지 못하지만 여래는 머무는 바 없으므로 삼세의 흐름 속에서 늘 고요함을 다음과 같이 가르친다.

범부는 모든 법의 모습을 보아
다만 모습 따라 굴러가므로
법에 모습 없음 밝게 알지 못하고
이 때문에 붇다를 보지 못하네.

凡夫見諸法　但隨於相轉
不了法無相　以是不見佛

무니는 삼세를 떠나되
모든 모습 다 갖추었으니
머무는 바 없음에 머물러
널리 두루해 움직임 없네.

牟尼離三世　諸相悉具足
住於無所住　普遍而不動

결정된 해탈 넓은 해탈 이룬 이가 비구이니

이와 같이 내가 들었다.

한때 붇다께서는 슈라바스티 국 제타 숲 '외로운 이 돕는 장자의 동산'에 계셨다.

때에 어떤 하늘사람이 얼굴 모습이 아주 묘했는데, 그는 새벽녘 붇다 계신 곳에 와서 붇다의 발에 머리를 대 절하고 한쪽에 물러앉았다. 그러자 그 몸의 여러 밝은 빛이 제타 숲 '외로운 이 돕는 장자의 동산'을 두루 비추었다.

때에 그 하늘사람이 붇다께 말씀드렸다.

"비구는 온갖 중생의 집착하는 바[所著]와 모아내는 것[所集]에서 결정코 해탈하고 넓게 해탈하며 아주 넓게 해탈합니까."

붇다께서 하늘사람에게 말씀하셨다.

"나는 온갖 중생이 집착하는 바와 모아내는 것을 다 알아서 결정코 해탈하고 넓게 해탈하며 아주 넓게 해탈하였다."

하늘사람이 붇다께 말씀드렸다.

"비구는 어떻게 온갖 중생이 집착하는 바와 모아내는 것을 알아서 결정코 해탈하고 넓게 해탈하며 아주 넓게 해탈합니까."

집착의 뿌리를 알아 해탈하는 비구행을 듣고 세존을 찬탄함

붇다께서 하늘사람에게 말씀하셨다.

"애착의 기쁨이 사라져 다해 내 마음은 해탈하였다. 마음이 해탈하였으므로 온갖 중생의 집착하는 바와 모아내는 것을 알아서 결정코 해탈하고 넓게 해탈하며 아주 넓게 해탈하였다."

때에 그 하늘사람은 다시 게송으로 말하였다.

　　오래도록 브라마나 보아왔더니
　　온전한 니르바나 얻으셨어라.
　　온갖 두려움을 모두 이미 벗어나
　　길이 세간 은혜 애착 뛰어나셨네.

그때 그 하늘사람은 붇다의 말씀을 듣고 기뻐하고 따라 기뻐하면서 붇다의 발에 머리를 대 절하고 곧 사라져 나타나지 않았다.

• 잡아함 1268 해탈경(解脫經)

• 해설 •

있음을 있음으로 집착하는 번뇌가 고통의 삶을 모아내고 모습에 닫힌 삶을 이룬다. 있음을 있음 아님으로 바로 살펴 고통 모아내는 뿌리를 없애면 안이 공하고 밖이 공하여 안과 밖의 장애가 사라지니, 이 마음이 넓고 큰 마음이요 저 중생을 나 밖의 중생으로 보지 않는 자비의 마음이 된다.

광대한 마음 자비의 마음은 넓고 넓어 밖이 없고 깊고 깊어 안이 없으니, 안이 없고 밖이 없는 이 마음이 결정된 해탈의 마음이고 넓게 해탈하고 아주 넓게 해탈한 마음이다.

누가 이 마음을 성취했고 누가 그 길을 따라 행하는가.

위없는 보디의 완성자 붇다가 그분이시고, 집을 나와 집이 없이 범행을 닦아 현성의 과덕을 이룬 아라한 비구가 바로 그 사람이다.

화엄회상(「입법계품」) 선지식 또한 결정된 해탈에 나아가는 보디사트바를 다음과 같이 격려한다.

그대는 끝없는 때에
시방 온갖 붇다를 뵙고
법을 모두 다 들어서
받아 지녀 잊지 않으리.

汝見無邊際　十方一切佛
皆悉聽聞法　受持不忘失

만약 방편의 바다에 들어가
붇다의 보디에 편히 머물면
크신 인도자 따라 배워서
온갖 것 아는 지혜 이루게 되리.

若入方便海　安住佛菩提
能隨導師學　當成一切智

현성의 바른 길 따르면
험한 길도 저절로 평탄해지리

이와 같이 내가 들었다.

한때 붇다께서는 슈라바스티 국 제타 숲 '외로운 이 돕는 장자의 동산'에 계셨다.

때에 가마다 하늘사람이 얼굴 모습이 아주 묘했는데, 그가 새벽녘 붇다 계신 곳에 와서 붇다의 발에 머리를 대 절하고 한쪽에 물러앉았다. 그러자 온몸의 여러 밝은 빛이 제타 숲 '외로운 이 돕는 장자의 동산'을 두루 비추었다.

때에 그 하늘사람이 붇다께 말씀드렸다.

"매우 어렵습니다, 세존이시여. 매우 어렵습니다, 잘 가신 이여."

바른 배움과 사마디에 머무는 아란야행을 보이심

그때 세존께서는 게송으로 대답하셨다.

　배우는 것은 매우 어렵지만
　계와 사마디를 두루 배워 갖추고
　집 아닌 데로 멀리 떠나 머물면
　한가히 지내 고요하여 즐거우리.

가마다 하늘사람이 말씀드렸다.

"세존이시여, 말 없이 고요하기는 매우 어렵습니다."
그때에 세존께서는 게송으로 대답하셨다.

    배우기 매우 어려운 것을 얻어서
    계와 사마디를 두루 배워 갖추고
    밤낮으로 언제나 오롯이 정진해
    뜻으로 즐겨할 바 닦아 익히라.

가마다 하늘사람이 말씀드렸다.
"세존이시여, 사마디의 마음은 얻기 어렵습니다."
그때에 세존께서는 게송으로 대답하셨다.

    머물기 어려운 사마디에 머물러
    여러 아는 뿌리에 마음이 결정되면
    죽음의 마라가 얽맴 끊어버리고
    거룩한 이 마음대로 나아가리라.

가마다 하늘사람이 다시 붙다께 말씀드렸다.
"세존이시여, 험한 길은 참으로 가기 어렵습니다."
그때에 세존께서는 게송으로 대답하셨다.

    나아가기 어려운 그 험한 길도
    가게 되면 안락하게 나아가리라.
    성인이 아니면 거기 뒤집혀 떨어져

발은 위가 되고 머리는 밑이 되리.
현성은 곧고 바른 길을 타고 가니
험한 길도 저절로 평탄해지리.

붇다께서 이 경을 말씀하시자, 가마다 하늘사람은 그 말씀을 듣고 기뻐하고 따라 기뻐하면서 붇다의 발에 머리를 대 절하고 이내 사라져 나타나지 않았다.

• 잡아함 1313 가마경(迦摩經) ①

• **해설** •

이 고난과 시련이 넘치는 세간의 험난한 길 헤쳐가기 참으로 어렵고, 이 가운데 바르게 나아가는 길 배우기 어렵다.

참된 배움의 길은 배움에 배움을 더해 쌓아가는 길이 아니라 배움에 배움 끊어져 늘 고요하고 고요하되 지을 바를 짓고 함이 없이 할 바를 하는 길이다.

그러므로 그 배움을 어렵다 하나 배워 앎에 실로 알 것이 없는 줄 바로 보면 어려움 속에 쉬움이 있으니, 이와 같이 잘 배우는 이는 계와 사마디 갖춰 삶의 온갖 곤란과 장애 가운데 늘 고요하여 즐거우리라.

뜻이 모습을 향해 내달려 모습을 취하는 것이 뜻으로 즐거할 바가 아니고, 오히려 모습에서 모습 떠남이 뜻의 즐길 바이고 사마디의 길이다.

사마디의 길로 아는 뿌리와 알려지는 경계가 공한 줄 알아 그 뜻이 결정되면 그 사람은 죽음의 마라가 얽매이지 못할 것이고 온갖 모습의 질곡이 그를 가두지 못할 것이다.

온갖 모습 속에서 모습 없는 사마디로 살아가면 높음이 높음이 아니고 낮음이 낮음이 아니라 험한 삶의 굴곡 속에서 곧게 나아가며 온갖 소용돌이 속에서 평탄하고 고요하게 살아갈 것이니, 이 모습 없는 사마디의 마음이 뒤바뀜이 없는 마음이다.

뒤바뀜이 없는 마음[不顚倒心] 해탈의 마음[解脫心]으로 살아가는 이, 그는 이미 본래 니르바나되어 있는 진여의 땅에 서 있는 자이니, 온갖 시련과 곤란의 가시밭길 험한 삶의 행로 속에서 결코 넘어지거나 뒷걸음치지 않고 크고 곧은 길을 걸어[行大直道] 결정코 니르바나의 성에 들어가리라.

눈에 온갖 헛꽃이 사라져 온갖 시련과 난관 속에서 넘어짐 없고 뒤집힘 없이 해탈의 활로를 밟아가는 참사람의 길을 어떻다 말해야 하는가.

옛 사람[大慧]은 이렇게 노래한다.

철위산 꿰뚫어 벗어나서
북두를 남쪽 향해 보도다.

透出鐵圍山　北斗面南看

제3장

수로 본 출가수행자의 바른 길

"여기 세 가지 법이 있다.
그것은 깨달아 알 수 없었고 보지 못했고 듣지 못했으며,
나고 죽음을 오래 거쳐 오면서 일찍이 보지 못했으니,
나나 너희들도 일찍이 보거나 듣지 못했던 것이다.
어떤 것이 세 가지인가. 현성의 계를 말한다.
또 현성의 사마디와 현성의 지혜도 깨달아 알 수 없었고
보지 못했고 듣지 못했던 것이다. 지금 나의 몸처럼 너희들도
현성의 금한 계와 현성의 사마디와 현성의 지혜를
모두 다 깨달아 알아 모두 다 성취한다면
다시는 뒤의 있음을 받지 않을 것이다."

중생의 한량없는 번뇌도 그 뿌리를 따라 들어가면 존재의 연기적 진실을 바로 보지 못하는 근원적 미혹[無明]이 바탕이 되어, 있음에서 있음을 집착하는 미혹과 없음에서 없음을 집착하는 미혹이 갈라져 나와 한량없는 번뇌가 따라 난다.

그처럼 비구가 해탈의 도정에서 닦아야 하는 행 또한 그 뿌리를 거슬러 올라가면, 존재의 진실을 오롯이 살피는 한 생각 지혜가 그 바탕이 된다.

하나인 지혜[一智]에서 그침인 살핌[卽止之觀]과 살핌인 그침[卽觀之止]이 나오고, 세 가지 배움[三學]과 세 가지 해탈[三解脫]이 나오며, 네 곳 살핌[四念處]과 여섯 파라미타[六波羅蜜] 등 한량없는 실천이 나오게 된다.

그런데 존재의 연기적 진실을 살피는 한 지혜에는 살피는바 연기의 실상에 얻을 모습이 없으므로 아는 지혜 또한 자취가 없어서 한 지혜에 지혜의 모습도 없는 것이다.

모습 없는 지혜로 있음에서 있음을 떠나고 없음에서 없음을 떠나면, 매 상황의 변화 속에서 '방편을 세워 인연 따르는 행'[方便隨緣行]이 다함없고 방편 파라미타가 다함없으나, 그 갖가지 파라미타의 행도 얻을 것이 없다.

그것은 연기법에서 온갖 행은 하되 함이 없고 하지 않되 하지 않음도 없기 때문이며, 중생의 집착으로 인해 집착 끊는 갖가지 방편의 이름이 세워졌으나 집착이 원래 공하다면 집착을 끊는 행 또한 모습이 없기 때문이다.

그러므로 비록 비구의 실천행으로 두 법, 세 법, 갖가지 법의 이름이 분별된다 해도 그 법은 셀 수 있는 실체로서의 법이 아니라, 모습 없는 한 지혜의 발현임을 알아야 한다.

중생의 망상으로 인해 참됨의 이름이 세워지고 번뇌로 인해 번뇌 다할 수행의 방편이 세워진 것이니, 망상이 다하면 참됨의 이름도 세울 것이 없다.

옛 사람[大慧]은 다음과 같이 노래한다.

　　망령된 마음으로 뒤바뀌어 모든 업 지으니
　　진리의 수레에 돌이켜 가면 곧 참회함이로다.
　　참됨과 망령됨 두 머리를 모두 벗어남이여
　　바다 남녘 동쪽 언덕이 곧 신라로다.

　　妄心顚倒造諸業　回趣眞乘卽懺摩
　　眞妄兩頭俱透脫　海南東畔是新羅

1 비구가 닦아야 할 한 법[一法]

• 이끄는 글 •

중생의 집착 따라 갖가지 법의 이름을 세우지만 법은 오직 하나의 진실[唯一事實]만이 있다. 하나인 법의 진실을 하나인 법계[一法界]라 하며, 하나인 법계를 온전히 주체화한 지혜가 하나인 보디[一菩提]이다.

말로 말할 수 없는 법계를 살펴 경계와 하나된 지혜를 '사의할 수 없는 한마음'[不思議一心]이라 한다. 성문·연각·보디사트바의 세 수레가 분별되지만, 세 수레는 하나인 붇다의 수레[一佛乘]에서 일어난 방편의 이름이라 삼승은 오직 일승(一乘, eka-yāna)에 돌아가기 위한 삼승이다.

마주해 다스리는 집착에 따라 무명의 번뇌 깨뜨리는 법약의 이름이 때로 정진의 한 법 보시의 한 법이 되지만, 여러 법약의 이름은 하나인 지혜에서 분별된 이름이라 그 자체로 취할 것이 없다. 그러나 하나가 하나 아니어서 하나에서 둘이 분별되는 것이라, 하나 또한 지킬 것이 없다.

옛 조사[僧粲大師]는 이렇게 말한다.

둘은 하나로 말미암아 있으니
하나 또한 지키지 말라.
한 마음도 나지 않으면
만 가지 법에 허물 없도다.

二由一有　一亦莫守
一心不生　萬法無咎

위 뜻을 옛 사람[大慧]은 또한 다음과 같이 노래한다.

진여의 깨끗한 경계에는
하나도 없애 일찍이 두지 않으나
물들고 깨끗한 연을 따라서
열 가지 법계를 이루게 되네.

眞如淨境界　一泯未嘗存
能隨染淨緣　遂成十法界

방일함이 없이 마음 보살펴 해탈의 길 가야 하나니

이와 같이 들었다.

한때 붇다께서는 슈라바스티 국 제타 숲 '외로운 이 돕는 장자의 동산'에 계셨다.

그때 세존께서 여러 비구들에게 말씀하셨다.

"반드시 한 법을 닦아 행하고 한 법을 널리 펴야 한다. 한 법을 닦아 행하고 또 그 한 법을 널리 펴면, 곧 신통(神通)을 얻고 모든 행이 고요해지며, 사문의 과덕을 얻어 니르바나의 세계[泥洹界, nirvāṇa-dhātu]에 이를 것이다."

방일함이 없는 한 행임을 보이심

"어떤 것이 그 한 법인가?

방일함이 없는 행[無放逸行]이다. 어떤 것이 방일함이 없는 행인가? 곧 마음을 잘 보살피는 것을 말한다.

어떤 것이 마음을 잘 보살핌인가?

이에 대해서는 이렇게 말할 수 있다. 비구는 늘 샘이 있음[有漏]과 샘이 있는 법[有漏法]에서 마음을 잘 보살핀다.

그가 반드시 샘이 있음과 샘이 있는 법에서 마음을 잘 지켜 보살피면, 샘이 있는 법에서 기쁨을 얻으며 또한 믿어 즐거움[信樂]이 있게 되어 옮겨 바뀌지 않음에 머문다[住不移易].

그리하여 늘 그 뜻을 오롯이해 스스로의 힘으로 부지런히 힘쓰게 된다.

이와 같이 비구들이여, 그가 방일함이 없는 행으로 늘 스스로 부지런하고 삼가면, 아직 생기지 않은 탐욕의 흐름[欲漏]은 곧 생기지 않게 하고, 이미 생긴 탐욕의 흐름은 곧 사라지게 할 수 있다.

아직 생기지 않은 존재의 흐름[有漏]은 생기지 않게 하고, 이미 생긴 존재의 흐름은 곧 사라지게 할 수 있다.

또 아직 생기지 않은 무명의 흐름[無明漏]은 곧 생기지 않게 하고, 이미 생긴 무명의 흐름은 곧 사라지게 할 수 있다.”

교만 없는 마음 살피는 행으로 해탈함을 보이심

“비구들이여, 저 방일함이 없는 행으로 ‘한가하고 고요한 한곳’[閑靜一處]에서 늘 스스로 깨달아 알고 스스로 노닐면, 탐욕의 흐름에서 마음이 해탈하고 존재의 흐름에서 마음이 해탈하며 무명의 흐름에서 마음이 해탈한다.

이미 해탈하고 나면 곧 해탈의 지혜를 얻어, 나고 죽음은 이미 다하고 범행은 이미 서며, 지을 바를 이미 지어 다시는 뒤의 있음 받지 않는다는 것을 진실 그대로 알게 된다.”

그때 세존께서 곧 게송으로 말씀하셨다.

교만 없음은 단이슬의 자취요
방일한 행은 죽음의 지름길이네.
교만 없으면 곧 죽지 않게 되고
교만한 사람은 곧 죽게 되리라.

"그러므로 여러 비구들이여, 반드시 방일함이 없는 행 닦아 행할 것을 생각해야 한다.

이와 같이 여러 비구들이여, 반드시 이렇게 배워야 한다."

그때 여러 비구들은 붇다의 말씀을 듣고 기뻐하며 받들어 행하였다.

• 증일아함 10 호심품(護心品) —

• 해설 •

생각에 생각 없되 생각 없음에도 머물지 않는 행에는 세간법의 있음[有]에 물든 마음의 흐름과 공(空)에 빠진 미혹이 모두 없어서 길이 무명의 흐름[無明漏]을 떠나게 된다.

중생의 번뇌와 미혹도 연기된 것이라 공하다. 그러므로 중생의 물든 마음도 이미 니르바나되어 있어서 파리니르바나를 온전히 성취한 여래와 나의 번뇌법이 다르지 않으니, 참으로 잘 행하는 비구는 현성에 대해서 비굴한 마음[退屈心]을 내지 않는다. 그러나 번뇌가 공하되 번뇌와 무명이 없지 않으므로 여래의 가르침을 믿고 여래가 보이신 방편의 배를 타지 않으면 존재의 바다를 건널 수 없으니, 그는 여래와 앞선 현성들께 깊은 공경의 마음[恭敬心]을 낸다.

그는 현성에 대해 공경하는 마음을 내되 비굴한 마음이 없고, 아직 법의 흐름에 들지 못한 중생에 대해서도 그들보다 내가 낫다는 마음 높다는 마음[增上慢]을 내지 않는다. 그러므로 여래는 교만 없이 악을 끊음 없이 잘 끊는 자가 단이슬의 니르바나에 나아가는 자라고 가르치시고, 교만해 방일한 자 그는 '죽음에 이르는 지름길로 가는 자'라고 가르치신다.

자기 존재의 진실이 여래의 보디와 둘이 없다는 두터운 믿음으로 비굴한 마음과 교만한 마음의 두 치우침을 떠나고, 생각을 돌이켜 살펴[反觀心念] 생각에서 생각 떠나 그 마음의 뜻을 오롯이하는 자, 그가 온갖 번뇌의 흐름에서 해탈한 사람이고 교만의 때가 없이 중생을 섬김으로써 섬김 받는 아라한이다.

마음 오롯이하는 한 법으로
니르바나의 땅에 이르러야 하니

이와 같이 들었다.

한때 붓다께서는 슈라바스티 국 제타 숲 '외로운 이 돕는 장자의 동산'에 계셨다.

그때 세존께서 여러 비구들에게 말씀하셨다.

"만약 어떤 비구가 한 법을 닦아 행하면 나쁜 세계[惡趣]를 부수지 못하여 두 곳에 나아가지 못하게 되니, 하나는 좋은 곳에 나아감이고, 또 하나는 니르바나에 나아감이다.

어떤 한 법을 닦아 행하면 나쁜 세계를 부수지 못하는가.

곧 마음에 두터운 믿음이 없는 것[心無篤信]이니, 이것을 '한 법을 닦아 행하면 나쁜 세계를 부수지 못한다'고 하는 것이다."

니르바나에 이르는 한 법을 닦게 하심

"어떻게 한 법을 닦아 행하면 좋은 곳[善處]으로 나아가는가. 곧 마음으로 두터운 믿음을 행하는 것[心行篤信]이니, 이것을 '한 법을 닦으면 좋은 곳에 나아갈 수 있다'고 하는 것이다.

어떻게 한 법을 닦으면 니르바나에 이를 수 있는가. 곧 늘 마음의 생각을 오롯이하는 것[恒專心念]을 말하니, 이것을 '한 법을 닦으면 니르바나에 이를 수 있다'고 하는 것이다.

그러므로 비구들이여, 이것을 '마음의 뜻을 오롯이하여[專精心

意] 모든 착함의 바탕을 생각한다'고 하는 것이다.

이와 같이 여러 비구들이여, 반드시 이렇게 배워야 한다.”

그때에 비구들은 붓다의 말씀을 듣고 기뻐하며 받들어 행하였다.

• 증일아함 10 호심품 九

• 해설 •

해탈과 니르바나에 이르는 비구의 한 행은 무엇인가.

연기법의 진실을 살피는 마음의 생각을 오롯이 함이다. 마음의 생각을 오롯이 함이란 무엇인가.

생각으로 연기의 진실을 사유할 때 사유하는바 연기법의 진실은 오직 생각인 법이지만, 생각인 법이 있되 공해 취할 수 없고 얻을 수 없다. 그러므로 법의 진실[如眞相] 그대로의 생각은 생각하되 생각 없는 생각[無念之念]이니, 생각하되 생각 없음이 생각을 오롯이 함이다.

뒷생각[後念]으로 앞생각[前念]을 돌이켜 살펴 생각에 생각 없음을 바로 보아 늘 고요한 마음을 잘 보살피는 것이 방일함이 없는 행이고, 샘이 있는 법 가운데서 생각이 그 법을 취하지 않으면 물듦 없는 마음의 즐거움과 흔들림 없는 믿음을 얻어, 덧없는 세간법의 흐름 속에서 옮겨 바뀌지 않게 된다.

곧 생각을 돌이켜보아 생각에서 생각 떠남[於念離念]이 세간의 흐름 속에서 고요한 진여바다[眞如海]에 서 있음이고, 생각 없되 생각 없음도 없음[無念而無無念]을 살펴 생각 없는 생각이 현전하면 진여바다를 떠나지 않고 세간법의 흐름을 따르는 것이니, 그 마음은 잠깐도 방일함이 없는 것이다.

방일함이 없는 정진으로 생각이 법계인 생각이 되면, 여래의 공덕으로 스스로를 장엄하고 니르바나의 공덕으로 이 세간을 장엄하는 자이니, 그가 함이 없이 정토를 장엄하는 마하사트바 보디사트바이다.

사마타의 한 법 생각하라

이와 같이 들었다.

한때 붇다께서는 슈라바스티 국 제타 숲 '외로운 이 돕는 장자의 동산'에 계셨다.

그때 세존께서 여러 비구들에게 말씀하셨다.

"한 법을 닦아 행하고 한 법을 널리 펴면, 곧 신통을 이루고 뭇 어지러운 생각을 버리며, 사문의 과덕을 얻어 스스로 니르바나 이룰 것이다.

어떤 것이 한 법인가? 곧 휴식을 생각하는 것[念休息]이다. 반드시 그 한 법 잘 닦아 행하고 널리 연설해 펴면, 곧 신통을 이루고 뭇 어지러운 생각을 버리고, 사문의 과덕을 얻어 스스로 니르바나 이룰 것이다.

그러므로 여러 비구들이여, 이와 같이 한 법을 닦아 행하고 한 법을 널리 펴야 한다.

여러 비구들이여, 반드시 이렇게 배워야 한다."

그때 여러 비구들은 붇다의 말씀을 듣고 기뻐하며 받들어 행하였다.

• 증일아함 2 십념품(十念品) 七

사마타(śamatha)는 쉼이고 고요함이다. 사마타는 비파사나(vipaśyanā) 없는 사마타가 없으니, 나의 이 몸이 있되 공하고 보여지는바 빛깔에 실로 볼 것이 없는 줄 살펴 아는 바[所知]가 공한 줄 깨달으면, 아는 마음[能知]이 따라서 고요해짐이 사마타이다. 사마타의 한 법이 사문의 과덕을 이룰 것이니, 휴식을 생각하는 한 법이 사문의 과덕을 얻는 첫걸음이 된다.

아함의 다른 곳에서 붇다는 사문의 뜻을 다음 사마타의 게송으로 보인다.

온갖 모든 법 가운데는
인연이라 공해 주인이 없네.
마음을 쉬어 본원을 통달하니
그러므로 사문이라 이름하도다.

一切諸法中　因緣空無主
息心達本源　故號爲沙門

이 게송을 천태선사는 그의 『수습지관좌선법요』(修習止觀坐禪法要)에서 '진제를 체달해 그침'[體眞止]으로 보아 다음과 같이 풀이한다.

마음이 생각하는바 온갖 법의 모습이 모두 인연 따라 생겨나 자기성품 없음을 알면 마음이 취하지 않게 된다. 만약 마음이 취하지 않으면 망념의 마음이 쉬게 된다. 그러므로 그침[止, śamatha]이라 이름한다.

비파사나의 한 법 생각하라

들고 나는 숨을 생각함

이와 같이 들었다.

한때 붇다께서는 슈라바스티 국 제타 숲 '외로운 이 돕는 장자의 동산'에 계셨다.

그때 세존께서 여러 비구들에게 말씀하셨다.

"한 법을 닦아 행하고 한 법을 널리 펴면, 곧 신통을 이루고 뭇 어지러운 생각을 버리며, 사문의 과덕을 얻어 스스로 니르바나 이룰 것이다.

어떤 것이 한 법인가? 곧 아나파나(ānāpāna, 出入息)를 생각하는 것[念安般]이다. 반드시 그 한 법 잘 닦아 행하고 널리 연설해 펴면, 곧 신통을 이루고 뭇 어지러운 생각을 버리며, 사문의 과덕을 얻어 스스로 니르바나 이룰 것이다.

그러므로 여러 비구들이여, 이와 같이 한 법을 닦아 행하고 한 법을 널리 펴야 한다.

여러 비구들이여, 반드시 이렇게 배워야 한다."

그때 여러 비구들은 붇다의 말씀을 듣고 기뻐하며 받들어 행하였다.

몸의 덧없음을 생각함

이와 같이 들었다.

한때 붇다께서는 슈라바스티 국 제타 숲 '외로운 이 돕는 장자의 동산'에 계셨다.

그때 세존께서 여러 비구들에게 말씀하셨다.

"한 법을 닦아 행하고 한 법을 널리 펴면, 곧 신통을 이루고 뭇 어지러운 생각을 버리며, 사문의 과덕을 얻어 스스로 니르바나 이룰 것이다.

어떤 것이 한 법인가? 곧 이 몸의 덧없음을 생각하는 것[念身非常]이다. 반드시 그 한 법 잘 닦아 행하고 널리 연설해 펴면, 곧 신통을 이루고 뭇 어지러운 생각을 버리며, 사문의 과덕을 얻어 스스로 니르바나 이룰 것이다.

그러므로 여러 비구들이여, 이와 같이 한 법을 닦아 행하고 한 법을 널리 펴야 한다.

여러 비구들이여, 반드시 이렇게 배워야 한다."

그때 여러 비구들은 붇다의 말씀을 듣고 기뻐하며 받들어 행하였다.

죽음을 생각함

이와 같이 들었다.

한때 붇다께서는 슈라바스티 국 제타 숲 '외로운 이 돕는 장자의 동산'에 계셨다.

그때 세존께서 여러 비구들에게 말씀하셨다.

"한 법을 닦아 행하고 한 법을 널리 펴면, 곧 신통을 이루고 뭇 어지러운 생각을 버리며, 사문의 과덕을 얻어 스스로 니르바나 이룰 것이다.

어떤 것이 한 법인가? 곧 죽음을 생각하는 것[念死]이다. 반드시 그 한 법 잘 닦아 행하고 널리 연설해 펴면, 곧 신통을 이루고 뭇 어지러운 생각을 버리며, 사문의 과덕을 얻어 스스로 니르바나 이룰 것이다.

그러므로 여러 비구들이여, 이와 같이 한 법을 닦아 행하고 한 법을 널리 펴야 한다.

여러 비구들이여, 반드시 이렇게 배워야 한다."

그때 여러 비구들은 붇다의 말씀을 듣고 기뻐하며 받들어 행하였다.

• 증일아함 2 십념품(十念品) 八 ～ 十

• 해설 •

온갖 어지러움을 떠나 생각이 한 법에 오롯이하지 못하면 그 마음이 고요해지지 못한다. 그러므로 사문은 때로 들고 나는 숨[出入息, ānāpāna]을 살펴 비파사나를 닦고, 때로 이 몸이 덧없어 취할 것 없음을 살펴 비파사나를 닦는다.

이 몸이 덧없어 취할 것이 없으면 이 몸이 오되 옴이 없고 나되 남이 없는 것이다. 지금 이 몸이 실로 있다는 집착이 있으므로 죽음의 두려움이 있게 되지만, 몸이 몸 아님을 통달하면 이 몸이 죽되 죽음이 없는 것이니, 이것이 곧 죽음[死]을 생각하는 비파사나이다.

비파사나의 한 생각[能觀智]이 지극해져 살피는바[所觀境] 숨[息]이 오되 옴이 없고 죽음[死]에 죽음 없는 줄 알면, 곧 비파사나가 비파사나인 사마타가 될 것이다. 살피는 그 마음이 비파사나인 사마타가 되면, 마음은 늘 고요하되 밝고 밝되 고요해질 것이니, 이 고요하되 밝은 마음이 니르바나의 문이 될 것이다.

천태선사의 『수습지관좌선법요』는 다음과 같이 비파사나가 사마타가 됨을 보인다.

두 번째는 참모습을 바로 살핌[正觀]이니, 온갖 법에 모습이 없어서 존재가 인연으로 생겨남을 살핌이다. 인연으로 생겨났으므로 자기성품 없음[無性]이 바로 존재의 실상이니, 먼저 살피는바 경계[所觀之境]가 모두 공한 줄 사무쳐 알면, 살피는 마음이 저절로 일어나지 않는 것이다.

앞뒤의 글이 모두 이 이치를 말하고 있으니, 스스로 이것을 상세히 살펴보아야 한다.

위의 뜻은 경의 다음 게의 말씀과 같다.

온갖 법은 굳세 단단하지 않으니
늘 생각 가운데 두어 살펴라.
이미 공함을 아는 자에게는
온갖 것에 모습 취하는 생각 없다.
諸法不牢固 常在於念中
已解見空者 一切無想念

화엄회상(「입법계품」) 선지식 또한 구도자에게 비파사나가 사마타가 되고 비파사나와 사마타의 하나됨이 널리 중생 건지는 해탈의 행이 됨을 이렇게 보인다.

법의 성품 허공같음 밝게 통달해
널리 삼세가 다 걸림 없음에 들어가네.
생각생각 온갖 경계 붙잡아 생각하되
마음마음 길이 모든 분별 끊도다.
了達法性如虛空 普入三世皆無礙
念念攀緣一切境 心心永斷諸分別

온갖 법의 참모습 살피고 사유하면

모든 법의 성품 밝게 알아 깨쳐드니
이와 같이 붇다의 지혜 닦아 행하면
중생 널리 교화해 해탈케 하리.

觀察思惟一切法　了知證入諸法性
如是修行佛智慧　普化衆生令解脫

한량없는 시방 중생 나고 죽는 곳의
빛깔 있고 빛깔 없으며 생각 있고 없는
모든 중생 따라 세속을 밝게 알아
그 중생들 바른 법으로 이끌어서
보디의 길에 모두 다 들게 하도다.

十方衆生生死處　有色無色想無想
隨順世俗悉了知　引導使入菩提路

2 비구가 배워야 할 두 가지 법[二法]

법의 수[法數]가 있되 공하므로 때로 한 법[一法]으로 해탈의 법을 말하기도 하고, 하나를 늘려 두 가지 법[二法]으로 말하기도 한다. 그러므로 선정을 디야나(dhyāna)의 한 법으로 보이기도 하고, 사마타와 비파사나 두 가지 법으로 보이기도 하고, 삶을 복과 지혜[福智] 두 장엄(莊嚴)으로 보인다.

보시(布施)를 법과 재물 두 보시로 보이며, 진리의 먹음[法食]을 법의 기쁨을 먹음[法喜食]과 선정의 기쁨을 먹음[禪悅食]으로 보이기도 한다. 또한 해탈을 마음의 해탈[心解脫]과 지혜의 해탈[慧解脫]로 보이기도 하며, 지혜를 근본지(根本智)와 차별지(差別智)로 보이기도 한다.

이 두 가지로 분별된 해탈의 법이 모두 여래의 하나인 보디[一菩提] 하나인 법의 몸[一法身]을 떠나지 않는 것이니, 하나와 둘을 모두 취하지 않아야 한다.

『화엄경』(「야마천궁게찬품」夜摩天宮偈讚品)은 말한다.

중생이 중생임과 중생이 아님
둘은 모두 진실이 없네.
이와 같이 모든 법의 성품
진실한 뜻 모두 있지 않네.

衆生非衆生　二俱無眞實
如是諸法性　實義俱非有

비유하면 나고 사라지는 모습
갖가지가 다 실답지 않음 같이
모든 법이 또한 이와 같아서
자기성품이 있지 않네.

譬如生滅相　種種皆非實
諸法亦復然　自性無所有

니르바나는 취할 수 없으나
말할 때는 두 가지가 있네.
모든 법 또한 다시 그러해
분별하므로 다름이 있네.

涅槃不可取　說時有二種
諸法亦復然　分別有殊異

짐승의 왕 사자와 아라한을 배우라

이와 같이 들었다.

한때 붇다께서는 슈라바스티 국 제타 숲 '외로운 이 돕는 장자의 동산'에 계셨다.

그때 세존께서 여러 비구들에게 말씀하셨다.

"이 세상에 있는 두 사람은 우레와 번개와 벼락이 치는 것을 보고도 두려워하지 않는다.

어떤 것이 그 둘인가? 짐승의 왕 사자(獅子, siṃha)와 번뇌의 흐름이 다한 아라한(Arhat)이다.

이것을 비구들이여, '두 사람이 이 세간에서 우레와 번개와 벼락이 치는 것을 보고도 두려워하지 않는다'고 말하는 것이다.

그러므로 여러 비구들이여, 반드시 번뇌의 흐름 다한 아라한을 배워야 한다.

이와 같이 여러 비구들이여, 반드시 이렇게 배워야 한다."

그때 여러 비구들은 붇다의 말씀을 듣고 기뻐하며 받들어 행하였다.

• 증일아함 19 권청품(勸請品) 四

• 해설 •

세간의 온갖 두려운 경계 속에서 두려움 내지 않는 두 사람으로 아라한과 짐승의 왕 사자를 들고 있으나, 사자는 아라한의 두려움 없는 삶을 비유한 것이다.

왜 아라한이 두려워하지 않는가. 그는 존재의 공한 진실을 바로 알아 온갖 법을 취하지 않으므로 길이 잃을 것이 없기 때문이다.

왜 아라한이 가장 풍요로운가. 그는 존재의 진실처인 니르바나의 성안에 한량없는 법의 재물이 가득한 줄 알아 해탈의 묘용[解脫妙用]을 다함없이 쓰기 때문이다.

두려움 없고 가장 넉넉한 자, 그는 이 험난한 세간의 넓은 들판을 노닐어 다니며 사자처럼 외쳐 법을 설하니 그가 세간의 복밭인 아라한이다.

아라한 가운데 아라인 세존을 『화엄경』(「여래출현품」) 또한 다음과 같이 사자로 비유한다.

> 열 가지 힘 그 공덕 끝이 없으니
> 마음의 뜻으로 헤아려 미칠 수 없네.
> 사람 가운데 사자왕의 한 법문은
> 저 중생 억겁 되어도 알 수 없어라.
>
> 十力功德無邊量　心意思量所不及
> 人中師子一法門　衆生億劫莫能知

비구여, 삶의 풍요를 이루게 하는
두 가지 법을 배우라

이와 같이 들었다.

한때 붇다께서는 슈라바스티 국 제타 숲 '외로운 이 돕는 장자의 동산'에 계셨다. 그때 세존께서 여러 비구들에게 말씀하셨다.

"여기 두 가지 법이 있어, 사람을 가난하게 하여 재물이 없게 만든다. 어떤 것이 그 두 가지 법인가?

만약 다른 사람이 보시하는 것을 볼 때 곧 못하도록 막는 것이고, 또 스스로 기꺼이 보시하지 않는 것이다.

이것을 비구들이여, '두 가지 법이 있어 사람을 가난하게 하여 재물과 보배가 없게 만든다'고 하는 것이다.

비구들이여, 다시 두 가지 법이 있어 사람을 부귀하게 만든다. 어떤 것이 그 두 가지 법인가?

만약 어떤 사람이 남에게 보시하는 것을 볼 때, 그 기쁨을 도와주는 것이고, 또 스스로 보시하기를 좋아하는 것이다.

이것을 비구들이여, '두 가지 법이 있어 사람을 부귀하게 만든다'고 하는 것이다.

이와 같이 여러 비구들이여, 반드시 은혜로운 베풂을 배워서 탐내는 마음을 가지지 말라."

그때 여러 비구들은 붇다의 말씀을 듣고 기뻐하며 받들어 행하였다.

• 증일아함 19 권청품 六

보시의 삶이란 나의 가진 것이 실로 가진 것이 아닌 줄 알아 늘 그 가진 것을 더불어 나누어 나와 남, 나와 이웃의 공동의 번영을 위해 쓴다. 서로 더 많이 갖기 위해 끝없이 다투는 생활은 가진 자는 더 많이 가진 자 앞에서 절망하고 못 가진 자는 못 가짐의 좌절로 눈물짓는 삶이다.

보시의 삶에서는 가진 것이 실로 가진 것이 아님을 알아 베풀 뿐 아니라 못 가짐에 실로 못 가짐이 없는 줄 알아 없음의 절망에 눈물짓지 않고 없음 속에서 풍요의 씨앗을 보며, 없음 속에서 실로 없지 않는 법의 재물[法財] 여래장의 공덕으로 참된 풍요의 삶을 살아낸다.

그러므로 여래는 스스로 보시하고 남이 보시하는 것을 기뻐하고 기쁨으로 도와주라 가르치는 것이니, 많이 가져도 탐욕의 삶을 살면 실로 갖지 못한 자이고, 많이 못 가져도 탐욕을 떠나 지혜에 나아가면 베풀 거리가 다함없어서 참으로 넉넉한 자이고 가진 자이다.

지혜로운 마음 기쁨의 마음으로 잘 보시할 수 있는 사람은 이와 같이 세간법의 있고 없는 진실, 나고 사라짐의 진실을 보아 그 진실을 열어주니, 그는 재물의 보시를 통해 해탈의 바다에 나아간다.

화엄회상(「입법계품」) 선지식 또한 크게 버림으로 해탈에 나아가는 보디사트바의 행을 구도자에게 다음과 같이 가르친다.

> 잘 행하는 보디사트바가
> 머리와 눈 손과 발 등
> 온갖 것 다 버릴 수 있음은
> 보디를 구하기 때문이니
> 이같은 버림 한량없는 겁이네.
>
> 頭目手足等　一切悉能捨
> 爲求菩提故　如是無量劫

비구들이여, 법 설하는 것을 배우고
법 듣는 것을 배우라

이와 같이 들었다.

한때 붇다께서는 슈라바스티 국 제타 숲 '외로운 이 돕는 장자의 동산'에 계셨다. 그때 세존께서 여러 비구들에게 말씀하셨다.

"두 사람이 세간에 출현하는 것은 참으로 만나기 어렵다. 어떤 것이 그 두 사람인가?

법을 잘 설할 수 있는 사람이 세간에 출현하는 것은 참으로 만나기 어렵고, 법을 잘 듣고 그 법을 받아 지니고 받들어 행할 수 있는 사람도 참으로 만나기 어렵다.

이것을 비구들이여, '두 사람이 세간에 출현하는 것은 참으로 만나기 어렵다'고 하는 것이다.

그러므로 여러 비구들이여, 반드시 법을 설하는 것을 배우고 법을 듣는 것을 배워야 한다.

이와 같이 여러 비구들이여, 반드시 이렇게 배워야 한다."

그때 비구들은 붇다의 말씀을 듣고 기뻐하며 받들어 행하였다.

• 증일아함 19 권청품 +

• 해설 •

앞의 경이 물질의 보시와 재물의 보시를 통해 해탈의 보시에 나아감을 가르치고 있다면, 이 경은 법의 보시를 가르치고 있다. 법의 보시는 스스로 보디의 마음을 떠남이 없이 남에게 법을 설해 미혹의 중생을 니르바나의 언덕에 이끄는 것이다.

남에게 잘 법을 설하려면 스스로 선지식으로부터 법을 잘 들어야 하니, 붇다는 법 설함과 법 들음을 잘 배우라고 가르치신다. 어떻게 해야 법을 잘 설하고 잘 들을 수 있는가.

법을 잘 말하는 사람[善說法者]은 말하는 법이 말하는 자와 듣는 자의 진여의 법인 줄 알아 말하되 말함 없으니 이것이 법을 잘 말함이다. 또한 법을 잘 듣는 사람은 듣는 법이 온갖 법의 연기적 진실임을 알아 듣되 들음 없으니 이것이 법을 잘 들음이다.

이처럼 연기의 진리를 말함 없이 잘 말하고 들음 없이 잘 듣는 자, 그가 법으로 세간에 보시하고 공양하여 세간을 해탈의 땅으로 가꾸는 자이다.

또한 잘 설하고 잘 듣는 이는 연기의 진실대로 보고 듣고 말하는 자이므로, 그의 법보시는 재물보시를 떠나지 않는다. 그는 '나'와 '내 것'에 실로 취할 것이 없는 줄 알아 늘 스스로 가진 것을 보시하고 남을 시켜 보시하며, 주는 자와 받는 자, 주는 물건이 공한 실상을 알아 주되 줌이 없이 주고 받되 받음 없이 받는 자이다.

그는 모습 없는 재물보시로 세간을 풍요로 이끌며 설하되 설함 없는 법보시로 미망의 세간을 지혜의 땅으로 장엄한다.

『화엄경』(「십행품」十行品)은 법의 보시로 세간을 장엄하고 법의 공양으로 중생의 미혹을 널리 깨뜨리는 보디사트바의 삶을 다음과 같이 보인다.

　　보디사트바는 나라는 집착 멀리 떠나
　　번뇌로 인한 해침의 마음 없어서
　　늘 큰 음성으로 바른 법을 펼치어
　　시방국토 두루하지 않음 없으니
　　모든 견줌 끊은 이가 이 도를 행하네.

　　遠離於我無惱害　恒以大音宣正法

十方國土靡不周 彼絶譬者行斯道

세간 온갖 언어의 법을 잘 알아서
묻고 따짐을 대꾸해 다 마쳐 다하여
날카롭고 밝은 지혜로 알지 못함 없으니
이는 두려움 없는 이가 행하는 도네.

善解一切語言法 問難酬對悉究竟
聰哲辯慧靡不知 此無畏者所行道

세간을 뛰어 벗어난 큰 논사는
으뜸가는 말재간 사자의 외침으로
중생을 널리 저 언덕에 오르게 하니
저 마음 깨끗하신 이가 이 도 행하네.

超出世間大論師 辯才第一師子吼
普使群生到彼岸 此淨心者所行道

「입법계품」에서도 선지식인 밤의 신[主夜神]은 구도자 선재에게 선지식
이 붇다의 법바퀴 잘 설하고 잘 들음을 따라 배워 해탈의 문에 들도록 이렇
게 당부한다.

나의 귀는 매우 청정하여서
법을 들으면 미치지 못함이 없어
온갖 언어의 바다를
모두 들어 기억해 지니네.

我耳甚淸淨 聽之無不及
一切語言海 悉聞能憶持

모든 붇다 법바퀴 굴리시면
그 소리 묘해 비할 수 없는데
그 안에 있는 모든 문자들을
모두 기억해 받아 지니네.

諸佛轉法輪　其聲妙無比
所有諸文字　悉皆能憶持

나의 코는 매우 청정하여서
법에 걸리는 바가 없어서
온갖 것에 다 자재하나니
그대는 이 문에 들어가야 한다.

我鼻甚淸淨　於法無所礙
一切皆自在　汝應入此門

나의 혀는 매우 넓고 커서
깨끗하고 아주 좋게 말할 수 있어
응함 따라 묘한 법 연설하니
그대는 이 문에 들어가야 한다.

我舌甚廣大　淨好能言說
隨應演妙法　汝應入此門

3 비구가 이루어야 할 세 가지 법[三法]

　해탈의 법은 세 가지 법의 수로 표현되니, 서른일곱 실천법도 계·정·혜(戒定慧) 세 가지 배움[三學]으로 요약되고, 갖가지 사마디의 법은 공삼매·모습 없는 삼매·바람 없는 삼매의 세 가지 사마디[三三昧]로 요약된다. 하나인 붇다의 수레는 성문·프라테카붇다·보디사트바의 세 수레[三乘]의 방편을 거두는 법이라 말한다.

　여래의 가르침을 검증하는 것은 세 법의 도장[法印]으로 표현되고, 지혜는 세 가지 밝음[三明]이라 하며, 아라한의 행(行)·지혜[智]·해탈(解脫)은 세 가지 위없음[三無上]이라 하고, 들음[聞]·사유함[思]·닦음[修]을 수행자의 세 가지 지혜[三慧]라 하고, 세 가지 사마디로 이루어지는 해탈의 경계는 세 가지 해탈[三解脫]이라 한다.

　이처럼 초기 불교에서 마하야나에 이르도록 '셋'[三]은 붇다의 주요 교법을 기술하는 법의 수이니, 붇다·다르마·상가의 삼보, 수트라·아비다르마·비나야의 삼장, 반야·천태에서 세 가지 진리[三諦]·세 가지 그침과 살핌[三止三觀], 유식·화엄에서 세 가지 법[三法]의 자기성품 없음과 평등함, 밀교에서 세 가지 비밀함[三密] 등이 세 수로 표현된다.

조사선(祖師禪)에 와서도 삼현(三玄)·삼요(三要)·삼관(三關)·
삼구(三句) 등 많은 법의 이름이 셋으로 표현된다.

그러나 법에 법 없음을 알면 하나와 셋의 법의 수에 집착 없으니,
『전등록』(傳燈錄)의 사카무니 붇다의 전법게(傳法偈)는 말한다.

법은 본래 법에 법 없으나
없는 법에 법이 또한 법이로다.
지금 법 없음을 부칠 때
법과 법이 어찌 일찍이 법이겠는가.

法本法無法　無法法亦法
今付無法時　法法何曾法

현성의 계와 사마디 지혜를 깨달아
알고 이루면 나고 죽음의 뿌리 끊나니

이와 같이 들었다.

한때 붇다께서는 슈라바스티 국 제타 숲 '외로운 이 돕는 장자의 동산'에 계시면서 여러 비구들에게 말씀하셨다.

"여기 세 가지 법이 있다. 그것은 깨달아 알 수 없었고 보지 못했고 듣지 못했으며, 나고 죽음을 오래 거쳐 오면서 일찍이 보지 못했으니, 나나 너희들도 일찍이 보거나 듣지 못했던 것이다.

어떤 것이 세 가지인가. 현성의 계[賢聖戒]를 말한다. 그것은 깨달아 알 수 없었고 보지 못했고 듣지 못했으며, 나고 죽음을 오래 거쳐 오면서 일찍이 보지 못했으니, 나나 너희들도 일찍이 듣지 못했던 것이다.

또 현성의 사마디[賢聖三昧]와 현성의 지혜[賢聖智慧]도 깨달아 알 수 없었고 보지 못했고 듣지 못했던 것이다.

지금 나의 몸처럼 너희들도 현성의 금한 계와 현성의 사마디와 현성의 지혜를 모두 다 깨달아 알아 성취한다면 다시는 뒤의 있음[有]을 받지 않을 것이다.

그것은 이미 나고 죽음의 뿌리를 끊었기 때문이다.

그러므로 여러 비구들이여, 늘 이 세 가지 법[三法]을 닦아 행하기를 생각해야 한다.

이와 같이 비구들이여, 반드시 이렇게 배워야 한다."

그때에 비구들은 붇다의 말씀을 듣고 기뻐하며 받들어 행하였다.

• 증일아함 22 삼공양품(三供養品) 七

• 해설 •

출가한 사문이 늘 생각해야 할 세 가지 법으로서 삼보[三寶]가 실천을 통해 이루어진 해탈의 과덕을 뜻한다면, 계(戒, śīla) · 사마디[定, samādhi] · 지혜[慧, prajñā]는 삼보를 세간에 출현시키고 범부의 몸을 법의 몸[法身]으로 이루어내는 실천의 원인이다.

계 · 사마디 · 지혜는 스스로 주어진 신성이나 영적 실체의 복귀를 가르치는 길이 아니라 경험되고 있는 세간을 반성하고 그 진실을 살펴 진실 그대로의 해탈을 구현하는 실천이다.

연기론의 사마디는 범아일여(梵我一如)의 선정의 길도 아니고, 사라지지 않는 영혼의 파악을 가르치는 선정의 길도 아니며, 연기로 있는 세간법이 있되 공함에 하나된 삶의 고요함이다.

이 세 법은 여래의 삶을 통해 증험된 것이므로 여래는 사문들에게 이 세 법을 닦아 행하면 나의 이 지금 해탈의 몸처럼 너희들 또한 해탈하리라 가르친다.

여래 스스로의 삶에서 검증된 법으로 사문을 가르치며, 배우는 사문이 크신 스승이 가르친 이 세 법으로 사문의 과를 얻으면, 사문의 실천이 다시 여래의 법을 보편적 진리로 검증해주는 것이다.

아라한의 과덕을 얻은 그 셀 수 없는 현성들의 해탈의 삶이 계 · 정 · 혜를 모든 중생의 해탈의 길로 검증해주는 것이니, 크신 스승 여래와 여래의 성문 제자들인 사문들에 의해 증험된 이 법을, 뉘라서 따라 기뻐하지 않을 것인가.

귀로 가르침의 소리를 들은 비구뿐 아니라 하늘과 용 사람과 사람 아닌 무리들이 모두 따라 기뻐할 것이다.

세 가지 좋은 말처럼 여래의 법과 율에도
세 가지 좋은 수행자가 있으니

이와 같이 내가 들었다.

한때 붇다께서는 라자그리하 성 칼란다카 대나무동산에 계시면서 여러 비구들에게 말씀하셨다.

"세상에는 세 가지 좋은 말이 있다. 어떤 것이 셋인가.

어떤 말은 빠르기는 하나 빛깔과 형체는 갖추지 못하였다.

어떤 말은 빠르기도 갖추고 빛깔도 갖추었으나 형체는 갖추지 못하였다.

어떤 말은 빠르기도 갖추고 빛깔도 갖추었으며 형체도 갖추었다.

여래의 바른 법과 율에도 세 가지 잘 행하는 이들이 있다. 어떤 것이 셋인가.

어떤 잘 행하는 이는 빠르기는 하나 빛깔과 형체는 갖추지 못하였다.

어떤 잘 행하는 이는 빠르기도 갖추고 빛깔도 갖추었으나 형체는 갖추지 못하였다.

어떤 잘 행하는 이는 빠르기도 갖추고 빛깔도 갖추었으며 형체도 모두 갖추었다."

먼저 빠르기를 갖추고 빛깔과 형체 못 갖춘 수행자를 분별하심

"어떤 것을 잘 행하는 이가, 빠르기는 하나 빛깔과 형체는 갖추지 못함이라 하는가.

곧 어떤 잘 행하는 이는 괴로움의 거룩한 진리를 진실 그대로 알고, 괴로움의 모아냄·괴로움의 사라짐·괴로움을 없애는 길의 거룩한 진리를 진실 그대로 안다.

그렇게 알고 보고는, 몸에 대한 삿된 소견과 삿된 계율에 대한 집착·의심·탐욕·성냄의 이 다섯 가지 낮은 곳의 묶음[五下分結]을 끊는다.

이 다섯 가지 낮은 곳의 묶음을 끊고는 색계에 나서 파리니르바나를 얻는[生般涅槃] 아나가민(anāgāmin)이 되어 다시는 이 세상에 도로 나지 않는다. 이것을 잘 행하는 이가 빠르기를 갖춤이라 한다.

어떤 것을 빛깔을 갖추지 못함이라 하는가.

만약 아비다르마(abhidharma)와 비나야(vinaya)를 물었는데, 문구와 뜻을 알지 못해 차례를 따라 분명히 해설하지 못하면, 이것을 빛깔을 갖추지 못함이라 한다.

어떤 것을 형체를 갖추지 못함이라 하는가.

곧 이름 높은 큰 스승이 재물의 공양, 입을 것·먹을 것·병에 맞는 약을 불러오지 못함이다.

이것을 잘 행하는 이가 빠르기는 하나 빛깔과 형체를 갖추지 못함이라 한다."

빠르기와 빛깔 갖추었으나 형체 갖추지 못한 수행자를 분별하심

"어떤 것을 빠르기도 갖추고 빛깔도 갖추었으나 형체는 갖추지 못함이라 하는가.

곧 잘 행하는 이가 이것은 괴로움의 거룩한 진리라고 진실 그대로 알고, 나아가 한 번 나서 파리니르바나를 얻는 아나가민이 되어 다시는 이 세상에 도로 나지 않으면 이것을 빠름을 갖춤이라 한다.

어떤 것을 빛깔을 갖춤이라 하는가. 만약 누가 아비다르마와 비나야를 물으면 문구와 뜻을 알아 차례를 따라 분명히 해설하면, 이것을 빛깔을 갖춤이라 한다.

어떤 것을 형체를 갖추지 못함이라 하는가.

곧 이름 높은 큰 스승이 재물과 입을 것·먹을 것·병에 맞는 약을 불러오지 못하면, 이것을 잘 행하는 이로서 빠르기도 갖추고 빛깔도 갖추었으나 형체는 갖추지 못한 것이라 한다."

빠르기와 빛깔과 형체 모두 갖춘 수행자를 분별하심

"어떤 것을 잘 행하는 이가 빠르기도 갖추고 빛깔도 갖추며 형체도 갖춤이라 하는가.

곧 잘 행하는 이가 이것은 괴로움의 거룩한 진리라고 진실 그대로 알고, 나아가 아나가민의 한 번 나서 파리니르바나 이룸을 얻고서는 다시는 이 세상에 도로 나지 않으면 이것을 빠름을 갖춤이라 한다.

어떤 것을 빛깔을 갖춤이라 하는가. 만약 누가 아비다르마와 비나야를 물으면 문구와 뜻을 알아 차례를 따라 분명히 해설하면, 이것을 빛깔을 갖춤이라 한다.

어떤 것을 형체를 갖춤이라 하는가.

곧 이름 높은 큰 스승이 재물과 나아가 병에 맞는 약과 여러 가지 생활도구를 불러들이면 이것을 형체를 갖춤이라 한다.

이렇게 되면 이것을 잘 행하는 이가 빠르기를 갖추고 빛깔도 갖추며 형체도 갖춤이라 한다."

붙다께서 이 경을 말씀하시자, 여러 비구들은 그 말씀을 듣고 기뻐하며 받들어 행하였다.

• 잡아함 918 순량마경(順良馬經)

• 해설 •

여래는 지혜와 복덕을 모두 갖춘 이[福慧兩足], 지혜와 행을 모두 갖춘 분[明行足], 지혜와 자비가 모두 원만하신 분[悲智圓滿]이라 일컬어진다.

여래의 제자인 사문은 지혜와 복덕 모두 갖춘 여래의 삶의 자취를 따라 스스로 지혜와 복덕, 지혜와 행을 모두 갖추려 하지만, 어떤 이는 지혜가 있으나 복덕이 부족하고, 그 지혜도 선정과 근본지는 있으나 세간을 건질 방편의 지혜가 부족한 이가 있다.

저 세간의 말로서 좋은 말이라 일컬음을 얻기 위해서는 빛깔과 몸체 빠르기를 모두 갖추어야하나, 비록 빛깔과 몸체가 좋지 않더라도 빠르기를 갖추어야 하는 것이다.

그처럼 출가사문도 아무리 복덕이 높아도 지혜가 없으면 '잘 행하는 이'라 이름하지 못한다. 지혜가 여래의 제자를 바른 제자이게 하는 필수요건이 된다.

빠르지 않으면 좋은 말이라 할 수 없듯, 지혜 없는 출가사문을 잘 행하는 여래의 성문제자라 할 수 없다.

빠르기를 갖추었으나 빛깔을 갖추지 못함은 스스로 괴로움의 원인을 알고 해탈의 길을 알아 남이 없음[無生]을 깨달았지만, 남을 위해 아비다르마와 비나야를 해설할 수 있는 방편과 변재를 갖추지 못함이다. 곧 근본지를 갖추었으나 방편의 지혜가 모자란 이를 빠르기는 하나 빛깔을 못 갖춘 비구라 한다.

형체를 갖춤은 복덕을 갖추어 늘 입을 것·먹을 것·잠자리·약을 불러들여 현전상가의 쓸거리와 먹을거리를 넉넉하게 대주는 비구를 말한다.

그러나 형체만을 갖춘 스승은 덕이 높다고 할 수 없으니, 마치 저 말이 몸과 빛깔은 그럴싸하나 전혀 달리지 못함과 같다.

지혜와 복덕, 반야와 방편을 모두 갖춘 비구와 출가사문이 여래의 집안 맏아들이 되고 세간의 참된 복밭이 되는 여래의 출가제자이다. 여래의 찬탄 받는 이 사문이 곧 종지와 설법 함께 통한 이[宗說兼通]로서 자기와 남을 함께 이롭게 하는 참된 종사이고 대승의 선사[大乘禪師]이다.

『화엄경』(「십회향품」十廻向品)은 이렇게 가르친다.

> 마하사트바는 모든 세계 노닐어 다니며
> 여러 중생 모두 안온하게 하여주네.
> 온갖 이들이 다 기쁘게 하려고
> 보디사트바의 행 닦아 싫증냄 없네.
>
> 大士遊行諸世界 悉能安隱諸群生
> 普使一切皆歡喜 修菩薩行無厭足
>
> 온갖 중생이 쓰는 언어의 길은
> 중생 무리 따라 각기 차별되나니
> 보디사트바는 다 분별해 말하되
> 마음에 집착 없고 걸림이 없네.
>
> 一切衆生語言道 隨其種類各差別
> 菩薩悉能分別說 而心無著無所礙

비구는 세 가지 법 잃지 않아야 하나니

이와 같이 들었다.

한때 붇다께서는 슈라바스티 국 제타 숲 '외로운 이 돕는 장자의 동산'에 계셨다.

그때 세존께서 여러 비구들에게 말씀하셨다.

"만약 비구가 세 가지 법을 성취하면 현재의 법 가운데 잘 즐거움을 얻고, 용맹하게 정진하여 샘 있음[有漏]을 다할 수 있게 된다.

어떤 것이 세 가지인가. 그것은 곧 비구가 모든 아는 뿌리[諸根]가 고요하고, 먹고 마심에 절도를 알며, 거닐어 다님[經行]을 잃지 않는 것이다."

비구가 행할 세 가지 법 가운데 아는 뿌리 고요히 함을 보이심

"어떻게 비구는 모든 아는 뿌리가 고요하게 되는가[諸根寂靜]. 여기에 대해서는 이렇게 말할 수 있다.

만약 비구가 눈으로 빛깔을 보아도 집착하는 생각을 일으키지 않고 가려 아는 생각이 없으면, 눈의 뿌리가 청정해져, 그로써 해탈을 구해 언제나 눈의 뿌리를 보살피게 된다.

만약 귀로 소리를 듣고, 코로 냄새를 맡으며, 혀로 맛을 알고, 몸으로 가늘고 부드러움을 느끼며, 뜻으로 법을 알더라도, 집착하는 생각을 일으키지 않고 가려 아는 생각이 없으면, 뜻의 뿌리[意根] 등이 청정해져, 그로써 해탈을 구하여 언제나 뜻의 뿌리 등을 보살피게 된다.

이와 같이 해 비구는 모든 아는 뿌리가 고요하게 된다."

먹고 마심에 절도를 알아야 함을 보이심

"어떻게 비구는 먹고 마심에 절도를 아는가[飮食知節]. 여기에 대해서는 이렇게 말할 수 있다.

비구는 먹을거리가 좇아온 곳[飮食所從來處]을 사유하여 기름지고 깨끗한 것만 구하지 않고, 다만 몸을 버티고 몸의 네 가지 요소를 보전하려고 해서 이렇게 생각한다.

'나는 지금 묵은 병을 고치고 새 병이 나지 않게 해서 몸에 힘이 있도록 해 도를 닦아 행해 범행을 끊이지 않게 하기 위해 먹고 마신다.'

그것은 마치 어떤 남자나 여인이 몸에 나쁜 부스럼이 생겨 고약을 부스럼에 바르는 것은 곧 약을 발라 얼른 낫도록 하기 위함과 같다.

이 또한 이와 같아서 비구도 먹고 마심에 절도를 아는 것이다.

그래서 비구는 그 먹을거리가 좇아온 곳을 사유하여 기름지고 깨끗한 것을 구하지 않고, 다만 몸을 버티고 몸의 네 가지 요소를 보전하려 하여 이렇게 생각한다.

'나는 지금 묵은 병을 고치고 다른 새 병은 나지 않게 해, 몸에 힘이 있도록 해 도를 닦아 범행을 끊이지 않게 해야 한다.'

이는 마치 무거운 짐을 싣는 수레 그 바퀴통에 기름을 바르는 것은 무거운 짐을 실어 이르를 수 있도록 하기 위함과 같다.

비구 또한 이와 같아 먹고 마심에 절도를 아는 것이다.

그래서 비구는 그 먹을거리가 좇아온 곳을 사유하여 기름지고 깨끗한 것을 구하지 않고 다만 몸을 버티고 몸의 네 가지 요소를 보전하려고 해 이렇게 생각한다.

'나는 지금 묵은 병을 고치고 다른 새 병은 나지 않게 해, 몸에 힘이 있도록 해 도를 닦아 범행을 끊이지 않게 해야 한다.'

이와 같이 비구는 먹고 마심에 절도를 안다."

거닐어 다니며 사마디 닦아야 함을 보이심

"어떻게 비구는 거닐어 다님을 잃지 않는가[不失經行]. 여기에 대해서는 이렇게 말할 수 있다.

비구는 초저녁이나 새벽이나 늘 거닐어 다님을 생각하여[恒念經行] 때를 잃지 않고[不失時節] 늘 뜻을 매어 여러 실천법[道品] 가운데 둘 것을 생각한다.

낮에는 다니거나 앉아서 묘한 법을 사유하여[思惟妙法] 번뇌의 덮음[陰蓋]을 없애고, 초저녁에도 다니거나 앉아서 묘한 법을 사유하여 번뇌의 덮음을 없앤다. 다시 한밤에는 오른쪽으로 누워 묘한 법을 사유하여 뜻을 매어 밝음에 둘 것[繫意在明]을 사유하고, 새벽에는 일어나 다니거나 앉아서 깊은 법을 사유하여 번뇌의 덮음을 없앤다.

이와 같이 비구는 거닐어 다님을 잃지 않는다."

세 가지 법을 갖추면 아나가민 이루게 됨을 언약하심

"만약 비구가 모든 아는 뿌리가 고요하고 먹고 마심에 절도를 알며, 거닐어 다님을 잃지 않고, 늘 뜻을 매어 여러 실천법에 둘 것을 생각한다 하자.

그러면 이 비구는 곧 두 가지 과덕을 이루게 될 것이니, 현재의 법 가운데 흐름을 다하거나 아나가민(anāgāmin, 不來)을 얻을 것이다.

그것은 마치 잘 다루는 말몰이꾼이 평탄하고 바른 길에서 네 마리가 끄는 말수레를 몰면 아무 막혀 걸림이 없이, 이르고자 하는 곳에 의심할 것 없이 반드시 이르게 되는 것과 같다.

   이 비구 또한 이와 같다. 만약 모든 아는 뿌리가 고요하고 먹고 마심에 절도를 알며, 거닐어 다님을 잃지 않고 늘 생각을 매어 여러 실천법 가운데 둘 것을 생각한다 하자.

   그러면 이 비구는 두 가지 과덕을 이루게 될 것이니, 현재의 법 가운데서 흐름을 다하거나 아나가민을 얻을 것이다.”

   그때 여러 비구들은 붇다의 말씀을 듣고 기뻐하며 받들어 행하였다.

• 증일아함 21 삼보품(三寶品) 六

• 해설 •

비구가 닦아 이루어야 할 세 법은 계 · 정 · 혜의 세 배움[三學]이다.

   여섯 아는 뿌리[六根]와 여섯 경계[六境]와 여섯 앎[六識]을 돌이켜 살피면 아는 자와 알려지는 것과 앎 자체는 모두 있되 공하니, 있되 공한 줄 알아 알되 앎 없어서[知而無知] 늘 고요하면 이것이 선정[定]이다.

   아는 자와 알려지는 것과 앎 자체는 모두 공하되 있음 아닌 있음이니, 있음 아닌 있음인 줄 알아 앎 없이 알면[無知而知] 이것이 지혜[慧]이다.

   선정밖에 지혜가 없고 지혜밖에 선정이 없어 선정인 지혜는 앎에 앎 없고 앎 없이 아니, 앎 없는 앎은 모습 있음에 머물지 않고 모습 없음에도 빠지지 않는다. 그러므로 앎 없는 지혜의 앎은 때와 곳을 따라 지음 없는 지음을 이루니, 때와 곳에 맞는 지음 없는 지음[無作而作]이 계(戒)이다.

   계는 선정과 지혜의 바탕이자 선정인 지혜의 해탈행으로의 발현이다.

   계 · 정 · 혜를 잘 배운 비구는 선정으로 주체 · 객체가 공한 법계의 고요함 가운데 있으니, 그는 아는 뿌리가 고요하여 눈이 빛깔을 보아도 물들어 집착하지 않고 눈뿌리의 청정을 보살핀다.

비구의 선정은 선정인 지혜이니 늘 고요하되 밝아, 눈이 빛깔을 보고 나아가 뜻이 법을 헤아리되 봄이 없이 보고 앎이 없이 안다.

여섯 아는 뿌리 고요한 비구는 안으로 이 몸을 탐착하지 않고, 이 몸 기르는 먹을거리를 먹되 먹을거리 온 곳을 잘 살핀다.

먹을거리는 하늘땅의 은혜와 농부의 땀으로 이루어졌으니, 잘 아는 뿌리 지키는 비구는 먹을거리를 먹되 먹을거리가 중생의 은혜와 법계인연으로 성취됨을 알아 탐착 없이 은혜 갚을 마음으로 먹음 없이 잘 먹는다.

비구의 지혜는 선정인 지혜이고 계인 지혜이니, 비구는 가되 감이 없이 잘 걸어 때[時]를 잃지 않고 곳[處]에 어둡지 않아 걸을 때는 걷고 앉을 때는 앉으며 누울 때는 눕되 늘 고요한 사마디에 있고 늘 밝음 가운데 있다.

그는 밤낮으로 앉고 거닐고 한밤에 누워 쉬되 늘 밝은 지혜와 법계의 고요함을 떠나지 않는다.

그는 시끄러운 세간 속에서 늘 흐름 다해 고요하며, 높고 낮고 크고 작은 세간법의 소용돌이 속에서 늘 평등한 진여를 알아 험난한 세간의 행로 속에서 걸림 없고 막힘없이 넓고 큰 해탈의 길을 곧게 나아간다.

이처럼 세 법 갖춰 잘 행해가는 이는 현재의 법에서 바로 흐름을 다해 아라한을 이루거나, 한 번 남을 받은 뒤 파리니르바나를 얻는다.

탐욕과 번뇌의 흐름에 빠지지 않고 앞으로 잘 나아가는 아나가민 (anāgāmin)이 되어 한 번 생겨나 하늘에 남을 받는다고 말하는 것은, 그가 다시 탐욕의 세계로 물러나 빠짐이 없이 나고 죽음의 험한 골짜기를 넘어 니르바나의 성[涅槃城]에 이르고 번뇌의 바다를 건너 해탈의 저 언덕[解脫岸]에 이르게 됨을 말한다.

바람을 거슬러서나 따라서나
늘 풍기는 세 가지 향이 있나니

이와 같이 들었다.

한때 붇다께서는 슈라바스티 국 제타 숲 '외로운 이 돕는 장자의 동산'에 계셨다.

그때에 존자 아난다는 한가하고 고요한 곳에 있다가 문득 이런 생각을 냈다.

'이 세간에는 그 향이 바람을 거슬러서도 풍기고 바람을 따라서도 풍기며, 또한 바람을 거슬러서나 바람을 따라서나 풍기는 향이 있을까.'

존자 아난다는 곧 자리에서 일어나 세존 계신 곳에 가 머리를 대발에 절하고 한쪽에 앉았다. 그때 존자 아난다가 세존께 말씀드렸다.

"저는 한가하고 고요한 곳에 있으면서 문득 이렇게 생각했습니다.

'이 세간에는 그 향이 바람을 거슬러서도 풍기고 바람을 따라서도 풍기며, 또한 바람을 거슬러서나 바람을 따라서나 풍기는 향이 있을까.'"

바람에 상관없이 늘 풍기는 세 가지 법의 향이 있음을 보이심

세존께서는 말씀하셨다.

"그런 묘한 향이 있다. 그 향은 바람을 거슬러서도 풍기고 바람을 따라서도 풍기며, 바람을 거슬러서나 바람을 따라서나 늘 풍기는 향이다."

아난다가 붇다께 말씀드렸다.

"이것은 어떤 향이기에 바람을 거슬러서도 풍기고 바람을 따라서
도 풍기며, 바람을 거슬러서나 바람을 따라서나 늘 풍깁니까."

세존께서는 말씀하셨다.

"이런 향이 있으니, 그 향의 기와 힘은 바람을 거슬러서도 풍기고
바람을 따라서도 풍기며, 바람을 거슬러서나 바람을 따라서나 늘 풍
기는 것이다."

아난다가 말씀드렸다.

"이것은 어떤 향이기에 바람을 거슬러서도 풍기고 바람을 따라서
도 풍기며, 바람을 거슬러서나 바람을 따라서나 늘 풍깁니까."

세존께서 말씀하셨다.

"이 세 가지 향이 있어서 바람을 거슬러서도 풍기고 바람을 따라
서도 풍기며, 바람을 거슬러서나 바람을 따라서나 늘 풍긴다."

아난다가 말씀드렸다.

"무엇이 세 가지 향입니까."

세존께서는 말씀하셨다.

"계의 향[戒香]·들음의 향[聞香]·보시의 향[施香]이다. 아난다여,
이것을 '이런 향의 종류는 바람을 거슬러서도 풍기고 바람을 따라서
도 풍기며, 바람을 거슬러서나 바람을 따라서나 늘 풍기는 향이다'라
고 하는 것이다. 이 세간에 있는 모든 향 가운데서 이 세 가지 향이 가
장 빼어나고 가장 높아 같이하는 것도 없고 미치는 것도 없다.

마치 소젖[牛乳]을 말미암아 삭힌 젖[酪]이 생기고, 삭힌 젖에서
버터[酥]가 생기며, 버터에서 제호(醍醐)가 생기지만, 이 제호가 가

장 빼어나 같이하는 것도 없고 미치는 것도 없는 것처럼, 이 또한 이와 같다. 이 세간에 있는 모든 향 가운데서 이 세 가지가 가장 빼어나고 가장 높아 미치는 것이 없다."

계의 향·들음의 향·보시의 향을 노래로 찬탄하심
그때에 세존께서는 곧 이 게송으로 말씀하셨다.

나무꿀의 향, 찬다나 나무의 향
우트팔라 꽃의 향과 그 밖의 모든 향
이러한 갖가지 모든 향 가운데서
계의 향이 가장 높고 빼어나도다.

이 아름다운 계의 향 성취하면
탐욕이 없고 물듦이 없게 되어서
평등한 지혜로 해탈하나니
그가 가는 곳 마라도 알지 못하리.

찬다나 향이나 나무꿀의 향들
이런 향들 비록 아름답고 묘하나
계의 향이 그 가운데 가장 묘하여
시방에서 모두다 그 향을 맡네.

찬다나 향이나 우트팔라 향이나
그 밖의 다른 향 비록 향내 좋아도

이러한 여러 좋은 향들 가운데
들음의 향 가장 높아 으뜸이 되네.

찬다나 향이나 우트팔라 향이나
그 밖의 다른 향 비록 향내 좋아도
이러한 여러 좋은 향들 가운데
보시의 향 가장 높아 으뜸이 되네.

"이것을 '이 세 가지 향은 바람을 거슬러서도 풍기고 바람을 따라서도 풍기며, 바람을 거슬러서나 바람을 따라서나 늘 풍긴다'고 하는 것이다.

그러므로 아난다여, 방편을 구해 이 세 가지 향을 이루어야 한다.

이와 같이 아난다여, 반드시 이렇게 배워야 한다."

그때에 아난다는 붇다의 말씀을 듣고 기뻐하며 받들어 행하였다.

• 증일아함 23 지주품(地主品) 五

• 해설 •

모습의 걸림이 있고 막힘이 있으면 그 향이 아무리 좋다고 해도 바람을 거슬러 피울 수 없고, 모습의 가림을 넘어 피울 수 없으며, 멀고 가까움을 떠나 먼 곳까지 그 향기가 전해질 수 없다.

모습이 모습 아님을 통달한 지혜 그대로의 생활은 모습에서 모습을 넘어선 실상의 향이므로 바람을 거슬러서도 풍기고 바람을 따라서도 풍길 수 있다.

계의 향은 모습을 모습이라 집착하는 어리석음과 탐욕을 떠났으므로 그 맑고 깨끗한 생활의 향은 모습의 막힘과 바람을 거슬러서 늘 아름답게 풍길 수 있다.

들음의 향은 모습 떠난 진리의 가르침을 잘 들으니, 듣되 들음 없으므로 듣지 못함 없이 때와 곳을 따라 늘 법의 소리를 듣는 향이다.

보시의 향은 나와 내 것의 실로 있음을 집착하는 탐욕을 떠나 늘 베푸는 생활이므로 잘 베푸는 이는 주는 자와 받는 자의 모습을 떠나 늘 줌이 없이 잘 주니, 그 보시의 향은 언제나 아름답게 풍기어 삶을 윤택케 하고 풍요롭게 한다.

그러나 계의 향·들음의 향·보시의 향은 세간의 형상을 떠나 따로 있는 것이 아니니, 모습이 모습 아님을 통달하면 세간의 온갖 모습 온갖 향이 다시 보시의 향이 되고 들음의 향이 되며 탐욕 없는 생활의 향이 되는 것이다.

『화엄경』(「십회향품」)은 세간 물질의 향이 그대로 붇다와 중생에게 다함 없이 공양하는 보디사트바의 파라미타 향이 됨을 이렇게 노래한다.

바르는 향 견줄 수 없이 가장 빼어나
온갖 세간에는 일찍이 있지 않도다.
이 향 하늘과 사람의 스승께 올려
중생 수와 같이 기나긴 겁 다하오리라.

塗香無比最殊勝　一切世間未曾有
以此供養天人師　窮盡衆生數等劫

가루향 사르는 향 아주 묘한 꽃
뭇 보배옷과 갖가지 꾸밈거리로
가장 빼어난 이께 공양하여서
기쁨으로 거룩한 이 받들어 모셔
싫증내거나 물림이 전혀 없으리.

末香燒香上妙華　衆寶衣服莊嚴具
如是供養諸最勝　歡喜奉事無厭足

닦아 지은 갖가지 모든 선근은
모두 다 중생을 이익주기 위함이니
깊은 마음 넓고 큰 앎에 편히 머물러
사람 가운데 높으신 분 공덕의 지위에
지은 공덕 널리 모두 회향하도다.

所修種種諸善根　悉爲利益諸含識
安住深心廣大解　迴向人尊功德位

공덕을 잘 회향하는 보디사트바
중생의 수와 같은 붇다 세존께
위없이 묘한 공양 다 닦아 행하고
중생 수와 같은 한량없는 겁에
이와 같이 찬탄하여 다함없으리.

如衆生數佛世尊　皆修無上妙供養
如衆生數無量劫　如是讚歎無窮盡

4 이루어야 할 네 가지 법과
네 사람의 차별[四法]

• 이끄는 글 •

해탈의 법은 때로 네 가지 법으로 기술되니, 서른일곱 실천법 가운데 네 곳 살핌[四念處] · 네 가지 바른 끊음[四正斷, 正正勤] · 네 가지 자재한 선정[四如意足]이 네 수의 법이다.

또한 네 가지 힘[四力: 信 · 精進 · 定 · 慧] · 네 가지 한량없는 마음[四無量心] · 네 가지 색계의 선정[四色界] · 네 가지 무색계의 선정[四無色界] · 네 가지 과덕[四果] · 네 가지 거두는 법[四攝法] · 네 가지 두려움 없음[四無所畏] · 네 가지 걸림 없는 변재[四無礙辯]가 네 수의 법이다.

대승의 법에 오면 보디사트바의 마음은 넓고 큰 마음[廣大心] · 으뜸가는 마음[第一心] · 항상한 마음[常心] · 뒤바뀜이 없는 마음[不顚倒心]의 네 가지 마음으로 표현되고, 다시 보디사트바의 원과 행[願行]은 네 가지 큰 서원[四弘誓願], 네 가지 안락행[四安樂行: 身 · 口 · 意 · 誓願]으로 표현된다. 다시 그밖에 네 가지 법의 음식[四法食], 네 가지 만다라[四曼], 네 가지 믿음[四信], 네 가지 니르바나의 덕[四德] 등 많은 법이 네 수로 표현된다.

천태교에서 네 수로 된 법은 네 가지 가르침[四教], 네 가지 싣단타[四悉壇], 네 가지 문[四門: 有·空·亦有亦空·非有非空], 네 가지 마음 움직임[四運心], 네 가지 사마디[四種三昧] 등이 있으며, 조사선에도 네 가지 요점이 되는 가림[四料揀]·네 가지 외침[四喝]·네 가지 비침과 씀[四照用]·네 가지 손님과 주인[四賓主] 등의 법이 네 수로 표현된다.

이처럼 여래가 열어 보이신 법은 싣단타의 인연 따라 갖가지로 펼쳐지나 법은 법 아닌 법이라 법(法)과 법 아님[非法]의 분별이 붙을 수 없으니,『전등록』의 마하카샤파 존자의 전법게(傳法偈)는 말한다.

> 법과 법은 본래의 법이라
> 법도 없고 법 아님도 없네.
> 어찌 하나의 법 가운데
> 법과 법 아님이 있으리.
>
> 法法本來法　無法無非法
> 何於一法中　有法有非法

네 가지 법이 있으면 사람들을 널리 이익되게 하나니

이와 같이 들었다.

한때 붇다께서는 슈라바스티 국 제타 숲 '외로운 이 돕는 장자의 동산'에 계셨다. 그때 세존께서는 여러 비구들에게 말씀하셨다.

"네 가지 법이 있어 사람을 많이 이익되게 한다. 어떤 것이 네 가지인가.

첫째, 법은 좋은 스승 좋은 벗[善知識]을 가까이해야 함이다.

둘째, 법을 들어야 함이다.

셋째, 법을 알아야 함이다.

넷째, 법과 법의 참모습을 밝혀야 함이다.

이것을 비구들이여, '네 가지 법이 있어 사람을 많이 이익되게 한다'고 하는 것이다.

그러므로 여러 비구들이여, 반드시 방편을 구해 이 네 가지 법을 성취해야 한다.

이와 같이 비구들이여, 반드시 이렇게 배워야 한다."

그때에 비구들은 붇다의 말씀을 듣고 기뻐하며 받들어 행하였다.

• 증일아함 25 사제품(四諦品) 二

• 해설 •

보디의 법도 인연으로 난다. 보디를 이루게 하는 인연이란 곧 좋은 스승을 만나 바른 법을 들어야 하며 들은 법은 잘 사유해 그 뜻을 알아야 함이다.

그리하여 잘 사유한 법을 온몸을 받아 행해, 법의 진실을 자기 삶 속에서 증험해야 하는 것이다.

경에서 법을 듣고 법을 아는 것은 스승[師]에게 법을 들어[聞] 그 법을 잘 사유함[思]이고, 법의 참모습을 밝힘이란 스스로 닦아 행해[修] 해탈의 법을 실천적으로 증험하는 것이다.

해탈의 꽃[解脫華] 보디의 열매[菩提果]는 스스로 피어 맺히는 것이 아니라, 이 네 가지 인연이 진리의 꽃을 세간 오탁의 땅[五濁世間]에 피워내 세간을 계의 향과 선정과 지혜의 향으로 아름답게 장엄하는 것이며, 미혹의 중생을 보디사트바가 되게 하는 것이다.

출가사문이야말로 스스로 네 가지 법의 인연을 갖추고 이 세간에 네 가지 법의 인연을 심어주는 자이니, 그가 세간의 복밭이 되고 해탈의 나룻터가 된다.

세간의 복밭 가운데 가장 뛰어난 것은 여래의 복밭이다.

여래의 평등한 복밭에서는 누구나 깨끗한 믿음으로 네 가지 해탈의 씨앗을 뿌려 잘 물 대어 키워주면 보디의 열매를 얻게 되니,『화엄경』(「보살문명품」菩薩問明品)은 다음과 같이 말한다.

마치 재주와 지혜 있는 왕이
대중을 기쁘게 해주듯이
붇다의 복밭도 이와 같아서
중생을 다 안락하게 해주네.

如有才智王　能令大衆喜
佛福田如是　令衆悉安樂

마치 해가 떠오를 때에
세간을 밝게 비추듯
붇다의 복밭도 이와 같아서

모든 어두움 없애주도다.

亦如日出時　照曜於世間
佛福田如是　滅除諸黑暗

　경에서 붇다의 복밭이란 가르침을 듣는 중생이 우러러 돌아가는 곳이자
중생 스스로의 공덕의 밭이자 자기진실의 새로운 실현이다.
　그러므로 비록 법의 씨앗과 조건이 갖춰 있다 해도 스스로 방일함이 없이
그 공덕의 땅 해탈의 씨앗을 가꾸지 않으면 보디의 열매를 이룰 수 없으니,
「보살문명품」은 게을러 방일한 자를 다음과 같이 경책한다.

　비유하면 작고 적은 불씨가
　젖은 나무에 쉽게 꺼져버리듯
　붇다의 가르침의 법 가운데
　게으른 이 또한 그러하도다.

譬如微少火　樵濕速令滅
於佛敎法中　懈怠者亦然

　마치 한 작은 털끝으로써
　크고 큰 바닷물을 가져다
　다 말려 없애려고 하는 것처럼
　게으른 이 또한 그러하도다.

如以一毛端　而取大海水
欲令盡乾竭　懈怠者亦然

네 가지 열매처럼 비구의 행에도
네 가지 차별이 있나니

이와 같이 들었다.

한때 붇다께서는 슈라바스티 국 제타 숲 '외로운 이 돕는 장자의 동산'에 계셨다.

그때 세존께서 여러 비구들에게 말씀하셨다.

"이 세간에 네 가지 열매가 있다. 어떤 것이 그 네 가지인가?

어떤 열매는 설었는데도 익은 것 같고, 어떤 열매는 다 익었는데도 설은 것 같다.

어떤 열매는 익어서 익은 것 같고, 어떤 열매는 설어서 설은 것 같다.

이것을 비구들이여, '이 세간에 네 가지 열매가 있다'고 하는 것이다.

이 세간에 네 가지 사람이 있는 것 또한 다시 이와 같다.

어떤 것이 그 네 가지인가? 어떤 사람은 익었는데도 모습이 선 것 같고, 어떤 사람은 설었는데 모습이 익은 것 같다.

어떤 사람은 설어서 선 것 같고, 어떤 사람은 익어서 익은 것 같다."

네 가지 비구의 행을 갖추어 말씀하심

설었는데 익은 것 같은 사람

"어떤 사람이 설었는데 익은 것 같은가?

어떤 사람은 가고 오는 걸음걸이가 급하거나 거칠지 않고, 눈으로 보는 것이 늘 법의 가르침을 따르며, 가사를 입고 발우를 지니는 것 또한 법을 따라 걸어서 다만 땅만 보고 좌우는 돌아보지 않는다.

그런데 그는 또 계를 범하고 바른 행을 따르지 않아, 참으로 사문이 아니면서 사문인 체하고, 범행을 행하지 않으면서 스스로 범행을 행한다고 말한다.

이 사람은 바른 법을 모두 무너뜨려 뿌리를 죽이는 나쁜 씨앗[根敗之種]이다.

이것을 '이 사람이 설었는데 모습이 익은 것 같다'고 하는 것이다."

익었는데 선 것 같은 사람

"그 어떤 사람이 익었는데 모습이 선 것 같은가?

어떤 비구는 성품과 행실이 성긴 듯하고, 보는 눈길이 단정하지 못하며, 또한 법의 행을 따르지 않고, 시시덕거리며 좌우를 돌아본다.

그런데 그는 또 정진하고 많이 들으며, 착한 법을 닦아 행하고 늘 계율 지니어 바른 몸가짐을 잃지 않으며, 그릇된 법을 보아도 곧 두려워한다.

이것을 '이 사람이 익었는데 모습이 선 것 같다'고 하는 것이다."

설어서 선 것 같은 사람

"그 어떤 사람이 설어서 모습이 선 것 같은가?

어떤 비구는 금한 계[禁戒]를 지키지 않고 걸음걸이에 예절을 알지 못하며, 나고 들며 가고 오는 것을 잘 알지 못한다.

또한 다시 가사 입고 발우 지니는 것을 잘 알지 못하며, 모든 아는 뿌리가 뒤섞이고 어지러워 마음이 빛깔[色]·소리[聲]·냄새[香]·맛[味]·부드러운 닿음의 법[細滑]에 집착한다."

그는 금한 계를 범하고 바른 법을 행하지 않으며, 사문이 아니면서 사문인 체하고 범행을 행하지 않으면서 범행을 행하는 체하나니, 뿌리가 무너진 사람[根敗之人]이라 고쳐 꾸밀 수가 없다.

이것을 '이 사람이 설어서 선 것 같다'고 하는 것이다."

익어서 익은 것 같은 사람

"그 어떤 사람이 익어서 익은 것 같은가?

어떤 비구는 계로 금한 것을 잘 지니어[持戒禁限] 나고 드는 걸음걸이에 때를 잃지 않으며, 보는 눈길도 바른 몸가짐을 잃지 않는다.

게다가 아주 잘 정진하여 착한 법을 닦아 행하며, 바른 몸가짐과 예절을 모두다 성취하였다.

그는 작은 그릇된 법을 보아도 곧 두려움을 품는데, 하물며 다시 큰 허물이겠는가?

이것을 '이 사람이 익었는데 익은 것 같다'고 하는 것이다."

익은 열매와 같이 되도록 당부하심

"이것을 비구들이여, '세간에는 이 네 가지 열매와 같은 이 네 가지 사람이 있다'고 하는 것이다. 그러니 반드시 '익은 열매와 같은 사람'[熟果之人]을 배워야 한다.

이와 같이 여러 비구들이여, 반드시 이렇게 배워야 한다."

그때 여러 비구들은 붇다의 말씀을 듣고 기뻐하며 받들어 행하였다.

• 증일아함 25 사제품 七

· 해설 ·

열매의 설고 익음에 네 가지가 있듯 비구에도 네 가지가 있다.

안으로 비구의 행이 있되 바깥 형식이 갖추어지지 않은 이, 안에도 법다운 행이 있고 밖의 몸가짐도 갖춘 이, 겉만 비구의 행색이되 안에 비구의 행이 없는 이, 안에도 비구의 진실한 덕이 없고 밖의 행색도 비구답지 않은 이, 이 네 가지 비구가 있다.

설었는데 익은 것 같은 이는 속에 비구의 바른 행이 없으나 바깥 몸가짐만 단정하게 꾸미어 그럴싸한 비구이다.

익었는데 선 것 같은 이는 안으로 사문의 법을 지키어 늘 선정을 닦고 지혜를 닦되 밖으로 그 행실이 거칠고 단정하게 보이지 않는 이이다.

설어서 선 것 같은 이는 안과 밖이 모두 사문답지 않아 사문의 법이 없는 이이다.

익어서 익은 이는 밖으로 드러난 몸가짐과 행실도 늘 계법을 지키어 단정하고, 들고 나옴에 차례를 잃지 않고, 안의 마음도 늘 선정과 지혜를 떠나지 않는 이이다.

이 네 사람 가운데 어떤 사람을 모범으로 해서 살아야 할까. 여래는 곧 안도 익고 밖도 익은 열매와 같은 사람의 행실과 마음을 배워야 한다고 가르친다.

안도 잘 익고 밖도 잘 익은 열매와 같은 사람[熟果之人], 곧 앎과 함이 서로 맞고[解行相應] 안과 밖이 밝게 사무친[內外明徹] 이이다. 또한 이 사람이 바로 여래의 입으로 태어난 법의 자식이고, 밖으로 떨어진 누더기 옷을 입고 밥을 빌며, 안으로 위없는 보디의 법을 비는 자, 잘 행하는 비구·비구니인 것이다.

네 가지 사문이 세상에 있나니

이와 같이 들었다.

한때 붇다께서는 슈라바스티 국 제타 숲 '외로운 이 돕는 장자의 동산'에 계셨다.

그때 세존께서는 여러 비구들에게 말씀하셨다.

"네 가지 사람이 세상에 나타난다. 어떤 것이 네 가지인가.

마찰라 꽃과 같은 사문이 있고 푼다리카 꽃과 같은 사문이 있다.

부드러운 사문이 있고 부드러운 가운데 부드러운 사문이 있다."

마찰라 꽃 같은 사문

"어떤 이를 마찰라 꽃과 같은 사문이라 하는가.

어떤 사람은 세 가지 번뇌를 끊고 스로타판나를 이루어 물러나지 않는 법으로 반드시 니르바나에 이르는데, 아주 느려도 일곱 번 죽고 일곱 번 남을 거친다.

또다시 '하늘과 사람의 집을 오가는 지위의 한 가지'[家家一種]로 마치 마찰라 꽃을 아침에 꺾으면 저녁에 자라나는 것처럼 그 비구도 이와 같아서 세 가지 번뇌가 다하고 스로타판나를 이루어 물러나지 않는 법으로 반드시 니르바나에 이르는데, 아주 느려도 일곱 번 죽고 일곱 번 나게 된다.

그러나 만약 방편을 구하는 용맹스런 뜻이 있는 이는 '하늘과 사람의 집을 오가는 지위의 한 가지'로 곧 도의 자취를 이루게 된다.

이것을 마찰라 꽃과 같은 사문이라 한다.

푼다리카 꽃 같은 사문

"어떤 이를 푼다리카 꽃과 같은 사문이라 하는가.

어떤 사람은 세 가지 번뇌가 이미 다하고 음욕과 성냄과 어리석음이 엷어져, 사크리다가민을 이루어 이 세상에 한 번 와서야 괴로움의 끝을 다한다.

그러나 만약 조금 더딘 이라도 이 세상에 와서 괴로움의 끝을 다하지만, 만약 용맹스러운 이라면 이 사이에서 괴로움의 끝을 다한다.

마치 푼다리카 꽃을 이른 아침에 꺾으면 저물어서 시드는 것과 같다. 이것을 푼다리카 꽃과 같은 사문이라 한다."

부드러운 사문

"그 어떤 이를 '부드러운 사문'이라 하는가.

어떤 사람은 다섯 가지 낮은 곳의 묶음[五下分結]을 끊고 아나가민을 그곳에서 이루어 바로 온전한 니르바나에 들어 이 세상에 오지 않는다. 이것을 부드러운 사문이라 한다."

부드러운 가운데 부드러운 사문

"어떤 이를 '부드러운 가운데 부드러운 사문'이라 하는가.

어떤 사람은 샘 있음이 다하고 샘이 없게 되어 마음이 해탈하고 지혜가 해탈하여 현재의 법에서 스스로 몸으로 증득하여 스스로 즐겁게 노닌다.

그리하여 '나의 태어남은 이미 다하고, 범행은 이미 서고, 지을 바를 이미 지어 다시는 뒤의 태를 받지 않음'을 진실 그대로 안다.

이것을 부드러운 가운데 부드러운 사문이라 한다.

이것을 비구들이여, 이런 네 가지 사람이 세상에 출현한다고 말하는 것이다.

그러므로 비구들은 반드시 방편을 구해 부드러운 가운데 부드러운 사문이 되도록 하라.

비구들이여, 이와 같이 배워야 한다."

그때에 비구들은 붇다의 말씀을 듣고 기뻐하며 받들어 행하였다.

• 증일아함 28 성문품(聲聞品) 七

• **해설** •

세상에 출현하는 네 가지 사문은 네 가지 과덕을 얻은 현성을 말한다. 마찰라 꽃과 같은 사문은 스로타판나이니, 번뇌를 끊고 지혜의 흐름에 들어 반드시 니르바나에 이르게 되는 사람이다.

지혜의 흐름에 들면 그는 이미 니르바나의 집에 예약된 사람이니, 설사 늦고 늦는다 해도 일곱 번의 동요와 갈등·회의를 거쳐 끝내 니르바나에 이르는 사람이다. 마치 마찰라 꽃이 아침에 꺾으면 죽지 않고 저녁에 다시 자라나 다시 꺾어야 죽는 것과 같다.

푼다리카 꽃과 같은 사람은 사크리다가민을 얻은 사람이니, 한두 번의 동요와 갈등을 거쳐 니르바나의 땅에 이르는 사람이다. 마치 푼다리카 꽃을 아침에 꺾으면 저녁때가 되면 시들어 다시 꺾을 것이 없는 것과 같다.

부드러운 사문은 아나가민이니 탐욕의 세계를 떠나 탐욕의 세계에 되돌아옴이 없이 니르바나의 성을 향해 앞으로 잘 나아가 해탈의 과덕 얻는 사람이다.

부드러운 가운데 부드러운 사문은 현재법의 보고 들음 가운데서 아라한을 이루는 이이니, 늘 몸을 낮춰 잘 참고 잘 법에 공양하고 법을 빌어 몸과 마음이 해탈한 사람이다.

이때 스로타판나가 끊는 번뇌가 본래 공하다면 스로타판나가 실로 지혜의 흐름에 들어간다고 말하지만 실로 들어간 바가 없고, 아나가민이 오지 않는다고 말하지만 오지 않음이 없고, 아라한이 다툼 없는 사마디를 얻어도 얻은 바가 없다.

그러므로 지혜의 흐름에 들어간 바 없이 들어가 스로타판나의 이름을 얻은 자, 그가 연꽃처럼 티끌 세상에 물듦 없이 아라한의 자리를 이미 번뇌의 땅에서 언약받은 사람인 것이다.

끊고 끊으라 가르치고 닦고 닦으라 가르치지만 그 가운데 끊을 것 없고 닦을 것 없다는 뜻이 있으니, 옛 선사[大慧]는 이렇게 노래한다.

눈 가운데 가림 없으니 긁어 비비지 말고
거울 위에 티끌 없으니 갈지 마라.
발 닿는 대로 문 나서서 큰 길을 가며
주장자 빗겨 매고 산노래 부르노라.

眼中無翳休挑刮　鏡上無塵不用磨
信脚出門行大路　橫擔拄杖唱山歌

네 가지 좋은 말의 덕처럼
네 가지 공덕의 복밭이 있다

이와 같이 내가 들었다.

한때 붇다께서는 라자그리하 성 칼란다카 대나무동산에 계셨다. 그때 세존께서 여러 비구들에게 말씀하셨다.

"세상에는 좋은 말이 있어 네 가지 능력을 갖추었다.

이 좋은 말은 왕(王, rāja)이 타는 것임을 알아야 한다.

어떤 것이 넷인가.

첫째, 어질고 착한 말이다.

둘째, 빨리 달리는 말이다.

셋째, 참아 잘 견디는 말이다.

넷째, 부드럽게 길들여진 말이다."

수행자의 네 가지 덕을 보이심

"이와 같이 잘 행하는 이는 네 가지 덕을 이루어 세상이 받들고 존중하며 섬기고 공양하는 바로서 위없는 복밭이 된다.

어떤 것이 네 가지 덕인가.

첫째, 잘 행하는 이가 성취하는 배울 것 없는 아라한의 계율의 몸[戒身, śīla-kaya]이다.

둘째, 아라한의 선정의 몸[定身, dhyāna-kaya]이다.

셋째, 아라한의 지혜의 몸[慧身, prajñā-kaya]이다.

넷째, 아라한의 해탈의 몸[解脫身, mokṣa-kaya]이다.ˮ

붇다께서 이 경을 말씀하시자, 여러 비구들은 그 말씀을 듣고 기뻐하며 받들어 행하였다.

- 잡아함 921 사경(四經)

• 해설 •

세상의 좋은 말은 타고난 종족으로만 그리되는 것이 아니라 좋은 말의 덕을 갖추어야 좋은 말이라 한다.

좋은 말은 사납지 않고 어질고 착하며 빠르게 잘 달려야 한다. 또 좋은 말은 어려운 일도 잘 참아내고, 잘 길들여져 사람에게 부드럽게 대해야 한다.

말이 이 네 가지 좋은 공덕을 갖출 때 세간의 힘있고 높은 이 라자(rāja), 곧 왕의 말이 된다.

그처럼 현성도 초월자에 대한 기도나 초월자의 선택으로 되는 것이 아니라, 존재의 진실을 보는 지혜와 지혜 그대로의 선정과 계행으로 현성이 된다.

곧 현성은 현성 아닌 현성이니 바른 실천을 갖추어 더 이상 배울 것 없는 이, 그를 아라한이라 한다.

세간 사람이 응당 섬겨야 할 이[應供] 아라한은 계율과 선정과 지혜의 덕을 갖추고 해탈의 몸을 갖추어 스스로 세간 섬김의 행을 닦으므로 그가 다시 세간의 섬김 받고 세간의 뛰어난 복밭이 되는 것이다.

번뇌 따름과 따르지 않음에 네 가지 차별이 있다

이와 같이 들었다.

한때 존자 사리푸트라와 존자 목갈라야나는 라자그리하 성 칼란 다카 대나무 동산에 있었다.

그때 사리푸트라가 여러 비구들에게 말하였다.

"세간에는 이 네 가지 사람이 있소. 어떤 것이 그 네 가지냐 하면, 다음과 같소.

첫 번째 사람은 번뇌의 묶음[結]과 서로 따르지만, 안에 묶음이 있 는 줄을 알지 못하오.

어떤 사람은 번뇌의 묶음과 서로 따르지만, 안에 묶음이 있는 줄을 진실 그대로 아오.

어떤 사람은 번뇌의 묶음과 서로 따르지 않지만, 안에 묶음이 없음 을 진실 그대로 알지 못하오.

어떤 사람은 번뇌의 묶음과 서로 따르지 않지만, 안에 묶음이 없음 을 진실 그대로 아오."

사리푸트라 존자가 네 사람의 차별을 보임

"여러 어진 이들이여, 알아야 하오.

그 첫 번째 사람은 묶음과 서로 따르지만, 안에 묶음이 있는 줄을 알지 못하니, 그 사람은 저 묶음이 있는 사람 가운데서도 이 사람이 낮고 못난 사람이오.

그러나 저 두 번째 사람은 묶음과 서로 따르면서 안에 묶음이 있는 줄을 진실 그대로 아니, 그 사람은 아주 묘하오.

저 세 번째 사람은 묶음과 서로 따르지 않지만, 안에 묶음이 없는 줄을 진실 그대로 알지 못하니, 이 사람은 저 묶음이 없는 사람 가운데서 낮고 못난 사람이오.

그러나 저 네 번째 사람은 묶음과 서로 따르지 않으면서 안에 묶음이 없는 줄을 진실 그대로 다 아니, 이 사람은 묶음이 없는 사람 가운데서 가장 으뜸이 되오.

여러 어진 이들이여, 알아야 하오. 세간에는 이 네 가지 사람이 있소."

번뇌의 묶음에 따르는 두 가지 사람을 분별함

안의 묶음 진실대로 알지 못하는 사람

이때 존자 목갈라야나가 사리푸트라에게 물었다.

"무슨 인연(因緣)으로 묶음이 있어 서로 따르는 사람 가운데 한 사람은 낮고 못나며 한 사람은 가장 묘하다고 합니까?

다시 무슨 인연으로 이들 묶음과 서로 따르지 않는 두 사람 가운데 한 사람은 낮고 못나며 한 사람은 가장 묘하다고 합니까?"

사리푸트라가 대답하였다.

"저 묶음과 서로 따르면서도 안에 묶음이 있는 것을 진실 그대로 알지 못하는 사람은 이렇게 생각합니다.

'나는 반드시 깨끗하다는 생각[淨想]을 지어야 한다.'

그래서 그는 곧 사유하여 깨끗하다는 생각을 짓습니다. 그가 깨끗하다고 생각을 지을 때 그는 곧 탐욕의 마음[欲心]을 일으키고, 탐욕의 마음을 일으키고 나면 곧 탐욕·성냄·어리석음의 마음을 가진 채 목숨을 마칠 것입니다.

그때 그는 방편을 구해 이 탐욕의 마음을 없애지 않고, 성냄과 어리석음의 마음을 가진 채 목숨을 마치게 됩니다.

목갈라나여, 아셔야 합니다. 마치 다음과 같습니다. 어떤 사람이 시장에 가서 구리그릇[銅器]을 샀는데, 먼지와 흙이 묻어 아주 깨끗하지 않았습니다. 그런데도 그 사람은 때때로 닦지도 않고 깨끗이 씻지도 않으면, 그 구리그릇은 곱절이나 다시 때가 끼여 아주 더러워지는 것과 같습니다.

이 첫 번째 사람도 이와 같습니다. 더러운 때[垢]와 서로 따르면서도 안에 묶음이 있는 줄을 진실 그대로 알지 못하여 그는 곧 이렇게 생각합니다.

'나는 반드시 깨끗하다는 생각[淨想]을 사유해야 한다.'

그는 이미 깨끗하다는 생각을 사유하고서는 곧 탐욕의 마음을 내고, 탐욕의 마음을 내고 나서는 성냄과 어리석음을 지닌 채 목숨을 마쳐, 방편을 구해 이 탐욕의 마음을 없애지 않습니다."

안의 묶음을 진실대로 아는 사람

"저 두 번째 사람은 번뇌의 묶음과 서로 따르지만, 안에 묶음이 있는 줄을 진실 그대로 알고 이렇게 생각합니다.

'나는 지금 깨끗하다는 생각을 버리고 깨끗하지 않다는 생각[不淨想]을 사유해야 한다.'

그는 '깨끗하다는 생각'을 이미 버리고 '깨끗하지 않다는 생각'을 사유합니다. 그리고 그는 '깨끗하지 않다는 생각'을 사유하므로 곧 탐욕의 마음을 내지 않습니다. 그리하여 방편을 구해 얻지 못한 것을 얻고, 거두지 못한 것을 거두며, 미치지 못한 것을 미치게 하여 곧 탐욕과 성냄과 어리석음이 없고, 또한 다시 묶음이 없이 목숨을 마치게 됩니다.

그것은 마치 다음과 같습니다. 어떤 사람이 시장에서 구리그릇을 샀는데, 그 그릇은 먼지와 때로 더러워져 있었습니다. 그래서 그 사람이 때를 따라 닦고 씻어서 깨끗하게 만드는 것과 같습니다.

이 사람 또한 이와 같아서 번뇌의 묶음과 서로 따르면서 안에 묶음이 있는 줄을 진실 그대로 압니다.

그 사람은 곧 '깨끗하다는 생각'을 버리고 '깨끗하지 않다는 생각'을 사유합니다. 그는 '깨끗하지 않다는 생각'을 사유하고는 다시 방편을 구해 얻지 못한 것을 얻고 거두지 못한 것을 거두며 증득하지 못한 것을 증득할 수 있게 합니다.

그래서 이미 탐욕의 마음이 없고 성냄과 어리석음의 마음 없이 목숨을 마칩니다.

이것을 목갈라야나여, '두 사람이 있어 번뇌의 묶음과 서로 따르지만, 한 사람은 낮고 못나며 한 사람은 가장 묘하다'고 하는 것입니다."

번뇌의 묶음에 따르지 않는 두 사람을 분별함
안의 묶음 없음을 진실대로 알지 못하는 사람

목갈라야나가 물었다.

"그러면 다시 무슨 인연(因緣)으로 저 두 사람은 번뇌의 묶음과 서로 따르지 않지만 한 사람은 낮고 못나며 한 사람은 가장 묘하다고 합니까?"

사리푸트라가 대답하였다.

"저 세 번째 사람은 번뇌의 묶음과 서로 따르지 않으면서도 안에 묶음이 없음을 진실 그대로 알지 못하고 이렇게 사유합니다.

'나는 방편을 구해 사유하지 않는데도, 얻지 못한 것을 얻었고 거두지 못한 것을 거두었으며 증득하지 못한 것을 증득하였다.'

그래서 그 사람은 탐욕의 마음과 성냄과 어리석음에 얽매여 목숨을 마칩니다.

마치 다음과 같습니다. 어떤 사람이 시장에 가서 구리그릇을 샀는데, 그 그릇이 티끌과 때로 아주 더러워져 있었습니다. 그런데도 그가 때때로 씻지도 않고 닦지도 않은 것과 같습니다. 이 세 번째 사람 또한 이와 같아서 묶음과 서로 따르지는 않지만 안에 묶음이 없음을 진실 그대로 알지 못하고 또한 이렇게 배우지 않습니다.

'나는 반드시 방편을 구해 이 모든 묶음을 없애야 한다.'

그리하여 탐욕과 성냄과 어리석음의 마음을 지닌 채 목숨을 마칩니다."

안의 묶음 없음을 진실대로 아는 사람

"저 네 번째 사람은 번뇌의 묶음과 함께 하지도 않고, 또 안에 묶음이 없음을 진실 그대로 압니다. 그리하여 그 사람은 곧 이렇게 사유합니다.

'나는 방편을 구해 얻지 못한 것을 얻고 거두지 못한 것을 거두며 증득하지 못한 것을 증득하겠다.'

그래서 그는 이런 묶음이 없이 목숨을 마칩니다.

마치 다음과 같습니다. 어떤 사람이 시장에 가서 좋은 구리그릇을 구했는데, 그 그릇이 아주 깨끗하였습니다. 그런데도 그가 그릇을 더욱 닦고 씻는 것과 같습니다. 그 네 번째 사람 또한 이와 같아서 번뇌의 묶음과 서로 따르지도 않고, 또한 안에 묶음이 없음을 진실 그대로 알면서도 그 사람은 곧 이렇게 사유합니다.

'나는 방편을 구해 얻지 못한 것을 얻고 거두지 못한 것을 거두며 증득하지 못한 것을 증득하겠다.'

그리하여 그는 탐욕과 성냄과 어리석음의 묶음이 없이 목숨을 마칩니다.

이것을 목갈라야나여, '두 사람이 번뇌의 묶음과 서로 따르지 않지만, 안에 묶음이 없음을 진실 그대로 아는 한 사람은 높고, 그렇지 못한 한 사람은 낮아 못났다'고 하는 것입니다."

번뇌의 묶음이 삿된 견해 일으킴을
비구의 행실을 잡아 널리 분별함

이때 존자 목갈라야나가 물었다.

"왜 묶음[結]이라고 말합니까?"

사리푸트라가 대답하였다.

"목갈라야나여, 아셔야 합니다. 악하여 착하지 않은 법은 여러 삿된 견해[邪見]를 일으키기 때문에 묶음이라고 말하는 것입니다.

다시 어떤 사람은 이렇게 생각합니다.

'여래께서는 나에게 먼저 뜻을 물으신 뒤에 여러 비구들에게 설법하시고, 다른 비구들에게 먼저 그 뜻을 물어 여래께서 비구들에게 설법하시지 않아야 한다.'

그러나 때로는 세존께서 다른 비구에게 뜻을 물어 설법하시고, 그 비구에게는 말씀하시지 않으면 그는 이렇게 생각합니다.

'여래께서 설법하시면서 여래께서는 나에게는 아무 말씀도 하시지 않고 비구들에게 설법하신다.'

어떤 때 착하지도 못한데 게다가 탐욕이 있습니다. 이미 착하지도 못한데다 또 탐욕이 있으니, 이 두 가지는 같이 좋지 못합니다.

다시 어떤 때 그 비구는 이렇게 생각합니다.

'나는 늘 여러 비구들 앞에서 마을에 들어가 밥을 빌고, 다른 비구는 비구들 앞에서 마을에 들어가 밥을 빌지 못하게 해야 한다.'

그러나 어떤 때는 다른 비구가 비구들 앞에서 마을에 들어가 밥을 빌고, 저 비구가 다른 비구들 앞에서 마을에 들어가 밥을 빌지 못하게 되면 그는 또 이렇게 생각합니다.

'나는 비구들 앞에서 마을에 들어가 밥을 빌지 못했다.'

이미 착하지도 못한데 게다가 또 탐욕까지 있으니, 이 두 가지는 다 좋지 않은 것입니다.

목갈라야나여, 아셔야 합니다. 때로 그 비구는 이렇게 생각합니다.

'내가 비구들 앞에 앉아 먼저 앞에서 물을 받고 먼저 앞에서 밥을 받고, 다른 비구는 비구들 앞에 앉아 먼저 앞에서 물을 받고 먼저 앞에서 밥을 받지 않도록 해야 한다.'

그러나 다시 때로는 다른 비구가 비구들 앞에 앉아 먼저 앞에서 물을 받고 먼저 앞에서 밥을 받아, 그 비구가 비구들 앞에 앉아 먼저 앞에서 물을 받고 먼저 앞에서 밥을 얻지 못하게 합니다.

그러면 그는 이렇게 생각합니다.

'나는 비구들 앞에 앉아 먼저 앞에서 물을 받지 못하고 먼저 앞에

서 밥을 얻지 못했다.'

이미 착하지도 못한데 게다가 탐욕까지 있으니, 이 두 가지는 다 좋지 못한 것입니다.

다시 어떤 때 그 비구는 이렇게 생각합니다.

'내가 밥을 먹은 뒤에 시주(施主)들을 위해 설법하고, 다른 비구가 밥을 먹은 뒤에 시주들을 위해 설법하지 않도록 해야 한다.'

그러나 어떤 때 다른 비구가 공양을 마치고 시주에게 설법하고, 그 비구가 공양을 마치고 시주를 위해 설법하지 못하게 되면 그는 또 이렇게 생각합니다.

'내가 공양을 마친 뒤에 시주에게 설법하지 못하게 하였다.'

이미 착하지 못함이 있는데 게다가 탐욕이 있으니, 이 두 가지는 다 좋지 못한 것입니다.

다시 어떤 때 그 비구는 이렇게 생각합니다.

'내가 동산으로 가서 장자나 브라마나에게 설법하고, 다른 비구는 동산으로 가서 장자나 브라마나에게 설법하지 못하게 해야 한다.'

그러나 어떤 때 다른 비구가 동산으로 가서 장자나 브라마나에게 설법하면, 이렇게 생각합니다.

'다른 비구가 동산으로 가서 장자나 브라마나에게 설법하지 못하게 해야 하는데, 도리어 내가 동산에 가서 장자나 브라마나에게 설법하지 못하게 하는구나.'

이미 착하지 못함이 있는데 게다가 탐욕까지 있으니, 이 두 가지는 다 좋지 못한 것입니다.

다시 어떤 때 그 비구는 이렇게 생각합니다.

'나는 지금 계(戒)를 범했다. 여러 비구들로 하여금 내가 계를 범

한 것을 알지 못하게 해야 한다.'

그러나 어떤 때 그 비구가 계를 범하였을 적에, 여러 비구들이 그 비구가 계를 범한 것을 압니다.

이미 착하지 못함이 있는데 게다가 탐욕까지 있으니, 이 두 가지는 다 좋지 못한 것입니다.

다시 어떤 때 그 비구는 이렇게 생각합니다.

'나는 지금 계를 범했다. 다른 비구들이 나에게 계 범한 것을 말하지 않게 해야 한다.'

그러나 어떤 때 그 비구가 계를 범하였을 적에, 다른 비구가 그에게 계를 범한 것을 말합니다.

이미 착하지 못함이 있는데 게다가 탐욕까지 있으니, 이 두 가지는 다 좋지 못한 것입니다.

다시 어떤 때 그 비구는 이렇게 생각합니다.

'나는 지금 계를 범했다. 청정한 비구가 내게 말하게 하고, 청정하지 않은 비구가 내게 말하지 못하게 해야 한다.'

그러나 다시 어떤 때 청정하지 않은 비구가 그에게 '너는 계를 범했다'라고 말합니다.

이미 착하지 못함이 있는데 게다가 탐욕까지 있으니, 이 두 가지는 다 좋지 못한 것입니다.

다시 어떤 때 그 비구는 이렇게 생각합니다.

'나는 지금 계를 범했다. 만약 어떤 비구가 내게 말하려면 대중들 앞에서 말하지 말고 가려진 곳에서 말해야 한다.'

그러나 다시 어떤 때 그 비구가 계를 범하였을 적에 대중들 앞에서 말하고, 가려진 곳에서 말하지 않으면 비구는 또 이렇게 생각합니다.

'이 여러 비구들은 가려진 곳에서 말하지 않고, 대중들 앞에서 나에게 말하였다.'

이미 착하지 못함이 있는데 게다가 탐욕까지 있으니, 이 두 가지는 다 좋지 못한 것입니다.

목갈라야나여, 아셔야 합니다. 이것이 모든 법의 근본으로서, 이런 행(行)을 일으키기 때문에 번뇌의 묶음[結使]이라고 하는 것입니다.

또 목갈라야나여, 다시 아셔야 합니다. 여러 사부대중들이 이런 짓 범하는 이를 다같이 들어 알고 있습니다. 그는 이렇게 말합니다.

'나는 아란야를 행하고, 한가하고 고요한 곳에 있으면서 다섯 가지 누더기 옷[五納衣]을 입고, 늘 밥 비는 것을 행하되 가난하거나 부유함을 가리지 않는다.

행동은 급하거나 사납지 않게, 가거나 오며 머물거나 그치며, 앉거나 일어서며, 움직이거나 조용하며, 말하거나 말없이 잠잠히 머문다.'

비록 말은 이렇게 하지만, 또 그 비구는 이렇게 생각합니다.

'비구·비구니·우파사카·우파시카 등 이런 모든 범행 닦는 이들이 늘 와서 나에게 공양하게 해야 한다.'

비구에게 비록 이런 생각이 있지만 사부대중들은 또 때를 따라 공양하지 않습니다. 왜냐하면 그 비구가 악하여 착하지 않은 행을 아직 버리지 못하기 때문이니, 그것을 그들은 보고 듣고 생각해 압니다."

비구의 집착된 행을 구리그릇의 비유로 보임

"마치 다음과 같습니다. 어떤 사람이 아주 깨끗한 구리그릇에 다시 깨끗하지 못한 것을 가득 담고는 다시 다른 그릇으로 그 위를 덮고, 그것을 가지고 다른 나라의 구역으로 간다 합시다. 사람들은 그것을 보고 나서 그 사람에게 이렇게 물을 것입니다.

'그대가 지니고 있는 것이 어떤 것이오? 우리는 그게 무엇인지 보려 하오.'

이때 뭇 사람들은 본래 이미 굶주리고 있어서 '이것은 좋은 먹을거리다'라고 외칠 것입니다. 그러고는 바로 그 그릇의 뚜껑을 열 것입니다. 그러나 그것은 곧 깨끗하지 않은 것임을 그들 모두는 볼 수 있을 것입니다.

이 비구 또한 다시 이와 같습니다. 비록 그는 아란야행이 있어서 때를 따라 밥을 빌며, 다섯 가지 누더기 옷을 입고 몸을 바로하고 뜻을 바로해, 생각을 매어 앞에 둡니다. 그리고 '여러 범행 닦는 이들이 때를 따라 와서 공양하도록 해야 한다'고 생각합니다.

그러나 그 범행 닦는 이들은 때를 따라 와서 공양하지 않습니다.

왜냐하면 그 비구는 악하여 착하지 않은 법과 묶음[結]이 아직 다하지 않았기 때문입니다.

목갈라야나여, 아셔야 합니다. 여러 비구들이 악하여 착하지 않은 법이 없고 번뇌의 묶음[結使]이 이미 없어져서 그것을 보고 듣고 생각해 안다 합시다. 그러면 비록 성 밖에서 돌아다니더라도 이 사람은 오히려 법을 가진 사람[持法之人]이라 남의 초청[請]을 받거나 장자의 공양을 받아야 한다는 이런 탐욕의 생각이 그 비구에게는 없습니다.

이때 사부대중들과 온갖 범행 닦는 이들은 모두 와서 공양할 것입니다. 왜냐하면 그 비구는 행이 청정하므로 그것을 다 보고 듣고 생각해 알기 때문입니다.

마치 다음과 같습니다. 어떤 사람이 좋은 구리그릇에 아주 맛있고 향기로운 좋은 먹을거리를 담고, 또 다른 물건으로 그 위를 덮고, 그 것을 가지고 다른 나라의 구역으로 가면 사람들은 보고서는 그 사람에게 물을 것입니다.

'이것은 무슨 물건이오? 우리들은 살펴보고자 하오.'

그러면서 바로 그들은 뚜껑을 열고 그 먹을거리를 보고는 모두 함께 먹을 것입니다. 이 또한 이와 같습니다. 이 비구는 보고 듣고 생각해 압니다.

그래서 그가 비록 성 밖에서 돌아다니지만 '장자의 공양을 받아야 한다'든지, '여러 범행 닦는 사람들이 모두 와서 내게 공양하도록 해야겠다'고 생각하지 않을 것입니다.

그러더라도 여러 범행 닦는 이들이 다 몰려와서 공양할 것입니다. 왜냐하면 그 비구는 악하여 착하지 않은 행을 없애 다했기 때문입니다.

그러므로 목갈라야나여, 이런 모든 행 때문에 번뇌의 묶음[結使]이라고 말하는 것입니다."

사리푸트라의 설법을 좋은 목수의 비유로 찬탄함

그러자 존자 목갈라야나가 찬탄하였다.

"아주 빼어나고 빼어나십니다, 사리푸트라여. 왜냐하면 나는 옛날 이 라자그리하 성의 칼란다카 대나무동산의 처소에 노닐고 있었습니다. 때가 되어 가사를 입고 발우를 가지고 라자그리하 성에 들어가 밥을 빌다가 저 '수레를 만드는 장인의 집'[車師舍]에 이르러 그 문 밖에서 잠자코 서 있었습니다.

그때 그 장인은 손에 도끼를 들고 재목을 다듬고 있었습니다. 그때 다시 장인으로서 장로가 되시는 이가 적은 볼일이 있어서 이 장인의 집에 왔습니다. 그때 이 장인이 나무판을 다듬고 있었습니다.

그때 그 장로 장인은 이런 생각을 하였습니다.

'이 젊은 장인의 재목 다듬는 것이 내 뜻과 같을까? 나는 지금 이를 살펴보아야겠다.'

이때 이 장인이 마음에 싫어하는 곳[所嫌之處]을 그 젊은 장인이 다 가져다 깎았습니다. 이 장로 장인은 매우 기뻐하면서 이렇게 말하였습니다.

'아주 뛰어난 솜씨다, 아주 뛰어나다. 그대가 재목을 다듬는 것이 다 내 뜻과 같구나.'

이 또한 이와 같습니다. 어떤 비구들은 마음이 부드럽지 못해서 사문의 행을 버리고, 간사하고 거짓됨을 품어 사문의 법을 따르지 않습니다. 그래서 성품과 행실[性行]이 거칠고 동떨어져 부끄러움을 알지 못하고, 두꺼운 얼굴로 욕된 줄도 모르고, 낮고 더러운 짓을 하며, 용맹(勇猛)이 없습니다.

어떤 이는 많이 잊어버려 해야 할 일을 기억하지 못하고, 마음과 뜻이 안정되지 못해 짓는 일마다 어지럽고, 모든 아는 뿌리[根]가 안정되지 못합니다.

그런데 지금 존자 사리푸트라께서는 그들의 성품과 행실을 살피고 나서는 그들을 잘 다스리고 있습니다.

여러 좋은 종족의 사람들은 믿음이 굳세어 집을 나와 도를 배워 계를 매우 공경하고, 사문 현성(賢聖)의 법을 버리지 않습니다.

그래서 헛된 거짓이 없어서, 급하고 사나움을 행하지 않고 마음의 뜻이 부드럽고 온화합니다. 말은 언제나 웃음을 머금어 남의 뜻을 다치지 않으며, 마음이 늘 한결같이 안정되어 옳고 그름에 휘둘리지 않으며, 모든 아는 뿌리가 어지럽지 않습니다.

저들은 존자 사리푸트라의 말을 듣고 나서는 스스로 받들어 지녀서 또한 잊지 않을 것입니다.

이는 마치 단정하기 짝이 없는 어떤 남자와 여인이 스스로 깨끗이 목욕하고 좋은 새 옷을 갈아입고 향을 몸에 발랐는데, 다시 어떤 사람이 우트팔라 꽃을 그에게 가져다가 바쳐 올리면, 그 사람은 그것을 머리 위에 꽂고 기뻐 뛰면서 스스로 이기지 못하는 것과 같습니다.

이 또한 이와 같습니다. 만약 어떤 좋은 종족의 사람이 믿음이 굳세어 집을 나와 도를 배워 계를 공경하고, 사문의 법을 잃지 않는다 합시다.

그러면 그는 헛된 거짓이 없어서, 급하고 사나움을 행하지 않고, 마음이 부드럽고 말할 때는 늘 웃음을 머금으며, 남의 뜻을 다치지 않으며, 마음은 늘 안정되어 옳고 그름에 휘둘리지 않으며, 모든 아는 뿌리가 어지럽지 않을 것입니다.

그러면 그 사람은 존자 사리푸트라께 이 말씀을 듣고 나서 매우 기뻐하는 마음을 품어 스스로 이기지 못하고 그 가르침을 받아 지닐 것입니다.”

이와 같이 두 잘 행하는 사람들은 이 법의 가르침을 말하였다.

그때 여러 어진 이들은 각기 그 말하는 것을 듣고 기뻐하며 받들어 행하였다.

• 증일아함 25 사제품 六

• 해설 •

번뇌의 흐름이 일어날 때 그를 대치하는 데 네 가지 사람의 차별이 있다.

번뇌의 흐름에 따르는 두 사람이 있고, 번뇌의 흐름에 따르지 않는 두 사람이 있다. 각기 두 사람 가운데 한 사람은 그 뜻이 묘하나 한 사람은 낮고 못나다.

번뇌의 흐름이 날 때 지금 그 흐름에 따르지만 그 번뇌가 안의 탐냄으로 인해 남을 알아 그 흐름을 돌이키는 사람은 묘하고, 안의 묶음을 진실대로 알지 못해 그 흐름을 끊임없이 이어가는 사람은 낮고 못난 사람이다.

번뇌의 흐름에 따르지 않는 사람 가운데 한 사람은 실로 번뇌의 묶음에 따르되 따르는지 모르는 사람이고, 안의 묶음 없음의 진실을 알지 못한 사람이니, 그는 스스로 속아 번뇌의 뿌리를 뽑지 못한 사람이다.

그는 크게 번뇌에 시달리지 않으므로 스스로 번뇌 없다고 속아 사는 사람이거나, 번뇌의 공성을 관념적으로 이해하여 스스로 본래 청정하다고 그릇되게 집착하는 사람이다.

그러나 번뇌의 흐름을 참으로 떠난 사람은 아는 마음에 마음 없고 알려지는 경계에 모습 없음을 깊이 깨달아야만 번뇌 없는 사람이다.

안의 묶음 없음을 진실대로 알지 못하는 그 사람은 자신에게 번뇌 없다고 그릇 생각하나 실은 번뇌의 흐름 떠나지 못했으니, 현재에서 괴롭고 뒤의 생에도 존재의 묶음을 벗어나지 못한다.

참으로 번뇌 흐름에 따르지 않되 안의 묶음 없음을 진실 그대로 아는 이는 번뇌가 본래 공한 줄 알지만 공하므로 연기한 줄 알아 부지런히 지혜의 방편을 구해 번뇌가 일어나지 않도록 스스로를 보살피는 사람이다.

그는 번뇌가 본래 남이 없음을 깨닫고[了心無生] 집착하는 경계가 본래 공한 줄 알아[了境本空] 길이 번뇌 따르지 않으니, 그가 참으로 삶의 청정을 알아 늘 범행을 세우는 사람이다.

비구는 번뇌에 따름이 없되 안의 묶음 없음을 진실대로 아는 네 번째 사람의 청정한 행을 따라야 한다.

참으로 번뇌 따르지 않고 범행을 세운 이는 대중에 머물거나 마을에 들어가 밥을 빌 때 평등한 마음으로 탐욕을 떠난다.

　그는 탐욕 떠나므로 좋은 일을 내가 독차지하거나 시주를 위해 자기가 설법해야 한다거나, 자기가 그릇된 일을 행해도 남이 나를 비판해서는 안 된다는 생각을 내지 않는다. 또한 안과 밖이 다른 행동을 하면서 여러 사부대중의 공양 탐내는 생각을 일으키지 않는다.

　스스로 청정한 마음으로 아란야에 머물고 성읍에 노닐어 다니며, 구함이 없고 탐냄이 없이 밥을 빌고 밥을 받으며 법을 듣고 법을 설하면 그러한 범행자는 모든 범행 닦는 이들이 스스로 공경하고 사부대중이 공양하고 존중할 것이다.

　사리푸트라 존자가 이렇게 설함 없이 설법하고 동학인 목갈라야나 존자가 이렇게 들음 없이 법을 들어, 두 현성이 함께 여래의 진리바다에서 크게 기뻐한다.

　이렇게 두 존자는 실로 말할 것 없는 곳에서 짐짓 말을 일으켜서 법을 설해, 진리의 기쁨을 범행 닦는 이·믿음 굳센 이·바르게 집을 나온 이·뒷세상에 올 대중에게 이 법을 전해 회향하니, 두 분 존자야말로 여래의 집 법왕의 아들[法王子]이고 잘 범행 닦고 범행 세워 세간의 복밭이 되는 분들이다.

　이 경에서 목갈라야나 존자는 비록 배움 같이하는 벗이지만 사리푸트라 존자가 세간의 참된 선지식이 되고 복밭이 되어 중생에게 해탈의 길 보여줌을 깊은 공경의 마음으로 찬탄한다. 그렇듯 화엄회상 구도자 선재 또한 세간의 참된 공덕의 곳간이 되는 선지식에게 다음과 같이 찬탄과 서원을 바친다.

　　나는 선지식이 나를 거두어
　　이익되게 하여주시고
　　나를 위해 바른 가르침의
　　진실한 법 보이신다 생각합니다.

　　我念善知識　攝受饒益我

爲我悉示現　正教眞實法

나는 선지식이 위없는 붇다의
공덕의 곳간이라 생각하며
생각생각 허공 같은 공덕의 바다
나타내주신다 생각합니다.

我念善知識　是佛功德藏
念念能出生　虛空功德海

선지식은 나에게 파라미타 주시며
나에게 사유할 수 없는 복 늘려주시고
나에게 깨끗한 공덕 키워주시며
나에게 붇다의 해탈의 비단띠
머리에 묶어 매도록 하십니다.

與我波羅蜜　增我難思福
長我淨功德　令我冠佛繒

거룩하신 분 저의 스승되어
저에게 위없는 법을 주시니
한량없고 셀 수 없는 겁에도
그 은혜 다 갚을 수 없으리.

聖者爲我師　與我無上法
無量無數劫　不能報其恩

5 비구가 행해야 할 다섯 가지 풍요와
안락의 행[五法]

• 이끄는 글 •

다섯 수로 보인 해탈의 법은 다섯 가지 진리의 뿌리[五根], 다섯 가지 진리의 힘[五力], 다섯 가름 법신[五分法身], 다섯 계[五戒], 다섯 법의 먹음[五食: 念食·法喜食·禪悅食·願食·解脫食], 다섯 마음 그치는 살핌[五停心觀]이 있다.

대승불교에 오면 다섯 반야[五種般若: 實相·觀照·文字·境界·眷屬], 다섯 지혜[五智: 法界體性智·大圓鏡智·平等性智·妙觀察智·成所作智], 다섯 법의 눈[五眼], 다섯 참음[五忍], 다섯 법의 곳간[五種藏: 如來藏·正法藏·法身藏·出世藏·自性淸淨藏] 등 많은 다섯 법의 수가 있다.

천태교에는 다섯 맛[五味], 다섯 때[五時]의 교판, 오중현의(五重玄義), 오품위(五品位), 오회(五悔), 다섯 가지 법사[五種法師], 『법화경』의 다섯 살핌[五觀: 眞觀·淸淨觀·智慧觀·悲觀·慈觀]이 있고, 밀교에서는 여래의 다섯 지혜[五智]가 있다.

조사선에 오면 다섯 맛의 선[五味禪], 오위편정(五位遍正), 오가의 선풍[五家] 등이 있다.

이와 같이 붇다와 현성들이 다섯 수로 법을 보인 것은 중생의 번뇌가 없지 않으므로 다섯 등의 수로 법 있음을 보였으나, 번뇌가 본래 공함을 깨치면 번뇌를 다스리는 법에도 법이 없다.

『화엄경』(「보현행품」)은 말한다.

법이 하나나 둘이 아님 깨쳐 알면
물듦도 아니고 또한 깨끗함도 아니네.
또한 다시 섞여 어지러움 없으니
다 스스로 모습 취함 따라 일어났네.

了知非一二　非染亦非淨

亦復無雜亂　皆從自想起

『전등록』의 아난다 존자의 전법게 또한, 부치는 법에 법 없음을 이렇게 말한다.

본래 법 있음을 부쳤으나
부치고 나서 법 없음을 말하네.
각기 스스로 반드시 깨쳐야 하니
깨치고 나면 법 없음도 없네.

本來付有法　付了言有法

各各須自悟　悟了無無法

바른 견해로 때에 맞는
다섯 가지 일을 해야 바른 법의 무리이니

이와 같이 들었다.

한때 붓다께서는 슈라바스티 국 제타 숲 '외로운 이 돕는 장자의 동산'에 계셨다.

그때 세존께서 여러 비구들에게 말씀하셨다.

"만약 사람이 삿된 견해를 가진 무리에 있게 되면, 어떤 모습이 되는가?"

비구들이 세존께 말씀드렸다.

"여래께서는 모든 법의 왕이시요, 모든 법의 어른이십니다. 잘 물으셨습니다, 세존이시여. 여러 비구들을 위해 이 뜻을 말씀해주십시오. 저희들은 듣고서 받들어 행하겠습니다."

삿된 무리 가리는 다섯 가지 일을 보이심

세존께서 말씀하셨다.

"너희들은 잘 사유하고 생각하라. 내 너희들을 위해 그 뜻을 분별해주겠다."

여러 비구들이 대답하였다.

"그렇게 하겠습니다, 세존이시여."

여러 비구들이 붓다께 가르침을 받아 들으려 하니, 세존께서 말씀하셨다.

"삿된 무리에 있는 사람은 반드시 이 다섯 가지 일[五事]로써 알아야 한다. 다섯 가지 일을 보게 되면 곧 이 사람이 삿된 무리에 머물고 있음을 알 수 있다.

어떤 것이 그 다섯 가지인가?

그는 웃어야 할 때 웃지 않는다.

기뻐해야 할 때 기뻐하지 않는다.

사랑의 마음[慈心]을 내야 할 때 사랑의 마음을 내지 않는다.

나쁜 짓을 하고도 부끄러워하지 않는다.

좋은 말[善語]을 들어도 마음에 두지 않는다.

이런 사람은 반드시 삿된 무리에 머무는 것임을 알아야 한다. 만약 어떤 사람이 삿된 무리에 머물면 이 다섯 가지 일로 그것을 알아야 한다."

바른 무리 가리는 다섯 가지 일을 보이심

"다시 어떤 중생이 바른 무리에 머무르면 어떤 모습이 있고 어떤 인연이 있는가?"

그때 여러 비구들이 붇다께 말씀드렸다.

"여래께서는 모든 법의 왕이시요, 모든 법의 어른이십니다. 세존께서는 비구들을 위해 그 뜻을 말씀해주시길 바랍니다. 저희들은 듣고서 받들어 행하겠습니다."

세존께서 말씀하셨다.

"너희들은 잘 사유하고 생각하라. 내 너희들을 위해 그 뜻을 분별해주겠다."

여러 비구들이 대답하였다.

"그렇게 하겠습니다, 세존이시여."

그때 여러 비구들이 붇다께 가르침을 받아 들으려 하니, 세존께서 말씀하셨다.

"바른 무리에 있는 사람은 반드시 이 다섯 가지 일로써 알아야 한다. 다섯 가지 일을 보게 되면, 곧 이 사람이 바른 무리에 머물고 있는 사람임을 알 수 있다.

어떤 것이 그 다섯 가지인가?

그는 웃어야 할 때 웃는다.

기뻐해야 할 때 기뻐한다.

사랑의 마음을 내야할 때 사랑의 마음을 낸다.

부끄러워해야 할 일에 부끄러워한다.

좋은 말을 들으면 마음에 둔다.

이런 사람은 이미 바른 무리에 머물고 있음을 알아야 한다.

그러므로 여러 비구들이여, 너희들은 반드시 삿된 무리[邪聚]를 버리고 바른 무리[正聚]에 머물러야 한다.

이와 같이 여러 비구들이여, 반드시 이렇게 배워야 한다."

그때 여러 비구들은 붇다의 말씀을 듣고 기뻐하며 받들어 행하였다.

• 증일아함 35 사취품(邪聚品) ―

• 해설 •

연기의 법을 잘 사유해 통달한 비구는 온갖 모습에서 모습을 떠나고 온갖 지어감 속에 실로 지어감을 떠나, 하되 함이 없되 함 없음에 머물지 않고 때[時]와 곳[處]에 맞는 행을 잘 짓는 자이다.

함이 없이 깨끗한 행을 짓는 것, 그것이 '범행이 이미 선'[梵行已立] 비구
행이고, 짓는 바 없되 때와 곳을 따라 바른 행을 짓는 것, 이것이 지을 바를
이미 지은[所作已作] 비구의 행이다.

그러므로 비구는 온갖 함에서 함을 떠나되 웃어야 할 때 웃고 기뻐할 때
기뻐하며 사랑의 마음 낼 때 사랑의 마음을 내고 슬퍼하는 마음 낼 때 슬퍼
하는 마음을 낸다. 옳고 그름을 잘 가려 옳은 일은 잘 보살펴 더욱 늘려가며
옳지 못한 일에 부끄러움을 내 다시 그 일이 일어나지 않게 하며, 좋은 말을
잘 기억하고 잘 받아 지닌다.

이와 같이 '지을 바를 잘 지어 마치는 자' 그가 바른 진리의 무리 가운데
한 숫자가 되고 여래 사방상가(四方僧伽)의 한 구성원이 되는 것이다.

때나 곳에 맞는 좋은 말 바른 행으로 보고 듣는 이를 기쁘게 하는 이가 보
디사트바이니, 『화엄경』(「입법계품」)은 이렇게 말한다.

이 세간의 선지식께선
말소리가 아주 부드러워
들으면 기뻐하지 않음 없으니
중생이 만약 듣게 되면
모두 악한 업을 떠나게 되네.

言音極柔軟　聽之無不喜
衆生若得聞　悉離諸惡業

마음 깨끗해 티와 때가 없어
모든 아첨과 굽음 멀리 떠나
그 마음에 맞게 말을 하니
듣는 이가 모두들 기뻐하네.

心淨無瑕垢　遠離諸諂曲
稱心而發言　聞者皆歡喜

비구들이여, 공덕 갖춘
다섯 가지 보시를 행해야 한다

이와 같이 들었다.

한때 붇다께서는 슈라바스티 국 제타 숲 '외로운 이 돕는 장자의 동산'에 계셨다.

그때 세존께서 여러 비구들에게 말씀하셨다.

"그 복을 얻지 못하는 다섯 가지 보시가 있다. 어떤 것이 그 다섯 가지인가?

첫째, 칼을 남에게 주는 것이다.

둘째, 독약을 남에게 주는 것이다.

셋째, 들소를 남에게 주는 것이다.

넷째, 음란한 여인[婬女]을 남에게 주는 것이다.

다섯째, 신을 모시는 사당[神祠]을 짓는 것이다.

이것을 비구들이여, '복을 얻지 못하는 다섯 가지 보시가 있다'고 하는 것이다."

그릇된 보시 버리고 공덕의 보시를 행하도록 당부하심

"비구들이여, 알아야 한다. 또다시 큰 복을 얻게 하는 다섯 가지 보시가 있다. 어떤 것이 그 다섯 가지인가?

첫째, 동산을 만드는 것이다.

둘째, 숲을 만드는 것이다.

셋째, 다리를 놓는 것이다.

넷째, 큰 배를 만드는 것이다.

다섯째, 올 사람과 지나가는 사람을 위해 머물러 살 집을 지어주는 것이다.

이것을 비구들이여, '복을 얻게 하는 다섯 가지 일이 있다'고 하는 것이다."

그때 세존께서 곧 이런 게송을 말씀하셨다.

> 동산 만들어 시원함 베풀어주고
> 물을 건널 좋은 다리를 놓아주어
> 강나루에서 사람들 건네주고
> 나그네에게 좋은 집을 지어주면
> 이 사람은 낮이나 밤이라 해도
> 언제나 그 복을 받게 되리라.
> 계와 선정까지 갖추어 이루면
> 이 사람은 반드시 하늘에 나리.

"그러므로 여러 비구들이여, 너희들은 이 다섯 가지 공덕의 보시 닦아 행할 것을 생각해야 한다.

이와 같이 여러 비구들이여, 반드시 이렇게 배워야 한다."

그때 여러 비구들은 붇다의 말씀을 듣고 기뻐하며 받들어 행하였다.

• 증일아함 35 사취품 三

남에게 준다고 다 보시의 이름을 얻지 못한다. 주는 행위를 통해 삶의 안락을 주고 풍요를 주며 해탈의 이익이 돌아가야 보시라 이름한다.

죽임의 칼을 주고, 먹으면 죽는 독약을 주며, 잡아먹을 들소를 준다면 목숨을 살려 번영의 길에 가게 하지 못하므로 보시라 할 수 없다.

여인을 주어서 음행케 하는 등 청정한 삶의 질서를 어지럽힐 인연을 맺게 하고, 삿된 믿음의 처소를 만들어주는 것은 주어서 도리어 범행을 깨뜨리고 죄악을 저지르며 그릇된 세계관을 심어주므로 보시라 이름할 수 없다.

동산과 숲을 만들어 뭇 사람들의 쉼터와 놀이터가 되게 하고, 다리를 놓아 세찬 강물을 건네주며, 큰 배를 만들어 물건을 날라주며, 오가는 사람들 위해 살 집을 마련해주면, 나와 이웃을 함께 이롭게 하고 안락케 하는 것이므로 좋은 보시라 말할 수 있다.

더 나아가 이 세간 모두의 삶터를 쉴 만한 곳, 일할 만한 곳, 함께 노닐고 더불어 기쁨을 나눌 수 있는 곳으로 만드는 것은 뭇 삶들의 안락과 번영을 위해 기여한 것이므로 크나큰 보시라 말할 수 있다.

이처럼 재물보시로 삶들을 안락하게 할뿐더러 스스로 지혜와 선정을 닦아 지혜와 선정으로 세상의 미망을 깨뜨려주고 진리의 향내음으로 세상을 아름답게 가꾸어가면, 혼돈과 갈등의 역사가 평화와 화해의 역사가 되고 가난과 병고에 찌든 삶이 풍요와 행복의 삶으로 바뀔 것이다.

이와 같이 보시하는 자는 지금 비록 곤궁할지라도 그의 미래는 하늘의 복락과 넉넉함으로 보장되고 언약될 것이다.

여인의 다섯 가지 욕망과
구도자가 해야 할 다섯 가지 일

이와 같이 들었다.

한때 붇다께서는 슈라바스티 국 제타 숲 '외로운 이 돕는 장자의 동산'에 계셨다. 그때 세존께서 여러 비구들에게 말씀하셨다.

"여인들에겐 다섯 가지 욕망이 있다.

어떤 것이 그 다섯 가지인가?

첫째, 호화롭고 귀한 집안에 태어나는 것이다.

둘째, 부귀한 집으로 시집을 가는 것이다.

셋째, 남편이 자기 말을 따르게 하는 것이다.

넷째, 아이를 많이 두는 것이다.

다섯째, 집에서 홀로 제 마음대로 하는 것이다.

이것을 비구들이여, '여인들에게는 다섯 가지 욕망이 있다'고 하는 것이다."

비구가 행할 다섯 가지 일을 보이시고, 행하도록 당부하심

"이와 같이 비구들이여, 우리 비구들에게도 욕심낼 만한 다섯 가지 일이 있다. 어떤 것이 그 다섯 가지인가?

계율[禁戒]과 많이 들음[多聞], 사마디[三昧]를 성취하고 지혜(智慧)와 지혜의 해탈[智慧解脫]을 얻는 것이다.

이것을 '비구들에게도 욕심낼 만한 다섯 가지 법이 있다'고 하는 것이다.”

　그때 세존께서 곧 이런 게송을 말씀하셨다.

　　나는 좋은 종족의 집에 태어나
　　또한 부귀한 집으로 시집가서
　　남편을 마음대로 부려보고 싶으나
　　복이 아니면 이런 일 얻지 못하네.

　　많은 자식들을 내가 두게 되어서
　　향과 꽃으로 스스로 잘 꾸미는 등
　　이런 것들 하고 싶은 생각 있어도
　　복이 아니면 이런 일 얻지 못하네.

　　믿음과 계율을 갖추어 이루고
　　바른 사마디 얻어 움직이지 않으며
　　지혜 또한 모두 갖춰 이루려 하나
　　게으르면 이 공덕 이룰 수 없네.

　　도의 과덕을 곧바로 빨리 얻어
　　나고 죽음의 못을 뛰어 건너서
　　니르바나 저 언덕 이르고 싶으나
　　게으르면 이 공덕 이룰 수 없네.

“이와 같이 여러 비구들이여, 방편을 구해 좋은 법을 행하고 좋지 않은 법은 버려야 한다.

그리하여 차츰 앞으로 나아가 그 가운데서 뉘우치는 마음이 없어야 한다. 이와 같이 여러 비구들이여, 반드시 이렇게 배워야 한다."

그때 여러 비구들은 붇다의 말씀을 듣고 기뻐하며 받들어 행하였다.

• 증일아함 35 사취품 五

• 해설 •

여인의 욕망이 남자의 욕망이다. 남자라면 부귀한 집에 태어나 세간의 권세와 부(富)를 누리고 아름다운 여인을 취하며 가족이 번성하고 세상에 그 이름을 드날리려 할 것이다.

붇다의 가르침을 따라 배워 해탈을 얻기 위해 집을 나온 비구의 바람[願]은 세간의 일로 보면 바람 없는 바람[無願之願]이고 모습 없는 법의 이익[法利]을 구함이다.

세간의 바람은 모습에 취할 모습을 두어, 취해 얻은 것을 많이 모으고 더욱 늘리는 것으로 삶의 목표를 삼는다.

그에 비해 구도자는 모습에 취할 것이 없음을 가르치는 진리의 가르침을 많이 들어[多聞], 모습에 모습 떠나는 사마디[無相三昧]와 모습에 취할 것 없음을 바로 보는 지혜로 마음이 해탈하여 해탈의 지견으로 살아가길 바란다.

세간의 바람은 악을 끊고 선을 지으며, 죄업을 버리고 복된 일을 많이 지음으로 성취된다. 그러나 구도자의 바람은 악을 버려 짓는 착함에서도 취할 모습을 보지 않으며, 죄업을 짓지 않고 복업을 짓되 복된 업에도 복의 모습을 취하지 않고 복덕을 받지 않아야 성취된다.

모습 취해 바라지 않는 구도자의 바람은 생각생각 모습 취하는 생각을 돌이켜 보디에 돌아가는 방일함이 없는 정진으로 성취된다.

구도자가 밖으로 한 법도 구함이 없되 그 모습 없음에도 머물지 않을 때, 구도자의 모습 없는 사마디와 바람 없는 해탈의 행[無願行]은 비로소 생각 생각이 세간의 어두움 밝히는 지혜[prajñā]의 횃불이 될 것이다. 그리고 그의 걸음걸이가 중생을 니르바나의 저 언덕에 이끄는 파라미타(pāramitā)의 행이 될 것이다.

탐욕의 집 나온 비구와 보디사트바의 머무는 곳은 어디인가.『화엄경』(「입법계품」)은 가르친다.

모든 중생 미혹의 병을 보게 되면
넓고 큰 자비의 거두는 마음을 내
지혜의 약으로 그 병 모두 없애니
이것이 큰 의왕의 머무는 곳이네.

見諸衆生嬰惑病　而興廣大悲愍心
以智慧藥悉除滅　此大醫王之住處

모든 중생 미혹의 바다에 있는 것 보면
보디의 묘한 보배 마음 일으켜
그 가운데 들어가 건져 빼내주니
이것이 잘 고기 잡는 이의 머무는 곳이네.

見諸衆生在惑海　能發菩提妙寶心
悉入其中而濟拔　此善漁人之住處

다섯 가지 법 끊고 다섯 쌓임 뛰어넘어야
비구가 흐름 건넘이니

이와 같이 내가 들었다.

한때 붇다께서는 슈라바스티 국 제타 숲 '외로운 이 돕는 장자의 동산'에 계셨다.

때에 다라건타 하늘사람이 얼굴 모습이 아주 묘했는데, 그가 새벽 녘 붇다 계신 곳에 와서 붇다의 발에 머리를 대 절하고 한쪽에 물러 앉았다. 그러자 온몸의 여러 밝은 빛이 제타 숲 '외로운 이 돕는 장자의 동산'을 두루 비추었다.

때에 그 하늘사람이 게송으로 붇다께 여쭈었다.

　　　몇 가지 끊고 몇 가지 법 버리며
　　　몇 가지 법을 더욱 늘려 닦으며
　　　몇 가지 쌓여 모임 뛰어넘어야
　　　비구의 흐름 건넘이라 합니까.

다섯 가지 진리의 뿌리 닦아 다섯 쌓임 뛰어넘어야 함을 보이심
그때 세존께서는 게송으로 대답하셨다.

　　　다섯 가지 끊고 다섯 가지 법을 버리며
　　　다섯 가지 법 더욱 늘려 닦으며

다섯 가지 쌓여 모임 뛰어넘어야
비구의 흐름을 건넘이라 말한다.

때에 그 다라건타 하늘사람은 붓다의 말씀을 듣고 기뻐하고 따라
기뻐하면서, 붓다의 발에 머리를 대 절하고 이내 사라져 나타나지 않
았다.

• 잡아함 1312 다라건타경(多羅健陀經)

• 해설 •

끊어야 할 다섯 법은 다섯 가지 덮음[五蓋]으로 탐욕·성냄·무명·잠과
졸음·의심이니, 이 다섯 가지가 지혜를 덮어 나고 죽음의 바다에 빠뜨리기
때문이다.

버려야 할 다섯 법은 눈·귀·코·혀·몸의 다섯 앎이 빛깔·소리·냄새·
맛·닿음을 집착하고 취하는 다섯 가지 감각적 탐욕[五欲]이니, 이 다섯 법
을 버리지 못하면 탐욕의 덮음이 다시 무명의 덮음이 되어 끝내 지혜를 덮
기 때문이다. 더욱 늘려야 할 다섯 법은 다섯 가지 진리의 뿌리[五根]이니,
믿음·정진·바른 생각·선정·지혜이다.

다섯 가지 쌓여 모임은 물질·느낌·모습 취함·지어감·앎이니, 물질은 탐
착의 마음으로 더욱 늘어나고 마음은 물질의 모습에 물들어 더욱 늘어난다.

다섯 가지 진리의 뿌리를 굳게 다져 마음과 물질이 모두 공함을 알면 다
섯 가지 쌓임을 뛰어넘어 마음에 마음이 없고 모습에 모습이 없게 되니, 이
를 비구가 온갖 나고 죽음의 흐름과 애욕의 흐름 건넘이라 한다.

『화엄경』(「범행품」) 또한 보디사트바가 여래의 가르침을 듣고 다섯 쌓임
이 흘러 구르는 있음의 바다[有海] 건너고서, 기나긴 겁 윤회하는 중생을 해
탈의 저 언덕에 건네줌을 다음과 같이 보인다.

윤회의 바다 건넌 보디사트바는
중생이 해탈 얻도록 하기 위해
억겁토록 부지런히 닦아 게으름 없이
갖가지로 묘한 공덕 사유하여
위없는 으뜸의 업 잘 닦아가네.

爲令衆生得解脫 億劫勤修而不倦
種種思惟妙功德 善修無上第一業

윤회의 바다 건넌 보디사트바는
걸림없는 진실한 뜻의 지혜에 머물러
지니고 있는 묘한 업 모두 열어 밝혀
이 세간의 한량없는 모든 중생들이
미혹의 업을 끊고 니르바나 향하게 하네.

住佛無礙實義智 所有妙業咸開闡
能令無量諸衆生 悉斷惑業向涅槃

6 니르바나에 이르게 하는 여섯 가지 법[六法]

• 이끄는 글 •

때로 여섯 가지 법의 수로 해탈의 법을 보이니, 여섯 가지 생각[六念: 佛·法·僧·戒·施·天], 여섯 가지 위없음[六無上: 見·聞·得·戒·供·念], 여섯 가지 신통[六神通], 여섯 가지 아라한의 법[六種阿羅漢], 여섯 가지 화합과 공경[六和敬: 同戒·同見·同行·身慈·口慈·意慈 和敬]이 있다.

대승에 와서는 여섯 파라미타[六波羅密], 여섯 가지 지혜[六慧], 여섯 가지 조복[六調伏], 여섯 가지 바른 행[六正行], 여섯 가지 방편[六種巧方便]이 있고, 여섯 가지 계[六種戒: 回向戒·廣博戒·無罪歡喜處戒·恒常戒·堅固戒·罪莊嚴具相應戒]가 있다.

천태교에서는 천태선사가 부정지관(不定止觀)으로 제시한 여섯 가지 묘한 문[六妙門: 數息·隨息·止·觀·還·淨]이 있고, 여섯 가지 같으면서 다른 지위[六卽位]가 있으며, 화엄교에서는 육상원융(六相圓融), 망진환원관(妄盡還源觀)에서 보인 여섯 가지 살핌[六觀]이 있고, 유식불교의 여섯 가지 앎을 지혜로 돌이킴[六轉依, 轉識得智]이 있다.

밀종(密宗)에서는 여섯 가지 법의 영역[六界]으로 진여의 큼[六大體大]을 말한다.

사리푸트라 존자가 설한 여섯 가지 사유해야 할 법[六思念法]이 여섯 가지 화합과 공경[六和敬]의 법이니, 이름이 조금 다르게 나온 것이나 같은 법이다.

법은 서로 의지해 나니, 안의 여섯 뿌리가 밖의 여섯 경계를 만나 여섯 앎이 일어난다. 그러므로 앎은 법인 마음이고 법은 마음인 법이라 법 전함은 마음의 공한 진실을 전함이니, 『전등록』의 사나카바사(Śaṇakavāsa) 존자의 전법게는 말한다.

법도 아니고 또한 마음도 아니며
마음도 없고 또한 법도 없다.
이 마음의 법을 말할 때
이 법은 마음과 법이 아니다.

非法亦非心　無心亦無法
說是心法時　是法非心法

여섯 가지 법을 닦아야 좋은 곳에 나고
니르바나에 이르리

이와 같이 들었다.

한때 붇다께서는 슈라바스티 국 제타 숲 '외로운 이 돕는 장자의 동산'에 계셨다.

그때 존자 사리푸트라는 세존 계신 곳에 나아가 발에 머리를 대 절하고 한쪽에 앉았다. 그때 사리푸트라가 세존께 말씀드렸다.

"저는 지금 슈라바스티 성에 있으면서 여름 안거를 지냈습니다. 이제는 사람 사이에서 노닐어 교화하고자 합니다."

세존께서 말씀하셨다.

"지금이 바로 갈 때이다."

사리푸트라는 자리에서 일어나 세존의 발에 머리를 대 절하고 물러나 떠나갔다. 사리푸트라가 떠난 지 오래지 않아 어떤 비구가 사리푸트라를 비방할 뜻을 품고 세존께 말씀드렸다.

"사리푸트라는 비구들과 다투고는 참회하지도 않고 지금 사람 사이에서 노닐어 다니고 있습니다."

그때 세존께서 한 비구에게 말씀하셨다.

"너는 빨리 가서 '세존께서 사리푸트라를 부른다'고 전해라."

비구가 대답했다.

"그렇게 하겠습니다, 세존이시여."

사리푸트라에 대한 비난을 들으시고 대중을 모으게 하심

붇다께서 목갈라야나와 아난다에게 분부하셨다.

"너희들은 여러 방안에 있는 비구들을 모두 세존이 있는 곳으로 모이게 하라. 왜냐하면 사리푸트라가 스스로 들어간 사마디의 힘으로 여래 앞에서 사자의 외침으로 말할 것이기 때문이다."

비구들은 붇다의 분부를 듣고서 각기 세존 계신 곳에 모여 세존의 발에 머리를 대 절하고 한쪽에 앉았다.

이때 그 비구는 세존의 분부를 받아 곧 사리푸트라가 있는 곳으로 가서 사리푸트라에게 말하였다.

"여래께서 서로 보시고자 합니다."

사리푸트라는 곧 붇다 계신 곳으로 나아가 세존의 발에 머리를 대 절하고 한쪽에 앉았다.

이때 붇다께서 사리푸트라에게 말씀하셨다.

"그대가 아까 떠난 지 오래지 않아 행실이 나쁜 어떤 비구가 나 있는 곳에 와서 '사리푸트라 비구는 다른 여러 비구들과 다투고는 허물을 뉘우치지도 않고 사람 사이에 나가 노닐어 다니고 있습니다'라고 말하였다. 참으로 그런가?"

사리푸트라가 붇다께 말씀드렸다.

"여래께서 스스로 아실 것입니다."

세존께서 말씀하셨다.

"나는 알고 있다. 다만 지금 대중들이 각기 여우 같은 의심을 품고 있다. 그대는 대중 가운데서 자기 말로 스스로 밝고 깨끗함을 보여야 할 것이다."

스스로의 다툼 없는 마음과 물듦 없는 마음을
갖가지 비유로 세존께 말씀드림

사리푸트라가 붇다께 말씀드렸다.

"저는 어머니 태에서 나와 나이 여든이 되어가도록 매번 스스로 이렇게 사유했습니다.

'일찍이 산목숨을 죽인 적이 없고, 또한 거짓말하지 않아서 바로 놀이하는 가운데라도 거짓말을 하지 않았다. 또한 다시 일찍이 이것 저것을 어지럽게 다투지 않았다.'

어쩌다 뜻을 오롯이하지 못했을 때라면, 이런 일이 있을 수 있을 뿐입니다. 저는 지금 세존이시여, 마음의 뜻이 깨끗한데 어떻게 저 범행을 닦는 이들과 같이 다투겠습니까?

또한 이 땅이 깨끗한 것도 받아들이고 깨끗하지 않은 것도 받아들이며, 똥오줌 등 더러운 것도 모두 받아들이고, 고름·피·눈물·가래마저도 거스르지 않는 것과 같습니다. 그러면서도 이 땅은 나쁘다고도 말하지 않고 좋다고도 말하지 않습니다.

저도 그와 같습니다, 세존이시여. 마음이 뒤바뀌어 구르지 않는데 어떻게 범행을 닦는 이들과 다투고 멀리 노닐어 다닐 수 있겠습니까? 마음이 오롯이하지 못한 자라면 이럴 수 있을 것입니다.

그러나 저는 지금 마음이 바른데 어떻게 범행을 닦는 이들과 다투고 멀리 노닐어 다닐 수 있겠습니까?

또한 저 물이 좋은 물건도 깨끗하게 하고 좋지 않은 물건도 깨끗하게 하는 것과 같습니다. 그러면서도 저 물은 '나는 이것은 깨끗이 하고 이것은 그냥 둔다'고 생각하지 않습니다. 이 또한 이와 같아 다른 생각이 없는데, 어떻게 범행을 닦는 이들과 다투고 멀리 노닐어 다닐 수 있겠습니까?

마치 타오르는 불이 산과 들을 태워 예쁘고 못난 것을 가리지 않아서 끝내 모습 취하는 생각이 없는 것과 같습니다. 저 또한 이와 같으니 어찌 범행을 닦는 이들과 다툴 생각이 있겠습니까?

또한 땅을 쓰는 빗자루가 예쁘고 못난 것을 가리지 않고 모두 쓸며 끝내 모습 취하는 생각이 없는 것과 같습니다.

또한 마치 두 뿔이 잘린 소가 아주 순하고 착하며 사납지 않아 잘 끌어 다룰 수 있어, 마음대로 데리고 가되 끝내 의심해 따짐이 없는 것과 같습니다. 그렇습니다, 세존이시여. 제 마음도 이와 같아서 생각으로 다치게 하고 해치려는 것이 없는데, 어떻게 범행을 닦는 이들과 다투고 멀리 노닐어 다닐 수 있겠습니까?

마치 찬다라(caṇḍāla) 여인이 떨어진 옷을 입고 사람 사이에서 밥을 빌면서도 또한 금해 꺼림이 없는 것과 같습니다.

저도 이와 같아서 세존이시여, 모습 취하는 생각이 없는데 사람들과 더불어 다투고 멀리 노닐어 다니겠습니까?

마치 기름가마가 곳곳이 흘러 샌다면 눈 있는 사람은 누구나 기름이 곳곳에서 새어 나오는 것을 볼 수 있는 것과 같습니다. 저 또한 이와 같아서 세존이시여, 아홉 구멍으로 깨끗하지 않은 것들이 새고 있습니다. 그런데 어찌 범행을 닦는 이들과 다투겠습니까?

마치 나이 젊고 얼굴이 단정한 여인의 목에 죽은 시체를 걸치면 그 여자는 그것을 싫어하고 걱정하게 되는 것과 같습니다. 저 또한 이와 같아서 세존이시여, 이 몸을 싫어하고 걱정하는 것이 그와 다름이 없습니다. 그런데 어찌 범행을 닦는 이와 다투고 멀리 노닐어 다니겠습니까?

이 일은 그럴 수 없습니다. 세존께서도 스스로 아시고 그 비구 또한 알 것입니다. 만약 이런 일이 있었다면 저 비구가 제 참회를 받아주기를 바랍니다."

세존께서 모함한 비구를 사리푸트라에게 참회케 하심

그때 세존께서는 그 비구에게 말씀하셨다.

"너는 지금 스스로 허물을 뉘우쳐야 한다. 왜 그런가. 만약 뉘우치지 않는다면 네 머리가 부서져 일곱 조각이 될 것이기 때문이다."

이때 그 비구는 마음에 두려움을 품어 옷의 털마저 곤두섰다.

그는 곧 자리에서 일어나 여래의 발에 절하고 세존께 말씀드렸다.

"저는 이제 사리푸트라께 잘못했다는 것을 스스로 알았습니다. 세존께서는 저의 참회를 받아주시길 바랍니다."

세존께서 말씀하셨다.

"너 비구여, 스스로 사리푸트라에게 참회하라. 만약 그러지 않으면 네 머리가 일곱 조각이 날 것이다."

그러자 그 비구는 곧 사리푸트라를 향해 발에 머리를 대 절하고 말씀드렸다.

"저의 참회를 받아주시길 바랍니다. 어리석어 참됨을 가리지 못했습니다."

그때 세존께서 사리푸트라에게 말씀하셨다.

"그대는 지금 이 비구의 허물 뉘우침을 받아주고 또 손으로 그 머리를 어루만져주어라. 왜냐하면 만약 이 비구의 참회를 받아주지 않으면 머리가 부서져 일곱 조각이 날 것이기 때문이다."

그때의 사리푸트라는 손으로 그 머리를 어루만지며 그 비구에게 말하였다.

"그대 참회를 들어주겠소. 그대가 잠깐 어리석고 미혹한 것 같았으나 우리 붇다의 법[佛法]은 아주 넓고 크오[廣大].

때를 따라 허물 뉘우칠 줄 알았으니 매우 잘한 일이오. 지금 그대의 참회를 받아들이겠으니 뒤에 다시는 그런 잘못을 저지르지 마시오."

이렇게 두 번 세 번 되풀이하였다.

지옥과 하늘에 나게 하는 여섯 가지 법을 보임

이때 사리푸트라는 다시 그 비구에게 말하였다.

"그대는 다시 그런 잘못을 저지르지 마오. 왜냐하면 여섯 가지 법[六法]으로 지옥에 들어가게 되고, 여섯 가지 법으로 하늘에 나며, 여섯 가지 법으로 니르바나의 처소[涅槃處]에 이르기 때문이오.

어떤 것이 지옥에 들어가는 여섯 가지이오? 다음과 같소.

그것은 곧 다른 사람을 해치려 하는 것이고, '나는 이 해치려는 마음을 일으켰다'고 하며 곧 기뻐 뛰면서 스스로 이기지 못하는 것이오.

'나는 다른 사람을 시켜서 남을 해치도록 하겠다'고 하며, 그 가운데서 해칠 마음을 일으키는 것이고, 남을 해치고서 그 가운데 기쁨을 일으키는 것이오.

'나는 이런 향냄새 나는 좋은 물음을 얻을 것이다'라고 하며, 이런 일이 아직 일어나지 않으면 곧 시름하고 근심하는 것이오.

이것을 '이 여섯 가지 법이 있으면 사람을 나쁜 곳에 떨어지게 한다'고 하는 것이오.

어떤 여섯 가지가 사람을 좋은 곳에 태어나게 하는 것이오?

그것은 곧 몸의 계[身戒]를 갖추는 것, 입의 계[口戒]를 갖추는 것,

뜻의 계[意戒]를 갖추는 것, 목숨뿌리가 청정한 것[命根淸淨], 죽이고 해치지 않는 마음[不殺害心], 질투하는 마음이 없는 것[無妬嫉心], 이것을 '이 여섯 가지 법이 있으면 좋은 곳에 태어나게 한다'고 하는 것이오."

여섯 가지 니르바나의 법을 보이자 비구가 다시 참회함

"어떻게 여섯 가지 법을 닦아 니르바나에 이르는 것이오?

여섯 가지 사유해 생각하는 법[六思念法]을 말하니, 어떤 것이 여섯 가지요?

곧 몸이 자비를 행하여[身行慈] 더러운 티가 없는 것이고, 입이 자비를 행하여[口行慈] 더러운 티가 없는 것이며, 뜻이 자비를 행하여[意行慈] 더러운 티가 없는 것이오.

만약 살림살이에 이익되는 것을 얻으면 남들과 고루 나누는 것[等共分之]이고, 아끼는 생각이 없는 것[無吝想]이며, 금한 계를 받들어 지니어[奉持禁戒] 티가 없는 것이오.

지혜로운 이가 소중히 여기는 이러한 계는 모든 삿된 견해와 바른 견해, 현성의 벗어남의 요점[出要] 등을 갖추어 괴로움의 바탕을 다할 수 있소.

이와 같은 여러 견해를 다 가려 밝히면, 이것을 '여섯 가지 법으로 니르바나에 이를 수 있다'고 하는 것이오.

비구여, 반드시 방편을 구해 이 여섯 가지 법을 행하도록 하오.

이와 같이 비구여, 반드시 이렇게 배워야 하오."

그때 그 비구는 다시 자리에서 일어나 사리푸트라의 발에 절하고 말하였다.

"저는 이제 거듭 스스로 참회합니다. 어리석은 듯 헤매는 듯 저는 참됨을 가리지 못하였습니다. 사리푸트라께서는 저의 허물 뉘우침을 받아주시길 바랍니다. 뒤에 다시는 범하지 않겠습니다."

사리푸트라가 말하였다.

"그대의 허물 뉘우침을 들어주겠소. 현성의 법은 아주 넓고 커서, 스스로 지난 것을 고치고, 새로 오는 것을 닦을 수 있소.

다시는 범하지 마시오."

그때 그 비구는 사리푸트라의 말을 듣고 기뻐하며 받들어 행하였다.

• 증일아함 37 육중품(六重品) 六

• 해설 •

사리푸트라의 마음은 넓고 크고 자비로우니 그가 어찌 잘 행하는 이를 상처주고 그를 괴롭게 하겠는가. 사리푸트라의 마음은 진실하니 그가 어찌 거짓을 말하고 사람과 사람 사이를 이간질하는 두말을 하겠는가.

사리푸트라의 마음은 평등하니 그가 어찌 사람 따라 미워하고 사랑하는 마음을 일으키겠는가. 사리푸트라의 마음은 청정하니 그가 어찌 남과 다투고 남의 삶을 물들이는 헛된 말을 하겠는가.

사리푸트라의 마음은 온유하니 그가 어찌 남과 사납게 싸우고 남을 어지럽게 할 수 있겠는가. 사리푸트라의 마음은 겸손하니 그가 어찌 교만한 마음으로 남을 가볍게 보고 남을 얕잡아볼 것인가.

이와 같은 한결같고 곧고 바른 마음을 지닌 현성을 비방하면 그가 바로 그 과보로 스스로의 삶을 파멸에 몰아넣으리라.

그러나 죄와 허물도 공하므로 비록 죄와 허물 있어도 깊은 마음, 간절한 마음으로 뉘우치면 그 자리에서 죄를 벗어나는 것이다. 여래의 가르침을 듣고 사리푸트라를 비방한 비구는 뉘우치고 사리푸트라 존자는 그 뉘우침을 받아주니, 존자는 다시 가르침을 설해 죄와 허물 벗어나게 할뿐더러 그에게 니르바나의 길을 보여준다.

여섯 가지 법은 파멸의 길이니, 스스로 해치려는 마음을 내려 함, 이미 해칠 마음을 내고서 기뻐함, 남을 시켜 해칠 마음을 내려 함, 남을 이미 해치고서 기뻐함, 남에게 좋은 물음을 받길 원하고, 그 일이 일어나지 않으면 근심하고 시름함 등이 여섯 가지 파멸에 이르는 법이다.

왜 그런가. 나는 나인 내가 아니라 남을 향해 서 있는 나이므로 남을 해치려 함이 스스로를 해침이 되기 때문이다.

여섯 가지 법은 복덕의 길이다. 이 법은 몸과 입과 뜻의 계를 갖춤, 스스로 목숨뿌리 청정케 함, 죽이고 해칠 뜻이 없음, 미워함이 없음이니, 이 여섯 가지가 복덕의 길이다. 왜 그런가. 스스로 몸과 입과 뜻을 보살핌이 남을 보살핌이고 남 해치지 않음이며, 남을 해치지 않고 미워하지 않음이 스스로 보살피고 스스로를 사랑함이기 때문이다.

여섯 가지 법은 니르바나의 길이니 몸과 입과 뜻으로 사랑을 행함, 나와 남이 둘이 없이 보시를 행함, 나와 남이라는 분별이 없이 탐욕 떠남, 나와 남에 두 모습 떠나 청정한 삶을 사는 것이다.

이 여섯 가지 법이 왜 니르바나의 길이 되는가. 그것은 나에 나의 모습 떠나고 너에 너의 모습 떠나 그 마음이 넓고 큰 마음, 자비한 마음, 평등한 마음이 되어 삶에 두 모습이 없고 나고 사라짐이 없기 때문이다.

사리푸트라 존자의 말처럼 여래의 법[如來法]은 넓고 크니, 뉘우치는 그 자리에서 가르침 듣고 바로 해탈하는 것이고, 여래의 집[如來家] 또한 크고 넓어 막힘없으니 죄업의 중생도 믿는 그 자리에서 니르바나의 성에 들어가는 것이다.

여섯 뜻을 한곳에 거두어
뜻을 어지럽지 않게 해야 하니

이와 같이 들었다.

한때 붇다께서는 슈라바스티 국 제타 숲 '외로운 이 돕는 장자의 동산'에 계시면서 비구들에게 말씀하셨다.

"너희들은 생각을 오롯이해 스스로를 닦아야 한다. 어떻게 생각을 오롯이하는가. 이에 대해서는 비구여, 이렇게 말할 수 있다.

가야할 때에 갈 줄 알고, 들고 움직이며[擧動], 나아가고 그치며, 굽히고 펴며, 구부리고 우러름에 때를 아는 것이고, 옷을 입는 법도와 잠자고 깨어남, 말하고 잠잠함에 모두 때를 아는 것이다.

만약 다시 비구가 만약 마음과 뜻이 오롯이 바르게 된다 하자.

그 비구는 아직 탐욕의 흐름[欲漏]이 생기지 않았으면 곧 생기지 않게 하고, 이미 생겼으면 곧 사라지게 한다.

아직 생기지 않은 존재의 흐름[有漏]은 생기지 않게 하고, 이미 생겼으면 사라지게 한다.

아직 생기지 않은 무명의 흐름[無明漏]은 생기지 않게 하고, 이미 생겼으면 곧 사라지게 한다."

여섯 들임에서 사마디 닦아 해탈의 과덕 얻음을 보이심

"또 만약 생각을 오롯이해 여섯 들임[六入]을 분별하면 끝내 나쁜 길에 떨어지지 않는다.

어떻게 여섯 들임이 나쁜 길이 되는가.

눈이 빛깔을 살펴 그 빛깔이 좋거나 못나거나 하여 좋은 것을 보면 기뻐하고, 나쁜 것을 보면 기뻐하지 않는 것이다.

귀가 소리를 들어서 소리가 좋거나 못나거나 하여 좋은 소리를 들으면 기뻐하고, 나쁜 소리를 들으면 기뻐하지 않는 것이다.

코·입·몸·뜻에 있어서도 또한 다시 이와 같은 것이다.

마치 여섯 가지 짐승들이 그 성품과 행실이 각기 달라 가는 곳이 다른 것과 같다.

만약 어떤 사람이 개와 여우, 원숭이, 철갑상어, 뱀, 나는 새를 잡아 모두 묶어 한곳에 매어두었다가 놓아준다고 하자.

그때 여섯 가지 짐승들이 각기 그 성품과 행실이 달라 개는 마을로 달아나기를 생각하고, 들여우는 무덤 사이로 달아나기를 생각하며, 철갑상어는 물속으로 달아나기를 생각한다.

원숭이는 숲속으로 달아나기를 생각하며, 뱀은 구멍 속으로 들어가기를 생각하고, 나는 새는 허공으로 날아가기를 생각한다.

그때 이 여섯 가지 짐승들은 각기 성질과 행실이 있어 가는 곳이 같지 않다.

만약 다시 사람이 그 여섯 가지 짐승을 잡아 한곳에 매어두며 사방 어디에도 가지 못하게 하면, 이때 여섯 짐승들은 비록 다시 움직여 구르지만 또한 옛 곳을 떠나지 못한다.

이 안의 여섯 뜻[六情, 六根] 또한 다시 이와 같아 각기 주관하는 것[所主]이 있어 그 일이 같지 않고, 곱거나 못났거나 그 살펴보는 것이 다르다.

그때 비구는 이 여섯 가지 뜻을 매어[繫此六情] 한곳에 잡아둔다

[著一處].

　그러므로 여러 비구들이여, 오롯이 정진함을 생각해 뜻이 섞여 어지럽지 않게 해야 한다.

　이때에는 악한 마라 파피야스는 끝내 그 틈을 얻지 못하고 온갖 좋은 공덕은 모두 성취될 것이다.

　이와 같이 여러 비구들이여, 눈의 아는 뿌리[眼根] 갖추기를 생각하면 곧 두 가지 과덕을 얻어 현재의 법 가운데 '아나가민의 과덕'을 얻거나 '아라한의 과덕'을 얻을 것이다.

　이와 같이 여러 비구들이여, 반드시 이렇게 배워야 한다."

　그때에 비구들은 붇다의 말씀을 듣고 기뻐하며 받들어 행하였다.

　• 증일아함 38 역품(力品)② 八

　• 해설 •

　생각을 오롯이해 닦는 것은 그 모습이 어떤가.

　가고 머물고 움직이고 고요하며, 구부리고 우러르며 말하고 잠잠하며 자고 깰 때, 뒷생각[後念]이 살피는 지혜[能觀智]가 되어 앞생각[前念]과 앞의 지음[前作]을 살피는 경계[所觀境]로 삼아, 지금 짓고 지어짐[作作]에 짓되 지음 없음[作而無作]을 깨달아 알면 탐욕과 무명을 벗어나게 된다.

　여섯 아는 뿌리[六根], 곧 여섯 들임[六入]이 여섯 티끌경계[六境]를 보고 느낄 때 중생은 앎을 따라 느낌이 나면, 느낌이 뜻에 맞음[可意]과 맞지 않음[不可意]에 따라 뜻에 맞는 경계를 취하고 뜻에 맞지 않는 경계를 버린다.

　그리하여 여섯 뜻이 경계를 향해 달려감이, 여섯 짐승이 자기 성질과 행실에 따라 각기 다른 곳을 향해 치달리는 것과 같다.

　생각을 오롯이 함이란 여섯 뜻이 여섯 경계를 보고 들어도 보고 들은바 경계에 취할 모습이 본래 없는 줄 알아, 비록 보되 봄[能見]과 보여지는 바[所見] 없음을 돌이켜 비추고, 비록 듣되 들음과 듣는 바가 없음을 돌이켜 비추며, 비록 알되 앎과 아는 바가 공함을 돌이켜 살피는 것이다. 그러면 마음이 늘 경계를 알되 고요하여 경계를 향해 치달리지 않으니, 마치 여섯 짐승을 한곳에 매어두면 움직이되 옛 곳을 떠나지 않는 것과 같다.

경에서 뜻을 매어 한곳[一處]에 잡아둔다고 가르치니, 한곳은 어디인가. 보되 실로 봄이 없음을 한곳이라 하니, 한곳은 생각에 생각 없는 곳[無念處]이고 모습에 모습 없는 곳[無相處]이다. 늘 사유를 생각 없고 모습 없는 법계의 처소 니르바나의 처소에 두면, 눈이 보되 봄이 없어서 눈뿌리가 진리의 눈으로 갖춰지고, 뜻이 알되 앎이 없어서 뜻뿌리가 니르바나의 눈으로 갖춰진다.

여섯 아는 뿌리가 공덕의 몸으로 갖춰지면 그는 끝내 다시 탐욕의 흐름 존재의 닫힌 질곡에 떨어지지 않으니, 그를 아나가민이라 하고 그를 아라한이라 한다.

그 뉘라서 이와 같은 여래의 말씀이 허망하다 할 것인가. 여래의 삶은 연기의 진실과 하나되어 다시 그 말씀에 두말이 없고 속임이 없고 거짓이 없다.

여래께서 가르치는바 여섯 뜻뿌리를 매어두는 법계의 한곳[法界一處]은 아는 자가 아는 자가 아니고 생각이 생각 아닌 곳이다. 생각에 생각 없으면 생각 없음에도 머묾없이 생각 없는 생각으로 세간의 차별된 모습을 가림없이 잘 가릴 수 있으니, 『화엄경』(「이세간품」)은 다음과 같이 가르친다.

보디사트바의 한량없는 힘은
세간이 무너뜨릴 수 없고
보디사트바의 두려움 없는 지혜는
중생과 법을 잘 가려 아네.

菩薩無量力　世間莫能壞
菩薩無畏智　知衆生及法

온갖 모든 세간에 있는

물질의 모습 각기 차별되며
음성과 문자도 차별되는데
그 모든 것 잘 분별해 아네.

一切諸世間 色相各差別
音聲及名字 悉能分別知

비록 마음과 물질 떠나지만
갖가지 모습을 나타내니
보디사트바의 그 도를
온갖 중생을 헤아릴 수 없네.

雖離於名色 而現種種相
一切諸衆生 莫能測其道

7 비구가 이루어야 할 일곱 가지 법[七法]

• 이끄는 글 •

해탈의 법은 때로 일곱 수로 표시되니, 일곱 가지 깨달음의 법[七覺支], 일곱 가지 힘[七力: 五力에 慚力·愧力을 더함], 일곱 가지 묘한 법[七妙法: 五根에 慚·愧를 더함], 일곱 가지 법의 재물[七財: 信財·戒財·慚財·愧財·聞財·捨財·慧財], 일곱 가지 위없음[七無上: 身無上·道·正·智·神力·斷障·住無上]이 있다.

또 일곱 방편[七方便], 일곱 붇다에 통한 계[七佛通戒], 일곱 가지 묘한 법[七妙法: 信·慚·愧·精進·念·定·慧], 일곱 가지 선정의 이름[七種定名: samāhita · samādhi · samāpatti · dhyāna · cittaikāgratā · śamatha · dṛṣṭa-dharma-sukha-vihāra]이 있다.

또 비나야의 법에 일곱 대중[七衆: 비구·비구니·사미·사미니·식차마나·우파사카·우파시카], 일곱 가지 다툼 없애는 카르마[七羯磨]와 일곱 증사[七證師]가 있다.

대승에 이르러서는 보디사트바가 갖추는 일곱 가지 변재[七種辯], 일곱 가지 참회의 마음[七種懺悔心], 일곱 가지 붇다께 절함[七種禮佛]이 있고, 유식불교에서 일곱 가지 진여[七眞如], 천태에서 일곱 가지 두 진리[七種二諦], 불난 집의 비유·거지 자식의 비유·약풀의 비유·상투구슬의 비유 등 『법화경』 일곱 가지 비유[七喩]가 있다.

비록 일곱의 많은 법이 있으나 마음과 법의 있되 공한 연기의 진실밖에 붇다와 조사의 전한 갖가지 법이 없으니, 『전등록』 우파굽타 (Upagupta) 존자의 전법게는 말한다.

마음 스스로 본래의 마음이라
본 마음에 법 있음이 아니네.
법도 있고 본 마음 있다 하나
마음이 아니고 본 법이 아니네.

心自本來心　本心非有法
有法有本心　非心非本法

일곱 갈래 깨달음 법 닦지 않으면
번뇌의 나무에 덮이리니

이와 같이 내가 들었다.

한때 붇다께서는 슈라바스티 국 제타 숲 '외로운 이 돕는 장자의 동산'에 계셨다.

그때 세존께서 여러 비구들에게 말씀하셨다.

"만약 좋은 종족의 사람으로서 온갖 세상일을 버리고 집을 나와 도를 배우려면, 수염과 머리를 깎고 가사를 걸치고서 바른 믿음으로 집이 아닌 데로 집을 나와 도를 배워야 한다.

이와 같이 집을 나온 사람들 가운데, 어떤 어리석은 남자는 마을 [村]이나 성읍에 의지하여 머물면서, 다음과 같이 행동한다.

그는 이른 아침에 가사를 걸치고 발우를 지니고서 마을에 들어가 밥을 빌며, 몸을 잘 보살피지 않고 아는 뿌리의 문[根門]을 잘 지키지 않고 생각을 거두어들이지 않아, 젊고 아름다운 여인을 보면 곧 물들어 집착하는 마음을 낸다.

그리하여 사유를 바르게 하지 못하고, 마음이 그에게로 달려가 그 모습을 취하고 색욕(色欲)의 생각에 빠져들어, 탐욕의 마음이 불꽃처럼 일어나 마음을 태우고 몸을 태우다가, 세속에 돌아가 계(戒)를 버리고 스스로 물러나 세속에 빠진다.

세속일을 싫어해 멀리하고 집을 나와 도를 배운다면서, 도리어 물들고 집착해 온갖 죄업만 늘려서 스스로 무너뜨리고 깊이 미혹에 가리고 빠져 가라앉는다."

다섯 가지 덮음이 자라 해탈 장애함을 보이심

"다섯 가지 큰 나무가 있다. 그 씨앗은 본래 아주 작았지만, 그 나무가 자라 크게 되면 여러 가지 작은 나무들을 그림자로 막고 그늘로 덮어, 여위고 시들어 자라나지 못하게 한다.

어떤 것이 그 다섯 가지인가?

곧 건차야 나무[揵遮耶樹] · 카피타(kapittha) 나무 · 아슈바타(aśvattha) 나무 · 우둠바라(udumbara) 나무 · 니그로다(nigrodha) 나무이다.

이와 같이 다섯 가지 마음의 나무도 그 씨앗은 아주 작지만 그것이 점점 자라나 크게 되면 모든 마디를 그늘로 덮고 그 그늘이 덮인 모든 마디들을 쓰러뜨려 눕게 한다.

어떤 것이 그 다섯 가지인가? 탐욕의 덮음[貪欲蓋]이 더욱 자라나고, 성냄의 덮음[瞋恚蓋] · 잠과 졸음의 덮음[睡眠蓋] · 들뜸과 뉘우침의 덮음[掉悔蓋] · 의심의 덮음[疑蓋]이 더욱 자라나는 것이니, 그것이 더욱 자라나기 때문에 착한 마음을 그늘로 덮어 쓰러져 눕게 한다."

일곱 갈래 깨달음 법 닦도록 당부하심

"만약 일곱 갈래 깨달음 법[七覺支]을 닦아 익히고, 더욱 많이 닦아 익히면 더욱 물러나지 않음을 이루게 된다.

어떤 것이 그 일곱 가지인가?

곧 생각의 깨달음 법[念覺支] · 법 가림의 깨달음 법[擇法覺支] ·

정진의 깨달음 법[精進覺支] · 쉼의 깨달음 법[猗覺支] · 기쁨의 깨달음 법[喜覺支] · 선정의 깨달음 법[定覺支] · 버림의 깨달음 법[捨覺支]이다.

이러한 일곱 갈래 깨달음 법을 닦아 익히고, 많이 닦아 익히고 나면 더욱 물러나지 않음[不退轉]을 이루게 된다.”

붇다께서 이 경을 말씀하시자, 여러 비구들은 붇다의 말씀을 듣고 기뻐하며 받들어 행하였다.

• 잡아함 708 수경(樹經)

• 해설 •

씨앗이 작지만 그것이 자라 뜰을 덮는 큰 나무가 되면 그 그늘이 다른 나무를 덮어 자라지 못하게 하듯, 한 생각 무명의 씨앗이 작지만 무명의 씨앗으로 다섯 가지 덮음의 나무가 자라면 지혜를 덮고 온갖 선근을 덮어 자라지 못하게 한다.

무명의 씨앗이 커져서 탐욕과 성냄, 잠과 졸음, 들뜸과 뉘우침, 의심의 나무가 되어 그 그늘이 모든 선근의 마디와 줄기를 가려 시들게 하고 끝내 죽게 한다.

다섯 가지 번뇌의 나무를 없애고 지혜의 나무를 키우려면 일곱 갈래 깨달음 법을 닦아야 하니, 일곱 갈래 깨달음 법은 한 생각 믿음의 마음이 뿌리가 되어 지혜의 나무를 자라게 하여 끝내 해탈의 길에 물러섬이 없게 한다.

『화엄경』(「입법계품」)은 다섯 가지 번뇌의 덮음을 끊고 해탈의 은덕으로 중생을 덮어주는 지혜의 나무를 다음과 같이 말한다.

이와 같은 지혜의 나무는
뿌리 깊어 움직일 수 없도다.
뭇 행을 차츰 키워 자라게 해

중생을 널리 그늘로 덮어주네.

如是智慧樹　根深不可動

衆行漸增長　普蔭諸群生

「십행품」은 또한 중생의 의심과 탐욕의 덮음을 끊어주는 이 지혜 나무의 뿌리는 붇다의 지혜와 해탈에 대한 깨끗한 믿음으로 생기게 됨을 다음과 같이 가르친다.

붇다의 지혜와 해탈에 대해

깊이 깨끗한 믿음을 낼 수 있어

길이 그 마음을 물리지 않으면

믿음으로 지혜의 뿌리 내게 되나니

이것이 잘 배우는 이 행하는 도네.

能於佛智及解脫　深生淨信永不退

以信而生智慧根　此善學者所行道

가장 높아 으뜸가는 지혜 이루어

한량없고 끝없는 지혜 갖추어

모든 네 대중에 두려움 없으니

방편의 지혜 갖춘 이가 행하는 도네.

成就最上第一智　具足無量無邊智

於諸四衆無所畏　此方便智所行道

일곱 가지 법을 이루면
마라의 구역 벗어나 해탈하나니

이와 같이 들었다.

한때 붇다께서는 슈라바스티 국 제타 숲 '외로운 이 돕는 장자의 동산'에 계셨다.

그때 세존께서 여러 비구들에게 말씀하셨다.

"전륜왕은 먼 나라에 있으면서 나라를 다스리지만 일곱 가지 법을 성취하기 때문에 원수나 도적에게 사로잡히지 않는다.

어떤 것이 일곱 가지인가? 그의 성 둘레[城郭]는 매우 높고 가파르며 가지런하게 다듬어져 있다. 이것을 그 왕이 가장 먼저 성취한 첫 번째 법이라 한다.

다시 그 성문은 매우 굳세고 튼튼하다. 이것을 그 성이 성취한 두 번째 법이라 한다.

다시 그 성밖의 구덩이는 아주 깊고 넓다. 이것을 그 성이 성취한 세 번째 법이라 한다.

다시 그 성안에는 여러 곡식이 많아 곳간에 가득 차 있다. 이것을 그 성이 성취한 네 번째 법이라 한다.

다시 그 성에는 섶과 풀이 넉넉하다. 이것을 그 성이 성취한 다섯 번째 법이라 한다.

다시 그 성에는 온갖 기구와 무기가 갖추어져 있다. 이것을 그 성이 성취한 여섯 번째 법이라 한다.

다시 그곳의 성주는 아주 총명하고 재주가 높아 사람의 뜻을 미리 알아 매질할 이는 매질하고 다스릴 이는 다스린다. 이것을 그 성이 성취한 일곱 번째 법이라 한다.

이렇게 되면 바깥 경계에서 침범해 들어오지 못한다.

비구들이여, 이것을 '그 성과 나라의 주인이 이 일곱 가지 법을 성취하면 바깥 사람이 가까이 와 흔들지 못한다'고 하는 것이다."

마라에 잡히지 않는 비구의 일곱 가지 행을 비유로 보이심

"이 비구 또한 이와 같아서 일곱 가지 법을 성취하면 악한 마라 파피야스도 그 틈을 얻지 못한다.

어떤 것이 일곱 가지인가? 여기에 대해서는 이렇게 말할 수 있다. 비구는 계율(戒律)을 성취하고 바른 몸가짐[威儀]을 갖추어, 작은 계율 범하는 것도 오히려 두려워하는데, 하물며 큰 계율이겠는가.

이것을 비구가 성취하는 첫 번째 법으로서 악한 마라 파피야스가 그 틈을 얻지 못하는 것이라 한다. 이는 마치 저 성이 높고 넓고 아주 가팔라서 무너뜨릴 수 없는 것과 같다.

다시 비구가 만약 눈으로 빛깔을 보더라도 모습 취해 집착함[想著]을 일으키지 않고, 또한 생각을 일으키지 않으면 눈의 아는 뿌리를 갖추어 빠뜨려 샘이 없게 되어 눈뿌리를 보살피게 된다.

귀로 소리를 듣고, 코로 냄새를 맡으며, 혀로 맛을 보고, 몸으로 닿음을 느끼고, 뜻으로 법을 알 때에도 또한 다시 이와 같아서, 모습 취함을 일으키지 않고 뜻의 아는 뿌리를 갖추어 어지러운 생각이 없으면, 뜻의 뿌리 등을 갖추어 보살피게 된다.

이것을 비구가 성취하는 두 번째 법으로서 악한 마라 파피야스가 그 틈을 얻지 못하는 것이라 한다. 이는 마치 저 성의 문이 단단하고 굳센 것과 같다.

다시 비구가 많이 듣고[多聞] 잊어버리지 않으며[不忘] 늘 바른 법과 도의 가르침을 생각해 사유하며, 옛날 겪은 것들을 모두다 갖추어 안다면, 이것을 비구가 성취하는 세 번째 법으로서 악한 마라 파피야스가 그 틈을 얻지 못하는 것이라 한다.

이는 마치 저 성의 바깥 구덩이[外塹]가 아주 깊고 넓은 것과 같다.

다시 비구가 여러 방편(方便)을 갖추고, 지니고 있는 모든 법은 다 처음도 좋고 가운데도 좋고 마지막도 좋아서 청정함을 갖추고 범행을 닦을 수 있다면, 이것을 비구가 성취하는 네 번째 법이라 한다.

이는 마치 저 성에 여러 곡식이 많아 바깥의 도적들이 침범해 들어올 수 없는 것과 같다.

다시 비구가 네 가지 더욱 위로 오르는 마음[四增上心]의 법을 사유하여 빠뜨려 샘이 없으면, 이것을 비구가 성취하는 다섯 번째 법으로서 악한 마라 파피야스가 그 틈을 얻지 못하는 것이라 한다.

이는 마치 저 성에 섶과 풀이 많아 바깥 사람이 흔들어 괴롭히지 못하는 것과 같다.

다시 비구가 네 가지 사마디의 신통[四神足]을 얻어 하는 일에 어려움이 없다면, 이것을 비구가 성취하는 여섯 번째 법으로서 악한 마라 파피야스가 그 틈을 얻지 못하는 것이라 한다.

이는 마치 저 성안에 기구와 무기가 갖추어져 있는 것과 같다.

다시 비구가 다섯 쌓임[五蘊]·열두 들임[十二入]·열여덟 법의 영역[十八界]을 잘 분별하고, 다시 열두 인연이 일으킨 법[十二因緣所起之法]을 분별할 수 있다면, 이것을 비구가 성취하는 일곱 번째 법으로서 악한 마라 파피야스가 그 틈을 얻지 못하는 것이라 한다.

이는 마치 저 성의 주인이 총명하고 재주가 높아 거둘 것은 거두고 버릴 것은 버리는 것과 같다.

지금 이 비구 또한 다시 이와 같아서 다섯 쌓임·열두 들임·열여덟 법의 영역의 모든 병[諸病]을 갖추어 분별해 안다."

"만약 비구가 이 일곱 가지 법을 성취한다면 악한 마라 파피야스가 끝내 그 틈을 얻지 못할 것이다."

인연법의 진실을 알아 마라의 구역 벗어나도록 당부하심

"그러므로 여러 비구들이여, 반드시 방편을 구해 다섯 쌓임·열두 들임·열여덟 법의 영역과 열두 인연을 잘 분별해 그 차례를 잃지 않아야 한다.

그러면 곧 마라의 구역[魔界]을 건너서 그 가운데 머물지 않을 것이다.

여러 비구들이여, 반드시 이렇게 배워야 한다."

그때 여러 비구들은 붇다의 말씀을 듣고 기뻐하며 받들어 행하였다.

• 증일아함 39 등법품(等法品) 四

• 해설 •

비구가 계율을 잘 지켜 몸과 입과 뜻을 보살피면 이는 전륜왕의 성이 높아 바깥 적이 넘보지 못하는 것과 같다.

비구가 눈과 귀 나아가 뜻으로 빛깔·소리·법을 보고 듣고 알아도 모습에서 모습 떠나 모습 취하지 않으면 여섯 가지 들이는 문이 늘 고요하니, 전륜왕의 성문이 굳센 것과 같다.

비구가 가르침을 많이 듣고 잘 받아 지니며 가르침을 잘 사유하면 바깥 마라가 들어오지 못하니, 전륜왕의 성 바깥 구덩이가 깊고 넓은 것과 같다.

비구가 번뇌 끊는 방편법을 잘 갖추어서 범행을 닦아가면 바깥 경계가 그를 물들이지 못하니, 전륜왕의 성에 쌓아놓은 곡식이 많아 바깥 도적이 함부로 침략하지 못하는 것과 같다.

비구가 첫째 선정에서 둘째·셋째·넷째의 선정까지 탐욕의 경계 떠나 사유의 청정과 평등[捨念淸淨]의 성취를 위해 네 가지 더욱 위로 오르는 마음[四增上心, 四禪定心]을 잘 닦으면 번뇌의 마라가 그를 어지럽히지 못하니, 마치 전륜왕의 성에 섶과 풀과 같은 가축의 먹을거리와 땔감 등이 많아 바깥 도적들이 쳐들어오지 못하는 것과 같다.

비구가 네 가지 더욱 위로 오르는 마음의 배움[四增上心學]으로 몸과 마음의 자재[四如意足]를 얻어 갖가지 어려운 일이 없게 되면 그 누구도 그의 삶을 함부로 부리지 못하니, 마치 전륜왕의 성안에 갖가지 무기와 생활도구가 잘 갖춰져 바깥 세력이 삶의 기반을 흔들 수 없는 것과 같다.

비구가 지혜의 힘을 성취하여 연기된 온갖 법의 영역이 공한 줄 잘 분별할 수 있으면 번뇌의 마라·죽음의 마라가 그를 꺾을 수 없으니, 마치 전륜왕의 성안의 주인이 지혜가 높아 성안의 사람들을 자재하게 다스리는 것과 같다. 저 마라(māra, 魔)는 모습에 모습 취함으로 생겨나는 것이고, 생각이 본래 공한 곳에서 헛된 생각으로 온갖 관념의 성을 만들고 환상을 집착함으로 나는 것이다.

그러므로 생각에 생각 없고 모습에 모습 없는 참사람은 이미 마라의 구역[魔界, māra-dhātu] 밖에 사는 자이니, 마라인들 그를 어찌할 것인가.

일곱 가지 바른 법 행하는 사람이
세간의 복밭이 된다

이와 같이 들었다.

한때 붇다께서는 슈라바스티 국 제타 숲 '외로운 이 돕는 장자의 동산'에 계시면서 비구들에게 말씀하셨다.

"일곱 가지 사람이 있어 섬길 만하고 공경할 만하며 이 세상의 위없는 복밭이 된다. 어떤 것이 일곱 가지 사람인가.

일곱 가지 사람이란, 첫째 사랑[慈]을 행하는 이요, 둘째 슬피 여김[悲]을 행하는 이며, 셋째 따라 기뻐함[喜]을 행하는 이요, 넷째 보살핌[護]을 행하는 이다.

다섯째 공함[空]을 행하는 이요, 여섯째 모습 취함 없음[無想]을 행하는 이요, 일곱째 바람 없음[無願]을 행하는 이다.

이것을 '일곱 가지 사람은 섬길 만하고 공경할 만하며 세상의 위없는 복밭이 된다'고 하는 것이다. 왜 그런가. 어떤 중생으로서 이 일곱 가지 법을 행하면 현재의 법 가운데 그 과보를 얻기 때문이다."

일곱 가지 법 행함이 현성께 공양함보다 빼어남을 보임

그때 아난다가 세존께 말씀드렸다.

"왜 스로타판나(srotāpanna)·사크리다가민(sakṛdāgāmin)·아나가민(anāgāmin)·아라한(arhat)·프라테카붇다(pratyekabuddha, 獨覺)·붇다(Buddha)는 말씀하시지 않고, 이 일곱 가지 일만 말씀하십니까."

세존께서는 말씀하셨다.

"사랑과 슬피 여김을 행하는 일곱 사람의 그 행은 스로타판나 나아가 붇다를 섬기는 것과는 같지 않다.

비록 스로타판나 나아가 붇다께 공양한다 하더라도 현재의 법에서 그 과보를 온전히 얻지는 못한다. 그러나 이 일곱 가지 사람을 공양하면 그는 현재의 법에서 그 과보를 얻는다. 그러므로 아난다여, 부디 더욱 부지런히 용맹을 더해 일곱 가지 법을 성취하여야 한다.

이와 같이 아난다여, 반드시 이렇게 배워야 한다."

그때에 아난다는 붇다의 말씀을 듣고 기뻐하며 받들어 행하였다.

• 증일아함 40 칠일품 四

• 해설 •

사랑과 슬피 여김, 따라 기뻐함, 보살핌은 한량없는 마음[四無量心]이니, 넓고 큰 마음[廣大心]이요 다함없는 마음이다. 공함과 모습 없음과 바람 없음이 세 가지 해탈의 문[三解脫門]이 되니, 모습이 공한 줄 알아 구함과 바람이 없어야 해탈의 문에 들어서기 때문이다.

일곱 가지 사람을 공경한다는 것은 나 밖의 일곱 가지 사람을 공경하는 것이 아니라 네 가지 한량없는 마음과 세 가지 해탈의 문을 받아들여 행함을 말한다. 네 가지 마음과 세 가지 해탈의 문을 받아들여 행하면 성문(聲聞)의 네 성인, 연각(緣覺)의 현성, 붇다 여래를 공경하되 온전히 그 행을 받아들여, 현성을 따라 행하지 않는 사람의 행을 뛰어넘는다.

일곱 가지 행을 온전히 받아들여 행하는 이는, 현재의 법에서 스스로 일곱 가지 사람의 법을 얻어 쓸 수 있고 스스로 일곱 가지 사람이 되기 때문이다.

현성을 받들어 섬길 뿐 스스로 행하지 못하면 그는 아직 현성의 진리 그 문밖에 있는 자이니, '문앞의 찰간대[門前刹竿]를 넘어뜨리는 자'가 스스로 현성의 길을 밟아, 오름이 없이 현성의 지위에 오르리라.

존재의 흐름 다하게 하는 일곱 가지 힘이 있나니

이와 같이 내가 들었다.

한때 붇다께서는 슈라바스티 국 제타 숲 '외로운 이 돕는 장자의 동산'에 계시면서 여러 비구들에게 말씀하셨다.

"일곱 가지 힘[七力] 있다. 어떤 것이 일곱 가지인가.

믿음의 힘·정진의 힘·스스로 부끄러워하는 힘·남에 대한 부끄러움의 힘·생각의 힘·선정의 힘·지혜의 힘이다."

그때에 세존께서는 곧 게송으로 말씀하셨다.

> 굳센 믿음의 힘과 정진의 힘
> 스스로 부끄러워하는 힘과
> 남에 대한 부끄러움의 힘
> 바른 생각 선정과 지혜의 힘
> 이것을 일곱 가지 힘이라 하네.
> 이 일곱 가지 힘을 성취하면
> 모든 존재의 흐름 다하게 되리.

붇다께서 이 경을 말씀하시자, 여러 비구들은 붇다의 말씀을 듣고 기뻐하며 받들어 행하였다.

• 잡아함 688 칠력경(七力經)

・해설・

믿음의 힘[信力]·정진의 힘[精進力]·연기의 진리 생각하는 힘[念力]·선정의 힘[定力]·지혜의 힘[慧力]이 중생의 번뇌와 망념을 돌이켜 니르바나에 돌아가는 다섯 가지 진리의 힘[五力]이다.

그 뿌리는 믿음이니 여래가 가르치고 성취한 법이 나의 진실이고 세계의 실상임을 의심하지 않는 믿음의 힘이 바탕이 되어 살핌과 정진의 힘이 나온다. 게으름 없이 잘 살펴 생각의 바탕이 공한 줄 알면 선정의 힘이 나오고, 생각의 바탕이 공하되 공도 공한 줄 알면 지혜의 힘이 나온다.

다섯 가지 진리의 힘에 스스로와 남에 부끄러워할 줄 아는 두 힘[慚力·愧力]을 더하면 일곱 가지 힘이다. 부끄러움을 힘이라 한 것은 부끄러워할 줄 알므로 지난 잘못을 반복하지 않고 새로운 미래를 만들어갈 수 있기 때문이다. 이 일곱 가지 힘이 갖춰지면 중생의 번뇌와 죄업이 공한 줄 알되 그 공함에도 빠짐이 없이 탐욕의 흐름, 존재의 흐름, 그 세찬 강물의 흐름을 건너 니르바나의 저 언덕에 이르리라.

『화엄경』(「십지품」)은 부끄러워함의 힘으로 수행의 힘이 더욱 굳세어지는 보디사트바의 행을 다음과 같이 말한다.

　　부끄러워함으로 스스로 장엄해
　　닦아 행함 더욱더 굳세어지니
　　한량없는 붇다를 늘 공양하고
　　공경하며 언제나 존중하도다.

　　慚愧自莊嚴　修行轉堅固
　　供養無量佛　恭敬而尊重

　　이같이 언제나 닦아 익히어
　　밤낮으로 게으름과 싫증냄 없으면
　　착한 뿌리 더욱더 밝고 깨끗해지니

불로 참된 금을 담금질함과 같네.

如是常修習　日夜無懈倦

善根轉明淨　如火鍊眞金

비유하면 큰 상인 무리의 주인이

여러 상인 무리를 이롭게 하기 위해

가는 길 험하고 쉬움을 물어 알아

안온하게 큰 성에 이르름 같네.

譬如大商主　爲利諸商衆

問知道險易　安隱至大城

이 세간 중생의 큰 인도자는

가장 빼어난 도 구하려고 해

높은 권세의 자리 이미 버리고

붇다의 깊은 가르침 가운데서

용맹하게 부지런히 닦아 익히네.

欲求最勝道　捨己國王位

能於佛教中　勇猛勤修習

8 집을 나온 장부가 이루어야 할
여덟 가지 공덕의 길[八法]

여덟이라는 법의 수로 해탈의 법을 보임에는, 여덟 가지 바른 길[八正道], 여덟 가지 해탈[八解脫, 八背捨] 여덟 가지 선정[八定: 四色界定·四無色界定], 여덟 가지 생각[八念: 念佛·法·僧·戒·捨·天·出入息·死], 여덟 가지 큰 사람의 깨달음[八大人覺: 少欲覺·知足覺·遠離覺·正念覺·正定覺·精進覺·正慧覺·不戱論覺]이 있으며, 여덟 가지 참음[八忍]이 있다.

대승에서는 보디사트바의 여덟 가지 광명[八種光明], 여덟 가지 원만함[八圓: 敎理·智·斷·行·位·因果의 원만함], 니르바나의 여덟 가지 법의 맛[八味: 常·恒·安·淸凉·不老·不死·無垢·快樂]이 있으며, 나고 죽음·끊어짐과 항상함의 여덟 가지 치우침이 다한 중도[八不中道]가 있다.

그러나 수를 세워 법을 전함이 법 아닌 법을 전함 없이 전해 미혹을 돌이켜 지혜의 해를 드러냄이라, 실로 전할 법이 없는 것이다.

여래의 법은 허튼 논란을 떠나 삶의 청정을 이루게 하니, 『화엄경』(「십행품」)은 이렇게 가르친다.

보디사트바의 머묾은 가장 깊고 묘하여
행하는 바 짓는 것은 허튼 논란 떠났네.
그 마음은 청정하고 늘 기쁨에 넘쳐
중생이 모두 기쁘고 즐겁게 하여주네.

菩薩所住最深妙　所行所作超戲論
其心淸淨常悅樂　能令衆生悉歡喜

『전등록』의 체타카(Ceṭaka) 존자의 전법게 또한 보디의 법이 본래의
청정을 다시 구현함이라 실로 얻을 것 없음을, 다음과 같이 말한다.

본래의 마음과 법 통달하면
법도 없고 법 아님도 없다.
깨치면 깨치지 못함 같으니
마음도 없고 또한 법도 없도다.

通達本心法　無法無非法
悟了同未悟　無心亦無法

어떤 것이 거룩한 길을
진실 그대로 알고 보는 것인가

이와 같이 내가 들었다.

한때 붇다께서는 슈라바스티 국 제타 숲 '외로운 이 돕는 장자의 동산'에 계셨다.

그때 세존께서는 여러 비구들에게 말씀하셨다.

"만약 비구로서 다섯 가지 두려움과 원한이 쉬어 세 가지 일에 마음이 결정되어, 의혹을 내지 않고 현성의 바른 길을 진실 그대로 알고 보면, 그들은 스스로 이렇게 말할 수 있을 것이다.

'지옥·축생·아귀 등 나쁜 세계가 이미 다하고, 스로타판나를 얻어 나쁜 세계의 법에 떨어지지 않고, 반드시 바른 깨달음에 곧장 향해, 일곱 번 하늘과 사람에 가서 나고는 괴로움의 끝을 마쳐 다한다.'"

다섯 가지 두려움과 원한 쉼, 세 가지 법에 의혹 없음을 보이심

"어떤 것을 다섯 가지 두려움과 원한 쉼이라 하는가.

만약 산목숨 죽이는 인연의 죄가 있으면 원한과 두려움이 생긴다.

만약 그가 산목숨 죽임을 떠나면 그 산목숨 죽이는 죄의 원한 그 인연으로 생기는 두려움이 쉰다.

또 도둑질·삿된 음행·거짓말·술 마시기의 죄가 있으면 그 원한의 인연으로 두려움을 낸다.

만약 그가 도둑질·삿된 음행·거짓말·술 마시기의 죄로 생기는 원한을 떠나면 그 인연으로 생기는 두려움이 쉰다.

이것을 죄의 원한 그 인연으로 생기는 다섯 가지 두려움을 쉼이라 한다.

어떤 것이 세 가지 일에 결정하여 의혹 내지 않음인가.

곧 붇다에 대해 마음을 결정하여 의혹을 떠나고, 법과 상가에 대해 마음을 결정하여 의혹을 떠나는 것이니, 이것을 세 가지 법에 결정하여 의혹을 떠나는 것이라 한다.”

여덟 가지 거룩한 길, 십이연기를 진실 그대로 알고 보게 됨을 보이심

“어떤 것이 거룩한 길을 진실 그대로 알고 보는 것인가.

여덟 가지 거룩한 길[八正道]을 말한다.

곧 바른 견해 · 바른 지혜 · 바른 말 · 바른 행위 · 바른 생활 · 바른 방편 · 바른 생각 · 바른 선정이다.

이것을 거룩한 길을 진실 그대로 알고 보는 것이라 한다.

“어떤 것이 거룩한 길을 진실 그대로 알고 보는 것인가.

‘열두 가지 연기’[十二緣起]를 진실 그대로 알고 보는 것이다.

곧 ‘이 일이 있으므로 이 일이 있고, 이 일이 일어남으로 이 일이 일어난다’고 말함이니, 다음과 같다.

‘무명 때문에 지어감이 있고, 지어감 때문에 앎이 있으며, 앎 때문에 마음 · 물질이 있고, 마음 · 물질 때문에 여섯 들임[六入]이 있다. 여섯 들임 때문에 닿음이 있고, 닿음 때문에 느낌이 있으며, 느낌 때문에 애착이 있고, 애착 때문에 취함이 있으며, 취함 때문에 존재가 있고, 존재 때문에 남이 있으며, 남 때문에 늙음 · 병듦 · 죽음과 근심

· 슬픔 · 괴로움 · 번민이 있다.'

이것을 거룩한 제자가 진실 그대로 알고 보는 것이라 한다."

붇다께서 이 경을 말씀하시자, 여러 비구들은 그 말씀을 듣고 기뻐하며 받들어 행하였다.

· 잡아함 846 공포경(恐怖經) ②

· **해설** ·

붇다와 법과 상가에 의혹 내지 않음은 삼보에 귀의해[三歸依] 그 믿음이 굳센 것이다.

다섯 계[五戒]를 갖추어 두려움 내지 않음은 금한 계를 지키어 악을 그치고 착함을 행해 깨달음의 길을 향해 곧게 나아감이다.

산목숨 죽이지 않고 뭇 삶들에 자비를 행하면 밖으로 해치는 뜻이 없으므로 안으로 그 마음이 두려움이 없이 안락하며, 남의 것 훔치지 않고 늘 이웃에 베풀면 내 것을 내 것으로 취하지 않으므로 밖으로 구하는 탐욕이 사라지므로 그 마음이 얽매임 없이 안락할 것이다.

삿된 음행 범하지 않고 범행을 행하며, 거짓말하지 않고 늘 진실을 말하면 안으로 감출 것이 없어서 안과 밖이 밝게 사무쳐[內外明徹] 늘 마음이 밝고 편안할 것이다.

그리하여 몸과 마음을 흐리고 어둡게 하는 그른 행을 떠나 늘 생활을 밝은 지혜로 이끌어가면 온갖 두려움과 어두움과 시끄러움이 사라지고 안온함과 밝고 맑아 깨끗함이 늘 현전할 것이다.

이 사람은 이미 지혜의 흐름에 들어선 사람이니, 그는 끝내 깨달음의 바다에 흘러들어가며 니르바나의 바다에 이르게 될 것이다.

여덟 가지 바른 길[八正道]은 바른 견해가 그 바탕이 되고 바른 견해가 이끈다. 바른 견해란 열두 가지 연기법을 바로 봄이고, 연기법을 바로 봄이란 온갖 법이 연기이므로 공하여 남이 없음[無生]을 바로 봄이다.

무명(無明)이 본래 남이 없음을 바로 보면 무명을 끊지 않고 무명이 다해 밝음이 나며, 나고 죽음에 본래 나고 죽음 없음을 바로 보면 나고 죽음을 없애지 않고 나고 죽음이 없는 지혜의 목숨을 얻게 된다.

지혜의 목숨을 얻은 이를 아라한이라 하고 보디사트바라 하니, 그 첫걸음은 삼보 안에 성취된 공덕의 세계가 바로 나의 삶의 진실임을 바로 믿는 것이다. 믿음으로 인해 다시 진리에 의심 없고 망설임 없이 온전히 연기의 진실을 생활하는 지혜의 삶이 현전하는 것이다.

『화엄경』(「도솔궁중게찬품」兜率宮中偈讚品)은 걸림 없는 실상 그대로의 지혜를 믿어 받으면 온갖 곳에 자재한 삶이 현전함을, 이렇게 가르친다.

온갖 것 아는 지혜 걸림 없음
만약 사람이 믿어 받아서
보디의 행을 닦아 익히게 되면
그 마음 헤아릴 수 없게 되리라.

若人能信受　一切智無礙
修習菩提行　其心不可量

온갖 끝없는 국토 가운데
널리 한량없는 몸 나타내지만
몸은 처소에 머물지 않고
또한 법에도 머물지 않네.

一切國土中　普現無量身
而身不在處　亦不住於法

번뇌의 흐름 다한 비구는 여덟 가지 힘이 있다

이와 같이 내가 들었다.

한때 붇다께서는 슈라바스티 국 제타 숲 '외로운 이 돕는 장자의 동산'에 계셨다. 그때에 존자 사리푸트라는 세존께 나아가 발에 머리를 대 절하고 한쪽에 물러앉아 여쭈었다.

"세존이시여, 번뇌의 흐름이 다한 비구는 몇 가지 힘이 있습니까."

붇다께서 사리푸트라에게 말씀하셨다.

"번뇌의 흐름이 다한 비구는 여덟 가지 힘이 있다.

어떤 것이 여덟인가.

곧 번뇌의 흐름이 다한 비구는 떠남[離]으로 나아가고, 떠남으로 흘러들며, 떠남으로 떠내려간다.

벗어남[出]으로 나아가고, 벗어남으로 흘러들며, 벗어남으로 떠내려간다.

니르바나로 나아가고, 니르바나로 흘러들며, 니르바나로 떠내려간다.

만약 다섯 가지 욕망[五欲]을 보면 불구덩이를 보는 것처럼 한다.

그렇게 보고 나서는 탐욕의 생각[欲念]·탐욕의 느낌[欲受]·탐욕의 집착[欲著]에 마음이 길이 머물지 않는다.

그리하여 네 곳 살핌[四念處]과 네 가지 바른 끊음[四正斷]·네 가지 자재한 선정[四神足]·다섯 가지 진리의 뿌리[五根]·다섯 가지 진리의 힘[五力]·일곱 갈래 깨달음 법[七覺支]·여덟 가지 거룩한 길[八聖道]을 닦는다."

붇다께서 이 경을 말씀하시자, 여러 비구들은 붇다의 말씀을 듣고 기뻐하며 받들어 행하였다.

• 잡아함 694 사리불문경(舍利弗問經)

• 해설 •

번뇌의 흐름이 다하면 끊어져 없어짐에 떨어지는 것이 아니다.

번뇌가 다함없이 다하면 해탈의 공덕이 남이 없이 나는 것이니, 마음에서 마음 떠나고 모습에서 모습 떠나 떠남으로 나아가고, 마음과 모습에서 벗어나 벗어남으로 흘러들며, 마음·물질이 본래 공해 적멸한 니르바나의 바다에 나아가고 흘러들며 그곳으로 떠내려간다.

다섯 욕망이 깨끗하지 않다는 생각과 불구덩이 같다는 생각으로 욕망을 다스리면, 다섯 욕망이 큰 사람의 넓고 큰 마음[廣大心] 넓고 큰 서원의 뜻[廣大願]이 된다.

그 마음이 탐욕의 모습 취함·느낌·집착에 머무르지 않으므로 탐욕의 모습 취함은 아라한 보디사트바의 자재한 선정[自在禪定]이 되고, 탐욕의 느낌은 아라한 보디사트바의 법의 기쁨[法喜]이 되고, 탐욕의 집착은 아라한 보디사트바의 해탈(解脫)이 된다.

네 곳 살핌·일곱 갈래 깨달음 법·여덟 가지 바른 길 등 여덟 가지 실천법을 닦음 없이 닦으면 닦음 없는 닦음이 온전한 니르바나의 공덕이 되고 여덟 가지 해탈의 힘이 되니, 이미 니르바나의 바다로 흘러들어가 그의 삶이 온전히 니르바나의 모습이 되기 때문이다.

세간 나쁜 말처럼 비구에게도 여덟 가지 허물이 있다

이와 같이 내가 들었다.

한때 붇다께서는 라자그리하 성 칼란다카 대나무동산에 계시면서 여러 비구들에게 말씀하셨다.

"세간의 말에는 여덟 가지 나쁜 몸짓[八態]이 있다.

어떤 것이 여덟인가.

어떤 나쁜 말은 수레에 멍에[軛]를 맬 때 뒷발로 사람을 밟고 앞다리를 땅에 꿇고 머리를 흔들면서 사람을 깨문다. 이것을 세간 나쁜 말의 첫째 몸짓이라 한다.

다음에 어떤 나쁜 말은 수레에 멍에를 맬 때 머리를 숙이며 멍에를 흔든다. 이것을 세간 나쁜 말의 둘째 몸짓이라 한다.

다음에 세간 어떤 나쁜 말은 수레에 멍에를 맬 때 길로 내려가거나 수레를 기울여 뒤집어엎는다. 이것을 세간 나쁜 말의 셋째 몸짓이라 한다.

다음에 세간 어떤 나쁜 말은 수레에 멍에를 맬 때 머리를 치켜들고 뒷걸음친다. 이것을 세간 나쁜 말의 넷째 몸짓이라 한다.

다음에 세간 어떤 나쁜 말은 수레에 멍에를 맬 때 조금만 채찍질당하고 몽둥이질당하면 고삐를 끊거나 굴레를 부수고 가로세로 내달려 뛴다. 이것을 세간 나쁜 말의 다섯째 몸짓이라 한다.

다음에 세간 어떤 나쁜 말은 수레에 멍에를 맬 때 두 앞다리를 들고 사람처럼 선다. 이것을 세간 나쁜 말의 여섯째 몸짓이라 한다.

다음에 세간 어떤 나쁜 말은 수레에 멍에를 맬 때 채찍이나 몽둥이로 때려도 가만히 있어 움직이지 않는다. 이것을 세간 나쁜 말의 일곱째 몸짓이라 한다.

다음에 세간 어떤 나쁜 말은 수레에 멍에를 맬 때 네 다리를 한데 모으고 땅에 엎드려 일어나지 않는다. 이것을 세간 나쁜 말의 여덟째 몸짓이라 한다.”

나쁜 말의 못된 몸짓으로 비유하여 비구의 여덟 가지 허물을 보이심

“이와 같이 세간 나쁜 장부도 바른 법과 율에 대해 여덟 가지 허물이 있다. 어떤 것이 여덟인가.

만약 어떤 비구는 여러 범행인들이 보거나 듣고 의심스러운 죄를 드러낼 때 그는 곧 성을 내어 그를 도로 꾸짖으면서 이렇게 말한다.

‘너는 어리석고 분별이 없으며 착하지 못하다. 다른 사람은 그 자리에서 네 죄를 드러내는데 너는 왜 내 죄를 들추느냐.’

이것은 저 나쁜 말이 뒷발로 사람을 밟고 앞발로 땅에 꿇거나 가슴걸이 끈을 끊고 멍에를 부수는 것과 같다.

이것을 장부의 바른 법과 율에 대한 첫째 허물이라 한다.

다음에 어떤 비구는 범행인들이 보거나 듣고 의심스러운 자기 죄를 드러내면 도로 남의 죄를 들추어낸다.

이것은 저 나쁜 말이 성낸 목으로 멍에를 부수는 것과 같다.

이것을 장부의 바른 법과 율에 대한 둘째 허물이라 한다.

다음에 어떤 비구는 범행인들이 보거나 듣고 의심스러운 자기 죄를 드러내면 바로 대답하지 않고 다른 일을 함부로 말하면서 성내고 교만 부리며 죄를 숨기고 덮어 미워하고 원한 가져 참지 못해 못할 것이 없게 된다.

이것은 저 나쁜 말이 바른 길을 가지 않고 수레를 뒤엎는 것과 같다.

이것을 장부의 바른 법과 율에 대한 셋째 허물이라 한다.

다음에 어떤 비구는 범행인들이 보거나 듣고 의심스러운 자기 죄를 드러내어 그를 기억하게 하면, 그는 '나는 기억하지 못한다'고 말하면서 버티고 승복하지 않는다.

이것은 저 나쁜 말이 뒷걸음치면서 더욱 물러가는 것과 같다.

이것을 장부의 바른 법과 율에 대한 넷째 허물이라 한다.

다음에 어떤 비구는 범행인들이 보거나 듣고 의심스러운 자기 죄를 드러낼 때 그 사람을 업신여겨 돌아보지도 않고, 또 대중을 돌아보지도 않고 옷과 발우를 거두어 들고 제멋대로 떠나버린다.

이것은 저 나쁜 말이 채찍이나 몽둥이로 치면 가로세로 내달려 뛰는 것과 같다.

이것을 장부의 바른 법과 율에 대한 다섯째 허물이라 한다.

다음에 어떤 비구는 범행인들이 보거나 듣고 의심스러운 자기 죄를 드러낼 때 스스로 높은 자리로 가서 여러 윗자리 비구들과 옳고 그름을 다툰다.

이것은 저 나쁜 말이 두 발로 사람처럼 서는 것과 같다.

이것을 장부의 바른 법과 율에 대한 여섯째 허물이라 한다.

다음에 어떤 비구는 범행인들이 보거나 듣고 의심스러운 자기 죄를 드러낼 때 잠자코 대꾸하지 않고 대중을 괴롭힌다.

이것은 저 나쁜 말이 채찍이나 몽둥이로 때려도 우뚝하게 움직이지 않는 것과 같다.

이것을 장부의 바른 법과 율에 대한 일곱째 허물이라 한다.

다음에 어떤 비구는 범행인들이 보거나 듣고 의심스러운 자기 죄를 드러낼 때 곧 계율을 버리고 스스로 속세로 물러나 돌아가려는 마음을 내어, 절 문에 가서 이렇게 말한다.

'너희들은 말없이 즐겁게 편안히 살아라. 나는 계율을 버리고 물러간다.'

이것은 저 나쁜 말이 네 다리를 한데 모으고 땅에 엎드려 움직이지 않는 것과 같다.

이것을 장부의 바른 법과 율에 대한 여덟째 허물이라 한다.

이것을 비구가 바른 법과 율에 대해 갖는 여덟 가지 장부의 허물과 악이라 한다."

붓다께서 이 경을 말씀하시자, 여러 비구들은 붓다의 말씀을 듣고 기뻐하며 받들어 행하였다.

• 잡아함 924 유과경(有過經)

• 해설 •

번뇌가 보디를 떠나지 않고 보디가 번뇌를 떠나지 않지만, 번뇌와 보디는 두 모습이 함께 있지 않다. 마치 하늘에 밝은 해가 뜨면 어두움이 한때에 사라지는 것과 같다.

세간의 나쁜 말은 원래 스스로 그러한 것이 아니고, 여덟 가지 나쁜 짓 나쁜 업이 나쁜 말이 되게 한다. 나쁜 말이 빠르기와 빛깔 갖춘 좋은 말이 되기 위해서는 여덟 가지 나쁜 짓이 사라져야 한다.

나쁜 말의 여덟 가지 못된 짓처럼, 비구에게도 여덟 가지 허물이 있다.

사람의 그릇된 짓은, 그름 아니되 그름 아님도 아니니, 그름이 공한 줄 알아 다시 짓지 않아야 그름이 옳음이 된다.

그러므로 비구가 여래의 법과 율 가운데서 '많이 들은 거룩한 제자' '잘 행하는 이' '범행 닦는 이' '지혜의 흐름에 들어 아라한의 과덕으로 언약 받은 이'가 되기 위해서는 여덟 가지 그릇된 짓 여덟 가지 허물을 없애야 한다.

어떤 비구가 크신 스승과 상가의 높은 장로들로부터 보거나[見] 듣거나[聞] 의심 가는 일[疑]로 허물을 지적받았다 하자.

그때 받아들여 고치지 않고 금한 계에서 물러나고 선정과 지혜에서 물러나 탐욕과 미망의 삶으로 돌아간다 하면, 그것은 황금을 지고 가던 힘센 장사가 황금을 버리고 나뭇단을 지는 것과 같다.

그러나 거짓이 없고 상가의 화합을 위하는 다른 이로부터 허물을 지적받았을 때 그 허물이 허물인 줄 알아, 큰 부끄러움의 힘과 정진의 힘으로 허물을 고쳐 앞으로 나아가면, 그는 법과 율 가운데서 크나큰 장부, 세간의 복밭, 사람과 하늘의 큰 스승이 될 것이다.

여덟 가지 말의 공덕이 있듯
여덟 가지 어진 수행자의 덕이 있다

이와 같이 내가 들었다.

한때 붇다께서 라자그리하 성 칼란다카 대나무동산에 계셨다.

그때 세존께서 여러 비구들에게 말씀하셨다.

"세간의 좋은 말은 여덟 가지 공덕을 성취하는 것이니, 사람의 하고자 함을 따라 그 말의 공덕을 취하는 길에 몇 가지가 있다.

어떤 것이 그 여덟 가지인가?

좋은 말의 고장에서 나는 것이니, 이것을 좋은 말의 첫째 덕이라고 말한다.

다시 바탕과 성질이 부드럽고 착해 사람을 놀라게 하지 않는 것이니, 이것을 좋은 말의 둘째 덕이라고 말한다.

다시 좋은 말은 먹을거리를 가리지 않으니, 이것을 좋은 말의 셋째 덕이라고 말한다.

다시 좋은 말은 깨끗하지 않은 것을 싫어해서 자리를 가려 누우니, 이것을 좋은 말의 넷째 덕이라고 말한다.

다시 좋은 말은 말 길들이는 사람에게 그 여러 뜻과 버릇을 빨리 나타내, 말을 다루는 사람이 길들여 익혀 빨리 그 버릇을 버리게 한다. 이것을 좋은 말의 다섯째 덕이라고 말한다.

다시 좋은 말은 그 말을 타는 사람을 편안하게 하여 다른 말을 돌아보지 않고, 타는 이의 무겁고 가벼움을 따라 힘을 다한다. 이것을 좋은 말의 여섯째 덕이라고 말한다.

다시 좋은 말은 늘 바른 길을 따라 달리고 그른 길을 따르지 않으니, 이것을 좋은 말의 일곱째 덕이라고 말한다.

다시 좋은 말은 병들었거나 늙었어도 힘을 다해 메고 태워 싫어하거나 게을리하지 않으니, 이것을 좋은 말의 여덟째 덕이라고 한다."

좋은 말에 견주어 수행자의 여덟 가지 덕을 보여 성취케 하심

"이와 같이 수행자도 바른 법과 율에서 여덟 가지 덕을 성취하면 그가 어진 수행자임을 알아야 한다.

어떤 것이 그 여덟 가지인가?

곧 어진 수행자가 바른 계[śīla]와 프라티목샤(prātimokṣa)의 율의(律儀)에 머물러 바른 몸가짐을 행하는 곳에서, 작은 죄를 보고도 두려움을 내고 배움의 계를 받아 지닌다 하자. 그러면 이것을 수행자의 바른 법과 율 가운데 첫째 덕이라고 한다.

다시 수행자가 성품이 스스로 어질고 착하며 잘 다스리고 잘 머물러, 여러 범행을 닦는 이들을 괴롭히지도 않고 두렵게 하지도 않으면, 이것을 수행자의 둘째 덕이라고 한다.

다시 수행자가 차례로 다니며 밥을 빌어, 그 얻는 것을 따라서 그것이 거칠거나 부드럽거나 마음이 평등하여, 싫어하지도 않고 집착하지도 않으면, 이것을 수행자의 셋째 덕이라고 한다.

다시 수행자가 몸의 나쁜 업과 입과 뜻의 나쁜 업과 악하여 착하지 못한 법과 모든 번뇌와, 거듭 받는 여러 존재의 타오르는 괴로움의 갚음에 대해 마음에 싫어함과 떠날 뜻을 낸다 하자. 그리고 미래세상의 태어남·늙음·병듦·죽음과 근심·슬픔·번민·괴로움에 대해 그 싫어하고 떠나는 마음을 더욱 늘린다 하자. 그러면 이것을 수행자의 넷째 덕이라고 한다.

다시 수행자가 만약 어떤 사문에게 허물이 있어 아첨하고 굽고 진실되지 못함을 보고, 빨리 큰 스승[大師]이나 좋은 벗[善知識]에게 알려서 큰 스승이 설법하여 빨리 없애 끊게 한다 하자. 그러면 이것을 수행자의 다섯째 덕이라고 한다.

다시 수행자가 배움의 마음이 갖추어져 '다른 사람들이 배우거나 배우지 않거나 나는 다 배워야 한다'고 이렇게 생각한다면, 이것을 수행자의 여섯째 덕이라고 한다.

다시 수행자가 여덟 가지 바른 길을 가고 그른 길을 가지 않는다면, 이것을 수행자의 일곱째 덕이라고 말한다.

다시 수행자가 목숨이 다하도록 방편에 부지런히 정진하여 싫증내거나 게을리하지 않으면, 이것을 수행자의 여덟째 덕이라고 한다.

이와 같이 수행자가 이 여덟 가지 덕을 성취하면 그 행하는 지위를 따라 빨리 오르고 나아갈 수 있다."

붇다께서 이 경을 말씀하시자, 여러 비구들은 붇다의 말씀을 듣고 기뻐하며 받들어 행하였다.

• 잡아함 925 팔종덕경(八種德經)

• 해설 •

여래의 법과 율에 의지해 바르게 닦아가는 수행자의 공덕을 여덟 가지 말로 비유한다.

수행자의 첫째 덕은 바른 계행 지키어 몸가짐을 바르게 함이니, 좋은 고장의 말이 타고난 성질이 바름과 같다.

수행자의 둘째 덕은 스스로 어질고 착해 남을 괴롭히지 않으니, 좋은 말이 살결이 부드러워 사람을 놀라지 않게 함과 같다.

수행자의 셋째 덕은 차례로 밥을 빌어[次第乞食] 좋고 나쁨에 분별하는 마음이 없는 것이니, 좋은 말이 먹을거리를 가리지 않는 것과 같다.

수행자의 넷째 덕은 번뇌와 윤회의 괴로움 떠날 마음을 내어 더욱 정진하는 것이니, 좋은 말이 깨끗하지 않은 것을 싫어해 자리를 가려 누움과 같다.

수행자의 다섯째 덕은 바르지 못하고 굽은 일, 삿된 사람의 행실을 보면 크신 스승 좋은 벗에게 알리어 스승이 그르고 굽은 일을 빨리 끊어주도록 함이다. 이는 좋은 말이 스스로의 나쁜 버릇을 빨리 나타내, 말 다루는 이가 그 버릇을 빨리 고치도록 함과 같다.

수행자의 여섯째 덕은 스스로 잘 배워 남이 잘 배우지 않는 것을 아랑곳하지 않고 정진해 나아가는 것이다. 이는 좋은 말이 다른 말을 돌아보지 않고 오로지 타는 사람을 편안케 하고 안락케 하기 위해 스스로의 힘을 다하는 것과 같다.

수행자의 일곱째 덕은 그른 법을 행하지 않고 오직 여덟 가지 바른 길만 행해감이니, 마치 좋은 말이 바른 길을 달리고 그른 길을 따르지 않는 것과 같다.

수행자의 여덟째 덕은 목숨 다하도록 부지런히 정진해 뒤로 물러서거나 싫증내지 않음이니, 좋은 말이 늙었어도 스스로 자기 힘을 따라 사람을 태우되 싫증냄이 없이 앞으로 달려가는 것과 같다.

이것이 좋은 말로 비유해 보인 수행자의 여덟 가지 덕이다.

그러나 한 걸음 더 나아가 보면 세간의 좋은 말[良馬]은 말몰이꾼이 채찍을 들거나 호통을 치지 않아도 채찍의 그림자만 보아도 뛰는 것이다.

그처럼 바른 수행자도 크신 스승의 목소리를 듣자[聲聞] 그 듣는 귀뿌리가 바로 열리고, 크신 스승과 눈만 마주쳐도[目擊] 보는 그 자리에서 그 보는 눈뿌리가 열리며, 크신 스승의 가르침을 받아들여 뜻이 풀리자[意解] 그 아는 뜻뿌리가 바로 열리게 된다.

그리하여 보되 봄이 없고 알되 앎이 없어 보고 듣고 깨달아 아는 곳[見聞

覺知處]에서 보고 듣고 깨달아 앎을 떠나지 않고 곧바로 지혜의 바다에 들어가게 되는 것이다.

지혜의 바다에 들어간 자, 그가 다시 물듦과 탐욕의 땅에 돌아오거나 미혹의 구렁텅이에 넘어지지 않는 아나가민(anāgāmin)이고, 보디의 길에서 다시 뒤로 물러섬이 없는 마하사트바 보디사트바[不退轉菩薩]인 것이다.

마치 채찍 그림자만 보아도 잘 달리는 말과 같이, 스승의 소리 듣자 바로 깨닫는 제자의 모습을 중국 당나라 때의 선종 조사의 문답을 통해 살펴보자.

스승 석두선사(石頭禪師)와 제자 천연선사(天然禪師)는 이렇게 문답한다.

제자 단하천연선사(丹霞天然禪師)는 처음 마조(馬祖)를 뵙고 두 손으로 머리에 쓰는 갓[幞頭]을 벗으니, 마조가 말했다.

"나는 너의 스승이 아니다. 남악산 석두선사 있는 곳으로 가라."

천연선사가 석두선사 앞에 이르자 똑같이 머리 쓰는 갓을 벗으니, 석두선사가 말했다.

"방앗간에 가라."

천연이 행자생활을 하는데 하루는 석두선사가 대중에게 말했다.

"오늘 재가 끝난 뒤에 대중을 널리 모아[普請] 불전 앞에 풀을 깎게 하겠다."

대중이 다투어 호미와 가래를 갖추었다.

천연은 머리를 감고 삭도를 들고 석두선사 앞에 무릎 꿇으니, 석두선사가 말했다.

"무엇하려는가."

천연이 말했다.

"스님께서 머리풀 깎아주시길 청합니다."

석두선사가 웃으면서 머리를 깎아주고 이름을 불러 계를 주려 하니[呼與授戒] 천연이 귀를 막고 가버렸다.

천연선사가 곧장 강서의 마조원(馬祖院)으로 돌아와 승방에 모신 카운

다냐 비구의 거룩한 상[聖僧]의 목에 올라타자, 대중이 놀라 마조께 보고 했다.

마조가 와서 보고 말했다.

"내 아들 천연스럽구나"[我子天然].

선사가 드디어 절하고 말했다.

"스님께서 이름 지어준 것에 감사합니다."

마조선사가 물었다.

"어디서 왔는가."

천연선사가 말했다.

"석두께 갔다 왔습니다."

마조선사가 말했다.

"돌머리 길이 미끄러운데[石頭路滑] 그대는 넘어지지 않았느냐?"

천연선사가 말했다.

"만약 넘어졌다면 오지 못했을 것입니다."

위 문답에서 스승이 계 주기 전에 제자인 천연이 귀를 막고 가버렸다고 했으니, 이는 천연선사가 귀를 막음으로 스승으로부터 계 받기 전에 이미 타고난 대로 스스로 그러한[天然] 보디의 소식 온전히 드러내 보인 것인가. 그래서 마조선사는 그를 천연하다고 말해주고, 천연선사는 마조선사가 이름 불러 인가해준 것을 감사한 것인가.

원오근(圓悟勤)선사는 계를 주고받기 전 타고난 대로 본래 그러한 소식 깨친 것을 이름 불러 인가해주고 눈 마주칠 때 이미 해탈의 도 갖춘 뜻을, 천리마로 비유해 이렇게 노래한다.

하나를 물으면 열을 답하고

간다고 말해주면 오는 줄 안다.

용이 달리고 범이 치달려 뛰며

옥이 구르고 구슬이 돌아간다.
말해주는 것을 듣기만 해도
잠깐 사이에 빨리 알아차리고
털고 일어서 가니 얼마나 빼어난가.

問一答十　告往知來　龍馳虎驟　玉轉珠迴
聊聞擧着已瞥地　剔起便行何俊哉

머리털 깎아달라는 그 말도
참으로 기이하고 우뚝한데
계를 주고 이름 지어준다 함도
또한 우뚝 빼어나 솟구친 일이네.
두 노인이 검고 누름 간략히 말해
천리마의 뼈대를 구경했도다.

참된 법도 무겁고 의젓하나니
얼굴 보자 그 가풍과 격조를 알고
구름 타듯 한번에 내달려서
바람과 해마저 헤매게 하네.

刻草固奇崛　安名尤突兀
二老略玄黃　賞玆千里骨
眞規鎭嚴然　覷面看標格
騰雲一擧迷風日

　『화엄경』(「보현행품」) 또한 세간의 큰 장부 마하사트바는 큰 스승의 가르침을 듣자 곧 스스로를 편안케 하고 세간 중생을 안온케 함을, 이렇게 노래한다.

보디사트바는 가르침을 듣고
깊은 뜻을 바로 알고서
미혹의 뒤바뀜을 멀리 떠나
마음 깨끗이 늘 서로 이어서
교묘하게 신통의 힘으로
한량없는 중생 건네주네.

菩薩離迷倒　心淨常相續
巧以神通力　度無量衆生

편치 못한 이들 편안케 하고
편안한 이들에겐 도량을 보여
이와 같이 법계에 두루하되
그 마음 집착하는 바가 없도다.

未安者令安　安者示道場
如是遍法界　其心無所著

「이세간품」은 다시 무명의 한 생각을 놓는 그 자리에서 해탈의 몸 신통의
지혜 갖추는 보디사트바행을 이렇게 말한다.

보디사트바의 신통의 지혜는
공덕의 힘 이미 자재하여서
지금 한 생각 가운데서
끝없는 세계에 두루 가도다.

菩薩神通智　功力已自在
能於一念中　往詣無邊刹

이와 같이 아주 빨리 가서

셀 수 없는 겁이 다하도록
두루하지 않는 곳 없으나
털끝만큼도 움직이지 않네.

如是速疾往　盡於無數劫
無處而不周　莫動毫端分

세간의 인도자 보디사트바는
법의 고요한 성품에 머물러
온갖 일을 나타내 보이니
한량없는 겁은 다할 수 있으나
한 생각의 지혜는 다함이 없네.

菩薩住法性　示現一切事
無量劫可極　一念智無盡

9 아홉 가지 법을 이루어야
밝은 비구라 할 수 있으니[九法]

• 이끄는 글 •

아홉의 수로 해탈의 법을 나타낸 것에는 부정관(不淨觀)의 아홉 가지 생각[九想]이 있고, 아라한이 성취하는 아홉 가지 법[九法 : 思法·昇遮法·不動法·退法·不退法·護法·住法·慧解脫·俱解脫]이 있고, 수행자가 알아야 할 아홉 가지 먹음[九食 : 搏食·觸食·思食·識食의 네 가지 먹음에 법의 먹음인 禪悅食·法喜食·願食·念食·解脫食을 더함]이 있다.

대승의 법수로는 보디사트바가 닦는 아홉 가지 큰 선정[九種大禪], 『정토경』의 아홉 단계 정토[九品淨土]가 있다.

이름 세워 법을 말하고 전하나 실로 얻을 법 없는 것이 법 전한 뜻이다. 그러므로 여래와 크신 선지식들이 한량없는 법과 뜻을 연설하지만 설한 법에 붙잡을 끝과 바탕이 없으니, 『화엄경』(「십행품」)은 말한다.

여래의 법 잘 행하는 보디사트바
법을 설하며 한 뜻 한 글 가운데

한량없고 끝없는 법 연설하지만
그 끝과 바탕 얻을 수가 없으니
끝없는 지혜의 사람 행하는 도이네.

能於一義一文中 演說無量無邊法
而其邊際不可得 此無邊智所行道

『전등록』의 미차가(彌遮迦) 존자의 전법게 또한 법에 법 없음 깨치는 것이 법을 깨침이 되고 마음에 마음 없음 깨치는 것이 마음 깨치는 것임을, 이렇게 말한다.

마음도 없고 얻을 것 없으면
이름하지 않는 법 얻는다 말하네.
마음이 마음 아님을 깨달으면
비로소 마음과 마음의 법 깨침이네.

無心無可得 說得不名法
若了心非心 始了心心法

나쁜 비구에 아홉 가지 나쁜 법의 성취가 있으니

이와 같이 들었다.

한때 붇다께서는 슈라바스티 국 제타 숲 '외로운 이 돕는 장자의 동산'에 계시면서 비구들에게 말씀하셨다.

"아홉 가지 그릇된 법의 성취가 있으니 어떤 것이 아홉인가.

부끄러움이 없는 뻔뻔한 얼굴[強顔]·욕됨을 무릅쓰고 그릇된 짓을 함[耐辱]·탐하는 마음을 냄[貪心]·아껴 집착함[慳著]·그른 생각을 버리지 않음[心念不捨離]·잘 잊어버림[健忘]·그른 법에 빠져 잠을 줄임[少睡]·음행을 가만히 숨김[姪泆靜匿]·은혜를 갚지 않아 돌려주지 않음[無返復]이 아홉이 된다.

이것을 비구들이여, 아홉 가지 법의 성취라 한다.

나쁜 비구도 아홉 가지 법을 성취한다.

어떤 것이 아홉인가. 이에 대해서는 이렇게 말할 수 있다.

첫째, 나쁜 비구의 뻔뻔스러운 얼굴이다.

둘째, 욕됨을 무릅쓰고 그릇된 짓을 함이다.

셋째, 탐하는 마음을 내는 것이다.

넷째, 아껴 집착함이다.

다섯째, 잘 잊어버림이다.

여섯째, 잠을 줄여 그른 법에 빠짐이다.

일곱째, 음행을 가만히 숨김이다.

여덟째, 은혜를 갚아 돌려주지 않음이다.

아홉째, 생각을 버려 떠나지 않음이다.

이것들이 아홉이 된다."

나쁜 비구의 행을 자세히 보이심

"어떤 것이 나쁜 비구의 부끄러움이 없는 뻔뻔한 얼굴인가.

곧 나쁜 비구는 구하지 않아야 할 것을 구하여 사문의 행을 어기니 [違沙門行], 이와 같은 비구를 뻔뻔한 얼굴이라 이름한다.

어떤 것이 나쁜 비구의 욕됨을 무릅쓰고 그릇된 짓을 함인가.

여기에 대해서는 이렇게 말할 수 있다. 나쁜 비구는 여러 어질고 착한 비구들 있는 곳에서 자기를 칭찬해 말하고 다른 사람을 헐뜯으니, 이와 같은 비구를 욕됨을 무릅씀이라 이름한다.

어떤 것이 나쁜 비구가 탐하는 마음 내는 것인가.

여기에 대해서는 이렇게 말할 수 있다. 나쁜 비구는 남의 재물을 보면 모두 탐하는 마음을 내니, 이것을 탐냄이라 이름한다.

어떤 것이 나쁜 비구의 아껴 집착함인가.

여기에 대해서는 이렇게 말할 수 있다.

나쁜 비구는 그가 얻은 가사와 발우를 남에게 주어 함께하지 않고 늘 홀로 간직해두니, 이것을 아껴 집착함이라 한다.

어떤 것이 나쁜 비구의 잘 잊어버림인가.

여기에 대해서는 이렇게 말할 수 있다. 나쁜 비구는 늘 묘하고 좋은 말을 빠뜨려 잃어버리고[漏失妙善之言], 또 방편을 사유하지 않으면서 나랏일이나 전쟁의 법을 논하여 말하니, 이와 같이 나쁜 비구는 잊어버림을 성취한다.

어떤 것이 나쁜 비구가 그릇된 법에 빠져 잠을 줄임인가.

여기에 대해서는 이렇게 말할 수 있다. 나쁜 비구는 헛된 법에 빠져 사유해야 할 법은 사유하지 않으니, 이와 같이 나쁜 비구는 잠을 줄인다.

어떤 것이 나쁜 비구가 그윽한 곳에서 음행함인가.

여기에 대해서는 이렇게 말할 수 있다.

나쁜 비구는 한 짓을 숨기어 남에게 말하지 않고, '나는 지금 음행을 행하였으나, 남이 알지 못하게 하리라'고 하는 것이니, 이와 같이 비구는 숨은 곳에서 음행을 행한다.

어떤 것이 나쁜 비구가 은혜를 갚아 돌려주지 않음인가.

여기에 대해서는 이렇게 말할 수 있다. 나쁜 비구는 공경하는 마음이 없어 스승과 어른을 받들어 섬기거나 귀한 사람을 높이지 않으니 이와 같이 나쁜 비구는 은혜 갚아 돌려주지 않는다."

아홉 가지 법을 떠나야 도의 과덕을 이룸을 보이심

"만약 나쁜 비구가 이 아홉 가지 법을 성취하여 생각을 버려 여의지 못하면, 그는 끝내 도의 과덕을 이루지 못한다.

그러므로 비구들이여, 여러 나쁜 법은 생각해 반드시 버려야 한다.

이와 같이 비구들이여, 반드시 이렇게 배워야 한다."

그때에 비구들은 붓다의 말씀을 듣고 기뻐하며 받들어 행하였다.

• 증일아함 44 구중생거품(九衆生居品) 三

공작새처럼 비구 또한 늘 선정 속에서
아홉 가지 법을 행한다

이와 같이 들었다.

한때 붇다께서는 슈라바스티 국 제타 숲 '외로운 이 돕는 장자의 동산'에 계셨다.

그때 세존께서 여러 비구들에게 말씀하셨다.

"공작새는 아홉 가지 법을 성취하였다. 어떤 것이 그 아홉 가지 인가?

공작새는 얼굴 모습이 단정하고, 소리울림이 맑게 사무치며, 걸음 걸이가 조용하여 차례가 있다.

공작새는 때를 알아 움직이며, 먹고 마심에 절도를 알고, 늘 생각에 만족할 줄 안다.

공작새는 생각이 흩어지지 않으며, 잠과 졸음을 줄이며, 다시 욕심 줄여 도로 갚을 줄 안다.

이것을 비구들이여, '공작새가 성취한 아홉 가지 법'이라고 한다.

어질고 밝은 비구들도 아홉 가지 법을 성취한다. 어떤 것이 아홉 가지인가?

어질고 밝은 비구[賢哲比丘]는 얼굴 모습이 단정하고, 소리울림이 맑게 사무치며, 걸음걸이가 조용하여 차례가 있다.

어질고 밝은 비구는 때를 알아 움직이며, 먹고 마심에 절도를 알고, 늘 생각에 만족할 줄 안다.

어질고 밝은 비구는 생각이 흩어지지 않으며, 잠과 졸음을 줄이며, 다시 욕심 줄여 도로 갚을 줄 안다."

어진 비구의 아홉 가지 법을 갖추어 보이심

"어떤 것이 어진 비구의 얼굴 모습이 단정함인가?

여기에 대해서는 이렇게 말할 수 있다.

그 비구는 나가고 들어오고, 가고 오며, 나아가고 그침이 꼭 알맞아 끝내 차례를 잃지 않는다. 이와 같이 어질고 밝은 비구는 그 얼굴 모습이 단정하다.

어떤 것이 어진 비구의 소리울림이 맑게 사무침인가?

여기에 대해서는 이렇게 말할 수 있다.

그 비구는 뜻과 이치를 잘 분별하여 끝내 잘못되어 어지럽지 않다. 이와 같이 어진 비구는 그 소리울림이 맑게 사무친다.

어떤 것이 비구의 걸음걸이가 조용하여 차례가 있음인가?

여기에 대해서는 이렇게 말할 수 있다.

그 비구는 때를 알아 움직이되 차례를 잃지 않는다. 또 외울 만한 것은 다 외울 줄 알고, 익힐 만한 것은 다 익힐 줄 알며, 말없이 잠잠할 때는 잠잠할 줄 알고, 일어나야 할 때는 일어날 줄 안다. 이와 같이 어진 비구는 때를 안다.

어떤 것이 비구가 때를 알아 움직임인가?

여기에 대해서는 이렇게 말할 수 있다. 그 비구는 가야 할 때 곧 가고, 머물러야 할 때 곧 머무르며 절차를 따라 법을 듣는다. 이와 같이 어진 비구는 때를 알아 행한다.

어떤 것이 비구가 먹고 마심에 절도를 알며 만족할 줄 아는 것인가? 여기에 대해서는 이렇게 말할 수 있다.

그 비구는 얻은 먹을거리에 남음이 있으면 남들과 함께 나누며 가진 것을 아까워하지 않는다. 이와 같이 그 어진 비구는 먹고 마심에 절도를 알며 늘 생각에 만족할 줄을 안다.

어떤 것이 비구가 생각이 흩어지지 않고 잠과 졸음을 줄임인가?

여기에 대해서는 이렇게 말할 수 있다.

그 비구는 초저녁에는 깨어 있음을 익히고, 서른일곱 실천법을 익혀 빠뜨림이 없으며, 늘 거닐어 다니며, 누워 있거나 깨어 있거나 그 뜻을 깨끗이 한다[臥覺而淨其意].

다시 한밤중에는 깊은 법을 사유하고, 새벽이 되면 오른쪽으로 누워 발과 발을 서로 포개고 '본디 밝은 생각'을 사유하다, 다시 일어나 거닐면서 그 뜻을 깨끗이 한다[經行而淨其意].

이와 같이 그 어진 비구는 잠과 졸음을 줄인다.

어떤 것이 비구가 욕심 줄여 도로 갚을 줄 아는 것인가?

여기에 대해서는 이렇게 말할 수 있다.

그 비구는 삼보를 받들어 섬기고 스승과 어른을 받들고 모셔 공경한다. 이와 같이 그 어진 비구는 욕심 줄이고 도로 갚을 줄 안다.

이와 같이 어질고 밝은 비구는 아홉 가지 법을 성취한다.

지금 이 아홉 가지 법을 반드시 기억하고 받들어 행해야 한다.

이와 같이 비구들이여, 반드시 이렇게 배워야 한다."

그때 여러 비구들은 붇다의 말씀을 듣고 기뻐하며 받들어 행하였다.

• 증일아함 44 구중생거품 四

　두 경은 비구의 끊어야 할 아홉 가지 나쁜 법과 이루어야 할 아홉 가지 공덕의 법을 보이고 있는데, 이루어야 할 법을 공작새의 아홉 가지 공덕에 비유해 가르치고 있다.

　아홉 가지 그른 법은 무엇인가.

　첫째, 뻔뻔한 얼굴로 아무런 부끄러움 없이 비구가 해서는 안 될 일을 행함이다.

　둘째, 남이 욕하거나 말거나 욕됨을 무릅쓰고 자기를 칭찬해 남을 헐뜯는 등 그릇된 짓을 행함이다.

　셋째, 탐욕의 마음으로 남의 것에 욕심내는 것이다.

　넷째, 가진 것을 나누어 쓰지 않고 홀로 소유해 아낌이다.

　다섯째, 묘한 가르침의 말은 잊어먹고 세간일만 기억해 논함이다.

　여섯째, 잠도 제대로 자지 않고 술 마시고 노름하는 등 헛된 법에 빠져 사는 것이다.

　일곱째, 숨어서 범행이 아닌 짓을 행함이다.

　여덟째, 가르침 받거나 은혜를 입고서 다시 그 은혜를 돌려 갚지 않음이다.

　아홉째, 그른 법을 성취해서 버리지 못함이다.

　이 아홉 가지 법이 끊어야 할 비구의 그른 법이다. 그러나 그름은 그름 아닌 그름이니, 그름이 그른 줄 알아 그름을 고치면, 바름이 되게 하는 길이 열린다.

　그렇다면 어떤 것이 성취해야 할 비구의 바른 아홉 가지 법인가.

　첫째, 그 얼굴이 단정함이니, 나가고 들어감이 알맞아 차례가 있고 그 얼굴빛이 밝고 맑아 얼굴 모습이 단정한 공작새와 같다.

　둘째, 소리울림이 밝음이니, 맑은 목소리로 뜻과 이치 잘 분별하여 소리울림이 맑은 공작새와 같다.

　셋째, 걸음걸이가 고요함이니, 때를 알고 차례를 알며 해야 할 일과 하지 말아야 할 일을 알아 걸음걸이가 고요한 공작새와 같다.

넷째, 때를 알아 움직임이니, 갈 때 가고 그칠 때 그치며 말할 때 말하여 때를 알아 움직이는 공작새와 같다.

다섯째, 먹고 마심에 절도를 알고 만족할 줄 아는 것이니, 먹고 마심에 도를 넘치지 않는 공작새와 같다.

여섯째, 가진 것과 먹을 것을 함께 나눌 줄 알고 스스로 만족을 아는 것이니, 생각에 만족할 줄 아는 공작새와 같다.

일곱째, 생각이 흩어지지 않고 잠과 졸음을 줄이니, 생각 흩어지지 않는 공작새와 같다.

여덟째, 늘 생각이 사마디에 있음이니, 누워 있거나 깨어 있음에 사마디를 떠나지 않아 초저녁과 한밤 새벽녘에도 늘 밝은 생각 떠나지 않아 잠과 졸음 줄인 공작새와 같다.

아홉째, 욕심 줄여 갚을 줄 아니 삼보와 부모 스승의 은혜를 알고 은혜를 갚으며 늘 욕심 줄여 베푸는 것이 욕심 없고 은혜 갚을 줄 아는 공작새와 같다.

이 공작새와 같은 아홉 가지 법이 비구가 성취해야 할 법이다. 비구의 이 아홉 가지 공덕은 밖에서 오는 것이거나 새로 얻는 것이 아니라 탐냄·성냄·어리석음의 마음이 공한 곳에서 그 공함마저 공한 마음바탕에 원래 갖추어져 있는 공덕이다.

반야의 지혜와 부끄러워함의 힘으로 아홉 그른 것을 그치는 그때, 생각생각 걸음걸음 아홉 가지 공작새 같은 공덕의 삶이 온전히 드러나는 것이다.

『화엄경』(「십지품」) 또한 여래의 집에 다시 태어나 여래의 공덕으로 스스로를 장엄한 보디사트바의 삶을, 다음과 같이 말한다.

여래의 집에 태어나면
그 가족에게는 티가 없으니
붇다와 같이 평등하게
반드시 위없는 보디 이루리.

生在如來家　種族無瑕玷
與佛共平等　決成無上覺

여래의 집에 태어난 그는
보디의 법을 더욱 기뻐하고
많이 사랑해 즐거워하며
또한 다시 깨끗한 믿음 더하며
아주 크고 용맹한 마음과
기뻐 뛰노는 마음 늘리네.

多喜多愛樂　亦復多淨信
極大勇猛心　及以慶躍心

다투어 싸움 멀리 떠나고
해침과 성냄을 멀리 떠나며
허물을 부끄러워함과 공경함과
그 바탕이 깨끗하고 곧음으로
모든 아는 뿌리 잘 지켜 보살피네.

遠離於鬥諍　惱害及瞋恚
慚敬而質直　善守護諸根

　깨끗한 믿음으로 여래의 법의 가족이 된 이는 여래의 자비의 길을 따라
행하며 법바퀴를 굴려 물든 역사를 정토의 역사로 장엄하는 것이니, 「십지
품」은 또한 이렇게 말한다.

　만약 뭇 착함을 모두 모아서
　희고 깨끗한 법을 갖추게 되면
　하늘과 사람의 높은 분께 공양하고

자비의 길을 따라 행하네.

若人集衆善　具足白淨法
供養天人尊　隨順慈悲道

온갖 것 아는 지혜의 힘
언제나 보살펴 깨끗이 하고
두려울바 없는 힘으로써
모든 붇다의 법을 성취하여
여러 중생 건져 거두어주네.

淨一切智力　及以無所畏
成就諸佛法　救攝群生衆

여래의 집에 태어난 이는
크나큰 자비를 얻어서
빼어난 법바퀴를 굴리고
붇다의 국토를 깨끗이 장엄하려
이 가장 빼어난 마음을 내네.

爲得大慈悲　及轉勝法輪
嚴淨佛國土　發此最勝心

10 비구가 지키고 행해야 할 열 가지 법[十法]

• 이끄는 글 •

열의 수는 다 채워진 수이고 다 이루어진 수이므로 여래의 위없는 공덕을 여래의 열 가지 몸[十身], 열 가지 힘[十力], 열 가지 이름[十號]으로 기리어 부른다.

해탈의 법을 말할 때는 열 가지 계[十戒], 열 가지 생각[十念: 念佛·法·僧·戒·施·天·休息·出入息·身非常·死], 열 가지 지혜[十智]가 있다.

비나야에 삼사(三師)·칠증(七證)을 합해 열 가지 스승[十師]이 있고, 열 가지 무거운 계[十重大戒]가 있다.

대승의 법수로는 열 가지 파라미타[十波羅密: 여섯 파라미타에 方便·願·力·智 네 가지 파라미타를 더함]가 있고, 천태교에 열 가지 묘함[十妙], 열 가지 둘 아님[十不二]이 있고, 살피는 지혜[能觀智]를 열 가지 실천의 수레[十乘觀法]로 보이고, 살펴지는 경계[所觀境]를 열 가지 경계[十境]로 보인다.

화엄교에는 십현문(十玄門), 열 가지 큰 행원[十大行願]이 있다. 또 『화엄경』에 십신(十信)·십주(十住)·십행(十行)·십회향(十廻

向)·십지(十地)가 있고, 열 가지 붇다[十佛]가 있다.

조사선에서는 해탈의 과정을 열 가지 '소 찾음의 노래'[尋牛頌]로 표현한다.

이처럼 여래와 여러 현성들이 법의 수를 세워 법문을 열고 법을 전해 중생을 건져준다고 하지만 실로 깨쳐 얻을 법이 없음이 법을 깨쳐 전함이고, 실로 깨칠 것 없음을 아는 것[了無所了]이 깨침이니, 『전등록』의 바수미트라(Vasumitra, 婆須密) 존자의 전법게는 말한다.

마음은 허공계와 같아서
허공과 같은 법을 보이네.
허공을 증득할 때에는
옳음과 그름이 없는 법이네.

心同虛空界　示等虛空法
證得虛空時　無是無非法

이 경은 '열 가지 법의 뜻'이니
그렇게 받들어 행하도록 하라

이와 같이 들었다.

한때 붇다께서는 라자그리하 성의 칼란다카 대나무 동산에서 큰 비구대중 오백 사람과 함께 계셨다.

이때 많은 비구들은 때가 되어 가사를 입고 발우를 가지고 라자그리하 성에 들어가 밥을 빌려고 하였다. 그때 그들은 생각하였다.

'우리가 성에 들어가 밥을 빌기에는 날이 아직 너무 이르다. 우리는 저 바깥길 배움 다른 이들에게 가서 같이 논의해보자.'

이때에 많은 비구들은 바깥길 배움 다른 이들이 있는 곳에 이르렀다.

때에 바깥길 배움 다른 이들은 멀리서 이 여러 사문들이 오는 것을 보고 각기 서로 말하였다.

"모두 고요히 하라. 소리 높여 말하지 말라. 사문 고타마 제자들이 여기 오고 있다. 그리고 저 사문들의 법에는 고요한 사람을 칭찬한다. 우리의 바른 법을 저들이 알도록 하고 어지럽히지 말자."

그때에 많은 비구들은 바깥길 배움 다른 이들 있는 곳에 이르러 같이 서로 문안하고 한쪽에 앉았다.

바깥길 수행자들이 세존의 법이 자신들의 법과 다른 근거를 물음

때에 바깥길 수행자들은 여러 비구들에게 물었다.

"그대들은 사문 고타마가 제자들을 위해 그 묘한 법을 말하면 이여러 비구들은 온갖 모든 법을 다 이해하고 스스로 즐거이 노닐어 범하지 않으시오?

우리들 또한 다시 여러 제자들을 위해 이 묘한 법을 말하며 스스로 즐거이 노니오.

우리 말과 당신들 말은 무엇이 다르며 어떤 차별이 있소. 설법과 깨우쳐 가르침은 한 가지라 다름이 없는 것이오."

이때에 많은 비구들은 바깥길 배움 다른 이들의 말을 듣고 좋다고도 말하지 않고 나쁘다고도 말하지 않고 곧 자리에서 일어나 떠났다.

이때에 비구들은 스스로 서로 말하였다.

"우리는 이 뜻을 가지고 세존께 가서 여쭈어보자. 만약 세존께서 무슨 말씀이 계시거든 우리는 생각하여 받들어 행해야 한다."

그때에 많은 비구들은 라자그리하 성에 들어가 밥 빌기를 마치고 방으로 돌아와 가사와 발우를 거두어 들고 세존 계신 곳에 가서 머리를 대 발에 절하고 한쪽에 섰다.

때에 비구들은 이 인연의 근본을 다 세존께 말씀드렸다.

여래의 법은 하나에서 열까지 그 뜻이 모두 갖춰 있음을 보이심

그때에 세존께서는 많은 비구들에게 말씀하셨다.

"만약 그 바깥길 배움 다른 이들이 이 뜻으로 묻거든 너희들은 이말로 대답해야 한다.

'하나의 주장[一論]·하나의 뜻[一義]·하나의 연설[一演]에서부터 열의 주장[十論]·열의 뜻[十義]·열의 연설[十演]이 있다.'

이런 말을 할 때 여기에는 어떤 뜻이 있는가.

만약 너희들이 이런 말로 가서 물으면 그 사람들은 대답하지 못하고 드디어 어리석음과 의혹만 더 늘릴 것이다. 왜냐하면 이것은 그들에게 있는 경계가 아니기 때문이다.

그러므로 비구들이여, 나는 여래와 여래 제자로 내게서 들은 이를 빼놓고는, 어떤 하늘이나 사람, 마라와 마라의 하늘, 인드라와 브라흐마하늘왕들도 이 물음에 답할 수 있는 이를 보지 못하였다. 그래서 이것은 논하지 않는다."

하나의 뜻 세워 보임

"하나의 주장 · 하나의 뜻 · 하나의 연설을 내가 비록 이 뜻을 말하지만 무엇을 말미암아 말하는가. 이렇게 말할 수 있다.

온갖 중생은 먹음[食]으로 말미암아 살고 먹지 않으면 죽는다. 그러므로 비구가 이에 대해 평등하게 그 걱정거리를 싫어하고 평등하게 해탈하며, 평등하게 살피고 평등하게 그 뜻을 분별하면 평등하게 괴로움의 끝을 다할 것이다.

한 뜻[一義]을 같이해 둘이 아니니, 내가 말한 것은 바로 이를 말할 뿐이다."

둘의 뜻을 세워 보임

"다시 하나의 뜻 · 하나의 주장 · 하나의 연설에서 나아가 열의 주장 · 열의 뜻 · 열의 연설까지 나는 비록 이 뜻을 말하지만 무엇을 말미암아 말하는가. 둘의 뜻에 대해서는 이렇게 말할 수 있다.

마음[名]과 물질[色]이 있다. 그 무엇을 마음이라 하는가. 곧 느낌[痛] · 모습 취함[想] · 지어감[念] · 닿음[更] · 뜻의 하고자 함[思]이니 이것을 마음이라고 한다.

그 무엇을 물질이라 하는가. 네 가지 큰 요소[能造四大]와 네 가지 요소가 지은 것[所造四大]을 물질이라 한다. 이런 인연으로 나는 지금 둘의 주장·둘의 뜻·둘의 연설을 말하는 것이다.

만약 비구가 평등하게 그 걱정거리를 싫어하고 평등하게 해탈하며 평등하게 살피고 평등하게 그 뜻을 분별하면 평등하게 괴로움의 끝을 다할 것이다.”

셋의 뜻을 세워 보임

“셋의 주장·셋의 뜻·셋의 연설을 내가 말하는 것은 무엇을 말미암아 말하는가. 세 가지 느낌을 말한다.

어떤 것이 셋인가. 곧 괴로운 느낌·즐거운 느낌·괴롭지도 않고 즐겁지도 않은 느낌이다.

그 어떤 것을 즐거운 느낌이라 하는가. 곧 마음속의 즐거운 생각이 흩어지지 않는 것이니 이것을 즐거운 느낌이라 한다.

그 어떤 것을 괴로운 느낌이라 하는가. 곧 마음속이 어지러워 한결같지 않고 여러 가지 생각을 사유하는 것이니 이것을 괴로운 느낌이라 한다.

그 어떤 것을 괴롭지도 않고 즐겁지도 않은 느낌이라 하는가.

곧 마음속에 괴로운 생각도 없고 즐거운 생각도 없으며, 한결같지도 않고 어지러운 생각도 아니며, 또한 법이나 법 아님을 사유하지 않고 늘 스스로 고요하여 마음에 기억이 없는 것이다.

그러므로 괴롭지도 즐겁지도 않은 느낌이라 한다.

이것을 세 가지 느낌이라 한다.

만약 비구가 평등하게 그 걱정거리를 싫어하고 평등하게 해탈하며 평등하게 살피고 평등하게 그 뜻을 분별하면 평등하게 괴로움의 끝을 다할 것이다.

셋의 주장·셋의 뜻·셋의 연설을 내가 말한 것은 바로 이것을 말하는 것이다.”

넷의 뜻을 세워 보임

“넷의 주장·넷의 뜻·넷의 연설을 내가 말하는 것은 무엇을 말미암아 말하는가. 네 가지 진리[四諦]를 말하니, 곧 어떤 것이 넷인가.

그 무엇을 괴로움의 진리[苦諦]라 하는가.

곧 태어나는 괴로움·늙는 괴로움·앓는 괴로움·죽는 괴로움·근심과 슬픔과 번민의 괴로움, 원수나 미워하는 이를 만나는 괴로움, 사랑하는 이와 헤어지는 괴로움, 구하여 얻지 못하는 괴로움이다. 요약해 말하면 다섯 가지 쌓임의 괴로움[五陰苦]이다. 이것을 괴로움의 진리라 한다.

그 어떤 것을 괴로움 익히어냄[苦習]의 진리라 하는가.

애욕의 근본이 탐욕과 서로 응하는 것이니, 이것을 괴로움 익히어냄의 진리라 한다.

어떤 것을 괴로움 사라짐[苦滅]의 진리라 하는가.

곧 그 애욕이 길이 다해 남음이 없어서 다시는 생기지 않는 것이니, 이것을 괴로움 사라짐의 진리라 한다.

어떤 것을 괴로움 없애는 길[苦滅道]의 진리라 하는가.

현성의 여덟 가지 길을 말한다.

곧 바른 견해·바른 다스림·바른 말·바른 생활·바른 선정·바른 방편·바른 생각·바른 사마디이니, 이것을 여덟 가지 길이라 한다.

넷의 주장·넷의 뜻·넷의 연설을 내가 말한 것은 바로 이를 말하는 것이다.”

다섯의 뜻을 세워 보임

“다섯의 주장·다섯의 뜻·다섯의 연설을 내가 말하는 것은 무엇을 말미암아 말하는가.

다섯 가지 진리의 뿌리[五根]를 말하니, 무엇이 다섯인가.

믿음의 뿌리·정진의 뿌리·생각의 뿌리·선정의 뿌리·지혜의 뿌리이다.

어떤 것을 믿음의 뿌리[信根]라 하는가. 곧 현성의 제자로서 여래의 도법을 믿는 것이다.

그리하여 저 여래·아라한·바르게 깨친 분·지혜와 행을 갖추신 분·잘 가신 이·세간을 잘 아시는 분·위없는 스승·잘 다루는 장부·하늘과 사람의 스승으로 붇다 세존이라고 하는 이가 세상에 나온 것을 믿는 것이니, 이것을 믿음의 뿌리라 한다.

어떤 것을 정진의 뿌리[精進根]라 하는가.

곧 몸과 마음과 뜻이 모두 게으르지 않고 부지런하여, 착하지 않은 법은 없애고 착한 법은 더욱 늘어나게 하여 마음을 따라 바른 법을 잡아 지니면, 이것을 정진의 뿌리라 한다.

무엇을 생각의 뿌리[念根]라 하는가.

생각의 뿌리란 외운 것을 잊지 않고 늘 마음속에 두어 모두 지니어 잃어버리지 않으며, 함이 없는 법이나 샘이 없는 법을 끝내 잊어버리지 않으면 이것을 생각의 뿌리라 한다.

어떤 것을 선정의 뿌리[定根]라 하는가.

선정의 뿌리란 마음 가운데 어지러움이 없고 여러 생각이 없어서 한뜻을 오롯이해 정진하면 이것을 선정의 뿌리라 한다.

어떤 것을 지혜의 뿌리[慧根]라 하는가.

곧 괴로움을 알고, 괴로움 익히어냄을 알며, 괴로움의 사라짐을 알고, 괴로움 없애는 길을 알면, 이것을 지혜의 뿌리라 한다.

이것을 다섯 뿌리라 하니, 비구가 그 가운데서 평등하게 해탈하고 평등하게 그 뜻을 분별하면 평등하게 그 괴로움의 끝을 다하게 된다.

다섯의 주장·다섯의 뜻·다섯의 연설을 내가 말한 것은 바로 이를 말하는 것이다."

여섯의 뜻을 세워 보임

"여섯의 주장·여섯의 뜻·여섯의 연설을 내가 말하는 것은 무엇을 말미암아 말하는가. 여섯 가지 존중의 법[六重法]을 말한다.

어떤 것이 여섯인가. 이에 대해서는 이렇게 말할 수 있다.

비구가 늘 몸으로 사랑의 마음[慈心]을 행하여 고요하고 깨끗한 방 안에 있더라도 늘 한마음이 되는 것이다. 높일 만하고 귀히 여길 만하고 늘 남과 화합하는 것이니, 이것을 비구의 첫째 존중의 법이라 한다.

다시 입으로 사랑의 마음을 행하여 끝내 거짓이 없는 것이다. 공경할 만하고 귀히 여길 만한 것이니, 이것을 둘째 존중의 법이라 한다.

다시 뜻으로 사랑을 행하여 미워하는 마음을 내지 않는 것이다. 공경할 만하고 귀히 여길 만한 것이니, 이것을 셋째 존중의 법이라 한다.

다시 만약 법으로 이익된 공양을 얻어 발우에 남은 것을 여러 범행 닦는 이들에게 평등한 마음으로 베풀어주면, 이것을 넷째 존중의 법으로서 공경할 만하고 귀히 여길 만한 것이라 한다.

다시 금한 계[禁戒]를 받들어 지니어 빠뜨림이 없어 어진 이들이 귀히 여길 만하면, 이것을 다섯째 존중의 법으로서 공경할 만하고 귀히 여길 만한 것이라 한다.

다시 바른 견해로 현성들의 벗어남의 길[出要]을 얻어, 괴로움의 끝을 다하여 뜻이 어지럽지 않고 여러 범행 닦는 사람들과 같이 평등하게 그 행을 닦으면, 이것을 여섯째 존중의 법으로서 공경할 만하고 귀히 여길 만한 것이라 한다.

그때에 비구가 평등하게 그 걱정거리를 싫어하고 평등하게 해탈하며 평등하게 살피고 평등하게 그 뜻을 분별하면 평등하게 괴로움의 끝을 다할 것이다.

여섯의 주장·여섯의 뜻·여섯의 연설을 내가 말한 것은 바로 이를 말하는 것이다."

일곱의 뜻을 세워 보임

"일곱의 주장·일곱의 뜻·일곱의 연설을 내가 말하는 것은 무엇을 말미암아 말하는가.

일곱 가지 앎이 머무는 곳[七神止處]을 말한다.

어떤 것이 일곱인가.

어떤 중생은 몇 가지 생각에 몇 가지 몸이니, 하늘과 사람[天人]을 말한다.

다시 어떤 중생은 몇 가지 몸에 한 가지 생각이니, '브라흐마카이카하늘'[梵迦夷天]의 맨 처음 났을 때를 말한다.

다시 어떤 중생은 한 가지 생각에 한 가지 몸이니, 바로 '빛과 소리의 하늘'[光音天]을 말한다.

다시 어떤 중생은 한 가지 몸에 몇 가지 생각이니, 바로 '두루 깨끗한 하늘'[遍淨天]을 말한다.

다시 어떤 중생은 허공의 곳이 한량없으니, 곧 '빈 곳 하늘'[空處天]을 말한다.

다시 어떤 중생은 앎의 곳이 한량없으니, 곧 '앎의 곳 하늘'[識處天]을 말한다.

다시 어떤 중생은 있는 바 없는 곳이 한량없으니, 바로 '있는 바 없는 곳 하늘'[不用處天]을 말한다.

다시 어떤 중생은 생각 있기도 하고 생각 없기도 한 곳이 한량없으니, '생각 있기도 하고 생각 없기도 한 곳 하늘'[有想無想天]을 말한다.

이것을 비구들이여, 일곱 가지 앎[七神]이 머무는 곳이라 한다.

여기에서 비구가 평등하게 그 걱정거리를 싫어하고 평등하게 해탈하며 평등하게 살피고 평등하게 그 뜻을 분별하면 평등하게 괴로움의 끝을 다할 것이다.

일곱의 주장·일곱의 뜻·일곱의 연설을 내가 말한 것은 바로 이를 말하는 것이다."

여덟의 뜻을 세워 보임

"여덟의 주장·여덟의 뜻·여덟의 연설을 내가 말하는 것은 무엇을 말미암아 말하는가.

세간의 여덟 가지 법이 세간을 따라 구르는 것을 말한다.

어떤 것이 여덟인가.

이로움[利]과 시듦[衰], 헐음[毁]과 기림[譽], 일컬음[稱]과 나무람[譏], 괴로움[苦]과 즐거움[樂]이니, 이것을 세간의 여덟 가지 법이 세간을 따라 구르는 것이라 한다.

만약 비구가 평등하게 그 걱정거리를 싫어하고 평등하게 해탈하며 평등하게 살피고 평등하게 그 뜻을 분별하면 평등하게 괴로움의 끝을 다할 것이다.

여덟의 주장·여덟의 뜻·여덟의 연설을 내가 말한 것은 바로 이를 말하는 것이다.”

아홉의 뜻을 세워 보임

“아홉의 주장·아홉의 뜻·아홉의 연설을 내가 말하는 것은 무엇을 말미암아 말하는가.

아홉 가지 중생이 사는 곳[九衆生居處]을 말한다.

어떤 것이 아홉인가.

어떤 중생은 몇 가지 몸이니, ‘하늘과 사람’을 말한다.

어떤 중생은 몇 가지 몸에 한 가지 생각이니, ‘브라흐마카이카하늘’이 맨 처음 났을 때를 말한다.

어떤 중생은 한 가지 생각에 한 가지 몸이니, ‘빛과 소리의 하늘’을 말한다.

어떤 중생은 한 몸에 몇 가지 생각이니, ‘두루 깨끗한 하늘’을 말한다.

어떤 중생은 허공의 곳이 한량없으니, 곧 ‘빈 곳 하늘’을 말한다.

어떤 중생은 앎의 곳이 한량없으니, 곧 ‘앎의 곳 하늘’을 말한다.

어떤 중생은 있는 바 없는 곳이 한량없으니, 곧 '있는 바 없는 곳 하늘'을 말한다.

어떤 중생은 생각이 있기도 하고 생각 없기도 한 곳이 한량없으니, '생각 있기도 하고 생각 없기도 한 곳 하늘'을 말한다.

생각이 없는 중생과 여러 태어나는 무리들이 머무는 곳이 곧 아홉 가지 앎이 머무는 곳이 된다.

여기에서 비구가 평등하게 그 걱정거리를 싫어하고 평등하게 해탈하며 평등하게 살피고 평등하게 그 뜻을 분별하면 평등하게 괴로움의 끝을 다할 것이다.

아홉의 주장·아홉의 뜻·아홉의 연설을 내가 말한 것은 바로 이를 말하는 것이다.”

열의 뜻을 세워 보임

“열의 주장·열의 뜻·열의 연설을 내가 말하는 것은 무엇을 말미암아 말하는가.

곧 열 가지 생각[十念]을 말한다. 어떤 것이 열 가지인가.

붇다를 생각하고, 법을 생각하며, 상가를 생각하고, 계율을 생각하며, 보시를 생각하고, 하늘을 생각하며, 쉼[休息]을 생각하고, 들고 나는 숨[出入息, ānā-apāna]을 생각하며, 몸을 생각하고, 죽음을 생각하는 것이니, 이것을 열 가지 생각이라 한다.

만약 비구가 평등하게 그 걱정거리를 싫어하고 평등하게 해탈하며 평등하게 살피고 평등하게 그 뜻을 분별하면 평등하게 괴로움의 끝을 다할 것이다.

열의 주장·열의 뜻·열의 연설을 내가 말한 것은 바로 이를 말하는 것이다."

열 가지 법의 뜻 잘 사유하여 해탈에 이르기를 당부하심

"이와 같이 비구여, 나는 하나에서 열까지 뜻을 세워 말한다.

비구들이여, 알아야 한다. 만약 바깥길 배움 다른 이들이 이 말을 들으면 얼굴빛을 깊이 보지도 못할 것인데 하물며 대답하려 하겠는가.

그 어떤 비구가 이 뜻을 알면 그는 현재의 법 가운데 가장 높아 으뜸가는 사람이다. 만약 다시 비구·비구니로서 이 뜻을 사유하여 십 년에 이른다면 반드시 아라한이나 아나가민의 두 과덕을 이루게 될 것이다.

비구로서 십 년은 그만두고 일 년 동안만이라도 이 뜻을 사유하면 반드시 두 과덕을 이루어 끝내 그 가운데서 물러섬이 없을 것이다. 비구가 일 년은 그만두고 그 네 부류의 대중이 열 달이나 만약 한 달이라도 이 뜻을 사유하면 반드시 두 과덕을 이루어 또한 가운데서 무너지지 않을 것이다.

한 달은 놓아두고 만약 네 가지 대중이 이레 동안[七日]만 이 뜻을 사유하더라도 반드시 두 과덕을 이루어 끝내 의심이 없을 것이다."

아난다가 경의 이름을 여쭘

그때에 아난다는 세존의 뒤에서 부채를 들고 붇다를 부쳐드리고 있다가 붇다께 말씀드렸다.

"세존이시여, 이 법은 아주 깊고 깊습니다.

만약 어디라도 이 법이 있는 곳이면 곧 여래를 만나 뵙게 되는 것임을 알아야 할 것입니다.

여래의 말씀대로 그럴 뿐입니다, 세존이시여. 이 법은 무엇이라 하며 어떻게 받들어 행해야 합니까."

붇다께서는 아난다에게 말씀하셨다.

"이 경의 이름은 '열 가지 법의 뜻[十法之義]을 보인 경'이니 그렇게 생각해 받들어 행해야 한다."

그때에 아난다와 여러 비구들은 붇다의 말씀을 듣고 기뻐하며 받들어 행하였다.

• 증일아함 46 결금품(結禁品) 七

• 해설 •

왜 여래의 법은 '열 가지 법의 뜻'을 세워 말할 수 있는가.

무엇이 다른 바깥길 스승의 법과 여래의 설법을 다르게 하는가.

다른 스승들의 법은 하나가 되었든 여럿이 되었든 세계의 실체적 출발점을 보여주므로 그 법을 설함에 설할 법이 있다. 설할 법이 있으면 그 주장은 설할 바 있는 법에 갇힌 정해진 주장에 대해서만 말할 수 있다.

여래의 연기법은 원인과 조건에 의해 결과가 있다고 말씀하나, 원인도 공하고 조건도 공하므로 법을 설하되 실로 설함과 설한 바가 없으며 세계가 나되 남이 없음을 가르친다. 그러므로 신단타(siddhānta)의 인연을 따라 논의와 주장을 세우되 실로 주장하는 바와 논의하는 바가 없다.

여래의 법은 이와 같이 실로 말함과 말하는 바가 없으므로 해탈과 니르바나의 뜻을 위해 때로 한 법을 세워 가르치기도 하고 두 법 세 법 나아가 한량없는 법을 세워 보일 수 있다.

실로 세울바 법이 없는 곳에서 중생을 보디와 해탈의 땅에 성취시키기 위한 신단타의 인연으로 이런 법 저런 법을 세우는 것이다.

그 뜻을 여래는 '하나의 주장 · 하나의 뜻 · 하나의 연설에서부터 열의 주장·열의 뜻·열의 연설이 있다'고 하신다. 또한 이와 같이 세움 없이 법 세울 수 있음을 물으면 여래와 여래의 거룩한 제자들밖에 그 어떤 하늘이나 마라도 그에 대해 올바로 답할 수 없다고 말씀한다.

열 가지 법 가운데 넷의 뜻인 사제법(四諦法)과 다섯의 뜻인 다섯 가지 진리의 뿌리[五根], 여섯의 뜻인 여섯 가지 존중의 법[六重法], 열의 뜻인 열 가지 생각[十念]은 니르바나[涅槃, 圓成實相]에 이끄는 해탈의 실천을 말하고 있다.

그 나머지 한 뜻인 먹음[食]과 두 뜻인 마음·물질[名色]과 세 뜻인 세 가지 느낌[三受]과 일곱 뜻인 중생의 일곱 가지 앎이 머무는 곳과 여덟 뜻인 세간의 여덟 가지 법과 아홉 뜻인 중생의 아홉 가지 머무는 곳은 모두 인연으로 나는 세간의 모습[依他起相]을 세워 그 가운데서 일으키는 중생의 집착과 번뇌[遍計所執相]를 경계하고 있다.

여래가 세운 한 법은 먹음[食]이니, 온갖 중생은 다 먹음으로 중생의 삶이 있기 때문이다. 그 먹음에 덩이로 먹음·닿아 먹음·지어감의 먹음·앎의 먹음이 분별되나, 먹지 않으면 중생의 삶이 유지될 수 없다는 데 모든 중생이 한 뜻을 같이하므로 먹음의 한 법을 세운다.

두 법은 마음·물질이다. 마음은 느낌·모습 취함·지어감·앎으로 그 마음은 물질을 통해 일어나고, 물질은 네 요소와 네 요소가 지은 사물로서 있되 공해 마음과 더불어 연기하는 물질 아닌 물질, 곧 마음인 물질이다. 그러므로 마음과 물질 두 법을 세운다.

세 법은 괴로운 느낌·즐거운 느낌·괴롭지도 않고 즐겁지도 않은 느낌이다. 느낌은 안의 주체와 밖의 객체가 서로 어울려서 앎[識]이 날 때 앎을 따라 연기한다.

네 법은 고통과 해탈의 인과를 밝힌 사제의 법이니, 괴로움의 진리·괴로움 모아냄의 진리·괴로움 사라짐의 진리·괴로움을 없애는 길의 진리이다. 네 진리는 모두 연기하므로 공[空]하고 거짓 있음[假]이고 중도[中]이다.

다섯 법은 다섯 가지 진리의 뿌리이니 믿음·정진·생각·선정·지혜의 뿌리이다.

믿음은 여래의 가르침이 세계의 실상임을 믿고 여래가 실상의 구현자임을 믿는 것이다.

정진은 네 가지 바른 끊음으로서 악을 끊음 없이 끊고 선을 지음 없이 지어가는 것이다.

생각은 바른 법을 받아 지니어 잊지 않음이고, 늘 몸·느낌·마음·법을 돌이켜 살펴 공함을 통달하는 쉼없는 사유이다.

선정은 살피는바 몸·느낌·마음·법이 공하므로 경계를 살피는 생각이 생각 아님이 되어 늘 고요함이다.

지혜는 생각 아닌 생각의 지혜이다. 생각에 생각 없어서 생각 없음도 없으므로 생각이 생각 아닌 생각이 됨이다. 이 지혜일 때 괴로움이 나되 남이 없고[生而無生] 니르바나가 남이 없이 남[無生而生]을 알 수 있다.

이 다섯 가지 뿌리가 흔들림이 없는 곳이 바로 니르바나 해탈의 문이 열리는 곳이다.

여섯 법은 여섯 가지 공경하고 존중하는 법이니 몸과 입과 뜻으로 자비를 행함, 늘 법으로 세간에 공양함, 계행과 범행을 받들어 행함, 현성의 벗어남의 길을 얻어 뭇 삶들과 같이 괴로움의 끝을 다함이다.

이 여섯 법이 중생이 서로 화합하기 위해 무겁게 여겨야 할 법이고 사람을 공경하고 존중하는 법이므로 존중의 법이라 한다.

일곱 법은 중생의 일곱 가지 앎이 머무는 곳으로 몸 받는 처소이다.

일곱 곳은 '하늘과 사람' '브라흐마카이카하늘' '빛과 소리의 하늘' '두루 깨끗한 하늘' '빈 곳 하늘' '앎의 곳 하늘' '있는 바 없는 곳의 하늘'이다.

한역 경에서 '생각 있기도 하고 없기도 한 곳 하늘'이 포함되어 있으나, 그렇게 하면 여덟 머무는 곳이 된다. 이 '생각 있기도 하고 없기도 함'은 생각 있음도 아니고 생각 없음도 아니어서 정해진 받을 몸이 없기 때문에 이 하늘을 빼고 일곱 곳을 말한다.

여덟 법은 세간 따라 구르는 중생의 삶의 안정을 흔드는 여덟 가지 바람

[八風]을 말하니, 이로움과 시듦, 헐뜯음과 기림, 일컬음과 나무람, 괴로움과 즐거움이다.

아홉 법은 중생의 아홉 가지 머무는 곳이니, 앞의 일곱 가지 앎의 머무는 곳에 '생각 있기도 하고 없기도 한 곳 하늘'과 '생각 없는 중생이 태어나는 여러 곳'을 포함시킨다.

한 법과 두 법, 세 법, 여섯 법, 일곱 법, 여덟 법, 아홉 법은 모두 인연으로 일어난 세간법이므로 있되 있지 않고 나되 남이 없다. 그러므로 그 가운데 취함이 없고 바람이 없어야 평등하게 해탈할 수 있고 평등하게 괴로움의 끝을 다할 수 있다.

열 법이 앞의 아홉 법을 모두 거두어 해탈의 길을 보이고 있으니, 열 가지 생각[十念]이다.

열 가지 생각은 붇다·다르마·상가의 삼보를 생각함, 계와 보시를 생각함, 하늘을 생각함, 사마타의 휴식을 생각함, 드나드는 숨을 생각함, 몸의 덧없음을 생각함, 죽음을 생각함이다.

이 가운데 '드나드는 숨 생각함'[念安般]이 선정을 행하는 데 다른 아홉 생각을 모두 아우르는 가장 빠른 방편이 된다.

숨을 살펴 숨이 오되 옴이 없는 줄 알고 숨이 나가되 나감이 없는 줄 알면, 숨 살핌 가운데서 사마타(śamatha)와 비파사나(vipaśyanā)를 갖추고, 삼보에 대한 믿음과 보시를 갖추며, 몸의 덧없음과 몸의 나고 죽음 속에서 몸이 몸 아닌 법의 몸을 깨달아 쓸 수 있다.

이 열 가지 법의 뜻을 잘 살펴 물러섬이 없이 정진하는 자, 그가 여래의 법의 자식이고 여래로부터 멀리 있거나 가까이 있거나 늘 여래와 함께 있으며 넓고 큰 여래의 집[如來家]에 늘 머무는 자이다.

한 법에서 열 법까지 법(法)과 뜻[義]을 갖춘 법도 그 법에 가까이하려는 의지로 인해 성취할 수 있는 것이며, 깨끗한 믿음으로 그 법을 받아들이면 반드시 보디의 땅 여래의 집에 이를 수 있는 것이니, 『화엄경』(「도솔궁중게찬품」)은 이렇게 말한다.

온갖 것 아는 지혜를 구하여
빨리 위없는 보디 이루려 하면
반드시 깨끗하고 묘한 마음으로
보디의 행을 닦아 익히라.

欲求一切智　速成無上覺
應以淨妙心　修習菩提行

만약 여래께 이와 같은
위신의 힘이 있음을 보게 되면
반드시 가장 빼어난 분께
공양하여 의심내지 말라.

若有見如來　如是威神力
當於最勝尊　供養勿生疑

이것이 크나큰 지혜로서
모든 붇다께서 행하신 곳이니
만약 깨달아 알려고 하면
늘 붇다 가까이 모셔야 하리.

此是大智慧　諸佛所行處
若欲了知者　常應親近佛

뜻의 업이 늘 청정하게
모든 여래께 공양하여서
끝내 지치거나 싫증 없으면
붇다의 도에 들어갈 수 있으리.

意業常清淨　供養諸如來
終無疲厭心　能入於佛道

넓고 큰 지혜로 말씀하신 법도
하고자 함이 모든 법의 바탕이 되니
빼어난 바람을 반드시 일으켜
뜻 세워 위없는 보디 구하라.

廣大智所說　欲爲諸法本
應起勝希望　志求無上覺

모든 붇다께서 들어가신 법
그 큰 지혜를 한 번 들으면
널리 끝없는 법계 가운데서
삼세의 큰 인도자가 되리라.

一聞大智慧　諸佛所入法
普於法界中　成三世導師

11 비구가 이루어야 할 열한 가지 법[十一法]

• 이끄는 글 •

한 법에서 두 법으로 법의 수를 늘리면서 갖가지 해탈의 법을 보이는 증일아함은 한 법에서 열한 가지 법으로 온갖 법을 거둔다.

열한 수로 해탈의 법을 보인 가르침은, 열 가지 지혜[十智]에 진실 그대로의 지혜[如實智]를 더해 열한 가지 지혜[十一智]를 말하고, 비구가 성취해야 할 열한 가지 법[十一法: 戒 · 定 · 慧 · 解脫 · 解脫知見 · 根寂 · 知足 · 修法 · 知方便 · 分別義 · 不著利]이 있고, 열한 가지 두타법이 있다.

수와 언어는 실상을 여는 방편이니 방편의 배가 없으면 저 언덕에 이를 수 없지만, 수와 언어를 집착해도 니르바나의 진실에 돌아갈 수 없다. 『화엄경』(「도솔궁중게찬품」)은 말한다.

여래는 빼어나 견줄 수 없고
깊고 깊어 말할 수 없으며
모든 언어의 길 벗어나시어
청정하기 허공과 같으시네.

如來勝無比　甚深不可說
出過言語道　清淨如虛空

바른 깨침은 헤아릴 수 없으니
법계 허공과 평등하도다.
깊고 넓어 끝과 바닥 없어서
언어의 길이 다 끊어졌도다.

正覺不可量　法界虛空等
深廣無涯底　言語道悉絶

온갖 삼세의 모든 중생은
다 그 수를 알 수 있어도
여래가 나타내 보이신 것은
그 수를 얻을 수 없도다.

三世諸衆生　悉可知其數
如來所示現　其數不可得

열한 가지 법을 이루어야 현재의 법에서
해탈의 이익 얻으리라

이와 같이 들었다.

한때 붇다께서는 슈라바스티 국 제타 숲 '외로운 이 돕는 장자의 동산'에 계셨다.

그때 세존께서 여러 비구들에게 말씀하셨다.

"만약 소 치는 아이가 이 열한 가지 그른 법을 성취한다면 그 소 떼들은 끝내 잘 자라지 못하고 또한 그는 그 소들을 보살피지 못할 것이다.

어떤 것이 열한 가지인가? 이렇게 말할 수 있다.

① 소 치는 사람이 그 빛깔을 가리지 못하는 것이다. ② 소의 그 모습을 알지 못하는 것이다. ③ 긁어서 떨어내야 하는데 긁어서 떨어내지 않는 것이다.

④ 상처를 덮어 보살피지 않는 것이다. ⑤ 때맞춰 연기를 피워주지 않는 것이다. ⑥ 좋은 밭 풀이 우거진 곳을 알지 못하는 것이다.

⑦ 안온한 곳[安隱之處]을 알지 못하는 것이다. ⑧ 소 건네줄 곳을 알지 못하는 것이다. ⑨ 알맞은 때를 알지 못하는 것이다.

⑩ 젖을 짤 때에 남겨두지 않고 다 짜버리는 것이다. ⑪ 이럴 때는 그냥 내맡겨두어도 될 여러 큰 소마저도 때를 따라 이끌어 보살피지 못하게 된다.

이것을 비구들이여, '소 치는 사람이 이 열한 가지 법을 성취한다면 끝내 그 소를 키워 기를 수 없고 그 소들을 이끌어 보살필 수 없다'고 하는 것이다."

소 치는 법에 견주어 비구의 열한 가지 이익됨이 없는 법을 보이심

비구의 이익됨이 없는 열한 가지 법을 간략히 보이심

"지금 이 대중 가운데 비구들 또한 다시 이와 같다.

열한 가지 그른 법을 성취하면 끝내 비구의 덕을 자라게 할 수 없을 것이다.

어떤 것이 열한 가지인가? 이렇게 말할 수 있다.

비구가 그 빛깔[色]을 가리지 못하는 것이다.

그 모습을 알지 못하는 것이다.

긁어 떨어내야 할 것을 긁어 떨어내지 않는 것이다.

상처를 덮어 보살피지 않는 것이다.

때맞춰 연기를 피우지 않는 것이다.

좋은 밭 풀이 우거진 곳을 알지 못하는 것이다.

건너야 할 곳을 알지 못하는 것이다.

안온한 곳을 알지 못하는 것이다.

알맞은 때를 알지 못하는 것이다.

먹을 것에 남길 줄을 모르는 것이다.

여러 장로비구들을 공경히 맞지 않는 것이다."

비구의 이익됨이 없는 열한 가지 법을 갖추어 보이심

"어떻게 비구는 빛깔을 가리지 못하는가? 이렇게 말할 수 있다.

비구가 네 가지 큰 요소[四大]와 네 가지 큰 요소로 이루어진 물질에 대해 모두다 가리지 못하면, 이와 같음이 비구가 그 빛깔을 가리지 못하는 것이다.

어떻게 비구는 그 모습을 알지 못하는가? 이렇게 말할 수 있다.

비구가 행의 어리석음을 알지 못하고, 또한 행의 지혜로움을 진실 그대로 알지 못하면, 이와 같음이 비구가 그 모습을 알지 못하는 것이다.

어떻게 비구는 긁어 떨어내야 할 것을 긁어 떨어내지 않는가? 이렇게 말할 수 있다.

그것은 곧 비구가 눈으로 빛깔을 보고는 곧 빛깔이라는 모습 취함을 일으켜 온갖 어지러운 생각이 있으며, 또 눈의 아는 뿌리[眼根]를 지켜 보살피지 못하고 생각을 잘 거두지 않아 뭇 재앙을 짓고 눈의 아는 뿌리를 보살피지 못함이다.

이와 같이 비구가 귀로 소리를 듣고, 코로 냄새를 맡으며, 혀로 맛을 보고, 몸으로 닿음을 느끼며, 뜻으로 법을 알고는 온갖 어지러운 모습 취함을 일으키고 또 뜻의 아는 뿌리 등을 지켜 보살피지 못해 그 행을 고치지 못한다 하자.

이와 같음이 비구가 긁어 떨어내야 할 것을 긁어 떨어내지 않는 것이다.

어떻게 비구는 상처를 덮어 보살피지 않는가? 이렇게 말할 수 있다.

비구가 탐욕의 생각을 일으키고는 그것을 버려 떠나지 않고 또 그 생각을 없애지 않으며, 또 성냄과 해치려는 생각을 일으키고 온갖 악하여 착하지 않은 생각을 일으키고는 끝내 그것을 버리지 않는다 하자.

이와 같음이 비구가 상처를 덮어 보살피지 않는 것이다.

어떻게 비구는 때맞춰 연기를 피우지 않는가? 이렇게 말할 수 있다.

비구가 읊고 외운 법을 때맞춰 남에게 말해주지 않는다면, 이와 같음이 비구가 때맞춰 연기를 피우지 않는 것이다.

어떻게 비구는 좋은 밭 풀이 우거진 곳을 알지 못하는가? 이렇게 말할 수 있다.

비구가 네 가지 의지해 그침[四意止]을 진실 그대로 알지 못하면, 이와 같음이 비구가 좋은 밭 풀이 우거진 곳을 알지 못하는 것이다.

어떻게 비구는 건널 곳을 알지 못하는가? 이렇게 말할 수 있다.

비구가 현성의 여덟 가지 바른 길[八品道]를 알지 못하면, 이와 같음이 비구가 건너야 할 곳을 알지 못하는 것이다.

어떻게 비구는 사랑할 것[所愛]을 알지 못하는가? 이렇게 말할 수 있다.

비구가 십이부경, 곧 수트라(Sūtra, 契經) · 게야(Geya, 重頌) · 비아카라나(Vyākaraṇa, 授記) · 가타(Gāthā, 孤起頌) · 우다나(Udāna, 無問自說) · 니다나(Nidāna, 因緣) · 아바다나(Avadāna, 譬喩) · 이티브리타카(Itivṛttaka, 本事) · 자타카(Jātaka, 本生譚) · 바이풀야(Vaipulya, 方廣) · 아부타다르마(Adbhuta-dharma, 未曾有法) · 우파데사(Upadeśa, 論議)를 알지 못한다 하자.

이와 같음이 비구가 사랑할 것을 알지 못하는 것이다.

어떻게 비구는 알맞은 때를 알지 못하는가? 이렇게 말할 수 있다.

비구가 가볍고 천박한 집[輕賤家]이나 노름하는 집[博戲家]에 간다면, 이와 같음이 비구가 알맞은 때를 알지 못하는 것이다.

어떻게 비구는 나머지를 남겨두지 않는가? 이렇게 말할 수 있다.

비구가 믿는 마음이 있는 브라마나나 우파사카의 초청을 받아 갔을 때 먹을 것에 탐착하여 그치어 만족할 줄을 모른다 하자.

이와 같음이 비구가 남겨두지 않는 것이다.

어떻게 비구는 장로와 덕이 높은 비구들을 공경하지 않는가? 이렇게 말할 수 있다.

비구가 여러 덕망이 있는 사람에게 공경하는 마음을 일으키지 않으면 이와 같은 비구는 범하는 일이 많으니, 이것을 비구가 장로를 공경하지 않는 것이라 한다.

만약 비구가 이 열한 가지 법을 성취한다면, 그는 끝내 이 법 안에서 많이 이익되지 못할 것이다."

소를 잘 보살피는 사람의 열한 가지 법을 보이심

"만약 다시 소 치는 사람이 열한 가지 법을 성취한다면, 그는 그 소들을 잘 보살펴 끝내 때를 잃지 않을 수 있어 많은 이익됨이 있을 것이다.

어떤 것이 열한 가지인가? 이렇게 말할 수 있다.

소 치는 사람이 그 빛깔을 아는 것이다. 그 모습을 가려 아는 것이다.

긁어 떨어내야 할 것을 긁어 떨어내는 것이다. 그 상처를 덮어 보살피는 것이다.

때맞춰 연기를 피우는 것이다. 좋은 밭 풀이 우거진 곳을 아는 것이다.

건네주기에 알맞은 곳을 아는 것이다. 그 소를 사랑하며[愛其牛], 알맞은 때를 분별하는 것이다.

그 성품과 행실을 아는 것이다. 젖을 짤 때에 남겨둘 줄을 아는 것이다.

또 때를 따라 부릴 만한 소를 보살필 줄 아는 것이다.

이와 같음이 소 치는 사람이 소를 잘 이끌어 보살피는 것이다.

이와 같이 비구들이여, 만약 소 치는 사람이 열한 가지 법을 성취하여 그때를 잃지 않으면 끝내 무너뜨릴 수 없는 것이다.”

비구가 이루어야 할 열한 가지 법을 보이심

비구가 이루어야 할 열한 가지 법을 간략히 보이심

“이와 같이 비구도 만약 열한 가지 법을 성취한다면 현재의 법에서 많이 이익될 것이다.

어떤 것이 열한 가지인가? 이렇게 말할 수 있다.

비구가 빛깔을 아는 것이다.

모습을 아는 것이다.

긁어 떨어낼 줄 아는 것이다.

상처를 덮어 보살필 줄 아는 것이다.

연기를 피울 줄 아는 것이다.

좋은 밭 풀이 우거진 곳을 아는 것이다.

사랑할 것을 아는 것이다.

길을 가려 갈 줄 아는 것이다.

건널 곳을 아는 것이다.

먹을 것에 그쳐 만족할 줄을 아는 것이다.

장로비구를 공경히 받들어 때를 따라 절할 줄 아는 것이다.

비구가 이루어야 할 열한 가지 법을 갖추어 보이심

“어떻게 비구는 빛깔을 아는가? 이렇게 말할 수 있다.

비구가 네 가지 큰 요소와 네 가지 큰 요소로 만들어진 물질[色]을 알면, 이와 같음이 비구가 빛깔을 아는 것이다.

어떻게 비구는 모습을 아는가? 이렇게 말할 수 있다.

비구가 어리석은 모습과 지혜로운 모습을 진실 그대로 알면, 이와 같음이 비구가 모습을 아는 것이다.

어떻게 비구는 긁어 떨어낼 줄 아는가? 이렇게 말할 수 있다.

비구가 탐욕의 생각이 일어났을 때 그것을 버려 떠날 줄을 생각해 알고, 애쓰지 않아도 길이 탐욕의 생각이 없게 되는 것이다.

또 성냄과 해칠 생각과 온갖 악하여 착하지 않은 생각이 일어났을 때 그것을 버려 떠날 줄을 생각해 알고, 애쓰지 않아도 길이 성냄이 없게 되는 것이다. 이와 같음이 비구가 긁어 떨어낼 줄 아는 것이다.

어떻게 비구는 상처를 덮어 보살필 줄 아는가? 이렇게 말할 수 있다.

비구가 만약 눈으로 빛깔을 보더라도 빛깔이라는 모습 취함[色想]을 일으키지 않고 또 물들어 집착하지도 않아 눈의 아는 뿌리를 깨끗이 하며, 시름과 근심, 악하여 착하지 않은 법을 없애 마음으로 탐하여 즐거워하지 않고 그 가운데 눈의 뿌리를 보살핀다 하자.

이와 같이 비구가 귀로 소리를 듣고, 코로 냄새를 맡으며, 혀로 맛을 보고, 몸으로 부드러운 닿음을 느끼며, 뜻으로 법을 알더라도, 앎 등의 모습 취함[識想]을 일으키지 않고 또 물들어 집착하지도 않아 뜻의 아는 뿌리[意根]들을 깨끗이 한다 하자.

이와 같음이 비구가 상처를 덮어 보살필 줄 아는 것이다.

어떻게 비구는 연기를 피울 줄 아는가? 이렇게 말할 수 있다.

비구가 따라 들은 법을 사람들을 위해 널리 설법하면, 이와 같음이 비구가 연기를 피울 줄 아는 것이다.

어떻게 비구는 좋은 밭 풀이 우거진 곳을 아는가? 이렇게 말할 수 있다.

비구가 현성의 여덟 가지 바른 길[八品道]을 진실 그대로 알면, 이와 같음이 비구가 좋은 밭 풀이 우거진 곳을 아는 것이다.

어떻게 비구가 사랑할 것을 아는가? 이렇게 말할 수 있다.

비구가 여래가 설한 법보(法寶)를 듣고 마음으로 사랑하고 즐거워하면, 이와 같음이 비구가 사랑할 것을 아는 것이다.

어떻게 비구가 길을 가려 갈 줄을 아는가? 이렇게 말할 수 있다.

비구가 십이부경을 가려서 행함이니, 십이부경이란 수트라 · 게야 · 비아카라나 · 가타 · 우다나 · 니다나 · 아바다나 · 이티브리타카 · 자타카 · 바이풀야 · 아부타다르마 · 우파데사이다.

이와 같음이 비구가 길을 가려 갈 줄 아는 것이다.

어떻게 비구는 건너는 곳을 아는가? 이렇게 말할 수 있다.

비구가 네 가지 의지해 그침[四依止]을 알면, 이와 같음이 비구가 건너는 곳을 아는 것이다.

어떻게 비구는 먹을 것에 그쳐 만족할 줄을 아는가? 이렇게 말할 수 있다.

비구는 믿음이 있는 브라마나나 우파사카가 찾아와 공양하도록 청했을 때에 그 먹을 것을 탐하지 않고 그쳐 만족할 줄을 안다.

이와 같음이 비구가 만족할 줄 아는 것이다.

어떻게 비구는 때를 따라 장로비구를 공경히 받드는가? 이렇게 말할 수 있다.

비구는 늘 몸과 입과 뜻의 착한 행으로써 여러 장로비구를 맞아 향하니, 이와 같음이 비구가 때를 따라 장로비구를 공경히 받드는 것이다.

이와 같은 열한 가지 법을 성취하면 현재의 법 가운데서 이익됨이 많을 것이다.”

소 치는 이의 소 먹임으로 비구의 닦아 행함을 견주어 노래하심

그때 세존께서는 곧 다음 게송으로 말씀하셨다.

소를 먹이되 방일하지 않으면
그 주인은 큰 복을 얻게 되리니
여섯 마리 소가 여섯 해가 되면
더욱 불어나 예순 마리 소가 되리.

만약 비구가 계율을 성취하고
선정으로 자재함을 얻게 되어서
여섯 아는 뿌리가 고요해지면
여섯 해 동안 여섯 신통 이루리.

“이와 같이 비구들이여, 만약 어떤 사람이 나쁜 법을 떠나 열한 가지 법을 성취할 수 있으면, 그는 현재의 법 가운데서 이익됨이 많을 것이다.

이와 같이 비구들이여, 반드시 이렇게 배워야 한다.”

그때 여러 비구들은 붇다의 말씀을 듣고 기뻐하며 받들어 행하였다.

• 증일아함 49 목우품(牧牛品) ① ―

저 소 잘 치는 이처럼 비구도
열한 가지 법 이루어야 한다

이와 같이 내가 들었다.

한때 붇다께서는 슈라바스티 국 제타 숲 '외로운 이 돕는 장자의 동산'에 계시면서 여러 비구들에게 말씀하셨다.

"만약 소 치는 사람이 이 열한 가지 좋지 않은 법을 성취하면 소를 더욱 자라게 하지 못하고, 또한 큰 소 떼를 보살펴 고루 안락하게 하지 못할 것이다.

어떤 것이 열한 가지인가. 이렇게 말할 수 있다.

곧 빛깔을 알지 못하고, 모습을 알지 못하며, 벌레를 없애지 않고, 그 상처를 덮어 보살피지 않는 것이다.

연기를 일으키지 못하고, 길을 가릴 줄 모르며, 곳을 가릴 줄 모르고, 건널 곳을 알지 못하는 것이다.

먹는 곳[食處]을 알지 못하고, 그 젖을 다 짜버리며, 소 떼 이끄는 소를 잘 다루지 못하는 것이다.

이것을 열한 가지 법을 성취함이라 하니, 그렇게 되면 큰 소 떼를 잘 이끌어 보살피지 못하게 된다."

소 치는 법으로 비구의 법을 견주어 말씀하심

"이와 같이 비구가 열한 가지 좋지 않은 법을 성취하면 스스로도 편안하지 않을 것이요, 남도 편하게 하지 못할 것이다.

어떤 것이 열한 가지인가. 이렇게 말할 수 있다.

곧 빛깔을 알지 못하고, 모습을 알지 못하며, 해로운 벌레를 없앨 줄 모르고, 그 상처를 덮지 않는 것이다.

연기를 일으키지 못하고, 바른 길을 알지 못하며, 그칠 곳을 알지 못하고, 건널 곳을 알지 못하는 것이다.

먹는 곳을 알지 못하고, 그 젖을 다 짜버리는 것이다.

그렇게 되면 만약 윗자리의 많이 듣고[多聞] 나이드신 비구가 있어 오랫동안 범행을 닦아, 큰 스승의 칭찬을 받은 분들이 있다 하자.

그러더라도 그 윗자리 장로들에 대해, 여러 밝은 지혜가 있고 범행을 닦는 이들에게 그 장로의 덕을 기리어 말하지 않게 하고, 그들로 하여금 윗자리 덕 높은 이들을 존중하고 받들어 섬기고 공양하지 않게 할 것이다."

비구의 열한 가지 좋지 않은 법을 갖추어 보이심

"어떤 것이 빛깔을 알지 못하는 것인가. 이렇게 말할 수 있다.

모든 있는 물질 그 온갖 것은 네 가지 큰 요소요, 네 가지 요소로 된 것인데, 이를 모르면 이것을 '빛깔을 진실 그대로 알지 못하는 것'이라 한다.

어떤 것이 모습을 알지 못하는 것인가. 이렇게 말할 수 있다.

이 일은 허물의 모습이요, 이 일은 지혜의 모습이라고 진실 그대로 알지 못하는 것이니, 이것을 모습을 알지 못함이라 한다.

어떤 것이 벌레를 없앨 줄 모르는 것인가. 이렇게 말할 수 있다.

일어나는 탐욕의 느낌을 편안히 해 떠나지 못하고 깨닫지 못하고 없애지 못하며, 일어나는 성냄과 해치는 느낌을 편안히 해 떠나지 못하고 깨닫지 못하고 없애지 못하는 것이다.

이것을 벌레를 없애지 못하는 것이라 한다.

어떤 것이 상처를 덮지 않는 것인가. 이렇게 말할 수 있다.

눈으로 빛깔을 보고, 봄을 따라서 그 모습을 취해 눈의 아는 뿌리를 지키지 못하며, 세상의 탐욕과 근심, 악하여 착하지 않은 법에 마음이 따라 번뇌의 흐름을 내 막아 보살피지 못함이다.

귀 · 코 · 혀 · 몸 · 뜻의 아는 뿌리 또한 이와 같음이다.

이것을 그 상처를 덮지 않는 것이라 한다.

어떤 것이 연기를 일으키지 않는 것인가. 이렇게 말할 수 있다.

듣고 받은 법을 그대로 남을 위해 분별하고 나타내 보이지 못하는 것이니, 이것을 연기를 일으키지 않는 것이라 한다.

어떤 것이 바른 길을 알지 못하는 것인가. 이렇게 말할 수 있다.

여덟 가지 바른 길과 거룩한 법(法, dharma)과 율(律, vinaya)을 길이라 한다. 그 길을 진실 그대로 알지 못하면, 이것을 길을 알지 못하는 것이라 한다.

어떤 것이 그칠 곳을 알지 못하는 것인가. 이렇게 말할 수 있다.

여래께서 아는 법에 의해 기쁨과 즐거움과 빼어나고 묘함과 벗어나 떠남과 이익됨을 얻지 못하는 것이다.

이것을 그칠 곳을 알지 못하는 것이라 한다.

어떤 것이 건널 곳을 알지 못하는 것인가. 이렇게 말할 수 있다.

배우는 이 그 사람이 수트라와 비나야와 아비다르마를 알지 못하고도, 때를 따라 그곳에 가서 다음처럼 물어서 배워 받지 않음이다.

'어떤 것이 착한 것이고 어떤 것이 착하지 않은 것인가, 어떤 것이 죄가 있는 것이고 어떤 것이 죄가 없는 것인가, 어떤 법을 지어야 그

름과 악을 이길 수 있는가.'

또 숨어 있는 법을 열어내지 못하고 드러난 법을 널리 묻지 못하며, 스스로 아는 깊고 깊은 구절의 뜻을 널리 나타내 보이지 못하는 것이다.

이것을 건널 곳을 알지 못하는 것이라 한다.

어떤 것이 놓아 먹이는 곳[放牧處]을 알지 못하는 것인가. 이렇게 말할 수 있다.

네 곳 살핌[四念處]과 현성의 법과 율이 놓아 먹이는 곳이니, 여기에 대해 진실 그대로 알지 못하면, 이것을 놓아 먹이는 곳을 알지 못하는 것이라 한다.

어떤 것이 그 젖을 다 짜버리는 것인가. 이렇게 말할 수 있다.

저 크샤트리아나 브라마나나 장자가 자재하게 입을 옷·먹을거리·자리끼·의약품 등 살림도구와 쓸거리를 주면, 그것을 받는 비구가 한량을 알지 못하는 것이다.

이것을 젖을 다 짜버리는 것이라 한다.

어떤 것이 윗자리의 덕이 크고 많이 들은 나이드신 비구가 있는데, 여러 빼어난 지혜가 있고 범행 닦는 이들에게 그 공덕을 말하지 않고, 그들에게 윗자리 비구들을 존중하고 받들어 섬기며 공양하도록 하지 않는 것인가. 이렇게 말할 수 있다.

그것은 곧 비구가 그 높은 자리 장로의 공덕을 말하지 않고, 여러 지혜 있고 범행 닦는 이들에게 그 장로 계신 곳에 가서 몸과 입과 뜻의 업을 따라 우러러보며 받들어 섬겨 즐거움을 얻도록 하지 않는 것이다."

소 잘 치는 이의 법으로 비구의 열한 가지 공덕의 법을 보이심

"저 소 치는 사람이 열한 가지 법을 성취하면, 소 떼를 더욱 자라게 하고 소 떼들을 잘 보살펴 그들을 즐겁게 할 수 있다.

어떤 것이 열한 가지인가. 이렇게 말할 수 있다.

곧 빛깔을 알고, 모습을 알며, 벌레를 없애고, 그 상처를 덮어 보살 피는 것이다.

연기를 일으키고, 길을 가릴 줄 알며, 곳을 가릴 줄 알고, 건널 곳을 아는 것이다.

먹는 것을 알고, 그 젖을 남기며, 소 떼 이끄는 소를 잘 다루는 것이다.

이것을 열한 가지 법을 성취함이라 하니, 그렇게 되면 큰 소 떼를 잘 이끌어 보살피게 된다.

이와 같이 비구가 열한 가지 법을 성취하면 스스로도 안락하고 남도 편하게 한다.

어떤 것이 열한 가지인가. 이렇게 말할 수 있다.

곧 빛깔을 알고, 모습을 알며, 해로운 벌레를 없애고, 그 상처를 덮는 것이다.

연기를 일으키고, 바른 길을 알며, 그칠 곳을 알고, 건널 곳을 아는 것이다.

먹는 곳을 알고 그 젖을 남기는 것이다.

또 여러 범행 닦는 이들이 많이 듣고 나이 많은 비구들을 받들어 섬기고 공양토록 하는 것이다.

이것을 비구가 열한 가지 일을 성취하면 스스로도 안락하고 남도 편하게 하는 것이라 한다."

붇다께서 이 경을 말씀하시자, 여러 비구들은 그 말씀을 듣고 기뻐하며 받들어 행하였다.

• 잡아함 1249 목우경(牧牛經)②

• 해설 •

두 경이 모두 열한 가지 소 치는 법으로 비구의 행을 보인 것이다.

내용이 모두 소 잘 치지 못하는 이의 열한 가지 법을 보이고서, 소 잘 치는 열한 가지 법을 보이고 있으니, 같은 설법 내용을 조금 달리 받아 적은 느낌이 든다.

어떤 것이 바르게 나아가는 열한 가지 비구의 행인가.

첫째, 비구가 빛깔을 잘 아는 것이다.

네 큰 요소로 된 물질의 연기성을 알아 물질에서 물질을 잘 벗어남이니, 소 치는 아이가 소의 빛깔을 보아 소의 성질을 잘 아는 것과 같다.

둘째, 비구가 모습을 아는 것이다.

곧 행하는 모습의 어리석음과 지혜로움을 알아 지혜로운 행을 잘 닦아가는 것이니, 소 치는 아이가 소의 모습을 잘 가려 아는 것과 같다.

셋째, 비구가 긁어 털어낼 줄 아는 것이다.

탐냄 · 성냄 · 어리석음의 생각이 일어나면 버려 떠나 갖가지 번뇌의 부스럼이 없는 것이니, 소 치는 아이가 소에게서 긁어내야 할 것을 긁어 털어냄과 같다.

넷째, 비구가 상처를 덮어 보살필 줄 아는 것이다.

곧 여섯 아는 뿌리가 여섯 티끌경계를 보고 듣고 알 때 보는바 티끌경계에서 갖가지 모습 취하는 생각을 내지 않고 집착하지 않아 여섯 아는 뿌리를 잘 보살핌이니, 소 치는 아이가 소의 상처를 잘 덮어 보살핌과 같다.

다섯째, 비구가 연기를 피울 줄 아는 것이다.

곧 비구가 스스로 들은 법을 남을 위해 연설할 줄 아는 것이니, 소 치는 아이가 때로 연기를 피워 소에게 먹을 것을 주는 것과 같다.

여섯째, 비구가 좋은 밭 풀 우거진 곳을 아는 것이다.

곧 비구가 현성의 해탈에 이끄는 여덟 가지 바른 길[八正道]을 아는 것이니, 마치 소 치는 아이가 좋은 풀밭을 알아 소를 그곳으로 이끌어 생명의 음식을 마음껏 먹이는 것과 같다.

일곱째, 비구가 사랑할 것을 아는 것이다.

곧 비구가 여래가 설한 십이부경의 가르침을 듣고 잘 받아 지니어 즐거워하는 것이니, 마치 소 치는 아이가 안온한 곳을 알아 소를 그곳에서 쉬게 하고 소를 사랑하는 것과 같다.

여덟째, 비구가 알맞은 때를 알고 길을 가려 갈 줄 아는 것이다.

곧 비구가 배운 십이부의 가르침을 잘 가려 행하고 갈 곳과 가지 못할 곳을 알아 가려서 감이니, 마치 소 치는 아이가 알맞은 때를 알아 소를 잘 보살피는 것과 같다.

아홉째, 비구가 건널 곳을 아는 것이다.

곧 비구가 저 언덕에 건네주는 네 곳 살핌의 의지처를 잘 알아 그침이니, 마치 소 치는 아이가 소 건네줄 곳을 알아 안온하게 소를 저 언덕에 건네주는 것과 같다.

열째, 먹을 것에 만족을 알고 그칠 줄 아는 것이다.

곧 비구가 공양청을 받아 음식을 받을 때 만족을 알아 먹을 것을 잘 남기는 것이니, 마치 소 치는 아이가 소젖을 짤 때 다 짜지 않고 늘 남겨두는 것과 같다.

열한째, 때에 맞게 웃어른을 공경함이다.

곧 비구가 때를 알고 차례를 알아 여러 장로비구들을 맞아들임이니, 마치 소 치는 아이가 때 따라 부릴 만한 소를 잘 보살펴주는 것과 같다.

하나의 법이 여러 법이 되는 것이니, 소 치는 아이가 보는 소의 경계와 비구가 보는 갖가지 법의 경계가 둘이 아니고, 소를 마주하는 소 치는 이의 마음과 경계를 마주하는 비구의 마음에 차별이 없는 것이다.

세간법의 진실 보는 것이 출세간의 진실 보는 것이니, 눈이 빛깔을 보되 봄이 없이 보아 빛깔에 물듦 없되 빛깔을 잘 분별하면 눈을 보살피고 빛깔 아닌 빛깔 잘 쓸 수 있을 것이다.

그러면 그는 한 행[一行] 속에서 열한 가지 행[十一行]을 갖추고 만 가지 행[萬行]을 다 갖추어 쓸 수 있을 것이다.

마음에 마음 없는 보디의 법은 모든 모습을 떠나되 모습 없음에 떨어지지 않고 모습 아닌 모습을 자재히 굴릴 수 있으니,『화엄경』(「도솔궁중게찬품」)은 이렇게 말한다.

보디에는 두 법이 없으며
또한 다시 여러 모습이 없네.
그렇지만 두 법 가운데서
모습 나타내 몸을 장엄하도다.

菩提無二法　亦復無諸相
而於二法中　現相莊嚴身

법계는 차별이 없고
또한 의지하는 바 없지만
중생의 세간 가운데서
한량없는 몸 나타내보이네.

法界無差別　亦無所依止
而於世間中　示現無量身

저 카샤파 비구처럼 열한 가지 두타법을 행하라

이와 같이 들었다.

한때 붇다께서는 슈라바스티 국 제타 숲 '외로운 이 돕는 장자의 동산'에 계셨다. 그때 세존께서 여러 비구들에게 말씀하셨다.

"만약 비구가 열한 가지 법을 성취하면 반드시 잘 자라 클 수 있을 것이다.

어떤 것이 열한 가지 법인가.

여기에 대해서는 이렇게 말할 수 있다.

비구가 계율을 성취하고, 사마디를 성취하고, 지혜를 성취하고, 해탈를 성취하고, 해탈지견을 성취하는 것이다.

모든 아는 뿌리가 고요하며, 먹고 마심에 그쳐 만족할 줄 알고, 늘 공한 법을 닦으며, 또한 그 방편을 알고, 그 뜻을 분별하며, 이익됨에 집착하지 않는 것이다.

이와 같이 비구가 열한 가지 법을 성취하면 지혜의 목숨을 잘 키워 자랄 수 있게 할 것이다.

왜냐하면 온갖 모든 행에 바로 열한 가지 법이 있기 때문이다."

비구의 도를 이루어줄 열한 가지 두타법을 보이심

그때에 아난다가 세존께 말씀드렸다.

"무슨 까닭에 행할 법에 바로 열한 가지 법이 있어서, 그 열한 가지 법에서 벗어남이 없는 것입니까."

붇다께서 말씀하셨다.

"어떤 것이 열한 가지냐 하면, 다음과 같다.

아란야에 살고, 밥을 빌며, 한곳에 앉고, 하루 한 끼를 먹되, 한낮에 먹으며, 밥을 빌 때 집을 가리지 않는 것이다.

세 가지 옷을 입으며, 나무 밑에 앉고, 한가하고 고요한 곳의 한데 앉으며, 기운 누더기 옷을 입고, 무덤 사이에 사는 것이다.

이것을 비구들이여, '어떤 사람이 열한 가지 법을 성취하면 이르는 곳이 있다'고 하는 것이다.

나는 지금 거듭 너희들에게 말한다. 만약 어떤 사람이 열한 해 동안 이 법을 배우면 그는 현재의 몸으로 아나가민을 이룰 것이요, 몸을 바꾸면 곧 아라한을 이룰 것이다.

여러 비구들이여, 열한 해는 놓아두고 아홉 해·여덟 해·여섯 해·다섯 해·네 해·세 해·두 해·한 해 동안에 이 법을 배우더라도 곧 아나가민이나 아라한의 두 과덕을 이룰 것이다.

또 한 해 열두 달은 놓아두고 한 달이라도 그 법을 닦아 행하면 그 비구는 아나가민이나 아라한을 이룰 것이다.

왜냐하면 십이인연이 다 열한 가지 법 가운데서 나오기 때문이니, 십이인연이란 나고 늙고 병들어 죽음과 시름·근심·괴로움·번민이다."

두타법을 이룬 카샤파 비구를 찬탄하고 카샤파처럼 되길 당부하심

"나는 이제 너희들에게 당부한다. 카샤파 비구같이 되라.

만약 어떤 사람이 스스로를 낮추는 괴로운 법[苦法]을 행한다면 이 행은 아무도 미치기 어렵다.

왜냐하면 카샤파 비구는 이 열한 가지 법을 성취하였기 때문이다.

너희들은 알아야 한다. 과거에 여래가 바른 깨달음을 이룬 것도 이 열한 가지 법을 성취하였기 때문이다.

지금 카샤파 비구는 온갖 중생을 모두 가엾이 여긴다.

만약 과거의 여러 성문들에게 공양하면 뒤의 몸으로 비로소 그 갚음을 받겠지만, 만약 카샤파에게 공양하면 현재의 몸으로 곧 그 갚음을 받을 것이다.

만약 내가 위없고 바른 깨달음을 이루지 못하였다면 그 뒤에 반드시 카샤파로 말미암아 바른 깨달음을 이루었을 것이다.

이런 인연으로 말미암아 카샤파 비구는 과거의 여러 성문들보다 빼어나다. 그러므로 카샤파 비구와 같을 수 있다면, 이 사람은 높은 행을 이룬 것이다.

이와 같이 비구들이여, 반드시 이렇게 배워야 한다."

그때에 여러 비구들은 붇다의 말씀을 듣고 기뻐하며 받들어 행하였다.

• 증일아함 49 목우품 二

• 해설 •

열한 가지 법으로 비구의 행과 비구의 두타법을 거두어 보이신다.

비구가 성취해야 할 열한 가지 행은 계·정·혜의 세 가지 배움과 해탈과 해탈지견을 성취해 늘 아는 뿌리의 고요함을 보살피고, 먹고 마심에 절도를 알며, 공한 법 닦아 익히고, 방편을 알고 방편의 뜻을 잘 알아 분별하며, 이익됨에 물들지 않음이다.

이 열한 가지 비구의 행은 무엇으로 이룰 수 있는가. 열한 가지 두타법으로 이룰 수 있으니, 열한 가지 두타법은 입을 옷과 먹을거리, 머물러 삶에 욕심을 줄여 만족할 줄 아는 삶의 방식이다.

경에서는 열한 가지 법을 이렇게 보인다.

'아란야에 살고, 밥을 빌어 생활하며, 한곳에 앉고, 한때 먹되, 한낮에 먹고, 밥 비는 집을 가리지 않는 것이다.

또 세 가지 법옷만을 입으며, 나무 밑에 앉고, 한데 한가한 곳에 앉으며, 떨어진 옷을 입고, 무덤 사이에 사는 것이다.

이를 다시 열두 가지 두타법[十二頭陀]으로 보이면 다음과 같다.

① 아란야의 처소에 삶[在阿蘭若處, āraṇyaka]
② 늘 밥을 빌어 생활함[常行乞食, yathasaṃatarika]
③ 차례로 밥을 빎[次第乞食, paiṇḍapātika]
④ 하루 한 끼 밥만 받음[受一食法, ekāsanika]
⑤ 양에 맞게 먹음[節量食, manatika]
⑥ 한낮이 지나 국물을 마시지 않음[中後不得飮漿, kkalupaścādbhaktika]
⑦ 떨어진 옷을 입음[著弊納, pēṃsukūlika]
⑧ 세 벌 옷만 입음[但三衣, traiciranika]
⑨ 무덤 사이에 머묾[塚間住, śmāśānika]
⑩ 나무 밑에 머묾[樹下止, uṛkṣamūlika]
⑪ 한데서 앉음[露地坐, ākhyavakaśika]
⑫ 앉아 눕지 않음[但坐不臥, naiṣadika]

열한 가지 고행의 법과 열두 가지 두타법은 같은 법이지만, 끝에 눕지 않고 좌선하는 것이 더해져 열두 가지 두타법을 말하고 있다.

이는 두타법을 닦는 것이 고행 자체를 위함이 아니라 사마디를 닦아 지혜를 성취하기 위함을 보인 것이니, 고행 자체를 목적 삼는 고행주의자의 생활과 사마디의 지혜를 위해 생활을 절제하고 방일함을 그치는 두타행이 다름을 알아야 한다.

이 경에서도 여래는 '카샤파처럼 살라'고 가르치시니, 카샤파 존자가 열한 가지 비구행과 열두 가지 두타법을 잘 행하는 으뜸 수행자이기 때문이다.

저 마하카샤파 존자는 오백 마리 소로 농사 짓는 부유한 브라마나 족성으로 출가하여 일생을 두타법을 닦아 '나의 성문제자 가운데 두타행으로 으뜸가는 제자'라 여래의 찬탄을 받는다.

카샤파 존자는 이처럼 법의 실상 그대로[如實相] 스스로 누릴 복덕을 취하지 않고[不取福德] 고행과 두타를 행하여, 늘 복이 없고 지혜 없는 중생을 가엾이 여겨, 온갖 공덕을 중생에게 돌려주고[衆生廻向] 여래의 법에 회향한다. 그렇기 때문에 누더기 옷을 입고 밥을 비는 두타행자 마하카샤파 존자가, 후대 중생들로부터 여래 집안의 맏아들, 여래의 바른 법의 눈과 곳간[正法眼藏]을 짊어진 으뜸 제자로 떠받들어지는 것이리라.

뒷세상 여래의 법 따르는 사람들은 '두타법이 있는 곳에 나의 법이 있다'는 여래의 말씀을 깊이 새겨야 할 것이다.

『화엄경』(「십회향품」) 또한 세간과 중생의 안락을 위해 스스로 지은 복덕의 과보를 취하지 않고 온갖 공덕을 보디를 위해 회향하는 보디사트바의 삶을 이렇게 보인다.

> 붇다 계신 곳에서 바른 법을 듣고서
> 그 몸을 스스로 버려 모셔 대드리고
> 모든 중생 널리 건져주기 위하여
> 한량없이 기뻐하는 마음 일으키네.
>
> 以於佛所聞正法　自捨其身充給侍
> 爲欲普救諸群生　發生無量歡喜心
>
> 용맹하게 정진하는 힘을 갖추고

지혜를 밝게 통달하고 뜻은 깨끗하여
온갖 모든 중생 널리 건져주려 하니
그 마음은 괴로움을 참아 견디며
세간 바람에 기울거나 움직이지 않네.

勇猛精進力具足　智慧聰達意淸淨
普救一切諸群生　其心堪忍不傾動

시방에 있는 온갖 모든 세계 가운데
살고 있는 중생을 모두 거두어
고통에서 그들 건져주려 하므로
머묾 없는 마음에 잘 머물러
이와 같이 모든 회향 닦아 배우네.

十方一切諸世界　所有衆生皆攝受
爲救彼故善住心　如是修學諸迴向

널리 고통바다 온갖 중생 위하여
사의할 길 없는 겁에 지옥에 살되
이와 같이 일찍이 싫증내는 마음 없이
용맹하고 분명하게 늘 회향하도다.

普爲一切衆生故　不思議劫處地獄
如是曾無厭退心　勇猛決定常迴向

빛깔 소리 냄새와 맛 구하지 않고
또한 묘한 감촉 바라 구하지 않으며
다만 모든 중생 건져 건네주려 하므로
늘 위없고 가장 빼어난 지혜 구하네.

不求色聲香與味　亦不希求諸妙觸

但爲救度諸群生　常求無上最勝智

이와 같이 회향해 저 언덕 이르러
널리 중생이 뭇 때를 떠나게 하고
길이 모든 의지할 바 여의게 하여
마쳐 다해 의지함이 없는 곳에
중생 모두 이끌어 들게 하도다.

如是迴向到彼岸　普使群生離衆垢
永離一切諸所依　得入究竟無依處

제4장

사문의 법과
사문의 과덕

"사문의 법과 사문의 과덕이 있다.
자세히 듣고 잘 사유하라. 너희들을 위해 말해주겠다.
어떤 것이 사문의 법인가?
여덟 가지 거룩한 길을 말하니, 곧 바른 견해,
바른 사유, 바른 말, 바른 행위, 바른 생활,
바른 정진, 바른 생각, 바른 선정이다.
어떤 것이 사문의 과덕인가?
스로타판나의 과덕, 사크리다가민의 과덕, 아나가민의 과덕,
아라한의 과덕을 말한다."

중생의 고통과 삶의 질곡이 있으므로 고통에서 벗어난 니르바나를 말하고 니르바나에 이르는 해탈의 길, 저 언덕에 이르는 파라미타의 행을 말하게 된다.

중생의 고통이 원인이 되는 그릇된 삶활동에 의해 연기된 것이라면 고통은 있되 공한 것이며, 중생의 고통과 삶의 질곡도 본래 니르바나되어 있는 것이다.

중생의 고통과 나고 죽음, 이것과 저것의 대립에 갇힌 삶이 고통 아닌 고통이고 있음 아닌 있음으로서의 질곡이라면, 고통을 끊는 해탈의 길도 끊음 없는 끊음의 길이며 니르바나 또한 얻음 없는 얻음인 것이다.

중생의 고통과 번뇌는 공하므로 실로 끊을 것이 없지만, 지금 중생에게 고통과 번뇌가 없지 않으므로 끊지 않을 것도 없다.

여래를 따라 집이 아닌 데[非家]로 집이 없이[無家] 집을 나온[出家] 사문의 법[沙門法] 사문의 행[沙門行]이란, 중생의 번뇌와 고통이 없지 않으므로 그 고통의 현실을 돌이켜 해탈의 현실로 바꾸는 실천에 다름 아니다.

그러므로 사문이 사문 되는 뜻[沙門義]은 바로 고통으로부터 해탈에 나아가고 질곡의 삶을 돌이켜 니르바나의 땅에 이르려는 실천적 지향이니, 그것을 경은 '벗어남을 의지해 버림에 향하고 니르바나에 향한다'고 말한다.

중생이 본래 니르바나되어 있어 중생의 모습에 얻을 것이 없다면, 집을 나온 사문이 사문의 뜻을 따라 사문의 법을 행해 해탈의 과덕을 얻는다 해도, 그 사문의 법으로 인해 얻는 사문의 과덕은 실로 얻음 없는 얻음의 공덕이다.

곧 끊어야 할 중생의 탐욕과 번뇌가 실로 있음이 아니므로[實非有故] 번뇌를 끊고 니르바나에 나아가는 사문의 행도 실로 닦음이 없고[無修] 얻음이 없다[無證]. 그러나 중생의 탐욕과 번뇌가 실로 없음이 아니므로[實非無故] 사문의 행 또한 실로 닦지 않음이 없고[無不修] 실로 얻지 않음[無不得]이 없는 것이다.

사문의 행이 닦음도 없고 닦지 않음도 없으며 얻음이 없고 얻지 않음이 없는 것을, 경은 네 가지 지향[四向]과 네 가지 얻음 없는 얻음[四果]으로 표현하니 이는 사문의 과덕이 정해지지 않음을 나타낸다.

사문의 과덕은 모두 있되 공하므로 늘 향해 나아감을 토대로 이루어지고, 앞의 과덕으로 뒤의 과덕이 이루어지며, 끝의 아라한의 과덕은 본래 갖춘 진실의 실현이므로 배울 것 없는 지위[無學位]로 표현되는 것이다.

곧 저 스로타판나가 지혜의 흐름[入流]에 들어간다 해도 실로 들어감이 없고, 사크리다가민이 한두 번 탐욕의 세계로 돌아옴과 해탈의 도정에 작은 동요가 있어도[一往來] 그는 이미 여래장의 공덕에 서 있는 이이므로 실로 갔다가 다시 돌아옴이 없이 진리바다에 사는 자이다.

저 아나가민(anāgāmin)이 이 탐욕의 세계에 다시 되돌아옴이 없다[不來] 해도 그는 탐욕의 세계가 본래 공한 줄 알고 닦음 없이 닦아가므로 그는 실로 돌아오지 않음이 없다.

아라한은 배울 것 없는 이이고 범행을 지어 마친 자이다.

비록 이처럼 아라한이 더 이상 배울 것 없고 닦을 것 없이 청정한 지위에 오르고 세간의 복밭이 된다 해도 그에게는 아라한의 과덕 실로 얻음이 없고 아라한의 지위에 올랐다는 집착이 없는 것이다.

중국 초기 선종의 큰 성사[大聖師]인 쌍림부대사(雙林傅大師)는 현성의 과덕에 실로 얻을 바 없음을 이렇게 노래한다.

사람과 법이 서로 마주하지만
두 모습이 본래 한결같도다.
법이 공하고 사람은 곧 허망하니
사람이 공했으면 법 또한 버리라.

人與法相待　二相本來如
法空人是妄　人空法亦袪

사람과 법 두 가지가 다 실다우면
언약 주심 헛되지 않다 할 것이나
온갖 것이 다 허깨비 같으니
얻음이 있다 없다 뉘라 말하리.

人法兩俱實　授記可非虛
一切皆如幻　誰言得有無

닦아 행함에 실로 행함이 없으므로 닦음은 온전히 니르바나에서 일어나 니르바나에 돌아간다. 그리고 보디는 모습이 아니지만 모습을 떠나지 않으므로 보디에 돌아가면 세계와 중생을 벗어나되 보디의 공덕이 세계와 중생에 회향되는 것이니, 『화엄경』(「입법계품」)은 이렇게 말한다.

그 마음 고요해 사마디에 머묾이여
마쳐 다해 맑고 시원해 번뇌 없도다.
이미 온갖 지혜 바다 인행 닦았으니
이것이 깨침 얻은 착한 신의 해탈이네.

其心寂靜住三昧　究竟淸涼無熱惱
已修一切智海因　此證悟者之解脫

온갖 법 진실한 모습 잘 알아서
끝없는 법계의 문에 깊이 들어가
이미 중생 건져서 남음 없으니
이것이 지혜 등불 신의 해탈이네.

善知一切眞實相　深入無邊法界門
普度群生靡有餘　此慧燈者之解脫

1 계·정·혜 세 가지 배움과
서른일곱 실천법이 곧 사문의 법

• 이끄는 글 •

번뇌와 고통이 중생의 진실이 아니고 해탈과 니르바나가 중생 아닌 중생의 참모습이므로, 번뇌와 고통을 돌이켜 니르바나를 지향하는 행이 서른일곱 실천법[三十七道品]이고 갖가지 도법이다.

사문의 법이 본래 그러한 진실에 복귀하는 행이므로, 사문의 법[沙門法] 도법(道法)을 닦아서 니르바나를 얻는다 하면 니르바나의 뜻을 등지게 된다.

『화엄경』(「입법계품」)은 중생이 자기 업의 진실을 아는 것이 보디의 길임을 다음과 같이 말한다.

모든 법의 공한 자기성품과
모든 업의 씨앗 깨달아 알아
그 마음이 움직여 어지럽지 않으니
이것이 잘 행하는 이의 경계이네.

了知法自性　及以諸業種
其心無動亂　是彼之境界

1) 여덟 가지 바른 길이 곧 사문의 법

아난다여, 무엇 때문에
사문 고타마 있는 곳에서 범행을 닦소

이와 같이 내가 들었다.

한때 붇다께서는 카우삼비 국 고실라라마 동산에 계셨다.

존자 아난다 또한 그곳에 머물렀다.

때에 바깥길 집을 나온 수행자 찬나는 존자 아난다 있는 곳에 와서 서로 문안하고 위로한 뒤에 한쪽에 앉아 물었다.

"무엇 때문에 사문 고타마 있는 곳에서 범행을 닦습니까."

아난다가 대답하였다.

"탐욕과 성냄과 어리석음을 끊기 위해, 그곳에서 집을 나와 범행을 닦소."

찬나가 다시 물었다.

"그는 탐욕과 성냄과 어리석음을 끊어야 한다고 말합니까."

아난다가 대답하였다.

"나 또한 탐욕과 성냄과 어리석음을 끊어야 한다고 말하오."

찬나가 다시 물었다.

"그대는 탐욕과 성냄과 어리석음에서 무슨 허물과 걱정거리를 보기에 탐욕과 성냄과 어리석음을 끊어야 한다고 말하시오?"

탐욕 · 성냄 · 어리석음의 허물과 끊음의 이익을 보임

아난다가 대답했다.

"탐욕에 물들어 집착하면 마음을 가리기 때문이오. 그렇게 되면 스스로 해치기도 하고 남을 해치기도 하며, 둘을 다 함께 해치기도 하오.

현재의 법에서 죄를 받기도 하고, 뒷세상에 죄를 받기도 하며, 현재의 법과 뒷세상에서 다 죄를 받기도 하오.

그렇게 되면 그 마음은 늘 근심을 품고 괴로운 느낌을 갖게 되오.

또 만약 성냄이 가려 막고 어리석음이 가려 막으면, 스스로 해치기도 하고 남을 해치기도 하며, 둘을 다 함께 해치기도 하오.

현재의 법에서 죄를 받기도 하고, 뒷세상에 죄를 받기도 하며, 현재의 법과 뒷세상에서 다 죄를 받기도 하오.

그렇게 되면 그 마음은 늘 근심을 품고 괴로운 느낌을 갖게 되오.

또 탐욕으로 장님[盲]이 되어 눈이 없게[無目] 되며, 바른 앎이 없고[無智] 지혜의 힘이 약해져 막혀 걸리게 되오. 그것은 밝음이 아니요 바른 깨달음이 아니니, 니르바나에 돌이켜 향하지 않소.

성냄과 어리석음 또한 다시 이와 같소.

나는 탐욕과 성냄과 어리석음에서 이러한 허물과 걱정거리를 보기 때문에 끊어야 한다고 말하는 것이오."

찬나는 다시 물었다.

"그대는 탐욕과 성냄과 어리석음을 끊으면 어떤 복과 이익[福利]이 있다고 보아서 그것을 끊어야 한다고 말하시오?"

아난다가 대답하였다.

"탐욕을 끊으면 스스로를 해치지 않고, 남도 해치지 않고, 스스로와 남 둘을 다 해치지 않소. 현재의 법에서도 죄를 받지 않고, 뒷세상에서도 죄를 받지 않으며, 현재의 법과 뒷세상에서 모두다 죄를 받지 않소.

그래서 그 마음은 늘 기쁨과 즐거움의 느낌을 가지게 되오.

성냄과 어리석음 또한 다시 이와 같소.

그렇게 되면 현재의 법 가운데서 늘 번뇌의 불타오름을 떠나, 때를 기다리지 않고 다른 현재의 법[餘現法]을 얻고 그 인연으로 스스로 깨달아 알고 보게 되오[自覺知見].

이와 같은 공덕과 이익이 있기 때문에 탐욕과 성냄과 어리석음을 끊어야 한다고 나는 말하는 것이오."

여덟 가지 바른 길이 끊는 길임을 보임

"존자 아난다여, 어떤 길과 길의 자취가 있어, 닦아 익히고 많이 닦아 익히면 탐욕과 성냄과 어리석음을 끊을 수 있습니까."

"그런 길이 있소. 곧 여덟 가지 바른 길을 말하니, 바른 견해 나아가 바른 생각과 바른 선정이오."

바깥길 수행자 찬나는 존자 아난다에게 말하였다.

"이것은 어진 이의 길이요, 어진 이의 자취입니다.

닦아 익히고 많이 닦아 익히면 탐욕과 성냄과 어리석음을 끊을 수 있습니다."

바깥길 수행자 찬나는 존자 아난다의 말을 듣고, 기뻐하면서 자리에서 일어나 떠나갔다.

• 잡아함 973 전타경(旃陀經)

• 해설 •

사문은 왜 애착의 집을 버리고 세속의 집이 아닌 고타마의 상가에 들어와 범행을 닦는가.

사문이 사문이 되고자 함은 여덟 가지 바른 길을 닦아 탐냄·성냄·어리석음을 끊기 위함이며, 사문이 사문의 이름을 얻는 것은 여덟 가지 바른 길을 행함으로써이다.

왜 세 가지 독을 끊으려 하는가. 세 가지 독이 삶의 원래 니르바나되어 있는 진실을 가리기 때문이고, 나와 너의 원래 걸림 없고 막힘없는 법계[無障礙法界]를 장애하기 때문이고, 남을 해치고 나를 해치기 때문이다.

여덟 가지 바른 삶의 길은 저 바깥길 브라마나의 초월적 신성에 복귀하는 삶의 길을 넘어서고, 저 바깥길 사문들의 내재적 영혼주의의 실천관을 넘어선다.

자아와 세계에는 자아와 세계를 거두는 하나인 포괄자도 존재하지 않으며, 자아와 세계에 각기 고유한 실체적 존재의 요인이 들어 있지도 않다.

그러므로 붇다는 자아와 세계 그 있되 공한 실상 그대로의 보되 봄이 없는[見而無見] 연기론의 바른 선정을 가르치시며, 자아와 세계 그 공하되 있는 실상 그대로의 봄이 없이 보는[無見而見] 지혜의 길을 가르치신다.

선정은 지혜인 선정[卽慧之定]이고 지혜는 선정인 지혜[卽定之慧]이므로, 보되 봄이 없고 봄이 없되 봄 없음도 없는 지혜는 늘 나와 너, 나와 세계를 모습에 모습 없는[於相無相] 실상으로 세워내고, 막힘없는 법계로 살려내고, 해탈의 활동으로 드러낸다.

지혜인 선정과 지혜인 해탈의 활동이 범행(梵行)이 되고 계행(戒行)이 되며 파라미타(pāramitā)의 행이 되니, 이것이 어진 이의 길이요 어진 이의 삶의 자취이고, 집을 떠나 집이 없이 살아가는 사문의 법 사문의 머묾이다.

사문이 여덟 가지 바른 길을 행하면
모든 허물과 걱정이 없게 되니

이와 같이 내가 들었다.

한때 붇다께서는 슈라바스티 국 제타 숲 '외로운 이 돕는 장자의 동산'에 계셨다. 그때 세존께서 여러 비구들에게 말씀하셨다.

"만약 비구가 바른 견해가 청정하고 깨끗하면, 모든 허물과 걱정이 없고 모든 번뇌를 떠나게 된다.

그리하여 오직 붇다만이 조복할 수 있는 것을 내놓고는 아직 일어나지 않은 악은 일어나지 않게 할 수 있다.

바른 뜻·바른 말·바른 행위·바른 생활·바른 정진·바른 생각·바른 선정 또한 이와 같이 말한다.

만약 비구가 바른 견해가 청정하고 깨끗하면, 모든 허물과 걱정이 없고 모든 번뇌를 떠나 아직 일어나지 않은 착함을 일어나게 할 수 있다.

바른 뜻·바른 말·바른 행위·바른 생활·바른 정진·바른 생각·바른 선정 또한 이와 같이 말한다."

붇다께서 이 경을 말씀하시자, 여러 비구들은 붇다의 말씀을 듣고 기뻐하며 받들어 행하였다.

• 잡아함 766 청정경(淸淨經)

• 해설 •

모습이 공함을 체달하면 끊어져 없어져 허무가 되는 것이 아니라 있음 아닌 있음의 진실이 드러난다. 일상의 행위 속에서 집착이 다하면 아무것도 하지 않는 함 없음[無爲]과 일 없음[無事]이 되는 것이 아니라 하되 함이 없는 해탈의 삶이 현전한다.

또한 생각 속에서 번뇌가 다하면 아무 생각 없는 고요함에 머무는 것이 아니라 고요하되 밝은 지혜의 삶이 현전한다.

그러므로 사문의 법인 여덟 가지 바른 길로 번뇌 떠나면 온갖 허물과 걱정 온갖 악을 그칠 수 있고, 번뇌 떠나는 그때 안락과 평화의 삶 지혜의 삶이 현전하고 온갖 착함이 일어나게 된다.

여덟 가지 바른 길의 바탕은 바른 견해이니, 바른 견해가 청정하고 깨끗하면[正見淸淨鮮白] 바른 견해가 눈[眼]이 되어 다른 일곱 가지 행을 이끌어 니르바나의 저 언덕으로 번뇌와 고통의 중생을 건네준다.

『화엄경』(「십회향품」) 또한 오직 지혜의 땅에 머물러서 보디에 돌아가고 니르바나에 나아가는 보디사트바의 길을 이렇게 노래한다.

> 지혜의 땅에 머물러 법을 지킬 뿐
> 보디사트바는 다른 실천의 수레로
> 니르바나를 취해 나아가지 않네.
> 그러므로 잘 행하는 보디사트바는
> 오직 위없는 붇다의 도 얻길 원해
> 이와 같이 보디에 잘 회향하도다.
>
> 住於智地守護法 不以餘乘取涅槃
> 唯願得佛無上道 菩薩如是善廻向

사문의 법을 행해
사문의 뜻이 있어야 사문이니

이와 같이 내가 들었다.

한때 붇다께서는 슈라바스티 국 제타 숲 '외로운 이 돕는 장자의 동산'에 계셨다.

그때 세존께서 여러 비구들에게 말씀하셨다.

"사문의 법[沙門法]과 사문(沙門)과 사문의 뜻[沙門義]이 있다. 자세히 듣고 잘 사유하라. 너희들을 위해 말해주겠다.

어떤 것이 사문의 법인가? 여덟 가지 거룩한 길을 말하니, 곧 바른 견해 · 바른 사유 · 바른 말 · 바른 행위 · 바른 생활 · 바른 정진 · 바른 생각 · 바른 선정이다.

그 어떤 것이 사문인가? 이 여덟 가지 거룩한 법을 성취한 사람을 말한다.

어떤 것이 사문의 뜻인가? 탐욕을 길이 끊고 성냄과 어리석음을 길이 끊으며 온갖 번뇌를 길이 끊음을 말한다."

붇다께서 이 경을 말씀하시자, 여러 비구들은 붇다의 말씀을 듣고 기뻐하며 받들어 행하였다.

• 잡아함 798 사문법사문의경(沙門法沙門義經)

• 해설 •

연기법에서 행위는 세계 속에서 연기하는 행위이다. 행위 없는 자아도 없고 세계 없는 자아와 행위가 없으니, 행위는 늘 나 아닌 다른 이와 세계를 향한 주체의 하고자 함과 지향점을 갖는 행위이다.

연기의 실상에서 행위 없는 자아가 없으므로, 사문이라는 주체는 사문의 행과 사문의 뜻이 사문을 사문이게 한다.

곧 자아가 정해진 실체가 없이 세계를 토대로 해 행위로 주어지는 것이므로, 사문은 스스로 사문이 되는 것이거나, 머리 깎고 누더기 옷을 입은 형식이 사문이 되게 하는 것이 아니라, 사문의 행 사문의 법이 있어야 사문이 되는 것이다.

사문의 법 사문의 뜻은 사문이라는 주체의 법과 뜻이지만 법과 뜻이 사문을 사문이게 한다. 연기의 진실이 사문이 의지하는 법이고, 이 사문의 법이 있어야 집이 없이 집 나온 사람을 사문이 되게 하는 것이니, 연기의 진리 그대로의 삶의 길인 여덟 가지 바른 삶의 길이 사문을 사문이게 하는 사문의 법이다.

사문의 법에서 지혜로 살피는 자아와 세계는, 있되 공한 자아와 세계이다.

사문이 사문의 법을 통해 구현코자 하는 삶의 길, 사문이 되어 구현코자 하는 삶의 지향도 자아와 세계의 공한 진실을 온전히 사는 해탈의 삶 니르바나의 삶이다.

그러므로 사문의 뜻은 오직 니르바나에 있으니, 니르바나의 뜻이 없는 사문의 법이 없고 사문의 법과 뜻이 없는 사문은 사문이라 이름할 수 없다.

그렇다면 다시 그 누구를 사문이라 하고, 무엇을 사문의 사문됨이라 하며, 그 어떤 것을 사문의 뜻이라 하는가.

니르바나의 처소는 끝내 그 어디인가.

그릇된 견해 떠나야 많이 들은
거룩한 제자인 것이오

이와 같이 내가 들었다.

한때 붇다께서는 암라 마을 암라 나무 숲에서 많은 윗자리 비구들과 함께 계셨다.

때에 칫타 장자는 여러 윗자리 비구들에게 나아가, 머리를 대 발에 절하고 한쪽에 물러앉아 여쭈었다.

"여러 세간 사람들의 보는 바는, 어떤 이는 '나'[我, ātman]가 있다고 말하고 중생(衆生, sattva)을 말하며 목숨[壽命, jīva]을 말하고 세간의 길흉을 말합니다. 어떻습니까. 존자들이여, 이 여러 가지 다른 견해들은 무엇이 근본이고 무엇이 모아내며 무엇이 일으키며 무엇이 굴립니까."

때에 여러 윗자리 비구들은 잠자코 대답하지 않았다.

이렇게 세 번 물었으나 세 번 다 잠자코 있었다.

때에 이시닷타라 하는 아랫자리 비구가 있었는데, 윗자리 비구들에게 말하였다.

"제가 저 장자의 물음에 대답하고자 합니다."

여러 윗자리 비구들이 말했다.

"잘 대답할 수 있으면 대답하라."

이시닷타 비구가 세간의 여러 견해가 일어나는 근본을 답해줌

때에 장자는 곧 이시닷타에게 물었다.

"세간의 보는 바는 무엇이 근본이고, 무엇이 모아내며, 무엇이 일으키며, 무엇이 굴립니까."

존자 이시닷타는 대답하였다.

"장자여, 세간의 보는 바는 '나'가 있다고 말하고 중생을 말하며 목숨을 말하고 세상 길흉을 말합니다.

그러나 이러한 여러 견해들[諸見]은 모두 몸이 있다는 견해[身見]를 근본으로 하고, 몸의 견해가 모아내고, 몸의 견해가 일으키며, 몸의 견해가 굴립니다."

다시 물었다.

"존자여, 어떤 것이 몸의 견해입니까."

"장자여, 어리석고 들음 없는 범부들은 이렇게 봅니다.

'물질은 곧 나[我]다. 물질은 나와 다르다[異我]. 물질 안에 내가 있다. 내 안에 물질이 있다.'

또 이렇게 봅니다.

'느낌·모습 취함·지어감·앎은 곧 나다. 앎 등은 나와 다르다. 나 안에 앎 등이 있다. 앎 등의 안에 내가 있다.'

장자여, 이것을 몸의 견해라 합니다."

몸의 견해 없애는 법을 문답함

다시 물었다.

"존자시여, 어떻게 하면 그 몸의 견해가 없게 됩니까."

대답했다.

"장자여, 많이 들은 거룩한 제자는 이렇게 보지 않습니다.

'물질은 곧 나다. 물질은 나와 다르다. 내 안에 물질이 있다. 물질 안에 내가 있다'고 이렇게 보지 않습니다.

또 '느낌·모습 취함·지어감·앎은 곧 나다. 앎 등은 나와 다르다. 내 안에 앎 등이 있다. 앎 등의 안에 내가 있다'고도 보지 않습니다. 이것을 몸의 견해가 없게 된 것이라 합니다."

칫타 장자가 이시닷타에게 공양하길 다짐함

다시 물었다.

"존자시여, 그대 아버지 이름은 무엇이며 어디서 나셨습니까."

대답했다.

"장자여, 나는 장자 뒷집에서 났습니다."

칫타 장자는 존자 이시닷타에게 말하였다.

"나와 존자 우리 두 사람의 아버지는 본래부터 좋은 벗[善知識]이었습니까."

이시닷타가 대답했다.

"그랬습니다, 장자여."

칫타 장자가 이시닷타에게 말했다.

"존자여, 만약 이 암라 나무 숲에 계실 수 있으면, 나는 목숨이 다할 때까지 의복, 음식과 병에 따른 약을 공양하겠습니다."

존자 이시닷타는 잠자코 그 청을 받았다.

때에 이시닷타는 칫타 장자의 청을 받았으나 그 공양에 막힘이 있고 걸림이 있어 오랫동안 세존 계신 곳에 나아가지 못하였다.

때에 여러 윗자리 비구들은 칫타 장자를 위해 갖가지로 설법하여,

가르쳐 보이고 기뻐하게 하였다.

칫타 장자는 기뻐하고 따라 기뻐하면서 절하고 떠나갔다.

• 잡아함 570 이서달다경(梨犀達多經)②

• 해설 •

그릇된 행위는 그릇된 견해가 그 바탕이 되니, 중생의 삶의 세 가지 독[三毒] 가운데서도 어리석음이 탐냄·성냄의 바탕이 된다.

세 가지 독을 돌이켜 해탈과 니르바나의 덕을 이루는 데도 그 바탕은 바른 견해이다.

그래서 여덟 가지 바른 길의 첫마디가 바른 견해[正見]가 되고, 『반야경』은 여섯 파라미타의 행에서 반야가 눈이 되어 다른 다섯 파라미타행을 이끈다고 가르친다.

그릇된 견해의 뿌리는 무엇인가.

저 칫타 장자가 여러 윗자리 비구들에게 물으니, 대중 가운데서 낮은 자리의 이시닷타가 그 물음에 답한다.

삿된 견해는 연기의 진리를 알지 못해 주어진 것에 어떤 뿌리가 있다는 사고이니, 그 뿌리는 바로 이 몸이 실로 있다는 견해이다.

몸이 있다는 견해를 토대로 몸과 마음 세계의 실체성을 집착하여 나 안에 물질이 있다거나 물질 안에 내가 있다거나 마음 안에 내가 있다거나 내 안에 마음이 있다는 등 갖가지 분별이 나는 것이다.

몸과 마음과 세계가 있되 공한 줄 알면 마음에 머물 마음이 없고 몸과 세계에 취할 몸과 세계가 없으니, 이와 같이 알면 니르바나에 돌아가는 해탈의 문이 열리는 것이다.

이시닷타는 칫타 장자 아버지의 벗의 아들이라 세속 벗의 아들들이 사방 상가 법의 스승과 제자가 되고, 묻는 자가 되고 답하는 자가 되었으니, 이 법은 평등하여 높고 낮음이 없는 것이다.

2) 바른 몸가짐으로 탐욕 끊음이 사문의 행

이로운 공양의 은혜 무겁고 무겁나니

이와 같이 들었다.

한때 붇다께서는 슈라바스티 국 제타 숲 '외로운 이 돕는 장자의 동산'에 계시면서 여러 비구들에게 말씀하셨다.

"사람이 이로운 공양[利養] 받는다는 것은 매우 무겁고 쉽지 않아 사람을 함이 없는 곳[無爲處]에 이르지 못하게 한다.

왜 그런가. 이로운 공양의 갚음은 사람의 살갗을 끊어 들고, 살갗을 끊어서 살을 끊고, 살을 끊어서 뼈를 끊고, 뼈를 끊어서 골수를 사무친다.

여러 비구들이여, 이런 방편으로 이로운 공양 매우 무거운 줄을 알아야 한다.

만약 이로운 공양 탐내는 마음이 아직 생기지 않았거든 생기지 못하게 하고, 이미 생겼거든 곧 없애도록 하라.

이와 같이 비구들이여, 반드시 이렇게 배워야 한다."

그때에 여러 비구들은 붇다의 말씀을 듣고 기뻐하며 받들어 행하였다.

• 증일아함 12 일입도품(壹入道品) 九

남의 공양 탐내면 하늘의
신통마저 잃고 떨어지나니

이와 같이 들었다.

한때 붇다께서는 슈라바스티 국 제타 숲 '외로운 이 돕는 장자의 동산'에 계시면서 비구들에게 말씀하셨다.

"사람의 이로운 공양 받는 것은 매우 쉬운 일이 아니어서 사람을 함이 없는 곳[無爲處]에 이르지 못하게 한다.

왜 그런가. 만약 저 사리라 비구가 이로운 공양을 탐내지 않았더라면 그처럼 한량없이 산목숨 죽이지 않고 몸이 무너지고 목숨이 마친 뒤에 지옥에 들어가지 않았을 것이다."

그때 세존께서는 곧 게송으로 말씀하셨다.

남의 이로운 공양 받음 무거우면
맑고 깨끗한 행을 무너뜨린다.
그러므로 그 마음을 잘 눌러서
그 맛을 탐내어 집착지 말라.

저 사리라 비구는 선정을 얻어
인드라하늘궁에 이르렀지만
곧바로 신통에서 물러나게 되어
산목숨 죽이는 이 가운데 떨어졌네.

"여러 비구들이여, 이런 방편으로써 사람의 이로운 공양 받는다는 것은 아주 쉬운 일이 아닌 줄을 알아야 한다.

이로운 공양을 탐내는 마음이 아직 생기지 않았거든 곧 눌러 생기지 못하게 하고 그 마음이 이미 생겼거든 방편을 구해 없애야 한다.

이와 같이 여러 비구들이여, 반드시 이렇게 배워야 한다."

그때에 여러 비구들은 붇다의 말씀을 듣고 기뻐하며 받들어 행하였다.

• 증일아함 12 일입도품 +

• 해설 •

집을 나온 사문은 떨어진 옷을 입고 마을에 들어가 밥을 빌어 생활하며 길이 줄지 않는 지혜의 목숨을 깨달아야 한다.

비록 밥을 빌어 살지만 때로 장자와 거사·국왕, 믿음 어린 우파사카·우파시카가 공양에 청하면 그 공양을 받을 수 있다.

상가의 수가 늘고 상가의 거주처가 확대되면서 재가의 장자와 거사들에게 가까이하는 비구가 생기고, 빌어서 사는 비구들은 재가의 장자와 거사가 올리는 이익되는 갖가지 공양 탐내는 폐풍이 생긴다.

붇다는 사문들에게 설사 한 그릇 밥을 얻어도 그 밥을 세 조각으로 나누어 한 조각은 짐승이나 벌레, 하늘땅에 공양하고, 한 조각은 스스로 먹고, 한 조각은 다른 대중이 먹도록 가르치고, 남의 공양 탐내는 마음을 도의 생명 끊는 무서운 독약으로 가르치신다.

좋은 맛·아름다운 옷·좋은 꾸밈거리를 탐하면 늘어나고 줄어듦이 없는 공덕의 재물[功德財], 길이 해짐이 없고 닳아짐이 없는 해탈의 옷[解脫衣]을 잃기 때문이다. 공양을 탐하면 사리라 비구처럼 인드라하늘에 이르는 신통을 잃고, 산목숨 죽이는 업에 빠져서 나고 죽음의 어두운 밤길을 헤매게 되리라.

번뇌의 흐름 끊어 그 근원을 막으려면

이와 같이 내가 들었다.

한때 붇다께서는 슈라바스티 국 제타 숲 '외로운 이 돕는 장자의 동산'에 계셨다.

그때에 존자 마하카타야나는 사카씨 하알리 마을 정사에 있었다. 때에 하알리 마을의 장자는 존자 마하카타야나에게 나아가 머리를 대 발에 절하고, 한쪽에 물러앉아 존자 마하카타야나에게 말하였다.

"세존께서 '바른 뜻을 가르치는 장'[義品]에서 마아간디의 물음에 대답하신 게송대로 한다면 이러합니다.

온갖 모든 흐름을 끊어버리고
그 흐름의 근원을 막으려 하면
마을과 서로 가까이 사귀는 것
무니는 그것을 칭찬하지 않는다.

다섯 가지 욕망을 모두 비워서
길이 도로 다시 채우지 않으며
세간 사람과 다투어 말하는 것
마쳐 다해 다시 하지 않아야 하리.

**마하카타야나 존자가 먼저 흐름과
흐르지 않음의 뜻을 답함**

"존자 마하카타야나여, 이 게송에는 어떤 뜻이 있습니까."

존자 마하카타야나는 장자에게 대답하였다.

"눈의 흐름이란, 눈의 앎이 탐욕을 일으키면 눈에 의하여 탐욕이 흘러나오기 때문에 '흐름'[流]이라 하오.

귀·코·혀·몸·뜻의 흐름이란, 곧 뜻 등의 앎이 탐욕을 일으키면 뜻 등의 경계에 의해 탐욕의 앎[貪識]이 흘러나오기 때문에 흐름이라 하오."

장자는 다시 마하카타야나에게 물었다.

"어떤 것을 '흐르지 않음'[不流]이라 합니까."

존자 마하카타야나는 말하였다.

"곧 눈의 앎은, 눈의 앎에 알려지는바 빛깔에 의지해 사랑과 기쁨을 내오. 그것이 만약 다하면 탐욕이 사라지고 쉬고 없어지니, 이것을 '흐르지 않음'이라 하오.

귀·코·혀·몸·뜻의 앎은 뜻 등의 앎에 알려지는바 빛깔·소리법 등에 의지해 탐욕을 내오. 만약 그것이 없어지면 탐욕이 사라지고 쉬고 없어지니, 이것을 '흐르지 않음'이라 하오."

다시 물었다.

"어째서 그렇게 됩니까."

존자 마하카타야나가 대답했다.

"곧 눈의 아는 뿌리[眼根]와 빛깔을 인연하여 눈의 앎[眼識]을 내고, 이 셋이 어울려 합해 닿음[觸]을 내고, 닿음을 인연하여 즐거운

느낌·괴로운 느낌·괴롭지도 즐겁지도 않은 느낌을 내, 이것을 의지
해 흐름에 집착하오.

귀·코·혀·몸·뜻의 아는 뿌리[意根]와 뜻 등의 앎[意識]과 알려
지는바 앎의 법[識法] 등 이 셋이 어울려 합해 닿음을 내고, 닿음을
인연하여 즐거운 느낌·괴로운 느낌·괴롭지도 즐겁지도 않은 느낌
을 내, 이 느낌을 의지해 사랑과 기쁨의 흐름을 내오.

이것을 '흐름의 근원'[流源]이라 하오."

"어떻게 그 흐름의 근원을 막습니까."

"곧 눈[眼界]이 마음법[心法]을 취하면 눈의 경계가 얽매어 부리
게 되오.

만약 그것이 다하면 탐욕이 사라지고 쉬고 없어지니, 이것을 흐름
의 근원을 막는 것이라 하오.

귀·코·혀·몸·뜻[意界]이 마음법을 취하면 그 뜻 등의 경계가
얽매어 부리게 되오. 만약 그것이 다하면 탐욕이 사라지고 쉬고 없어
지니, 이것을 그 흐름의 근원을 막는 것이라 하오."

마을과 가까이함을 물음

"어떤 것을 서로 가까이해 칭찬하는 것이라 합니까."

존자 마하카타야나가 대답했다.

"집에 있는 이[在家]와 집을 나온 사문[出家者]이 서로 가까이 사
귀며 같이 기뻐하고 같이 걱정하며, 같이 즐거워하고 같이 괴로워하
여, 모든 하는 일을 다 서로 같이하면, 이것을 서로 가까이 사귀며 서
로 칭찬하는 것이라 하오."

다시 물었다.

"어떤 것이 서로 칭찬하지 않는 것입니까."

"집에 있는 이와 집을 나온 사문이 서로 가까이 사귀지 않아 같이 기뻐하지 않고 같이 걱정하지 않으며, 같이 괴로워하지 않고 같이 즐거워하지 않아, 모든 하는 일을 다 서로 달가워하지 않으면, 이것을 서로 칭찬하지 않는 것이라 하오."

탐욕 비움을 물음

"어떤 것을 탐욕을 비우지 않는 것이라 합니까."

"곧 다섯 가지 욕망의 공덕이오. 눈은 빛깔을 알아 사랑하고 즐겨하는 생각을 자라나게 하여, 애욕에 깊이 물들고 집착하오.

귀가 소리를 알고, 코가 냄새를 알고, 혀가 맛을 알고, 몸이 닿음을 알아 사랑하고 즐겨하는 생각을 자라나게 하여, 애욕에 깊이 물들고 집착하오.

그리하여 이 다섯 욕망에 대해 탐욕을 떠나지 못하고, 애착을 떠나지 못하며, 생각을 떠나지 못하고, 목마름을 떠나지 못하면, 이것을 탐욕을 비우지 않는 것이라 하오."

"어떤 것을 탐욕을 비우는 것이라 합니까."

"곧 이 다섯 가지 욕망의 공덕에 대해, 탐욕을 떠나고, 애착을 떠나며, 생각을 떠나고, 목마름을 떠나면, 이것을 탐욕을 비운 것이라 하오.

또 내가 얽맴과 부림을 말하였는데, 이것은 아는바 마음법[心法]이 다시 돌아와 차는 것[滿]을 말한 것이오.

저 아라한 비구는 모든 번뇌의 흐름[諸漏]이 이미 다해 그 근본을 끊기는, 타알라 나무 둥지를 끊은 것과 같아서 미래세상에 다시는 나지 않을 것이니, 어떻게 다시 남과 다투겠소."

다시 세존의 게송을 들어보임

"그러므로 세존께서는 '바른 뜻을 가르치는 장'에서 마아간디의 물음에 이렇게 게송으로 답하신 것이오."

온갖 모든 흐름을 끊어버리고
그 흐름의 근원을 막으려 하면
마을과 서로 가까이 사귀는 것
무니는 그것을 칭찬하지 않는다.

다섯 가지 욕망을 모두 비워서
길이 도로 다시 채우지 않으며
세간 사람과 다투어 말하는 것
마쳐 다해 다시 하지 않아야 하리.

이것을 여래께서 말씀하신 게송의 뜻을 분별한 것이라 하오.

때에 하알리 마을의 장자는 존자 마하카타야나의 말을 듣고, 그 말을 기뻐하고 따라 기뻐하면서 절하고 떠나갔다.

• 잡아함 551 하리경(訶梨經) ①

• **해설** •

마하카타야나 존자는 논의로 으뜸가는 성문제자이다. 그래서 저 하알리 마을의 장자도 여래의 게송을 듣고 스스로 이해하지 못한 것을 카타야나 존자께 그 뜻을 물은 것이리라.

여래는 늘 출가사문이 탐욕과 애착의 흐름을 끊으려면 먼저 세속에서 익힌 버릇을 끊게 하고 탐욕의 업으로 세속 사람들과 사귀지 말게 하며, 세속의 일로 세간과 다투지 않게 하신다.

세속과 탐욕으로 어울려 사귀지 않을 때 자비의 큰 마음으로 세간의 대중을 이끌 수 있기 때문이고, 세간과 세간의 부질없는 일로 다투지 않을 때 바른 법 안에 세간의 중생을 세워줄 수 있기 때문이리라.

마하카타야나 존자는 눈과 빛깔이 공한 곳에서 눈이 빛깔 따라 구르고 눈의 앎이 탐욕을 내 경계에 물드는 것이 '흐름'[流]이라 풀이한다.

눈이 경계를 알 때 저 경계는 눈의 앎인 경계이다.

경계의 있는 모습에 물든 눈의 앎과 경계에 대한 모습 취함 등 마음법[心法]을 취하면 경계가 다시 마음을 얽매어 부리는 것이다.

눈과 빛깔, 눈과 빛깔이 일으킨 눈의 앎이 모두 공한 줄 알 때 흐름의 근원을 막아 다시 경계에 얽매지 않는 것이니, 카타야나 존자의 이 풀이를 듣고 저 장자가 법의 눈을 열게 된 것이다.

흐르고 구르는 경계와 경계를 보고 듣고 아는 뿌리가 실로 있는 것이 아니라면, 경계를 향해 흘러가는 탐욕의 흐름은 어디서 나겠는가.

번뇌가 나되 남이 없고[生而無生] 세간 온갖 법이 흐르되 흐르지 않는 것[流而不流]을 아는 자, 그가 세간에 살되 탐욕으로 세간에 섞이지 않는 아란야행자이고 잘 집을 나온 사문이다.

방일하지 않음으로 자재한 선정과
신통 얻는 것이오

이와 같이 내가 들었다.

한때 붇다께서는 암라 마을 암라 나무 숲에서 많은 윗자리 비구들과 함께 계셨다.

때에 칫타 장자는 여러 윗자리 비구들에게 나아가, 머리를 대 발에 절하고 한쪽에 물러앉아 말하였다.

"여러 존자들께서는 우리 소 치는 곳[牛牧]에서 저의 공양청을 받아 드시기 바랍니다."

때에 여러 윗자리 비구들은 잠자코 그 청을 받았다.

칫타 장자는 여러 윗자리 비구들이 잠자코 그 청을 받은 줄 알고, 자기 집에 돌아가 밤을 새워 갖가지 먹을거리를 장만하고, 이른 아침에 자리를 펴고 사람을 보내어 여러 윗자리 비구들에게 때를 알렸다.

여러 윗자리 비구들은 가사를 입고 발우를 가지고, 소 치는 곳에 있는 칫타 장자 집으로 가서 자리에 앉았다.

칫타 장자는 손수 여러 가지 먹을거리를 공양하였다.

공양을 마친 뒤에 발우를 씻고 손을 씻고 양치질을 마쳤다.

장자는 낮은 자리를 깔고 윗자리 비구들 앞에 앉아 법을 들었다.

때에 여러 윗자리 비구들은 칫타 장자를 위해 갖가지로 설법하여, 가르쳐 보이고 기뻐하게 한 뒤 자리에서 일어나 갔다.

칫타 장자도 뒤를 따라갔다. 여러 윗자리 비구들은 삭힌 소젖과 꿀

을 너무 먹고 배가 불러, 여름 첫 달 뜨거운 때라, 길을 가기에 아주
힘들었다.

윗자리 비구들에게 낮은 자리 마하카 비구가
신통으로 바람을 일으킴

그때에 마하카라는 낮은 자리[下座] 비구는 여러 윗자리 비구들에
게 말하였다.

"오늘은 매우 덥습니다. 저는 구름과 비와 가는 바람을 일으키려
하는데, 그래도 되겠습니까."

여러 윗자리 비구들은 대답하였다.

"좋은 일이다."

때에 마하카는 곧 사마디에 들어 그 사마디대로[如其正受] 하자
때맞추어 구름이 일고 보슬비가 내리며 시원한 바람이 살랑살랑 사
방에서 불어왔다.

정사 문에 이르자 존자 마하카는 여러 윗자리 비구들에게 말하였다.

"신통 지은 것을 그쳐도 되겠습니까."

"그만 그치도록 하라."

때에 존자 마하카는 곧 신통을 그치고 자기 방으로 돌아갔다.

때에 칫타 장자는 생각하였다.

'맨 아랫자리 비구도 이런 큰 신통의 힘이 있는데, 하물며 가운데
자리[中座]나 윗자리[上座]이겠는가.'

칫타 장자에게 방일하지 않는 행이 신통과 보디의 공덕 냄을 보임

곧 여러 윗자리 비구들 발에 절하고 마하카 비구를 따라 그가 있는

방으로 가서, 존자 마하카 발에 절하고 한쪽에 물러앉아 말하였다.

"존자여, 나는 존자의 '사람을 지나는 법'[過人法]인 신통 나타냄을 보고 싶습니다."

존자 마하카는 말하였다.

"장자는 보지 마십시오. 두렵습니다."

이와 같이 세 번 청하였으나 세 번 다 허락하지 않았다.

장자는 그래도 거듭 이렇게 청하였다.

"존자의 신통 변화를 보기를 원합니다."

존자 마하카는 장자에게 말하였다.

"그대는 잠깐 밖에 나가 마른 풀과 나무를 가져다 쌓은 뒤에 담요 한 장을 그 위에 덮으십시오."

칫타 장자는 곧 분부하는 대로 밖으로 나가, 섶을 모아 더미를 만들어놓고 와서 존자 마하카에게 말하였다.

"섶을 쌓아 더미를 만들고 담요로 그 위를 덮었습니다."

때에 존자 마하카는 곧 불빛 사마디[火光三昧]에 들어 자물쇠 구멍으로 불꽃을 내보내어 불빛이 쌓인 섶을 태워 다했으나, 오직 흰 담요만은 타지 않았다. 그리고 장자에게 말하였다.

"그대는 이제 보았습니까."

"보았습니다. 존자여, 참으로 기이한 일입니다."

존자 마하카가 장자에게 말했다.

"알아야 합니다. 이것은 다 방일하지 않음이 근본이 되고, 방일하지 않음이 모아내며, 방일하지 않음이 내는 것이고, 방일하지 않음이 내고 굴리는 것입니다.

방일하지 않기 때문에 아누타라삼약삼보디를 얻는 것입니다.

그러므로 장자여, 이것이나 그 밖의 다른 공덕도 다 방일하지 않음이 근본이 되고, 방일하지 않음이 모아내며, 방일하지 않음이 내고, 방일하지 않음이 굴리는 것입니다. 방일하지 않기 때문에 아누타라 삼약삼보디와 다른 실천법[道品法]을 얻는 것입니다."

칫타 장자는 존자 마하카에게 말하였다.

"언제나 이 숲속에 머무시길 바랍니다. 저는 목숨이 다하도록 입을거리 · 먹을거리와 병에 따른 약을 공양하겠습니다."

존자 마하카는 가야 할 일이 있기 때문에 그 청을 받지 않았다.

그리고 칫타 장자는 설법을 듣고는 기뻐하고 따라 기뻐하면서, 곧 자리에서 일어나 절하고 떠나갔다.

존자 마하카는 공양의 이익이 장애하는 죄가 되게 하고 싶지 않기 때문에, 곧 자리에서 일어나 가서는 다시 돌아오지 않았다.

• 잡아함 571 마하가경(摩訶迦經)

• 해설 •

칫타 장자의 공양청을 받고 많은 윗자리 비구들이 삭힌 소젖과 꿀을 너무 많이 먹어 길을 가기 고통스러워하자, 아랫자리 비구 마하카가 시원한 바람과 비를 일으켜 그 고통을 덜어준다.

아랫자리 비구의 윗자리 비구에 대한 공경의 마음이 나타나고 있지만, 또한 먹을거리에 만족할 줄 모르는 윗자리 비구에 대한 경책의 뜻이 있으니, 여래의 상가는 서로 평등하게 허물을 드러내 그 허물을 고쳐주기 때문이다.

칫타 장자가 아랫자리 비구의 신통에 놀라 그 신통 다시 보기를 원하니, 마하카 존자는 신통의 일은 보디의 길의 목표가 아니고, 방일하지 않게 보디의 도를 행할 때 나타나는 도의 작용임을 보여 장자의 뜻을 잘 이끌어준다.

저 공양거리 탐내는 윗자리 비구와 달리, 칫타 장자의 공양이 보디의 도

장애하는 죄가 될까 두려워하여 자리를 떠나 돌아오지 않으니, 나이 어린 마하카 존자는 비록 아랫자리 비구이지만 그가 여래의 상가 가운데 높고 높은 윗자리 비구이다.

마하카 존자가 '신통을 보여달라'는 칫타 장자의 요청에 대해, '보지 말라'고 당부하는 것은 왜일까. 신통 또한 온갖 법이 꿈과 같고 허깨비 같아 일으킨 허깨비 변화이기 때문일 것이니, 『화엄경』(「입법계품」)은 말한다.

세간의 모든 하늘과 사람들
한량없는 겁에 살핀다 해도
또한 헤아려 알 수 없으니
물질의 모습 끝없기 때문이네.

世間天及人　無量劫觀察
亦不能測度　色相無邊故

삼세가 모두 꿈과 같음을 알고
온갖 붇다가 그림자 같으며
모든 법이 다 메아리 같음 알아
중생이 집착하지 않도록 하네.

知世悉如夢　一切佛如影
諸法皆如響　令衆無所著

먹을거리와 먹을거리 생각에서
모두 벗어나야 사문의 법이다

이와 같이 내가 들었다.

한때 붇다께서는 슈라바스티 국 제타 숲 '외로운 이 돕는 장자의 동산'에 계시면서 여러 비구들에게 말씀하셨다.

"먹을거리 생각하는 이[食念者]가 있고, 먹을거리 생각 없는 이가 있으며, 먹을거리도 없고 먹을거리 생각도 없는 이도 있다.

먹을거리를 즐기는 이와 먹을거리 즐겨함이 없는 이가 있으며, 먹을거리도 없고 먹을거리 즐겨함도 없는 이가 있다.

먹을거리를 버리는 이가 있고, 먹을거리 버림이 없는 이가 있으며, 먹을거리도 없고 먹을거리 버림도 없는 이가 있다.

먹을거리에서 해탈한 이가 있고, 먹을거리에서 해탈함이 없는 이가 있으며, 먹을거리도 없고 먹을거리에서 해탈할 것도 없는 이가 있다."

먹을거리에 대한 탐욕 벗어나 지음 없는 해탈에 나아감을 보이심
먼저 먹을거리 생각이 있음과 없음을 보이심

"어떤 것이 먹을거리의 생각인가. 곧 다섯 욕망의 인연으로 생각을 냄이다. 어떤 것이 먹을거리의 생각이 없는 것인가.

곧 비구가 욕망을 떠나고 악하여 착하지 않은 법을 떠나, 느낌도 있고 살핌도 있어 욕심을 떠나는 데서 기쁨과 즐거움을 내는 첫째 선정[初禪]에 갖추어 머무른 것이다. 이것을 먹을거리의 생각이 없는 것이라 한다.

　어떤 것이 먹을거리도 없고 먹을거리의 생각도 없는 것인가.

　곧 비구가 느낌이 있고 살핌이 있는 선정의 기쁨이 쉬고 안이 깨끗한 한마음으로써, 느낌이 없고 살핌이 없는 선정이 기쁨과 즐거움 내는[定生喜樂] 둘째 선정[二禪]에 갖추어 머무르는 것이다.

　이것을 먹을거리도 없고 먹을거리의 생각도 없는 것이라 한다.”

　먹을거리 즐김이 있음과 없음을 보이심

　“어떤 것이 먹을거리 즐김이 있는 것인가.

　곧 다섯 욕망의 인연으로 즐거움을 내고 기쁨을 내는 것이다.

　이것을 먹을거리 즐김이 있는 것이라 한다.

　어떤 것이 먹을거리 즐김이 없는 것인가. 곧 느낌이 있고 살핌이 있는 선정의 기쁨이 쉬고 안이 깨끗한 한마음으로써, 느낌도 없고 살핌도 없는 선정이 내는 기쁨과 즐거움을 내는 것이니, 이것을 먹을거리 즐김이 없는 것이라 한다.

　어떤 것이 먹을거리도 없고 먹을거리 즐김도 없는 것인가.

　곧 비구가 기쁨과 탐욕을 떠나 평정하며, 버리는 마음[捨心]으로 바른 생각과 바른 지혜에 머무르는 것이다. 저 성인의 말씀하신 버림에 안락히 머무르면, 이것을 먹을거리도 없고 먹을거리 즐김도 없는 것이라 한다.”

　먹을거리 버림과 버림 없음을 보이심

　“어떤 것이 먹을거리 버림이 있는 것인가.

　곧 다섯 가지 욕망의 인연으로 버림을 내는 것이니, 이것을 먹을거리 버림이 있는 것이라 한다.

어떤 것이 먹을거리 버림이 없는 것인가. 곧 저 비구가 탐욕과 기쁨을 떠나 버리는 마음으로 바른 생각 바른 지혜에 머물러 안락하게 저 성인의 말씀하신 버림에 머물러, 셋째 선정[三禪]을 갖추어 머무르는 것이다. 이것을 먹을거리 버림이 없는 것이라 한다.

어떤 것이 먹을거리도 없고 먹을거리 버림도 없는 것인가.

곧 비구가 괴로움도 떠나고 즐거움도 쉬어 근심과 기쁨을 먼저 이미 떠나면, 괴롭지도 않고 즐겁지도 않은 평정[不苦不樂捨]으로 깨끗한 생각과 한마음[淨念一心]이 되어 넷째 선정[四禪]을 갖추어 머무르는 것이다.

이것을 먹을거리도 없고 먹을거리 버림도 없는 것이라 한다.”

먹을거리에서 해탈과 해탈할 것 없음을 보이심

“어떤 것이 먹을거리에 해탈이 있는 것인가.

곧 물질이 바른 지어감과 함께한 것이다.

어떤 것이 먹을거리에 해탈할 것도 없는 것인가.

곧 물질이 바른 지어감과 함께함이 없는 것이다.

어떤 것이 먹을거리도 없고 먹을거리에 해탈할 것도 없는 것인가.

곧 저 비구가 탐욕에 물들지 않아서 해탈하고 성냄과 어리석음에 마음이 물들지 않아서 해탈하는 것이다.

이것을 먹을거리도 없고 먹을거리에 해탈할 것도 없는 것이라 한다.”

붇다께서 이 경을 말씀하시자, 여러 비구들은 붇다의 말씀을 듣고 기뻐하며 받들어 행하였다.

• 잡아함 483 무식락경(無食樂經)

중생의 목숨은 먹지 않으면 유지될 수 없다. 그러므로 중생에게는 몸과 몸을 기르는 먹을거리에 대한 탐욕이 늘 함께하고 있다.

먹는 나와 먹을거리가 실로 있다는 집착이 뿌리가 되어 먹을 것의 맛과 빛깔을 탐착하게 된다. 범부의 삶은 먹는 나와 먹을거리의 모습을 벗어나지 못한 삶이므로, 범부는 늘 먹을거리의 생각이 있고 다섯 가지 욕망의 집착이 있으며, 먹을거리에 대한 즐김이 있다.

차츰 선정의 경계에 마음을 거두어 먹을 것에 대한 거친 탐욕이 사라지면 먹을거리가 공한 줄 알아 먹을거리에 대한 먹을거리의 생각[食念]이 사라지니, 첫째 선정[初禪]의 경계이다.

탐욕을 가라앉혀 얻는 밝은 느낌을 버리고 먹을 것 자체가 공한 줄 살피는 지혜가 깊어지면 먹을거리도 없고 먹을거리 생각이 고요해지니, 둘째 선정[二禪]의 경계이다.

먹을거리의 탐욕이 있으면 먹을거리를 즐김이 있는 것이다. 먹을거리가 없고 먹을거리 생각이 끊어져서 먹을거리 즐김이 끊어지면 탐욕 끊어짐에서 오는 기쁨과 바른 생각과 버림에 머물게 되니, 셋째 선정[三禪]이다.

먹을거리 자체가 공하므로 먹을거리도 없고 먹을거리 버림도 없으면 먹을거리에 대한 탐욕과 선정의 기쁨까지 버려 생각이 청정해지면 넷째 선정[四禪]이다.

그러나 실로 먹을거리에 대한 해탈이 있다 하면 탐욕에 대한 끊음의 지어감이 있는 것이니, 본래 지음 없는 해탈[無作解脫]이 되지 못한다.

먹을거리에 대한 탐욕에 실로 끊을 것이 없음을 알아야 먹을거리도 없고 탐욕 끊는 지어감이 없는 것이다. 먹을거리도 없고 해탈행에 지어감이 없는 줄 알아 먹을거리와 해탈할 것이 모두 없으면 참으로 지음 없는 해탈[無作解脫]이고 지음 없는 니르바나[無作涅槃]의 길이 된다.

끊고 끊으라 함이 끝내 끊을 것 없고 해탈할 것이 없는 지음 없는 해탈의 길을 보인 것이니, 눈을 대고 살필 일이다.

3) 네 곳 살핌과 다섯 가지 진리의 뿌리가 니르바나에 이르는 사문의 법

네 곳 살핌이 있어야 사문의 과덕 얻나니

이와 같이 내가 들었다.

한때 붇다께서는 파탈리푸트라 성읍 닭숲정사[鷄林精舍]에 계셨다. 그때에 존자 아난다와 존자 바드리카(Bhadrika)도 거기 머물렀다.

존자 바드리카는 존자 아난다에게 물었다.

"어떤 법을 닦아 익히고 많이 닦아 익혀야 아라한을 얻습니까."

존자 아난다는 존자 바드리카에게 말하였다.

"어떤 법을 닦아 익히고 많이 닦아 익히면 아라한을 얻으니, 곧 네 곳 살핌[四念處]이오.

어떤 것이 넷이냐 하면, 다음과 같소.

곧 몸에서 몸 살피는 생각에 머무르고, 느낌에서 느낌 살피는 생각에 머무르며, 마음에서 마음 살피는 생각에 머무르고, 법에서 법 살피는 생각에 머무르는 것이오."

때에 두 바른 수행자[正士]는 서로 이야기한 뒤에 제각기 본래 곳으로 돌아갔다.

• 잡아함 632 아라한경(阿羅漢經)

사문의 법이 없는 사문의 과덕이 없고, 사문의 해탈의 과덕에 이끌지 못하는 실천으로서 사문의 법은 진실한 것이 아니다.

아라한의 과덕에 이끄는 사문의 법이 진실하니, 진실한 사문의 법은 네 곳 살핌이다.

네 곳 살핌은 지금 연기되어 드러나고 있는 구체적인 경험 현실인 몸·느낌·마음·법을 살핌이니, 살피는바 네 곳이 나되 남이 없음[生而無生]을 살피면 살피는 지혜가 실상인 지혜가 되어 경계에 물듦 없고 번뇌가 없어 지혜의 흐름에 들어가고 끝내 아라한의 과덕에 이끈다.

존자 아난다와 바드리카는 한 큰 스승 밑의 배움 같이하는 벗[同學]이니, 한 스승의 가르침에서 그 법을 같이하고 가르침을 같이하고 단이슬의 해탈을 같이하지 않으면, 배움 같이하는 벗이라 이름할 수 없을 것이다.

여래가 가르치신 해탈의 법을 닦아 사문의 과덕을 얻으면 스스로의 삶을 해탈시킬 뿐 아니라, 더불어 사는 중생 세간을 아름답게 가꾸어갈 것이니, 『화엄경』(「세계성취품」世界成就品)은 이렇게 가르친다.

> 여래의 법 잘 행하는 보디사트바가
> 같이함이 없는 온갖 법 깨끗이 닦으면
> 끝없는 벗어남의 행 일으켜내서
> 갖가지 방편으로 중생 교화해
> 이와 같이 국토바다 장엄하리라.
>
> 淨修無等一切法　生起無邊出要行
> 種種方便化群生　如是莊嚴國土海

네 곳 살핌 닦아 익혀야 단이슬의 법 얻게 되리

이와 같이 내가 들었다.

한때 붇다께서는 파탈리푸트라 성읍 닭숲정사에 계셨다.

그때 세존께서 여러 비구들에게 말씀하셨다.

"만약 비구가 네 곳 살핌을 닦아 익히고 많이 닦아 익히면 현성의 벗어나 떠남[出離]이라 한다.

어떤 것이 넷인가. 곧 몸에서 몸 살피는 생각에 머무름이고, 느낌·마음·법에서 법 등을 살피는 생각에 머무름이다."

붇다께서 이 경을 말씀하시자, 여러 비구들은 붇다의 말씀을 듣고 기뻐하며 받들어 행하였다.

'벗어나 떠남과 같이, 바로 괴로움을 다함[正盡苦]·괴로움의 끝을 마쳐 다함[究竟苦邊]·큰 과덕을 얻음[大果]·크게 복된 이익을 얻음[得大福利]·단이슬의 법을 얻음[得甘露法]·단이슬의 법을 마쳐 다함[究竟甘露]·단이슬의 법을 증득함[甘露法作證]에 있어서도 위에서와 같이 널리 말씀하셨다.'

네 곳 살핌이 삶의 깨끗한 빛과 윤기 다함을 보이심

이와 같이 내가 들었다.

한때 붇다께서는 파탈리푸트라 성읍 닭숲정사에 계셨다.

그때 세존께서 여러 비구들에게 말씀하셨다.

"만약 비구가 네 곳 살핌을 닦아 익히고 많이 닦아 익히면 아직 깨끗하지 않은 중생은 깨끗케 하고, 이미 깨끗한 중생은 빛과 윤기[光澤]를 더욱 더하게 된다.

어떤 것이 넷인가. 곧 몸에서 몸 살피는 생각에 머무름이고, 느낌·마음·법에서 법 등을 살피는 생각에 머무름이다."

붇다께서 이 경을 말씀하시자, 여러 비구들은 붇다의 말씀을 듣고 기뻐하며 받들어 행하였다.

'중생을 깨끗하게 함과 같이, 저 언덕에 건너지 못한 이를 건너게 하고, 아라한을 얻고, 프라테카붇다를 얻으며, 아누타라삼약삼보디를 얻는 데 있어서도 위와 같이 말씀하셨다.'

• 잡아함 634 현성경(賢聖經)·635 광택경(光澤經)

• 해설 •

네 곳 살핌에서 살피는바 네 곳이 다섯 쌓임의 다른 표현이고, 몸·느낌·마음·법 네 곳의 진실한 모습이 다섯 쌓임이 공적한 법계의 집[法界舍]이고, 다섯 쌓임이 공한 곳이 여래의 집[如來家]이다.

그러므로 네 곳 살핌은 실상의 땅에서 일어나 실상에 이끄는 지혜의 방편이니, 네 곳 쌓임이 곧 마하야나(mahāyāna, 大乘)의 길이고, 하나인 붇다의 수레[一佛乘]이고, 하나인 수레[ekayāna]이다.

네 곳 살핌이 해탈의 집에 이끄는 실천의 수레이므로 그 수레를 타고 힘 있게 니르바나의 언덕으로 나아가는 자, 그가 현성의 벗어남을 얻고 니르바나의 단이슬을 얻으며, 온갖 삶의 때를 깨끗이 해 때 없는 범행을 이루고 날로 그 생활에 빛과 윤기를 더할 것이다.

4) 경계로부터 아는 뿌리 잘 보살핌이 사문의 법

바로 알아 곧게 나아가면 끝내 앎 없음에 이르리

이와 같이 내가 들었다.

한때 붇다께서는 슈라바스티 국 제타 숲 '외로운 이 돕는 장자의 동산'에 계셨다.

그때 세존께서 여러 비구들에게 말씀하셨다.

"세 가지 진리의 뿌리가 있다. 그것은 아직 알지 못한 것을 알려고 하는 진리의 뿌리[未知當知根]·바로 아는 진리의 뿌리[知根]·앎 없는 진리의 뿌리[無知根]이다."

그때 세존께서는 곧 게송으로 말씀하셨다.

　　배움의 자리를 깨달아 알 때
　　곧은 길 따라 그대로 나아가고
　　꾸준히 정진하여 방편에 힘쓰며
　　그 마음을 스스로 잘 보살피면
　　남이 다함 스스로 아는 것처럼
　　걸림이 없는 길도 이미 알리라.

　　바로 알아서 해탈하고 나면

맨 뒤에는 앎 없음 얻게 되니
움직임 없이 그 마음 해탈하여
온갖 존재 다할 수 있게 되리.

모든 아는 뿌리 다 갖추어서
아는 뿌리에서 고요함을 즐기니
이 맨 마지막 뒤의 몸을 지니고
뭇 마라와 원수 항복케 하리.

붇다께서 이 경을 말씀하시자,
여러 비구들은 붇다의 말씀을 듣고 기뻐하며 받들어 행하였다.

• 잡아함 642 지경(知經)

• 해설 •

여래의 가르침을 듣고[聞] 믿음을 일으켜 가르침의 뜻을 사유하여[思] 기존 삶의 길을 여래의 보디의 길로 돌이키는 것이 모르는 것을 알려고 하는 실천의 뿌리[當知根]이니, 배움 지위의 첫걸음이다.

그 다음 처음 그 뜻을 깨달아 닦아가는 것[修]은 연기의 진리를 알아 생활 속에 실천하는 것이니, 온갖 방편에 힘써 그 마음을 잘 보살펴 나아감이다.

그리하여 크신 스승의 가르침을 더욱 깊이 사유해 저 아는 뿌리와 경계가 연기로 있음을 바로 알면 이를 바로 아는 진리의 뿌리[知根]라 하고, 여섯 아는 뿌리[六根]가 공함을 알아 알되 앎이 없으면 앎 없는 진리의 뿌리[無知根]이니, 마음이 온갖 경계에 움직이지 않고 마음이 해탈한다.

아는 자가 공해 보고 알되 늘 고요하면 뭇 마라와 원수가 그를 무너뜨릴 수 없으니 알되 앎이 없는 자, 그가 사문의 법 잘 행하는 사문이다.

어떻게 범행을 마쳐 다해 청정하게 됩니까

이와 같이 내가 들었다.

한때 붇다께서는 슈라바스티 국 제타 숲 '외로운 이 돕는 장자의 동산'에 있었다.

그때에 존자 마하카타야나는 사카씨의 하알리 마을에 있었다. 그 마을주인 장자는 존자 마하카타야나에게 나아가 머리를 대 발에 절하고 한쪽에 물러앉아 존자 마하카타야나에게 물었다.

"세존께서 구역이 떨어진 산 돌 가운데서 인드라하늘을 위해 말씀하신 내용은 다음과 같습니다.

'카우시카여, 만약 사문이나 브라마나로서 애착 다한 위없는 해탈로 마음이 잘 해탈하면, 존재의 끝[邊際]을 마쳐 다하고, 마쳐 다해 때가 없으며, 범행을 마쳐 다해 끝내 청정하게 된다.'

그런데 어떻게 이 법과 율에 의해 존재의 끝을 마쳐 다하고, 마쳐 다해 때가 없으며, 범행을 마쳐 다해 끝내 청정하게 됩니까."

인드라하늘왕에게 설하신 뜻을 마을 장자에게 풀어줌

존자 마하카타야나가 장자에게 말하였다.

"만약 비구의 눈[眼界]이 마음법[心法]을 취하면, 그 경계가 얽매고 부리게 되오. 만약 그것이 다하여 탐욕이 사라지고 쉬고 없어지게 되면, 이 법과 율에 의해 존재의 끝을 마쳐 다하고, 마쳐 다해 때가 없으며, 범행을 마쳐 다해 끝내 청정하게 되오.

귀·코·혀·몸·뜻이 마음법을 취하면, 그 경계가 얽매고 부리게 되오. 만약 그것을 다하고 떠나, 사라지고 쉬고 없어지면, 이 법과 율에 의해 존재의 끝을 마쳐 다하고, 마쳐 다해 때가 없으며, 범행을 마쳐 다해 끝내 청정하게 되오."

때에 하알리 마을주인 장자는 존자 마하카타야나의 말을 듣고, 그 말을 따라 기뻐하고 따라 기뻐하면서 절하고 떠나갔다.

• 잡아함 553 하리경 ③

• 해설 •

사문의 삶의 지향[沙門義]은 오직 니르바나에 이르러 범행을 완성함에 있으니, 어떻게 해야 범행을 마쳐 다해 모든 세간의 때로부터 벗어날 수 있는가. 죄업의 때와 세간의 물든 흐름을 억지로 끊고 피해서 삶의 청정을 얻을 수 있는가.

저 하알리 마을 장자가 논의로 으뜸인 마하카타야나 존자에게 물으니, 존자는 마음이 경계 취하지 않음으로 답변한다.

온갖 존재는 마음·물질[名色]로 주어지니, 물질은 마음인 물질이고 마음은 물질인 마음이다. 그러므로 마음·물질이 공한 줄 알아 아는 마음의 모습을 취하지 않고 알려지는바 물질의 갖가지 모습을 취하지 않으면, 이것이 경에서 눈이 마음법[心法]을 취하지 않는다는 뜻이다.

곧 아는 자와 알려지는 것이 공한 줄 알아 눈이 빛깔을 보되 보는 마음과 보여지는 빛깔 취하지 않으면, 저 빛깔이 이미 빛깔 아닌 빛깔이므로 빛깔이 마음을 얽매어 부리지 않는다.

이렇게 되어 보되 봄이 없고 알되 앎이 없으면, 온갖 탐욕이 쉬고 경계와 아는 뿌리가 함께 고요하여 짓되 지음 없이 온갖 행을 지을 수 있으니, 이 사람을 범행을 이루어 늘 청정한 이 사문이라 한다.

여섯 들이는 곳의 진실을 잘 살펴야
아라한이라 할 수 있다

이와 같이 내가 들었다.

한때 붇다께서는 라자그리하 성의 칼란다카 대나무동산에 계셨다.

그때에 존자 라훌라는 붇다 계신 곳에 와서 머리를 대 발에 절하고, 한쪽에 물러앉아 여쭈었다.

"세존이시여, 어떻게 알고 어떻게 보아야 이 앎의 몸[識身]과 바깥 경계의 온갖 모습[一切相]을 기억해 생각하지 않고, 그 가운데서 모든 샘 있음[諸有漏]을 다할 수 있습니까."

붇다께서는 라훌라에게 말씀하셨다.

"안의 여섯 들이는 곳[六入處]이 있다. 어떤 것이 여섯인가.

곧 눈의 들이는 곳, 귀·코·혀·몸·뜻의 들이는 곳이다.

이런 여러 법을 바른 지혜로 살피면, 모든 샘 있음을 다하고 바른 지혜로 마음이 해탈하니, 그를 아라한이라 한다.

그는 모든 샘 있음을 다하고 지을 바를 이미 지어 무거운 짐을 이미 버리고 자기 이익을 얻어, 모든 묶음을 다하고 바른 지혜로 마음의 해탈을 얻는다."

붇다께서 이 경을 말씀하시자, 여러 비구들은 붇다의 말씀을 듣고 기뻐하며 받들어 행하였다.

(안의 여섯 들임과 같이 밖의 여섯 들이는 곳, 나아가 다섯 쌓임 또

한 이와 같이 말씀하셨다.)

• 잡아함 897 라후라경(羅候羅經)

• 해설 •

산스크리트 아야타나(āyatana)를 들임[入]과 곳[處]을 함께 붙여 번역한
것은, 안의 아는 뿌리가 앎을 내는 곳[處]이자 거두어들이는 곳[入]을 나타
내기 위함이다.

그러나 실로 내고 거두어들임이 있고 앎활동[六識]이 있는 것이 아니라,
아는 뿌리를 의지해 앎이 났다 사라지되 앎이 아주 사라져 다하지 않고 앞
의 앎을 의지해 새로운 앎이 나는 것을 '아는 뿌리가 내고 들인다'고 말한
것이다.

그러므로 앎이 나되 남이 없고 남이 없이 남을 바로 보면 아는 뿌리와 알
려지는 경계가 의지해 앎이 나고 앎이 사라지되 '끊어짐이 없고 항상함이
없는 뜻'[不斷不常義]을 알게 되리라.

앎이 나되 남이 없음을 아는 자가 안과 밖의 모든 법을 기억해 생각하지
않고 모든 샘 있음을 다하는 자이니, 그가 삶의 모든 무거운 짐을 다하되 곳
과 때를 따라 지을 바를 지음 없이 지은 자이다.

아란야행으로 바르게 사유해야
해탈의 공덕 얻나니

이와 같이 내가 들었다.

한때 붇다께서는 라자그리하 성의 칼란다카 대나무동산에 계셨다. 때에 존자 사리푸트라는 여러 비구들에게 말하였다.

"만약 아란야 비구라면 빈 땅이나 숲속 나무 밑에서 반드시 이렇게 배워야 한다.

'안으로 스스로 살피고 사유할 때 마음속에 스스로 욕망의 생각이 있음을 깨닫는가.'

만약 깨닫지 못하면 경계(境界)에 대해서나 깨끗한 모습[淨相]에 대하여 애욕이 일어나면 멀리 떠남을 어긋나게 될 것이다.

비유하면 어떤 사람이 힘을 써서 배를 타고 흐름을 거슬러 올라가다가 몸이 약하고 지쳐서 게을러지면 배는 곧 거꾸로 흐름을 따라 내려가는 것과 같다. 이와 같이 비구가 '깨끗하다는 생각'[淨想]을 사유하면 도리어 애욕을 내서 멀리 떠남을 어긋나게 될 것이다.

그리하여 이 비구는 배울 때 아래로 내려가는 방편을 닦아 순박하고 깨끗하게 되지 못한다. 그러므로 도로 애욕에 떠다니게 되어 법의 힘[法力]을 얻지 못하고 마음이 고요해지지 못하고 그 마음을 하나되게 하지 못해[不一其心] 저 깨끗한 모습[淨相]으로 애욕을 따라내서, 애욕의 물길에 흘러 쏟아지고 실리어 가서 멀리 떠남을 어긋나게 될 것[違於遠離]이다.

비구들이여, 이와 같이 알아야 한다. 그 비구는 다섯 가지 욕망의 공덕에서 욕심을 떠나 해탈하였다고 감히 스스로 말할 수 없다."

아란야에 머물며 바른 사유로 탐욕 떠난 비구행을 보임

"만약 어떤 비구가 빈 땅이나 숲속 나무 밑에서 이와 같이 사유한다고 하자.

'나는 마음속에 욕심을 떠났는가.'

이 비구도 경계에 대하여 깨끗한 모습을 취한 것이다.

만약 그 욕망에 대해 마음을 깨달아 모습 취함에서 멀리 떠나면, 욕망의 흐름에 실려 쏟아져감을 멀리 떠나게 된다. 비유하면 새가 날다 불에 들어가면 날개를 말아서 펴지 않는 것과 같다.

이와 같이 비구가 경계의 깨끗한 모습[淨相]을 취하면, 곧 욕망의 흐름에 실려 떠내려가는 것이니, 그 실려 떠내려감을 멀리 떠나야 참으로 멀리 떠남을 따르게 된다.

비구들이여, 반드시 이와 같이 알아야 한다.

'방편의 행에 마음이 게으르지 않고 법의 고요함을 얻어, 고요하게 그치고 즐거움마저 쉬어 순박하고 깨끗한 한마음이 되어야 한다.'

이는 곧 다음과 같이 스스로 말할 수 있음이다.

'내가 바르게 사유한 뒤에 깨끗한 모습 따름을 멀리 떠나 바른 도 닦음을 따른다 하자. 그러면 다섯 가지 욕망의 공덕에서 욕망 떠나 해탈할 것이다.'"

존자 사리푸트라가 이 경을 말하자, 여러 비구들은 그 말을 듣고 기뻐하며 받들어 행하였다.

• 잡아함 493 승선역류경(乘船逆流經)

여기 아는 자가 있고 저기 알려지는 것이 있으면, 안의 앎의 몸과 바깥 경계가 서로 막히고 서로 닿으므로 삶의 무거운 짐을 버리지 못하고 번뇌의 흐름이 다하지 못한다.

아는 자와 앎과 알려지는 것이 어울려 닿되 닿음 없어야 번뇌의 흐름이 다하고 온갖 지음 가운데서 지음이 없게 된다.

왜 번뇌의 흐름이 끊어지지 않는가. 저 닿는바 경계에 깨끗하고 더러움, 잘나고 못남의 분별이 있으므로 애착과 취함이 있고, 경계에 취함이 있으므로 번뇌 흐름이 끊어지지 않는 것이다.

그러므로 여래는 저 경계가 연기된 것인 줄 모르고 더럽고 깨끗하다는 생각을 내어 깨끗한 모습을 취하므로, 깨끗하지 않다는 생각[不淨想]을 가르친다. 깨끗한 모습을 취하는 것은 깨끗한 모습에 흘러 구르는 것이므로 욕망의 흐름에 실려 쏟아짐이다.

깨끗하다는 생각이 나면 깨끗하지 않다는 생각으로 다스리고, 물질이 항상하는 생각이 나면 덧없다는 생각[無常想]으로 다스려 그 마음이 하나되게 할 때 경계의 소용돌이에서 그 마음이 고요해지게 된다. 마음이 고요해져 경계와 마음의 모습을 모두 떠날 때 욕망의 흐름을 멀리 떠나게 된다.

그렇지 못하고 비록 아란야에 살아도 지혜의 방편에 오롯이 힘을 기울여 법의 힘을 얻지 못하고 마음이 고요해지지 못하면, 그는 아란야에 있되 아란야행이 되지 못한다.

마치 배를 모는 사공이 힘이 다해, 배를 몰아가지만 배가 다시 거꾸로 흐름 따라 내려가는 것과 같다.

숲속이나 빈 땅과 같은 아란야에 살며 늘 경계를 향한 마음의 탐욕을 되살펴, 취하는 마음과 취할 경계의 있는 모습 벗어나면, 그는 다시 욕망의 공덕 멀리 떠나 고요함에 그치게 되고, 탐욕의 흐름을 거슬러 해탈의 땅에 이르게 될 것이다.

그렇다면 깨끗함의 모습 취함마저 멀리 떠난 참된 깨끗함의 땅은 어디인

가. 더럽고 깨끗함, 세간과 출세간의 두 갈래로 향하는 마음길을 끊을 때 참으로 깨끗함의 뜻을 아는 것이니, 『화엄경』(「세주묘엄품」世主妙嚴品)은 이렇게 가르친다.

여래의 청정함은 허공과 평등하여
모습 없고 꼴이 없어 시방에 두루하나
모인 무리들 보지 못함이 없게 하시니
이것이 복된 빛 착한 신의 살핌이네.

如來清淨等虛空　無相無形遍十方
而令衆會靡不見　此福光神善觀察

붇다의 몸 청정하고 늘 고요하여
널리 뭇 모습 나타내되 모습 없어서
이와 같이 세간에 두루 머무시니
이것이 깨끗한 꽃 하늘신의 들어감이네.

佛身清淨恒寂滅　普現衆色無諸相
如是遍住於世間　此淨華神之所入

존자여, 무슨 까닭으로 빙그레 웃으십니까

이와 같이 내가 들었다.

한때 붓다께서는 라자그리하 성 칼란다카 대나무동산에 계셨다.

때에 존자 마하목갈라야나는 존자 락샤나 비구와 함께 그리드라쿠타(Gṛdhrakūṭa) 산[靈鷲山]에 있었다. 존자 락샤나는 이른 아침에 존자 마하목갈라야나 있는 곳에 가서 말하였다.

"우리는 같이 그리드라쿠타 산을 떠나 라자그리하 성으로 들어가서 밥을 빕시다."

존자 마하목갈라야나는 잠자코 허락하고, 곧 다같이 그리드라쿠타 산을 나와 라자그리하 성으로 들어가 밥을 빌었다.

가다가 한곳[一處]에 이르자, 존자 마하목갈라야나는 마음에 생각한 바 있어 빙그레 웃었다.

세존 계신 곳에 이르러 미소 짓는 까닭을 말해줌

존자 락샤나는 그 빙그레 웃는 것을 보고 곧 존자 마하목갈라야나에게 물었다.

"만약 붓다나 붓다 제자가 빙그레 웃으면 반드시 까닭이 없지 않습니다. 존자는 오늘 무슨 까닭으로 빙그레 웃으셨습니까."

존자 마하목갈라야나는 말하였다.

"지금은 물을 때가 아니오.

우선 라자그리하 성으로 들어가 밥을 빈 뒤에, 세존 앞에 다시 돌아가 그 일을 물어야 하오. 이것이 때에 맞는 물음이오. 그러면 그대를 위해 말하겠소."

때에 존자 마하목갈라야나는 존자 락샤나와 함께 라자그리하 성으로 들어가 밥을 빌고 돌아와, 발을 씻고 발우와 옷을 거둔 뒤에, 붇다 계신 곳에 가서 발에 머리를 대 절하고 한쪽에 물러나 앉았다.

존자 락샤나는 존자 마하목갈라야나에게 물었다.

"나는 오늘 이른 아침에 존자와 함께 밥을 빌러 그리드라쿠타 산에서 나왔습니다. 어느 곳에서 존자는 빙그레 웃었습니다.

저는 존자께 빙그레 웃는 까닭을 물으니 존자는 '지금은 물을 때가 아니다'라고 제게 대답하였습니다.

이제 다시 존자께 묻습니다. 무슨 까닭으로 빙그레 웃으셨습니까."

존자 마하목갈라야나는 존자 락샤나에게 말하였다.

"나는 길 가운데서 몸이 다락집 같은 어떤 중생이 울부짖고 슬퍼하고 괴로워하면서 허공을 타고 가는 것을 보았소.

나는 그것을 보고는 이렇게 사유하였소.

'이와 같은 중생이 이러한 몸을 받아 이렇게 근심하고 슬퍼하며 괴로워하는구나.'

그래서 나는 빙그레 웃은 것이오."

세존께서 법의 눈을 찬탄하시고, 그 중생의 과거 죄업을 말씀하심

그때에 세존께서는 여러 비구들에게 말씀하셨다.

"참 잘 말했다. 내 성문제자 가운데 진실한 눈·진실한 지혜·진실한 뜻·진실한 법에 머물러 확실히 통달한 한 사람은 이 중생을 볼 수 있다. 나 또한 그 중생을 보았다. 그러고도 말하지 않은 것은 사람들이 믿지 않을까 두려워해서였다.

왜 그런가. 여래의 말을 믿지 않는 자는 바로 어리석은 사람으로서, 긴 밤 동안에 괴로움을 받기 때문이다."

붇다께서는 여러 비구들에게 말씀하셨다.

"과거세상에 그 몸이 큰 중생이 이 라자그리하 성에 있으면서 소 잡는 사람이었다.

그는 소 잡는 까닭으로 백천 세 동안 지옥 가운데 떨어졌고, 지옥에서 나와서도 아직 그 죄가 남아, 이와 같은 몸을 받아 늘 이렇게 슬퍼하고 근심하고 괴로워하는 것이다.

그러므로 비구들이여, 마하목갈라야나 비구의 보는 것은 틀리지 않았다. 너희들은 그렇게 받아 지녀야 한다."

붇다께서 이 경을 말씀해 마치시자, 여러 비구들은 붇다의 말씀을 듣고 기뻐하며 받들어 행하였다.

• 잡아함 508 도우아경(屠牛兒經)

• 해설 •

세존께서 목갈라야나 존자의 중생 업보의 몸 보는 것을 진실한 눈 진실한 지혜라 찬탄하시니, 어떻게 하는 것이 진실한 눈으로 보는 것인가.

여래가 가르치신 지혜의 눈은 보되 봄이 없어야 지혜의 눈[慧眼]이고 봄이 없되 업보 차별을 살핌 없이 살필 수 있어야 법의 눈[法眼]이다.

그러므로 중생이 보지 못하는 신묘한 경계를 보는 것으로 자랑 삼고 기특함을 삼는 이들은 여래께서 저 목갈라야나의 진실한 눈 찬탄한 뜻을 알지 못한다.

또 저 중생이 산목숨을 죽이는 업으로 고통의 깊음을 받았다 말씀했지만,

열반회상(涅槃會上)에서는 이마 넓은 도살꾼[廣額屠兒]이 죽임의 칼을 한 번 내려놓는 곳[屠刀一下] 선 자리에서 성불함[立地成佛]을 보이고 있으니, 업의 깊음을 받는다고 함으로 업이 공함을 보이는 여래의 뜻을 살펴야 할 것이다.

업이 곧 업이 아님을 보는 곳에 니르바나의 고요함이 있음을,『화엄경』(「범행품」)은 이렇게 말한다.

중생은 업의 미혹으로 모든 길 이어가나
여래의 법 잘 행하는 보디사트바는
이 모든 업의 길 끊어 고요함 얻어
갖가지 샘 있는 법 길이 나지 않으니
번뇌의 씨앗 모두 다 깨달아 아네.

衆生業惑續諸趣　斷此諸趣得寂滅
種種漏法永不生　幷其習種悉了知

시방의 한량없는 모든 국토에
한 생각에 가더라도 마음에 집착 없이
세간 중생의 뭇 괴로움의 법이
남이 없는 진실한 바탕에 머묾을
보디사트바는 밝게 깨달아 통달하네.

十方無量諸國土　一念往詣心無著
了達世間衆苦法　悉住無生眞實際

지혜의 눈 있는 이는 저 악업 중생의
과보 볼 수 있나니

이와 같이 내가 들었다.

한때 붇다께서는 라자그리하 성의 칼란다카 대나무동산에 계셨다.

때에 존자 마하목갈라야나는 존자 락샤나 비구와 함께 그리드라
쿠타 산에 있었다. 존자 락샤나는 이른 아침에 존자 마하목갈라야나
있는 곳에 가서 말하였다.

"우리는 같이 그리드라쿠타 산을 떠나 라자그리하 성으로 들어가
서 밥을 빕시다."

존자 마하목갈라야나는 잠자코 허락하고, 곧 다같이 그리드라쿠
타 산을 나와 라자그리하 성으로 들어가 밥을 빌었다.

가다가 한곳[一處]에 이르자, 존자 마하목갈라야나는 마음에 생각
한 바 있어 빙그레 웃었다.

세존 계신 곳에 이르러 미소 짓는 까닭을 말해줌

존자 락샤나는 그 빙그레 웃는 것을 보고 곧 존자 마하목갈라야나
에게 물었다.

"만약 붇다나 붇다 제자가 빙그레 웃으면 반드시 까닭이 없지 않
습니다. 존자는 오늘 무슨 까닭으로 빙그레 웃으셨습니까."

존자 마하목갈라야나는 말하였다.

"지금은 물을 때가 아니오. 우선 라자그리하 성으로 들어가 밥을

빈 뒤에, 세존 앞에 다시 돌아가 그 일을 물어야 하오. 이것이 때에 맞은 물음이오. 그러면 그대를 위해 말하겠소.”

때에 존자 마하목갈라야나는 존자 락사나와 함께 라자그리하 성으로 들어가 밥을 빌고 돌아와, 발을 씻고 발우와 옷을 거둔 뒤에, 붇다 계신 곳에 가서 발에 머리를 대 절하고 한쪽에 물러나 앉았다.

존자 락사나는 존자 마하목갈라야나에게 물었다.

“나는 오늘 이른 아침에 존자와 함께 밥을 빌러 그리드라쿠타 산에서 나왔습니다. 어느 곳에서 존자는 빙그레 웃었습니다.

저는 존자께 빙그레 웃는 까닭을 물으니 존자는 ‘지금은 물을 때가 아니다‘라고 제게 대답하였습니다.

이제 다시 존자께 묻습니다. 무슨 까닭으로 빙그레 웃으셨습니까.”

존자 마하목갈라야나는 존자 락사나에게 말하였다.

“나는 길 가운데서 힘줄과 뼈가 서로 이어졌고, 온몸은 더럽고 냄새나서 몹시 싫은 한 중생을 보았소.

까마귀 · 솔개 · 독수리 · 늑대 · 주린 개들이 그것을 따라다니며 할퀴어 먹기도 하고, 옆구리로 내장을 찾아 꺼내 먹는데, 그는 매우 괴로워하면서 울고 부르짖었소.

나는 그것을 보고 이렇게 사유하였소.

‘이와 같은 중생은 이런 몸을 얻어 이렇듯 이익됨이 없는 괴로움을 받는구나.’”

세존께서 법의 눈을 찬탄하시고, 그 중생의 과거 죄업을 말씀하심

그때 세존께서는 여러 비구들에게 말씀하셨다.

“참 잘 말했다. 내 성문제자 가운데 진실한 눈 · 진실한 지혜 · 진실한 뜻·진실한 법에 머물러 확실히 통달한 한 사람은 이 중생을 볼 수 있다. 나 또한 그 중생을 보았다. 그러고도 말하지 않은 것은 사람들이 믿지 않을까 두려워해서였다.

왜 그런가. 여래의 말을 믿지 않는 자는 바로 어리석은 사람으로서, 긴 밤 동안에 괴로움을 받기 때문이다.

비구들이여, 그 중생은 과거세상에 이 라자그리하 성에서 소 잡는 이의 제자였다. 그는 소 잡는 죄의 인연 때문에 이미 백천 세 동안 지옥 가운데 떨어져 한량없는 고통을 받았다.

그는 소 잡는 악한 행의 죄로 말미암아 오늘 이런 몸을 얻고도 이와 같은 이익되지 않는 고통을 이어서 받는 것이다.

그러므로 비구들이여, 마하목갈라야나 비구의 보는 것은 틀리지 않았다. 너희들은 그렇게 받아 지녀야 한다.”

붇다께서 이 경을 말씀해 마치시자, 여러 비구들은 붇다의 말씀을 듣고 기뻐하며 받들어 행하였다.

• 잡아함 509 도우자경(屠牛者經)

• 해설 •

존자 마하목갈라야나와 존자 락샤나가 같이 그리드라쿠타 산을 나와 라자그리하 성에서 밥을 빌다 목갈라야나 존자가 한곳에 이르러 빙그레 웃으니, 존자는 무엇을 보고 웃었는가.

위없는 보디의 완성자 여래와 법왕이신 여래의 아들들[法王子]은 함부로 웃지 않고 까닭 없이 웃지 않는다.

목갈라야나가 빙그레 웃고 세존이 찬탄하시니, 저 그리드라쿠타 산 법회에서 세존께서 꽃을 들자[擧拈花] 마하카샤파가 그윽히 웃는 것[破顔微笑]과 다른 것인가.

카샤파 존자는 아름다운 꽃을 보고 웃었으나 목갈라야나 존자는 저 악업 중생의 고통받는 모습을 보고 웃었는데, 세존은 목갈라야나가 보는 것이 틀리지 않다 말씀했으니, 틀리지 않는 곳은 어디인가.

만물의 차별된 모습은 모습이 공해 평등하기 때문에 모습의 차별이 있는 것이고, 저 악업도 업이 공하기 때문에 업의 갚음이 있는 것이다.

업이 공하기 때문에 선업을 지은 중생이 다시 악업을 지어 지옥의 과보를 받고 지옥중생이 선업을 지어 하늘에 나며 하늘과 지옥이 공하기 때문에 지옥 속에서 연꽃을 피울 수 있는 것이며 지옥중생이 하늘에 오를 수 있다.

악업중생을 보되 봄이 없이 보아 업의 평등한 뜻 업의 공성을 보았기 때문에 목갈라야나가 보는 곳이 틀리지 않다고 세존이 인가하심인가.

업과 모습이 공한 줄 모르면 업의 차별을 볼 수 없고 삼세의 마음이 공한 줄 모르면 삼세의 마음을 알 수 없으니, 저 목갈라야나가 알되 앎이 없이 보는 곳을 향해 몸을 돌이켜 들어갈 때 세존으로부터 우리 또한 법의 아들로 인가받으리라.

5) 끊어야 할 법 끊어야 사문의 과덕 얻나니

탐냄 · 성냄 · 어리석음 · 아낌을 없애야
아나가민 이루리니

탐욕 없앰을 보이심

이와 같이 들었다.

한때 붇다께서는 슈라바스티 국 제타 숲 '외로운 이 돕는 장자의 동산'에 계셨다.

그때 세존께서 여러 비구들에게 말씀하셨다.

"한 법을 없애야 한다. 한 법을 없애면, 나는 그대들이 '아나가민을 이룰 것이다'라고 증명하겠다. 어떤 것이 한 법인가. 곧 탐욕이다.

그러므로 비구들이여, 반드시 탐욕을 없애라. 그러면 나는 그대들이 '아나가민을 이룰 것이다'라고 증명하겠다."

그때에 세존께서는 곧 게송으로 말씀하셨다.

탐욕에 물들기 때문에
중생은 나쁜 길에 떨어진다.
부지런히 탐욕을 버리면
곧 아나가민 이룰 것이다.

그때에 비구들은 붇다의 말씀을 듣고 기뻐하며 받들어 행하였다.

성냄 없앰을 보이심

이와 같이 들었다.

한때 붇다께서는 슈라바스티 국 제타 숲 '외로운 이 돕는 장자의 동산'에 계셨다.

그때 세존께서 여러 비구들에게 말씀하셨다.

"한 법을 없애야 한다. 한 법을 없애면, 나는 그대들이 '아나가민을 이룰 것이다'라고 증명하겠다. 어떤 것이 한 법인가. 곧 성냄이다.

그러므로 비구들이여, 반드시 성냄을 없애라. 그러면 나는 그대들이 '아나가민을 이룰 것이다'라고 증명하겠다."

그때에 세존께서는 곧 게송으로 말씀하셨다.

성냄에 물들기 때문에
중생은 나쁜 길에 떨어진다.
부지런히 성냄을 버리면
곧 아나가민 이룰 것이다.

그때에 비구들은 붇다의 말씀을 듣고 기뻐하며 받들어 행하였다.

어리석음 없앰을 보이심

이와 같이 들었다.

한때 붇다께서는 슈라바스티 국 제타 숲 '외로운 이 돕는 장자의 동산'에 계셨다.

그때 세존께서 여러 비구들에게 말씀하셨다.

"한 법을 없애야 한다. 한 법을 없애면, 나는 그대들이 '아나가민

을 이룰 것이다'라고 증명하겠다. 어떤 것이 한 법인가. 곧 어리석음
이다.

그러므로 비구들이여, 반드시 어리석음을 없애라. 그러면 나는 그
대들이 '아나가민을 이룰 것이다'라고 증명하겠다."

그때에 세존께서는 곧 게송으로 말씀하셨다.

어둡고 어리석음에 물들어서
중생은 나쁜 길에 떨어진다.
부지런히 어리석음을 버리면
곧 아나가민 이룰 것이다.

그때에 비구들은 붇다의 말씀을 듣고 기뻐하며 받들어 행하였다.

아낌 없앰을 보이심

이와 같이 들었다.

한때 붇다께서는 슈라바스티 국 제타 숲 '외로운 이 돕는 장자의
동산'에 계셨다.

그때 세존께서 여러 비구들에게 말씀하셨다.

"한 법을 없애야 한다. 한 법을 없애면, 나는 그대들이 '아나가민
을 이룰 것이다'라고 증명하겠다. 어떤 것이 한 법인가. 곧 아낌이다.

그러므로 비구들이여, 반드시 아낌을 없애라. 그러면 나는 그대들
이 '아나가민을 이룰 것이다'라고 증명하겠다."

그때에 세존께서는 곧 게송으로 말씀하셨다.

아끼는 탐욕에 물들어서

중생은 나쁜 길에 떨어진다.

부지런히 아낌을 버리면

곧 아나가민 이룰 것이다.

그때에 비구들은 붇다의 말씀을 듣고 기뻐하며 받들어 행하였다.

· 증일아함 11 불체품(不逮品) 一 ~ 四

· 해설 ·

본래 중생의 무명이 있는 것이 아니지만 저 보여지는바 경계가 실로 있다는 생각이 뿌리가 되어 다시 탐욕을 일으키고 성냄을 일으키고, 탐욕과 성냄이 다시 어리석음을 일으켜서 세 가지 독[三毒]이 중생의 삶을 윤회의 삶이 되게 한다.

어리석음이 탐냄과 성냄을 일으키고, 탐냄과 성냄이 다시 어리석음을 일으켜서 세 가지 독이 그 뿌리가 원래 없으니, 원래 일어난 바 없는[無所起] 법의 진실 사유하면 세 가지 독이 사라지게 된다.

또 어리석은 마음이 사라지면 가진 것에 대한 탐착이 없어져 아끼는 허물이 사라져 아낌을 버려서 공덕의 재물을 얻게 된다.

그러므로 사문이 갖가지 지혜의 방편으로 세 가지 독을 끊으면 해탈의 길에서 뒤로 물러섬이 없는 아나가민으로 여래의 언약을 받을 것이다.

끊는 것이 실로 끊음 아니니 끊는 곳이 죽는 곳이 아니라 크게 죽어 크게 사는 자리이고, 탐욕의 집을 나와[出家] 법계 여래의 집에 태어나는[生如來家] 길이다.

물든 마음 거짓되고 집착된 마음 버려야
니르바나의 과덕 얻으리니

마음 항복받기 어려움을 보이심

이와 같이 들었다.

한때 붇다께서는 슈라바스티 국 제타 숲 '외로운 이 돕는 장자의 동산'에 계셨다.

그때 세존께서 여러 비구들에게 말씀하셨다.

"나는 이 대중 가운데서 한 법처럼 항복받을 수 없고 때맞추기 어려우며, 여러 괴로운 갚음을 받는 것을 애초에 보지 못하였다.

그것은 곧 마음이다.

여러 비구들이여, 이 마음은 항복받을 수 없고 때맞추기 어려우며 온갖 괴로운 갚음을 받는다.

그러므로 비구들이여, 마음을 잘 분별하고 잘 사유하여 모든 착함의 근본[諸善本]을 잘 생각하라.

이와 같이 비구들이여, 반드시 이렇게 배워야 한다."

그때에 비구들은 붇다의 말씀을 듣고 기뻐하며 받들어 행하였다.

마음 항복받기 쉬움을 보이심

이와 같이 들었다.

한때 붇다께서는 슈라바스티 국 제타 숲 '외로운 이 돕는 장자의 동산'에 계셨다.

그때 세존께서 여러 비구들에게 말씀하셨다.

"나는 이 대중 가운데서 한 법처럼 항복받기 쉽고 때맞추기 쉬우며, 여러 좋은 갚음을 받는 것을 애초에 보지 못하였다.

그것은 곧 마음이다.

그러므로 비구들이여, 마음을 잘 분별하고 잘 사유하여 모든 착함의 근본을 잘 생각하라.

이와 같이 비구들이여, 반드시 이렇게 배워야 한다."

그때에 비구들은 붇다의 말씀을 듣고 기뻐하며 받들어 행하였다.

먹을 것에 집착하는 마음 버리도록 하심

이와 같이 들었다.

한때 붇다께서는 슈라바스티 국 제타 숲 '외로운 이 돕는 장자의 동산'에 계셨다.

그때 세존께서 여러 비구들에게 말씀하셨다.

"나는 이 대중 가운데서 어떤 사람이 이렇게 생각하는 것을 다 안다. 그 사람은 이렇게 생각한다.

'먹을 것 때문에 대중 가운데서 거짓말하지 않으리라.'

나는 다른 때 그 사람이 재물에 물들어 집착하는 마음을 내어 대중 가운데서 거짓말하는 것을 보았다.

왜 그런가. 여러 비구들이여, 재물에 대한 집착은 매우 버리기 어려워 사람을 세 갈래 나쁜 길에 떨어뜨려 함이 없는 곳[無爲之處]에 이르지 못하게 하기 때문이다.

그러므로 비구들이여, 재물에 집착하는 마음이 이미 생겼거든 곧 버리고, 아직 생기지 않았으면 재물에 물들어 집착하는 마음 다시 일어나지 않도록 하라.

이와 같이 비구들이여, 반드시 이렇게 배워야 한다."

그때에 비구들은 붇다의 말씀을 듣고 기뻐하며 받들어 행하였다.

재물에 집착하는 마음 버리도록 하심

이와 같이 들었다.

한때 붇다께서는 슈라바스티 국 제타 숲 '외로운 이 돕는 장자의 동산'에 계셨다.

그때 세존께서 여러 비구들에게 말씀하셨다.

"이 대중 가운데서 어떤 사람은 이렇게 생각하였다.

'비록 목숨이 끊어진다 해도 대중 가운데서 거짓말하지 않으리라.'

나는 다른 때 그 사람이 재물에 물들어 집착하는 마음을 내어 대중 가운데서 거짓말하는 것을 보았다.

왜 그런가. 여러 비구들이여, 재물에 대한 집착은 매우 버리기 어려워 사람을 세 갈래 나쁜 길에 떨어뜨려 함이 없는 곳에 이르지 못하게 하기 때문이다.

그러므로 비구들이여, 재물에 집착하는 마음이 이미 생겼거든 곧 버리고, 아직 생기지 않았으면 재물에 물들어 집착하는 마음 다시 일어나지 않도록 하라.

이와 같이 비구들이여, 반드시 이렇게 배워야 한다."

그때에 비구들은 붇다의 말씀을 듣고 기뻐하며 받들어 행하였다.

• 증일아함 11 불체품 五 ~ 八

마음을 떠난 여섯 아는 뿌리도 없고 마음을 떠난 여섯 경계도 없으니, 마음을 떠나 선과 악의 업과 선과 악의 갚음이 없다.

마음은 아는 뿌리와 경계가 어울려 찰나찰나 일어나니, 마음처럼 항복받기 어려운 것이 없다.

그러나 아는 뿌리와 경계가 공하여 마음이 나되 남이 없으니, 남 없는[無生] 줄 알면 마음처럼 항복받기 쉬운 것도 없다.

곧 덧없이 나는 마음이 여섯 경계를 탐착하여 물든 마음이 되고 집착하는 마음이 되어 그 집착의 흐름을 따라가면 마음처럼 항복하기 어려운 것이 없지만, 마음이 공해 마음이 나되 남이 없는 줄 알면 세간법이 흐르되 흐름 없으니 마음처럼 항복받기 쉬운 것도 없다.

그 뜻을 『금강경』은 '머무는 바 없이 마음을 내면 바르게 머묾이고 마음을 잘 항복받음이다'라고 가르쳤던가.

마음이 마음 아니라 마음에 머물지 않으면 마음 아닌 마음으로 봄이 없이 보고 들음 없이 들으므로 마음처럼 때 맞추기 쉬운 것이 없다.

또 경계가 공한 줄 알아 경계에 물듦 없고 나라는 탐착이 없으면 늘 범행이 함께하므로 마음처럼 좋은 갚음이 함께하는 것이 없다.

나에 나를 두어 보이는 것 들리는 것에 탐착하고 재물에 대한 탐착을 이루어 자아와 세계의 공한 진실을 등지면 거짓을 이루고 물듦을 이룬다.

그러나 마음이 마음에 머물지 않고 모습이 모습에 머물지 않음을 알아, 하되 늘 함이 없는 곳[無爲處]을 떠나지 않고, 함이 없는 곳에서 함 없음도 없이 함 없는 함을 일으킬 수 있으면, 그는 실상 그대로 진실을 행하고 진실을 말하는 자이다.

진실을 행하는 자, 그는 다시 험한 길·굽은 길·악한 길을 밟지 않고 늘 크고 곧은 길[大直道]을 걸어 해탈의 성에 들어가게 되리라.

저 데바닫타처럼 이로운 공양
집착하는 마음 버려야 한다

이와 같이 들었다.

한때 붇다께서는 라자그리하 성 칼란다카 대나무동산에서 오백의 큰 비구들과 함께 계셨다.

그때 세존께서 여러 비구들에게 말씀하셨다.

"어떤가, 비구들이여. 저 데바닫타에게서 맑고 깨끗한 법[淸淨之法]을 보았던가. 데바닫타는 그 악이 깊고 무거워 겁이 지나도록 죄를 받아도 그 죄를 나아 고치지 못할 것이다. 나의 법 가운데서 일컬어 말할 만한 털끝만큼의 착함도 보지 못하였다. 이런 까닭에 나는 지금 데바닫타의 죄의 근원은 고칠 수 없다고 말하는 것이다.

마치 그것은 다음과 같다. 어떤 사람이 깊은 뒷간에 떨어져 몸이 깊이 빠져 한 군데도 깨끗한 곳이라고는 없다 하자.

어떤 사람이 와서 그 목숨을 건져 내어 깨끗한 곳에 두려고, 뒷간 곁이나 그 사람의 몸에 깨끗한 곳이 있는가 두루 살펴 손으로 잡아 건져내려 하였으나, 그 사람이 깊이 살펴보아도 손으로 잡을 만한 깨끗한 곳이 없어 그냥 버리고 가는 것과 같다.

이와 같이 여러 비구들이여, 나는 저 데바닫타 어리석은 사람에게서 털끝만큼도 말할 만한 곳을 보지 못했다. 그는 겁이 지나도록 죄를 받아도 그 죄를 나아 고칠 수가 없을 것이다."

탐욕으로 큰 죄업 일으킴을 보이시고, 물든 마음 내지 않도록 하심

"왜 그런가. 저 어리석은 데바닷타는 오로지 이로운 공양[利養]에만 집착하여 다섯 가지 거스르는 큰 죄[五逆罪]를 지어 몸이 무너지고 목숨을 마친 뒤에는 나쁜 곳 가운데 떨어질 것이기 때문이다.

이와 같이 비구들이여, 이로운 공양에 대한 집착은 깊고 무거워 사람을 안온한 곳에 이르지 못하게 한다. 그러므로 비구들이여, 곧 이로운 공양에 대해 집착하는 마음이 이미 생겼거든 곧 버리고, 생기지 않았으면 물든 마음[染心] 일어나지 않도록 하라.

이와 같이 비구들이여, 반드시 이렇게 배워야 한다."

그때에 비구들은 붓다의 말씀을 듣고 기뻐하며 받들어 행하였다.

• 증일아함 11 불체품 九

• 해설 •

위없는 지혜와 밖이 없는 자비의 완성자 붓다는 아라한을 죽이고 붓다의 몸에 피를 낸 저 데바닷타 같은 극악한 사람도 그 사람 자체를 저주하거나 원망하지 않으신다.

데바닷타의 죄악은 건져주려 해도 잡아 이끌 수 없고 손댈 수 없다 꾸중하시지만, 사람을 저주하지 않으시고 사람을 저주에 빠뜨린 삿된 견해와 그릇된 행위를 뼈아프게 꾸중하신다.

이찬티카(icchantika, 一闡提)의 죄를 지은 죄인도 본래 죄인이 아니라 이찬티카의 죄업이 그를 죄인이 되게 한 것이니, 데바닷타 또한 새로운 마가다 국의 왕의 이로운 공양을 탐하고 새 붓다가 되어 마가다 국 대중 위에 군림하려는 물든 마음이 그를 죄인이 되게 한 것이다. 이찬티카의 사람도 죄업을 다시 일으키지 않으면 그 또한 여래장인 중생이고 보디인 사트바이다.

죄업을 크게 꾸중해 여래장의 공덕 드러내는 여래의 크신 자비를 잘 보아야 할 것이다.

설사 선정 얻어도 이익된 공양 탐해
세속 사귀면 니르바나 이르지 못하리

이와 같이 들었다.

한때 붇다께서는 라자그리하 성의 칼란다카 대나무동산에서 오백의 큰 비구들과 함께 계셨다.

그때에 어떤 비구는 여래께서 '데바닫타는 한 겁 동안 죄를 받아도 고치지 못할 것이다'라고 예언하셨다는 말을 들었다.

그 비구는 존자 아난다 있는 곳에 가서 서로 문안하고 한쪽에 앉아 아난다에게 물었다.

"어떻습니까, 아난다시여. 여래께서는 데바닫타의 죄의 근본을 다 보신 뒤에 '한 겁 동안 죄를 받아도 고치지 못할 것이다'라고 예언하셨습니까.

다른 그럴 만한 까닭이 있어 그렇게 예언하셨습니까."

데바닫타의 일에 대해 의심 버리지 못한
비구의 일을 세존께 말씀드림

아난다가 말하였다.

"여래의 말씀은 끝내 헛되게 하신 것이 아니오. 몸과 입으로 행하신 것에는 다름이 없소.

여래께서는 '데바닫타는 그 죄가 깊고 무거워 한 겁이 지나도 고치지 못할 것이다'라고 진실하게 말씀하신 것이오."

그때 존자 아난다는 곧 자리에서 일어나 세존 계신 곳에 나아가 머리를 대 세존의 발에 절하고 한쪽에 서 있었다.

그때 아난다가 세존께 말씀드렸다.

"어떤 비구가 저 있는 곳에 와서 이렇게 말하였습니다.

'어떻습니까, 아난다시여. 여래께서는 데바닫타의 죄의 근본을 다 보신 뒤에 '한 겁 동안 죄를 받아도 고치지 못할 것이다'라고 예언하셨습니까. 다른 그럴 만한 까닭이 있어 그렇게 예언하셨습니까.

이렇게 말하고는 각기 스스로 떠났습니다."

세존께서는 말씀하셨다.

"그 비구는 늦게 배움을 시작해 집을 나온 지 오래되지 않아, 이제야 나의 법 가운데 와서 그렇게 말했을 것이다. 여래의 말한 바는 끝내 헛되고 거짓되지 않는다.

어떻게 그 말 가운데 머뭇거림을 일으킬 것인가."

그때 세존께서 아난다에게 말씀하셨다.

"너는 거기 가서 그 비구에게 '여래께서 그대를 부르신다'고 말하여라."

"그렇게 하겠습니다, 세존이시여."

이때 아난다는 세존의 분부를 받고 곧 그 비구 있는 곳에 가서 말하였다.

"여래께서 그대를 부르시오."

그 비구가 대답했다.

"그렇게 하겠습니다, 존자시여."

때에 그 비구는 곧 가사를 잘 차려 입고 아난다와 함께 세존 계신 곳에 이르러 세존의 발에 절하고 한쪽에 앉았다.

여래의 예언을 믿지 않는 비구를 다시 불러 깨우치심

그때 세존께서 그 비구에게 말씀하셨다.

"어떠냐, 어리석은 사람아. 너는 왜 여래 말을 믿지 않는가. 여래 가르침에는 헛되고 거짓됨이 없다.

그런데도 너는 지금 여래께 헛되고 거짓됨을 찾고자 하느냐."

그때 그 비구는 세존께 말씀드렸다.

"데바닫타 비구는 크게 신묘한 힘[神力]이 있고 큰 위세가 있습니다. 그런데 어떻게 세존께서는 '그는 한 겁 동안 무거운 죄를 받을 것이다'라고 말씀하셨습니까."

붇다께서 비구에게 말씀하셨다.

"너의 입의 말을 보살펴라. 그렇지 않으면 긴 밤 동안에 한량없는 괴로움을 받을 것이다."

그때에 세존께서는 곧 게송으로 말씀하셨다.

선정에 노닐되 세속 사귀면
마침내 해탈할 길이 없고
니르바나의 길 가지 않다가
다시 지옥에 떨어지리라.

"만약 내가 데바닫타의 몸에서 털끝만한 착한 법이라도 보았다면 나는 끝내 '데바닫타는 한 겁 동안 죄를 받아도 나아 고칠 수 없을 것이다'라고 예언하지 않았을 것이다.

그러므로 어리석은 사람아, 나는 저 데바닫타에게 '저 데바닫타는 한 겁 동안 죄를 받아도 고칠 수 없을 것이다'라고 말한 것이다.

왜 그런가. 데바닷타는 어리석어 이로운 공양에 탐착하는 마음을 내어 다섯 가지 거스르는 큰 죄[五逆罪]를 지어, 몸이 무너지고 목숨을 마친 뒤에는 마침내 지옥에 들어갈 것이다.

그 까닭은 이로운 공양을 구하려는 마음이 무거우면 사람의 착함의 근본을 없애서 안온한 곳[安隱處]에 이르지 못하게 하기 때문이다.

그러므로 비구들이여, 만약 이로운 공양을 구하려는 마음이 일어났거든 반드시 없애도록 하고, 만약 그런 마음이 있지 않다면 다시는 그런 생각 일어나지 않도록 하라.

이와 같이 비구들이여, 반드시 이렇게 배워야 한다."

비구가 가르침을 듣고 허물을 뉘우침

그때에 그 비구는 자리에서 일어나 옷을 바루고 세존의 발에 절하고 세존께 말씀드렸다.

"저는 지금 허물을 뉘우칩니다. 용서해주시기 바랍니다.

어리석기 때문에 옳지 못한 행을 지었습니다.

여래의 말씀에는 두 말씀이 없습니다. 그런데 저는 어리석어 머뭇거려 망설이는 생각을 일으켰습니다. 세존께서는 저의 허물 뉘우침 받아들여 지난 것을 고치고 오는 것을 닦게 하시길 바랍니다."

이렇게 두 번 세 번 청하였다.

세존께서는 말씀하셨다.

"잘했다, 비구여. 너의 생각을 뉘우치는구나. 너의 미치지 못한 것을 용서한다. 다시는 여래에 대한 머뭇거리는 생각 내지 말라. 이제 너의 허물 뉘우침을 받아들인다.

다시는 잘못을 짓지 마라."

이렇게 세 번 네 번 말씀하시고 세존께서는 이 게송으로 말씀하셨다.

> 설사 무거운 죄 지었더라도
> 허물 뉘우쳐 다시 범하지 않으면
> 이 사람은 금한 계를 따라서
> 그 죄의 뿌리 빼게 되리라.

그때에 그 비구와 사부대중들은 붇다의 말씀을 듣고 기뻐하며 받들어 행하였다.

• 증일아함 11 불제품 +

• 해설 •

아는 마음과 경계가 모두 있되 공하고 공하되 있으므로 마음과 경계가 어울려 일어난 인간의 죄업도 실로 있음이 아니고 실로 없음이 아니다.

죄업이 없지 않은 곳에서 보면 다섯 가지 크나큰 거스르는 죄를 짓고 뉘우치지 않은 데바닫타의 업은, 죄업이 다시 죄업을 낳아 마치 뒷간에 빠진 이가 온몸에 더러운 똥이 묻어 손잡아 이끌어낼 수 없는 것과 같다.

그러므로 여래는 기나긴 밤에 죄를 받아도 그 죄업이 다시 나므로 그 죄업을 나아 고칠 수 없다고 말씀한다.

그러나 죄업이 공한 곳에서 보면 저 데바닫타의 업은 여래장의 공덕장을 떠나지 않으니, 한 생각 뉘우치는 마음 일으키고 귀의하는 마음 일으키는 그 자리에서 다시 여래의 진리의 집 가족이 되는 것이다.

그러므로 세존께서는 데바닫타가 과거세상 세존의 스승이었고, 미래세상 데바라자(Devarāja, 天王) 여래가 되리라 예언하신다.

여래를 해치고 마가다 국의 새 붇다가 되기 위해 오백 비구를 빼돌려 자신을 중심으로 상가를 구성하려 한 데바닫타의 죄업의 뿌리는 무엇인가.

저 아자타사트루 왕의 권세를 이용하려 하고 왕의 갖가지 공양을 탐내는 마음이 죄업의 뿌리이니, 이로운 공양[利養] 탐하는 생각이 끝나지 않으면 죄업도 끝나지 않는 것이다.

지혜의 눈이 없어 이로운 공양을 탐하면 데바닫타처럼 선정을 얻고 신통을 얻어도 니르바나의 길로 나아가지 못하고, 끝내 사마디와 신통을 잃고 윤회의 길에 떨어지는 것이다.

집을 나온 비구가 애욕을 버리고 신통을 닦아 그 신통의 사마디를 얻는다 해도 이로운 공양을 탐하는 마음 버리지 못하면 선정을 얻어도 삿된 선정[邪正]이 되고 신통을 얻어도 해탈의 신통이 되지 못하기 때문이다.

법계의 실상을 깨쳐 실상대로 사시는 여래께는 두말[二言]이 없고 다른 말[異語]이 없다.

그러므로 데바닫타에 대해 길이 어두운 윤회의 길에서 빠져나오지 못하리라는 여래의 예언과 프라테카붇다가 되고 하늘왕 여래가 되리라는 여래의 언약 주심에 두 길이 없고 두 뜻이 없으니, 여래의 법(如來法)과 여래 계신 곳[如來所]에 망설여 머뭇거리는 생각[猶豫想], 여우 같은 의심의 마음[狐疑心]을 일으키지 않아야 한다.

6) 아란야행과 방일함이 없는 행 잘 행하는 사문들의 노래

———

이미 도와 하나되었으니
외우고 설하는 일 모두 버렸네

이와 같이 내가 들었다.

한때 붇다께서는 슈라바스티 국 제타 숲 '외로운 이 돕는 장자의 동산'에 계셨다.

때에 어떤 비구는 코살라 국 사람 사이 어떤 숲속에 머물면서, 부지런히 경전을 외우고 부지런히 강설하고 부지런히 사유하여 아라한의 과덕을 얻었다.

그러나 그 과덕을 얻고는 다시 부지런히 경전을 외우거나 강설하지 않았다.

때에 그 숲속에 사는 어떤 하늘신이 게송으로 말하였다.

비구여, 그대는 이 앞 때에는
밤낮으로 부지런히 외워 익히고
언제나 여러 비구들을 위하여
분명한 뜻을 같이 논하였소.

그대는 지금 법의 구절에 대해
고요하여 아무 말함이 없고

여러 다른 비구들과 더불어서
분명한 뜻을 논하지도 않는구려.

때에 그 비구는 게송으로 대답하였다.

앞에서는 아직 탐욕 떠나지 못해
마음으로 늘 법의 구절 즐겨했네.
이미 탐욕 떠남과 서로 맞으니
외우고 설하는 일 이미 다했네.

앞에서 알던 도 이미 갖추니
듣거나 보는 길 어디에 쓰랴.
세간 가운데 모든 듣고 보는 것
앎이 없이 모두다 놓아버렸네.

때에 그 하늘신은 비구의 말을 듣고 기뻐하면서 이내 사라져 나타나지 않았다.

• 잡아함 1337 송습경(誦習經)

• 해설 •

번뇌 다하면 번뇌 끊는 방편도 다하고 병이 나으면 약도 다해야 참으로 법과 하나되고 참으로 깨끗함에 이를 것이다.

방편으로 얻어야 할 도가 이미 갖춰졌는데, 그 방편을 집착하면 뗏목을 붙들고 저 언덕에 오르지 못하는 이와 같다.

읽고 외우고 강설하여 법의 뜻을 깊이 사유하다 하루아침에 듣되 들음 없고 보되 봄이 없으며 말하되 말함 없는 법의 뜻과 하나되었으니, 그는 들음 있는 들음과 외움 있는 외움과 설함 있는 설함을 마쳐 다한 것이다.

들음 있는 들음과 말함 있는 말함을 다한 이, 그가 사문의 법으로 사문의 뜻을 이뤘으니, 그가 참으로 법의 구절 잘 말하고 들을 수 있는 것이다.

그러므로 듣되 들음 없지만 들음 없음에 집착하지 않는 이는 스스로의 해탈의 행을 닦아가되 남을 위해 연설함을 버리지 않으니, 『화엄경』(「명법품」)은 이렇게 말한다.

보디사트바는 남을 위해 법을 연설하되
자기의 여러 파라미타행 버리지 않고
여러 파라미타행 이미 이루었지만
늘 있음의 바다 뭇 삶들 건져주도다.

菩薩爲他演說法　不捨自己諸度行
波羅蜜道旣已成　常於有海濟群生

비구여, 그대는 향기를 훔치는 도적이다

이와 같이 내가 들었다.

한때 붓다께서는 슈라바스티 국 제타 숲 '외로운 이 돕는 장자의 동산'에 계셨다.

때에 어떤 비구는 코살라 국 사람 사이 한 숲 가운데 머물고 있었다. 그 비구는 눈병이 있었는데 스승의 가르침을 받았다.

"파드마 꽃향기를 맡으라."

때에 그 비구는 스승의 가르침을 받고서 파드마 꽃이 피어 있는 못가 바람 맞는 곳에 앉아 바람 따라 꽃향기를 맡고 있었다.

때에 그 못을 맡고 있던 하늘신이 비구에게 말하였다.

"왜 꽃을 훔치는가. 그대는 곧 향기를 훔치는 도적이다."

그때에 비구는 게송으로 대답하였다.

꺾지도 않고 또한 빼앗지도 않고서
멀리 머물러 그 향기만 맡았는데
그대는 어찌하여 내가 바로
향기 훔치는 도적이라 말하는가.

그때에 하늘신은 다시 게송으로 말하였다.

구하지 않고 버리지 않아도
세간에서는 도적이라 부른다.
그대는 지금 사람이 주지 않는데
한결같이 스스로 갖기만 하니
이것은 참으로 이 세간의
향기 훔치는 도적이 된다.

때에 어떤 장정이 연뿌리를 캐어 무겁게 지고 갔다.
그때에 비구는 그 하늘신을 위해 게송으로 말하였다.

지금 저 아주 힘이 센 장정은
푼다리카 꽃을 끊어서 꺾고
뿌리째 뽑아 무겁게 지고 가니
그는 곧 간사하고 교활한 이다.
그대는 어째서 이것은 막지 않고
나더러 향기 훔친다고 말하는가.

꽃향기 훔치는 뜻을 하늘신이 노래하니 비구가 그 뜻을 찬탄함
때에 그 하늘신은 게송으로 대답하였다.

미쳐 어지럽고 간교한 사람
마치 젖어미의 검은 옷 같나니
그에게 말해서 무엇할 건가.
그대에겐 말해야 하는 것이니

가사에는 더러움 나타나지 않고.
검은 옷은 먹도 더럽게 못하네.

간사하고 교활하고 흉악한 사람
세간은 그 사람과 말하지 않네.
파리 다리로도 흰 비단 더럽히니
밝은 이에겐 적은 허물 나타나네.
마치 먹으로 흰 진주조개에 점 찍듯
비록 작으나 모조리 나타나네.

늘 그에게서 깨끗함을 구하는 이
묶임 없어 번뇌를 떠난 이에겐
비록 털끝만한 작은 악이 있어도
사람들은 태산처럼 그것을 보네.

때에 그 비구는 다시 게송으로 말하였다.

참으로 좋은 말이고 좋은 말이오.
그 말은 좋은 뜻으로 날 안위하네.
그대는 언제나 나를 위하여
자주자주 이 게송을 말해주오.

때에 그 하늘신은 다시 게송으로 말하였다.

나는 그대가 사서 부리는 이 아니고
사람들이 그대에게 준 것 아닌데
어째서 그대를 늘 따라다니며
자주자주 그대에게 말해야 하리.
그대는 스스로 반드시 살펴
갖가지 이익된 일 알아야 하리.

때에 그 하늘신이 이 게송을 말하자, 그 비구는 이 말을 듣고 기뻐하고 따라 기뻐하면서 자리에서 일어나 떠나갔다.

그는 홀로 한 고요한 곳[獨一靜處]에서 오롯이 정진해 사유하며 모든 번뇌를 끊고 아라한을 얻었다.

• 잡아함 1338 화경(花經)

• 해설 •

이와 같이 법을 잘 설할 수 있으니 그 하늘신은 보디사트바인 하늘신이고 아라한인 하늘신이다.

눈이 아파 눈에 연꽃향기 쐬는 비구를 왜 향기 훔치는 도적이라 경책하는가. 나의 아는 뿌리와 그 맡는 향기가 공한 줄 모르면 나 아닌 다른 것을 내 것으로 취해 그것을 쓰고 다시 새것을 취하여 늘 남의 것을 취함이 있고 씀이 있으므로 도적이 되는 것이다.

그러므로 하늘신은 아예 도적의 마음을 가진 저 연뿌리 도적은 그냥 두어두고, 아직 번뇌의 마음이 다하지 못해 연꽃향기 취하는 비구를 도적이라 꾸짖는 것이다.

'한 빛깔 한 냄새도 중도실상 아님이 없으니'[一色一香無非中道] 저 취하는바 연꽃 향기가 향기 아닌 향기인 줄 알면, 향기는 다함없는 공덕장(功德

藏)이 되고 향기 맡는 내 마음은 맑되 맑음 없어 여래장(如來藏)이 되니, 번뇌 다한 그에게 어찌 도적의 허물이 돌아갈 것인가.

늘 공덕의 향[功德香] 맡는 그 사람은 『비말라키르티수트라』에서 가르치고 있는 것처럼 향적국(香積國)의 향기의 밥으로 온갖 굶주린 이를 배부르게 하고, 미묘하고 아름다운 해탈의 향[解脫香]으로 이 물들고 흐린 세간을 아름답고 향기롭게 장엄하리라.

여래장 공덕의 향으로 세간에 공양하는 보디사트바의 삶을, 『화엄경』(「현수품」)은 이렇게 말한다.

　밝은 빛 향의 장엄 또한 놓으며
　갖가지 묘한 향을 휘장처럼 쌓아
　시방의 모든 국토에 널리 흩어서
　온갖 덕 높은 이들에게 공양하도다.

　又放光明香莊嚴　種種妙香集爲帳
　普散十方諸國土　供養一切大德尊

　밝은 빛 가루향의 장엄 또한 놓으며
　갖가지 좋은 가루향 휘장처럼 쌓아
　시방의 모든 국토에 널리 흩어서
　온갖 덕 높은 이들에게 공양하도다.

　又放光明末香嚴　種種末香聚爲帳
　普散十方諸國土　供養一切大德尊

숲속에서 홀로 지냄 하늘길과 보디를 위함이니

이와 같이 내가 들었다.

한때 붇다께서는 라자그리하 성 칼란다카 대나무동산에 계셨다.

때에 존자 바즈라푸트라(Vajraputra)는 파탈리푸트라 성읍의 한 곳 숲속에 있었다.

때에 파탈리푸트라 성읍 사람들은 여름 넉 달을 지내고 '교만을 피우는 무리들의 큰 모임'[作憍牟尼大會]을 열었다.

때에 존자 바즈라푸트라는 세간의 큰 모임에 대해 듣고서 즐겁지 않은 마음을 게송으로 말하였다.

고요한 빈 숲에 홀로 지내니
마치 마른 나무를 버린 것 같네.
여름철 넉 달 안거 모두 채우고
세간을 즐거움으로 장엄하였네.
모든 세간 널리 두루 살피니
그 괴로움 '나'를 지난 것 없네.

바즈라푸트라 존자의 게송을 하늘신이 찬탄해 더욱 권함
그때에 그 숲속에 살던 하늘신이 곧 게송으로 말하였다.

고요한 빈 숲에 홀로 지내니
마치 버려진 마른 나무 같아도
저 서른세하늘을 위하여
마음은 늘 즐거움 바라니
그것은 마치 저 지옥 가운데서
사람 길에 나기를 우러름 같네.

때에 바즈라푸트라는 하늘신의 권해줌을 받은 뒤에, 오롯이 정진
하고 사유하여 번뇌를 끊고 아라한을 얻었다.

• 잡아함 1340 금강자경(金剛子經)

• 해설 •

바즈라푸트라 존자는 세존 니르바나 드신 뒤 아난다 존자를 큰 사마디행
에 이끈 높은 비구이니, 이 경은 바즈라푸트라 존자가 하늘신의 격려를 받고
아라한 이룬 일을 보이고 있다.

파탈리푸트라 성읍 사람들이 벌인 큰 모임은 아마 '나'[我]라는 집착 끊
지 못하고 무니(mūni) 행세를 하는 많은 사문과 브라마나를 초청해서 공양
하고 그들의 가르침을 듣는 모임이었던 것 같다.

이 교만에 빠진 무리들의 모임을 듣고 홀로 산숲에서 아란야행으로 정진
하는 바즈라푸트라 존자는 어찌 그 마음이 즐거울 것인가.

그 좋지 않은 마음을 노래로 보이니, 하늘신이 존자를 위로해 여래가 가
르친 보디의 길은 사람 속에서 사람을 벗어나 사람을 건지고, 하늘 속에서
하늘을 벗어나 하늘 건지는 큰 길임을 보여준다.

하늘신의 격려를 받는 때에 세간 대중의 공양이 끊어진 쓸쓸한 곳이 법의
도량이 되고 하늘신의 축복의 땅이 되니, 그곳에서 어찌 여래의 법의 아들
아라한이 출생하지 않겠는가.

탐욕 태우면 괴로움 짓지 않으리

이와 같이 내가 들었다.

한때 붇다께서는 라자그리하 성 칼란다카 대나무동산에 계셨다.

때에 어떤 비구는 빈타 산에 머무르고 있었다. 그때에 큰 불이 갑자기 일어나 온 산숲이 활활 탔다.

어떤 세속 사람이 게송으로 말하였다

> 지금 이곳 빈타 산은
> 큰 불로 활활 타오른다.
> 저 대숲을 모두 태우고
> 대밭의 열매 또한 태우리.

그때 그 비구는 이렇게 생각하였다.

'지금 저 세속 사람도 이 게송을 말할 수 있다.
내 지금 어떻게 게송으로 답하지 않겠는가.'
곧 게송으로 말하였다.

> 온갖 있는 것은 불타오르니
> 지혜 없으면 끌 수 없으리.
> 모든 받는 탐욕 태워버리면

탐욕 태워 괴로움 짓지 않으리.

때에 그 비구는 이 게송을 말하고는 잠자코 머물렀다.

• 잡아함 1353 빈타경(頻陀經)

• 해설 •

활활 타는 산불을 보고 산숲에서 아란야행 닦는 그 비구는 탐욕의 불 덧없음의 불이 중생 세간의 온갖 것 태움을 바로 살핀다.

탐욕의 불을 살펴 탐욕의 뿌리가 공한 줄 살피는 그 비구는 탐욕의 불을 돌이켜 지혜의 불을 일으키고, 험한 가시밭길·진흙구덩이 속에서 우트팔라 꽃을 피우고 파드마 꽃을 피울 수 있는 사람이다.

탐욕의 불길은 몸을 태우고 마음을 태우고 세간을 태우지만, 보디사트바의 지혜의 불꽃은 온 세간에 자비의 비와 은택을 끼쳐주니, 『화엄경』(「화장세계품」)은 말한다.

　　여러 마니 가운데 보디사트바의 구름
　　시방에 널리 가서 그 빛이 타오르네.
　　타는 불꽃 지혜의 바퀴를 이루어
　　미묘한 꽃으로 아름답게 꾸미어서
　　법계에 널리 흘러 두루하지 않음 없네.

　　諸摩尼中菩薩雲　普詣十方光熾然
　　光焰成輪妙華飾　法界周流靡不遍

악한 마라여, 그대 나오지 마라

이와 같이 내가 들었다.

한때 붇다께서는 슈라바스티 국 제타 숲 '외로운 이 돕는 장자의 동산'에 계셨다.

때에 어떤 비구는 코살라 국 사람 사이 한 숲 가운데서 머물렀다. 그 숲에 가기 멀지 않은 곳에 외밭이 있었다.

어떤 도둑은 밤에 그 외를 훔치다가 달이 뜨려는 것을 보고 게송으로 말하였다.

밝은 달이여, 그대 나오지 말라.
내가 이 외 딸 때까지 기다리라.
내가 외를 가지고 떠난 뒤에
뜨든 안 뜨든 그대 뜻대로 하라.

때에 그 비구는 이렇게 생각하였다.

'저 외 도둑도 오히려 게송을 말할 수 있는데, 내가 어찌 게송으로 대답하지 않겠는가.'

곧 게송으로 말하였다.

악한 마라여, 그대 나오지 말라.

내가 번뇌 끊을 때까지 기다리라.

내가 저 번뇌를 모두 끊고 나면

나오든 말든 그대 뜻대로 하라.

때에 그 비구는 이 게송을 말하고는 잠자코 머물렀다.

• 잡아함 1355 과경(瓜經)

• 해설 •

밝은 달 뜨지 말길 바라는 저 참외 도둑의 게송을 듣고, 비구 또한 악한 마라가 나오지 말길 바라는 노래를 짓는다.

번뇌의 취함이 있으면 악한 마라가 나오나 번뇌가 다하면 저 마라의 경계[魔界]가 진리의 경계[法界]가 되니, 번뇌 다해 두려움 없는 장부가 되면 악한 마라가 나온들 나오지 않은들 나에게 무슨 상관 있으랴.

모습에서 모습 취하면 마라를 보지만, 모습에서 모습 떠나면 온갖 곳에서 붇다의 진여 법계를 보아 지혜의 빛이 현전하는 것이니, 『화엄경』(「수미정상게찬품」)은 말한다.

가장 빼어난 여래의 가르침

내가 바로 듣게 되면

지혜의 밝은 빛 내게 되어

널리 시방의 세계를 비추어

온갖 붇다 모두다 뵙게 되리라.

我聞最勝敎 卽生智慧光

普照十方界 悉見一切佛

번뇌 다한 곳 시방의 거룩한 이 나를 보시리

이와 같이 내가 들었다.

한때 붇다께서는 슈라바스티 국 제타 숲 '외로운 이 돕는 장자의 동산'에 계셨다.

때에 어떤 비구는 코살라 국 사람 사이 한 숲 가운데 머물면서 아라한을 얻었다.

그래서 모든 흐름이 이미 다하고 지을 바를 이미 짓고, 무거운 짐을 이미 버리고 모든 존재의 묶음을 끊어, 바른 지혜로 마음이 잘 해탈하였다.

때에 한 여인이 깊은 밤 하늘에 가랑비가 내리고 번갯불이 번쩍이는데, 숲속을 지나 어떤 다른 남자에게로 가려다가 깊은 진흙 가운데 넘어져 팔찌가 끊어져 깨지고 꽃목걸이는 흩어져 떨어졌다.

그 여인은 게송으로 말하였다.

　　머리는 모두 풀어 흩어지고
　　꽃목걸이는 깊은 진흙에 떨어지며
　　옥팔찌는 다 깨져 부숴졌나니
　　장부께서 무엇을 사랑해줄까.

여인의 게송 듣고 비구가 번뇌 사라져 공함을 노래함

때에 그 비구는 이렇게 생각하였다.

'여인도 게송을 외울 수 있는데, 내 어찌 게송으로 대답하지 못하겠는가.'

번뇌가 모두 끊어져 부서지고
나고 죽음의 진흙창을 건너서
집착해 얽힘 다 흩어져 떨어지니
시방의 거룩한 이 나를 보시네.

때에 그 비구는 이 게송을 말하고는 잠자코 머물렀다.

• 잡아함 1360 환천경(環釧經)

• 해설 •

머리에 꽃단장을 하고 목걸이·팔찌로 꾸미고 화장했으니 여인의 얼굴은 아름답게 보인다. 진창 속에 넘어져 머리칼은 헝클어지고 팔찌는 떨어져 구르며 얼굴에 온통 진흙이 묻으니, 그 아리따운 모습은 어디 갔는가.

그 여인이 '나의 이 모습에 연인인들 무슨 아름다움 느낄 것인가'라고 한탄의 노래 부르니, 비구가 여인의 노래를 듣고 다시 번뇌가 다한 곳에 다하지 않는 보디의 장엄한 곳을 노래한다.

중생의 집착과 번뇌는 실로 취할 것 없는 곳에서 취함과 애착을 일으켜 얽힘과 묶임을 일으키나, 저 보는바 경계에 취할 것이 없는 줄 알면 모든 번뇌의 얽힘과 묶임이 끊어지고 부서질 것이다.

번뇌의 얽힘이 끊어지면 나고 죽음의 진흙창 건너 나고 죽음 가운데 해탈의 안온한 곳을 보며, 집착의 사슬과 묶임 풀리면 닫힘 없고 막힘없는 진리의 도량에서 늘 자재하게 노니는 해탈의 사람이 될 것이다.

해탈의 사람은 늘 여래 법계의 집을 떠나지 않으니, 시방의 거룩한 이들이 늘 그를 지혜의 눈으로 보살펴 생각해주고[護念], 자비의 품으로 따뜻이 거두어줄[攝受] 것이다.

여래의 길 잘 따라 걷는 마하사트바를 시방의 붇다와 현성이 늘 보살펴줌을 화엄회상(「입법계품」) 선지식 또한 구도자에게 다음과 같이 일깨워준다.

> 그대 보디의 길 잘 가는 구도자여
> 선지식은 마치 용맹한 장수와 같고
> 또한 상인을 이끄는 큰 주인과 같으며
> 또 세간의 큰 인도자 같음 살피라.
>
> 汝觀善知識　猶如大猛將
> 亦如大商主　又如大導師
>
> 그와 같아 세간의 선지식은
> 바른 법의 깃발 세워주시고
> 붇다의 공덕을 보여주시며
> 모든 악한 길을 아주 없애
> 착한 삶의 길을 열어주시리.
>
> 能建正法幢　能示佛功德
> 能滅諸惡道　能開善趣門

2 과정으로 주어지는 사문의 네 가지 과덕

• 이끄는 글 •

연기법에서 온갖 존재가 여기 있되[有] 있지 않고[非有], 여기 있지 않음도 아니므로[非非有] 존재가 과정으로 주어지듯 해탈의 과덕은 얻을 것이 없되 얻지 않을 것도 없다.

그러므로 해탈의 과덕은 지향하여 얻되 머물 것이 없는 과정으로 주어진다. 얻음이 없되 얻지 않음이 없음을 철저히 깨달으면 그가 배우되 배울 것 없음[無學]을 깨달은 사람이니, 그가 아라한이고 보디사트바이다.

세계의 실상인 여래의 한 지혜를 떠나 갖가지 지혜가 따로 없으니, 『화엄경』(「도솔궁중게찬품」)은 다음과 같이 비유한다.

비유하면 깨끗한 보름달이
온갖 물 가운데 널리 나타나
그림자의 모습 비록 한량없으나
본 달은 일찍이 둘이 아님 같네.

譬如淨滿月　普現一切水

影像雖無量　本月未曾二

세간의 크신 인도자께서는
이와 같이 걸림 없는 지혜로
평등하고 바른 보디 이루시어
온갖 나라에 널리 나타나지만
붇다의 바탕 또한 둘이 없네.

如是無礙智　成就等正覺
普現一切剎　佛體亦無二

하나도 아니고 또한 둘도 아니며
또한 다시 한량없음도 아니나
그 교화해야 할 바를 따라서
한량없는 몸을 나타내 보이네.

非一亦非二　亦復非無量
隨其所應化　示現無量身

1) 인과적 실천 과정으로 주어지는 해탈의 과덕

─────●─────

사문의 법을 행하면 네 가지 과덕을 이루게 되리

이와 같이 내가 들었다.

한때 붓다께서는 슈라바스티 국 제타 숲 '외로운 이 돕는 장자의 동산'에 계셨다.

그때 세존께서 여러 비구들에게 말씀하셨다.

"사문의 법[沙門法]과 사문의 과덕[沙門果]이 있다. 자세히 듣고 잘 사유하라. 너희들을 위해 말해주겠다.

어떤 것이 사문의 법인가? 여덟 가지 거룩한 길[八聖道]을 말하니, 곧 바른 견해[正見], 바른 사유[正思惟], 바른 말[正語], 바른 행위[正業], 바른 생활[正命], 바른 정진[正精進], 바른 생각[正念], 바른 선정[正定]이다."

사문이 행할 법을 보이시고, 사문의 네 가지 과덕을 보이심

"어떤 것이 사문의 과덕인가? 스로타판나(srotāpanna, 須陀洹果)의 과덕, 사크리다가민(sakṛdāgāmin, 斯陀含)의 과덕, 아나가민(anāgāmin, 阿那含)의 과덕, 아라한(arhat, 阿羅漢)의 과덕을 말한다.

어떤 것이 스로타판나의 과덕인가? 세 가지 묶음[三結]이 끊어진 것을 말한다.

어떤 것이 사크리다가민의 과덕인가? 세 가지 묶음이 끊어지고 탐욕·성냄·어리석음이 엷어진 것을 말한다.

어떤 것이 아나가민의 과덕인가? 다섯 가지 낮은 곳의 묶음[五下分結]이 다한 것을 말한다.

어떤 것이 아라한의 과덕인가? 탐욕·성냄·어리석음이 길이 다하고 온갖 번뇌가 길이 다한 것을 말한다.'

붇다께서 이 경을 말씀하시자, 여러 비구들은 붇다의 말씀을 듣고 기뻐하며 받들어 행하였다.

• 잡아함 797 사문법사문과경(沙門法沙門果經)

• 해설 •

사문의 법이 존재의 진실을 열어내는 해탈의 실천이라면, 사문의 법을 오롯이 행하면 반드시 해탈의 공덕이 이루어져야 한다.

원래 막힘없고 걸림 없는 법계에 장애를 일으키는 중생의 번뇌와 물든 삶을 돌이켜 법계의 진실처에 다시 돌아가는 행이 사문의 법이다.

중생의 고통과 번뇌가 연기된 것이라 공해, 본래 이미 니르바나되어 있는 면에서 보면, 번뇌와 괴로움을 끊는 사문의 법은 끊음 없는 끊음의 행이고 사문의 네 가지 과덕은 얻음 없는 얻음이다.

그러므로 사문의 네 가지 과덕은 얻음이 있다 해도 옳지 않고, 얻음이 없다 해도 옳지 않으며, 머묾이 있다 해도 옳지 않고, 머묾이 없다 해도 옳지 않다.

실로 머물 것이 없으므로 네 가지 과덕의 지향이 있고 과덕의 성취가 있되, 하나의 과덕을 토대로 그 뒤의 과덕이 이루어지는 것이다. 그리하여 끝내 이루어진 아라한의 과덕은 배워서 얻음이 아니므로 배울 것 없는 지위라 이름하는 것이다.

이제 과정으로 주어지는 네 가지 과덕의 성취를 살펴보자.

연기법의 진리에 믿음을 장애하는 묶음[結]에는 세 가지가 있으니, 견해의 묶음[見結], 그릇된 계를 취하는 묶음[戒取結], 의심의 묶음[疑結]이다.

이 세 묶음은 그릇된 세계관과, 해탈의 원인이 될 수 없는 잘못된 율법에 대한 집착, 진리에 대한 회의이니, 이것이 끊어져 연기의 진리에 믿음이 굳세어지면 이를 지혜의 흐름에 들어선 이[入流] 곧 스로타판나라 한다.

믿음의 힘이 더욱 굳세어져 차츰 탐냄·성냄·어리석음의 독이 엷어지면 그를 탐욕의 세계에 한 번 돌아오되 니르바나를 향해 나아가는 이[一來] 곧 사크리다가민이라 한다.

세 가지 독의 마음이 차츰 끊어져 탐욕[欲貪]·성냄[瞋恚]·몸이 있다는 견해[有身見]·그릇된 계 집착하는 견해[戒禁取見]·의심[疑] 이 욕계 다섯 가지 묶음이 다하면 다시는 이 탐욕의 땅에 들어섬 없이 해탈의 땅에 나아가는 이[不來] 곧 아나가민이라 한다.

탐냄·성냄·어리석음이 길이 다해 번뇌가 나지 않으면 더 배울 것 없는 이[無學] 곧 아라한이라 한다.

아라한의 배움 없음은 가르침을 잘 사유하여 바른 앎에 나아가되 끝내 함[爲]에 함이 없고[無爲] 앎[知]에 앎이 사라짐[無知]을 배울 것 없는 지위라 한다.

이처럼 아라한이 끊는바 중생의 번뇌가 원래 남이 없어서[本無生] 중생의 온갖 번뇌와 물든 모습, 나고 죽음이 본래 고요한 것이라면 아라한의 번뇌 없음과 배울 것 없음은 얻음인가 얻지 않음인가.

중생의 번뇌가 나되 남이 없어 번뇌 아닌 번뇌이니, 번뇌 끊고 아라한을 얻었다고 말하거나 화두(話頭)를 들어서 마라의 경계[魔境]를 끊고 맨 마지막 마쳐 다한 깨달음[究竟覺]을 얻는다고 말하는 이가 있다면 이 사람이 사문의 과덕을 등지는 자이니, 살피고 살필 일이다.

네 가지 과덕 이루고 지향하는 이 여덟 무리가
곧 현성의 무리이니

이와 같이 들었다.

한때 붇다는 슈라바스티 국 제타 숲 '외로운 이 돕는 장자의 동산'에 계셨다.

그때에 아나타핀다다(Anāthapiṇḍada, 給孤獨長者) 장자는 세존 계신 곳에 가서 머리를 대 발에 절하고 한쪽에 앉았다.

이때에 세존께서는 장자에게 말씀하셨다.

"장자는 집에서 널리 보시하는가."

장자는 말씀드렸다.

"가난한 집에 은혜롭게 보시하여 밤낮으로 끊이지 않습니다. 또 네 성문 가운데서나 큰 저자, 집 안이나 길거리에서 보시합니다.

나아가 붇다와 비구상가에 보시하니, 이것이 여덟 곳[八處]에서 보시하는 것입니다.

이와 같이 세존이시여, 그에게 필요한 것이 있으면 옷을 구하는 이에게는 옷을 주고, 먹을 것을 구하는 이에게는 먹을 것을 주며, 나라 안의 진기한 보배라도 끝내 어기어 거스르지 않습니다.

또 입을 옷 · 먹을거리 · 자리끼 · 의약품들을 모두 대주어 보시합니다.

또한 언젠가 어떤 하늘이 제가 있는 곳에 와서 허공 가운데서 제게 말하였습니다.

'높은 이 낮은 이를 분별하시오. 이 사람은 계율을 가지고, 이 사람은 계율을 범하니, 이 사람에게 보시하면 복을 얻고 저 사람에게 보시하면 갚음이 없을 것이오.'

그러나 제 마음에는 저런 사람 이런 사람이 없어 늘리고 줄이는 마음을 일으키지 않고 온갖 중생에게 사랑의 마음[慈心]을 고르게 하였습니다. 그래서 이렇게 생각했습니다.

'목숨뿌리를 의지해 모습을 두고 있는 중생은 먹으면 살고 먹지 않으면 목숨을 건지지 못한다.'

그러므로 온갖 중생에게 은혜롭게 보시하면 그 갚음은 한량없고 그 받는 과보도 늘고 줆이 없는 것입니다."

장자의 가림 없는 보시를 찬탄하고 다시 빼어난 보시를 말씀하심

붇다께서는 말씀하셨다.

"참 잘 말하고 잘 말했다, 장자여. 평등하게 보시하면 복이 으뜸가는 높은 이가 된다.

그러나 중생들 마음은 빼어나고 못남이 있으니, 계율을 가지는 이에게 보시하는 것은 계율을 범하는 이에게 보시하는 것보다 빼어나다."

이때에 허공신과 하늘이 즐거움을 칭송함이 한량없어서 곧 이 게송을 말하였다.

　붇다는 가려 보시함 높다 하시니
　어리석은 중생엔 늘고 줆이 있도다.
　그 좋은 세간 복밭 구하는 것은

무엇이 여래의 대중을 지날 것인가.

"그렇습니다. 지금 여래께서 말씀하신 것은 아주 시원스럽습니다. 계율을 가지는 이에게 보시하는 것은 계율을 범하는 이에게 보시하는 것보다 빼어납니다."

여덟 현성을 향한 빼어난 보시 행하도록 당부하심
그때에 세존께서는 아나타핀다다 장자에게 말씀하셨다.

"나는 지금 그대에게 현성의 무리를 말하겠으니 잘 사유해 생각해 마음에 늘 품고 지내라. 어떤 때 보시가 적어도 얻는 복이 많고, 어떤 때 보시가 많아도 얻는 복이 많다."

아나타핀다다 장자는 붇다께 말씀드렸다.

"세존께서는 그 뜻을 펴서 연설해주시길 바랍니다.

어떻게 보시가 적어도 얻는 복이 많으며, 어떻게 보시가 많아도 얻는 복이 많습니까."

붇다께서 말씀하셨다.

"아라한에 향하는 이가 있고, 아라한을 얻은 이가 있다.

아나가민에 향하는 이가 있고, 아나가민을 얻은 이가 있다.

사크리다가민에 향하는 이가 있고, 사크리다가민을 얻은 이가 있다.

스로타판나에 향하는 이가 있고, 스로타판나를 얻은 이가 있다.

이것을 장자여, '이런 현성의 무리에게는 보시함이 적어도 얻는 복이 많으며, 보시함이 많아도 얻는 복이 많다'고 한다."

그때에 세존께서는 다음 게송으로 말씀하셨다.

네 가지에 향함을 성취한 사람

그 네 사람 과덕을 이루게 되네.

이들을 현성의 무리라고 하니

그들에게 보시하면 복 얻음 넓네.

"오래고 먼 과거 여러 붇다 세존 또한 다시 이런 현성의 무리가 있어 오늘 나와 다름이 없었다.

미래세상에 여러 붇다 세존이 세간에 나타나신다 해도 또한 이런 현성의 무리를 얻을 것이다.

그러므로 장자여, 기쁜 마음으로 즐거이 현성의 무리들에게 공양하여야 한다."

이때에 세존께서는 장자를 위해 미묘한 법을 연설하시어 다시는 물러나 뒤바뀌지 않는 자리에 서게 하셨다.

장자는 그 법을 듣고 기뻐함이 한량없어 자리에서 일어나 머리를 대 발에 절한 뒤 붇다를 세 바퀴 두루고 물러나 떠났다.

이때에 아나타핀다다 장자는 붇다의 말씀을 듣고 기뻐하며 받들어 행하였다.

· 증일아함 42 팔난품(八難品) 八

· 해설 ·

세존의 제자 가운데 가진 것을 온갖 세간과 함께 나누어 쓰는 보시 공덕으로 으뜸가는 이는 아나타핀다다 장자이다.

그는 가난한 집, 네 성문, 큰 저자, 집 안, 길거리를 가리지 않고 배고픈 이와 붇다의 상가에 보시하니, 이것이 장자의 여덟 곳 가림 없는 보시이다.

저 하늘신이 '높고 낮은 이를 가려 보시하라' 함은 분별하는 마음이 있는 보시[分別施]이지만, 여래께서 평등한 보시[平等施] 가운데 현성에게 행하는 보시 공덕을 다시 말씀함은, 세간에는 함이 없는 법 가운데 차별 없는 차별이 있기 때문이다.

중생은 먹음[食]으로 삶을 유지하므로 온갖 중생에 먹을거리 나누는 것이 다 복된 업이 된다. 지혜의 흐름에 들어선 이의 보시는 온갖 중생에 가림이 없고 분별함이 없으니, 그와 같은 가림 없는 보시가 세간의 으뜸가는 보시가 된다.

그러나 차별 없음 가운데 연기적 차별이 없지 않으니, 계 범하는 이가 있고 계 지키는 이가 있으며, 악한 이가 있고 착한 이가 있다. 또 지혜의 흐름에 향하는 이가 있고 들어간 이가 있으며, 사크리다가민을 향하는 이가 있고, 사크리다가민의 과덕 이룬 이가 있으며, 아나가민·아라한의 과덕에 향하는 이가 있고, 아나가민·아라한의 과덕에 이른 이가 있다.

그러므로 함이 없는 마음 가운데서 악함과 착함, 지혜 없는 이와 지혜 있는 이 잘 가리는 마음을 내서, 현성의 과덕에 향하는 이와 그 과덕 이룬 이에게 보시하면 그 공덕은 크고 크며 넓고 넓은 것이다.

여덟 현성의 무리는 나고 죽음에
흘러 구르되 나고 죽음에 머물지 않으리

이와 같이 들었다.

한때 붇다께서는 슈라바스티 국 제타 숲 '외로운 이 돕는 장자의 동산'에 계셨다. 그때 세존께서 비구들에게 말씀하셨다.

"여덟 가지 사람이 있어 나고 죽음에 흘러 구르되 나고 죽음에 머무르지 않는다. 어떤 것이 여덟인가.

스로타판나에 나아가는 이·스로타판나를 얻은 이·사크리다가민에 나아가는 이·사크리다가민을 얻은 이·아나가민에 나아가는 이·아나가민을 얻은 이·아라한에 나아가는 이·아라한을 얻은 이들이다.

이것을 비구들이여, '여덟 가지 사람은 나고 죽음에 흘러 구르되 나고 죽음에 머무르지 않는다'고 하는 것이다.

그러므로 비구들이여, 방편을 구해 나고 죽음의 어려움을 건너 나고 죽음에 머무르지 말라.

이와 같이 비구들이여, 반드시 이렇게 배워야 한다."

그때에 여러 비구들은 붇다의 말씀을 듣고 기뻐하며 받들어 행하였다.

• 증일아함 43 마혈천자문팔정품(馬血天子問八政品) +

• 해설 •

중생의 나고 죽음은 나되 실로 남이 없되[生而無生] 남 없이 나는 것[無
生而生]이다.

연기의 진리에 깊은 믿음을 얻어 남[生]에 남이 없고 죽음[死]에 죽음 없음
을 믿어 의심치 않는 이, 그가 바로 지혜의 흐름에 들어선 스로타판나이다.

남을 남으로 집착하는 번뇌가 끊어져 지혜의 흐름에 들어선 현성은 비록
나고 죽음 속에 흘러 구르고 있음[有]에 머물지 않으므로 나고 죽음에 갇히
지 않고 나고 죽음에 머물지 않는다.

그는 남에 남이 없으므로 나지 않음도 없음을 아는 자이니, 참으로 남이
없음을 아는 자는 남이 없음에 머물지 않고 '방편으로 남이 없이 나'[以方
便生] 중생과 더불어 보디의 길을 가는 것이다.

지혜의 흐름에 들어서면 이미 나고 죽음의 흐름 속에서 그 나고 죽음의
흐름을 따르지 않으니, 사크리다가민·아나가민·아라한으로 향상해 나아
간다 해도, 실로 한 법도 얻음이 없는 것이다.

나고 죽음에 흘러 구르되 나고 죽음에 머물지 않는 자를, '나고 죽음의
흐름을 따르되 흐름에 흐름 없는 진실을 아는 자'[隨流認得性]라 하고, '남
이 없는 진여를 떠나지 않고 인연을 따르고 방편을 따르는 이'[守法隨緣]
라 한다.

이를 마하야나의 보살승(菩薩乘)에서는 마하사트바(mahāsattva)라 하고
보디사트바(bodhisattva)라 말하니, 지혜의 흐름에 들어가도 실로 들어간
바가 없고 아라한의 도를 얻어도 얻음 없음을 아는 이가 바로 보디사트바의
수레[菩薩乘]를 탄 세간의 장부이다.

2) 원인의 행과 함께 주어지는 사문의 과덕

네 곳 살핌의 법으로 사문의 과덕 얻나니

이와 같이 내가 들었다.

한때 붇다께서는 슈라바스티 국 제타 숲 '외로운 이 돕는 장자의 동산'에 계셨다. 그때 세존께서 여러 비구들에게 말씀하셨다.

"네 곳 살핌[四念處]을 많이 닦아 익히면 네 가지 과덕[四果]의 네 가지 복된 이익[四福利]을 얻을 것이다. 어떤 것이 넷인가. 곧 스로타판나·사크리다가민·아나가민·아라한이다."

붇다께서 이 경을 말씀하시자, 여러 비구들은 듣고 기뻐하며 받들어 행하였다.

• 잡아함 618 사과경(四果經)

• 해설 •

연기법에서 온갖 법은 인과적 과정으로 주어지고 행위로 주어지니, 해탈의 과덕은 네 과덕의 차제 아닌 차제로 주어지고 삶의 복된 이익으로 발현된다.

끊을바 번뇌와 번뇌 끊는 네 곳 살핌의 행과 니르바나의 과덕에 모두 얻을 것 없으니, 네 곳 살핌의 방편행을 지음 없이 잘 짓는 자, 그가 지금 닦아감을 떠나지 않고 니르바나의 공덕을 온전히 써 세간을 복되게 하고 세간을 진리의 땅으로 장엄하리라.

온갖 법을 거두어 네 곳 살핌에
머물러야 나의 제자이니

이와 같이 내가 들었다.

한때 붇다께서는 바라나시의 '선인이 머무는 곳'[仙人住處] 사슴 동산에 계셨다.

그때 세존께서 여러 비구들에게 말씀하셨다.

"세간에서 아름다운 빛깔[美色] 지닌 여인을 말하니, 세간의 아름다운 빛깔 지닌 여인이란 많은 사람들이 모여와 볼 수 있게 하는 것인가."

여러 비구들은 붇다께 말씀드렸다.

"그렇습니다, 세존이시여."

붇다께서 비구들에게 말씀하셨다.

"만약 세간에 아름다운 빛깔 지닌 여인이 있다면 세간의 아름다운 빛깔 지닌 여인이란, 또한 갖가지 노래와 춤과 음악으로 아주 많은 사람들이 모여와 보게 하는가."

비구들이 말씀드렸다.

"그렇습니다, 세존이시여."

아름다운 여인과 죽이려는 자를 비유로
마음 하나되게 함을 보이심

붇다께서 비구들에게 말씀하셨다.

"만약 세간에 아름다운 빛깔 지닌 여인이 있는데, 그 세간의 아름다운 빛깔 지닌 이가 갖가지 노래와 춤, 음악과 우스갯놀이를 지을 때, 다시 많은 사람이 한곳에 구름처럼 모여 있다고 하자.

그러면 만약 어떤 사람이 어리석거나 미련하지 않아, 즐거움을 즐기고 괴로움을 등지며, 살기를 탐하고 죽기를 두려워하는데, 어떤 이가 그에게 이렇게 말했다 하자.

'그대 장부[士夫]여, 그대는 기름이 가득한 발우를 가지고 세간의 아름다운 빛깔 지닌 이와 대중 가운데를 지나가시오.

사람을 잘 죽이는 어떤 사람을 시켜 칼을 빼어들고 그대를 따르게 하여, 만약 기름 한 방울이라도 떨어뜨리면 곧바로 그대 목을 베게 할 것이오.'

어떠한가, 비구들이여. 그 기름 발우를 가진 사람이 과연 기름 발우를 생각하지 않고, 사람 죽이는 이도 생각하지 않고서, 그 아름다운 여인이나 대중을 바라볼 수 있겠는가."

비구들이 붇다께 말씀드렸다.

"아닙니다, 세존이시여. 왜냐하면 세존이시여, 그 사람[士夫]은 그 뒤에 있는 칼을 빼어든 사람을 보기 때문입니다.

그는 늘 이렇게 생각할 것입니다.

'내가 만약 기름 한 방울이라도 떨어뜨리면 저 칼을 든 사람은 반드시 내 목을 벨 것이다.'

그리하여 그는 오직 그 마음을 하나되게 하여[唯一其心] 기름 발우에 생각을 잡아 매고, 세간의 아름다운 빛깔 지닌 여인과 대중 가운데 천천히 걸어 지나갈 것이요, 감히 사방을 돌아보지 않을 것입니다."

네 곳 살핌의 길을 보이심

붇다께서 비구들에게 말씀하셨다.

"이와 같다, 비구들이여. 만약 어떤 사문이나 브라마나로서 몸을 바로하고 스스로를 소중히 여겨, 그 마음을 하나되게 하여 소리나 빛을 돌아보지 않고, 온갖 마음과 법을 잘 거두어[善攝一切心法] 몸 살핌[身念處]에 머무르면, 그는 곧 내 제자요 내 가르침을 따르는 사람이다.

어떤 것을 비구가 몸을 바로하고 스스로를 소중히 여겨, 그 마음을 하나되게 하여 소리나 빛을 돌아보지 않고, 온갖 마음과 법을 잘 거두어 몸 살핌에 머무르는 것이라 하는가.

이와 같은 비구는 몸에서 몸 살피는 생각에 머물러, 방편에 마음 오롯이해 꾸준히 힘써 바른 지혜와 바른 생각으로 세간의 탐욕과 근심을 항복받는다. 느낌·마음·법에서 느낌·마음·법 살피는 생각에 머무르는 것 또한 이와 같다.

이것을 비구가 몸을 바로하고 스스로를 소중히 여겨, 그 마음을 하나되게 하여 소리나 빛을 돌아보지 않고, 마음과 법을 잘 거두어[善攝心法] 네 곳 살핌에 머묾[住四念處]이라 한다."

방일함이 없이 잘 닦아가길 당부하심

그때에 세존께서는 곧 게송으로 말씀하셨다.

마음 오롯이해 바른 생각으로
기름 발우를 보살펴 지니듯
스스로의 마음 따라 살피면
일찍이 이르지 못했던 곳과

아주 어려운 곳 지날 수 있음이
빼어나게 묘하고 미세하리라.

모든 붇다께서 말씀하신바
그 가르침의 날카로운 칼로
그 마음 오직 하나되게 하여
오롯이 정진해 보살펴 지니라.

저 어리석은 범부들의
방일하고 게으른 일로는
이와 같이 방일하지 않는
여래의 거룩한 가르침에
들어갈 수 없으리라.

붇다께서 이 경을 말씀하시자, 여러 비구들은 붇다의 말씀을 듣고 기뻐하며 받들어 행하였다.

• 잡아함 623 세간경(世間經)

• 해설 •

아무리 밖으로 가지고 싶은 것이 있고 애착하는 것이 있어도 자기 목숨만큼 애착하는 것은 없다. 목숨이 위태로울 때 오직 목숨 보살피기 위해 다른 모든 것을 돌아보지 않듯, 온갖 생각 온갖 모습 취함을 버리고 온갖 법을 지금 살피는 한 생각에 거두어 살피는 행을 지어갈 때, 여래는 그 사람이 사문다운 사문이요 여래의 제자라 가르치신다.

지금 현전의 한 생각[現前一念]을 살피면 온갖 법이 이 생각밖에 따로 있는 것이 아니니, 이 생각을 살펴 오는 곳이 없고 일어난 곳이 없는 줄 바로 알아 온갖 어지러움을 쉬고 삶의 소용돌이를 쉬어야, 사문의 법과 사문의 뜻이 있는 사문다운 사문이고 여래의 바른 제자이다.

살피고 살펴 살피는 바에 실로 알 것이 없는 줄[了無所了] 깨달을 때가 여래의 지혜의 흐름에 들어간 것이니, 오직 방일함이 없는 실천의 수레를 힘있게 몰아가는 자가 티끌먼지 가득한 세간의 이 언덕을 떠나지 않고 니르바나의 저 언덕에 이르리라.

세간법이 아무리 어지럽고 험난해도 온갖 법을 지금 살피는바 한 법 가운데 거두어 온갖 법이 일어난 바 없고 좇아온 바 없음을 통달하면 세간법의 어지러움 속에서 걸림 없는 해탈의 삶을 사는 것이니, 『화엄경』(「십인품」)은 말한다.

보디사트바의 열 번째
참음의 살핌으로 보면
중생과 세간의 모든 법들은
그 바탕의 성품 다 고요하여서
허공처럼 머문 처소가 없네.

第十忍明觀　衆生及諸法
體性皆寂滅　如空無處所

이 허공 같은 지혜를 얻으면
길이 모든 집착 떠나게 되니
허공에 갖가지 모습 없듯이
세간에서 걸리는 바가 없으리.

獲此如空智　永離諸取著
如空無種種　於世無所礙

다섯 가지 진리의 뿌리를 살펴야
세 가지 묶음 끊게 되리

이와 같이 내가 들었다.

한때 붇다께서는 슈라바스티 국 제타 숲 '외로운 이 돕는 장자의 동산'에 계셨다.

그때 세존께서 여러 비구들에게 말씀하셨다.

"다섯 가지 진리의 뿌리가 있다. 어떤 것이 다섯인가. 곧 믿음의 뿌리 · 정진의 뿌리 · 생각의 뿌리 · 선정의 뿌리 · 지혜의 뿌리다.

만약 비구가 이 다섯 가지 진리의 뿌리를 진실 그대로 잘 살피면, 그는 세 가지 묶음이 끊어진 줄 알게 된다. 세 가지 묶음은 몸의 견해 · 그릇된 계의 집착 · 의심이니, 이 세 가지가 끊어짐을 스로타판나라 한다.

그렇게 되면 나쁜 길에 떨어지지 않고 반드시 바른 깨달음에 향하여 일곱 번 하늘과 사람에 난 뒤에는 괴로움의 끝을 마쳐 다한다."

붇다께서 이 경을 말씀하시자 여러 비구들은 붇다의 말씀을 듣고 기뻐하며 받들어 행하였다.

• 잡아함 644 수타원경(順陀洹經)

• 해설 •

몸이 실로 있다는 견해와 법에 대한 의심은 몸이 곧 몸 아님을 바로 보는 지혜와 존재가 있되 공한 고요함 그대로의 선정이 아니면 끊어지지 않는다.

몸이 몸 아님을 알 때 몸에 간히고 모습에 간힌 번뇌와 탐욕을 떠나 지혜의 흐름에 들어서나, 모습이 본래 모습 아니므로 지혜에 들되 실로 들어간 바가 없다.

모습에서 모습 떠난 이, 그가 비로소 보디의 길에 들어온 사람이니 그는 끝내 괴로움의 끝을 다하고 해탈의 저 언덕에 이르리라.

인연으로 있는 온갖 법이 실로 이름할 것이 없고 머문 처소가 없음을 알아 그 법에 집착하지 않으면 보디의 길에 들어선 중생이니,『화엄경』(「십주품」十住品)은 이렇게 말한다.

온갖 모든 법은 즐길 것이 없어서
이름자가 없고 머무는 곳이 없어라.
분별할 것이 없고 진실이 없으니
이와 같이 바르게 살피는 이를
큰 장부 보디사트바라 이름하네.

一切諸法不可樂　無如名字無處所
無所分別無眞實　如是觀者名菩薩

다섯 가지 진리의 뿌리 살피면
해탈의 사람 아라한이 된다

이와 같이 내가 들었다.

한때 붇다께서는 슈라바스티 국 제타 숲 '외로운 이 돕는 장자의 동산'에 계셨다.

그때 세존께서 비구들에게 말씀하셨다.

"이 다섯 가지 진리의 뿌리를 진실대로 살피는 사람은 모든 흐름 [諸漏]을 일으키지 않고 마음이 욕심을 떠나 해탈하게 되니, 이를 '아라한'(arhat)이라 한다.

그는 모든 흐름이 이미 다하고 지을 바를 이미 짓고, 모든 무거운 짐을 떠나 자기 이익을 얻고, 모든 존재의 묶임을 다하고[盡諸有結] 바른 지혜로 마음이 잘 해탈한다[心善解脫]."

붇다께서 이 경을 말씀하시자 여러 비구들은 붇다의 말씀을 듣고 기뻐하며 받들어 행하였다.

• 잡아함 645 아라한경(阿羅漢經)

• 해설 •

끊을 바 번뇌의 흐름이 본래 공한 곳에서 실천으로 인해 얻는 과덕이므로, 그 과덕은 비록 얻지만 실로 얻음이 없다. 그러나 실천으로 얻는 과덕이므로 그 과덕은 실로 얻음 없는 것도 아니다.

연기의 진리를 믿는 믿음의 뿌리 굳세어 삿된 믿음에 빠지지 않고, 늘 마음과 법을 살피는 생각의 진리 뿌리[念根]에 정진하여 선정과 지혜의 뿌리가 굳세어지면, 몸의 견해가 끊어지고 그릇된 계의 집착이 끊어지고 세존 계신 곳과 연기의 진리에 의심이 끊어진다.

이것을 경은 바로 번뇌의 흐름을 끊고 지혜의 흐름에 들어섬이라 말한다.

지혜의 흐름에 들어서 물러섬이 없이 다섯 가지 진리의 뿌리[五根]에 정진하면, 저 탐착할바 경계와 아는 마음이 모두 공한 줄 알아 모든 존재의 묶임을 끊고 삶의 무거운 짐을 모두 부리고 마음의 해탈을 얻으니, 이 사람이 아라한이다.

삶의 무거운 짐을 모두 버림은 안의 아는 뿌리와 바깥 경계와 앎 자체에 모두 실로 있음의 집착과 속박의 짐을 버림이다.

그러나 있음이 원래 있음 아니므로 무거운 짐을 버릴 때가 있음 아닌 있음이 온전히 드러나니, 그때는 언제인가. 늘 은혜와 공덕이 끊어짐 없이 가득한 때인가.

대혜고(大慧杲)선사의 한 노래를 살펴보자.

　　홀로 앉았으니 뉘 알기 허락하리.
　　푸른 산은 지는 해를 마주했네.
　　꽃은 반드시 밤을 이어 피어나니
　　새벽바람 불기를 기다리지 말라.

　　獨坐許誰知　靑山對落暉
　　花須連夜發　莫待曉風吹

그 행이 가득 차지 못한 이는
가득 차지 못한 일 이루리라

이와 같이 내가 들었다.

한때 붇다께서 슈라바스티 국 제타 숲 '외로운 이 돕는 장자의 동산'에 계셨다.

그때 세존께서 여러 비구들에게 말씀하셨다.

"이 다섯 가지 진리의 뿌리를 진실대로 살피는 사람은 모든 흐름을 일으키지 않고 마음이 욕심을 떠나 해탈하게 되니, 이를 '아라한'이라 한다.

그는 모든 흐름이 이미 다하고 지을 바를 이미 짓고, 모든 무거운 짐을 떠나 자기 이익을 얻고, 모든 존재의 묶임을 다하고 바른 지혜로 마음이 잘 해탈한다.

만약 비구가 이 다섯 가지 진리의 뿌리에 대해서 날카롭고 밝거나, 그 살핌이 가득 차게 되면 아라한을 얻고, 만약 힘이 약하거나 뒤떨어지면 아나가민이 된다.

더욱 힘이 약하거나 뒤떨어지면 사크리다가민이 되고, 더욱 힘이 약하거나 뒤떨어지면 스로타판나가 될 것이다.

가득 채운 사람은 가득 찬 일을 이루고, 가득 차지 못한 사람은 가득 차지 못한 일을 이루게 된다.

이 다섯 가지 진리의 뿌리는 헛되어 결과가 없는 것이 아니다.

그리고 만약 이 다섯 가지 뿌리에 전혀 닦음이 없는 사람은 '그는 바깥길이나 범부의 숫자가 된다'고 나는 말한다."

붇다께서 이 경을 말씀하시자, 여러 비구들은 붇다의 말씀을 듣고 기뻐하며 받들어 행하였다.

• 잡아함 652 향경(向經)

• 해설 •

해탈의 과덕은 이르러 가야 할 어떤 지점이 아니고 내면의 어떤 정해진 공간이 아니다. 해탈은 원인이 되는 행위[因行]로 구현되고 행위 자체로 발현된다.

끊을 번뇌가 본래 공한 곳에서 사문의 법으로 성취되는 사문의 과덕이므로 그 과덕은 실체로서 얻는 선정의 경계, 과덕의 세계가 아니다.

그 실천의 힘이 가득 차면 그 과덕이 가득 차게 되고, 그 실천의 힘이 아직 약하면 그 과덕을 지향해 아직 차지 못한 지위가 된다.

앞의 과덕이 있되 공하므로 앞의 과덕을 의지해 뒤의 과덕에 나아가고, 뒤의 과덕을 의지해 아라한의 가장 높은 과덕을 얻지만 실로 얻음이 없다.

그러나 아라한의 과덕이 공한 것이라 실로 얻음이 없지만, 현성의 과덕은 얻음 없음이라 말해서도 안 되니, 다섯 가지 진리의 뿌리가 없으면 그 사람을 세존은 '지혜의 흐름 밖 바깥길에 헤매는 범부의 무리'라 말하고, '길이 나고 죽음의 바다 건너지 못하는 이'라 하신다.

지혜의 뿌리가 머리가 되어
다섯 가지 진리의 뿌리로 니르바나로 향하나니

이와 같이 내가 들었다.

한때 붇다께서는 슈라바스티 국 제타 숲 '외로운 이 돕는 장자의 동산'에 계셨다.

그때 세존께서 여러 비구들에게 말씀하셨다.

"다섯 가지 진리의 뿌리가 있다. 어떤 것이 다섯인가.

곧 믿음의 뿌리 · 정진의 뿌리 · 생각의 뿌리 · 선정의 뿌리 · 지혜의 뿌리다.

만약 거룩한 제자로서 지혜의 뿌리를 성취하면, 믿음의 뿌리를 닦아 떠남[離]을 의지하고, 욕심 없음[無欲]을 의지하고, 사라짐[滅]을 의지하여 버림[捨]으로 향한다.

이것을 믿음의 뿌리의 성취라 하니, 믿음의 뿌리를 성취시키는 것은 곧 지혜의 뿌리이다.

믿음의 뿌리와 같이 정진의 뿌리 · 생각의 뿌리 · 선정의 뿌리 · 지혜의 뿌리 또한 이와 같이 말한다."

다섯 가지 진리의 뿌리를 지혜가 이끎을 보이심

"그러므로 이 다섯 가지 진리의 뿌리에 나아가보면 지혜의 뿌리가 그 머리가 되니, 그것들을 모두 거두어 지니기 때문이다.

비유하면 집이 마룻대가 머리가 되어 여러 재목이 마룻대를 의지함과 같으니, 마룻대가 거두어 지니기 때문이다.

이와 같이 다섯 가지 진리의 뿌리도 지혜를 머리로 하니, 그것들을 거두어 지니기 때문이다."

붇다께서 이 경을 말씀하시자, 여러 비구들은 붇다의 말씀을 듣고 기뻐하며 받들어 행하였다.

· 잡아함 656 혜근경(慧根經) ③

· 해설 ·

해탈의 길은 본래 해탈되어 있음에서 현실의 해탈을 구현하고 본래 니르바나되어 있음에서 다시 니르바나의 땅에 들어가는 것이니, 그 뜻을 여래는 떠남을 의지하고 사라짐에 의지해 버림[捨]으로 향한다고 가르친다.

그러므로 온갖 모습과 번뇌가 본래 니르바나되어 있음을 바로 살피지 못하고 지금 현실의 얽매임이 일어나는 인연을 살피지 못하면 실천의 수레를 굴리지 못한다.

아는 마음에 실로 아는 자가 없고 아는바 경계에 실로 알 바 없음을 살피지 못하면 지금 존재의 바다[有海]를 건너 니르바나의 저 언덕에[涅槃岸]에 이를 수 없으니, 지혜가 해탈의 배를 이끌고 지혜가 집에 마룻대가 되고, 지혜가 걸음걸이에 걸음을 이끄는 눈[眼]이 된다.

온갖 실천의 수레바퀴는 지혜가 굴리고 지혜가 이끄는 것이니, 지혜가 굴리는 실천의 수레는 타되 탐이 없으며[乘無所乘] 구르되 구름이 없는 것[轉無所轉]이다.

제5장

보디 · 니르바나 · 중생에 회향되는
사문의 법과 과덕

"만약 부지런히 정진하는 비구라면,
다음을 행해야 한다. 욕심 줄여 만족할 줄을 알며,
용맹스런 마음이 있고, 많이 들어 남을 위해 설법하며,
두려움이 없고, 계율을 갖추며, 사마디를 성취하고,
지혜를 성취하며, 해탈을 성취하고,
해탈한 지혜를 성취하는 것이다.
너희들이 이야기하고 싶거든 이 열 가지 일을 이야기하라.
왜 그런가. 그것은 윤택함이 온갖 것에 미치고
많은 이익됨이 있고, 범행을 닦게 하고, 사라져 다한 곳,
함이 없는 니르바나의 세계에 이르게 하기 때문이다.
이렇게 논의하는 것이 사문의 뜻이다."

사문이 여래를 따라 집이 아닌 데로 집을 나와 집이 없이 범행을 닦는 그 첫걸음은 어디에서 일어나는가. 사문의 행, 그 첫걸음은 여래의 보디 안에 성취된 존재의 진실에 대한 믿음이다.

곧 여래의 위없는 보디 안에서 존재의 진실이 온전히 드러나고 세계의 실상이 온전히 밝혀져, 여래의 보디의 법이 곧 법계의 진리임을 믿는 것이 온갖 실천의 첫걸음이 된다.

여래는 스스로 여래인 것이 아니라 진리인 보디의 성취자를 말하는 것이다. 또한 온갖 얽매임의 굴레에서 해탈한 분, 니르바나의 구현자를 말한다.

니르바나를 얻는다 말하지만 존재는 본래 적멸되어 있으니, 니르바나란 모습을 끊고 얻는 것이 아니라 있되 공한 존재의 본래 진실의 새로운 구현에 다름 아니다.

사문은 세간 집착의 집을 나와 집이 아닌 데서 여래를 따라 범행을 닦는 자이다.

사문이 사문 되는 뜻은 무엇인가. 그것은 온전히 여래가 가르친 사문의 법을 따라 보디에 나아가기 위함[菩提廻向]이고, 지금 자신의 삶을 물들이고 닫힌 삶으로 규정하는 갖가지 거짓과 환상, 뒤틀린 관념과 집착을 끊어 니르바나에 돌아가기 위함[實際廻向]이다.

이때 중생이 끊어야 할 환상과 집착은 무엇이고, 돌아가야 할 보디와 니르바나는 무엇인가.

끊어야 할 번뇌와 환상은 환상이므로 본래 없는 것이니, 비유하면 어떤 사람이 보는 눈이 잘못돼 새끼줄을 뱀으로 보고 놀랐지만 거기에는 새끼줄만 있고 뱀은 없는 것과 같다.

중생(衆生, sattva)은 중생이 아니다. 중생은 지금 실로 있지 않은 곳에서 실로 있다는 환상을 일으키고, 실로 나고 사라짐 없는 곳에서 나고 사라진다는 그릇된 집착을 일으켜서 닫힌 삶을 살고 있으므로 중생이라 이름한다.

그러나 중생의 진실을 살펴보면 중생의 삶에는 원래 집착하는 바 존재의 있음에 실로 있음이 없고, 나고 사라짐에 실로 나고 사라짐이 없다.

중생을 중생되게 하는 집착이 공하므로 중생에 중생이라고 취할 모습[衆生相, sattva-saṃjñāna]이 없으며, 중생이라고 이름할 그 어떤 실체가 없다.

이렇게 보면 보디와 니르바나에 돌아감이란 중생이 중생 아닌 진실에 돌아가는 것이지, 실로 있는 중생을 끊고 보디(bodhi)와 니르바나(nirvāṇa)의 실제(實際)에 돌아감이 아니다.

보디에 돌아가면 온갖 있음은 있되 있음 아닌 있음이므로, 여기 내[我]가 있고 저기 세계[境]가 있으며 여기 건지는 내가 있고 저기 건질바 중생이 있는 것이 아니다.

그러므로 보디에 돌아감이란 나와 중생이 본래 둘 없는 넓고 큰 마음[廣大心]에 돌아가는 것이고, 나와 중생에 취할 모습이 있는 온갖 뒤바뀜을 돌이켜 진실의 마음[不顚倒心, 眞實心]이 되는 것이다.

나[我]에서 나라는 모습[我相, ātman-saṃjñāna]을 벗어나 보디에 돌아가고 저 세계의 모습[相]에서 모습을 떠나 모습 없는 존재의 진실[實際]에 돌아가는 것은 모습 끊어진 공함에 머무는 생활인가.

있음이 곧 있음 아니므로 있음에서 있음을 떠나면 있음 아닌 있음이 드러나는 것이다. 그러므로 보디에 돌아가는 것은 곧 저 중생을 나 아닌 나로 받아들이는 길이고, 나와 중생을 함께 저 언덕에 건네주는 광대한 행[廣大行]으로 나아감이다.

보디에 돌아감이 실제에 돌아감이고, 실제에 돌아감이 모든 실천의 공덕을 중생에 회향함이다.

곧 번뇌를 돌이켜 반야에 돌아갈 때 보디(菩提)와 니르바나[實際] 세간 여러 사트바의 삶[衆生], 이 세 곳에 온갖 공덕 회향함[廻向三處]이 다 원만해지는 것이다.

보디사트바의 닦음에 실로 닦음이 없어서 닦아 이룬 모든 공덕이 법계와 중생에 회향되는 것이니, 『화엄경』(「십회향품」)은 말한다.

여래의 길 잘 배워 행하는 이는
다만 여러 중생 건져 건네기 위해
늘 위없고 가장 빼어난 지혜 구하네.
지혜는 청정하여 허공같나니
끝없는 마하사트바행 닦아 익히네.

但爲救度諸群生　常求無上最勝智
智慧淸淨如虛空　修習無邊大士行

보디사트바가 닦은 뭇 착한 행은
한량없고 셀 수 없어 갖가지로 다르나
그 온갖 것에 잘 분별해 알아서
중생 이익되게 하기 위해 회향하도다.

菩薩所修衆善行　無量無數種種別
於彼一切分別知　爲利群生故迴向

보디사트바의 원의 힘 온갖 곳 두루해
마치 진여가 있지 않은 곳 없음과 같네.
보든 보지 않든 생각이 다 두루하여서
지은 모든 공덕 널리 회향하도다.

菩薩願力遍一切　譬如眞如無不在
若見不見念悉周　悉以功德而迴向

닦은바 온갖 모든 좋은 공덕들은
자기나 남을 위해서가 아니라
늘 가장 높은 믿음과 앎의 마음으로
세간 중생 이익되게 하기 위하여
나머지 없이 널리 다 회향하도다.

所修一切諸功德　不爲自己及他人
恒以最上信解心　利益衆生故迴向

1 니르바나에 회향되는 사문의 법

• 이끄는 글 •

  중생의 아는 뿌리, 알려지는 경계, 아는 마음이 모두 공해 취할 것이 없고 중생에 중생이라고 취할 모습이 없으므로, 해탈을 지향하는 사문의 행은 닦음을 통해 어떤 처소에 이르는 것이 아니다.

  사문의 닦아 행함에 실로 행함이 없고 사문의 과덕에 얻음도 없고 얻지 않음도 없으니, 사문의 행은 과정 속의 해탈로 주어진다. 과정 속의 해탈 또한 끝내 본래 적멸한 니르바나에서 연기해 니르바나에 돌아가는 행이니, 이것이 사문의 행이다.

  그러므로 지금 닦는 행과 니르바나의 고요함에 취할 모습을 두면 닦음 없되 닦음 없음도 없는 사문의 행 사문의 법이 아니다.

  사문의 행에 닦되 닦음 없으면 사문의 온갖 행이 니르바나의 성품이 되고, 닦음 없되 공에 머묾 없이 닦음 없는 닦음이 현전하면 사문의 온갖 행 온갖 닦음은 니르바나의 자기현전이 된다.

니르바나가 비구의 기뻐 즐겨하는 곳이니

이와 같이 내가 들었다.

한때 붇다께서는 슈라바스티 국 제타 숲 '외로운 이 돕는 장자의 동산'에 계셨다.

그때에 어떤 하늘사람이 얼굴빛이 아주 묘했는데, 그는 새벽녘 붇다 계신 곳에 와서 발에 머리를 대 절하고 한쪽에 물러나 앉았다. 그러자 몸의 여러 밝은 빛이 제타 숲 '외로운 이 돕는 장자의 동산'을 두루 비추었다.

때에 그 하늘사람은 게송으로 붇다께 여쭈었다.

어떤 것이 잘 행해가는 비구가
자기와 같이하는 두 번째 것입니까.
어떤 것이 잘 행해가는 비구가
가르쳐준 법 따르는 것입니까.

잘 행하는 비구는 어느 곳에서
마음 노닐어 스스로 즐깁니까.
그곳에서 즐겁게 노닐고는
여러 얽매임 끊을 수 있습니까.

비구의 의지함과 따르는 것, 즐기는 곳을 노래로 보이심

그때에 세존께서는 게송으로 대답하셨다.

    믿음이 자기의 몸과 같이하는
    두 번째의 자기가 되는 것이고
    지혜가 가르쳐준 법 따름이며
    니르바나가 기뻐 즐기는 곳이니
    거기서 비구는 얽매임을 끊네.

때에 그 하늘사람은 다시 게송으로 말하였다.

    오래도록 브라마나 보아왔더니
    온전한 니르바나 얻으셨어라.
    온갖 두려움을 모두 이미 벗어나
    길이 세간 은혜 애착 뛰어나셨네.

그 하늘사람은 붇다의 말씀을 듣고 기뻐하고 따라 기뻐하면서, 붇다의 발에 머리를 대 절하고 이내 사라져 나타나지 않았다.

• 잡아함 1014 제이경(第二經)

• 해설 •

비구는 무엇을 의지처로 삼고 무엇을 참으로 즐길 곳으로 삼아 살아가는가. 삼보에 대한 믿음이 험한 물결 들이치는 세간 바다의 섬이 되고 비와 우레, 우박과 번개를 피할 집이 된다.

믿음은 저 여래 안에 실현된 보디와 니르바나가 중생의 진실임을 믿는 것이니, 중생의 물들고 닫힌 삶 속에서 돌아가야 할 참된 자기실상을 믿는 것이다.

그러므로 믿음 속에 자기의 새로운 얼굴이 있으니, 이 뜻을 경은 '믿음이 자기의 몸과 같이하는 두 번째 자기가 되는 것이다'라고 말한다.

여래의 법은 바른 견해가 맨 앞머리이고 지혜가 그 뿌리이니, 미망을 돌이켜 지혜에 나아가는 것이 여래의 법을 따르는 것이다.

여래의 법을 따르는 것은 온갖 얽매임을 벗어나 해탈의 저 언덕에 이르고자 함이니, 기쁨의 땅 니르바나의 성이 비구의 참된 쉼터이고 니르바나의 성이 파라미타의 수레를 타고 가서 즐겁게 노닐고자 하는 곳이다.

『화엄경』(「십회향품」) 또한 삼세의 여래가 당부하신 '중생의 쉴 곳과 돌아갈 곳'이 위없는 니르바나의 성임을 다음과 같이 노래한다.

삼세의 여래가 당부하신 것은
위없는 큰 법의 성에 머묾이니
니르바나의 이 큰 성에 머물게 되면
모든 물질에 일찍이 물들어 집착 없고
느낌 모습 취함 지어감과 앎에도
이와 같이 물들어 집착 없도다.

三世如來所付囑　住於無上大法城
未曾染著於諸色　受想行識亦如是

사문의 계·선정·지혜의 행은
끝내 해탈과 니르바나에 이르나니

이와 같이 내가 들었다.

한때 붇다께서는 슈라바스티 국 제타 숲 '외로운 이 돕는 장자의 동산'에 계셨다.

그때 세존께서 여러 비구들에게 말씀하셨다.

"이백오십 가지가 넘는 계율에 대해서, 차례를 따라 보름마다 프라티목샤 수트라[prātimokṣa sūtra, 律藏]를 말하여, 만약 저 바르게 행하는 이가 스스로 자기 뜻의 하고자 함을 따라 배우려 한다 하자.

나는 그를 위해 세 가지 배움[三學]을 말하겠다.

만약 이 세 가지 배움을 배워 행하면 온갖 계의 배움[一切戒學]을 다 거두어 받을 수 있다.

어떤 것이 그 세 가지인가? 더욱 위로 오르는 계의 배움·더욱 위로 오르는 뜻의 배움·더욱 위로 오르는 지혜의 배움이 그것이다."

계의 배움이 아나가민에 향해 가도록 함을 보임

"어떤 것이 더욱 위로 오르는 계의 배움인가?

이 비구가 계를 무겁게 여기면 계는 더욱 위로 오르지만, 선정은 무겁게 여기지 않으면 선정은 더욱 위로 오르지 못하고, 지혜도 무겁게 여기지 않으면 지혜도 더욱 위로 오르지 못한다.

다시 이렇게저렇게 나뉜 미세한 계를 무겁게 여기고 나아가 배움의 계[學戒]를 받아 지니면, 이와 같이 알고 이와 같이 보아 세 가지 묶음[三結]을 끊게 된다. 곧 몸의 집착된 견해[身見], 삿된 계의 집착[戒取], 의심[疑]을 말한다.

그러면 탐냄·성냄·어리석음이 엷어져 '스로타판나에서 물러섬이 없는 지위에 오르기 위한 하나의 씨앗이 되는 도[一種子道]'를 이룬다. 씨앗이 되는 도의 지위에서 평등하게 깨닫지 못한 이를 사크리다가민(sakṛdāgāmin)이라 하고, 다시 그 지위에서 평등하게 깨닫지 못한 이를 '하늘과 사람의 집을 오가며 사크리다가민에 향해가는 이[家家]'라고 한다.

다시 그 지위에서 평등하게 깨닫지 못한 이를 '일곱 번 남을 받는 이'[七有]라 하고, 다시 그 지위에서 평등하게 깨닫지 못한 이를 '법을 따르는 행'[隨法行]이라고 한다.

다시 그 자리에서 평등하게 깨닫지 못한 이를 '믿음을 따르는 행'[隨信行]이라고 한다.

이것을 '더욱 위로 오르는 계의 배움'[增上戒學]이라고 한다."

더욱 위로 오르는 뜻의 배움이
아나가민에서 니르바나를 향해 나아가게 함을 보임

"어떤 것이 더욱 위로 오르는 뜻의 배움인가?

이렇게 이름하는 비구는 계를 무겁게 여겨 계는 더욱 위로 오르고, 선정을 무겁게 여겨 선정은 더욱 위로 오르는데, 지혜는 아직 무겁게 여기지 않아 지혜가 더욱 위로 오르지 못한다.

그래서 그는 이렇게저렇게 나뉜 미세한 계를 무겁게 여기고 나아가 배움의 계를 받아 지니면, 이와 같이 알고 이와 같이 보아 이 다섯 가지 낮은 곳의 묶음[五下分結]을 끊게 된다. 곧 몸의 집착된 견해 · 삿된 계의 집착 · 의심 · 탐욕 · 성냄을 말한다.

다섯 가지 낮은 곳의 묶음을 끊고 나면 '색계를 향해가는 가운데 몸[中有]의 파리니르바나'[中般涅槃]를 얻는다.

이 지위에서 평등하게 깨닫지 못한 이[未等覺者]는 더 나아가 '색계에 남이 있는 니르바나'[生般涅槃]를 얻고, 다시 이 지위에서 평등하게 깨닫지 못한 이는 더 나아가 '행함이 있는 파리니르바나'[有行般涅槃]를 얻는다.

다시 이 지위에서 평등하게 깨닫지 못한 이는 더 나아가 '행함이 없는 파리니르바나'[無行般涅槃]를 얻고, 다시 이 지위에서 평등하게 깨닫지 못한 이는 더 나아가 '높은 흐름에 드는 파리니르바나'[上流般涅槃]를 얻는다.

이것을 '더욱 위로 오르는 뜻의 배움'[增上意學]이라고 한다."

지혜의 배움으로 해탈과 니르바나가 완성됨을 보이심

"어떤 것이 더욱 위로 오르는 지혜의 배움인가?

이 비구는 계를 무겁게 여겨 계가 더욱 위로 오르고, 선정을 무겁게 여겨 선정이 더욱 위로 오르며, 지혜도 무겁게 여겨 지혜가 더욱 위로 오른다.

그러면 그는 이와 같이 알고 이와 같이 보아 '탐욕의 샘 있음'[欲有漏]에서 마음이 해탈하고, '존재의 샘 있음'[有有漏]에서 마음이 해탈하며, '무명의 샘 있음'[無明有漏]에서 마음이 해탈한다.

그리고 해탈지견(解脫知見)이 생겨 '태어남은 이미 다하고 범행은 이미 서고, 지을 바를 이미 지어 다시는 뒤의 있음을 받지 않는다'고 스스로 안다.

이것을 '더욱 위로 오르는 지혜의 배움'[增上慧學]이라고 말한다."

붇다께서 이 경을 말씀하시자, 여러 비구들은 붇다의 말씀을 듣고 기뻐하며 받들어 행하였다.

• 잡아함 821 학경(學經) ⑥

• 해설 •

이 경도 탐욕세계의 다섯 가지 번뇌에 묶인 중생이 여래의 법을 따라 지혜의 흐름에 들어 차츰 해탈의 땅에 나아감을 보이고 있다. 수행자는 처음 지혜의 흐름에 들어 탐욕을 벗어나고 존재의 묶임 벗어난 '남음 있는 니르바나'에 들었다가 끝내 선정과 지혜가 더욱 향상되어 탐욕과 존재 무명의 흐름에서 해탈하는 것이다.

중생의 탐욕과 탐욕이 애착하는 온갖 존재의 세계가 공해 본래 적멸하고 본래 니르바나되어 있다면 갖가지 닦아 올라감의 차제 또한 차제 아닌 차제이다. 니르바나에 나아가는 사문의 법은 온통 닦음 없는 닦음으로, 본래 니르바나되어 있는 진실의 세계에 복귀하는[實際廻向] 활동에 다름 아니다.

계(戒)로써 탐욕을 조복하여 몸이 있다는 견해·삿된 계의 집착·여래에 대한 의심이 사라지면 믿음이 세워지고 지혜의 흐름에 들게 되니, 이 지위를 스로타판나라 한다. 이는 아직 선정행이 온전히 갖춰지지 못한 지위이다.

믿음 따르는 행[信行]이 깊어져 법을 따르는 행[法行]이 갖춰지고 일곱 번 탐욕의 세계에 떨어지고서[七有] 위로 오를 수 있는 지위가 되고, 더 법행이 깊어지면 사크리다가민을 향하여[一來向], '사람의 집과 하늘의 집에 가고 오는 현성[家家]'이 된다.

다시 더 향상되면 사크리다가민이 되고, 아나가민에 오르기 전 욕계의 맨 끝 아나가민의 씨앗이 되는 도[一種子道]를 얻는다. 여기서 선정의 힘이 깊어지면 다섯 가지 낮은 곳, 곧 욕계의 번뇌가 끊어져서 아나가민이 되어 탐욕 없는 세계 가운데서 '남음 있는 니르바나'[有餘涅槃]에 든다.

탐욕 없는 세계에서 드는 니르바나는 다섯 가지로 말하니, 이는 아나가민의 성자이다.

첫째, 가운데 존재[中有]의 지위에서 번뇌 끊고 니르바나에 들어감[中般]이다. 둘째, 탐욕 없는 세계에 나서 오래지 않아 미혹 끊어 '남이 있는 니르바나'[生涅槃樂]를 얻음이고, 셋째, 오랜 시간 수행을 더해 남은 미혹을 끊는 '지어감이 있는 니르바나'[有行涅槃]이다.

넷째, 행을 지음이 없이 악을 스스로 없애고 니르바나에 드는 '지어감이 없는 니르바나'[無行涅槃]이고, 다섯째, 색계의 낮은 하늘에서 아가니스타 하늘[akaniṣṭa-deva]에 나아가 남은 미혹을 끊고 니르바나에 들어감이다.

이 다섯 가지 다시 되돌아오지 않는 성자의 니르바나는 아직 현재법에서 남[生]을 다하는 니르바나는 되지 못한다.

지혜의 힘이 굳세어져 남[生]에 남이 없음[無生]을 투철하게 깨달으면, 비로소 현재법에서 온갖 탐욕의 흐름·존재의 흐름·무명의 흐름이 다한 남음 없는 니르바나에서 해탈하여 해탈지견이 생기고 해탈의 활동이 자재하게 되니, 아라한의 해탈이다.

그러나 탐욕과 번뇌에 묶인 중생으로부터 아라한의 지위까지 더욱 위로 오르는 실천의 과정이 본래 니르바나되어 있는 진실처에서 다시 니르바나에 복귀하는 과정이라면, 끊을바 중생의 번뇌도 허깨비 같은 것[如幻煩惱]이고 닦아감도 허깨비 같은 것[如幻修]이며 위없는 보디의 도 또한 허깨비 같은 것[如幻覺]이다.

허깨비 같은 사마디[如幻三昧, Māyā-upama-samādhi]로 허깨비 같은 번뇌를 끊고 허깨비 같은 보디를 증득하며 허깨비 같은 중생을 건지는 것이니, 『화엄경』은 이 뜻을 '마음[心]과 붇다[佛]와 중생(衆生) 이 세 가지가 차별 없다'[心佛及衆生 是三無差別]고 가르치고 있다.

그러므로 화엄의 이 뜻을 바로 아는 이가 닦음 없이 닦아 니르바나에 돌아가는 사문의 법 사문의 길을 알 것이다.

사문의 길은 탐욕의 세계를 떠나 니르바나의 땅에 돌아가는 것이지만, 중생의 탐욕이 본래 공하고 니르바나에도 취할 모습이 없다면 사문의 길에서 온갖 공덕은 중생과 세계에 회향되는 것이다.

　『화엄경』(「십회향품」)은 말한다.

> 비유하면 법계에 분별이 없음과 같이
> 허튼 논란에 물든 집착 길이 다하고
> 또한 니르바나에 막혀 걸림 없듯이
> 마음은 늘 이같이 모든 취함 떠나네.
>
> 譬如法界無分別　戲論染著皆永盡
> 亦如涅槃無障礙　心常如是離諸取

> 지혜로운 이에게 있는 회향의 법은
> 한량없는 모든 붇다 여래께서
> 이미 중생에게 열어 보이시어
> 갖가지 선근을 다 회향케 함이니
> 그러므로 회향의 법 따라 행하면
> 보디사트바의 도 모두 이룰 수 있네.
>
> 智者所有迴向法　諸佛如來已開示
> 種種善根悉迴向　是故能成菩薩道

어떤 것이 중생 가운데 으뜸가는 목숨입니까

이와 같이 내가 들었다.

한때 붇다께서는 슈라바스티 국 제타 숲 '외로운 이 돕는 장자의 동산'에 계셨다.

그때에 어떤 하늘사람이 얼굴빛이 아주 묘했는데, 그는 새벽녘 붇다 계신 곳에 와서 발에 머리를 대 절하고 한쪽에 물러나 앉았다. 그러자 몸의 여러 밝은 빛이 제타 숲 '외로운 이 돕는 장자의 동산'을 두루 비추었다.

때에 그 하늘사람은 게송으로 붇다께 여쭈었다.

어떤 것이 높은 수행자가
가지고 있는 재물입니까.
어떤 것을 잘 닦아 익혀
안락함을 이루게 됩니까.

어떤 것이 뭇 맛 가운데
가장 높은 맛이 됩니까.
어떤 것이 중생 가운데
으뜸가는 목숨이 됩니까.

수행자가 갖는 재물과 목숨을 노래로 보이심

그때에 세존께서는 게송으로 대답하셨다.

　깨끗하게 믿어 즐거워하는 마음
　수행자의 빼어난 재물이라 하고
　바른 법을 닦아 행하게 되면
　안락한 과덕을 부를 수 있네.

　참된 진리를 보인 그 묘한 말씀
　이것이 모든 맛 가운데 높고
　현성의 번뇌 없는 지혜의 목숨
　이것이 목숨 가운데 으뜸이네.

때에 그 하늘사람은 다시 게송으로 말하였다.

　오래도록 브라마나 보아왔더니
　온전한 니르바나 얻으셨어라.
　온갖 두려움을 모두 이미 벗어나
　길이 세간 은혜 애착 뛰어나셨네.

　그 하늘사람은 붇다의 말씀을 듣고 기뻐하고 따라 기뻐하면서, 붇다의 발에 머리를 대 절하고 이내 사라져 나타나지 않았다.

• 잡아함 1013 신경(信經)

가진 것을 버려 누더기 옷을 입고 집집마다 다니며 밥을 비는 것은 길이 모자람이 없는 법의 재물[法財] 얻기 위함이다.

세간 탐욕의 즐거움을 버려 범행을 닦는 것은 뭇 맛 가운데 으뜸인 법의 기쁨[法喜]을 맛보아 길이 배고픔 없애주는 해탈의 밥[解脫食]을 늘 먹기 위함이다.

또한 여래가 가르치신 방편의 법에 그 마음을 오롯이해 물러섬이 없이 정진하는 것은 번뇌가 다한 지혜의 목숨을 얻기 위함이다.

무엇이 지혜의 목숨인가. 번뇌가 나되 남이 없는 곳[無生處]이 지혜 목숨의 뿌리이니 여래의 가르침에 믿음을 낸 이, 그가 이미 죽지 않는 진리의 땅[實際理地]에 서 있는 자이다.

『화엄경』(「십회향품」) 또한 온갖 모든 법이 다 공한 진여의 땅에 들어감을 아는 자가, 나고 죽음의 감옥을 열어젖히고 죽음 없는 지혜의 목숨을 살며 중생을 해탈의 땅에 이끌게 됨을 이렇게 노래한다.

온갖 여래께서 세간에 나오심은
중생의 마음 열어 이끌고자 함이나
중생의 그 마음 성품대로 잘 살피면
마쳐 다해 찾아 구해도 얻을 것 없네.

一切如來出世間　爲欲啓導衆生心
如其心性而觀察　畢竟推求不可得

온갖 모든 법이 나머지가 없이
다 진여의 바탕 없는 성품에 드니
이 깨끗한 지혜의 눈으로 회향하면
저 세간 나고 죽음의 감옥 열게 되네.

一切諸法無有餘　悉入於如無體性

以是淨眼而廻向 開彼世間生死獄

세간 중생 잘 다루어 이끄는 이의
높은 지위에 이미 오르게 되면
뜨거운 번뇌 떠나 마음에 걸림 없지만
해탈에 이끄는 법과 뜻을 모두 잘 알아
고통받는 중생 이롭게 하기 위해
더욱더 부지런히 닦고 또 닦네.

已昇調御人尊地 離諸熱惱心無礙
於法於義悉善知 爲利群生轉勤習

2 비구들이여, 복된 업으로 세간 장엄하라

· 이끄는 글 ·

해탈의 길은 세간의 모습을 끊고 출세간의 세계에 나아가거나 중생의 업을 끊고 해탈의 업을 따로 구하는 것이 아니다.

가르침 따라 세간을 살피고 중생의 업을 살피면 그 안에 '나와 내 것'이 공하고 마음과 세계가 공하다.

그러므로 수행자는 '나와 내 것'에 갇힌 업을 해탈의 업으로 돌이키고 '나'만을 위한 이기적인 복을 '나와 너'를 모두 살리는 넓고 크고 끝없는 니르바나의 업으로 돌이키는 자이다. 『화엄경』(「십회향품」)은 이렇게 가르친다.

보디사트바의 사유와 업은 넓고 커서
차별 아닌 갖가지 차별은 아주 희유하네.
뜻 군세게 해 닦아 행함 물러섬 없이
이 바른 업으로 온갖 중생 요익케 하네.

菩薩思惟業廣大　種種差別甚希有
決意修行無退轉　以此饒益諸群生

비구들이여, 복 없음을 두려워하고
복 짓기에 게을리하지 마라

이와 같이 들었다.

한때 붇다께서는 슈라바스티 국 제타 숲 '외로운 이 돕는 장자의 동산'에 계셨다.

그때 세존께서 여러 비구들에게 말씀하셨다.

"너희들은 좋은 복의 갚음을 두려워하지 말라. 왜 그런가.

그것은 이 '즐거움을 받는 따름'[受樂之應]으로 매우 사랑하고 공경할 만한 것이기 때문이다. 복이라고 부르는 까닭은 이러한 큰 갚음[大報]이 있기 때문이다.

너희들은 복이 없음을 두려워해야 한다. 왜 그런가.

그것은 괴로움의 근본으로서 근심과 걱정 괴로움을 이루 다 말할 수 없어서 사랑해 즐길 것이 없기 때문이니, 이것을 복이 없음이라 한다."

과거세상 복된 업을 지어 과보 취하지 않음을 보이심

"비구들이여, 지난 세상에 이런 일이 있었다.

옛날에 일곱 해 동안 사랑의 마음[慈心] 행하기를 생각했고, 일곱 겁이 지나도록 이 세상에 오지 않았다.

또 일곱 겁 동안은 빛과 소리의 하늘에 났고 다시 일곱 겁 동안은 큰 브라흐마하늘에 나서 큰 브라흐마하늘이 되어 짝할 이가 없이 백천 세계를 거느렸으며, 서른여섯 번 도로 인드라하늘의 모습이 되었고 셀 수 없는 세상에 전륜왕이 되었다.

그러므로 여러 비구들이여, 복 짓기를 게을리하지 말라.

왜 그런가. 그것은 즐거움을 받는 따름으로 매우 사랑하고 공경할 만한 것이기 때문이니 이것을 복이라 한다.

너희들은 복이 없음을 두려워하라. 왜 그런가.

그것은 괴로움의 근본으로서 근심과 걱정 괴로움을 이루 다 말할 수 없기 때문이니, 이것을 복이 없음이라 한다.”

모습 없는 복으로 니르바나의 처소 이르게 됨을 게송으로 보이심

그때에 세존께서는 곧 게송으로 말씀하셨다.

시원스러워라 복의 갚음이여.
바라는 것은 다 얻게 되고
빨리 사라져 다함에 이르러
함이 없는 곳에 이르게 되네.

수억의 하늘마라 파피야스도
참된 복을 흔들지 못하나니
복된 업을 늘 지어서 닦는 자
늘 성현의 도 스스로 구해
온갖 괴로움 모두 없애 다하고
뒤에 다시는 근심 없게 되리라.

"그러므로 비구들이여, 복 짓기를 싫어하지 말라.

이와 같이 비구들이여, 반드시 이렇게 배워야 한다."

그때에 비구들은 붇다의 말씀을 듣고 기뻐하며 받들어 행하였다.

• 증일아함 10 호심품(護心品) 七

• 해설 •

여래는 복과 지혜 함께 갖추어 세간을 안위하시는 분이니, 여래를 따르는 사문 또한 지혜와 행, 복과 지혜를 함께 닦아 세간 중생을 안위해야 한다.

복을 지으면 즐거움을 받는 과보가 따른다. 그러나 그 과보를 구하거나 그 과보에 머물면 복에 갇히고 스스로 지은 복에 탐착하여 복이 모습 없는 복이 되지 못하니, 복이 해탈의 씨앗 참된 즐거움의 씨앗이 되지 못한다.

선과 악의 업보가 있되 공한 줄 알아 지은 복의 과보에 탐착하지 않는 자는 복된 과보를 취하지도 않고 그 과보를 버리지도 않으니, 세존은 그 뜻을 '복의 과보를 두려워하지 말라'고 가르친다.

과거세상 세존이 지은 크나큰 복의 출발은 세간에 대한 크나큰 사랑의 마음[慈心]이다. 사랑의 마음으로 복을 짓는 자는 복의 모습을 취하지 않고 그 복의 과보를 자기 것으로 받지 않는다. 그는 저 셀 수 없는 하늘왕의 복된 과보가 와도 그 복의 과보를 취하지 않으므로 복의 모습 무너뜨리지 않고 이 세간 위없는 보디의 완성자가 되며, 함이 있는 복의 세계를 깨뜨리지 않고 함이 없는 니르바나의 처소에 이르는 것이다.

복을 지음 없이 지어 복덕의 힘으로 세간을 장엄하는 자, 그는 복덕을 받지 않음으로 크나큰 복업을 성취하는 자이니, 이 세간 위없는 복업의 성취자를 우리는 세간의 크나큰 영웅[mahāvīra] 세간의 참된 승리자[Jina] 세간의 위없는 복밭[無上福田]인 여래라 부른다.

공덕의 업은 저 파피야스도 부수지 못하리라

이와 같이 들었다.

한때 붇다께서는 슈라바스티 국 제타 숲 '외로운 이 돕는 장자의 동산'에 계셨다.

그때 세존께서 여러 비구들에게 말씀하셨다.

"만약 한 법을 따르고 한 법에서 떠나지 않으면, 하늘마라 파피야스도 그 틈을 타지 못하고 또 와서 흔들지 못할 것이다.

그 한 법이란 어떤 것인가. 곧 복덕의 업이다.

그 까닭을 말하겠다. 옛날 이런 일이 있었다. 나는 옛날 보디 나무 밑에서 여러 보디사트바와 한곳에 모여 있었다.

그때에 악한 마라 파피야스는 수천만 억의 군사를 거느렸는데 짐승 머리에 사람 몸 등 갖가지 형상은 이루 다 헤아릴 수 없었고, 하늘 · 용 · 귀신 · 아수라 · 가루라 · 마후라가 등이 모두 모여 왔다.

때에 악한 마라 파피야스는 내게 말하였다.

'사문은 빨리 땅에 엎드려라.'

그러나 나는 복덕의 큰 힘[福德大力]으로 마라와 원수를 항복받았다.

그리고 모든 번뇌 티끌의 때가 사라지고[諸塵垢消] 모든 더러움이 없어[無有諸穢] 곧 위없이 바르고 참된 도[無上正眞道]를 이루었다.

비구들이여, 이 뜻을 살피라. 공덕을 온전히 갖춘 비구는 악한 마라 파피야스도 그 틈을 엿보아 그 공덕을 부수지 못한다."

그때에 세존께서는 곧 게송으로 말씀하셨다.

복이 있으면 즐겁고
복이 없으면 괴롭다.
지금 생이나 나중 생에서
복 지으면 즐거우리라.

"그러므로 비구들이여, 복 짓기를 게을리하지 말라."

그때에 비구들은 붇다의 말씀을 듣고 기뻐하며 받들어 행하였다.

• 증일아함 10 호심품 八

• 해설 •

복을 짓되 지음이 없고 복의 과보에 취하는 마음이 없고 그 복덕을 취하지 않으면, 그 복의 모습은 허공과 같아 깨뜨릴 수 없고 무너뜨릴 수 없다.

복덕이 공한 줄 알아 취하지 않으므로 온갖 마라와 원수가 깨뜨릴 수 없으니, 복덕이 공한 줄 알아 복덕을 짓되 복덕의 모습에 머물지 않고 늘 복덕을 지어 삶을 풍요롭게 하면 이 복덕의 행밖에 해탈의 행이 없다.

복덕의 업을 떠나지 않고 위없는 보디가 있으니, 보디의 길 가는 사문 또한 늘 복덕을 짓되 복덕을 취하지 않고 받지 않으면[不受福德], 그가 세간의 복밭이 되는 여래의 성문제자이고 여래 상가의 거룩한 제자이다.

진리 안에 세워주는 것이
참된 중생 거둠의 길이 되니

이와 같이 내가 들었다.

한때 붇다께서는 슈라바스티 국 제타 숲 '외로운 이 돕는 장자의 동산'에 계셨다.

그때 세존께서 여러 비구들에게 말씀하셨다.

"세 가지 힘이 있으니 믿음의 힘[信力]·생각의 힘[念力]·지혜의 힘[慧力]이다.

어떤 것을 믿음의 힘이라 하는가.

곧 거룩한 제자가 여래 계신 곳에 대해 깨끗한 믿음에 들어가면 그 뿌리가 굳세고 단단하여 여러 하늘과 마라와 브라흐만, 사문과 브라마나 및 그와 같은 모든 법들이 무너뜨릴 수 없으니, 이것을 믿음의 힘이라 한다.

어떤 것을 생각의 힘이라 하는가. 곧 네 곳 살핌의 힘이다.

어떤 것을 지혜의 힘이라 하는가. 곧 네 가지 거룩한 진리이다."

네 가지 거두는 법[四攝法]을 보이심

"가장 빼어난 보시[最勝施]란 법보시[法施]이다.

가장 빼어난 사랑스런 말[最勝愛語]이란 잘 행하는 이가 가르침을 즐거이 듣고 때맞추어 법을 설하는 것[應時說法]이다.

이익을 행함에 가장 빼어난 것[行利最勝]이란 여러 믿지 않는 이를 믿어 들어가게 해 믿음을 세우게 하는 것이고, 깨끗한 계로서 계를 세우게 하고, 아끼는 자는 보시로 들어가게 해 보시를 세우게 하고, 나쁜 지혜를 가진 자는 바른 지혜로 들어가게 해 바른 지혜를 세우게 하는 것이다.

이익 함께함에 가장 빼어난 것[同利最勝]은 곧 아라한에게는 아라한의 법을, 아나가민에게는 아나가민의 법을, 사크리다가민에게는 사크리다가민의 법을, 스로타판나에게는 스로타판나의 법을 주는 것이고, 깨끗한 계[淨戒]를 주어야 할 자에게 깨끗한 계를 주는 것이다."

붇다께서 이 경을 말씀하시자, 여러 비구들은 붇다의 말씀을 듣고 기뻐하며 받들어 행하였다.

• 잡아함 668 사섭사경(四攝事經)

• 해설 •

스스로 바른 믿음과 바른 생각으로 지혜의 목숨을 얻은 이는 나와 내 것, 나와 중생의 두 모습이 공한 줄 알므로, 그는 나에서 나를 떠나 넓고 큰 원력[廣大願力]의 삶을 산다.

나에서 나를 떠나고 저 중생의 모습에서 중생이라는 모습 취함 떠나는 삶이 네 가지 큰 거둠의 삶이다.

중생을 잘 거두는 이는 애착의 견해[愛見]로 중생에게 자비를 행하는 자가 아니라, 스스로 깨친 여래의 법 가운데 저 중생을 온전히 세워주고, 스스로 들어간 믿음의 땅에 동요하고 갈등하는 중생을 굳건히 뿌리내리게 하는 사람이다.

그리하여 스스로 잘 믿음에 들어 믿음의 힘을 갖추고 생각의 힘 지혜의 힘을 갖춘 이는 저 중생의 병통과 근기를 알아, 때맞추어 법을 설하고[應時

說法] 때맞추어 방편의 문을 열어[開方便門] 함이 없는 진리의 땅에 그 중생을 이끄는 것이다.

스스로 잘 믿음의 힘 지혜의 힘을 갖춘 이, 그는 때[時]와 곳[處]과 사람[人]을 따라 때로 범행의 법으로 중생을 세워주고, 때로 보시의 법으로 세워주고, 때로 아나가민의 법으로 세워주기도 하고, 때로 아라한의 법으로 세워주니, 그가 얻은 지혜의 힘은 한 지혜에 지혜의 모습이 없어 모습 없는 지혜[無相慧]로 온갖 방편의 지혜를 나타내기 때문이다.

『화엄경』(「십회향품」) 또한 니르바나의 고요함에 머묾 없되 늘 고요한 지혜의 힘으로 중생을 건짐 없이 건져 진리의 땅에 세워주는 보디사트바의 업을 이렇게 보인다.

가장 빼어난 지혜로 모든 법 살피면
그 가운데 한 법도 생겨남 없네.
이와같은 방편으로 회향을 닦으면
공덕은 한량없어 다할 수 없네.

以最勝智觀諸法　其中無有一法生
如是方便修迴向　功德無量不可盡

마음 오롯이 온갖 중생 건져 보살피는 이
중생이 모든 악업 멀리 떠나게 하네.
보디사트바는 이같이 여러 중생
늘 요익되게 하고 안락케 하려
늘 생각을 모습 없는 법계에 묶고
법계와 하나되게 사유하여서
일찍이 바른 행을 버림이 없네.

專心救護於一切　令其遠離衆惡業
如是饒益諸群生　繫念思惟未曾捨

보디사트바가 지은바 모든 공덕은
미묘하고 넓고 커서 깊고 멀도다.
그러므로 한 생각이라도 닦아 행하면
그 공덕 모두 회향하여 끝이 없도다.

菩薩所作諸功德　微妙廣大甚深遠
乃至一念而修行　悉能迴向無邊際

보디사트바의 뜻 즐겁고 늘 편히 머물러
바른 생각 굳건히 어리석음 떠나니
그 마음은 부드럽고 늘 맑고 시원해
중생 위해 끝없는 공덕의 행 모아 쌓네.

菩薩志樂常安住　正念堅固離癡惑
其心善軟恒淸涼　積集無邊功德行

3 중생과 역사에 회향되는 사문의 법과 과덕

• 이끄는 글 •

연기의 가르침을 따르는 수행자에게 저 중생은 '나'가 아니되 '나
아님'도 아니고, 저 세계는 중생이 의지해 사는 곳이며 세계를 떠난
중생은 없다.

그러므로 저 중생을 보는 '나'에게도 보여지는 중생에게도 '나'
[我]와 '나와 다름'[異我], '둘의 합함'[相在]이 없고, 중생[正報]과
세계[依報]에도 있는 모습이 없고, 없는 모습이 없으니 연기의 가르
침 따라 니르바나에 나아가는 수행자의 실천은 중생과 역사에 회향
되고 저 세계의 장엄에 회향된다.

선정과 지혜의 힘[定慧力]으로 저 세계를 장엄함이 없이 장엄하
는 자, 그가 사문으로서 사문의 행을, 보디사트바로서 보디사트바의
행을 잘 닦는 자이다.

니르바나 향한 사문의 행은
법보시로 중생에 회향되나니

이와 같이 들었다.

한때 붇다께서는 슈라바스티 국 제타 숲 '외로운 이 돕는 장자의 동산'에 계셨다.

그때 세존께서는 여러 비구들에게 말씀하셨다.

"한 법을 닦아 행하고 한 법을 널리 펴야 한다.

한 법을 닦아 행하고 한 법을 널리 펴고 나면, 곧 신통을 얻고 모든 행이 고요해져서 사문의 과덕을 얻고 니르바나의 처소에 이르게 된다.

어떤 것이 한 법인가. 곧 모든 좋은 법에 방일함이 없는 행이다.

어떤 것이 방일함이 없는 행인가.

곧 온갖 중생을 건드려 어지럽게 하지 않음이고, 온갖 중생을 해치지 않음이며, 온갖 중생을 괴롭히지 않음이다.

이것을 방일함이 없는 행이라 한다.

그 어떤 것을 좋은 법이라 하는가. 여덟 가지 바른 길을 말하니, 곧 바른 견해 · 바른 뜻 · 바른 말 · 바른 행위 · 바른 생활 · 바른 방편 · 바른 생각 · 바른 선정이다.

이것을 좋은 법이라 한다."

그때에 세존께서는 곧 게송으로 말씀하셨다.

온갖 중생에게 물질 베푼다 해도
사람에게 법보시함만 같지 못하네.
비록 중생에게 복을 보시해도
한 사람의 법보시가 빼어나도다.

"그러므로 여러 비구들이여, 좋은 법을 닦아 행해야 한다.
이와 같이 여러 비구들이여, 반드시 이렇게 배워야 한다."
그때에 비구들은 붇다의 말씀을 듣고 기뻐하며 받들어 행하였다.

• 증일아함 10 호심품 二

• 해설 •

니르바나에 돌아간다는 것은 중생의 물든 마음과 탐욕에 젖은 몸을 버리
고 따로 영적인 신비의 몸과 마음을 얻는다는 것인가.

니르바나에 돌아감은 중생의 번뇌가 번뇌가 아니고 중생이 중생 아닌 중
생의 자기진실에 돌아가는 것이다.

그러므로 니르바나에 돌아감은 세간의 모습 있고 나고 죽음이 있는 현실
을 떠남이 아니라 나되 남이 없는 세간의 연기적 진실을 온전히 드러냄이
고, 세간의 닫힌 모습을 떠나되 모습 아닌 모습으로 세간 역사의 땅에 돌아
옴이다.

여래의 보디의 눈으로 보면 나[我]는 나 아닌 나이고 세계[他]는 세계 아
닌 세계이다.

나는 세계 아니되 세계 아님도 아니고 세계는 나가 아니되 나 아님도 아
니며, 끊을바 중생의 나고 죽음은 원래 고요하여 나고 죽음에 실로 나고 죽
음이 없다.

그러므로 니르바나에 돌아감이란 세계가 아니되 세계 아님도 아닌 나의

진실에 돌아감이고, 나 아니되 나 아님도 아닌 세계의 진실을 온전히 살아감이다.

니르바나에 돌아가는 자는, 저 중생에 취할 중생의 모습이 없어서 중생이 온전히 여래의 진실생명[如來藏] 그대로의 중생인 줄 아는 자이다.

중생의 중생됨을 부정하고 니르바나에 돌아가는 큰 사람이 마하사트바이니, 그는 나에서 나를 떠나고 중생에서 중생의 모습을 떠나 넓고 큰 마음[廣大心] 끝이 없고 다함없는 마음[無邊心]으로 이 세간을 살아간다.

그러므로 사문이 방일함 없이 행해야 하는 여덟 가지 바른 길이 나를 보디에 세우는 일이자 저 중생을 크게 거두는 삶이고, 중생을 해침이 없이 자비로 거두어 보디에 이끄는 일이다.

곧 사문의 법에 방일함이 없는 이는 나에서 나를 떠나고 중생에서 중생의 모습을 떠난 넓고 큰 마음과 한량없는 마음으로 나와 너를 함께 해탈에 이끄는 파라미타의 행으로 살아가는 자이다.

보디에 돌아가고[菩提廻向] 니르바나로 돌아가는[實際廻向] 자, 보디사트바는 늘 저 중생을 나 아닌 나로 보살피고, 저 중생에 자비를 행함으로써 나에 나 없는 참된 자신에 복귀한다.

그는 내 가진 것이 실로 가진 것 없음을 알아 늘 베풂으로써 주는 나와 받는 너, 주는 물건을 함께 해탈의 땅에 세워준다.

베풀어줌 가운데도 법보시(法布施, dharma-dāna)가 가장 으뜸이니, 바로 중생을 여래장인 중생으로 스스로 다시 서게 하고, 가난하고 배고픈 중생이 스스로 길이 가난하지 않고 배고프지 않은 여래장(如來藏, tathāgata-garbha) 공덕의 곳간에 나아가게 하기 때문이다.

사문은 사마디와 지혜 얻어
온갖 중생 윤택케 한다

이와 같이 들었다.

한때 붇다께서는 슈라바스티 국 제타 숲 '외로운 이 돕는 장자의 동산'에 계셨다.

그때 많은 비구들이 모두 '널리 모이는 강당'[普會講堂]에 모여 이런 이야기를 하고 있었다.

'지금 슈라바스티 성에는 곡식이 아주 귀해 빌어 구해도 얻기 어렵다. 세존께서는 이렇게 말씀하셨다.

〈마시고 먹음을 의지해 사람의 몸은 보존할 수 있고, 물질의 네 가지 큰 요소[四大]는 마음이 생각하는 법[心所念法]을 의지하며, 법에 의지함[法衣]이 좋은 길[善趣]의 근본이다.〉

우리들은 오늘 차례로 사람을 세워 밥을 빌자. 그래서 밥을 비는 사람이 아름답고 묘한 빛깔을 보게 하여 아주 묘한 닿음을 얻으며, 또 입을 옷·먹을거리·자리끼·병에 맞는 의약품 등을 얻게 된다면 좋지 않겠는가?'

탐착의 마음으로 밥을 빌려고 하는 비구들의 논의를 꾸중하심

그때 세존께서는 청정하여 티끌의 더러움이 없는 하늘귀로 멀리서 여러 비구들의 이런 이야기를 들으셨다. 그때 세존께서는 곧 널리 모이는 강당으로 가 대중 가운데 앉아 말씀하셨다.

"너희들은 여기 모여 무슨 이야기를 하고 있는가?"

비구들은 대답했다.

"저희들이 논의한 것은 이렇습니다.

'지금 슈라바스티 성은 밥을 빌어 구해도 얻기가 어렵다. 그러므로 같이 차례로 한 사람씩 밥을 빌러 가자.

그러면 때를 따라 좋은 빛깔 묘한 옷도 볼 수 있고, 또 입을 옷·먹을거리·자리끼·병에 맞는 의약품 등도 얻을 수 있을 것이다.'

저희들이 논의한 것은 바로 이런 이야기였습니다."

붇다께서 비구들에게 말씀하셨다.

"밥을 비는 비구가 입을 옷·먹을거리·자리끼·병에 맞는 의약품 등 네 가지 공양에서 다시 빛깔·소리·냄새·맛·닿음을 보고 들어 쓰려고 하는가? 나는 늘 이렇게 가르쳐 당부했다.

'밥을 빎에는 두 가지가 있으니, 가까이할 것과 가까이하지 않아야 할 것이다. 설사 입을 옷·먹을거리·자리끼·병에 맞는 의약품 등을 얻더라도, 그것이 나쁜 법을 늘어나게 하고 좋은 법이 없으면 그것은 가까이하지 말아야 한다. 만약 입을 옷·먹을거리·자리끼·병에 맞는 의약품 등을 빌어 구해 좋은 법을 늘어나게 하고 나쁜 법을 늘어나게 하지 않으면 그것은 곧 가까이해야 할 것이다.'

너희들 비구들이여, 우리 법 안에서 무엇을 논하려 하는가?

너희들이 논의한 것은 바른 법의 논의가 아니다. 그러므로 그런 법은 버리고 다시는 사유하지 말라. 이것을 말미암아서는 쉬어 사라져 다한 니르바나의 처소[涅槃之處]에 이를 수 없다."

해탈에 나아가는 열 가지 법으로 중생 윤택케 하길 당부하심

"너희들이 만약 이야기하려거든 반드시 이 열 가지 법을 이야기하라. 어떤 것이 열 가지인가?

만약 부지런히 정진하는 비구라면, 다음을 행해야 한다.

욕심 줄여 만족할 줄을 알며, 용맹스런 마음이 있고, 많이 들어 남을 위해 설법하며, 두려움이 없고, 계율을 갖추며, 사마디를 성취하고, 지혜를 성취하며, 해탈을 성취하고, 해탈한 지혜를 성취하는 것이다. 너희들이 이야기하고 싶거든 이 열 가지 일을 이야기하라.

왜 그런가. 그것은 윤택함이 온갖 것에 미치고 많은 이익됨이 있고, 범행을 닦게 하고, 사라져 다한 곳, 함이 없는 니르바나의 세계에 이르게 하기 때문이다. 이렇게 논의하는 것이 사문의 뜻[沙門之義]이다.

반드시 생각하고 사유하여 마음에서 떠나지 않게 하라.

이와 같이 여러 비구들이여, 반드시 이렇게 배워야 한다."

그때 여러 비구들은 붇다의 말씀을 듣고 기뻐하며 받들어 행하였다.

• 증일아함 47 선악품(善惡品) 五

• 해설 •

연기법에서 마음은 물질을 떠나지 않고 물질은 마음을 떠나지 않는다. 그러므로 뜻이 있는 뭇 생명[有情]은 물질인 먹을 것 마실 것을 먹지 않으면 그 생명을 유지하지 못하고, 땅·물·불·바람의 네 가지 요소로 된 저 사물들도 주체가 사유하는 바를 따라서 주체의 마음인 물질로 구성된다.

그 뜻을 여래는 '사대의 물질이 마음의 생각하는 법을 의지한다'[四大依

倚心所念法]고 가르치시니, 이는 물질에 취할 모습이 없고 물질을 의지해 나는 마음에도 마음이 없음을 가르치신 것이다.

이런 뜻을 저 비구들이 잘못 알아듣고서 중생이 '먹지 않으면 죽으므로 밥을 빌어야 하고, 마음으로 물질을 사유해야 하고, 좋은 닿음을 취해야 하며, 좋은 먹을거리 입을 것을 구해야 한다'고 생각해 그릇된 논의를 계속하니 세존이 크게 꾸중하신다.

여래의 말씀은 물질로 인한 중생의 사유와 삶이므로 사유에도 취할 모습이 없고, 생각하는 법을 따르는 물질이므로 물질이 공함을 보이신 것이다. 그러므로 생각에서 생각 떠나고 모습에서 모습 떠나야 여래의 뜻을 따르는 사문이라 할 것이며, 사문의 뜻[沙門義]을 아는 사문이라 할 것이다.

저 보여지는 모습에 취할 모습을 두면 나고 사라짐이 없는 진여의 참모습을 보지 못할 것이고, 아름다운 빛깔 부드러운 닿음 가운데서 취할 미묘한 닿음이 있으면, 닿음 없이 중생을 닿아 중생을 한때라도 떠남이 없는 니르바나의 모습 없는 닿음을 알지 못할 것이다.

사문이 지향해야 할 뜻과 늘 논의해야 할 일은 열 가지 법이다. 곧 먹을 것 입을 것에 욕심을 줄여 만족할 줄 알아야 하고, 용맹스런 마음으로 굳센 믿음의 땅에서 물러섬이 없어야 하며, 많이 들어 남을 위해 진리의 말씀을 전해야 한다. 그렇게 되면 두려움 없음을 얻게 되고 계·사마디·지혜·해탈·해탈지견의 다섯 가지 법의 몸[五分法身]을 얻게 된다.

그러므로 다섯 가지 법의 몸을 얻으려는 자는 검박하게 생활하고, 용기있게 진여의 법을 실천하여, 많이 듣고 잘 배우되 늘 남을 위해 법으로 보시 행해야 하는 것이다.

남을 위해 법보시 행해 진리의 윤택을 온갖 것에 미치게 하고 나와 남을 함께 법의 이익으로 보살피는 자, 그가 지금 중생의 땅을 떠나지 않고 니르바나에 돌아간다.

이밖에 '사문의 뜻'이 없으니 신비한 영성의 놀음놀이로 사문의 길 종교가의 길을 말하는 자들은 사문의 뜻을 등지고 져버리는 자이다.

네 가지 거두는 법으로
세간과 중생을 거두어주라

이와 같이 내가 들었다.

한때 붇다께서는 슈라바스티 국 제타 숲 '외로운 이 돕는 장자의 동산'에 계셨다.

그때 세존께서는 여러 비구들에게 말씀하셨다.

"세 가지 힘이 있으니 믿음의 힘·생각의 힘·지혜의 힘이다.

어떤 것을 믿음의 힘이라 하는가. 곧 성인의 제자가 여래 계신 곳에서 깨끗한 믿음에 들어가면 그 뿌리가 굳세고 단단하여 여러 하늘과 마라와 브라흐만, 사문과 브라마나 및 그와 같은 모든 법들이 무너뜨릴 수 없으니, 이것을 믿음의 힘이라 한다.

어떤 것을 생각의 힘이라 하는가. 곧 네 곳 살핌의 힘이다.

어떤 것을 지혜의 힘이라 하는가. 곧 네 가지 거룩한 진리이다.

만약 있는 법 가운데 많은 사람이 취하는 것은 곧 다 네 가지 거두어주는 일[四攝事]이다.

어떤 이는 한결같이 보시(布施)를 취하고, 어떤 이는 사랑스런 말[愛語]을 취하며, 어떤 이는 이익 같이 나눔[行利]을 취하고, 어떤 이는 일과 이익 함께함[同利]을 취한다.

과거세상에서 과거세상 대중이 취한 것이 있었다면 이 네 가지 거두는 일이었고, 미래세상 대중이 취할 것이 있다면 또한 이 네 가지 거두는 일일 것이다.

어떤 이는 한결같이 보시를 취하고, 어떤 이는 좋은 말을 취하며, 어떤 이는 이익 같이 나눔을 취하고, 어떤 이는 일과 이익 함께함을 취하는 것이다."

게송으로 네 가지 거두는 법을 다시 보이심
그때에 세존께서는 곧 게송으로 말씀하셨다.

보시와 사랑스런 말의 거둠과
이로운 행으로 중생 거둠과
이익을 함께하는 모든 행을 일으켜
중생에 맞는 바를 각기 따라서
이 네 가지로 세상을 거두어줌은
수레가 바퀴로 인해 구름 같아라.

세상에 이 네 가지 거두는 일 없으면
자식은 길러준 어미의 은혜를 잊고
아버지를 높이 모시지 않으며
스스로 낮춰 받들어 섬김 없으리.

이 네 가지 거둬주는 일이 있어
바른 법을 따라 행하기 때문에
세간에 큰 수행자들이 있게 되어
그 덕이 온 세간을 덮어주도다.

붇다께서 이 경을 말씀하시자, 여러 비구들은 붇다의 말씀을 듣고 기뻐하며 받들어 행하였다.

• 잡아함 669 섭경(攝經)

• 해설 •

여래 계신 곳에 믿음을 일으키고 연기의 법을 사유해 지혜의 힘이 굳세어진 이는 네 가지 거두는 법으로 이 세간 중생의 땅에 돌아오게 되어 있다.

네 가지 거두는 법은 억지로 짓는 법이 아니라 믿음과 지혜의 힘이 있는 자가 이 세간을 사는 모습이니, 네 가지 거두는 법이 함께하지 않으면 그는 믿음의 힘이 온전하지 못하고, 살피는 생각과 지혜의 힘이 무르익지 못한다.

나에 나가 없고 내 것에 내 것이 없으므로 지혜의 힘이 있는 이는 늘 보시하고 저 중생을 사랑스런 말로 거두며, 복된 이익을 함께 나누어 세간을 복된 이익으로 윤택케 하고 세간을 이익되게 하고 안락케 한다.

이 거두는 법이 과거중생·현재중생·미래중생이 모두 받아들여야 할 법이고, 사문의 법을 행하는 수행자·보디사트바·마하사트바가 늘 행할 법이니, 이 거두는 법이 연기의 진실 그대로 삶의 모습이기 때문이다.

『화엄경』(「십회향품」) 또한 저 중생이 중생 아닌 중생인 줄 알아 그 근기 따라 늘 거두는 행과 자비행을 베푸는 보디사트바의 업을 다음과 같이 말한다.

세간 중생 건져주는 보디사트바
중생이 모두 망상인 줄 밝게 깨달아
중생에 대해 온갖 분별이 없이
중생의 여러 근기 잘 가려 알아서
널리 저 중생들 요익케 하네.

了知衆生皆妄想　於彼一切無分別
而能善別衆生根　普爲群生作饒益

승보장 僧寶章 6

해탈의 길, 정토의 세상

제7부

세간 생활의 도와
재가수행자의 길

여래의 법은 온갖 중생이
스스로 진리의 주체가 되어, 나고 죽음의
흐름 속에 있는 사트바가 세간 흐름을 벗어나
물듦 없이 자재한 세간의 큰 장부
마하사트바가 되게 하는 길이다. 그러므로
누구나 가르침을 믿어 받아 듣고 여래의 법을
따라 행하면 그 스스로 세상을 향해 법을
말할 수 있고, 그 스스로 해탈의 도에 들고
니르바나의 저 언덕에 오르며, 여래의
진리의 집에 나게 되는 것이다.

출가의 이상과 재가생활의 도

1. 출가의 방편과 니르바나의 길

세속의 집을 떠나 아란야에서 선정을 닦는 출가사문의 길과 집에 머물며 세간의 일을 경영하고 믿음과 보시의 행을 닦는 재가 생활인의 도가 서로 다른 길인가. 이 물음에 대한 응답을 먼저 붇다가 제시한 세계관의 기초를 다시 고찰함으로써 찾아보기로 한다.

불교는 스스로 불교만의 종교적인 영역이나 불교라는 언어의 틀에 갇힌 특수한 세계가 존재하지 않음을 전제하고 가르침을 시작한다.

붇다는 주체적인 자기실천을 통해 연기의 진리를 깨달음으로써 미혹과 환상이 다한 진실의 모습을 세간에 열어주는 분이지, 어떤 특정한 계시자의 선택에 의해서 세간의 구원자로 오신 분이 아니다.

붇다의 가르침[佛敎]은 가르침의 언어를 통해, 가르침의 언어를 능동적으로 지양하고 진실에 복귀하기를 지시한다. 깨달음의 언어는 언어 아닌 언어이므로, 그 언어가 지양되지 못하면 삶의 진실에 복귀하지[實際廻向] 못한다. 그러므로 불교는 불교가 아니다.

이처럼 불교의 언어는 불교라는 언어를 붙들고 세계의 진실에 복귀하지 못하는 자의 허물을 부정하고 있다. 그러나 세간에 중생의 미망과 환상이 있으므로 붇다의 깨달음의 언어 또한 언어의 철저한 실천[如說行]을 통해서만 지양되고, 가르침을 통한 환상의 타파와 진실에의 복귀[菩提廻向]를 통해서만 지양되어야 한다고 말한다.

곧 붇다의 언어는 지양되어야 하되 언어의 철저한 실천을 통해서만 지양되어야 한다. 그러므로 불교는 불교 아닌 것도 아니다.

이런 뜻에서 불교의 종교적 언어는 역사적이되 역사를 넘어서고, 불교라는 종교의 제도적 틀과 구제를 위한 방편의 문을 통해서 그 제도의 틀과 방편의 문을 넘어서게 한다.

붇다 또한 기성 브라마나와 사문들의 종교집단 속에서 스스로의 상가를 구성하고 자신의 사상적 교의를 주장했다. 그러므로 붇다도 기성 교단을 상대해서 스스로 구성한 출가상가 중심의 교설을 펴며 세간 교화를 시작한다.

아함경을 펼쳐보면 거의 대다수 많은 경전이 출가비구(出家比丘)를 위주로 한 법문이므로 자칫 붇다의 가르침이 세속을 떠난 출가자를 위한 법문이 아닌가 의심할 수 있다.

출가자 중심의 교설은 보디에 마음낸 이들로 하여금 먼저 세속의 집을 떠나 오롯이 범행을 닦게 하기 위해 세간 가정살이를 벗어나게 하고, 세속의 집을 떠나 상가의 아란야에 머물도록 하기 위해 그에 맞는 갖가지 교설을 편다.

출가상가는 붇다 교화의 언어가 지향하는 대상이자, 출가사문들은 여래 교화의 언어를 온몸으로 짊어지고 역사의 한복판에 다시 복귀하는 전위적 집단이다.

출가상가를 위한 초기 불교의 많은 교설은 그 형식만을 보면 세속의 생활을 부정하고 금욕주의와 고행주의를 주장하는 것처럼 보인다. 여래의 교설은 여래의 깨달음과 법계의 실상에서 일어나 중생을 실상에 이끄는 언어이다. 그러므로 그 언어의 모습이 공한 곳에서 중생이 앓고 있는 병통과 듣는 사람의 근기, 세상의 풍조에 따라 그 언어의 방향을 달리해서 듣는 이를 해탈에 이끄는 언어이다.

붇다의 교설은 방편을 따라 달라지는 언어의 방향과 세계관의 본질적 입장[第一義悉壇]을 동시에 고찰하지 않으면 안 된다.

세계관을 놓고 보면 기성 철학인 브라마나들이 초월적 일자의 실재성을 강조하고, 새로 일어난 사문들이 다원적 요소의 실체를 주장하므로, 붇다의 연기법은 온갖 존재[我, ātman]에 스스로 있는 존재의 뿌리가 없음을 강조하기 위해 나 없음[無我, anātman]을 말한다.

붇다의 나 없음은 초월적이든 다원적이든 존재의 실체적 출발을 부정하기 위해 세운 나 없음이므로 그 나 없음은 나[我]에 나 없음[無我]이다. 그러므로 나 없음은 주어가 될 수 없는 나 없음이다.

아함경에 셀 수 없이 등장하는 나 없음의 교설을 듣고, 그릇 이해한 이들은 불교를 허무주의적 철학이라고 하거나 절대무를 말하는 철학과 동일시할 것이다.

다시 아함경에서 여래는 맨 처음 가르침을 접하는 미혹의 중생에게 늘 '이 몸이 깨끗하지 않다는 생각'[不淨想]을 가르치고 '탐욕은 즐길 것이 없다는 생각'[欲不可樂想]을 강조한다.

이 가르침 또한 중생이 이 몸에 대해 '깨끗하다는 집착'을 일으키므로 그 집착을 깨기 위해 깨끗하지 않다는 생각으로 가르친 것이다. 또 일시적으로 성취된 즐거움의 느낌을 취해 경계를 집착하므로 즐거운 느낌마저 취할 것이 없음을 보이기 위해 즐거움에도 '즐길 것이 없다는 생각'을 가르친다.

집착의 병과 집착을 깨뜨리는 다스림의 법약[對治法藥]이 함께 다하면[藥病俱盡], 몸의 깨끗하고 더러움을 떠난 진실이 현전하고, 괴로운 느낌에 실로 괴로움이 없고 즐거운 느낌에 실로 즐거움이 없는 느낌의 진실이 드러난다.

탐착의 세간에서 탐착이 다하면, 이 세간은 탐착할 대상도 아니고 그곳에서 떠나 아란야로 도피해야 할 어떤 두려운 대상도 아니다. 저 세간에 취하고 버릴 것이 없는 줄 알면 이 세간이 니르바나(nirvāṇa)의 터전이 되고 해탈[mokṣa]의 장이 된다.

그러므로 중생이 앓는 병과 집착에 따라 달라지는 그 교설의 방향을 올바로 읽을 때, 붇다의 가르침은 달리 발언된 언어의 틀을 벗어나 붇다가 보이는 한맛[一味]의 진실한 세계, 니르바나의 땅에 복귀할 것이다.

2. 『비말라키르티수트라』를 통해 본 출가와 번뇌 끊음

붇다에 의한 출가제도의 구성과 출가상가의 역사적 출현 또한 이 세간에서 탐욕의 얽매임을 끊고 중생을 해탈에 이끌기 위한 방편의 한 모습이다.

출가상가는 탐욕의 불이 타는 세간에 해탈의 나룻터를 만들고 진리의 깃발을 세우기 위해 반드시 필요한 제도이지만, 형식으로서의 출가 자체가 그대로 공덕이 된다고 말하는 것은 붇다의 뜻이 아니고 연기법의 뜻이 아니다.

여래의 가르침은 방편의 뜻이 다 지양되지 않고는 그 진실이 드러나지 않는다. 중생의 있음[有]에 대한 집착을 깨기 위해 실로 있지 않다[實非有]는 가르침의 뜻을 세운 것이니, 있음의 집착과 있지 않다는 방편의 가르침이 모두 사라질 때 있음 아닌 있음의 진실은 드러난다. 여래의 눈으로 보면 미망의 중생이 살고 있는 이 삼계의 세간은 불난 집[火宅]과 같고 다섯 가지가 흐린 악한 세상[五濁惡世]이다.

다섯 가지 흐림의 첫째는 역사가 흐림[劫濁, kalpa-kaṣaya]이니, 전쟁·질병·배고픔이 넘치는 시대의 고통스런 모습이다.

둘째 견해의 흐림[見濁, dṛṣṭi-kaṣaya]이니, 사상의 혼란이다.

셋째 번뇌가 흐림[煩惱濁, kleśa-kaṣaya]이니, 세간에 탐욕과 성냄·어리석음이 넘침이다.

넷째 중생이 흐림[衆生濁, sattva-kaṣaya]이니, 중생의 과보의 몸이 시들어 약해지고 지혜가 무디어 지고 어두워짐이다.

다섯째 목숨이 흐림[命濁, āyuṣ-kaṣaya]이니, 중생의 목숨이 줄어듦이다.

여래가 세운 출가의 길은 이러한 삼계의 활활 타오르는 탐욕의 집 무명의 얽매임을 벗어나 세간에 범행과 아란야행을 실천할 법의 기단을 세우고 법의 기초를 세우기 위함이다. 그리고 전쟁과 병이 넘치고 사상이 어지럽고 공해가 넘치고 중생이 시들어 죽는 물든 세상의 땅을 정토로 정화해 시대와 역사를 구원하기 위해 오탁의 땅에 법의 깃발을 세우기 위함이다.

곧 출가의 방편은 삼계 번뇌의 집 타는 불을 꺼 오탁의 흐린 역사를 선정과 지혜로 정화하기 위함이다. 그러므로 탐욕의 경계에서 탐욕의 불을 끄고 무명과 속박의 집을 벗어나면, 출가·재가의 형식을 넘어 참으로 집착과 얽매임의 굴레를 벗어나게 하는 출가의 뜻이 드러난다. 참된 출가는 세간의 한복판에서 흐린 세간의 물결에 물듦 없이 역사에 돌아오는 자유인의 모습으로 드러난다.

중생을 향해 탐욕을 끊으라고 가르친 것은 중생이 탐욕으로 인해 속박의 삶을 사는 것을 잡아 보인 것이다. 중생의 삶을 윤회의 굴레에 빠뜨리는 그 탐욕이 연기한 것이라 공함을 잡아 보면 탐욕은 실로 끊을 것이 없다. 그러므로 탐욕 끊으라고 가르치는 뜻은 실로 끊음이 없이 탐욕을 돌이켜 넓고 큰 원력의 삶[廣大願], 보디의 길[菩提道]

에 나아감에 그 실천적인 뜻이 있다.

붇다 니르바나 이후 출가교단의 권위와 비나야의 형식적 틀을 지키려는 상좌부 교단의 출가자에 의해 아함의 교설과 비나야는 형식주의적 완벽성과 출가중심주의로 해석되어왔다.

보살승(菩薩乘, bodhisattva-yāna)의 새로운 수행집단은 교설의 형식주의적 해석을 넘어 연기중도의 세계관과 실천성 그 자체를 강조한다. 보살승을 표방하는 새로운 수행자 집단은 재가제자인 비말라키르티 거사(Vimalakīrti, 淨名)를 주인공으로 하는 『비말라키르티수트라』의 편집을 통해, 붇다의 연기론적 실천정신의 왜곡을 타파하고 출가형식주의를 넘어선 상가 출가정신의 새로운 회복을 강조한다.

이제 『비말라키르티수트라』의 교설에 의해 보살승의 수행자 집단이 강조한 출가의 뜻과 연기론적 실천정신의 핵심교의를 다시 살펴보기로 한다.

1) 출가의 뜻

집이 아닌 데로 세속의 집을 나와 여래의 가르침을 따르는 출가상가는 단순히 세속의 집을 떠나온 것에 그 뜻이 있지 않다. 연기법의 세계관에서 세간의 연기적 진실을 떠나 돌아가야 할 니르바나의 세계는 따로 없다.

그러므로 집을 나온 이가 세속 탐욕의 집을 떠남으로써 탐욕의 마음과 탐욕의 세간이 모두 공한 줄 깨달으면, 아란야의 고요함에도 머물 모습이 없다. 세간법밖에 출세간의 진리가 따로 없으니, 탐욕의 집을 나온 아란야 행자는 모든 존재의 닫힌 틀에서 해탈된 자유의 모습으로 세간에 되돌아오게 되어 있다.

보디의 땅에 돌아감과 세간 중생에 되돌아옴이 하나되는 것, 이것이 출가의 뜻이다.

그러므로 경전은 늘 세속을 떠나 아란야에서 안거하는 비구의 모습과 함께 사람 사이 성읍 가운데 노닐어 다니고 밥을 빌며 사람들에게 법을 설하는 비구의 모습을 늘 같이 말하고 있다.

탐욕에 빠지지 않고 범행 닦는 깨끗한 수행자가 어찌 맑고 아름다운 공덕이 없겠는가. 그러나 참된 실상의 공덕은 모습에서 모습을 떠나되 모습 없음에 빠짐이 없이 모습 아닌 모습으로 역사에 복귀하는 공덕의 세계이다. 그러므로 그 공덕의 세계는 모습 있음[有相]에 가두어 말할 수 없고 모습 없음[無相]의 고요함으로도 말할 수 없다.

붇다 니르바나 이후 출가의 형식에 매달리어 출가의 실천적인 뜻을 실현하지 못하는 출가승단에 대한 비판은 붇다 당시 재가거사인 비말라키르티의 성문제자들에 대한 비판으로 대체된다.

출가의 공덕은 세간 모습의 집착을 뛰어넘되 모습 없음에도 취할 모습 없음을 보지 않는 것이 출가의 뜻이다.

이러한 출가의 뜻을 철저히 보지 못한 라훌라 존자를, 경에서는 비말라키르티 거사의 목소리로 다음과 같이 비판한다.

"라훌라시여, 집을 나오는 공덕의 이익을 말씀하지 않아야 합니다. 왜냐하면 이익 없고 공덕 없는 것이 이 집을 나옴이기 때문입니다.

함이 있는 법은 이익 있고 공덕 있다고 말할 수 있지만, 집을 나오는 것은 함이 없는 법[無爲法]이라 함이 없는 법 가운데는 이익이 없고 공덕이 없습니다.

라훌라시여, 집을 나옴이란 저것도 없고 이것도 없으며 또한 가운데도 없는 것입니다. 예순두 견해[六十二見]를 떠나 니르바나에 머무는 것이니, 지혜로운 이가 받는 것이요 성인이 행하는 곳입니다.

못 마라를 항복받고 다섯 길의 삶들을 건네주며, 다섯 눈[五眼]을 깨끗이 하고 다섯 가지 진리의 힘[五力]을 얻어 다섯 가지 진리의 뿌리[五根]를 세워서 남을 괴롭히지 않고 못 여러 악한 일들을 떠나고 여러 바깥길들을 꺾습니다.

거짓 이름[假名]을 벗어나고 진흙에서 뛰어나 얽매임이 없어서 내 것이 없으니 받는 바가 없으며 시끄럽고 어지러움이 없습니다.

안으로 기쁨을 품고 남의 뜻을 보살펴주며 선정을 따라서 못 허물을 떠납니다.

만약 이와 같을 수 있으면 이것이 참으로 집을 나옴[出家]입니다."

이 문답의 끝에 출가의 공덕이 모습 있음에 머물지 않고 모습 없음에도 빠지지 않음이므로, 비말라키르티 거사는 '위없는 보디의 마음'[無上菩提心] 낼 때가 곧 출가이며 곧 계를 갖춤[戒具足]이라고 말한다.

비말라키르티 거사의 견해로 보면 출가를 통해 상가라는 선택된 집단에 몸을 담아 상가의 수를 채움으로써 출가의 뜻이 완성되는 것이 아니다.

오히려 모습 있는 상가와 삼보의 닫힌 틀을 깨뜨릴 때 참된 상가에 들어갈 수 있는 것이니, 비말라키르티 거사는 마을에 들어가 밥을 비는 수부티 존자와의 문답에서 이렇게 보인다.

"모든 붇다를 비방하고 법을 헐며 상가의 수[僧數]에 들지 않으며 끝내 니르바나에 들지 않아서 그대가 이와 같을 수 있어야 사문으로서 밥[食]을 받을 수 있을 것이오."

이러한 뜻의 출가는 비록 집에 살고 세속에 살아도, 번뇌 떠나 믿음과 지혜를 세울 수 있으면 참된 출가의 뜻을 이루는 것이다. 그러므로 세간의 모습에 머묾 없되 고요함에도 머묾 없이 세간을 지혜의 업[智慧業]으로 장엄하면 그가 바로 출가하여 세간의 복밭이 되는 사람이다.

『비말라키르티수트라』에서 '좋은 덕'[善德]이라는 장자의 아들은 그의 아버지 집에서 많은 사문·브라마나와 가난한 이들을 초청해 이레 동안 큰 법의 모임을 열고 있었다.

그때 비말라키르티 거사는 '좋은 덕' 젊은이가 그 모임에 와서 재물로 보시[財施]하려는 마음을 깨 법의 보시[法施]를 하도록 이렇게 가르친다.

"장자의 아들이여, 큰 보시의 모임은 네가 베푸는 것처럼 해서는 안 된다. 반드시 법을 보시하는 모임이 되어야 하는데, 어찌 재물만으로 보시하는 모임을 하려는가."

"거사시여, 무엇을 법을 베푸는 모임이라 합니까."

"법을 베푸는 모임은 앞뒤가 없이 한때에 온갖 중생을 공양하면, 이것을 법을 베푸는 모임이라 한다."

"무엇을 말합니까."

"그것은 다음과 같다. 보디(bodhi)로 사랑의 마음[慈心]을 일으키며, 중생을 건지려고 크게 슬피 여기는 마음[大悲心]을 일으키고, 바른 법 지니어 기뻐하는 마음[喜心]을 일으키며, 지혜로 거두어버리는 마음[捨心]을 행함이 법을 베푸는 모임이 된다.

아끼고 탐내는 마음을 거두어 다나파라미타(dāna-pāramitā, 布施)를 일으키고, 계 범한 이를 교화하여 실라파라미타(śīla-pāramitā, 持戒)를 일으키며, 나 없는 법[無我法]으로 찬티파라미타(kṣānti-pāramitā, 忍辱)를 일으키고, 몸과 마음의 모습 떠남으로 비리야파라미타(vīrya-pāramitā, 精進)를 일으키며, 보디의 모습[菩提相]으로 디야나파라미타(dhyāna-pāramitā, 禪定)를 일으키고, 온갖 지혜[一切智]로 프라즈냐파라미타(prajñā-pāramitā, 智慧)를 일으키는 것이 법을 베푸는 모임이 된다.

중생을 교화하되 공함[空]을 일으키고, 함이 없는 법[無爲法]을 버리지 않되 모습 없음[無相]을 일으키며, 태어남 받음을 나타내 보이되 지음 없음[無作]을 일으키고, 바른 법 보살펴 지님으로 방편의 힘 일으키는 것이 법을 베푸는 모임이 된다.

참된 출가법으로 깊은 마음을 일으키며, 여래의 말씀 그대로의 행[如說行]으로 많이 들음[多聞]을 일으키고, 다툼 없는 법[無諍法]으로 비어 한가함을 일으키며, 붇다의 지혜를 향해감[趣向佛慧]으로 좌선을 일으키고, 중생의 묶임을 덜어줌으로 닦아 행함의 땅을 일으키며, 좋은 상호 갖춤과 붇다의 땅 깨끗이 함으로 복덕의 업을 일으키는 것이 법을 베푸는 모임이 된다.

온갖 중생의 마음의 생각을 알아 그에 맞게 법을 설해 근본 지혜(智慧)의 업을 일으키며, 온갖 법이 취할 것이 없고 버릴 것이 없는 줄 알아 한 모습의 문[一相門]에 들어가 방편의 지혜 업[慧業]을 일으키는 것이 법을 베푸는 모임이 된다.

온갖 번뇌·온갖 장애·온갖 착하지 못한 법을 끊어 온갖 착한 업을 일으키며, 온갖 지혜[一切智慧]와 온갖 착한 법을 일으키고, 온갖 지혜와 온갖 착한 법을 얻어 '온갖 붇다의 도 돕는 법'[一切助佛道法]을 일으키는 것이 법을 베푸는 모임이 된다.

이와 같아야 잘 행하는 이여, 이것이 법을 베푸는 모임[法施會]이 된다.

만약 보디사트바가 이와 같이 법을 베푸는 모임에 머물면 큰 다나파티(dānapati, 施主)가 되고 또한 세간의 복밭이 되는 것이다."

2) 번뇌와 탐욕 끊음

아함경은 온통 번뇌와 탐욕을 끊으라는 말로 가득 차 있다. 번뇌 끊으라는 이 말을 어떻게 이해해야 할까. '번뇌를 끊고 다하고 뱉어내라'는 말은 지금 중생의 번뇌와 탐욕이 연기해 있는 현실을 두고 가르친 뜻이다.

붇다의 연기법에서 모든 있는 것은 연기한 것이므로 실로 남이 없는 것[無生]이고, 실로 남이 없으므로 다함이 없고 사라짐이 없는 것이다. 그러므로 여래가 '연기로 있다'[緣起有]고 가르친 말의 깊은 속뜻은 온갖 있는 것이 '실로 있지 않다'[實非有]는 뜻을 가르치는 것이다.

끊을 번뇌가 실로 남이 아니나 나지 않음도 아니라면, 번뇌 끊는 행도 실로 끊는다 해도 맞지 않고 끊지 않는다고 해도 맞지 않으니, 이것이 연기론의 번뇌의 끊음의 모습이다.

연기론의 실천관이 이와 같은데도 연기론을 나고 사라지는 법[生

滅法]으로 받아들여 '번뇌를 끊어야 구경각(究竟覺)을 얻는다'는 주장이 요즈음 선가(禪家)에서 최고의 실천수행론으로 받아들여지고 있다. 그리고 번뇌 끊음과 끊지 않음의 논쟁이 마치 중국 선종사에서 신수선사(神秀禪師)와 혜능선사(慧能禪師) 사이의 논쟁에서 맨 처음 나온 것처럼 말하는 이들이 우리 주변에 많이 있다.

연기론에서 '번뇌를 끊고 다하고 뱉어내면' 그 번뇌는 현재 난 곳이 없으므로[無生處] 사라지되 실로 사라짐 없어서 뱉어낸 곳에서 보디가 현전하고 니르바나가 현전하는 것이다.

『비말라키르티수트라』에는 번뇌를 끊어서 아라한을 얻으려는 수행관을 가지고 탐욕을 억누르고 번뇌를 억누르는 치우친 수행자들에 대한 비판이, 만주쓰리 보디사트바(Mañjuśrī-bodhisattva, 文殊舍利菩薩)와 비말라키르티 거사의 문답으로 구성된다.

먼저 만주쓰리 보디사트바는 비말라키르티 거사에게 다음과 같이 묻는다.

"거사시여, 병 있는 보디사트바가 어떻게 그 마음을 조복합니까."
비말라키르티 거사가 말했다.
"병 있는 보디사트바는 이렇게 생각해야 합니다.

'지금 나의 이 병은 앞세상 망상과 뒤바뀐 모든 번뇌를 따라 생겨서 실다운 법이 없다. 누가 병을 받는 자이겠는가.

왜 그런가. 네 큰 요소[四大]가 합하므로 거짓 몸[身]이라 이름한 것이나 네 큰 요소에 주인이 없고 몸 또한 나[我]가 없다.

또 이 병의 일어남은 다 나를 집착하여 난 것이다. 그러므로 나에 집착을 내서는 안 된다.'"

이 몸은 사대의 법이 합해서 난 것이므로, 나되 몸이 난 것이 아니라 몸을 몸이게 하는 법이 난 것[唯法起]이고, 몸이 사라지되 몸이 사라진 것이 아니라 몸을 몸이게 하는 법이 사라진 것[唯法滅]이다.

그러나 지금 몸을 몸이게 하는 여러 법[諸法]도 공하여 법이 난다고 말하는 자도 뒤바뀐 생각에 떨어진 자이니, 비말라키르티는 말한다.

"저 병이 있는 보디사트바는 이 법이라는 생각을 없애기 위해 이렇게 생각해야 합니다.

'이 법이라는 생각 또한 뒤바뀜이니 뒤바뀜은 큰 걱정거리라 내가 반드시 떠나야 한다.

어떻게 여의는가. 나와 내 것을 떠나는 것이다.

어떻게 나와 내 것을 떠나는가. 두 가지 법을 떠남이다.

어떻게 두 법을 떠나는가. 안과 밖의 모든 법을 생각지 않고 평등을 행함이다.

어떤 것이 평등함인가. 나가 평등하고 니르바나가 평등한 것이다.

왜 그런가. 나와 니르바나 이 둘이 다 공하기 때문이다.

무엇으로 공함을 삼는가. 다만 이름이기 때문에 공한 것이다.

이와 같이 두 법이 결정된 성품이 없는 것이다.'"

존재가 공하여 이미 니르바나되어 있기 때문에 나와 니르바나가 평등한 것이다.

연기법에서 존재가 이미 니르바나되어 있다면 끊고 다스려야 할 병과 번뇌 또한 이미 니르바나되어 있다. 그러나 니르바나에도 니르바나의 모습이 없으므로 중생의 번뇌가 연기한 것이니, 중생의 병과 번뇌를 조복한다고 해도 맞지 않고 조복하지 않는다 해도 맞지 않는 것이다.

비말라키르티 거사는 다시 말한다.

"또다시 이 몸을 살피되, 덧없고 괴로우며 공하고 나 없다[無我]고 봄이 지혜요, 비록 몸에 병이 있어서 늘 나고 죽음에 있지만 온갖 중생을 요익되게 하여 지치거나 싫증내지 않음을 방편이라 합니다.

또 몸을 살피되 몸이 병을 떠나지 않고 병이 몸을 떠나지 않지만, 이 병과 이 몸이 새로움도 아니고[非新] 오래됨도 아님[非故]을 아는 것이 지혜라 합니다. 설사 몸이 병이 있으나 길이 없애버리지 않는 것, 이것을 방편이라 합니다.

만주쓰리시여, 병이 있는 보디사트바는 반드시 이와 같이 그 마음을 조복하되 조복함에도 머물지 않고[不住調伏], 또한 다시 조복하지 않음에도 머물지 않아야 합니다[不住不調伏].

왜 그런가요.

만약 조복하지 않는 마음에 머물면 이는 어리석은 사람의 법[愚人法]이요, 만약 조복하는 마음에 머물면 이는 치우치게 닦는 수행자의 법[聲聞法]입니다.

그러므로 보디사트바는 마음을 조복함과 조복하지 않음에 머물지 않아야 하니, 이 두 법을 떠나야 보디사트바의 행입니다."

지금 번뇌는 연기한 것이므로 공하나, 연기하여 있으므로 없지 않다. 그러므로 번뇌를 다스리지 않고 번뇌의 흐름에 따라 살면 어리석은 범부의 법이다. 번뇌는 끊되 끊을 것이 없는데 번뇌 조복함에 머물러 번뇌를 다스리고 번뇌를 끊는다고 하면 이는 치우친 수행자의 법이다.

번뇌 끊음도 없고 끊지 않음도 없어야 보디사트바의 행이다. 번뇌와 나고 죽음을 끊음 없이 끊어야 중생의 탐욕을 떠나지 않되 중생의 탐욕에 물듦 없이 중생 세간을 보디로 돌이키는 보디사트바의 행이 나올 수 있다.

그러므로 비말라키르티 거사는 말한다.

"나고 죽음에 있되 물든 행을 하지 않으며 니르바나에 머물되 길이 니르바나에 건너가지 않음이 보디사트바의 행입니다.
범부의 행도 아니고 현성의 행도 아님이 보디사트바의 행이며, 물든 행도 아니고 깨끗한 행도 아님이 보디사트바의 행입니다.
비록 마라의 행[魔行]보다 넘는 행을 하되, 뭇 마라 항복받음을 나투는 것이 보디사트바의 행입니다."

위 『비말라키르티수트라』의 뜻으로 보면 저 중생이 번뇌 끊지 않음에 머물러 탐욕의 집에서 벗어날 줄 모르므로 여래는 중생에게 '흐름을 끊고 탐욕을 끊으라'고 가르치는 것이다.

그러나 탐욕과 번뇌가 실로 남이 없는 줄 아는 자는 탐욕을 끊되 끊을 것이 없고 보디와 니르바나에 얻을 것이 없는 것이다. 이 번뇌의 중생과 번뇌의 세간을 끊고 얻을 니르바나와 해탈의 땅이 따로 없으니, 경 가운데서 '보디사트바인 하늘여인'[天女]이 사리푸트라 존자에게 이렇게 말한다.

"붇다께서는 높은 교만 늘리는 사람을 위해서는 음욕·성냄·어
리석음을 떠나므로 해탈이 된다고 말씀하시지만, 만약 높은 교만
없는 이에게는 음욕·성냄·어리석음의 성품이 곧바로 해탈이라
말씀하십니다."

번뇌 조복함에도 머물지 않고 조복하지 않음에도 머물지 않는다
는『비말라키르티수트라』의 뜻이 실은 '탐욕을 끊으라'는 여래의 뜻
이다. 탐욕이 남이 없는 줄 알면 탐욕의 땅이 공덕의 대지이며 성냄
의 물결이 자비와 진여의 바다[眞如海]이고, 무명의 어두움 속에 길
이 꺼지지 않는 지혜 등불이 있는 것이다.

비말라키르티 거사의 가르침과 같이 번뇌를 끊되 끊을 것 없는 줄
아는 자, 그가 번뇌의 땅을 떠나지 않고 보디의 꽃을 피우는 자이다.

3) 멀리 떠남의 행[遠離行]

초기 불교의 경전은 출가사문들에게 늘 세간의 시끄러움을 멀리
떠나도록 가르치고, 온갖 함이 있음[一切有爲] 샘이 있음을 다해[盡
諸有漏] 삶의 모든 무거운 짐을 버리고[捨諸重擔] 모든 존재의 묶임
을 다하라[盡諸有結] 가르친다.

형식주의적으로 위 가르침을 이해하면 불교는 늘 세속의 시끄러
움을 떠나 고요한 곳으로 가야 하며, 세속의 모든 모습 있는 일, 지음
있는 일을 떠나 적멸의 세계를 지향해야 한다.

참으로 그런가. 연기법에서 온갖 세속의 존재는 연기된 것이므로

공하고 공하므로 연기한다.

중생이 연기된 있음을 있음으로 붙들므로 붙다는 그 있음을 버리라 가르치지만, 있음을 버리라는 것은 있음의 실로 있음을 버려 있음을 있음 아닌 있음으로 세우도록 가르치는 것이다.

곧 가르침의 깊은 뜻은 취해야 할 실로 있음[實非有]도 없고 버려야 할 있음 아닌 있음[非有之有]도 없는 것이다. 여래의 가르침에서 있음[有]을 버리고 함이 있음[有爲]을 버리는 것은 실로 있음을 있음 아닌 있음의 세계로 돌이키도록 함이고, 함이 있음을 다해 없애지 않고 온갖 지음을 지음 없이 짓는[無作而作] 창조적인 행위의 세계로 되돌림에 있다.

『비말라키르티수트라』에서 붇다께서는 함이 있음을 끊고 함이 없음[無爲]에 돌아간다는 집착을 가진 수행자들에게 다음과 같이 가르치신다.

"붇다께서 여러 보디사트바들에게 말씀하셨다.
'다함 있고 다함없는 해탈의 법문이 있으니 너희들은 배워야 한다.
보통 무엇을 다함[盡]이라 하는가. 함이 있는 법[有爲法]이다.
무엇을 다함없음[無盡]이라 하는가. 함이 없는 법[無爲法]이다.
그러나 저 보디사트바라면 함이 있음을 다하지 않고[不盡有爲] 함이 없음에 머물지 않는다[不住無爲].
무엇을 '함이 있음을 다하지 않는다'고 하는가. 다음을 말한다.
큰 사랑[大慈]을 떠나지 않고 크게 슬피 여김[大悲]을 버리지 않으며, 깊이 온갖 지혜의 마음을 내되 문득 잊어버리지 않으며, 중생을 교화하되 끝내 지쳐 싫증내지 않는 것이다.

먼저 거두는 법에 늘 따라 행할 것을 생각하며, 바른 법을 보살 피되 몸과 목숨을 아끼지 않으며, 갖가지 착한 뿌리를 심되 싫증냄 이 없으며, 뜻이 늘 방편으로 회향하는 데 편히 머물러, 법 구함에 게으르지 않고 법 설함에 아낌이 없는 것이다.

모든 붇다를 부지런히 섬기므로 나고 죽음에 들되 두려움 없으 며, 모든 영화와 욕됨에 마음이 근심과 슬퍼함이 없으며, 아직 배 우지 못한 이[未學]를 업신여기지 않고 배우는 이를 붇다와 같이 공경하는 것이다.

그리하여 번뇌에 떨어진 이로 하여금 바른 생각 내게 하고, 멀리 떠난 즐거움[遠離樂]을 귀하게 여기지 않고, 자기의 즐거움[自樂] 을 집착하지 않고 남의 즐거워함[彼樂]을 기뻐하는 것이다.

(중략)

무엇을 보디사트바가 함이 없음에 머물지 않음[不住無爲]이라 하는가. 곧 다음을 말한다.

공함[空]으로 증득을 삼지 않고, 모습 없음[無相] 지음 없음[無 作]을 닦아 배우되 모습 없음 지음 없음으로 증득을 삼지 않으며, 일어남 없음[無起]을 닦아 배우되 일어남 없음으로 증득을 삼지 않는다.

덧없음을 살피되 착함의 근본을 싫어하지 않으며, 세간의 괴로 움[苦]을 살피되 나고 죽음을 미워하지 않으며[不惡生死], 나 없음 [無我]을 살피되 사람 가르치는 것을 게을리하지 않으며, 고요히 사라짐을 살피되 길이 고요히 사라지지 않으며, 멀리 떠남[遠離] 을 살피되 몸과 마음으로 착함을 닦는다.

돌아갈 곳 없음[無所歸]을 살피되 착한 법에 돌아가며, 남이 없음[無生]을 살피되 나는 법[生法]으로 온갖 것을 짊어지며, 샘이 없음을 살피되 모든 샘 있는 흐름을 끊지 않으며[不斷諸漏], 지을 바 없음을 살피되 짓는 법[作法]으로 중생을 교화하며, 비어 없음[空無]을 살피되 큰 자비를 버리지 않는다.

바른 법의 지위[正法位]를 살피되 작은 실천의 수레[小乘]를 따르지 않으며, 모든 법이 허망하여 굳셈이 없고 사람이 없으며 주인 없고 모습 없지만 본원(本願)이 아직 차지 않은 것을 살피므로 복덕과 선정과 지혜를 허망하게 여기지 않는다.

이와 같은 법을 닦아야 이것을 보디사트바의 함이 없음에 머물지 않는 것이라 한다.'"

연기법에서 온갖 함이 있는 것[一切有爲]과 모습 있음은 함이 있되 함이 없으며 모습 있되 공하므로, 함이 있음을 다해서 함이 없음에 돌아가거나 모습 있음을 깨뜨리고 공함이 되는 것이 아니다.

보디사트바는 함이 없음을 지향하되 함이 있음을 다하지 않고, 고요함을 지향하되 세속의 시끄러움을 끊고 고요함이 되거나 시끄러움을 피해 고요함에 나아가지 않는다.

연기법에서 함이 없음과 공함은 함이 없되 하지 않음도 없고 공하되 머물 공이 없으니, 보디사트바는 함이 없음에 머물거나 공에 머물지 않는다.

그러므로 함이 없되 하지 않음도 없이[無爲而無不爲] 함이 없는 함으로 세간을 살아가며, 모습 없되 모습 없음도 없이[無相而無無相] 모습 있는 세계 속에서 모습에 모습 없는 행을 지어가는 것이다.

비구는 집이 아닌 곳[非家]으로 세속의 탐욕의 집을 떠나[出家]

상가의 아란야에 머문다. 그러나 연기의 진실대로 아란야를 살피면, 아란야는 저 상가의 고요한 곳을 떠나지 않지만, 뒤바뀜과 시끄러움이 본래 공한 줄 아는 자에게 뒤바뀜과 시끄러움이 넘치는 세간의 온갖 곳이 아란야가 되고 도량(道場)이 된다.

『비말라키르티수트라』에서 비말라키르티 거사는 '빛나게 꾸민 어린이'[光嚴童子]와의 문답에서 이렇게 말한다.

빛나게 꾸민 어린이가 말씀드렸다.

"세존이시여, 저는 옛날 바이샬리 큰 성을 나오는데, 그때 비말라키르티께서 성에 들어오셨습니다.

제가 곧 절하고 물었습니다.

'거사시여, 어디서 오십니까.'

제게 대답했습니다.

'나는 도량에서 온다.'

제가 물었습니다.

'도량은 어느 곳입니까.'

이렇게 답했습니다.

'곧은 마음이 도량이니 헛됨과 거짓이 없기 때문이고,

행(行)을 내는 곳이 도량이니 일을 이루기 때문이며,

깊은 마음이 도량이니 공덕을 늘리기 때문이다.

보디의 마음이 도량이니 그릇되고 잘못됨이 없기 때문이고,

보시가 도량이니 그 갚음을 바라지 않기 때문이며,

계 지님이 도량이니 원(願)을 갖출 수 있기 때문이다.

욕됨 참음이 도량이니 모든 중생에 마음이 걸림 없기 때문이고,

정진이 도량이니 게으르지 않기 때문이며,

선정이 도량이니 마음이 고루어 부드럽기 때문이다.

지혜가 도량이니 모든 법을 드러내 보이기 때문이고,

사랑함[慈]이 도량이니 중생에 평등하기 때문이며,

슬피 여김[悲]이 도량이니 지치고 괴로움을 참기 때문이다.

기뻐함[喜]이 도량이니 법을 기뻐하기 때문이고,

버림[捨]이 도량이니 미움과 사랑을 끊기 때문이며,

신통이 도량이니 여섯 신통을 성취하기 때문이다.

해탈이 도량이니 선정을 집착하지 않고 버리고 나아가기 때문이고,

방편이 도량이니 중생을 교화하기 때문이며,

네 거둠이 도량이니 중생을 거두기 때문이다.

많이 들음이 도량이니 들음대로 행하기 때문이고,

마음 항복받음이 도량이니 모든 법을 바로 살피기 때문이며,

서른일곱 실천법이 도량이니 함이 있는 법을 버리기 때문이다.

사제법이 도량이니 세간을 속이지 않기 때문이고,

십이연기(十二緣起)가 도량이니 무명에서 늙고 죽음까지 모두 다함이 없기 때문이다.

모든 번뇌가 도량이니 진실대로 알기 때문이고,

중생이 도량이니 나 없음을 알기 때문이며,

온갖 법이 도량이니 모든 법이 공함을 알기 때문이고,

마라 항복받음이 도량이니 흔들려 움직이지 않기 때문이다.

삼계가 도량이니 나아가는 바가 없기 때문이고,

사자의 외침이 도량이니 두려움이 없기 때문이며,

열 가지 힘·두려움 없음·함께하지 않는 법[不共法]이 도량이

니 모든 허물이 없기 때문이다.

세 밝음[三明]이 도량이니 남은 걸림이 없기 때문이고,

한 생각에 온갖 법 아는 것[知一切法]이 도량이니 온갖 지혜[一切智]를 성취하기 때문이다.

이와 같아서 잘 행하는 이여, 만약 모든 파라미타행에 맞추어 중생을 교화하면, 모든 짓는 것과 발을 들고 발을 내림이 다 도량에서 오는 것이며, 붇다의 법 가운데 머묾임을 알아야 한다.'"

3. 『법화경』에서 장자의 비유와 비구의 '가짐 없는 행'[無所有行]

붇다는 출가사문에 대해 떨어진 옷을 입고 밥을 빌어 생활하며 가사와 발우, 최소한의 생활도구만을 지니고 아무 가진 것 쌓아둔 것이 없이, 두타행과 아란야행으로 살도록 가르쳤다.

이처럼 가진 것 없고 쌓아둔 것 없는 생활은, 모든 있는 것을 끊고 있는 바가 없이 적멸의 생활을 살아가라는 뜻인가.

오히려 두타(dhūta)의 갖지 않는 생활로써 가진 것이 공함을 깨닫고, 모든 있는 것에 실로 있는 바가 없음[無所有]을 깨달아, 공에도 머묾 없이 다함 없는 법의 재물[法財]을 얻어 이 세간에 법보시의 삶을 살도록 가르치는 것이 아닌가.

연기법에서 공(空)은 스스로 있는 공이 아니라 있는 것이 실로 있지 않음을 보인 뜻이다. 그러므로 공에도 머물 공이 없는 것이니, 있음의 공성(空性)을 알아 있음의 닫힌 틀을 넘어설 때 참된 소유(所有)의 뜻을 알아 길이 궁핍이 없고 모자람이 없는 삶을 살게 되는 것이다.

붇다 당시 많은 장자들이 삼보에 귀의하여 지계와 보시의 가르침

을 따라 살았다. 그들은 많이 가졌으면서 가진 것을 자기 것으로 탐욕하고 집착하지 않으면서 그 있는 것을 이웃에 베풀고 상가에 공양함으로써 여래께로부터 '잘 베풂'과 '잘 섬김'으로 칭찬받는다.

『법화경』은 여러 곳에서 붇다가 가르치신 해탈의 세계 공덕의 세계를, 많이 가졌지만 가진 것을 베푸는 장자를 비유로 보이고 있다. 이는 많이 가졌되 가진 것을 탐욕의 대상으로 취하지 않고 버리는 장자의 길이, 아무것도 가진 것 없되 가진 것 없음에 머묾 없이 법을 보시하는 출가사문의 삶과 둘이 없음을 보인 것이리라.

이제『법화경』에 나타난 장자의 비유를 살펴보자. 예를 든 첫째 법문이「비유품」(譬喩品)의 이야기이니, 요약해 보이면 다음과 같다.

여기 장자에게 큰 집이 있고 그 가운데 여러 아들들이 소꿉놀이를 하고 있었다. 갑자기 집에 큰불이 나 곧 집이 타서 집이 무너지면 아이들이 죽게 되었다.

불타는 집의 문은 하나뿐이고 그 문은 비좁아 아이들을 건질 방도가 없다.

장자는 아이들이 좋아하는 양 수레·사슴 수레·소 수레가 밖에 있다고 말해 아이들이 그 좋은 장난감을 얻기 위해 밖으로 나가도록 이끌어 아이들을 불난 집에서 마당으로 이끈다.

아이들이 장난감 수레를 얻기 위해 불타는 집에서 나와 길 네거리에 이르렀는데, 그곳에는 양수레 등 장난감 수레는 보이지 않고 보배가 가득한 흰 소 수레[白牛大車]가 있었다.

『법화경』에서 집주인인 장자는 삼계의 중생을 건지는 붇다를 비유하고, 불난 집에서 놀고 있는 아이들은 삼계 중생이며, 양·사슴·소가 끄는 수레는 방편의 가르침이며, 흰 소 수레는 붇다가 온전히 깨달아 쓰는 하나인 붇다의 수레[一佛乘]이다.

이는 붇다가 비록 방편의 가르침을 한량없이 열어 보이지만, 방편의 문을 여는 뜻은 모두 붇다가 들어간 니르바나의 땅에 중생을 이끎이고, 얽매임과 고통 속의 중생으로 하여금 해탈의 공덕을 온전히 쓰게 함이다.

장자가 아이들에게 방편의 수레로 이끌어서 모두 보배가 가득하고 아름다운 깃발이 나부끼는 흰 소 수레를 주듯, 붇다 또한 갖가지 방편의 문[方便門]을 열어 다함없는 공덕의 곳간[功德藏], 늘고 줆이 없는 법의 재물[法財]을 중생에게 주는 것이다.

그러므로 출가비구의 갖지 않음은 아무것도 갖지 않음으로 마지막을 삼지 않는다. 출가비구는 두타의 조촐하고 검박한 생활 속에서 가짐이 실로 있지 않고 못 가짐이 실로 없지 않음을 깨달아 갖지 않음 속에서 한량없는 공덕의 재물을 씀이 없이 쓰는 것이다.

이렇게 보면 갖지 않음 속에서 갖지 않음까지 버려 법을 베푸는 비구와, 많이 가짐 속에서 실로 가짐을 버려 재물보시로 지혜에 나아가는 장자의 길이 둘이 아닌 것이다.

큰 부자인 장자의 비유로 깨달음의 길을 보인 『법화경』의 두 번째 이야기는 「신해품」(信解品)의 비유이다.

그 비유의 큰 줄기는 요약해 보이면 다음과 같다.

가진 재물과 보배가 한량없는 장자에게 아들이 있었다. 그 아들이 아버지와 헤어져 긴 세월 거지가 되어 떠돌이 생활을 하였다.

그 아버지는 오십 년 동안 아들을 찾아 가업을 맡기려 하였으나 아들을 찾지 못했는데, 마침 그 거지아들이 품팔이하러 아버지인 장자의 집에 왔다.

거지아들은 처음 장자의 위력 있고 화려한 모습을 보고 놀라 달아났다. 아들인 줄 알아본 아버지는 심부름꾼을 시켜서 아들을 데려오니 아들이 놀라 기절했다.

그래서 정신이 들자 거지아들을 달래 장자의 집에 거름을 치게 하였다.

아버지는 아들을 놀라지 않게 하려고 좋은 옷 꾸밈거리를 버리고 아들과 가까이하며 아들을 위로하고 이끌어서 문지기와 곳간지기를 시키고, 그 아들의 마음이 점점 열리고 커지자 곳간지기 아들이 바로 자기의 친자식임을 선언하고 집안의 모든 재산을 그 아들에 맡기게 된다.

이때 자식을 잃은 아버지 장자는 붇다를 비유하고, 거지자식은 중생을 비유한다.

처음 장자를 보고 놀라 기절하는 것은 붇다가 깨달음의 법을 바로 설하자 듣는 중생이 알아듣지 못해 놀라고 두려워하는 것을 비유한다.

다시 아들을 거름을 치게 하고 곳간을 맡기어 차츰 위로하여 그 마음이 열리게 함은 갖가지 방편의 문을 열어 중생의 법의 눈을 열어주는 것을 비유한 것이다.

나중에 가업을 모두 맡기는 것은 방편의 문을 통해 차츰 지혜의 눈을 열어 끝에 붇다의 진실한 진리의 수레를 온통 맡김을 보인 것이다. 비유의 뜻을 다시 살펴보자.

비유에서 장자가 아들을 똥거름 치는 심부름꾼으로 고용하고 곳간지기를 시킨다 해도 그와 같이하는 장자의 의도는 아들을 똥거름 치는 일과 곳간지기에 묶어두는 것이 아니다.

그것은 장자가 도망쳐 멀리 가려는 아들을 집안에 가까이 오게 해서 차츰 믿음을 심어주고 잘 마음을 위로해 그 마음이 크게 열리도록 해 끝내 집안의 재산을 맡기기 위함이다.

그렇듯 붇다가 존재가 연기로 있음[緣起有]을 말해도 그 가르침은 중도실상을 보이기 위함이고, 공(空)을 말하고 거짓 있음[假有]을 말해도 모두 있고 없음을 떠나고 늘고 줆을 떠난 중도의 진실한 세계에 이끎인 것이다.

그러므로 여래께서 출가비구에게 세속의 시끄러움을 멀리 떠나 아란야에 살도록 가르침도 실은 멀리 떠나 참으로 법계의 넓고 넓은 진리의 세계에 돌아오도록 하기 위함이고, 갖지 못하도록 가르침도 갖지 않음을 통해 다함없는 공덕의 재물을 깨치어 온갖 세간 궁핍한 중생을 법의 보배로 채워주기 위함이다.

앞의 두 이야기가 공덕의 세계를 장자로써 비유해 보이고 있다면, 「안락행품」(安樂行品)은 붇다께서 중생에게 공덕의 보배 전하는 것을 세간 권세의 왕인 전륜왕으로 비유한다.

비유를 요약해 보이면 다음과 같다.

전륜왕은 장수들이 전쟁에서 공을 세우면 갖가지 진기한 보배와 논과 밭, 고을을 상으로 준다. 그러나 상투 속 밝은 구슬은 주지 않으니, 오직 하나뿐이기 때문이다.

전륜왕이 오래도록 상투 속 구슬을 주지 않다가, 큰 공을 세운 이에게 맨 끝에 이 구슬을 주는 것처럼, 세존 또한 갖가지 방편의 법을 설하다 맨 끝에 진실의 수레를 열어 보이는 것도 이와 같다.

붇다께서 중생의 근기에 맞추어 때로 연기(緣起)를 설하고 공(空)을 설하는 것은 마치 상투 속 구슬을 주기 전 갖가지 상을 내리는 것과 같고, 방편의 문을 통해 마지막 실상에 온전히 깨달아 돌아가게 하는 것은 전륜왕이 상투 속 구슬을 풀어주는 것과 같다.

있음을 집착하므로 있지 않음을 보이고 없음을 집착하므로 없지 않음을 보이다가 끝내 모든 집착 다하게 하고 말로 말할 수 없는 실상의 법을 보여 진여법계에 들어가게 하는 것이다.

『법화경』은 이처럼 방편의 뜻이 다한 실상의 길을 장자의 '흰 소 수레'와 전륜왕의 보배로 비유하고 있으니, 이는 비구의 멀리 떠남과 갖지 않음이 고요한 곳에 머묾과 무소유의 적막 속에 안주하는 것이 아님을 가르치신 것이다.

곧 출가사문이 아란야에 사는 것은 시끄러움을 떠나 고요한 곳에 머묾으로 해탈을 삼는 것이 아니라, 있음과 없음 시끄러움과 고요함의 두 모습을 함께 떠나 참된 진리의 땅[實際理地]에 복귀하는 길임을 보인 것이다.

연기론에서 탐욕과 어리석음을 끊음은 탐욕이 끝난 적멸의 처소에 머무는 것이 아니라, 탐욕과 어리석음을 온통 지혜와 자비 보디사트바의 서원으로 돌이켜 살도록 하는 데 있다.

그러므로 끊음 속에 실로 끊을 것 없음을 보고 떠남 속에 실로 떠날 것 없음을 보는 자가 『비말라키르티수트라』의 말처럼 '발을 들고 발을 내리는 걸음걸음이 진리의 도량을 떠남이 없이, 보디사트바의 행을 지음 없이 짓는 자'가 될 것이다.

그렇다면 어떤 것이 떠날 세간이며 어떤 것이 돌아올 법계인가. 세간법의 있되 공한 곳이 법계인 줄 알면 온전히 고요한 법계의 땅에 앉아 법계의 길을 감이 없이 가는 하나인 '보디의 길'[菩提路, bodhi-mārga]이 있을 뿐이다.

4. 니르바나의 네 가지 덕과 보디사트바의 역사회향

중생이 집착과 탐욕을 끊고 돌아가야 할 니르바나는 실은 중생의 자기진실이다. 그러므로 중생의 니르바나에의 복귀는 본래 니르바나되어 있는 실상의 땅에서 니르바나에 되돌아가는 실천이다.

본래 있되 공한 실상에서 보면 끊어야 할 집착과 탐욕이 공한 것이므로 중생의 끊음의 행은 끊되 끊음 없다. 또한 그 돌아가는 니르바나의 실상은 얻음 없는 얻음이다.

붇다는 중생이 존재의 실체를 집착하여 나[我]에 나를 집착하므로 나 없음[無我]을 말하고, 연기되어 일어나 항상하지 않는 마음[心]에 항상함[常]을 집착하므로 덧없음[無常]을 말씀했다.

나에 나 없으므로 나 없음 또한 취할 것이 없고, 지금 있는 것이 연기된 것이라 덧없음을 말했으나, 남에 남이 없고[於生無生] 사라짐에 사라짐 없으므로[於滅無滅] 덧없음 또한 여기서 저기로 덧없이 흘러감이 아니다.

중생이 괴로운 느낌을 버리고 즐거운 느낌을 취하므로, 붇다는 즐거운 느낌이 무너지고[壞苦], 괴롭지도 않고 즐겁지도 않은 느낌마저 흘러가는 것[行苦]이라 즐거운 느낌 등도 괴로움의 다른 모습임을 말했다. 그러므로 그 괴로운 느낌 즐거운 느낌이 모두 덧없고 공한 줄 알아 괴로움과 즐거움을 뛰어넘되 괴롭지도 않고 즐겁지도 않음에 빠지지 않으면 삶의 참된 즐거움이 드러나는 것이다.

몸의 깨끗하지 않음에 대해서도 붇다는 몸을 깨끗한 것이라 집착하고 몸을 탐욕의 대상으로 취하므로 몸의 깨끗하지 않음을 말한 것이다. 몸의 공성을 통달하면 깨끗하고 더러움의 모습을 모두 세울 것 없이 몸의 진정한 청정을 구현하게 된다.

아함경에서는 온갖 법이 괴롭고 공하고 나 없고 덧없음[苦空無我無常]을 가르치고, 『열반경』에서는 니르바나의 과덕을 항상함과 즐거움, 참된 나와 깨끗함[常樂我淨]이라 말한다. 그러나 아함경에서 보인 괴로움의 뜻과 나 없음 덧없음의 뜻을 바로 이해하면, 아함경의 가르침과 『열반경』의 뜻이 끝내 둘이 없어서 덧없음의 참뜻이 항상함이 되는 것이고, 나 없음의 참뜻이 나 없되 나 없음 없는 참된 나가 되는 것이다.

나[我]에 닫힌 나, 실체로의 나를 떠나면 머물 나 없음도 없어서 이 세간 속에서 세간을 떠나지 않고 '나 없는 나'를 현전시키는 것이다.

끝없이 나고 사라지는 이 덧없음의 역사 속에서 남에 남 없음[於生無生]을 깨달으면 변화 속에서 참된 항상함의 뜻을 알아 세간을 떠나지도 않고 세간의 모습에 머물지도 않으며, 해탈의 삶을 살 수 있는 것이다.

이 중도의 가르침 안에서 출가(出家)와 재가(在家) 두 길의 다름을 말할 수 있을 것인가.

집이 아닌 곳으로 집이 없이 집을 떠나 집이 없는 나그네가 되는 것이 출가사문이 아니라, 탐욕의 집을 나와 모습에 모습 없되 모습 없음도 없는 실상의 집, 여래의 집[如來家]에 들어갈 때 참으로 진리의 가족이 되어 '집 나옴의 뜻'[出家義]이 이루어지는 것이다.

집에 사는 이는 집에 머물되 그 집이 공적한 법계의 집[法界家]인 줄 알면 세속의 집에서 진리의 양식[菩提資糧]을 먹고 법의 기쁨으로 살아갈 수 있는 것이다.

중생의 탐욕밖에 보디사트바의 보디가 없고 물든 중생의 세간밖에 니르바나의 저 언덕이 없으니, 『비말라키르티수트라』는 다시 이렇게 말한다.

비말라키르티가 만주쓰리게 물었다.

"어떤 것이 여래의 씨앗입니까."

만주쓰리 보디사트바가 말했다.

"몸 있음이 씨앗이고, 무명의 애착이 씨앗이며, 탐냄 · 성냄 · 어리석음이 씨앗이고, 네 가지 뒤바뀜이 씨앗이며, 다섯 덮음이 씨앗이며, 여섯 들임이 씨앗이고, 일곱 가지 앎[七識]이 씨앗이고, 여덟 삿된 곳이 씨앗이며, 아홉 번뇌하는 곳이 씨앗이고, 열 가지 착하지 않은 길이 씨앗이오.

요약해 말하면 예순두 견해와 온갖 번뇌가 다 붇다의 씨앗이오."

"왜 그렇게 말합니까."

대답했다.

"만약 함이 없음[無爲]을 보아 바른 지위에 들어가버리면, 아누타라삼약삼보디의 마음을 낼 수 없기 때문이오.

비유하면 높은 언덕 땅에 연꽃이 나지 않고 더럽고 젖은 진흙 속에서 꽃이 피는 것과 같소. 이와 같이 함이 없는 법을 보아 바른 지

위에 들어가는 자는 끝내 다시 붇다의 법을 내지 못하고, 번뇌의
진흙 가운데서 중생이 있어 붇다의 법을 일으킬 뿐입니다.

또 씨앗을 허공에 심으면 끝내 날 수 없으나, 똥거름이 있는 땅
에서 우거져 자랄 수 있는 것과 같소. 이와 같아서 함이 없는 바른
지위에 들어간 이는 붇다의 법을 내지 못하오. 나라는 견해[我見]
를 수메루 산처럼 일으켜도 오히려 아누타라삼약삼보디를 일으켜
붇다의 법을 낼 수 있는 것이오.

그러므로 온갖 번뇌가 여래의 씨앗[如來種]임을 알아야 하니,
마치 큰 바다에 내려가지 않으며 값할 길 없는 보배구슬을 얻을 수
없는 것과 같소.

이와 같아서 번뇌의 큰 바다에 들지 않으면 온갖 지혜의 보배를
얻을 수 없는 것이오.”

이처럼 『비말라키르티수트라』는 중생의 진실이 니르바나라 중생
의 번뇌밖에 여래의 씨앗이 없음을 보인다.

중생의 업은 세계인 업이다. 업은 지금 중생의 몸과 말과 뜻 그대
로도 아니고 몸과 말과 뜻을 떠난 것도 아니니, 몸·말·뜻의 업을 돌
이키는 곳에 보디의 길이 있다.

『화엄경』(「십회향품」) 또한 중생의 업 그대로 어리석음을 돌이켜
위없는 보디에 나아가, 중생과 세계에 보디의 공덕 회향함을 이렇게
말한다.

몸과 말과 뜻이 곧 업이 아니고
이것을 떠나 따로 있음도 아니네.

다만 방편으로 어리석음을 없애서
이같이 위없는 지혜 닦아 이루네.

非身語意卽是業　亦不離此而別有
但以方便滅癡冥　如是修成無上智

자기의 몸을 위해 이익 구하지 않고
온갖 중생 안락하도록 하기 위해
잠시라도 허튼 논란 일으킴 없이
모든 법 공하여 나 없음 살펴보네.

不爲自身求利益　欲令一切悉安樂
未曾暫起戲論心　但觀諸法空無我

하나의 장엄으로 온갖 곳 꾸미되
또한 법에 분별함을 내지 않도다.
이와 같이 여러 중생 열어 깨우치니
온갖 것에 자기성품 없고 살필 것 없네.

以一莊嚴嚴一切　亦不於法生分別
如是開悟諸群生　一切無性無所觀

제1장

집에 바르게 머물며 함께 나누고
더불어 안락을 이루는 삶

"거사의 아들이여, 만약 사람이 게으르면
여섯 가지 재환이 있는 줄을 알아야 한다.
어떤 것이 여섯 가지인가?
첫째 너무 이르다 하고 일을 하지 않는 것이고,
둘째 너무 늦다 하고 일을 하지 않는 것이며,
셋째 너무 춥다 하고 일을 하지 않는 것이고,
넷째 너무 덥다 하고 일을 하지 않는 것이며,
다섯째 너무 배부르다 하고 일을 하지 않는 것이고,
여섯째 너무 배고프다 하고 일을 하지 않는 것이다.
거사의 아들이여, 사람이 게으르면 사업을
경영하지 못하고, 사업을 경영하지 못하면
공이 되는 일을 이루지 못하며,
아직 얻지 못한 재물은 얻을 수 없고,
본래 있던 재물은 자꾸 없어진다."

붇다는 복덕과 지혜 두 가지를 모두 갖춘 분[福慧兩足尊]이라 하고, 지혜의 밝음과 행을 모두 갖춘 분[明行足]이라 한다. 다만 붇다께서는 사람들을 가르치시는데 출가수행자에게는 근본이 되는 지혜를 주로 말하고 복업을 따라서 행하도록 한다. 그에 비해 집에 사는 수행자에게는 먼저 복된 업을 짓도록 가르치신 뒤 그 복 지음을 지혜의 복 지음이 되게 하고 지혜의 흐름에 들도록 가르치신다.

생업을 꾸리고 가정을 보살펴야 하는 세간 사람들에게는 먼저 자기 앞에 부과된 노동의 책무를 성실히 이행하도록 하고, 타인과의 관계 속에서 복된 행위를 짓도록 하신 다음 지혜와 선정을 가르치신다.

복(福)은 죄(罪)와 대비되는 뜻으로 쓰여진다.

복은 깨끗함·넉넉함과 연결되고, 나누어씀·보살펴줌과 연결된 말이다. 재화를 쓰고서 남지 않으면 세간에서는 복되다고 하지 않는다. 쓰고 남는 자가 남은 것을 자기 것으로 움켜쥐고 있어도 복된 사람이 되지 못한다. 남을 해치지 않는 맑은 행으로 부지런히 일해서 자기 삶을 넉넉하게 꾸리되 가족과 이웃 더불어 사는 이들에게 그 즐거움과 넉넉함을 함께 누리도록 하는 이를 복된 이라 말한다.

경전에서 복된 생활은 '세 가지 복'[三福]으로 말해진다.

첫째, 세간의 복[世福]이니, 어버이께 효도하고[孝養父母] 스승과 어르신을 공경하며[奉事師長] 세간의 옳은 계를 잘 받아지님[修持十善戒]으로 얻는 복이다.

둘째, 계의 복[戒福]이니, 삼보에 귀의하고 오계나 구족계 등 수행자의 계를 지니어 얻는 복이다.

셋째, 수행의 복[行福]이니, 번뇌와 무명의 물든 마음을 버리고 보디의 마음을 내며 붇다의 가르침과 현성의 도를 잘 실천해서 얻는 복이다.

위의 세 복은 복업의 과보와 연결지어 분류한 것으로, 세 번째 수행의 복은 복덕이 지혜의 과덕으로 이어진다.

복은 다시 복을 짓는 이의 마음가짐과 행위를 잡아서 다음 세 가지 복된 업[三福業]으로 말해진다.

첫째, 보시의 복업[施福業]이니, 늘 가진 것을 나누어 쓰고 없는 이에게 베풀어주는 복된 생활이다.

둘째, 평등한 자비의 복업[平等慈悲福業]이니, 중생에 대한 사랑과 중생의 고통을 아파하는 마음이 치우침 없이 평등한 복업이다.

셋째, 진리를 사유하는 복업[思惟眞理福業]이니, 늘 세간법의 덧없음과 연기이므로 공한 진실을 사유하는 복업이다.

위 세 가지 복된 업 가운데 셋째의 복업이 지혜이고 둘째가 자비행이라면 첫째는 보시행이다. 셋 가운데 뿌리는 지혜가 되니, 지혜로 나와 내 것 나와 중생에 취할 모습이 없음을 바로 보면 나와 내 것의 실체를 모두 버리는 마음이 보시행(布施行)이 되고, 나와 중생의 두 모습에 모두 머물지 않는 마음이 평등한 자비행(慈悲行)이 되기 때문이다.

또 복을 죄와 연결지어 사용할 때 중생의 업은 세 가지로 나눌 수 있으니, 세 가지 업은 복된 업[福業]·복되지 않은 업[非福業]·움직임 없는 업[不動業]이다.

복된 업은 탐욕의 세간[欲界]에서 열 가지 착한 일 하는 것을 말한다. 그에 반해 복되지 않은 업은 착하지 않은 행위 짓는 것을 말한다. 움직임 없는 업이란 탐욕의 세계를 떠나 모습 없음에 머무는 선정이나 '선도 아니도 악도 아닌 업'[無記業]을 말한다.

이처럼 붇다가 중생에게 복된 업을 가르치심은 선악업을 넘어선 선악의 피안, 적멸의 땅에 돌아가 머물도록 하는 것이 아니다.

연기법에서 복된 업 지음은 선업과 악업이 공하므로 선악에 머물지 않되 공에도 머묾 없이, 악업을 끊음 없이 끊고 선업을 지음 없이 지음을 말한다.

이런 복된 업을 『금강경』은 '모습에 머묾 없이 보시파라미타와 갖가지 파라미타행 지음'이라고 하니, 모습에 머묾 없음이 사마타(śamatha, 止)이고 머묾 없이 보시하고 머묾 없이 마음을 내는 것은 비파사나(vipaśyanā, 觀)이다.

사마타 없는 비파사나 없고 비파사나 없는 사마타 없어서 사마타와 비파사나가 끝내 둘이 없으니, 이 지관이 함께하는 행[止觀俱行] 밖에 지혜가 없고 복덕 지음이 없고 파라미타가 없다.

사마타인 비파사나의 행을 떠나 이밖에 다른 붇다의 가르침이 없으니, 이 하나인 행[一行]에는 집을 나온 이[出家]와 집에 머물러 사는 이[在家]의 구분이 있을 수 없는 것이다.

세간 복업의 출발이 지혜이고 복업의 완성이 사마타와 비파사나가 하나된 파라미타의 행이다.

『화엄경』(「십회향품」) 또한 세간에 머물지도 않고 세간을 떠남도 없이 세간 중생을 거두어 보디의 길에 나아가게 하는 보디사트바의 복된 업을 이렇게 말한다.

온갖 세간의 여러 중생의 무리
평등한 마음으로 남음 없이 거두어
내가 행한 모든 착한 업으로
저 중생들 빨리 보디 이루게 하네.

一切世間含識類　等心攝取無有餘
以我所行諸善業　令彼衆生速成佛

이와 같은 지혜로 선근을 회향해
그 깨달아 앎을 따라 복업이 나지만
이 모든 복의 모습 지혜와 같으니
어찌 다시 그 가운데 얻을 것 있으리.

以如是智而迴向　隨其悟解福業生
此諸福相亦如解　豈復於中有可得

이와 같이 회향해 마음에 때 없으니
길이 법의 성품 헤아려 말하지 않네.
그 성품이 다 성품 아님 깨달아 알아
세간에 머물지 않고 또 나오지 않네.

如是迴向心無垢　永不稱量諸法性
了達其性皆非性　不住世間亦不出

1 악업 짓지 않고 복덕을 쌓는 생활

• 이끄는 글 •

삼계의 크신 인도자 여래야말로 위없는 보디를 성취하셨지만, 그
보디는 보디의 모습도 마쳐 다한 보디[究竟覺]이다. 그러므로 여래
는 니르바나에 머물지 않고 세간 중생의 모습으로 오시어 가장 넓고
넓게 복덕을 지음없이 지으시는 분이다.

그래서 여래를 세간 건져주는 큰 자비의 사람[救世大悲者], 복과
지혜로 스스로의 삶을 장엄하고[福智二嚴], 이 세간과 중생을 다시
복과 지혜로 장엄하고 복과 지혜로 이끄시는 분이라 하는 것이다.

복과 죄는 모두 공하므로 죄는 끊음 없이 늘 끊어야 하고 복은 지
음 없이 늘 지어야 하니, 여래 스스로 '여래야말로 복된 업 짓는 데
가장 부지런한 사람이다'라고 하시며, 우파사카·우파시카·비구·
비구니에게 악업을 끊고 늘 복덕을 쌓으라 가르치시는 것이다.

어떻게 해야 성내지 않고
남에게 나쁜 말 듣지 않을 수 있습니까

이와 같이 내가 들었다.

한때 붇다께서는 라자그리하 성 칼란다카 대나무동산에 계셨다.

그때 '모질고 악한 마을주인'이 붇다 계신 곳에 와서 그 발에 머리를 대 절하고 한쪽에 물러앉아 붇다께 말씀드렸다.

"세존이시여, 어떤 법을 닦지 않기 때문에 남에게 성을 내고, 성을 내기 때문에 나쁜 말을 하여, 남들이 그 때문에 나쁜 이름을 지어 붙이게 됩니까."

붇다께서는 마을주인에게 말씀하셨다.

"바른 견해를 닦지 않기 때문에 남에게 성을 내고, 성을 내기 때문에 나쁜 말을 하여, 남들이 그 때문에 나쁜 이름을 지어 붙인다.

또 바른 뜻·바른 말·바른 행위·바른 생활·바른 방편·바른 생각·바른 선정을 닦지 않기 때문에 남에게 성을 내고, 성을 내기 때문에 나쁜 말을 하여, 남들이 그 때문에 나쁜 이름을 지어 붙인다."

바른 길 닦아 좋은 이름 얻게 됨을 보이심

마을주인은 다시 말씀드렸다.

"세존이시여, 어떤 법을 닦아 익히면 남에게 성내지 않고, 성내지 않기 때문에 좋은 말을 하여, 남들이 그 때문에 좋은 이름을 지어 붙입니까."

붇다께서는 말씀하셨다.

"바른 견해를 닦으면 남에게 성내지 않고, 성내지 않기 때문에 좋은 말을 하여, 남들이 그 때문에 좋은 이름을 지어 붙인다.

또 바른 뜻·바른 말·바른 행위·바른 생활·바른 방편·바른 생각·바른 선정을 닦으면 남에게 성내지 않고, 성내지 않기 때문에 좋은 말을 하여, 남들이 그 때문에 좋은 이름을 지어 붙인다."

마을주인이 뉘우쳐 성냄과 거침 버리기를 다짐함

'모질고 악한 마을주인'이 붇다께 말씀드렸다.

"기이하십니다, 세존이시여. 이런 말씀을 잘 해주셨습니다.

저는 바른 견해를 닦지 않기 때문에 남에게 성을 내고, 남에게 성을 내기 때문에 나쁜 말을 하여, 남들이 그 때문에 저에게 나쁜 이름을 지어 붙였습니다.

또 바른 뜻·바른 말·바른 행위·바른 생활·바른 방편·바른 생각·바른 선정을 닦지 않기 때문에 남에게 성을 내고, 남에게 성을 내기 때문에 나쁜 말을 하여, 남들이 그 때문에 저에게 나쁜 이름을 지어 붙였습니다.

그러므로 저는 지금부터 성냄과 억셈과 거침을 버리겠습니다."

붇다께서는 말씀하셨다.

"이것이 참으로 알맹이가 되고 요점이 되는 것이다."

붇다께서 이 경을 말씀하시자, '모질고 악한 마을주인'은 기뻐하고 따라 기뻐하면서 절하고 물러갔다.

• 잡아함 910 흉악경(凶惡經)

• 해설 •

모질고 악한 사람이라 이미 평판이 난 마을주인이 세존께 성냄이 없는 생활과 남들에게 나쁜 평판 받지 않는 길을 물으니, 세존은 오직 바른 견해의 길로 그 길을 답하신다.

세간의 온갖 복된 업과 여덟 가지 바른 삶의 길의 바탕은 바른 견해이다. 바른 견해란 연기된 세간법의 있되 공한 참모습을 바르게 보고 바르게 이해하는 것을 말한다.

깨끗한 법의 눈[法眼]을 따라서 나와 내 것에 실로 그렇다할 실체가 있지 않음을 알면, 있는 것을 붙잡아 가진 것을 늘려 키우려는 탐욕이 나지 않고, 탐욕이 나지 않으므로 탐욕의 좌절로 인한 분노가 나지 않는다.

성냄과 욕됨이 나는 것을 억지로 참고 누르려는 것[生忍]은 낮은 인욕행이다.

바른 견해로 나를 욕되게 하고 화나게 하는 경계를 살펴 성낼 것이 없음을 알아 성내지 않고, 성내되 실로 성냄이 없음을 알아 성냄과 억셈과 해침에서 벗어나면 바른 견해로 성내지 않음이니, 이것이 '남이 없는 법을 깨달아 잘 참음'[無生法忍]이다.

잘 참아 남에게 해치는 마음내지 않는 이에게 세간 사람들이 어찌 모질고 악한 이의 이름을 덧씌울 것인가. 그를 오히려, 부드럽게 잘 어울려 따르고 남을 잘 감싸는 보디사트바라 이름할 것이다.

『화엄경』(「십지품」) 또한 욕됨과 탐욕의 경계와 욕됨을 받는 마음에 남이 없음을 깨달아 중생과 부드럽게 어울려 세간 감싸는 이의 행을 다음과 같이 말한다.

진실대로 잘 행하는 보디사트바는
공덕을 성취해 늘 자비로웁고
그 지혜 넓고 커서 허공 같아서
법을 듣고 결정된 힘을 내나니

곧 고요해 남이 없는 참음이라네.

功德成就恒慈愍　智慧廣大等虛空
聞法能生決定力　是則寂滅無生忍

법에 남과 일어나는 모습 없으며
이뤄짐 없고 무너짐이 없으며
다해 굴러감 없음 바로 알아서
있음 떠나 평등하게 분별 끊으며
모든 마음의 지어감을 벗어나니
마치 저 허공이 머무름 같네.

知法無生無起相　無成無壞無盡轉
離有平等絶分別　超諸心行如空住

보디사트바는 이 참음 성취하여서
세간의 모든 허튼 논란을 벗어나
깊고 깊어 움직임 없이 늘 고요하여
온갖 세간은 그 모습 알 수 없으니
마음의 모습 취함 다 여의었어라.

成就是忍超戲論　甚深不動恒寂滅
一切世間無能知　心相取著悉皆離

어떻게 해야 세간에서
좋은 이름과 재물 얻습니까

이와 같이 내가 들었다.

한때 붇다께서는 슈라바스티 국 제타 숲 '외로운 이 돕는 장자의 동산'에 계셨다.

그때에 어떤 하늘사람이 얼굴빛이 아주 묘했는데, 그는 새벽녘 붇다 계신 곳에 와서 발에 머리를 대 절하고 한쪽에 물러나 앉았다. 그러자 몸의 여러 밝은 빛이 제타 숲 '외로운 이 돕는 장자의 동산'을 두루 비추었다.

때에 그 하늘사람은 게송으로 붇다께 말씀드렸다.

어떻게 하면 좋은 이름을 얻고
어떻게 하면 큰 재물을 얻습니까.
어떻게 하면 덕망이 널리 들리고
어떻게 하면 좋은 벗을 얻습니까.

그때에 세존께서는 게송으로 대답하셨다.

계를 지니면 좋은 이름을 얻고
보시하면 큰 재물을 얻는다.
진실하면 그 덕이 널리 들리고

은혜로우면 좋은 벗을 얻는다.

때에 그 하늘사람은 다시 게송으로 말하였다.

오래도록 브라마나 보아왔더니
온전한 니르바나 얻으셨어라.
온갖 두려움을 모두 이미 벗어나
길이 세간 은혜 애착 뛰어나셨네.

때에 그 하늘사람은 붇다의 말씀을 듣고 기뻐하고 따라 기뻐하면서, 붇다의 발에 머리를 대 절하고 이내 사라져 나타나지 않았다.

• 잡아함 1282 명칭경(名稱經)

• 해설 •

어떻게 해야 좋은 이름과 재물 얻으며 덕망과 좋은 벗을 얻는가.

좋은 이름과 재물과 덕망이 세간살이를 넉넉케 하는 행복의 징표이니, 이처럼 삶을 윤택케 하고 궁핍에 빠지지 않게 하는 복된 행위는 어떤 것인가.

경계를 향해 치달리는 마음의 흐름을 끊어 늘 그 몸과 뜻을 잘 보살피면 그 삶이 안온하고 맑게 되니, 여래는 계를 지니면 늘 좋은 이름 얻게 된다고 가르친다.

내가 가진 것이 실로 가진 것 아님을 알아, 가진 것을 베풀어 나누어쓰면 그는 자기 소유의 울타리를 넘어 참된 삶의 풍요를 누리게 되고, 은혜롭게 이웃을 거두고 진실을 말하면 그 덕이 사방에 멀리 들리고 좋은 벗이 또한 그를 감싸고 보살핀다.

좋은 이름은 이름을 구함 속에서 좋은 이름 얻는 것이 아니라 명예와 이익 구하는 탐욕의 마음을 버릴 때 좋은 이름을 얻고, 가진 것을 버려 이웃과 더불어 쓸 때 그 삶은 참으로 풍요로워져 길이 가난에 빠지지 않는다.

중생을 거두어 안락케 함으로 스스로 안락해지는 보디사트바의 삶을 『화엄경』(「십회향품」)은 이렇게 말한다.

> 시방에 있는 온갖 모든 세계에
> 살고 있는 중생을 모두 거두어
> 보디사트바는 자신의 선근을
> 저 중생에 모두다 돌이켜주어
> 저 중생이 다 안온한 즐거움을
> 모두 갖추게 되길 항상 바라네.
>
> 十方一切諸世界　所有衆生咸攝受
> 悉以善根廻向彼　願令具足安隱樂

「십지품」 또한 지혜의 자재함으로 스스로의 삶을 공덕의 재물로 채우고 세간에 그 깊은 행을 연설해 중생을 이익되게 하는 보디사트바의 행을 이렇게 말한다.

> 빼어난 진리의 뜻 밝게 통달하여서
> 자재한 지혜로 백천억 공덕 성취해
> 사람 가운데 연꽃은 집착 없으나
> 중생의 이익 위해 깊은 행 연설하네.
>
> 了達勝義智自在　成就功德百千億
> 人中蓮華無所著　爲利群生演深行

여섯 방위에 절하면서
나와 남이 함께 이익 누리는 길을 걸으라

나는 들었다, 이와 같이.

한때 붇다께서 라자그리하 성을 노닐어 다니실 적에 두꺼비숲[蝦林]에 머무셨다.

그때 싱갈라카(Sīṅgālaka)의 아버지 되는 거사(居士)는 목숨 마칠 때에 여섯 방위[六方]로 인해, 그 아들에게 이렇게 당부의 말을 남겼다.

"싱갈라카여, 내가 목숨 마친 뒤에 너는 두 손을 맞잡고 여섯 방위를 향하여 절하면서 이렇게 다짐해라.

'동방(東方)에 만약 중생이 있으면 나는 그들을 다 공경하고 공양하며 공손히 섬기리라.

내가 그들을 다 공경하고 공양하며 공손히 섬기면 그들 또한 반드시 나를 공경하고 공양하며 공손히 섬길 것이다.

이와 같이 남방·서방·북방·위아래 쪽을 향해서도 같이해, 만약 중생이 있으면 나는 그들을 공경하고 공양하며 공손히 섬기리라.

내가 그들에게 공경하고 공양하며 공손히 섬기면, 그들 또한 반드시 나를 공경하고 공양하며 공손히 섬길 것이다.'"

거사의 아들은 아버지의 분부를 듣고 아버지에게 말씀드렸다.

"그렇습니다, 아버님의 분부대로 하겠습니다."

이에 거사의 아들 싱갈라카는 그 아버지가 목숨 마친 뒤에, 이른 아침에 목욕하고 '새로 지은 짚풀옷'[新芻磨衣]을 입고, 손에는 생구사잎[生拘舍葉]을 들고 물가로 나가, 두 손을 맞잡고 여섯 방위를 향해 절하며 다짐하였다.

'동방에 만약 중생이 있으면 나는 그들을 공경하고 공양하며 공손히 섬기리라.

내가 그들을 다 공경하고 공양하며 공손히 섬기면 그들 또한 반드시 나를 공경하고 공양하며 공손히 섬길 것이다.

이와 같이 남방·서방·북방·위아래 쪽을 향해서도 같이 해, 만약 중생이 있으면 나는 그들을 공경하고 공양하며 공손히 섬기리라.

내가 그들에게 공경하고 공양하며 공손히 섬기기를 다하고 나면, 그들 또한 반드시 나를 공경하고 공양하며 공손히 섬길 것이다.'"

여섯 방위에 절하는 까닭을 세존께 말씀드림

그때 세존께서는 밤을 지내고 이른 아침에, 가사를 입고 발우를 가지고 라자그리하 성에 들어가 밥을 비셨다.

세존께서는 라자그리하 성에 들어가 밥을 비실 때, 멀리서 거사의 아들 싱갈라카가 이른 아침에 목욕하고 새 짚풀옷을 걸치고 손에는 생구사잎을 들고 물가로 나가 두 손을 맞잡고 여섯 방위를 향해 절하며 이렇게 다짐하는 것을 보셨다.

'동방에 만약 중생이 있으면 나는 그들을 공경하고 공양하며 공손히 섬기리라.

내가 그들을 다 공경하고 공양하며 공손히 섬기면 그들 또한 반드시 나를 공경하고 공양하며 공손히 섬길 것이다.

이와 같이 남방·서방·북방·위아래 쪽을 향해서도 같이해, 만약 중생이 있으면 나는 그들을 공경하고 공양하며 공손히 섬기리라.

내가 그들에게 공경하고 공양하며 공손히 섬기기를 다하고 나면, 그들 또한 반드시 나를 공경하고 공양하며 공손히 섬길 것이다.'

세존께서는 그것을 보신 뒤에 거사의 아들 싱갈라카가 있는 곳으로 가서서 물으셨다.

"거사의 아들이여, 어떤 사문과 브라마나의 가르침을 받았는가? 누가 너에게 공경하고 공양하며 공손히 섬기는 일을 가르쳤기에, 너는 이른 아침에 목욕하고 새 짚풀옷을 입고, 손에는 생구사잎을 들고 물가로 나가 두 손을 맞잡고 여섯 방위를 향해 이렇게 절하며 다짐하는가?

'동방에 만약 중생이 있으면 나는 그들을 공경하고 공양하며 공손히 섬기리라.

내가 그들을 다 공경하고 공양하며 공손히 섬기면 그들 또한 반드시 나를 공경하고 공양하며 공손히 섬길 것이다.

이와 같이 남방·서방·북방·위아래 쪽을 향해서도 같이해, 만약 중생이 있으면 나는 그들을 공경하고 공양하며 공손히 섬기리라.

내가 그들에게 공경하고 공양하며 공손히 섬기기를 다하고 나면, 그들 또한 반드시 나를 공경하고 공양하며 공손히 섬길 것이다.'"

거사의 아들 싱갈라카가 대답하였다.

"세존이시여, 저는 다른 사문이나 브라마나의 가르침을 받지 않았습니다. 세존이시여, 제 아버님께서 목숨 마치실 때 여섯 방위를 인해 제게 분부를 남기시어 이렇게 잘 가르치고 잘 타일러주셨습니다.

'싱갈라카여, 내가 목숨 마친 뒤에 너는 두 손을 맞잡고 여섯 방위를 향해 이렇게 절하며 다짐해라.

〈동방에 만약 중생이 있으면 나는 그들을 공경하고 공양하며 공손히 섬기리라.

내가 그들을 다 공경하고 공양하며 공손히 섬기면 그들 또한 반드시 나를 공경하고 공양하며 공손히 섬길 것이다.

이와 같이 남방·서방·북방·위아래 쪽을 향해서도 같이해, 만약 중생이 있으면 나는 그들을 공경하고 공양하며 공손히 섬기리라.

내가 그들에게 공경하고 공양하며 공손히 섬기기를 다하고 나면, 그들 또한 반드시 나를 공경하고 공양하며 공손히 섬길 것이다.〉

세존이시여, 저는 아버지의 남기신 분부를 받아 공경하고 공양하며 공손히 섬기기 위하여, 이른 아침에 목욕하고 새 짚풀옷을 입고, 손에는 생구사잎을 들고 물가로 나가 두 손을 맞잡고 여섯 방위를 향해 절하며 이렇게 다짐하였습니다.

'동방에 만약 중생이 있으면 나는 그들을 공경하고 공양하며 공손히 섬기리라.

내가 그들을 다 공경하고 공양하며 공손히 섬기면 그들 또한 반드시 나를 공경하고 공양하며 공손히 섬길 것이다.

이와 같이 남방·서방·북방·위아래 쪽을 향해서도 같이해, 만약 중생이 있으면 나는 그들을 공경하고 공양하며 공손히 섬기리라.

내가 그들에게 공경하고 공양하며 공손히 섬기기를 다하고 나면, 그들 또한 반드시 나를 공경하고 공양하며 공손히 섬길 것이다.'"

네 방위에서 네 가지 업의 씨앗과 때 벗어나 복 얻는 길을 보이심

세존께서는 이 말을 들으시고 말씀하셨다.

"거사의 아들이여, 나도 여섯 방위가 있다고 말하지, 없다고 말하지 않는다.

"거사의 아들이여, 만약 어떤 사람이 여섯 방위를 잘 분별하여 네 방위의 악하여 착하지 않은 업의 때를 여의면, 그는 현재의 법에서도 공경할 만하고 존중할 만하며, 몸이 무너지고 목숨을 마친 뒤에는 반드시 좋은 곳으로 가 하늘 가운데 날 것이다."

네 가지 업의 씨앗과 때를 보이심

"거사의 아들이여, 중생들에게는 네 가지의 업[四業]과 네 가지의 더러움[四穢]이 있다. 어떤 것이 네 가지인가?

거사의 아들이여, 산목숨 죽임[殺生]은 중생의 업의 씨앗[業種]이요 더러움의 씨앗[穢種]이다. 도둑질[不與取]과 삿된 음행[邪淫]과 거짓말[妄言]은 중생의 업의 씨앗이요 더러움의 씨앗이다."

이에 세존께서는 이 게송을 말씀하셨다.

산목숨 죽이고 주지 않는 것 갖고
삿된 음행으로 남의 아내 범하고
말하는 것이 진실하지 않으면
지혜로운 이 기리어 말하지 않네.

네 가지 죄 떠나 복 받는 길을 보이심

"거사의 아들이여, 사람은 네 가지 일[四事] 때문에 많은 죄를 얻는다. 어떤 것이 네 가지인가?

욕심을 부리고[行欲] 성을 내며[行恚], 두려움을 주고[行怖] 어리석음을 행하는 것[行癡]이다."

이에 세존께서는 이 게송을 말씀하셨다.

　　탐욕 성냄 남을 두렵게 함
　　어리석음 행함 이 네 가지 일로
　　그는 반드시 좋은 이름 없애니
　　마치 달이 그믐 향해 사라짐 같네.

"거사의 아들이여, 사람은 네 가지 일 때문에 많은 복을 받는다. 어떤 것이 네 가지인가?
　욕심을 부리지 않고, 성을 내지 않으며, 두려움을 주지 않고, 어리석음을 행하지 않는 것이다."
　이에 세존께서는 이 게송을 말씀하셨다.

　　탐욕 끊어 성냄 없고 두렵게 않고
　　어리석음 없이 법의 행 지으면
　　그 이름은 널리 알려져 퍼지니
　　마치 달이 보름 향해 차츰 차오름 같네.

재물 구하는 자의 여섯 가지 그른 길을 보이심
"거사의 아들이여, 재물을 구하는 자는 반드시 '여섯 가지 그른 길'[六非道]을 알아야 한다. 어떤 것이 여섯 가지인가?
　첫째, 갖가지 노름으로 재물을 구하는 것이니, 그른 길이다.
　둘째, 때 아닌 때 재물을 구하는 것이니, 그른 길이다.
　셋째, 술을 마시고 함부로 놓아지내며 재물을 구하는 것이니, 그른 길이다.

넷째, 나쁜 벗을 가까이하여 재물을 구하는 것이니, 그른 길이다.

다섯째, 늘 풍류놀이[妓樂]를 즐기면서 재물을 구하는 것이니, 그른 길이다.

여섯째, 게으르면서 재물을 구하는 것이니, 그른 길이다."

노름으로 재물 구하는 허물을 보이심

"거사의 아들이여, 만약 사람이 갖가지로 노름을 하면 여섯 가지 재환(災患)이 있는 줄을 알아야 한다. 어떤 것이 여섯 가지인가?

첫째 지면 원한을 내고, 둘째 잃으면 부끄러움을 내며, 셋째 지면 잠이 편안하지 못하고, 넷째 원수 집을 기쁘게 하며, 다섯째 친척을 근심하게 하고, 여섯째 대중에서 말을 해도 남이 믿어주지 않는다.

거사의 아들이여, 노름하는 사람은 사업을 경영하지 못하고, 사업을 경영하지 못하면 공이 되는 일[功業]을 이루지 못하며, 아직 얻지 못한 재물은 얻을 수 없고, 본래 있던 재물은 자꾸 없어진다."

때 아닌 때에 재물 구하는 허물을 보이심

"거사의 아들이여, 만약 사람이 때 아닌 때에 행하면 여섯 가지 재환이 있는 줄을 알아야 한다. 어떤 것이 여섯 가지인가?

첫째 스스로를 보살피지 못하고, 둘째 재물을 보살피지 못하며, 셋째 처자식을 보살피지 못하고, 넷째 남의 의심을 받으며, 다섯째 많은 괴로움과 걱정을 내고, 여섯째 남의 비방을 받는다.

거사의 아들이여, 사람이 때 아닌 때에 행하면 사업을 경영하지 못하고, 사업을 경영하지 못하면 공이 되는 일을 이루지 못하며, 아직 얻지 못한 재물은 얻을 수 없고, 본래 있던 재물은 자꾸 없어진다."

술 마시고 함부로 놓아지내며 재물 구하는 허물을 보이심

"거사의 아들이여, 만약 사람이 술을 마시고 함부로 놓아지내면 여섯 가지 재환이 있는 줄을 알아야 한다. 어떤 것이 여섯 가지인가?

첫째 현재의 재물을 잃고, 둘째 병이 많이 생기며, 셋째 여러 싸움과 다툼을 늘리며, 넷째 숨겨 감춘 것이 드러나며, 다섯째 남들이 칭찬해주거나 보살펴주지 않으며, 여섯째 지혜를 없애고 어리석음을 낸다.

거사의 아들이여, 사람이 술을 마시고 함부로 놓아지내면 사업을 경영하지 못하고, 사업을 경영하지 못하면 공이 되는 일을 이루지 못하며, 아직 얻지 못한 재물은 얻을 수 없고, 본래 있던 재물은 자꾸 없어진다."

나쁜 벗 가까이하며 재물 구하는 허물을 보이심

"거사의 아들이여, 만약 사람이 나쁜 벗을 가까이하면 여섯 가지 재환이 있는 줄을 알아야 한다. 어떤 것이 여섯 가지인가?

첫째 도적을 가까이하는 것이고, 둘째 사기꾼을 가까이하는 것이며, 셋째 주정뱅이를 가까이하는 것이고, 넷째 멋대로 놓아지내는 이들을 가까이하는 것이며, 다섯째 따라 모여 노름하는 것이며, 여섯째 이런 이들과 벗을 삼고 이런 이들과 짝을 삼는 것이다.

거사의 아들이여, 사람이 나쁜 벗을 가까이하면 사업을 경영하지 못하고, 사업을 경영하지 못하면 공이 되는 일을 이루지 못하며, 아직 얻지 못한 재물은 얻을 수 없고, 본래 있던 재물은 자꾸 없어진다."

풍류놀이 즐기며 재물 구하는 허물을 보이심

"거사의 아들이여, 만약 사람이 풍류놀이를 즐기면 여섯 가지 재환이 있는 줄을 알아야 한다. 어떤 것이 여섯 가지인가?

첫째 노래 듣기를 즐기는 것이고, 둘째 춤추는 것 보기를 즐기는 것이며, 셋째 기꺼이 가서 풍류놀이 하는 것이고, 넷째 놀이기구 놀리는 것 보기를 즐기며, 다섯째 손뼉 치기를 좋아하는 것이고, 여섯째 크게 모여 노는 것을 좋아하는 것이다.

거사의 아들이여, 사람이 풍류놀이를 즐기면 사업을 경영하지 못하고, 사업을 경영하지 못하면 공이 되는 일을 이루지 못하며, 아직 얻지 못한 재물은 얻을 수 없고, 본래 있던 재물은 자꾸 없어진다."

게으르면서 재물 구하는 허물을 보이심

"거사의 아들이여, 만약 사람이 게으르면 여섯 가지 재환이 있는 줄을 알아야 한다. 어떤 것이 여섯 가지인가?

첫째 너무 이르다 하고 일을 하지 않는 것이고, 둘째 너무 늦다 하고 일을 하지 않는 것이며, 셋째 너무 춥다 하고 일을 하지 않는 것이고, 넷째 너무 덥다 하고 일을 하지 않는 것이며, 다섯째 너무 배부르다 하고 일을 하지 않는 것이고, 여섯째 너무 배고프다 하고 일을 하지 않는 것이다.

거사의 아들이여, 사람이 게으르면 사업을 경영하지 못하고, 사업을 경영하지 못하면 공이 되는 일을 이루지 못하며, 아직 얻지 못한 재물은 얻을 수 없고, 본래 있던 재물은 자꾸 없어진다."

그른 업을 떠나 옳게 재물 모아 잘 베푸는 생활을 노래로 보이심

이에 세존께서는 이 게송을 말씀하셨다.

갖가지로 놀아서 빛깔을 좇고
술을 즐기고 풍류놀이 즐기며
나쁜 벗들과 가까이 지내며
아주 게을러서 일하지 않으면
제멋대로 함부로 놓아지내서
스스로를 잘 보살피지 못하니
이러한 곳 사람을 망치게 한다.

가고 오며 잘 막아 보살피지 않고
삿된 음행으로 남의 아내 범하며
마음 가운데 늘 원한을 맺으면
구하고 바랄지라도 이익이 없고
술 마시고 이성만을 그리워하면
이러한 곳 사람을 망치게 한다.

거듭 착하지 않은 행을 짓고
성깔 못돼 가르침을 받지 않으며
사문과 브라마나에게 욕하고
뒤바뀌어 삿된 견해를 지니어
모질고 사나워 나쁜 업 지으면
이러한 곳 사람을 망치게 한다.

스스로 가난해 재물이 없는데도
술 마시다 입은 옷마저 잡히고
진 빚이 솟아나는 샘물 같으면
그는 반드시 문족마저 망치리라.

자주 술집을 두루 찾아다니며
못된 벗들과 서로 가까이 지내면
얻어야 할 재물도 못 얻게 되니
이는 패거리를 좋아한 까닭이네.

여러 못된 벗들과 많이 사귀어
좋지 못한 벗들을 늘 따르게 되면
지금 이 세상이나 뒷세상까지
두 곳에서 모두다 망치게 되리.

사람이 못된 짓을 익히게 되면
더욱더 좋은 공덕 줄어져가고
좋은 행을 언제나 익히어가면
더욱더 좋은 공덕 일어나게 돼
빼어난 행 익히는 자 더욱더 느니
반드시 빼어난 행 익히어가라.

위로 오름을 익히면 오름을 얻어
지혜가 올라감을 언제나 얻고

더욱 맑고 깨끗한 계를 얻어서
미묘하고 높은 이와 함께하리라.

낮에는 누워서 잠자는 것 즐기고
밤에는 노닐어 다니는 것 좋아해
놓아지내며 언제나 술을 마시면
집에 살며 집안살림 이룰 수 없네.

너무 춥다 하고 너무 덥다 말하며
일하지 않고 아주 게으른 사람
마침내 하던 일 이루지 못하고
끝내 재물과 이익 얻지 못하네.

만약 춥거나 아주 덥다고 해도
풀처럼 가볍게 헤아리지 말라.
만약 사람이 삼가는 업 짓게 되면
그는 끝내 즐거움을 잃지 않으리.

거짓으로 가까이하는 네 가지 사람 가리는 법을 보이심

"거사의 아들이여, 가깝지 않은데 가까운 체하는 것에 네 가지가
있다. 어떤 것이 네 가지인가?

첫째, 일 맡은 이[知事]가 가깝지 않은데 가까운 체하는 것이다.

둘째, 그 얼굴 앞에서 정다운 말로 가깝지 않은데 가까운 체하는
것이다.

셋째, 말로 가깝지 않은데 가까운 체하는 것이다.

넷째, 나쁜 길의 짝이 가깝지 않은데 가까운 체하는 것이다.

일 맡은 이가 거짓 가까운 체하는 네 가지를 보이심

"거사의 아들이여, 네 가지 일로 인하여 일 맡은 이가 가깝지 않은데 가까운 체하니, 어떤 것이 네 가지인가?

첫째 일을 맡아 재물을 빼앗는 것이고, 둘째 적은 것으로 많은 것을 취하는 것이며, 셋째 두렵기 때문이고, 넷째 이익을 위해서 가까이 사귀는 것이다."

이에 세존께서는 이 게송을 말씀하셨다.

사람이 일 때문에 알은 체하며
말로는 아주 부드럽게 대해주고
두려움과 이익 때문에 가까이해
가깝지 않은데 가까운 체함 알면
길 가운데 두려운 것 있음과 같이
늘 그와 멀리 떨어지도록 하라.

얼굴 앞에서 정다운 말로 가까운 체하는 사람의 네 가지 거짓을 보이심

"거사의 아들이여, 네 가지 일로 인하여 그 사람 얼굴 앞에서 정다운 말로 가깝지 않은데 가까운 체하는 것이니, 어떤 것이 네 가지인가?

첫째 아름다운 일을 눌러 못하게 하는 것이요, 둘째 나쁜 일을 짓게 하는 것이며, 셋째 그 얼굴 앞에서 기려 말하는 것이고, 넷째 등 뒤에서 그 나쁜 점을 말하는 것이다."

이에 세존께서는 이 게송을 말씀하셨다.

만약 아름답고 좋은 법 억누르고
악하여 착하지 않음 짓도록 하려
얼굴 맞대 그 앞에서 기려 말하고
등 뒤에서는 나쁜 점 말한다 하자.

만약 그 좋은 법과 나쁜 것 알고
또한 이 두 가지 말 깨닫고 보면
이런 가까움은 가까이할 수 없으니
그 사람이 이와 같음을 알게 되면
길 가운데 두려운 것 있음과 같이
늘 그와 멀리 떨어지도록 하라.

여러 가지 말로 가까운 체하는 사람의 네 가지 거짓을 보이심

"거사의 아들이여, 네 가지 일로 인하여 말[言語]로 가깝지 않으면서 가까운 체하니, 어떤 것이 네 가지인가?

첫째 지나간 일을 알려는 것이요, 둘째 반드시 앞으로 올 일을 가려 알려고 하는 것이요, 셋째 거짓되어 참되지 않은 말이요, 넷째 현재의 일은 반드시 사라지는 것이므로, 내가 어떤 일을 꾸미면서 인정해 말하지 않는 것이다."

이에 대해 세존께서는 이 게송을 말씀하셨다.

지난 일 앞으로 올 것 알려 하고
현재 일을 없애려 거짓말하고
일 꾸미면서 하지 않는다 말하여
가깝지 않은데 가까운 체함 알면
길 가운데 두려운 것 있음과 같이
늘 그와 멀리 떨어지도록 하라.

 나쁜 길의 짝이 가까운 체하는 네 가지 거짓을 보이심
"거사의 아들이여, 네 가지 일로 인하여 나쁜 길의 짝은 가깝지 않은데 가까운 체하는 것이니, 어떤 것이 네 가지인가?
 첫째 노름을 가르쳐주는 것이요, 둘째 때 아닌 행을 가르쳐주는 것이며, 셋째 술 마시도록 가르쳐주는 것이요, 넷째 나쁜 벗을 가까이 하도록 가르쳐주는 것이다."
 이에 세존께서는 이 게송을 말씀하셨다.

 갖가지 노름들을 가르쳐주고
 술 마시고 남의 아내 범하게 하며
 낮고 좋지 못한 것 익히게 하고
 빼어난 것 익히지 않도록 하면
 공덕 없어짐이 기우는 달과 같으니
 길 가운데 두려운 것 있음과 같이
 늘 그와 멀리 떨어지도록 하라.

네 가지 좋은 벗의 네 가지 일을 가려 보이심

"거사의 아들이여, 알아야 한다. 좋은 벗[善親]에 네 가지가 있다. 어떤 것이 네 가지인가?

첫째 괴로움과 즐거움[苦樂]을 같이하는 것이니, 이런 사람이 좋은 벗인 줄 알아야 한다.

둘째 가엾게 생각하는 것이니, 이런 사람이 좋은 벗인 줄 알아야 한다.

셋째 이로움을 구하는 것이니, 이런 사람이 좋은 벗인 줄 알아야 한다.

넷째 이익되게 하는 것이니, 이런 사람이 좋은 벗인 줄 알아야 한다."

좋은 벗이 괴로움과 즐거움 같이함을 말씀하심

"거사의 아들이여, 네 가지 일[四事]로 인하여 괴로움과 즐거움을 같이한다면, 이 사람은 좋은 벗인 줄을 알아야 하니, 어떤 것이 네 가지인가?

첫째 그를 위하여 자기를 버리는 것이요, 둘째 그를 위하여 재물을 버리는 것이며, 셋째 그를 위하여 처자를 버리는 것이요, 넷째 말할 것을 참고 견디는 것이다."

이에 세존께서는 이 게송을 말씀하셨다.

> 욕심과 재물과 처자를 버리고
> 말할 것을 참아 견디어내며
> 괴로움과 즐거움 같이한다면
> 그가 좋은 벗인 줄 알 수 있으니

지혜로운 이는 반드시 가까이하라.

좋은 벗이 가엾게 생각함을 말씀하심

"거사의 아들이여, 네 가지 일로 인하여 가엾게 생각한다면 좋은 벗인 줄을 알아야 하니, 어떤 것이 네 가지인가?

첫째 묘한 법을 가르쳐주는 것이요, 둘째 나쁜 법을 눌러 막아주는 것이며, 셋째 얼굴 앞에서 기리어 말해주는 것이고, 넷째 원수집을 물리쳐주는 것이다."

이에 세존께서 이 게송을 말씀하셨다.

묘하고 좋은 법 가르쳐주고
나쁜 법을 눌러서 막아주며
얼굴 앞에서 맞대 기리어주고
원수 물리쳐 가엾게 여기면
그가 좋은 벗인 줄 알 수 있으니
지혜로운 이는 반드시 가까이하라.

좋은 벗이 이로움 구함을 말씀하심

"거사의 아들이여, 네 가지 일로 인하여 이로움 구한다면 좋은 벗인 줄을 알아야 하니, 어떤 것이 네 가지인가?

첫째 비밀한 일 드러내주고, 둘째 은밀하게 덮어 숨기지 않는 것이며, 셋째 이로움을 얻어 기뻐하는 것이요, 넷째 이로움을 얻지 못해도 근심하지 않는 것이다."

이에 세존께서는 이 게송을 말씀하셨다.

비밀한 일 드러내 감추지 않고
이로움을 얻으면 기뻐하지만
이로움이 없어도 근심하지 않아서
이와 같이 이로움을 구한다면
그가 좋은 벗인 줄 알 수 있으니
지혜로운 이는 반드시 가까이하라.

좋은 벗이 이익되게 함을 말씀하심

"거사의 아들이여, 네 가지 일로 인하여 이익되게 한다면 좋은 벗인 줄 알아야 하나니, 어떤 것이 네 가지인가?

첫째 재물이 다한 것을 아는 것이고, 둘째 재물이 다한 줄을 알고는 곧 물건을 대어주는 것이며, 셋째 함부로 지내는 것을 보면 가르쳐 꾸짖어주는 것이고, 넷째 늘 가엾이 생각해주는 것이다."

이에 세존께서 이 게송을 말씀하셨다.

재물이 떨어져 다한 줄 알아
떨어져 다한 물건을 가져다주고
함부로 지내면 가르쳐 꾸짖고
늘 가엾이 여겨서 생각해주며
이와 같이 늘 요익하게 해주면
그가 좋은 벗인 줄 알 수 있으니
지혜로운 이는 반드시 가까이하라.

• 중아함 135 선생경(善生經) 전반부

이 경은 '여섯 방위에 절하는 경'[六方禮經]이라는 이름으로 따로 유포될
만큼 널리 알려졌다.

한 경을 두 단으로 나누니, 앞부분은 여섯 방위에 절함으로 인해 세간의
생활과 생업, 사람 사귐에서 분별해야 할 그른 길과 옳은 길을 네 가지 법,
여섯 가지 법으로 가려 보이신 법문이다.

뒷부분은 여래의 법과 율 가운데서 지켜야 할 사람 섬김과 사람 보살핌의
길을 여섯 방위로 다시 보인 법문이다.

싱갈라카는 아버지가 목숨을 마치며 남긴, 여섯 방위에 절하며 그 방위에
있는 중생 공경하도록 한 그 당부를 가슴에 새겨 행한다.

아버지의 마지막 당부대로 여섯 방위에 절하며 다짐하는 싱갈라카를 보
시고 여래는 동서남북, 위아래 여섯 방위를 통해 세간 생활의 바른 도를 말
씀해주신다.

먼저 여래는 세간 생활에 복을 없애 죄업을 일으키는 네 가지 업[四業] ·
네 가지 더러움[四穢] · 네 가지 일[四事]을 말씀한다.

네 가지 업은 산목숨 죽임 · 도둑질 · 삿된 음행 · 거짓말이니, 이 네 가지
업이 죄업의 씨앗이요 더러움의 씨앗이다.

다시 네 가지 일은 욕심부림 · 성냄 · 두려움을 줌 · 어리석음을 짓는 것이
니, 이는 복을 없애고 죄를 얻게 한다.

업의 씨앗은 업의 조건이 없으면 나지 않으며 업의 씨앗도 다른 업의 결
과이다. 그러므로 업이 공한 곳에서 업의 조건을 짓지 않고 이 업의 씨앗을
돌려 바른 행으로 돌이키면 죄업의 땅에서 진리의 씨앗이 싹을 틔우게 된다.

여래는 재물 구하는 방법이 그릇되지 않아야 하며, 구한 재물을 잘 베풀
어야 함을 가르치신다.

재물 구하는 이에게 여섯 가지 그릇된 길이 있어서 온갖 걱정거리와 장애
를 낳는다. 도박 · 음주 · 나쁜 무리와 패거리 지음 · 환락 · 방탕 · 게으름이 여
섯 가지 그른 길이니, 이 그릇된 생활을 영위하며 재물을 모으면 일시적으로

쾌락과 휴식이 있어도 갖가지 재난과 걱정거리가 따르게 된다.

그에 비해 방탕·게으름·도박·음주와 같은 그릇된 생활을 떠나 건강하게 노동해 그 대가로 살림을 꾸리고 그 마음을 부드럽게 쓰며, 현성을 공경하고 일상의 행실에 삼감이 있고 이웃과 주변에 대한 보살핌이 있으면 그는 재물을 잘 모아 잘 쓰는 사람이다.

이 역사현장은 삿됨과 바름, 정의와 불의가 함께 뒤얽혀 굽이치는 곳이고, 온갖 거짓과 속임수가 판치는 세상이므로, 이를 다섯 가지가 흐린 악한 세간[五濁惡世]이라 한다.

이 세간에서 사람의 진실됨과 거짓됨을 가려 알지 못하면 하는 일 짓는 일이 나와 남을 함께 이롭게 하는 복된 행이 되지 못할 것이다. 그러므로 여래는 거짓된 사람 바로 가려 아는 법을 보이신다.

네 가지 거짓된 사람이란 하는 일에 이용하기 위해 가까운 척하는 사람, 친하지 않은데 친한 척하는 사람, 입발린 말로 가까운 척하는 사람, 속에 그릇된 뜻을 감추고 가까운 척하는 사람이다.

이런 사람들은 멀리 해서 마치 길 가다 두려운 것을 피하는 것처럼 해야 한다.

세간 생활에 좋은 벗은 누구인가. 즐겁고 괴로운 일에 함께할 수 있는 사람, 늘 자비심·연민심으로 대해주는 사람, 늘 서로에 이익된 것을 구하는 사람, 늘 이로움을 끼쳐주는 사람이다.

좋은 벗은 속임수가 없고 해치려는 뜻이 없으며 자기 이익을 위해 이용하지 않으며, 어려움에 빠지고 궁핍할 때 손을 내밀어주는 사람이다.

그러므로 지혜로운 이가 좋은 벗과 함께하면 복업이 날로 늘어나 삶이 안락하고 풍요해지며 근심과 걱정거리가 덜어질 것이다.

이웃과 세간 중생의 이익과 안락을 위해 온갖 공덕을 지어 그들을 보살피는 세간의 좋은 벗, 보디사트바의 행을 『화엄경』(「십주품」)은 다음과 같이 말한다.

보디사트바는 닦은바 뭇 복덕으로
여러 중생 모두 건져 보살펴주네.
마음 오롯이해 이익 주고 안락케 해
한결같이 중생을 슬피 여겨서
고통바다 건너 벗어나게 해주네.

菩薩所修衆福德　皆爲救護諸群生
專心利益與安樂　一向哀愍令度脫

중생을 보디로 성취하기 위해 중생 섬김의 생활을 끝내 다하지 않는 보디사트바의 행을 「십회향품」 또한 이렇게 말한다.

중생 수와 같은 붇다 세존께
위없는 묘한 공양 모두 닦으며
중생 수와 같은 한량없는 겁에
이와 같이 찬탄함 다함없도다.

如衆生數佛世尊　皆修無上妙供養
如衆生數無量劫　如是讚歎無窮盡

거사의 아들이여, 거룩한 법과
율 가운데도 여섯 방위가 있다

"거사의 아들이여, 거룩한 법과 율 가운데에도 여섯 방위가 있으니, 곧 동방·남방·서방·북방·위아래이다."

부모 자식 사이 동방의 뜻을 보이심

"거사의 아들이여, 동방이란 자식이 부모를 살펴드리는 것과 같다. 그러므로 자식은 다섯 가지 일[五事]로써 부모를 받들어 공경하고 공양하여야 한다.

어떤 것이 다섯 가지인가?

첫째, 재물을 불어나게 하는 것이다.

둘째, 뭇 일을 갖추어 마련해드리는 것이다.

셋째, 하고자 하는 것을 받들어드리는 것이다.

넷째, 스스로 함부로 해 어기지 않는 것이다.

다섯째, 자신이 가진 물건을 다 받들어 올리는 것이다.

자식이 이 다섯 가지 일로써 부모를 받들어 공경하고 공양하면, 부모 또한 다섯 가지 일로써 그 자식을 잘 생각하여야 한다.

어떤 것이 다섯 가지인가?

첫째, 아이를 사랑스럽게 생각하는 것이다.

둘째, 필요한 것을 대주어 모자람이 없게 하는 것이다.

셋째, 자식이 빚을 지지 않게 하는 것이다.

넷째, 서로 맞는 곳에 결혼시키는 것이다.

다섯째, 뜻에 맞게 가진 재물을 다 자식에게 물려주는 것이다.

부모는 이 다섯 가지 일로써 그 자식을 잘 생각하여야 한다.

거사의 아들이여, 이와 같이 동방에서 이 두 가지를 함께 분별해야 한다. 거사의 아들이여, 거룩한 법과 율 가운데 동방을 자식과 부모라고 이른다. 거사의 아들이여, 만약 사람이 부모에게 사랑으로 효도하면 반드시 이익을 늘리게 될 것이요, 시들어 닳지 않을 것이다."

스승과 제자 사이 남방의 뜻을 보이심

"거사의 아들이여, 남방이란 제자가 스승을 살펴드리는 것과 같다. 그러므로 제자는 다섯 가지 일로써 스승을 공경하고 공양하여야 한다.

어떤 것이 다섯 가지인가?

첫째, 잘 공경히 따르는 것이다.

둘째, 잘 받들어 섬기는 것이다.

셋째, 빨리 일어나는 것이다.

넷째, 짓는 업이 착한 것이다.

다섯째, 스승을 받들어 공경할 수 있는 것이다.

제자가 이 다섯 가지 일로써 스승을 공경하고 공양하면, 스승 또한 다섯 가지 일로써 그 제자를 잘 생각하여야 한다.

어떤 것이 다섯 가지인가?

첫째, 기술을 가르치는 것이다.

둘째, 빨리 가르치는 것이다.

셋째, 아는 것을 다 가르치는 것이다.

넷째, 좋은 곳에 편안히 머물게 하는 것이다.

다섯째, 좋은 스승에게 맡겨 당부하는 것이다.

스승은 이 다섯 가지 일로써 제자를 잘 생각하여야 한다.

거사의 아들이여, 이와 같이 남방에서 이 두 가지를 함께 분별해야 한다. 거사의 아들이여, 거룩한 법과 율 가운데 남방을 제자와 스승이라고 이른다. 거사의 아들이여, 만약 사람이 스승을 사랑으로 따르면 반드시 이익을 늘리게 될 것이요, 시들어 닳지 않을 것이다."

남편과 아내 사이 서방의 뜻을 보이심

"거사의 아들이여, 서방이란 남편이 아내를 살펴주는 것과 같다. 그러므로 남편은 다섯 가지 일로써 아내를 사랑하고 공경하며 필요한 것을 대주어야 한다.

어떤 것이 다섯 가지인가?

첫째, 아내를 어여삐 생각하는 것이다.

둘째, 업신여기지 않는 것이다.

셋째, 구슬목걸이 같은 꾸밈거리를 주는 것이다.

넷째, 집안에서 자유롭게 하는 것이다.

다섯째, 아내의 친족들을 생각하는 것이다.

남편이 이 다섯 가지 일로써 아내를 사랑으로 공경하며 필요한 것을 대주면, 아내는 열세 가지 일로써 남편을 공경히 따라야 한다.

어떤 것이 열세 가지인가?

첫째, 남편을 존중하고 사랑하며 공경하는 것이다.

둘째, 남편을 존중하여 공양하는 것이다.

셋째, 남편을 잘 생각하는 것이다.

넷째, 하는 일을 거두어 지켜주는 것이다.

다섯째, 권속을 잘 거두는 것이다.

여섯째, 먼저 우러러 모시는 것이다.

일곱째, 그 마음에 사랑으로 행하는 것이다.

여덟째, 말이 성실한 것이다.

아홉째, 문을 잠그지 않고 기다리는 것이다.

열째, 오는 것을 보고는 반겨 칭찬하는 것이다.

열한째, 자리와 침상을 펴고 기다리는 것이다.

열두째, 깨끗하고 맛나고 넉넉한 먹을거리를 차리는 것이다.

열셋째, 사문과 브라마나를 공양하는 것이다.

아내는 이 열세 가지 일[十三事]로써 남편을 잘 공경히 따라야 한다.

거사의 아들이여, 이와 같이 서방에서 이 두 가지를 함께 분별해야 한다. 거사의 아들이여, 거룩한 법과 율 가운데 서방을 남편과 아내라고 이른다. 거사의 아들이여, 만약 사람이 아내를 사랑으로 어여삐 여기면 반드시 이익을 늘게 될 것이요, 시들어 닳지 않을 것이다."

주인과 부리는 이 사이 북방의 뜻을 보이심

"거사의 아들이여, 북방이란 주인[大家]이 부리는 이나 심부름꾼을 살펴주는 것과 같다. 그러므로 주인은 다섯 가지 일로써 부리는 이나 심부름꾼을 가엾이 생각하고 불쌍히 여겨 대해주어야 한다.

어떤 것이 다섯 가지인가?

첫째, 그 힘을 따라 일하게 하는 것이다.

둘째, 때에 맞춰 먹게 하는 것이다.

셋째, 때에 맞춰 마시게 하는 것이다.

넷째, 날이 되면 쉬게 하는 것이다.

다섯째, 병이 나면 약을 주는 것이다.

주인이 이 다섯 가지 일로써 부리는 이나 심부름꾼을 가엾게 생각하고 불쌍히 여겨 대해주면, 부리는 이나 심부름꾼도 아홉 가지 일로써 주인을 잘 받들어야 한다.

어떤 것이 아홉 가지인가?

첫째, 때에 맞춰 일을 하는 것이다.

둘째, 마음을 오롯이해 일을 하는 것이다.

셋째, 주어진 온갖 것에 일을 잘하는 것이다.

넷째, 먼저 우러러 모시는 것이다.

다섯째, 뒤에 사랑으로 행하는 것이다.

여섯째, 말이 성실한 것이다.

일곱째, 급할 때 멀리 떠나지 않는 것이다.

여덟째, 다른 곳에 갈 때엔 곧 주인을 찬탄하는 것이다.

아홉째, 주인이 바라는 것에 맞춰주는 것이다.

부리는 이나 심부름꾼은 이 아홉 가지 일로써 주인을 잘 받들어야 한다.

거사의 아들이여, 이와 같이 북방에서 이 두 가지를 함께 분별해야 한다. 거사의 아들이여, 거룩한 법과 율 가운데 북방을 주인과 부리는 이 심부름꾼이라고 이른다. 거사의 아들이여, 만약 사람이 부리는 이나 심부름꾼을 사랑으로 가엾게 여기면 반드시 이익을 늘리게 될 것이요, 시들어 닳지 않을 것이다."

가까운 벗과 벗의 거느리는 사람 사이 아래쪽의 뜻을 보이심

"거사의 아들이여, 아래쪽[下方]이란 이와 같이 가까운 벗이 가까운 벗의 거느리는 사람을 살펴주는 것과 같다. 그러므로 가까운 벗은 이 다섯 가지 일로써 가까운 벗의 거느리는 사람을 사랑하고 공경하며 필요한 것을 대주어야 한다.

어떤 것이 다섯 가지인가?

첫째, 사랑하고 공경하는 것이다.

둘째, 업신여기지 않는 것이다.

셋째, 속이지 않는 것이다.

넷째, 진기한 보배를 주는 것이다.

다섯째, 가까운 벗의 거느리는 사람을 도우려 생각하는 것이다.

가까운 벗이 이 다섯 가지 일로써 가까운 벗의 거느리는 사람을 사랑하고 공경하며 필요한 것을 대주면, 가까운 벗의 거느리는 사람 또한 이 다섯 가지 일로써 주인의 가까운 벗을 잘 생각하여야 한다.

어떤 것이 다섯 가지인가?

첫째, 재물이 다한 줄을 아는 것이다.

둘째, 재물이 다한 줄을 알면 재물을 대주는 것이다.

셋째, 함부로 지내는 것을 보면 가르쳐 타일러주는 것이다.

넷째, 사랑스럽게 생각하는 것이다.

다섯째, 급할 때에 의지할 곳이 되는 것이다.

가까운 벗의 거느리는 사람은 이 다섯 가지 일로써 주인의 가까운 벗을 잘 생각해야 한다.

거사의 아들이여, 이와 같이 아래쪽에서 이 두 가지를 함께 분별해야 한다. 거사의 아들이여, 거룩한 법과 율 가운데 아래쪽을 가까운 벗과 가까운 벗의 거느리는 사람이라 이른다. 거사의 아들이여, 만약 사람이 가까운 벗의 거느리는 사람을 사랑하고 가엾게 여기면 반드시 이익을 늘리게 될 것이요, 시들어 닳지 않을 것이다."

시주와 사문·브라마나 사이 위쪽의 뜻을 보이심

"거사의 아들이여, 위쪽[上方]이란 다나파티(dāna-pati, 施主)가 사문·브라마나를 살펴주는 것과 같다. 그러므로 다나파티는 다섯 가지 일로써 사문·브라마나를 존경하고 공양하여야 한다.

어떤 것이 다섯 가지인가?

첫째, 문을 닫아걸지 않는 것이다.

둘째, 오는 것을 보면 반겨 칭찬하는 것이다.

셋째, 앉을 자리를 펴고 맞아주는 것이다.

넷째, 깨끗하고 맛있는 음식을 넉넉하게 차리는 것이다.

다섯째, 법답게 보살펴주는 것이다.

다나파티가 이 다섯 가지 일로써 사문·브라마나를 존경하고 공양하면, 사문·브라마나 또한 다섯 가지 일로써 다나파티를 잘 생각하여야 한다.

어떤 것이 다섯 가지인가?

첫째, 믿음을 가르쳐 믿음을 행하게 하고 믿음을 생각하게 하는 것이다.

둘째, 금한 계[禁戒]를 가르치는 것이다.

셋째, 널리 들음을 가르치는 것이다.

넷째, 보시를 가르치는 것이다.

다섯째, 지혜를 가르쳐 지혜를 행하고 지혜를 세우게 하는 것이다.

사문·브라마나는 이 다섯 가지 일로써 다나파티를 잘 생각하여야
한다.

거사의 아들이여, 이와 같이 위쪽에서 이 두 가지를 함께 분별해야
한다. 거사의 아들이여, 거룩한 법과 율 가운데 위쪽을 다나파티와
사문·브라마나라고 이른다. 거사의 아들이여, 만약 사람이 사문·브
라마나를 존경하여 받들면 반드시 이익을 늘리게 될 것이요, 시들어
닳지 않을 것이다."

게송으로 네 가지 거둠의 일을 보이심

"거사의 아들이여, 네 가지 거두는 일[四攝事]이 있다.

어떤 것이 네 가지인가?

첫째는 은혜로운 보시[惠施]요, 둘째는 사랑스런 말[愛言]이며, 셋
째는 이로운 행[利行]이오, 넷째는 이익을 같이함[等利]이다."

이에 세존께서는 이 게송을 말씀하셨다.

    은혜로이 베풀고 사랑스레 말하며
    늘 남을 위하여 이롭게 행하고
    중생과 이익을 고루 같이하면
    그 좋은 이름 멀리 넓게 이르리.
    이는 세상을 거두어 잡는 것이니
    마치 수레를 모는 사람 같도다.

    만약 거두어 잡음이 없으면
    어머니는 그 자식으로 말미암아

공양과 공경을 받을 수 없고
아버지가 자식을 말미암아서
공경 받음 또한 그러하도다.
만약 이와 같은 법의 거둠 있다면
그 때문에 크나큰 복 얻게 되리라.

멀리 비춤이 마치 햇빛 같으면
빠르고 날카롭고 세차고 재빨라
거칠지 않게 말하고 총명하니
이와 같다면 좋은 이름 얻으리.

뻐기어 높이지 않음 얻게 된다면
빠르고 날카롭고 세차고 재빨라
믿음과 좋은 계행 성취하리니
이와 같다면 좋은 이름 얻으리.

늘 게으르지 않음을 일으켜서
사람들에게 기꺼이 먹을 것 주면
잘 다루어 올바름에 이끌어가니
이와 같다면 좋은 이름 얻으리.

벗의 따르는 이들 가엾이 보되
사랑하고 좋아함에 한계를 두면
거두어줌 친척 같다 할 수 있으니

빼어나고 묘함이 사자 같으리.

재물 잘 늘리어 고루 나누는 생활을 보이심

처음에는 먼저 기술을 배우고
그 뒤로는 재물을 구해야 하며
재물을 구하여 얻은 뒤에는
그것 나누어 네 몫으로 만들라.

한 몫으로는 먹을거리 만들고
한 몫으로는 농사일 지으며
한 몫은 간직하여 놓아두어서
급할 때 필요한 데 쓰도록 하고
나머지 한 몫은 농사짓는 이나
장삿일에 빌려주어 이자 놓으라.
다섯째로 아내를 맞아들이고
여섯째로 살 집을 짓도록 하라.

집에 만약 여섯 일 갖추게 되면
늘어나지 않아도 즐거움 얻고
그는 반드시 돈과 재물 넉넉해져
바닷속 물의 흐름과 같아지리라.

그는 이와 같이 재물을 구하여
마치 꿀벌이 꽃을 따듯 하리니

기나긴 밤에 돈과 재물 구하여
스스로 즐거움을 받게 되리라.

재물 내는 것 너무 멀도록 말고
너무 널리 퍼지게도 하지 말아라.
그래서 모질고 나쁜 사람들이나
힘센 이에게 빼앗기지 않도록 하라.

여섯 방위를 다시 보이심

동쪽 방위는 곧 부모가 되고
남쪽 방위는 곧 스승이 되며
서쪽 방위는 곧 처자가 되고
북쪽 방위는 곧 부리는 이 되며
아래쪽은 가까운 벗의 거느리는 이
위쪽은 사문과 브라마나이네.

그러므로 이 여러 방위에 절해
두 가지에 큰 이름을 얻기 바라라
이 여러 방위마다 절하게 되면
다나파티는 하늘위에 나게 되리라.

붇다께서 이와 같이 말씀하시자, 거사의 아들 싱갈라카는 붇다의 말씀을 듣고 기뻐하며 받들어 행하였다.

• 중아함 135 선생경 후반부

싱갈라카가 아버지로부터 받은 가르침, 곧 여섯 곳의 방위[六方]에 절하며 보이는 중생을 공경하라 함은, 자기 일상경험의 장 속에서 보이고 들리고 마주해 말하는 중생을 공경함이다.

그러나 붇다의 다르마(dharma, 法)와 비나야(vinaya, 律)에서 여섯 방위에 절함은 인간역사 속 사람과 사람의 관계 속에서 보편적으로 행해야 할 섬김과 보살핌, 사랑과 공경, 이끌어 깨우침의 바른 길을 보여주고 있다.

붇다의 법계의 여섯 방위는 어버이와 자식, 스승과 제자, 남편과 아내, 주인과 부리는 이, 벗과 벗의 이웃, 사문·브라마나와 다나파티의 관계를 말한다.

부모와 자식이 동방이 되니, 그 관계 속에 공경과 보살핌·사랑과 물려줌이 늘 함께하면 집안이 화목하고 평안하며 웃음꽃이 늘 가득할 것이다.

스승과 제자가 남방이 되니, 그의 관계 속에 우러러 모심·잘 받아 들음·잘 가르치고 잘 맡겨 당부함이 함께하면 법의 이익이 늘어나고 바른 가르침에 전해짐이 있을 것이다.

남편과 아내가 서방이 되니, 그 관계 속에 업신여기지 않는 존중과 사랑·우러러 모심과 일을 잘 보살펴줌이 함께하면 온 집안이 편안하고 식구들에게 걱정거리와 시름이 사라질 것이다.

주인과 부리는 이가 북방이 되니, 그 관계 속에 부리는 이를 주인처럼 섬김과 주인의 일을 내일처럼 행함이 있으면 사업에 다툼이 없고 재물은 불어나 주인과 심부름꾼이 함께 그 삶이 풍요로워질 것이다.

벗과 벗의 거느리는 자와 이웃이 아래쪽이 되니, 그 관계 속에 속이지 않는 진실과 공경히 대해줌·베풀어줌과 가진 것을 함께 나누어씀이 있고 어려울 때 의지처 됨이 있으면 이웃과 이웃에 웃음과 기쁨이 늘 피어날 것이다.

사문·브라마나와 다나파티가 위쪽이 되니, 그 관계 속에 지혜로움과 바르게 가르쳐줌·법답게 보살펴드림과 반겨 맞이해 잘 배움이 있으면 세간에는 진실의 가르침과 깨끗한 믿음이 넘쳐날 것이다.

여섯 방위의 관계 속에 보시(布施)와 사랑스런 말[愛語]과 이롭게 하는 행[利行]과 이익을 같이함[同事]이 있으면, 다툼이 없이 세상을 이끌며 사람과 사람 사이 위아래에 우러름과 보살핌이 늘 함께할 것이다. 또한 서로 속이지 않는 믿음과 밝은 지혜가 함께하여 사람과 사람이 서로 좋은 벗 되고 서로 이끌어주는 선지식이 되리라.

정당한 방법 건강한 노동으로 재물을 늘리되, 구해 얻은 재물로 생업을 발전시키고 생활을 풍족케 하며 이웃에 베풀고 남은 돈과 재물로 미래의 재난을 대비하면, 재물이 줄어듦 없이 넉넉해지는 것이 저 바닷속 큰 물의 흐름과 같으리라.

이와 같이 여섯 방위에 보살핌과 사랑, 나눔과 베풂, 도와줌이 함께하면 세상은 더욱 번영하고 발전하며 나의 삶에 행복과 안락의 미래가 반드시 보장되리라.

이럴진대 뉘라서 여래의 가르침을 둔세주의 초월적 명상주의라고 그릇되이 말하는가.

복과 지혜 두 가지에 큰 이름 얻는 이, 그를 여래의 법의 아들이라 이름하니 눈을 대고 잘 보아야 할 것이다.

『화엄경』(「입법계품」) 또한 본래 방위 없는 곳에서 방편의 힘으로 방위를 따라 상황에 맞는 지혜와 몸을 나투어 중생 거두는 보디사트바의 행을 이렇게 보인다.

붓다의 깊은 법 잘 배우는 이는
붓다의 방편의 힘을 얻어서
생각생각 다하는 끝과 바탕 없이
갖가지 중생 따르는 몸을 나타내
여러 중생 널리 다 거둬주도다.

得佛方便力　念念無邊際
示現種種身　普攝諸群生

세존이시여, 어떤 것이 세간살이에 지는 문입니까

이와 같이 내가 들었다.

한때 붇다께서는 슈라바스티 국 제타 숲 '외로운 이 돕는 장자의 동산'에 계셨다.

때에 얼굴이 아주 묘한 어떤 하늘사람은 새벽녘 붇다 계신 곳에 가서 붇다의 발에 머리를 대 절하고 한쪽에 물러앉았다. 그러자 그 몸의 밝은 빛이 제타 숲 동산을 두루 비추었다.

때에 그 하늘사람은 게송으로 붇다께 여쭈었다.

밑으로 떨어져 지는 길
그런 곳에 물러나 떨어짐
어떻게 알 수 있습니까.
어떤 것이 지는 문인가
세존께서 말씀해주십시오.

밑으로 떨어지고 지는 갖가지 문을 말씀하심

그때에 세존께서는 곧 게송으로 대답하셨다.

이기는 곳 알기 쉽지만
지는 곳 또한 알기 쉽나니

법을 즐겨함 이기는 곳이오
법을 헐뜯음이 지는 곳이네.

나쁜 벗을 사랑해 즐겨하고
좋은 벗을 사랑하지 않으며
좋은 벗에 원한 맺음을 내면
지는 문에 떨어짐이라 한다.

착하지 않은 이 사랑해 즐겨하고
착한 이를 도리어 미워하거나
악한 짓은 마냥 저지르려 하고
착한 일은 하려 하지 않으면
지는 곳에 드는 문이라 하고
되는 말이나 저울로 사람 속이면
지는 문에 떨어짐이라 한다.

장기와 바둑 두고 술맛 즐기며
이성에 집착하여 함부로 놀고
재물을 마구 써서 없애버리면
지는 문에 떨어짐이라 한다.

여인이 스스로를 지키지 않고
남편 버리고 남을 따라가거나
남자로서 그 마음 방탕하여서

아내 버리고 바깥 여인 따라가거나
이와 같이 집안살림하는 것
이것이 다 지는 문에 떨어짐이다.

늙은 아내가 젊은 남편을 얻어
마음에 언제나 질투를 품어
질투로 누워서도 편치 못하면
이것이 지는 문에 떨어짐이고
늙은 남편이 젊은 아내를 얻어
지는 곳에 떨어짐 또한 그러네.

늘 잠을 즐겨 잠에 빠지고
벗들과 같이 어울려 놀이 즐기며
게으름 피우고 자주 성내면
이것이 다 지는 문에 떨어짐이다.

많은 재물로 사귀는 벗들을 모아
마음껏 술과 음식을 먹어대며
먹고 마심 절제할 줄 모르고
재물을 마구 써서 없애버리면
이것이 지는 문에 떨어짐이다.

재물은 적고 탐욕과 애착만 많아
크샤트리아 집에 날 마음을 내

늘 왕이 되고자 바라는 사람
이것이 곧 지는 문에 떨어짐이다.

진주와 귀걸이와 또 목걸이
가죽신과 미투리와 일산 구하여
몸을 가꾸어 스스로 아끼는 것
이것이 지는 문에 떨어짐이다.

남에게 맛있고 좋은 음식 받고서
스스로는 그 재물을 아껴서
남의 것 얻어먹고 갚지 않는 것
이것이 지는 문에 떨어짐이다.

밥 비는 사문이나 브라마나들이
그 집에 들어와 밥을 청해도
아끼는 마음으로 주지 않는 것
이것이 지는 문에 떨어짐이다.

밥 비는 사문이나 브라마나들이
차례로 집 다니며 밥을 비는데
꾸짖어 욕하며 주지 않는 것
이것이 지는 문에 떨어짐이다.

만약 부모가 나이들었는데도

때맞추어 받들어 모시지 않고
재물 있어도 드리지 않으면
이것이 지는 문에 떨어짐이다.

아버지와 어머니 형과 아우를
때려 치고 꾸짖고 욕설하며
위아래의 차례가 없는 것
이것이 지는 문에 떨어짐이다.

붇다와 상가의 여러 제자들과
집에 있는 이나 집을 나온 이들을
헐뜯고 비방해 공경하지 않는 것
이것이 지는 문에 떨어짐이다.

참으로 아라한이 아니면서
아라한을 넘는다 스스로 말하면
이 사람은 이 세간의 도적이니
지는 곳 그 문에 떨어짐이다.

이러한 것 세간의 지는 곳이라
내가 알고 보아 말해주나니
그곳은 험하고 두려운 길과 같아
지혜로운 이 멀리 피해야 하네.

때에 그 하늘사람은 다시 게송으로 말하였다.

　　오래도록 브라마나 보아왔더니
　　온전한 니르바나 얻으셨어라.
　　온갖 두려움을 모두 이미 벗어나
　　길이 세간 은혜 애착 뛰어나셨네.

　때에 그 하늘사람은 붇다의 말씀을 듣고 기뻐하고 따라 기뻐하면서, 붇다의 발에 머리를 대 절하고 이내 사라져 나타나지 않았다.

• 잡아함 1279 부처경(負處經)

• 해설 •

　탐욕으로 이기려는 마음, 남보다 크고 많은 것을 추구하는 마음이 오히려 참된 이김의 길이 되지 못한다.

　여래를 세간의 승리자[Jīna]라 부르고, 세간의 큰 영웅[大雄, Mahāvīra]이라 부르는 것은 이기고 지는 마음, 크고 작음, 너와 나를 분별하는 마음을 쉬고 한량없고 끝없는 마음·다툼 없는 마음·자비의 마음으로 중생을 거두기 때문이다.

　나와 중생, 나와 너의 모습이 공한 진실에 눈을 떠 법을 즐기는 곳이 이기는 삶의 길이고, 지혜의 길을 등지고 나쁜 벗을 사귀고 착한 사람·의로운 사람·바른 선지식을 공경하지 않고 가까이하지 않는 것이 인생살이의 지는 문이다. 악한 행을 쉬어 그치지 않고 이어가며 늘리고 키워 가정을 무너뜨려 운영하는 사업장을 파탄으로 몰아가는 것이 스스로의 삶을 망쳐 인생에 지는 것이다.

　자기 역량에 맞는 일에 부지런하지 못해 분수를 지키지 못하고 게으름에 빠지고 질투심으로 잠 못 이루는 이, 재물을 옳게 쓰지 못하고 술과 노름에 날리고 놀이판에 탕진해버리는 이, 남의 은혜 갚지 않고 베풀지 못하는 이, 그가 인생살이에 지는 자이고 뒤떨어진 자이다.

현성이나 가난한 이에게 베풀지 않고 남의 어려운 일 돕지 않으며, 재물이 있어도 스스로도 옳게 쓰지 못하고, 부모와 가족에 주지 못하고, 이웃과 세간의 어려운 곳에 나누지 못하는 이, 그가 인생살이에 지는 자이고 지는 문에 들어서는 자이다.

스스로 아라한의 도 지혜의 도를 알지 못하고 얻지 못하고서, 아는 체하고 얻은 체하는 이, 그는 세간의 도적 가운데 가장 큰 도적이니, 그가 인생에 실패한 사람이고 참된 풍요의 문을 등지고 스스로 곤궁의 길을 가는 자이다.

자비의 완성자 붇다가 이 세간의 참된 승리자이니, 잘 가신 이 붇다의 길 따라 잘 가는 이, 그가 지는 문에 떨어지지 않고 크고 곧은 길을 힘있게 밟아가는 승리자이다.

『화엄경』(「정행품」淨行品)은 집에 살면서 여래를 따라 탐욕의 세간 참으로 이기는 자 되는 보디사트바의 서원을 다음과 같이 말한다.

> 보디사트바가 집에 있으면
> 바라오니 모든 중생
> 집의 성품 공한 줄 알아
> 집에 내몰림 벗어나지이다.
>
> 菩薩在家　當願衆生
> 知家性空　免其逼迫
>
> 부인과 아들 같이 모이면
> 바라오니 모든 중생
> 원수 친함 평등하여
> 길이 탐착 떠나지이다.
>
> 妻子集會　當願衆生

怨親平等　永離貪著

보배목걸이 걸 때
바라오니 모든 중생
거짓 꾸밈 모두 버려
진실한 곳 이르러지이다.

著瓔珞時　當願衆生
捨諸僞飾　到眞實處

누각에 오를 때엔
바라오니 모든 중생
바른 법의 누각 올라
온갖 법 사무쳐 보아지이다.

上昇樓閣　當願衆生
昇正法樓　徹見一切

만약 베풀어주게 되면
바라오니 모든 중생
온갖 것 다 주어서
마음에 애착 없어지이다.

若有所施　當願衆生
一切能捨　心無愛著

세속의 힘과 재물 믿고 그릇된 짓 하는 자, 기나긴 밤 괴로움 받으리

이와 같이 내가 들었다.

한때 붇다께서는 슈라바스티 국 제타 숲 '외로운 이 돕는 장자의 동산'에 계셨다. 때에 프라세나짓 왕은 정전(正殿) 위에서 스스로 왕의 일[王事]을 살펴었다.

그러면서 빼어난 크샤트리아의 큰 족성이나 빼어난 브라마나의 큰 족성이나 빼어난 장자의 큰 족성이나, 그들은 모두 탐욕 때문에 속이고 거짓말하는 것을 보았다.

그는 곧 이렇게 생각하였다.

'이 재판하는 일[斷事]을 그만두자. 이 재판하는 일을 그만 쉬자. 나는 다시는 이 재판하는 일을 몸소 맡지 않으리라.

내게는 빼어난 아들이 있으니 그에게 재판하도록 해야겠다.

어떻게 내 스스로 이 빼어난 크샤트리아의 큰 족성이나 브라마나의 큰 족성이나 장자의 큰 족성들이 탐욕 때문에 속이고 거짓말하는 것을 볼 수 있겠는가.'

왕이 재판하는 일 그만둘 것을 생각하고 세존께 말씀드림

때에 프라세나짓 왕은 이렇게 생각하고는 붇다 계신 곳에 가서, 붇다의 발에 머리를 대 절하고 한쪽에 물러앉아 말씀드렸다.

"세존이시여, 저는 정전 위에서 스스로 왕의 일을 판결하다가, 저 빼어난 크샤트리아의 큰 족성이나 브라마나의 큰 족성이나 장자의 큰 족성들이 다 이익을 탐하기 때문에 속이고 거짓말하는 것을 보았습니다.

세존이시여, 저는 이 일을 보고 이렇게 생각하였습니다.

'이 재판하는 일을 그만두자. 이 재판하는 일을 그만 쉬자. 나는 다시는 이 재판하는 일을 몸소 맡지 않으리라.

내게는 빼어난 아들이 있으니 그에게 재판하도록 해야겠다.

어떻게 내 스스로 이 빼어난 크샤트리아의 큰 족성이나 브라마나의 큰 족성이나 장자의 큰 족성들이 탐욕 때문에 속이고 거짓말하는 것을 볼 수 있겠는가.'"

그릇된 행 그 괴로움의 과보를 보이심

붇다께서는 프라세나짓 왕에게 말씀하셨다.

"그렇소 대왕이여, 그렇소 대왕이여. 저 빼어난 크샤트리아의 큰 족성이나 브라마나의 큰 족성이나 장자의 큰 족성들은 다 이익을 탐해서 속이고 거짓말하오. 저 어둡고 어리석은 사람들은 긴 밤 동안 이익되지 않는 괴로움을 받을 것이오.

대왕이여, 알아야 하오. 비유하면 고기잡이나 고기잡이의 제자가 강이나 개울에서 물의 흐름을 끊어 그물을 치고 잔인하게 중생을 죽여 몹시 괴롭게 하는 것과 같소.

이와 같이 대왕이여, 저 빼어난 크샤트리아의 큰 족성이나 브라마나의 큰 족성이나 장자의 큰 족성들은 다 이익을 탐해서 속이고 거짓말하여 긴 밤 동안 이익되지 않는 괴로움을 받을 것이오."

그때에 세존께서는 다시 게송으로 말씀하셨다.

재물에 대해 탐욕을 일으키면
그 탐욕에 취하고 헤매어
미쳐 날뛰면서도 스스로 알지 못하니
마치 저 강의 고기잡이와 같네.
그들은 그 나쁜 업으로 인해
아주 괴로운 갚음 받게 되리라.

붇다께서 이 경을 말씀하시자, 프라세나짓 왕은 붇다의 말씀을 듣고 기뻐하고 따라 기뻐하면서 절하고 떠나갔다.

· 잡아함 1231 탐리경(貪利經)

· 해설 ·

세간의 가난한 이들이 갖기 위해서 몸부림치는 것은 최소한의 생존을 위한 것이므로, 그 방법이 정당하다면 결코 비판할 수 없다.

가장 비판받아야 할 세간의 탐욕은 많이 가진 자가 더 갖기 위해 남의 것을 빼앗고, 지금 가진 권세와 부를 이용해 그 탐욕을 늘려가는 것이다. 저 프라세나짓 왕도 높은 족성 많이 가진 자들의 거짓과 탐욕을 참을 수 없어 아들에게 그 왕의 권한을 맡기고 뒤로 물러나려 한다.

붇다께서 게송으로 다시 재물 탐욕에 대한 집착을 깨뜨려주시니, 이는 다만 저 대신과 장자 · 브라마나의 큰 족성들만을 경책하는 것이 아니라, 그들의 탐욕을 재판하는 왕의 교만과 탐욕까지 경책하시는 것이다.

탐욕이 다한 곳에 자비의 꽃이 피고, 모든 번뇌의 샘과 흐름이 다한 곳에 꺼지지 않을 지혜의 등이 켜지는 것이니, 삼독(三毒)이 다한 여래와 아라한의 현성을 내놓고 그 누가 탐욕의 허물 없는 이가 있겠는가.

여래의 지혜의 법이 중생의 마음 밝히는 공덕의 보배가 되니, 『화엄경』(「입법계품」)은 말한다.

비유하면 밝고 깨끗한 보배가
온갖 사물 널리 비추어주듯
붇다의 지혜 또한 이와 같아
중생의 마음 널리 비추네.

譬如明淨寶　普照一切物
佛智亦如是　普照群生心

「이세간품」 또한 여래와 보디사트바의 자비와 중생 위한 큰 버림을 다음
과 같이 찬탄한다.

천만억겁에 위없는 보디 구하여
몸과 목숨에도 다 아낌이 없어라.
오직 중생이 이익되길 바라고
자기 한 몸을 위하지 않으니
저 공덕 갖춘 이의 큰 사랑과
세간 중생 가엾이 여기는 행을
내가 이제 자세히 말해주리라.

千萬億劫求菩提　所有身命皆無吝
願益群生不爲己　彼慈愍行我今說

탐욕의 밧줄이 왕의 밧줄과 사슬보다 더 무섭다

이와 같이 내가 들었다.

한때 붇다께서는 슈라바스티 국 제타 숲 '외로운 이 돕는 장자의 동산'에 계셨다.

때에 프라세나짓 왕은 여러 나라 사람들에 화가 나서 그들을 많이 붙잡아 가두었다.

크샤트리아 · 브라마나 · 바이샤 · 수드라 · 찬다알라, 계 지키는 이나 계율을 범한 이, 집에 있는 이나 집을 나온 이들이 다 잡히어, 사슬에 엮이고 족쇄에 채이며 칼에 갇히고 밧줄에 묶이었다.

때에 많은 비구들은 이른 아침에 가사를 입고 발우를 가지고 슈라바스티 성에 들어가 밥을 빌다가, 많은 사람들이 프라세나짓 왕에게 잡히어 사슬에 엮이고 밧줄에 묶이었다는 말을 들었다.

그들은 밥 빌기를 마치고 정사에 돌아와 가사와 발우를 거두고 발을 씻은 뒤에 붇다 계신 곳에 가서, 붇다의 발에 머리를 대 절하고 한쪽에 물러앉아 말씀드렸다.

"세존이시여, 저희 많은 비구들은 오늘 성에 들어가 밥을 빌다가 많은 사람이 프라세나짓 왕에게 잡히어 엮이고 묶이었다는 말을 들었습니다."

왕의 폭정의 소식 들으시고 탐욕의 밧줄 떠나도록 당부하심

그때에 세존께서는 곧 게송으로 말씀하셨다.

　밧줄이나 사슬 칼에 묶이는 것
　굳센 묶임이라고 할 수 없네.
　물들어 더럽혀진 마음으로
　재물과 보배 아내와 자식을
　돌아보아 늘 생각하는 그 묶음
　오래고도 또 굳세고 단단하여
　비록 늦춘들 벗어나기 어렵다.

　세간의 다섯 욕망의 즐거움을
　지혜로운 이는 다시 돌아보아서
　애착치 않고 생각하지 않으니
　이것이 곧 모든 묶음 아주 끊고서
　안온하게 세간 길이 벗어남이네.

붇다께서 이 경을 말씀하시자, 여러 비구들은 붇다의 말씀을 듣고 기뻐하며 받들어 행하였다.

　• 잡아함 1235 계박경(繫縛經)

　• 해설 •

저 프라세나짓 왕은 처음 붇다께 귀의하여 그 마음에 믿음의 씨앗을 내린 사람이다. 여래는 늘 프라세나짓 왕에게 세간의 높은 권력자로서 탐욕을 경계하고 폭정의 칼을 거두도록 당부하며, 덧없음의 바람은 세간 권세 피해가지 않음을 가르치시고, 너무 많이 먹어 비대해진 몸에 대해서 음식에 만족할 줄 알아야 한다고 가르치셨다. 그러나 프라세나짓 왕은 탐냄과 성냄의 독을 경계토록 하신 여래의 말씀을 듣지 않고, 그 탐욕과 분노의 불길이 스스로를 태우고 셀 수 없는 사람들이 그 분노와 폭압의 정치에 희생물이 되게 한다.

남의 죄를 판정하고 남의 허물을 단죄하는 권력자로서 스스로의 탐욕과 분노를 다스리지 못해 그는 끝내 폭정을 행하는 군주가 되고, 아들에게 왕위마저 빼앗긴 채 비참한 최후를 맞이하게 된다.

이 경에서 여래는 왕의 밧줄과 사슬보다 탐욕의 밧줄이 더 굳고 단단해 사람을 불행에 빠뜨리고 죄업에 빠뜨린다 가르치시니, 이는 왕의 폭정과 분노의 정치를 덮어주기 위함이 아니다. 왕의 폭정의 뿌리가 되는 탐욕을 비판함으로써 죽임과 빼앗음, 가둠과 묶임이 있는 세간 정치, 탐욕과 분노의 불길로 타오르는 세간을 한꺼번에 비판하여 안락의 길을 보이신 것이다.

여래의 근원적 비판에는 늘 자비가 있고 억압자와 억압받는 자가 함께 구제받을 해탈의 통로가 있으니, 그 길을 찾을 때 모든 가둠과 묶임, 얽맴과 얽매임, 죽음과 죽임을 넘어 안온한 해탈을 볼 수 있으리라.

잘 가신 이, 여래의 길을 따라 밟아가는 보디사트바는 세간 탐욕과 미혹의 업을 없애고 남을 위해 끝없는 자비의 행을 행해야 보디사트바의 이름을 얻는 것이니, 『화엄경』(「십회향품」)은 다음과 같이 가르친다.

세간 속에 잘 행하는 보디사트바는
빛깔 소리 냄새와 맛 구하지 않으며
여러 묘한 닿음도 바라 구하지 않고
다만 여러 중생 건져 건네주기 위해
위없어 가장 빼어난 지혜 늘 구하네.

不求色聲香與味　亦不希求諸妙觸
但爲救度諸群生　常求無上最勝智

지혜는 청정하여 허공과 같아서
끝없는 마하사트바행 닦아 익히고
붇다께서 행하심과 같은 모든 실천법
보디사트바는 이와 같이 닦아 배우네.

智慧淸淨如虛空　修習無邊大士行
如佛所行諸行法　彼人如是常修學

「이세간품」또한 한량없는 겁 동안 안으로 번뇌와 탐욕의 업을 떠나 중생을 위해 자비의 업 행하는 보디사트바의 길을 다음과 같이 가르친다.

한량없는 겁에 괴로운 행 닦으며
한량없는 붇다의 바른 법 좇아 태어나
한량없는 중생 보디에 머물게 하니
저 보디사트바의 같이함이 없는 행
내가 지금 말하는 것 들도록 하라.

於無量劫修苦行　從無量佛正法生
令無量衆住菩提　彼無等行聽我說

한량없는 중생이 나고 늙고 죽으며
번뇌 걱정 시달리며 얽혀 좇김 보고
중생이 해탈토록 보디의 마음 내게 하니
저 보디사트바의 공덕의 행
잘 듣고 그 행을 받아지니라.

見諸衆生生老死　煩惱憂橫所纏迫
欲令解脫敎發心　彼功德行應聽受

2 바르게 재물 얻어 널리 베푸는 생활

중생이 가장 아까워하고 애착해 보살피는 것이 몸[身]·목숨[命]·재물[財]이다. 재물이 비록 물질이나 먹고 입지 않으면 살 수 없는 중생은 그 물질이 없으면 몸을 부지할 수 없고 목숨 이어갈 수 없다. 중생은 누구나 물질적 풍요와 안락 누리기를 바라나, 오탁의 세간은 배고파 삶을 이어가지 못하고 헐벗어 그의 목숨을 보살피지 못하는 이가 많고 많다.

그러므로 여래는 바른 직업 바른 생활방식으로 일하고 노력해서 삶을 풍요롭게 가꾸되 탐욕에 빠져 이기적인 복락만을 추구하는 그릇된 욕심을 버리게 하신다. 그리고 자기와 남, 나와 세간이 함께 풍요와 번영을 누릴 버림의 행 베풂의 행에 나아가야 스스로의 삶도 행복해진다고 가르치신다. 그 가르침 따라 고통받는 중생을 따뜻이 위로하고 더불어 같이 일하고 이익을 고루 나누어 배고픔과 헐벗음에 떠는 이들에게 밥을 주고 옷을 주어 중생이 함께 이익과 안락 누리도록 하는 자가, 여래의 참된 제자이고 보디사트바이며 궁핍의 세간에 보배곳간[寶藏]이 되는 사람이다.

재물 잘 얻어 잘 베푸는 이 사람들 속에
소의 왕처럼 우뚝 드러나리

이와 같이 내가 들었다.

한때 붇다께서는 슈라바스티 국 제타 숲 '외로운 이 돕는 장자의
동산'에 계셨다.

그때에 어떤 하늘사람이 얼굴빛이 아주 묘했는데, 그는 새벽녘 붇
다 계신 곳에 와서 발에 머리를 대 절하고 한쪽에 물러나 앉았다. 그
러자 몸의 여러 밝은 빛이 제타 숲 '외로운 이 돕는 장자의 동산'을
두루 비추었다.

때에 그 하늘사람은 게송으로 붇다께 말씀드렸다.

어떻게 사람은 하는 일에서
지혜로 그 재물을 구합니까.
고루게 그 재물 거두어 받지만
왜 빼어나고 못나게 되는 겁니까.

지혜롭게 재물 늘리는 법을 보이심

그때에 세존께서는 게송으로 대답하셨다.

처음에는 교묘한 기술 배우고
방편으로 재물을 얻어 모아가되

그 재물을 모아 얻은 뒤에는
재물을 네 몫으로 나눠야 한다.

한 몫은 스스로 먹는 데 쓰고
두 몫으로는 생업을 경영해가고
남은 한 몫은 숨겨 간직해두어
가난해질 때를 미리 생각하라.

여러 생업을 경영한다는 것은
농삿일하기 장삿길 떠나기와
소나 양을 먹이어 기르는 것과
돈과 재물 빌려주어 이자 놓음과
셋집으로 이익을 구하는 것과
집과 방 앉을 자리 만듦이니
이 여섯 가지 살림 돕는 방안이라
방편으로 이 여러 방안 잘 닦아서
안락하게 이 세간을 살아가라.

이와 같이 잘 생업 닦아가면서
지혜롭게 그 재물을 구하게 되면
재물과 보배 그를 따라 생겨나나니
뭇 흐름이 바다에 돌아감 같네.

이와 같이 재물 넉넉하게 불어남

꿀벌이 뭇 맛을 널리 모음과 같고
밤낮으로 재물이 늘어나 자람
개미가 흙더미를 쌓음 같아라.

늙은 자식에게 재물 주지 않고
주변 사람들에게 맡기지 않아
믿음 없고 간사하고 교활한 사람
몹시 아껴 탐착하는 사람들이여,
사업 이루면 따르던 사람들도
사업 못 이루면 멀리 떠나버린다.

여러 사업들을 잘 이룬 사람들은
마치 불이 활활 잘 타는 것 같으니
좋은 벗과 귀하고 소중한 사람들
성실하고 빨라서 착함 닦는 이들
한 집안의 친형제와 마찬가지로
서로 잘 거두어서 받아준다면
집안 사람 여러 붙이 가운데서도
소의 왕처럼 우뚝 드러나리라.

그러므로 각기 그들에 맞음 따라
재물 나누고 먹을거리 베풀어주면
나이 다해 그 목숨 마친다 해도
하늘에 나 즐거움 받게 되리라.

하늘사람이 여래를 찬탄함

때에 그 하늘사람은 다시 게송으로 말하였다.

> 오래도록 브라마나 보아왔더니
> 온전한 니르바나 얻으셨어라.
> 온갖 두려움을 모두 이미 벗어나
> 길이 세간 은혜 애착 뛰어나셨네.

때에 그 하늘사람은 붇다의 말씀을 듣고 기뻐하고 따라 기뻐하면서, 붇다의 발에 머리를 대 절하고 이내 사라져 나타나지 않았다.

• 잡아함 1283 기능경(技能經)

• 해설 •

온갖 중생은 먹어야 살고 먹지 않으면 죽는다. 중생의 몸은 먹음으로써 길러주고 추위와 더위에 그 몸을 가려주고 보살펴야 하며, 비바람 가리는 집과 덮을 거리 밑에서 누워 쉬어야 유지될 수 있다.

인간의 삶을 기준으로 하면 먹을 것, 입을 것, 잠자리, 집은 재물에 속한다. 곧 물질적인 바깥 조건이 갖춰지지 않으면 몸과 목숨은 부지될 수 없다.

인간의 탐욕은 스스로의 삶을 지탱할 만하고 문화적 재생산이 가능한 만큼의 물질을 갖춤에서 그칠 줄 모르고, 끝없는 탐욕으로 물질적 재부를 늘려 남보다 더 잘 먹고 잘 입고 잘 자고 많이 가지려 한다.

물질적 풍요는 삶의 안락을 보장하는 한 조건이 된다. 그러나 그 재물 얻음은 남의 안락을 해치거나 남의 이익을 가로채거나 주지 않는 남의 것을 송두리째 빼앗는 방식이 되어서는 안 된다.

또한 고생해서 얻은 재물, 힘들게 노력해서 늘어나는 재물을 내 것만으로 붙들어 매지 않고, 그 가진 것을 집안붙이, 따르는 이, 이웃들, 가난하고 배고픈 이들과 같이 나누어 써야 한다.

들어온 재화를 네 몫으로 나누어 한 몫은 먹고사는 데 쓰고, 두 몫은 생업에 다시 투자하고 또 한 몫은 저축하되, 늘어난 재물을 자식과 주변 사람들과 나누고 이웃의 착한 사람 어려운 이들도 같이 그 이익을 누리게 하면 재물과 재물의 은택이 함께 늘어날 것이다.

이와 같이 재물과 그 은혜의 보시를 늘리는 사람은 집안에서도 그 모습소의 왕처럼 우뚝 드러나고 이 세간을 안락하게 지내며, 나의 생업으로 인해세간은 번영하며 나의 복된 재물 모음과 나누어씀으로 인해 오는 세상 지금보다 더 나은 복덕의 삶이 약속될 것이다.

사업은 농업과 상업, 목축업, 금융업, 건축업 그 무엇이 되었든 남을 해치지 않는 직업이 되어야 하며, 건강한 노동과 지혜로운 경영으로 재물이 늘어나면 사업에 같이 종사하는 노동자, 이웃에게도 재물의 은혜를 끼쳐주어야한다.

재물이 늘어날 때 탐욕스런 아낌과 헛된 낭비를 넘어서서 늘어난 재물로사업을 더욱 번창시키고, 배고픈 이, 밥을 비는 현성들에게 밥을 주고, 가난한 이나 세상에 물질적 보시가 필요한 곳에 필요한 것을 대주면, 그가 모은재물은 강물이 바다에 흘러가듯 새지 않고 더욱 늘어나리라.

법에 맞게 재물 구하고 널리 베풀면
나와 남이 함께 공덕 얻나니

나는 들었다, 이와 같이.

한때 붇다께서 슈라바스티 국을 노닐어 다니실 때에 제타 숲 '외로운 이 돕는 장자의 동산'에 머무셨다.

그때 아나타핀다다 거사는 붇다 계신 곳으로 가서 붇다의 발에 머리를 대 절하고 물러나 한쪽에 앉아 여쭈었다.

"세존이시여, 세상에는 몇 가지 사람의 '욕심부림'[行欲]이 있습니까?"

세간 사람의 탐욕 행함에 열 가지 차별이 있음을 말씀하심

세존께서 말씀하셨다.

"거사여, 세상에는 대략 열 가지 사람의 욕심부림이 있다. 어떤 것이 열 가지인가?"

그른 법으로 재물 구해 자신과 집안을 안온케 하지 못하는 이

"거사여, 어떤 욕심부리는 사람은 그른 법으로 바른 방도가 없이 재물을 찾아 구한다. 그는 그른 법으로 바른 방도가 없이 재물을 구한 뒤에는, 스스로도 안온하게 하지 못하고, 부모와 처자, 따르는 이와 심부름꾼들도 안온하게 하지 못한다. 또한 사문과 브라마나에 공양하지도 않는다.

그래서 그는 위로 올라 하늘의 즐거움과 함께하여 즐거움의 과보를 얻게 하거나 하늘에 나 목숨을 길게 하지도 못한다.

이와 같이 어떤 사람은 욕심을 부린다.

그른 법으로 재물 구해 자신과 집안은 안온케 하나
사문과 브라마나에 공양하지 않는 이

"다시 거사여, 어떤 욕심부리는 사람은 그른 법으로 바른 방도가 없이 재물을 찾아 구한다. 그는 그른 법으로 바른 방도가 없이 재물을 구한 뒤에는, 스스로도 안온하게 하고, 부모와 처자, 따르는 이와 심부름꾼들도 안온하게 한다. 그러나 사문과 브라마나에 공양하지는 않는다.

그래서 그는 위로 올라 하늘의 즐거움과 함께하여 즐거움의 과보를 얻게 하거나 하늘에 나 목숨을 길게 하지도 못한다.

이와 같이 어떤 사람은 욕심을 부린다."

그른 법으로 재물 구해 자신과 집안을 안온케 하고
사문과 브라마나에게도 공양하는 이

"다시 거사여, 어떤 욕심부리는 사람은 그른 법으로 바른 방도가 없이 재물을 찾아 구한다. 그는 그른 법으로 바른 방도가 없이 재물을 구한 뒤에는, 스스로도 안온하게 하고, 부모와 처자, 따르는 이와 심부름꾼들도 안온하게 한다. 또한 사문과 브라마나에게도 공양한다.

그래서 그는 위로 올라 하늘의 즐거움과 함께하여 즐거움의 과보를 얻게 하고, 하늘에 나 목숨을 길게 한다.

이와 같이 어떤 사람은 욕심을 부린다.”

**법에 맞거나 그른 법으로 재물 구해 자신과 집안을
안온케 하지 못하는 이**

“다시 거사여, 어떤 욕심부리는 사람은 법에 맞거나 그른 법으로
재물을 찾아 구한다. 그는 법에 맞거나 그른 법으로 재물을 구한 뒤
에는, 스스로도 안온하게 하지 못하고, 부모와 처자, 따르는 이와 심
부름꾼들도 안온하게 하지 못한다. 또한 사문과 브라마나에 공양하
지도 않는다.

그래서 그는 위로 올라 하늘의 즐거움과 함께하여 즐거움의 과보
를 얻게 하거나 하늘에 나 목숨을 길게 하지도 못한다.

이와 같이 어떤 사람은 욕심을 부린다.”

**법에 맞거나 그른 법으로 재물 구해 자신과 집안을 안온케 하나
사문과 브라마나에 공양하지 않는 이**

“다시 거사여, 어떤 욕심부리는 사람은 법에 맞거나 그른 법으로
재물을 찾아 구한다. 그는 법에 맞거나 그른 법으로 재물을 구한 뒤
에는, 스스로도 안온하게 하고, 부모와 처자, 따르는 이와 심부름꾼
들도 안온하게 한다. 그러나 사문과 브라마나에 공양하지는 않는다.

그래서 그는 위로 올라 하늘의 즐거움과 함께하여 즐거움의 과보
를 얻게 하거나 하늘에 나 목숨을 길게 하지도 못한다.

이와 같이 어떤 사람은 욕심을 부린다.”

법에 맞거나 그른 법으로 재물 구해 자신과 집안을 안온케 하고
사문과 브라마나에게도 공양하는 이

"다시 거사여, 어떤 욕심부리는 사람은 법에 맞거나 그른 법으로 재물을 찾아 구한다. 그는 법에 맞거나 그른 법으로 재물을 구한 뒤에는, 스스로도 안온하게 하고, 부모와 처자, 따르는 이와 심부름꾼들도 안온하게 한다. 또한 사문과 브라마나에게도 공양한다.

그래서 그는 위로 올라 하늘의 즐거움과 함께하여 즐거움의 과보를 얻게 하고, 하늘에 나 목숨을 길게 한다.

이와 같이 어떤 사람은 욕심을 부린다."

바른 방도로 재물 구해 자신과 집안을 안온케 하지 못하는 이

"다시 거사여, 어떤 욕심부리는 사람은 법에 맞게 바른 방도로 재물을 찾아 구한다. 그는 법에 맞게 바른 방도로 재물을 구한 뒤에는, 스스로도 안온하게 하지 못하고, 부모와 처자, 따르는 이와 심부름꾼들도 안온하게 하지 못한다. 또한 사문과 브라마나에 공양하지도 않는다.

그래서 그는 위로 올라 하늘의 즐거움과 함께하여 즐거움의 과보를 얻게 하거나 하늘에 나 목숨을 길게 하지도 못한다.

이와 같이 어떤 사람은 욕심을 부린다."

바른 방도로 재물 구해 자신과 집안을 안온케 하나
사문과 브라마나에게 공양하지 않는 이

"다시 거사여, 어떤 욕심부리는 사람은 법에 맞게 바른 방도로 재물을 찾아 구한다. 그는 법에 맞게 바른 방도로 재물을 구한 뒤에는,

스스로도 안온하게 하고, 부모와 처자, 따르는 이와 심부름꾼들도 안온하게 한다. 그러나 사문과 브라마나에 공양하지는 않는다.

그래서 그는 위로 올라 하늘의 즐거움과 함께하여 즐거움의 과보를 얻게 하거나 하늘에 나 목숨을 길게 하지도 못한다.

이와 같이 어떤 사람은 욕심을 부린다."

바른 방도로 재물 구해 자신과 집안을 안온케 하고
사문과 브라마나에게도 공양하나, 뒤에 집착하는 이

"다시 거사여, 어떤 욕심부리는 사람은 법에 맞게 바른 방도로 재물을 찾아 구한다. 그는 법에 맞게 바른 방도로 재물을 구한 뒤에는, 스스로도 안온하게 하고, 부모와 처자, 따르는 이와 심부름꾼들도 안온하게 한다. 또한 사문과 브라마나에게도 공양한다.

그래서 그는 위로 올라 하늘의 즐거움과 함께하여 즐거움의 과보를 얻게 하고, 하늘에 나 목숨을 길게 한다.

그러나 재물을 얻은 뒤에는 거기에 물들고 집착하여 묶이고 얽매이며, 얽매이고는 다시 물들고 집착하여 재앙과 걱정거리[災患]를 보지 못하여, 벗어남의 길[出要]을 알지 못하고 재물을 쓰게 된다.

이와 같이 어떤 사람은 욕심을 부린다."

바른 방도로 재물 구해 자신과 집안을 안온케 하고
사문과 브라마나에게 공양하고, 집착 떠나 해탈의 길 아는 이

"다시 거사여, 어떤 욕심부리는 사람은 법에 맞게 바른 방도로 재물을 찾아 구한다. 그는 법에 맞게 바른 방도로 재물을 구한 뒤에는, 스스로도 안온하게 하고, 부모와 처자, 따르는 이와 심부름꾼들도 안온하게 한다. 또한 사문과 브라마나에게도 공양한다.

그래서 그는 위로 올라 하늘의 즐거움과 함께하여 즐거움의 과보를 얻게 하고, 하늘에 나 목숨을 길게 한다.

그리고 재물을 얻은 뒤에도 거기에 물들지 않고 집착하지 않아 묶이지 않고 얽매이지 않으며, 얽매이고는 다시 물들어 집착하지 않고 그 재앙과 걱정거리를 보아, 거기서 벗어남의 길을 알고서 재물을 쓴다.

이와 같이 어떤 사람은 욕심을 부린다."

열 가지 욕심부림을 말씀하고 그 가운데 높고 낮음을 가려 보이심

"다시 거사여, 만약 어떤 욕심부리는 사람이 그른 법으로 바른 방도가 없이 재물을 구하고, 그가 그른 법으로 바른 방도가 없이 재물을 구한 뒤에는, 스스로도 안온하게 하지 못하고, 부모와 처자, 따르는 이와 심부름꾼들도 안온하게 하지 못한다. 또한 사문과 브라마나에 공양하지 않는다 하자.

그래서 그가 위로 올라 하늘의 즐거움과 함께하여 즐거움의 과보를 얻게 하지 못하고, 하늘에 나 목숨을 길게 하지 못한다 하자.

그러면 이와 같이 욕심을 부리는 사람은 모든 욕심을 부리는 사람 가운데 가장 낮음[最下]이 된다.

거사여, 만약 어떤 욕심부리는 사람이 법에 맞거나 그른 법으로 재물을 구하고, 그가 법에 맞거나 그른 법으로 재물을 구한 뒤에는, 스스로도 안온하게 하고, 부모와 처자, 따르는 이와 심부름꾼들도 안온하게 한다. 또한 사문과 브라마나에 공양한다 하자.

그래서 그가 위로 올라 하늘의 즐거움과 함께하여 즐거움의 과보를 얻게 하고, 하늘에 나 목숨을 길게 한다 하자.

그러면 이와 같이 욕심을 부리는 사람은 모든 욕심을 부리는 사람 가운데 가장 높음[最上]이 된다.

거사여, 만약 어떤 욕심부리는 사람이 법에 맞게 바른 방도로 재물을 구하고, 그가 법에 맞게 바른 방도로 재물을 구한 뒤에는, 스스로도 안온하게 하고, 부모와 처자, 따르는 이와 심부름꾼들도 안온하게 한다. 또한 사문과 브라마나에 공양한다 하자.

그래서 그는 위로 올라 하늘의 즐거움과 함께하여 즐거움의 과보를 얻게 하거나 하늘에 나 목숨을 길게 한다 하자.

그리고 재물을 얻은 뒤에도 물들지 않고 집착하지 않아 묶이지 않고 얽매이지 않으며, 얽매이고서 다시 물들어 집착하지 않고 그 재앙과 걱정거리를 보아, 거기서 벗어남의 길을 알고서 쓴다고 하자.

이와 같이 욕심을 부리는 사람은 모든 욕심을 부리는 사람 가운데 가장 으뜸이요 가장 크며, 가장 높고 가장 빼어나며[最勝], 가장 존귀하고[最尊] 가장 묘함[最妙]이 된다.

마치 소[牛]로 인하여 젖[乳]이 있고, 젖으로 인하여 삭힌 젖[酪]이 있으며, 삭힌 젖으로 인하여 날버터[生酥]가 있고, 날버터로 인하여 삭힌 버터[熟酥]가 있으며, 삭힌 버터로 인하여 제호[酥精]가 있어서, 제호야말로 가장 으뜸이요 가장 크며, 가장 높고 가장 빼어나며, 가장 존귀하고 가장 묘함이 되는 것과 같다.

거사여, 이와 같이 욕심을 부리는 사람은 모든 욕심을 부리는 사람 가운데서 으뜸이요 가장 크며, 가장 높고 가장 빼어나며, 가장 존귀하고 가장 묘함이 된다."

지혜를 통해서만 벗어남의 길 얻을 수 있음을 노래로 보이심

여기에 대해 세존께서는 이 게송을 말씀하셨다.

> 만약 그른 법으로 재물을 구하거나
> 법에 맞거나 그른 법으로 구해
> 대주지 않고 스스로 쓰지 못하고
> 또한 보시하여 복을 짓지 않으면
> 이 두 가지 다 악이 있는 것이니
> 욕심부림에 가장 낮음이 된다.

> 만약 법에 맞게 재물 구하거나
> 자기 몸소 부지런히 해 얻은 것
> 남에게도 대어주고 스스로 쓰며
> 또한 보시하여서 복을 지으면
> 이 두 가지 다 덕이 있는 것이니
> 욕심부림에 가장 높음이 된다.

> 만약 벗어남의 길 그 지혜 얻어서
> 비록 욕심부리며 집에 살면서도
> 탐욕의 재앙과 걱정거리 보아
> 세간살이에 만족함을 알아서
> 절약하고 검소하게 재물을 쓰면
> 그는 욕심 벗어난 지혜 얻음이니
> 욕심부림에 가장 높아 으뜸되리.

붇다께서 이렇게 말씀하시자, 아나타핀다다 거사와 여러 비구들은 붇다의 말씀을 듣고 기뻐하며 받들어 행하였다.

• 중아함 126 행욕경(行欲經)

• 해설 •

세간에서 재물을 구해 재물 쓰는 길에 열 가지 차별이 있다.

열 가지 차별된 법은 크게 세 가지로 구분할 수 있다.

첫째, 그 재물 구하는 방법이 그른 이다.

둘째, 재물 구하는 방법이 맞기도 하고 그르기도 한 이다.

셋째, 재물 구하는 방법이 옳은 이다.

재물 구함에 따라 세 가지로 구분되는 이들은 다시 그 재물 씀에 따라 열 가지로 차별된다.

욕심부림[行欲]이란 그 자체로 나쁜 것이 아니다. 세계를 향해 무언가 욕구하지 않는 인간 존재는 없기 때문이다. 다만 그 하고자 함이 탐욕과 어리석음에 의해 맹목적으로 대상을 향해 치달리고, 대상을 내 것으로 하고자 하는 욕심부림을 여래께서 경계하신다.

사문과 브라마나에게 공양함이란 올바른 지식과 사랑을 가르치는 스승, 지혜를 가르치는 현성을 모시고 가르침 받거나, 세상의 공동선(共同善)을 위해 애쓰는 이나 그 모임에 연대해서 함께 힘을 보태는 것을 말한다.

재물 구하는 방도가 그릇된 이에게 세 가지 차별이 있다.

첫째, 그 구함이 그릇되고 이웃과도 잘 나누어 쓰지 않는 이다.

둘째, 그 구함이 그릇되지만 이웃과 잘 나누어 쓰고 현성께는 공양하지 않는 이다.

셋째, 그 구함이 그릇되지만 이웃과도 잘 나누어 쓰고 현성에게도 공양하는 이다.

비록 그 구함이 그릇되지만 잘 쓰는 이는 하늘의 복을 얻을 수 있다.

재물 구함이 그릇되기도 하고 맞기도 하는 이에게도 세 가지 차별이 있다.

첫째, 재물 구함에 그릇됨과 맞음이 같이 있지만 그 재물 씀이 이웃에게 베풀지 않는 이이다.

둘째, 재물 구함에 그릇됨과 맞음이 같이 있지만 그 재물 씀이 이웃에게는 베풀지만 현성에게 공양하지 않는 이이다.

셋째, 재물 구함에 그릇됨과 맞음이 같이 있지만 그 재물 씀이 이웃과 현성에 모두 공양하는 이이다.

이렇게 구함에 옳고 그름이 같이 있어도 그 씀이 올바르지 못해 이웃과 현성에게 모두 공양하지 않으면 그는 하늘의 복을 얻지 못한다.

그 재물 구함이 옳은 이에게도 네 가지 차별이 있다.

첫째, 재물 구함이 옳지만 얻은 재물을 잘 쓰지 못하는 이이다.

둘째, 재물 구함이 옳지만 얻은 재물을 가까운 이웃에게는 잘 써도 현성에게 공양하지 않는 이이다.

셋째, 재물 구함이 옳고 얻은 재물을 이웃에게도 잘 베풀며 현성에게도 공양하는 이이다.

위 아홉 가지 차별을 넘는 가장 빼어난 이가 누구인가.

비록 재물 구함이 옳다 해도 이웃과 현성에게 모두 잘 베풀지 않으면 그는 하늘의 복을 얻지 못하고, 이웃과 현성에 공양하는 이가 하늘의 복을 얻는다.

그러나 얻은 재물을 잘 써서 하늘의 복을 얻는다 해도 세간 재물의 복과 하늘의 복에 실로 얻을 것이 없는 줄 알아서 죄와 복을 모두 넘어서지 못하면 그는 참으로 해탈의 길은 알지 못한다.

재물을 얻어 복업을 짓고 하늘의 업을 짓되 주는 자와 받는 자 주는 것이 모두 공한 연기의 실상을 깨달아, 복과 죄를 함께 넘어서지 못하면 해탈의 길에 나아가지 못하니, 해탈의 복업을 짓는 이가 가장 빼어나게 재물을 얻어 재물을 쓰는 자이다.

재물 얻는 수단도 잘못되고 그 재물 쓰는 것도 잘못된 이가 세간의 욕구를 행함에서 가장 낮은 자가 된다.

비록 재물 얻는 수단에 허물이 있어도 그 재물 쓰는 것을 올바르게 해 이웃과 사회에 헌신하는 사람은 세간의 욕구를 행함에서 가운데의 높음이 된다.

재물 구하는 방법도 옳고 그 재물 씀에도 나와 이웃을 함께 이롭게 하고 세간을 번영에 이끌어주면, 그 사람은 세간의 욕구를 행함에 높은 자가 된다.

그 가운데서도 재물을 잘 모으고 잘 써서 하늘에 날 복된 업을 짓되 복된 업과 복된 과보에도 취할 것이 없는 줄 알아 스스로 해탈하고 사람들을 탐욕에서 해탈시키는 자, 그는 가장 높은 해탈의 복업을 짓는 자이다.

해탈의 복업은 선업을 짓되 지음 없이 짓는 길이며 주는 자와 받는 자 주는 물건이 공한 줄 알고 모습 없이 다나파라미타[無相布施行]를 행하는 길이다. 아름답고 깨끗한 복을 짓되 복덕을 받지 않는 자[不受福德], 그가 가장 복된 인간이며 세간을 복된 세간으로 꾸밈없이 꾸미는[莊嚴世間] 자이다.

『화엄경』(「십행품」)은 생각생각 걸음걸음 지혜의 마음과 버림의 행을 성취하여 늘 중생 세간에 풍요와 기쁨을 주는 보디사트바의 행을 다음과 같이 가르친다.

가르침대로 잘 행하는 보디사트바
다나파라미타 이미 채워 이루고
백 가지 복된 상호로 꾸미어서
보는 중생마다 다 기뻐하나니
저 가장 빼어난 지혜 갖춘 이가
이 같은 해탈의 도를 행하네.

檀波羅蜜已成滿　百福相好所莊嚴
衆生見者皆欣悅　彼最勝慧行斯道

가지고 있는 다함없고 넓고 큰 복

그 온갖 복 닦아 행함 마쳐 다하게 해
모든 중생 다 청정하도록 하니
이처럼 복을 행해 다하게 함은
견줄 수 없는 이가 행하는 도네.

所有無盡廣大福　一切修行使究竟
令諸衆生悉淸淨　此無比者所行道

한 빛의 비추어 닿음 끝이 없어서
시방의 국토 모두 가득 두루 채워
널리 세간이 큰 밝음 얻도록 하니
어두움 깨뜨리는 이가 행하는 도네.

一光照觸無涯岸　十方國土悉充遍
普使世間得大明　此破闇者所行道

끝없는 복과 지혜의 곳간 닦아 익혀
널리 맑고 시원한 공덕의 못을 지어
온갖 모든 중생 이익되게 하니
저 으뜸가는 사람이 이 도 행하네.

修習無邊福智藏　普作淸涼功德池
利益一切諸群生　彼第一人行此道

대왕이여, 아낌의 죄업 벗어나 복덕 지어야 하오

이와 같이 내가 들었다.

한때 붇다께서는 슈라바스티 국 제타 숲 '외로운 이 돕는 장자의 동산'에 계셨다.

그때에 슈라바스티 국에는 마하나마(Mahānāma, 大名)라는 장자가 있어 목숨을 마쳤는데 자식이 없었다.

프라세나짓 왕은 아들이 없고 친척이 없다 하여 그 재산을 모두 왕가(王家)에 넣었다.

그 프라세나짓 왕은 날마다 재물을 조사하고는 몸에 흙먼지를 뒤집어쓰고 붇다 계신 곳에 와서, 붇다의 발에 머리를 대 절하고 한쪽에 물러앉았다.

그때에 세존께서는 프라세나짓 왕에게 말씀하셨다.

"대왕이여, 어디서 오시기에 몸에 흙먼지를 뒤집어쓰고 아주 지친 모습이시오?"

프라세나짓 왕이 붇다께 말씀드렸다.

"세존이시여, 이 나라 장자 마하나마가 목숨을 마쳤는데 아들이 없는 재물이기 때문에 모두 왕가에 넣고, 재물을 모두 살펴보고 처리하느라 지쳐서 흙먼지를 뒤집어쓰고 그 집에서 옵니다."

붇다께서는 물으셨다.

"저 마하나마 장자는 큰 부자로서 재물이 많았소?"

프라세나짓 왕이 붇다께 말씀드렸다.

"큰 부자였습니다, 세존이시여. 그는 재물이 매우 많아 백천억이 되는 돈과 보물이 있는데 하물며 다른 재물이겠습니까.

세존이시여, 그 마하나마 장자는 이와 같은 큰 부자이지만 이렇게 먹습니다. 곧 싸라기밥을 먹고 콩국을 먹으며 썩은 생강을 먹습니다.

거친 베옷을 입고 홑 가죽신을 신으며, 낡아 깨진 수레를 타고는 나뭇잎 일산[傘蓋]을 씁니다. 그러면서 일찍이 사문이나 브라마나에게 공양하고 보시하거나, 가난에 시달리는 이, 갑자기 노자가 떨어진 나그네, 여러 빌어서 사는 이들을 가엾이 여겨 돌아보았다는 말은 듣지 못하였습니다.

그는 문을 닫고 먹으면서 사문이나 브라마나, 가난한 사람이나 나그네들, 여러 거지들이 보지 못하게 합니다."

붇다께서는 프라세나짓 왕에게 말씀하셨다.

"그 마하나마는 지난 세상에 '타가라시키'라는 프라테카붇다[獨覺]를 만나 한 끼 밥을 주었소. 그러나 깨끗한 믿음의 마음이 아니었고 공경히 주지 않았으며 제 손으로 주지 않고 준 뒤에는 마음이 변해 이렇게 뉘우쳤소.

'이 밥을 내가 부리는 여러 사람들에게 주거나 허물없이 가지고 쓸 것을, 괜히 저 사문에게 주었다.'

이 보시의 복으로 말미암아 일곱 번 서른세하늘에 났고, 일곱 번이 슈라바스티 국의 가장 빼어난 종족으로 태어나 큰 부자가 된 것이오.

그러나 그 프라테카붇다에게 보시할 때에 깨끗한 믿음의 마음이 아니었고 제 손으로 주지 않았으며, 공경히 주지 않고 주고는 뉘우쳤기 때문에, 나는 곳에서 비록 재부를 얻었어도 옛날같이 거친 옷 거친 밥, 거칠고 낡은 자리끼와 집과 수레를 쓴 것이오. 그래서 처음부터 빼어나고 묘한 빛깔·소리·냄새·맛·닿음을 얻어서 스스로 몸을 편안케 하지 못한 것이오.

다시 대왕이여, 그때 저 마하나마 장자는 배다른 형을 죽이고 그 재물을 빼앗았소.

그 죄 때문에 백천 년을 지나도록 지옥에 떨어졌고, 그 남은 죄의 갚음으로 슈라바스티 국에 일곱 번 몸을 받아 났지만, 아들이 없어서 재물이 왕가에 몰수당한 것이오.

대왕이여, 마하나마 장자는 지금 여기서 목숨을 마쳤지만, 지난 세상 보시의 갚음이 다하고, 이 몸으로 저렇게 아끼고 탐욕해 재물에 그 뜻을 함부로 하여 죄를 지었기 때문에, 여기서 목숨을 마친 뒤에는 지옥에 떨어져 지독한 괴로움을 받을 것이오."

프라세나짓 왕은 붇다께 여쭈었다.

"세존이시여, 마하나마 장자는 목숨을 마치고는 지옥에 들어가 고통을 받겠습니까."

붇다께서는 말씀하셨다.

"그렇소. 대왕이여, 이미 지옥에 들어갔소."

지옥의 과보 받는 장자의 이야기를 듣고 왕이 게송으로 말씀드림

때에 프라세나짓 왕은 그를 생각해 슬피 울고 옷으로 눈물을 닦으면서 게송으로 말하였다.

　　많은 재물과 순금의 보배

코끼리와 말 갖가지 꾸밈거리
부리던 이 데리고 있던 아이들
많은 논밭과 또 그 집들

그 온갖 것 모두 버리고서
헐벗은 앎이 홀로 떠나가니
지은 복의 과보가 이미 다하여
사람의 몸 길이 버렸네.

저에게 지금 무엇이 있는가.
무엇을 가지고 갔는가.
그 어떤 일 버리지 않았는가.
업만 그림자가 모습 따름 같네.

아낌의 죄업 벗어날 때 먼 뒷세상 삶의 양식이 갖춰짐을 노래하심
그때에 세존께서 게송으로 대답하셨다.

오직 죄와 복의 업만이 있어
만약 사람이 그 업을 지으면
이것이 그에게 있는 것이라
그 업은 늘 지니고 가서
나고 죽어도 버리지 않으니
그림자가 모습 따름 같도다.

마치 어떤 사람이 적은 식량으로
먼 길 떠나면 고난을 만나듯
공덕을 닦지 않는 사람은
반드시 악한 길의 괴로움 겪으리.

마치 사람이 식량이 넉넉하면
안락하게 멀리 노닐어 갈 수 있듯
덕 닦음이 깨끗하고 두터운 사람
좋은 곳에서 길이 즐거워 받네.

마치 어떤 사람 멀리 다니다
오랜만에 안온히 집에 돌아오면
그의 친척과 좋은 벗들이
반기고 기뻐하여 모여들듯이
그 공덕을 잘 닦은 사람은
여기서 죽어 다른 곳에 날 때
그의 여러 친척과 여러 붙이들
보고서는 마음으로 기뻐하리라.

그러므로 좋은 복을 닦아서
모으고 쌓아 오래가도록 하면
그 복들은 그 사람을 위해서
다른 세상의 즐거움 세워주리라.

복과 덕은 하늘도 칭찬하나니
바른 행을 평등히 닦았기 때문이라
현세의 사람들도 헐뜯지 않고
목숨 마치고 하늘위에 태어나리.

붇다께서 이 경을 말씀하시자, 프라세나짓 왕은 듣고 기뻐하고 따라 기뻐하면서 절하고 떠나갔다.

• 잡아함 1233 명종경(命終經)

• 해설 •

있고 없음, 많고 적음이 모두 공한 줄 모르는 범부의 삶에서는 많이 가져도 더 갖기 위한 탐욕의 불길은 끝나지 않는다.

설사 많이 가져도 지혜가 없고 탐욕의 불길이 그치지 않는 자, 그는 많이 가졌지만 모자람 속에 허덕여서 늘 안락이 없고 더 가져야 할 탐욕 때문에 잠 못 이룬다.

저 마하나마 장자가 바로 많이 갖고도 제대로 쓰지 못하고 부모와 가족, 집안의 데리고 있는 심부름꾼, 이웃에게도 베풀지 못하고 탐욕의 불길에 타서 죽었으니, 현세에서 불행하고 오는 세상 또한 안락하지 못할 것이다.

그는 더 갖기 위한 탐욕 때문에 가졌으면서도 한세상 거친 음식 떨어진 옷을 입고 살았으며, 과거세상에도 자신의 탐욕에 장애물이 되면 가까운 가족까지 죽였고, 그 죄의 갚음으로 지금 세상 죽은 뒤에 그 가진 것마저 다 빼앗겨 왕가의 소유가 되어버렸다.

지혜의 눈으로 온갖 존재 사물이 공한 줄 알아 가진 것에서 가짐을 보지 않으면 못 가짐에서 못 가짐을 보지 않는 것이다. 지혜있는 이는 가지고 있는 것을 베풀어서 남을 주되 뉘우치지 않고 남의 은혜를 받으면 주고받음이 공한 곳에서 그 은혜를 잘 갚을 줄 알며 늘 베풂으로 그의 삶을 더욱 풍요롭게 할 것이니, 그 마음이 참으로 안락할 것이다.

프라세나짓 왕이 저 마하나마의 허물을 꾸짖지만, 그 또한 탐욕의 마음이 있어 그 재산을 가난한 이 어려운 이에게 나누어주거나 공적인 재산을 만들지 않고 왕가의 재산으로 만드니, 마하나마에 대한 여래의 꾸짖음이 실은 왕의 탐욕에 대한 꾸짖음인 것이다.

프라세나짓 왕이 여래의 간곡한 깨우침을 참으로 받아들이지 못하므로, 그 또한 탐욕으로 폭압의 정치를 행하다 비참한 최후를 맞이한 것이리라.

과거의 원인으로 오늘의 결과가 있고 오늘의 그릇된 행함으로 뒷세상 갚음이 있다는 가르침 가운데, 업의 인과가 있되 공하고 공하되 업의 과보가 끊어지지 않음을 보이고 있으니, 지혜의 보시·해탈의 보시를 행해 스스로의 삶과 세간을 복되게 가꾸는 자가 여래의 참된 우파사카라 하리라.

갖되 한 법도 실로 가질 것 없는 진여(眞如)의 모습대로 가진 것을 베풀어 기나긴 겁 스스로 참된 풍요를 누리며 중생을 건져 해탈케 하는 보디사트바의 삶을, 『화엄경』(「십회향품」) 또한 이렇게 말한다.

> 여래의 길 잘 행하는 보디사트바는
> 더불어 살고 있는 온갖 사람들
> 깨끗한 마음으로 존중해 공양하고
> 다시 기쁨으로 이익 줄 뜻을 내며
> 사의할 길 없는 겁 세간에 머물러
> 중생을 건져 보살펴서 해탈케 하네.
>
> 淨心尊重供養已　復生歡喜利益意
> 不思議劫處世間　救護衆生令解脫

재물을 얻으면 거덜내는 자와
잘 베푸는 이가 있나니

이와 같이 들었다.

한때 붇다께서는 슈라바스티 국 제타 숲 '외로운 이 돕는 장자의 동산'에 계셨다.

그때 세존께서 여러 비구들에게 말씀하셨다.

"세상에는 두 가지 사람이 있어 싫증내 물릴 줄 모르고 목숨을 마친다. 어떤 것이 두 가지 사람인가.

곧 재물을 얻으면 간직하기만 하다가 아주 거덜내는 사람과, 재물을 얻으면 기쁘게 남에게 주는 사람이다. 이것을 '두 사람이 있어 싫증내 물릴 줄 모르고 목숨을 마친다'고 한다."

그때에 어떤 비구가 세존께 여쭈었다.

"세존이시여, 저희들은 이 간략히 하신 말씀의 뜻을 이해하지 못했습니다. 어떤 것이 재물을 얻으면 간직하기만 하다가 아주 거덜내는 것이며, 어떤 것이 재물을 얻으면 기꺼이 남에게 주는 것입니까. 세존께서는 그 뜻을 널리 말씀해주시기 바랍니다."

세존께서는 말씀하셨다.

"자세히 듣고 그 뜻을 잘 생각하라. 내가 너희들을 위해 그 뜻을 분별해주겠다."

비구들이 대답했다.

"예, 그렇게 하겠습니다."

얻은 재물 거덜내는 자와 보시하는 이를 분별해 보이심

그때 세존께서는 비구들에게 말씀하셨다.

"여기에 대해서는 이렇게 말할 수 있다. 어떤 좋은 종족의 자제가 있어, 여러 가지 기술을 배우되 농사를 짓고 문학·산술·천문·지리·점치기를 배운다 하자.

그리고 멀리 가는 사신이 되고 왕을 돕는 대신이 되어 추위와 더위를 피하지 않고 굶주림과 헐벗음에 괴로워하면서 스스로 경영한다고 하자.

그는 이렇게 공과 힘을 들여 재물을 얻으면, 그 사람은 저도 잘 먹지 않고 집의 아내나 자식, 부리는 이들, 가까운 붙이들에게도 주지 않는다. 그러다가 그는 얻은 재물을 왕에게 빼앗기고 도둑 맞으며 불에 타고 물에 떠내려 보내어 다른 곳에 흩어져버린 채 그 이익됨을 얻지 못한다.

이것을 비구들이여, '재물을 얻어 간직하기만 하다가 아주 거덜내는 자'라고 한다.

그 어떤 것이 '재물을 얻으면 잘 나누어 주는 것'인가. 어떤 좋은 종족의 자제가 있어 여러 가지 기술을 배우되 농사를 짓고 문학·산술·천문·지리·점치기를 배운다 하자.

그리고 멀리 가는 사신이 되고 왕을 돕는 대신이 되어 추위와 더위를 피하지 않고 굶주림과 헐벗음에 괴로워하면서 스스로 경영한다고 하자.

그는 이렇게 공과 힘을 들여 재물을 얻으면 중생들에게 보시한다. 그리하여 부모, 부리는 이, 따르는 무리, 아내와 자식에게 주고, 나아가서는 사문이나 브라마나에게 보시해 많은 공덕을 지어 하늘위에 나는 복을 심는다.

이것을 비구들이여, '재물을 얻으면 잘 보시하는 것'이라 한다.

이것을 비구들이여, '두 사람이 있어 싫증내 물릴 줄 모른다'고 하는 것이다.

앞의 한 사람은 재물을 얻었다가 거덜내는 것이니, 반드시 버려 떠나야 한다. 뒤의 사람은 재물을 얻어 널리 보시하는 것이니, 이런 업은 널리 배워야 한다.

이와 같이 비구들이여, 반드시 이렇게 배워야 한다."

그때에 비구들은 붇다의 말씀을 듣고 기뻐하며 받들어 행하였다.

• 증일아함 18 참괴품(慚愧品) 二

• 해설 •

많이 가져도 스스로 쓰지 못하고 남에게 베풀지 못하고 늘 곤궁하고 결핍된 삶을 사는 자가 있고, 별로 갖지 못해도 만족할 줄 알며 나누어 쓸 수 있고 넉넉하게 인생을 헤쳐가는 이가 있다.

또 미래의 풍요를 예비하느라 너무 아끼고 너무 절약해서 현재의 삶을 곤궁에 빠뜨리는 자가 있고, 미래의 삶에 대해 예비가 전혀 없이 재물을 함부로 써서 가정과 자기 한몸도 보살피지 못하는 이가 있다.

이 경에서 붇다는 어렵게 재물을 모아 그에 대한 탐착으로 스스로 쓰지도 못하고 남에게 주지도 못하고, 도리어 왕이나 도적에게 빼앗기고 천재지변에 날리는 이들의 허물을 크게 꾸짖고 계신다.

물질은 물질 아닌 물질이다. 물질은 단순히 탐욕의 닫힌 대상이 아니라 물질에 대한 탐욕 없이 모습 없는 물질의 진실을 옳게 쓰면 그 물질이 나를 살리고 너를 살리며 물질이 물질 아닌 물질의 실상을 발현하는 길이 있게 된다.

그러므로 어렵게 물질과 재물을 모으되 그에 대한 탐욕을 버리고 부모와 가족, 이웃과 어려운 이들에게 나누어주고 현성에게 공양하면, 물질이 더욱 닳아 없어지는 것이 아니라, 더 큰 물질의 풍요를 누리게 되고 보시하는 자 스스로 늘어나고 줄어듦이 없는 공덕의 세계에 나아갈 수 있다.

물질에서 물질의 모습을 떠나 물질 아닌 물질의 공덕을 쓰는 자, 그가 바로 나고 사라짐이 없으며 늘어나고 줄어듦이 없는 실상의 땅에 나아가는 자이고, 보시로 인해 다시 궁핍이 없는 여래장(如來藏)의 풍요에 나아가는 자인 것이다.

스스로 모은 재물과 공덕을 세간과 중생을 위해 쓰는 보디사트바의 지혜의 행을 『화엄경』(「십회향품」)은 이렇게 말한다.

> 보디사트바는 모든 공덕 닦아 모아서
> 넓고 크며 가장 빼어난 그 공덕은
> 이 세간 그 무엇과도 견줄 수 없으나
> 보디사트바는 닦은 공덕 집착치 않고
> 그 바탕의 성품 있지 않음 밝게 깨달아
> 이와 같이 분명히 공덕 모두 회향하도다.
>
> 菩薩修集諸功德 廣大最勝無與比
> 了達體性悉非有 如是決定皆迴向

「십행품」 또한 널리 베풂으로 스스로의 삶을 안락케 하는 보디사트바의 행을 이렇게 말한다.

> 늘 다름 없음으로 중생에게 베풀어
> 온갖 중생이 다 기쁘고 즐겁게 해
> 그 마음이 청정해 물들고 흐림 떠나니
> 저 같이할 자 없는 이가 이 도 행하네.

恒以無異施衆生　普令一切皆欣慶
其心清淨離染濁　彼無等者行斯道

앞으로 계실 사람 가운데 사자가
널리 두루 법계에 노닐어 다니면
이미 모든 붇다의 큰 자비 낸 것이니
세간 요익되게 하는 이가 이 도 행하네.

未來所有人師子　周遍遊行於法界
已發諸佛大悲心　彼饒益者行斯道

세간 중생 건네주는 보디사트바는
보아야 하고 공양해야 함을 따라서
그들 위해 여래의 청정한 몸을 나타내
백천억 셀 수 없는 중생을 교화할 것이며
붇다의 세계 장엄함도 또한 이와 같으리.

隨其應見應供養　爲現如來清淨身
敎化衆生百千億　莊嚴佛刹亦如是

제2장

우파사카와
우파시카의 바른 도

마하나마가 붇다께 여쭈었다.
"세존이시여, 어떤 것을 우파사카가 들음을
갖추었다고 합 니까?"
붇다께서 마하나마에게 말씀하셨다.
"우파사카로서 들음을 갖춘 이는 들으면 곧 지닐 수 있고,
들으면 쌓아두게 된다. 그래서 만약 붇다께서 말씀하신 법,
곧 처음도 좋고 가운데도 좋고 뒤도 좋으며,
좋은 뜻 좋은 맛이 한결같이 원만하고 깨끗하여,
범행이 맑고 깨끗한 법을 모두다 받아 지닌다.
마하나마여, 이것을 우파사카가
들음을 갖추었다고 한다."

이 장은 우파사카와 우파시카가 집에 깨끗이 머물며 행해야 할 생활의 도에 관한 법문을 모았다.

우파사카 · 우파시카는 비구 · 비구니의 출가상가의 구성원이 아니지만, 여래 제자대중인 사부대중의 한 구성원이므로 넓은 뜻의 상가 구성원이다.

밥을 빌어 생활하고 옷과 잠자리, 의약품을 얻어서 살아가야 하는 상가는 우파사카 · 우파시카의 보시가 없이는 존립할 수 없다.

우파사카 · 우파시카는 스스로 여래의 법을 듣고 해탈의 길을 가는 데서는 출가상가와 평등하다. 그러나 출가상가에 물질의 보시와 공양을 바치고, 출가상가의 선지식과 이미 지혜의 흐름에 들어선 현성들의 가르침을 받고 법의 공양을 받아들이는 면에서는 출가상가와 스승과 제자의 관계를 이룬다.

이런 뜻에서 붇다는 재가의 신자에게 믿음과 지혜를 가르치시며 출가상가와 이웃에 대한 보시행을 말씀하신다. 보시행은 세간 생업에 종사하는 우파사카 · 우파시카가 재물을 구해 얻은 재물을 이웃과 세상에 베풀고 가난한 이들과 나누어 쓰도록 가르치는 말씀이다.

또한 재가신자에 대한 그 가르침은 출가상가에 공양과 보시를 베풀어 상가가 늘 이 세간에 끊어짐이 없이 이어져 머물게 하도록 우파사카 · 우파시카에게 의무를 부과하신 말씀이다.

주지삼보(住持三寶)로서 붇다의 상가는 우파사카 · 우파시카의 재물보시[財施]와 출가상가의 법보시[法施]가 하나될 때 건강하게 이 세간에 잘 전승되고 유지되며 세간의 복밭으로 세간 중생의 귀의처가 될 것이다.

그렇다면 세간의 남자와 여인이 어떻게 해야 여래 사방상가 사부대중의 일원이 되어 우파사카·우파시카의 이름을 얻는가.

우파사카·우파시카는 삼보의 진리가 자기 삶의 진실이고 삶의 나침반이 된다는 믿음으로 귀의의 자기 다짐을 할 때 사부대중의 일원이 되는 것이다. 이를 우파사카·우파시카가 삼귀의계(三歸依戒)를 받아 지님이라 한다.

또한 여래가 여래의 재가제자들에게 부과하신 오계·십계 등 금한 계[禁戒]를 지키고, 출가상가와 이웃에 대한 보시행을 빠뜨림 없이 행하며, 여래의 교법을 잘 받아 들어[聞] 우파사카·우파시카로서 기본 의무를 행해야 한다.

믿음[信] 갖춘 우파사카·우파시카가 계(戒)와 보시(布施)와 들음[聞] 등 기본 의무를 행하면서 스스로 해탈의 업을 받아 행하면 우파사카·우파시카 또한 지혜의 흐름에 들어[入流] 현성의 길을 갈 수 있다.

여래의 도는 맹목적으로 여래를 따르는 추종자를 만드는 길이거나 법 듣는 이가 다만 가르침을 받아 듣고 구원받는 자로 남게 하는 길이 아니다.

여래의 법은 온갖 중생이 스스로 진리의 주체가 되어, 나고 죽음의 흐름 속에 있는 사트바(sattva)가 세간 흐름을 벗어나 물듦 없이 자재한 세간의 큰 장부 마하사트바(mahāsattva)가 되게 하는 길이다.

그러므로 누구나 가르침을 믿어 받아 듣고 여래의 법을 따라 행하면 그 스스로 세상을 향해 법을 말할 수 있고, 그 스스로 해탈의 도에 들고 니르바나의 저 언덕에 오르며, 여래의 진리의 집[如來家]에 나게 되는 것이다.

1 집에 있어도 진리 따르는 생활

우파사카·우파시카는 이 세간 속에서 가정을 이루고 생업을 꾸려가며 부모를 봉양하고 자식을 기르며 살아가되, 삼보를 귀의처로 삼아 보디의 도를 행한다.

집에 살며 깊은 믿음과 잘 들음의 행으로 붇다와 현성의 가르침을 받아 지니는 깨끗한 믿음의 사람들은, 스스로를 지혜의 향·선정의 향·계율의 향으로 장엄하며 세간과 이웃에 널리 거둠과 베풂의 파라미타행을 펼치어 세간을 보디의 도량, 번영의 땅이 되게 한다.

애착의 인연 속에서 그 인연의 그물에 머묾 없고 갇힘이 없되, 세간 인연을 떠나지 않고 삶의 청정을 구현하는 것이 우파사카·우파시카의 행이다.

그러므로 화엄회상(「입법계품」)에서 선지식은 세간 존재의 바다[有海]를 잘 헤쳐 노닐어 다니며 보디의 도 행하는 구도자를, 다음과 같이 격려하고 찬탄한다.

그대는 모든 세간 가운데서

의지함 없고 집착함이 없어서
그 마음이 널리 걸림 없으니
청정하기 저 허공 같도다.

汝於諸世間　無依無所著
其心普無礙　淸淨如虛空

그리고 선지식은 구도자에게 다음과 같이 당부한다.

그대 만약 늙고 병든 이 보거나
아주 가난한 이 고난 속에 있어
건져줌 없고 의지함 없음을 보면
언제나 큰 자비의 마음 내야 하리.

若見於老病　貧窮在苦難
無救無所依　常生大慈愍

언제나 으뜸가는 진리의 뜻을 살펴
자기 이익과 즐거움을 구하지 않고
다만 중생의 이익됨만을 바라
이로써 마음을 장엄해야 하리라.

常觀第一義　不求自利樂
但願益衆生　以此莊嚴心

세존이시여, 어떤 것을 우파사카라 합니까

이와 같이 내가 들었다.

한때 붇다께서 카필라바스투 니그로다 동산에 계셨다.

그때 사카 종족인 마하나마(Mahānāma)가 붇다 계신 곳으로 찾아가서 붇다의 발에 머리를 대 절하고 한쪽에 물러나 앉아서 붇다께 여쭈었다.

"세존이시여, 어떤 것을 우파사카라고 말합니까?"

붇다께서 마하나마에게 말씀하셨다.

"집에 있으면서도 맑고 깨끗하게 닦아 익혀 깨끗하게 머물며, 좋은 남자의 모습을 성취하고서 다음과 같이 말한다 하자.

'저는 지금부터 목숨 다하도록 붇다께 귀의하고 법에 귀의하며 비구상가에 귀의하여 우파사카가 되겠습니다.

저를 증명하여 알아주십시오.'

이런 사람을 우파사카라고 한다."

우파사카의 믿음과 계 갖춤, 들음과 보시, 지혜 갖춤을 보이심

마하나마가 붇다께 여쭈었다.

"세존이시여, 어떤 것을 우파사카가 믿음을 갖추었다고 말합니까?"

붇다께서 마하나마에게 말씀하셨다.

"우파사카가 여래 계신 곳에 대한 바른 믿음을 근본으로 삼아, 그 믿음이 단단하고 굳세어 움직일 수 없어서, 여러 사문이나 브라마나·여러 하늘·마라와 브라흐만, 그 밖의 다른 세간 그 무엇도 무너뜨릴 수 없으면, 마하나마여, 이것을 우파사카가 믿음을 갖추었다[信具足]고 한다."

마하나마가 붇다께 여쭈었다.

"세존이시여, 어떤 것을 우파사카가 계를 갖추었다고 합니까?"

붇다께서 마하나마에게 말씀하셨다.

"우파사카는 산목숨 죽임·도둑질·삿된 음행·거짓말·술 마심을 여의고 그것을 즐겨 짓지 않는다.

마하나마여, 이것을 우파사카가 계를 갖추었다[戒具足]고 한다."

마하나마가 붇다께 여쭈었다.

"세존이시여, 어떤 것을 우파사카가 들음[聞]을 갖추었다고 합니까?"

붇다께서 마하나마에게 말씀하셨다.

"우파사카로서 들음을 갖춘 이는 들으면 곧 지닐 수 있고, 들으면 쌓아두게 된다. 그래서 만약 붇다께서 말씀하신 법, 곧 처음도 좋고 가운데도 좋고 뒤도 좋으며, 좋은 뜻 좋은 맛이 한결같이 원만하고 깨끗하여, 범행이 맑고 깨끗한 법을 모두다 받아지닌다.

마하나마여, 이것을 우파사카가 들음을 갖추었다[聞具足]고 한다."

마하나마가 붇다께 여쭈었다.

"세존이시여, 어떤 것을 우파사카가 버림[捨]을 갖추었다고 합니까?"

붇다께서 마하나마에게 말씀하셨다.

"우파사카가 버림을 갖추었다고 하는 것은 다음과 같다.

아낌의 때[垢]에 얽매인 자는 마음에서 아낌의 때를 떠나야 한다. 그리하여 집 아닌 데에 머물며, 해탈의 보시[解脫施]·부지런한 보시[勤施]·늘 짓는 보시[常施]를 닦으면 재물을 즐겁게 버려 평등하게 보시하게 된다.

마하나마여, 이것을 우파사카가 버림을 갖추었다[捨具足]고 한다."

마하나마가 붇다께 여쭈었다.

"세존이시여, 어떤 것을 우파사카가 지혜를 갖추었다고 합니까?"

붇다께서 마하나마에게 말씀하셨다.

"우파사카가 지혜를 갖추었다고 하는 것은 다음과 같다.

곧 이것은 괴로움[苦]이라고 진실 그대로 알고, 이것은 괴로움의 모아냄[苦集]이라고 진실 그대로 알며, 이것은 괴로움의 사라짐[苦滅]이라고 진실 그대로 알고, 이것은 괴로움을 없애는 길의 자취[苦滅道跡]라고 진실 그대로 아는 것이다.

마하나마여, 이것을 우파사카가 지혜를 갖추었다[慧具足]고 한다."

그때 사카족 마하나마는 붇다의 말씀을 듣고 기뻐하면서, 자리에서 일어나 절하고 떠나갔다.

• 잡아함 927 우바새경(優婆塞經)

• 해설 •

어떻게 집에 사는 남자와 여인이 우파사카·우파시카의 이름을 얻는가.

물든 세간 속에서 믿음을 갖추고 계를 갖추며 들음을 갖추고 버림을 갖추고 지혜를 갖추어야 우파사카·우파시카가 된다. 갖추어야 할 다섯 가지 덕은 본래 갖추어진 자기 삶의 덕이니, 삼보에 귀의해 우파사카·우파시카가 되는 것은 마음과 세계의 진실에 돌아가는 길이다.

다섯 가지 덕은 본래 갖춘 덕이지만 지혜를 가리는 덮음과 마음의 때가 가리고 있으므로 중생이 다시 보디에 돌아가려면, 하고자 함[欲]의 뜻과 크나큰 바람[願]이 있어야 다섯 가지 덕을 다시 드러낼 수 없다.

뉘우침과 의심의 덮음을 버리지 않으면 믿음[信]의 덕을 세워 갖출 수 없고, 그릇된 계율에 대한 집착된 견해[戒慧取見]를 버리지 않으면 계를 갖출 수 없으며, 의심의 덮음이 없이 믿음으로 법의 가르침을 받아들여 지니지 못하면 들음[聞]을 갖출 수 없다.

마음을 물들이는 아낌의 때를 씻지 못하면 버림을 갖출 수 없으며, 그릇된 세계관 몸이 실로 있다는 삿된 견해를 없애지 않으면 사제(四諦)의 법을 바로 살피는 지혜를 갖출 수 없다.

다섯 가지 덕 갖춤이 비록 어려우나 다섯 가지 덕을 막는 덮음과 가림의 때도 집착의 인연으로 일어난 것이라 허깨비와 같으니, 허깨비가 허깨비인 줄 알면 지금 가림과 덮임의 때 속에서 바로 우파사카·우파시카의 덕을 드러낼 수 있다.

이 다섯 가지 덕이 있을 때 세속에 머물러 사는 이에게, 깨끗한 믿음으로 보디에 나아가는 우파사카·우파시카의 이름을 주는 것이니, 그가 바로 집에 살며 보디의 행에 물러섬이 없는 마하사트바이다.

집에 있으면서도 청정하시니
이런 깊은 공덕 얻는구려

이와 같이 내가 들었다.

한때 붇다께서는 카필라바스투 니그로다 동산에 계셨다.

그때에 사카족 마하나마는 오백 우파사카와 함께 붇다 계신 곳에 와서, 그 발에 머리를 대 절하고 한쪽에 물러앉아 붇다께 여쭈었다.

"세존이시여, 어떤 것을 우파사카라 합니까."

붇다께서는 말씀하셨다.

"우파사카란 집에 있으면서도 깨끗이 머물며, 이렇게 다짐하는 사람이다.

'저는 지금부터 목숨이 다하도록 세 가지 보배에 귀의하여 우파사카가 되겠습니다. 저를 증명하여 알아주십시오.'"

세존께 우파사카의 세 가지 과덕을 듣고 우파사카들을 찬탄함

마하나마가 붇다께 여쭈었다.

"세존이시여, 어떤 것을 우파사카의 스로타판나라 합니까."

붇다께서 마하나마에게 말씀하셨다.

"우파사카의 스로타판나란, 세 가지 묶음을 이미 끊고, 끊은 줄 아는 것이니, 세 가지 묶음이란 삿된 몸의 견해·삿된 계율에 대한 집착·의심을 말한다.

마하나마여, 이것을 우파사카의 스로타판나라 한다."

마하나마가 붇다께 여쭈었다.

"세존이시여, 어떤 것을 우파사카의 사크리다가민이라 합니까."

붇다께서 마하마나에게 말씀하셨다.

"우파사카가 세 가지 묶음을 이미 끊고, 끊은 줄 알고서 탐욕·성냄·어리석음이 엷어진 것을 말한다.

마하나마여, 이것을 우파사카의 사크리다가민이라 한다."

마하나마가 붇다께 여쭈었다.

"세존이시여, 어떤 것을 우파사카의 아나가민이라 합니까."

붇다께서 마하나마에게 말씀하셨다.

"우파사카의 아나가민이란, 다섯 가지 낮은 곳의 묶음[五下分結]을 이미 끊고, 끊은 줄 아는 것이니, 몸에 대한 삿된 견해·삿된 계율에 대한 집착·의심·탐욕·성냄을 말한다.

마하나마여, 이것을 우파사카의 아나가민이라 한다."

때에 사카족 마하나마는 오백 우파사카를 돌아보고 이렇게 말하였다.

"기이하시오, 여러 우파사카들이여. 집에 있으면서도 맑고 깨끗해서 이와 같은 깊고 묘한 공덕[深妙功德]을 얻는구려."

때에 마하나마 우파사카는 붇다의 말씀을 듣고 기뻐하고 따라 기뻐하면서, 자리에서 일어나 절하고 떠나갔다.

• 잡아함 928 심묘공덕경(深妙功德經)

• 해설 •

우파사카·우파시카가 여래의 법 안에서 일으킨 믿음은 저 브라마나 사제들이 가르치는바 절대신을 향한 믿음의 길이 아니고 영성주의자들이 말하는 불멸의 영혼을 믿는 길도 아니다.

우파사카·우파시카의 삼보를 향한 믿음은 삼보 안에 성취된 공덕의 세계가 자기 삶의 진실이며 세계의 실상임을 믿는 것이다.

중생의 나고 사라짐에 실로 남이 없고 사라짐이 없음을 바로 믿으면, 나의 삶 밖에 초월적 신을 믿으라는 가르침이나 나의 내면에 영혼을 믿으라는 바깥길의 가르침들이 연기법의 진실을 믿는 바른 믿음을 무너뜨릴 수 없으니, 이것이 우파사카·우파시카의 믿음이다.

삼보의 진리를 바르게 믿는 이는 그 생활에서 남을 해치거나 주지 않는 남의 것을 빼앗거나 거짓된 뜻과 입의 업을 일으켜서는 안 되니, 이것이 우파사카·우파시카의 계행이다.

우파사카·우파시카는 나와 내 것이 있되 공한 줄 알아 늘 내 것에 대한 탐착을 떠나 가진 것을 베풀고 함께 나누어 쓰는 보시행을 행한다.

그는 세간 속에 살되 연꽃처럼 물듦 없으므로 집에 살되[在家] 집 아닌 데[非家]에 머문다. 있음이 있음 아닌 줄 알아 있음을 버리고, 없음이 없음 아닌 줄 알아 비어 없음도 버리며, 또한 있음도 아니고 없음도 아닌 곳도 공한 줄 알아 있음과 없음 너머에 도피하지 않는다.

있음을 버리므로 있을 때도 베풀고 없음도 버리므로 없을 때도 베푸니, 이것이 해탈의 보시이다. 있음도 아니고 없음도 아님에 머물지 않아 베풂 없는 베풂이 멈추지 않으므로, 이것이 부지런한 보시이고 늘 짓는 보시이다.

해탈의 보시, 부지런한 보시, 늘 짓는 보시 갖춘 그가 보시로써 니르바나를 향하는 자이고, 참으로 버림[捨]을 갖추고 평등[等, upekṣā]을 갖춘 이가 되는 것이다.

그는 중생의 고통이 연기이므로 공한 줄 알아 고통이 본래 공한 니르바나의 땅에 서서 고통을 돌이켜 해탈에 나아가니, 이것이 우파사카·우파시카가 지혜를 갖춤이다.

지혜 없는 맹목적 신앙으로 하늘을 향해 울부짖는 자는 여래의 보디의 길을 따라가지 못하고 바른 믿음의 땅에 안주하지 못한다.

믿음과 지혜가 하나된 바른 믿음의 땅에 굳건히 서서, 탐욕하는 생활 속에 실로 탐낼 것이 없음을 알고 이 몸이 공한 줄 알아 몸에 대한 집착된 견해, 그릇된 온갖 율법주의, 진리에 대한 망설임과 회의를 끊으면 그가 지혜의 흐름에 들어선 이[入流], 곧 우파사카의 스로타판나(srotāpanna)가 된다.

이미 지혜의 흐름에 들어 잠시 동요하는 마음이 나고 회의가 일어나도[一往來] 회의의 마음이 난 곳이 없는 줄 알아, 다시 어리석은 마음에 떨어지지 않으면, 그가 사크리다가민(sakṛdāgāmin)이다.

나아가 탐욕 세계의 다섯 가지 번뇌의 묶음을 다해 다시 탐욕과 어리석음의 땅에 물러서거나 되돌아오지 않으면[不來], 그가 우파사카의 아나가민(anāgāmin)이 된다.

아나가민은 다시 헛된 탐욕의 세계, 그릇된 믿음의 세계에 빠지지 않는 이이니, 그가 곧 니르바나의 땅에 자리를 언약받은 자이다.

법의 진실한 뜻 바로 알아야
비로소 수행자라 이름한다

이와 같이 내가 들었다.

한때 붇다께서는 슈라바스티 국 제타 숲 '외로운 이 돕는 장자의 동산'에 계셨다.

그때에 어떤 하늘사람이 얼굴빛이 아주 묘했는데, 그는 새벽녘 붇다 계신 곳에 와서 발에 머리를 대 절하고 한쪽에 물러나 앉았다. 그러자 몸의 여러 밝은 빛이 제타 숲 '외로운 이 돕는 장자의 동산'을 두루 비추었다.

때에 그 하늘사람은 게송으로 붇다께 말씀드렸다.

만약 사람이 방일하게 살아
비록 어둡고 어리석을지라도
아주 나쁜 지혜를 멀리 떠나서
선정의 사유에 방일하지 않으면
빨리 번뇌 흐름 다할 수 있게 되리.

탐욕 벗어나 탐욕을 그대로 지혜로 돌이켜 쓰게 됨을 노래하심

그때에 세존께서는 이 게송으로 대답하셨다.

이 세간의 갖가지 여러 일들

이것이 곧 그대로 탐욕은 아니다.
마음의 법이 마구 치달려가는
갖가지 물든 느낌과 모습 취함들
이것을 사람의 탐욕이라고 한다.

이 세간의 갖가지 여러 일들은
언제나 이 세간에 머물러 있네.
지혜로 늘 선정의 사유 닦아가면
애욕은 길이 가라앉아 없어지리.

믿음이 수행하는 이의 벗이 되니
믿지 않으면 건너가지 못하네.
믿음이 좋은 이름 더욱 늘리고
목숨 마치면 하늘에 나게 한다.

몸에 대해 공하다 생각해야 하니
마음 · 물질 단단하고 굳세지 않네.
마음 · 물질에 집착하지 않게 되면
쌓여 모여진 것을 멀리 떠나리.

법의 진실한 뜻을 바로 살피면
해탈한 대로 남을 슬피 여기리니
바로 살피는 이 지혜를 말미암아
세간 사람 찬탄하고 공양하리라.

뭇 뒤섞인 모습들 끊어버리면
나고 죽음의 흐름 벗어나게 되니
모든 흐름 벗어나 건너게 되면
이 사람을 수행자라 이름하도다.

때에 그 하늘사람은 다시 이 게송을 말하였다.

오래도록 브라마나 보아왔더니
온전한 니르바나 얻으셨어라.
온갖 두려움을 모두 이미 벗어나
길이 세간 은혜 애착 뛰어나셨네.

그때에 하늘사람은 붇다의 말씀을 듣고 기뻐하고 따라 기뻐하면서, 붇다의 발에 머리를 대 절하고 이내 사라져 나타나지 않았다.

• 잡아함 1286 종종경(種種經)

• 해설 •

세간의 일을 버리고 세간 벗어난 해탈의 길이 있는 것이 아니고, 세간의 갖가지 일이 그대로 끊어야 할 탐욕인 것은 아니다.

세간의 일을 짓고 사업을 경영하되 바른 지혜가 없이 바깥 사물과 구하려는 재물에 탐착하는 마음을 일으켜 밖을 향해 치달리는 마음이 탐욕이 된다.

부지런히 일하고 성실히 사업을 경영해 재물을 늘리고 사업을 번창케 하되, 밖의 사물에 취할 모습이 없는 줄 알아 탐욕의 불길을 그치고, 하되 함이 없이 일하고 짓되 지음 없이 사업을 경영하면, 그는 세간의 일 속에서 해탈할 수 있는 사람이다.

이 뜻을 『비말라키르티수트라』는 다음과 같이 말한다.

끊을 것이 있고 얻을 것이 있다는 교만을 가진 사람[增上慢人]에게
붇다는 '음욕·성냄·어리석음을 끊어야 한다'고 가르치지만, 그러한
교만이 없는 사람에게는 늘 음욕·성냄·어리석음의 성품이 곧 해탈이
라고 가르친다.

그러므로 탐욕에 지혜의 눈이 함께하면 탐욕이 곧 해탈이 되고, 탐욕이
보디사트바의 삶의 원동력이 된다.

또 세간 모든 법의 변화의 실상을 알면 세간법이 늘 세간에 머물러 세간
법이 그대로 남이 없고 사라짐 없는 중도의 진리가 된다.

이와 같이 세간법의 중도의 진실을 살펴 세간법 가운데서 스스로 해탈하
고 남에게 자비의 마음을 넓히면, 그가 살아서는 사람들의 찬탄받고 죽어서
는 하늘에 나게 되리라.

마음·물질이 공한 줄 알아 늘 사물을 알되 관념의 굴레를 벗어나고 보여
지는 세간의 모습 속에서 모습의 닫힌 틀을 넘어서면, 그가 세간의 뒤섞인
모습 속에서 나고 죽음의 흐름 건넌 참된 수행자라 이름하리라.

바른 수행자 좋은 벗과 함께함이 빼어난 법이니

이와 같이 내가 들었다.

한때 붇다께서는 슈라바스티 국 제타 숲 '외로운 이 돕는 장자의 동산'에 계셨다.

그때에 어떤 하늘사람이 얼굴빛이 아주 묘했는데, 그는 새벽녘 붇다 계신 곳에 와서 발에 머리를 대 절하고 한쪽에 물러나 앉았다. 그러자 몸의 여러 밝은 빛이 제타 숲 '외로운 이 돕는 장자의 동산'을 두루 비추었다.

때에 그 하늘사람은 게송으로 붇다께 말씀드렸다.

그 어떤 사람과 한곳에 있으며
다시 누구와 더불어 같이 일하고
그 어떤 사람의 법을 알아야
빼어나 악함이 아니라고 합니까.

그때에 세존께서는 게송으로 대답하셨다.

바르게 행하는 이와 함께 같이 노닐고
바르게 행하는 이와 그 일 같이 하고
바르게 행하는 이의 법을 이해한다면

이것이 곧 빼어나서 악함 아니네.

때에 그 하늘사람은 다시 이 게송을 말하였다.

오래도록 브라마나 보아왔더니
온전한 니르바나 얻으셨어라.
온갖 두려움을 모두 이미 벗어나
길이 세간 은혜 애착 뛰어나셨네.

그때에 하늘사람은 붇다의 말씀을 듣고 기뻐하고 따라 기뻐하면서, 붇다의 발에 머리를 대 절하고 이내 사라져 나타나지 않았다.

• 잡아함 1287 정사경(正士經)

• 해설 •

누구와 같이 머물고 누구와 같이 일하면 그의 삶이 안온하고 즐거운 것인가. 좋은 벗 좋은 스승과 같이 머물고 지혜의 법을 따라 배우면 삿된 믿음과 미혹의 길에서 헤매지 않을 것이다.

좋은 벗은 어떤 사람인가. 뜻이 바르고 곧되 너그럽고 부드러워, 남을 해치거나 남의 것 빼앗으려는 악한 마음 없는 사람이 좋은 벗이니, 그는 나날의 삶이 나와 남을 함께 이롭게 하고 늘 더불어 사는 이에게 안락을 주는 사람이다.

믿음과 행이 곧고 바른 그 사람과 같이 일하면 하는 일과 사업이 번창하고 재물이 늘어나 그의 삶이 풍요롭고 안락하리라.

좋은 스승의 가르침 따라 내가 가진 것 누리는 것을 늘 이웃에게 베풀고 기쁨을 남과 함께하면, 그가 세간에서 뭇 악을 떠나 빼어난 사람이고 착한 마음이 세간을 널리 향기롭게 할 사람이다.

잘 참으며 가진 것 없어도
늘 보시하려는 이가 세간의 빼어난 자이니

이와 같이 내가 들었다.

한때 붇다께서는 슈라바스티 국 제타 숲 '외로운 이 돕는 장자의 동산'에 계셨다.

그때에 어떤 하늘사람이 얼굴빛이 아주 묘했는데, 그는 새벽녘 붇다 계신 곳에 와서 발에 머리를 대 절하고 한쪽에 물러나 앉았다. 그러자 몸의 여러 밝은 빛이 제타 숲 '외로운 이 돕는 장자의 동산'을 두루 비추었다.

때에 그 하늘사람은 게송으로 붇다께 말씀드렸다.

온갖 모습에서 그 가림 비추시어
온갖 세간의 참모습 밝게 아시고
즐겁게 온갖 중생 안위하시는
세존께서는 말씀해주시옵소서.
그 어떤 것이 이 세간 가운데
가장 얻기 어려운 것입니까.

주인으로서 행하기 어려운 네 가지 법을 보이심

그때에 세존께서는 게송으로 대답하셨다.

주인이 되어 참음 잘 행하고
재물이 없어도 베풀려 하며
어려운 일 만나도 법을 행하고
부귀하면서 멀리 떠남 닦는 것
이 네 가지 법 가장 얻기 어렵다.

때에 그 하늘사람은 다시 게송으로 말하였다.

오래도록 브라마나 보아왔더니
온전한 니르바나 얻으셨어라.
온갖 두려움을 모두 이미 벗어나
길이 세간 은혜 애착 뛰어나셨네.

그때에 하늘사람은 붇다의 말씀을 듣고 기뻐하고 따라 기뻐하면서, 붇다의 발에 머리를 대 절하고 이내 사라져 나타나지 않았다.

• 잡아함 1293 난득경(難得經)

• 해설 •

탐욕과 간계, 속임수와 거짓이 판치는 세상에서 그 어떤 것이 이루기 어려운 것인가.

여러 사람 거느리는 모임의 대표가 되거나 사업처의 경영자가 되어서 잘 참아 따르는 이들을 자비로 거두기가 참으로 어렵다. 가진 사람이 베풀기는 쉬워도 별로 가진 것 없는 사람이 남에게 베풀고 살기는 어렵다.

온갖 고난과 시련이 닥쳐도 변칙으로 상황에 대처하지 않고, 바른 법으로 고난을 헤치고 시련을 극복하기는 어렵다.

가진 자 누리는 자가 방탕과 쾌락의 삶을 버리고 탐욕과 티끌경계의 시끄러움 번민을 떠나 아란야행을 닦고 맑은 행을 닦으며, 자기 가진 것을 널리 가난한 이 배고픈 이에게 베풀기는 참으로 어렵다.

하기 쉬운 좋은 일을 마지못해 억지로 하는 이는 비록 그 삶이 가진 것이 많아도 참된 인생의 풍요를 모르는 자이고, 하기 어려운 복된 일을 기꺼이 행하는 자 그가 참으로 부유한 자이고 행복한 자이며 자유로운 자이다.

이해관계로 끝없이 다투는 세간 속에서 참으로 믿을 만하고 어려울 때 든든한 버팀목이 되는 좋은 벗은 누구인가.

『화엄경』(「십회향품」)은 있되 공한 법의 진실 살피어 가질 때도 베풀고 못 가질 때도 베푸는 좋은 벗 보디사트바의 삶을 이렇게 가르친다.

> 지혜로 세간 사는 보디사트바는
> 온갖 스스로 지은바 뭇 착한 업을
> 모두다 뭇 삶들에게 널리 돌이키고
> 업의 참성품 밝게 알지 못함이 없어서
> 일어난 온갖 분별 다 버려 없애네.
>
> 一切所行衆善業 悉以廻向諸群生
> 莫不了達其眞性 所有分別皆除遣

> 모든 업이 갖가지로 차별됨 한량없지만
> 보디사트바는 온갖 행 부지런히 닦아
> 중생을 따라서 그 뜻 어기지 않고
> 중생 마음 깨끗이 해 기쁨 내게 하네.
>
> 諸業差別無量種 菩薩一切勤修習
> 隨順衆生不違意 普令心淨生歡喜

> 사의할 수 없는 한량없는 겁이 모두

평등하게 한 생각에 들어가도록 해
보디사트바는 이와 같이 보고서는
중생이 살고 있는 시방에 두루하여
온갖 맑고 깨끗한 업 닦아 행하네.

不可思議無量劫　能令平等入一念
如是見已遍十方　修行一切清淨業

진여대로 살아가는 보디사트바는
이와 같이 모든 법의 성품 사유하여
온갖 업의 차별을 밝게 통달하고서
이미 일어난 나라는 집착 다 없애고
여래의 참된 공덕의 땅에 머무니
그 무엇도 그 공덕 움직일 수 없네.

如是思惟諸法性　了達一切業差別
所有我執皆除滅　住於功德無能動

2 상가공동체에 공양하고
   늘 진리의 행에 함께하는 생활

• 이끄는 글 •

보디에 나아가는 방법론적 뜻에서 성문·연각·보디사트바는 재가·출가에 모두 공통된 세 가지 실천의 수레다. 우파사카·우파시카도 현성의 가르침을 직접 귀로 듣거나 연기의 가르침을 사유하고 관찰하며 파라미타행을 몸과 마음으로 행하면 해탈의 수레[解脫乘]를 타고 니르바나의 언덕에 오른다.

우파사카·우파시카는 사방상가의 한 구성원으로 출가상가에 옷가지와 먹을 것·잠자리·의복을 공양하고 재물보시로 상가라마를 유지시켜 주지삼보를 세간에 전승시켜 세간을 다시 법으로 공양하는 자이다.

우파사카·우파시카는 해탈의 수레를 타고 법을 행하는 파라미타의 주체이되, 때로 출가상가의 제자가 되고 공양자가 되며 세간에 다시 법을 말하고 법을 공양하는 보시자가 된다. 우파사카·우파시카 또한 가르치며 배우고 배우면서 가르치는 성문제자이고, 세간에 머물며 그 뜻을 연꽃처럼 지니며 보디의 길을 가는 재가 보디사트바이다.

장자여 늘 집에서 깨끗한 보시 행하는가

이와 같이 들었다.

한때 붓다께서는 슈라바스티 국 제타 숲 '외로운 이 돕는 장자의 동산'에 계셨다.

그때 아나타핀다다 장자가 세존 계신 곳으로 가서 머리를 대 발에 절하고 한쪽에 앉았다.

그때 세존께서 장자에게 물으셨다.

"어떤가, 장자여. 그대는 집에서 늘 보시하는가?"

장자가 붓다께 말씀드렸다.

"저의 집[貧家]은 늘 보시를 행합니다. 그런데 먹을 것이 거칠고 나빠서 평소 때와 같지 못합니다."

장자에게 좋은 과보의 보시, 서원의 보시를 가르치심

세존께서 말씀하셨다.

"만약 보시할 때에 좋거나 나쁘거나 많거나 적거나 보시하는 것에 정성스런 마음을 쓰지 않고, 좋은 바람[願]을 일으키지 않고 다시 믿음의 마음도 없다 하자.

그러면 이 행의 갚음으로 말미암아 태어나는 곳에서 좋은 먹을 것을 얻지 못하고 마음으로 즐거움을 누리지도 못할 것이다.

또 마음으로 좋은 옷가지를 즐기지도 못하고, 또한 다시 좋은 밭의 밭일을 즐기지도 못할 것이다.

마음 또한 다섯 가지 욕망[五欲] 가운데서 즐기지 못할 것이며, 집안에 부리는 이들이나 심부름꾼이 있다 하더라도 그들은 분부를 받들지 않을 것이다.

그런 까닭은 바로 보시 가운데 마음을 쓰지 않았기 때문이다. 그래서 그런 갚음을 받는 것이다.

만약 장자가 보시할 때에 그것이 좋거나 나쁘거나 많거나 적거나 반드시 지극한 정성으로 마음을 쓰고 늘어나고 덜어짐이 없도록 해, 뒷세상으로 이어질 다리[橋梁]를 없앤다 하자.

그러면 태어나는 곳마다 먹을 것이 저절로 생기고, 일곱 가지 재물[七財]이 갖추어지며 마음은 늘 다섯 가지 욕망을 즐기게 될 것이다.

만약 집안의 부리는 이들과 심부름꾼이 있으면 그들은 늘 분부를 잘 받들 것이다.

왜냐하면 그 사람은 보시하는 가운데 늘 기뻐하는 마음을 내었기 때문이다."

과거 비마라 브라마나의 한량없는 재물보시를 말씀하심

"장자여, 알아야 한다. 지나간 오래고 먼 세상에 비마라(Vimala)라는 브라마나가 있었다. 그는 재물도 넉넉했고 갖가지 보배들 진주·호박·자거·마노·수정·유리 등이 아주 많아 보시하기를 좋아하였다.

그는 보시할 때에 팔만 사천 개의 은발우에는 금가루를 가득 담고, 다시 팔만 사천 개의 금발우에는 은가루를 가득 담아 이와 같이 보시하였다.

다시 팔만 사천 개의 금·은 물거르개를 보시하였고, 다시 금·은으로 뿔을 덮은 팔만 사천 마리 소를 보시하여, 다 이와 같이 보시하였다.

다시 팔만 사천 명 아름다운 여인들[玉女]을 보시하였는데 옷으로 스스로 몸을 덮었고, 다시 팔만 사천 자리끼를 보시하였는데 다 털로 짜고 비단으로 수를 놓은 베를 덮었다.

팔만 사천 벌의 옷[衣裳]을 보시하였고, 다시 금과 은으로 얽어 꾸민 팔만 사천 마리 큰 코끼리[龍象]를 보시하였으며, 다시 금과 은으로 만든 안장과 굴레로 스스로 꾸민 팔만 사천 마리 말을 보시하였고, 다시 팔만 사천 대의 수레를 보시하여, 이와 같이 보시하였다.

그리고 다시 팔만 사천 채의 집을 보시하였다.

다시 네 성문에서 보시하되 먹을거리를 구하면 먹을거리를 주고 입을 옷을 구하면 입을 옷을 주어 입을 옷·먹을거리·앉을자리·자리끼·의약품 등을 모두 주었다.”

크고 많은 재물보시도 법보시의 공덕 따를 수 없음을 보이심

“장자여, 알아야 한다. 저 비마라가 비록 이런 보시를 하였지만, 그것은 집 한 칸을 지어 그것을 가지고 나그네로 다니는 차트루디사 상가(Cātrudiśa-saṃgha, 招提僧)에게 보시하는 것만 못하다.

이 복은 이루 헤아릴 수 없기 때문이다.

바로 그 사람이 이와 같이 보시하고 집을 지어 차트루디사 상가에 보시한다 하더라도 그것은 붇다와 법과 거룩한 삼보(三寶)에 귀의하는 계[三歸依戒] 받음만 못하다.

이 복은 헤아릴 수 없기 때문이다.

다시 바로 그 사람이 이와 같이 보시하고 다시 집을 지으며, 스스로 삼보에 귀의하는 계 받아서 비록 이런 복이 있다 해도, 그것은 오계(五戒)를 받아 지니는 것만은 못한다.

바로 그 사람이 이와 같이 보시하고 집을 지으며 삼보에 귀의하는 계 받으며 오계를 받아 지니어 비록 이런 복이 있다 하자.

그렇더라도 그것은 손가락 튕길 사이에 중생들을 사랑하고 가엾이 여기는 것만은 못하다.

이 복의 공덕은 헤아릴 수 없기 때문이다.

다시 바로 그 사람이 이와 같이 보시하고 집을 지으며 삼보에 귀의하는 계 받으며 오계를 받아 지니고 손가락 튕길 사이에 중생을 사랑하고 가엾이 여기어 비록 이와 같은 복이 있다고 하자.

그렇더라도 그것은 잠깐 사이 이 세간은 '즐거워할 것이 없다는 생각'[不可樂想]을 일으킴만 못하다.

이 복의 공덕은 헤아릴 수 없기 때문이다.

그렇게 그가 지은 공덕을 나는 다 증명한다.

상가의 집을 지어준 것에 대해서도 나는 또한 이 복을 알고, 스스로 삼보에 귀의하는 계 받음도, 오계를 받아 지님도, 나는 또한 이 복을 안다. 손가락 튕길 사이에 중생을 사랑하고 가엾이 여김도 나는 또한 이 복을 알고, 잠깐이나마 이 세상은 '즐거워할 것이 없다는 생각' 일으킴도 나는 그 복을 다 안다.

그때 그 브라마나로서 이와 같이 큰 보시를 행한 사람이 어찌 다른 사람이겠느냐?

이렇게 보지 마라. 왜냐하면 그때 그렇게 한 다나파티(dāna-pati, 施主)가 바로 내 몸이기 때문이다.”

다시 집착 없는 보시, 서원이 함께하는 보시를 당부하심

"장자여, 알아야 한다. 나는 지나간 오래고 먼 옛날 지은 공덕으로, 믿음의 마음이 끊어지지 않아 집착하는 생각을 일으키지 않았다.

그러므로 장자여, 만약 보시하려고 할 때에는 많거나 적거나 좋거나 나쁘거나, 즐겁게 은혜로이 보시하고[歡喜惠施] 모습 취하는 집착 일으키지 마라[勿起想着].

손수 스스로 보시하고 다른 사람을 시키지 말며, 좋은 바람[願]을 일으켜 그 갚음을 구하고, 뒤에 복 받음을 구하면, 장자는 반드시 다함없는 복을 얻을 것이다.

장자여, 반드시 이렇게 배워야 한다."

그때 장자는 붇다의 말씀을 듣고 기뻐하며 받들어 행하였다.

• 증일아함 27 등취사제품(等聚四諦品) 三

• **해설** •

가난하고 외로운 이 돕기를 좋아하는 아나타핀다다 장자에게 세존께서 남에게 베풂과 남 도움이 지혜의 보시[智慧施]가 되고 해탈의 보시[解脫施]가 되는 길을 가르치신다.

주되 받는 이의 마음을 헤아리고 받는 이를 보살피려는 정성 어린 뜻으로 보시하지 않으면, 주고서도 받는 사람에게 상처를 입혀 도리어 복된 과보를 얻지 못한다.

보시하되 정성 어린 보시 자비의 보시가 되어야 받는 이가 은혜롭게 받고, 은혜롭게 주고받음으로 주는 자와 받는 자가 마음에 기쁨을 얻을 것이다.

보시를 통해 뒷세상으로 이어질 다리를 없앤다는 것[廢後世橋梁]은 보시를 통해 지금의 가난한 삶, 지금의 물들고 닫힌 삶, 서로 원망하는 삶이 뒷세상까지 이어지지 않게 함이고, 뒤에 다시 물든 존재의 몸 받지 않게 함이다.

과거세상 비마라 브라마나의 보시행을 들어 법보시의 공덕을 말씀하시며 '비마라가 곧 나의 옛 몸'이라 하시니, 이것은 여래 스스로 경험한 일이고 증험한 일이며 익히 보아 환하게 아시는 일임을 나타낸 것이다.

눈에 보이는 먹을거리와 입을 것, 갖가지 보배와 수레를 보시하면 그 공덕이 크다. 그러나 그 보시보다 위없는 보디의 법을 구하기 위해 집이 없이 떠돌아다니는 나그네 상가, 사방상가의 집 없는 대중을 위해 집을 한 칸 마련해주는 공덕이 더 크며, 집을 지어주는 공덕보다 삼보에 귀의하고 계행을 닦는 공덕이 더 크다.

비록 나그네 상가에 집 지어준 공덕이 크고 삼보에 귀의한 공덕이 크지만, 스스로 여래가 말씀한 연기의 진리를 사유하고 탐욕의 뿌리를 사유하여 이 세간에 한량없는 자비를 실천하는 공덕이 더 큰 것이다.

이와 같이 보시의 공덕에 차별을 두신 가르침은 재물보시하되 그 가운데 지혜가 있고 나와 중생을 해탈의 땅으로 이끄는 크나큰 바람이 함께해야 실상 그대로의 다함없는 공덕이 성취됨을 말씀한 것이다.

그러므로 이 가르침은 재물보시하지 말라는 것이 아니니, 여래의 가르침을 그릇 받아들이지 않아야 한다.

재물을 보시하고 차트루디사 상가에게 집을 지어주되 스스로 미망을 돌이켜 지혜에 나아가고 탐욕을 돌이켜 자비로 나아갈 때, 그것이 해탈의 보시·평등의 보시·지혜의 보시가 되며 온갖 것 갖춘 보시[一切施]가 된다.

깨끗한 보시로 허공도 담을 수 없는
큰 복업을 얻고 단이슬의 니르바나 얻나니

이와 같이 들었다.

한때 붇다께서는 슈라바스티 국 제타 숲 '외로운 이 돕는 장자의 동산'에 계셨다.

그때 세존께서 여러 비구들에게 말씀하셨다.

"만약 옳게 아는 이들[善知識]이 은혜롭게 보시할 때, 네 가지 일의 공덕[四事功德]이 있다. 어떤 것이 그 네 가지인가?

때를 알아서 보시하고 때를 알지 못함이 아닌 것이다.

손수 스스로 은혜롭게 보시하고 다른 사람을 시키지 않음이다.

늘 깨끗한 것을 보시하고 깨끗하지 않은 것을 보시하지 않음이다.

아주 미묘한 것을 보시하고 더럽고 흐린 것을 보시하지 않음이다.

옳게 아는 이들이 보시할 때에는 이런 네 가지 공덕이 있다."

깨끗한 공덕의 보시가 니르바나에 이르게 함을 말씀하심

"그러므로 여러 비구들이여, 잘 행하는 남자와 잘 행하는 여인이 보시할 때에는 이 네 가지 공덕을 갖추어야 한다.

이 공덕을 갖추면 큰 복업을 얻고 단이슬의 니르바나[甘露滅]를 얻을 것이다.

그렇듯 이 복덕은 이루 다 헤아릴 수 없다. 그만큼 큰 복업이 있다고 말하니, 그 복업은 허공도 다 받아들일 수 없는 것이다.

마치 바닷물은 이루 다 헤아릴 수 없어 한 섬이니 반 섬이니, 한 홉이니 반 홉이니 하고 그 숫자로 일컬을 수 없는 것처럼, 다만 그 복업도 다 갖추어 말할 수 없다.

이와 같이 잘 행하는 남자와 잘 행하는 여인이 지은 공덕은 헤아릴 수 없어서 큰 복업을 얻고 단이슬의 니르바나를 얻으니, 그만한 복덕이 있게 된다고 말한다.

그러므로 여러 비구들이여, 잘 행하는 남자와 잘 행하는 여인은 이 네 가지 공덕을 갖추도록 해야 한다.

이와 같이 여러 비구들이여, 반드시 이렇게 배워야 한다."

그때 여러 비구들은 붇다의 말씀을 듣고 기뻐하며 받들어 행하였다.

• 증일아함 27 등취사제품 九

• 해설 •

네 가지 공덕 갖춘 은혜로운 보시는 어떤 것인가.

주고받음이 공한 법계의 진실처에 서서 때를 잘 맞추어, 줄 때 주고 받을 때 받는 보시이다. 또한 주는 물건의 있되 공한 실상을 알아 물건의 모습 없는 실상을 온전히 실현하는 보시이며, 주고받음으로 주는 자와 받는 자가 함께 해탈의 이익과 법의 이익을 받는 보시이다.

주는 물건의 실상이 온전히 실현되는 것이므로 그것은 깨끗한 것을 주고 미묘한 것을 주는 보시이며, 더러움 없고 흐림 없는 것을 주는 보시이다.

이 은혜로운 보시는 본래 니르바나되어 있는 실상 그대로의 보시이므로 그 복덕은 허공도 받아들일 수 없으니, 마치 저 바닷물의 양을 수로 헤아릴 수 없는 것과 같다.

미묘한 보시의 복업은 허공이 담을 수 없고 바닷물처럼 수로 잴 수 없다고 한 이 경의 말씀이, 바로 『금강경』에서 '머묾 없는 마음의 보시, 모습 없는 보시의 공덕은 마치 저 동·서·남·북·위·아래 허공이 헤아릴 수 없는 것과 같다'고 한 그 뜻이다.

집착 있는 보시 공덕은 화살을 쏘아 쏜 힘이 다하면 땅에 떨어진 것 같으나 해탈의 보시 모습 없는 보시는 그 공덕이 다함없으니, 영가선사는 다음과 같이 노래한다.

깨달으면 곧 다함이라 공을 베풀지 않음이여
온갖 함이 있는 법과는 같지 않도다.
모습에 머무는 보시 하늘에 나는 복 있지만
마치 허공에다 활을 올려 쏨과 같아라.

覺卽了　不施功　一切有爲法不同
住相布施生天福　猶如仰箭射虛空

힘이 다하면 화살이 도로 땅에 떨어짐이여
오는 세상 뜻대로 되지 못함 불러 얻으리.
그러니 어찌 함이 없는 실상의 문에서
한 번 뛰어 여래의 땅 곧장 들어감과 같으리.

勢力盡　箭還墮　招得來生不如意
爭似無爲實相門　一超直入如來地

믿음 갖춘 평등한 보시로
저 브라흐마 세상에 나게 되리라

이와 같이 내가 들었다.

한때 붇다께서는 슈라바스티 국 제타 숲 '외로운 이 돕는 장자의 동산'에 계셨다.

때에 마가 브라마나는 붇다 계신 곳에 와 세존과 서로 문안하고 위로한 뒤에 한쪽에 앉아 붇다께 여쭈었다.

"고타마시여, 저는 집에서 늘 보시를 행합니다. 만약 한 사람이 오면 한 사람에게 보시하고, 만약 두 사람, 세 사람 나아가 백천 사람이 와도 다 베풀어줍니다.

저의 이 같은 보시는 많은 복을 얻겠습니까."

붇다께서는 브라마나에게 말씀하셨다.

"그대의 이와 같은 보시는 실로 큰 복을 얻을 것이오. 왜냐하면, 집에서 늘 보시를 행해, 한 사람이 와서 빌면 한 사람에게 주고 두 사람, 세 사람 나아가 백천 사람이더라도 빌면 다 베풀어주기 때문이니 큰 복을 얻을 것이오."

보시의 큰 복을 듣고 브라흐마하늘에 나는 길을 물음

때에 마가 브라마나는 곧 게송으로 말하였다.

집에 있으면서 지어 행하는 것은

보시하며 큰 모임 여는 것이니
이 은혜롭게 베풂으로 인하여
크나큰 공덕 구하고자 합니다.

저는 지금 무니에게 여쭈옵나니
제가 반드시 알아야 하는 것이
브라흐마하늘의 견해와 같은가
저를 위해 가려 말씀해주십시오.

제가 지금 어떻게 해탈하여야
빼어나고 묘한 곳에 잘 갑니까.
어떻게 그 방편을 잘 닦아가야
브라흐만의 세상에 나게 됩니까.
어떻게 즐거운 보시 따라 행해야
밝고 높은 브라흐마하늘 납니까.

해탈한 마음의 보시가 가장 높은 공덕의 세계에 이끎을 보이심
그때 세존께서는 게송으로 대답하셨다.

보시하는 사람은 큰 모임 열어서
저 모임 따라 즐거운 보시 사랑해
늘 기뻐하며 깨끗한 믿음으로
보시의 좋은 공덕 따라 생각해
스스로 세워 이루는 것으로써

모든 허물과 악한 짓 떠남 구하라.

집에 있으며 탐욕을 멀리 여의면
그 마음이 아주 잘 해탈할 것이며
다시 사랑의 마음을 닦아 익히면
그 공덕은 이루 헤아릴 수 없는데
하물며 다시 지성스런 마음 더해
널리 큰 모임 베풀어 여는 것이리.

만약 그 가운데 얻은 좋은 마음이
바로 좋은 해탈에 향해 가거나
그 밖의 깨끗하고 좋은 곳 향하면
이와 같은 빼어난 인연으로써
브라흐만의 세상에 나게 되리라.

이와 같이 은혜롭고 바른 보시는
그 마음이 언제나 평등하므로
브라흐만 세상에 나게 되어서
그 목숨을 길게 늘리게 되리.

때에 마가 브라마나는 붇다의 말씀을 듣고 기뻐하고 따라 기뻐하면서 일어나 떠나갔다.

• 잡아함 1159 마구경(魔瞿經)

브라마나가 보시의 복덕을 물으므로 세존은 브라마나의 뜻을 맞추어 평등한 보시, 해탈을 향한 보시는 저 브라흐마하늘에 나게 된다고 가르치신다.

만약 믿음이 삿된 브라마나가 브라흐마하늘에 제사 지내기 위해 소와 양 등 산목숨을 셀 수 없이 죽이고, 심부름꾼 부리는 이들을 매질하고 때리면서 그 제사의 공덕을 물으면, 세존은 삿된 제사의식이 도리어 큰 죄업을 지을 뿐 브라흐마하늘에 나지 못한다 꾸중하신다.

거룩한 하늘에 제사하는 행위도 그 행실에 따라 때로 죄가 되고 때로 복이 되는 것이니, 마가 브라마나처럼 보시함으로 하늘의 뜻과 같아진다고 믿는 이에게는 보시의 복덕으로 브라흐마 세상에 태어난다고 가르치신다.

이 경에서 붇다는 다시 집에 살며 탐욕을 여의어야 해탈한다고 가르치시니, 여기서 탐욕은 물질에 대한 것뿐 아니라 복덕을 취해 자기 것으로 삼는 것도 지금 지은 것으로 뒷세상 모습 있는 과보 취하는 것도 모두 탐욕이 된다고 말씀하신다.

선업을 지어 복된 과보를 얻고 그 과보를 자기 것으로 지키려는 탐욕을 벗어나야 해탈의 마음이 되고, 지금 짓는 선업에서 과보 구하는 마음을 떠날 때 그 선업이 곧 한량없는 사랑의 마음이 되며 뭇 삶들에 평등한 보시가 되는 것이다.

브라마나에게 한량없는 사랑의 마음을 행하고 평등한 보시를 행할 때 브라흐마하늘에 난다고 가르치시니, 그곳은 여기서 가야 할 하늘이 아니라, 여기 이곳 현재의 법 가운데 한량없는 사랑의 마음[慈心] 평등히 베푸는 마음[捨心]이 곧 브라흐마하늘이고 브라흐마의 방[梵室]인 것이다.

믿는 이는 빼앗김 없는 먹을 식량 늘 갖게 되리라

이와 같이 내가 들었다.

한때 붇다께서는 슈라바스티 국 제타 숲 '외로운 이 돕는 장자의 동산'에 계셨다.

그때에 어떤 하늘사람이 얼굴빛이 아주 묘했는데, 그는 새벽녘 붇다 계신 곳에 와서 발에 머리를 대 절하고 한쪽에 물러나 앉았다. 그러자 몸의 여러 밝은 빛이 제타 숲 '외로운 이 돕는 장자의 동산'을 두루 비추었다.

때에 그 하늘사람은 게송으로 붇다께 말씀드렸다.

그 누가 먹을 식량 지닐 수 있고
어떤 것을 도적이 뺏지 못합니까.
어떤 사람의 빼앗는 것 가려 막고
어떤 사람 빼앗는 것 막지 않습니까.
어떤 사람이 늘 와서 찾으면
지혜로운 이 기뻐 즐거워합니까.

믿음으로 성취되는 무너짐 없는 복의 세계를 보이심

그때에 세존께서는 게송으로 대답하셨다.

믿는 이는 먹을 식량 지니게 되고
복덕은 빼앗아도 빼앗을 수 없으니
도적이 빼앗으면 곧 가려 막고
사문이 빼앗으면 즐거워하네.
사문이 언제나 와서 찾으면
지혜로운 이는 늘 즐거워하네.

때에 그 하늘사람은 다시 게송으로 말하였다.

오래도록 브라마나 보아왔더니
온전한 니르바나 얻으셨어라.
온갖 두려움을 모두 이미 벗어나
길이 세간 은혜 애착 뛰어나셨네.

그때에 하늘사람은 붓다의 말씀을 듣고 기뻐하고 따라 기뻐하면서, 붓다의 발에 머리를 대 절하고 이내 사라져 나타나지 않았다.

• 잡아함 1292 양경(糧經)

• 해설 •

번뇌가 공한 곳에 해탈의 공덕과 법의 재물이 가득하니, 보디의 법을 믿는 이는 길이 굶주리지 않을 식량을 갖는 자이고 그 누구에게 빼앗기지 않을 복덕을 얻는 자이다.

보디의 법은 빼앗을 수 없고 깨뜨릴 수 없되 늘 다함없이 베풀어줄 수 있는 공덕의 샘물이니, 모습 없고 흔들림 없음이므로 도적이 빼앗아가지 못하고 한량없는 법의 재물·해탈의 재물이 넘쳐나므로 주고 주어도 다하지 않는다.

보디의 공덕을 믿는 이, 그는 갖지 않되 참으로 가진 자이며 한 물건도 빼앗김이 없이 늘 베푸는 자이며, 진리의 벗을 반가이 맞이해주고 가난하고 헐벗은 자를 법의 은택으로 덮어주는 자이다.

빼앗길 것이 없되 주어도 주어도 다함없는 보시는 있음이 있음 아니고 없음이 없음 아닌 법의 진실처에서만 이루어질 수 있는 보시이니, 옛 선사[投子靑]는 이렇게 노래한다.

있고 없음 옛과 지금 두 겹의 관문이니
눈 바른 수행자도 지나가기 어려웁네.
큰길이 장안 길에 통하게 하려거든
곤륜산이 줄을 이어 가고 옴을 듣지 말라.

有無今古兩重關　正眼禪人過者難
欲通大道長安路　莫聽崑崙鈹鈒往還

그 무엇을 불이 태우지 못하고
바람이 날리지 못합니까

이와 같이 내가 들었다.

한때 붇다께서는 슈라바스티 국 제타 숲 '외로운 이 돕는 장자의 동산'에 계셨다.

그때에 어떤 하늘사람이 얼굴빛이 아주 묘했는데, 그는 새벽녘 붇다 계신 곳에 와서 발에 머리를 대 절하고 한쪽에 물러나 앉았다. 그러자 몸의 여러 밝은 빛이 제타 숲 '외로운 이 돕는 장자의 동산'을 두루 비추었다.

때에 그 하늘사람은 게송으로 붇다께 말씀드렸다.

어떤 것을 불이 태우지 못하고
어떤 것을 바람이 날리지 못하며
물의 재난이 큰 땅을 무너뜨릴 때
어떤 것이 흩어져 흐르지 않습니까.

사납고 못된 왕과 또 도적들이
사람들의 재물을 빼앗아갈 때
어떤 남자들과 또 여인들이
그들에게 빼앗기지 않습니까.
어떤 진기한 보배의 곳간이

끝내 없어져 사라지지 않습니까.

그때에 세존께서는 게송으로 대답하셨다.

복은 저 불이 태우지 못하고
복은 바람이 날리지 못한다.
물의 재난이 큰 땅을 무너뜨려도
복의 물은 흘러 흩어지지 않는다.

사납고 못된 왕과 또 도적들이
사람의 재물과 보배 빼앗아가도
잘 행한 남자들과 또 여인들은
복을 그들에게 빼앗기지 않으니
즐거움의 과보 가득한 보배 곳간
끝내 없어져 사라지지 않는다.

때에 그 하늘사람은 다시 게송으로 말하였다.

오래도록 브라마나 보아왔더니
온전한 니르바나 얻으셨어라.
온갖 두려움을 모두 이미 벗어나
길이 세간 은혜 애착 뛰어나셨네.

그때에 하늘사람은 붇다의 말씀을 듣고 기뻐하고 따라 기뻐하면서, 붇다의 발에 머리를 대 절하고 이내 사라져 나타나지 않았다.

- 잡아함 1291 화소경(火燒經)

· 해설 ·

죄와 복이 공한 곳에서 다함없는 복의 원천을 보면 그 복은 하늘이 덮지 못하고 땅이 싣지 못하며, 불이 태우지 못하고 물이 흘려보내지 못하고, 그 어떤 힘센 자들의 위력으로도 빼앗을 수 없다.

복업을 짓되 그 복의 모습 취하지 않는 자가 늘 해탈의 즐거움이 가득한 보배 곳간을 얻어 끝내 다함없는 복락을 누릴 것이다.

쌍림부대사(雙林傅大師)는 복업을 짓고 그 과보 바라지 않아야 허공같이 무너질 수 없는 공덕의 세계에 들어가게 됨을 다음과 같이 노래한다.

> 만약 모습 없는 보시를 논한다면
> 그 공덕은 아주 커 헤아릴 수 없으니
> 자비 행해 가난한 이를 건져주고
> 그 과보를 바라지 말아야 하리.

> 범부의 뜻과 행은 아주 못나서
> 공덕의 모습 다 말해주지 않고
> 처음 조금 일컬어 말할 뿐이네.
> 머묾 없는 보시 모습 알려 하는가.
> 저 허공이 시방에 두루함 같네.

> 若論無相施　功德極難量
> 行悲濟貧乏　果報不須望
> 凡夫情行劣　初且略稱揚
> 欲知檀狀貌　如空遍十方

제3장

수로 본 이 세간 여러 사람과 행위의 차별

"만약 어떤 사람이 되돌려 갚을 줄 알면
그 사람은 공경할 만하다. 작은 은혜도 오히려 잊지 않았는데,
하물며 큰 은혜이겠느냐. 그는 설사 여기에서
천 요자나나 백천 요자나 떨어져 있더라도 그 때문에
멀리 있는 것이 아니라, 내 가까이 있는 것과 다름이 없다.
왜 그런가. 비구들이여, 알아야 한다.
나는 늘 되돌려 갚을 줄 아는 사람을 찬탄하기 때문이다.
여러 중생으로서 되돌려 갚을 줄 모르는 사람은
큰 은혜도 오히려 기억하지 못하는데, 하물며 작은 은혜이겠는가.
그는 나와 가깝지 않고 나도 그와 가깝지 않다.
비록 상가티를 입고 내 곁에 있더라도 이 사람은 오히려 멀다.
왜 그런가. 나는 늘 되돌려 갚을 줄 모르는 것을
말하지 않기 때문이다."

　연기법에서 사람은 사람이되 사람 아닌 사람이고, 하늘은 하늘이 되 하늘 아닌 하늘이며, 온갖 중생은 중생이되 중생 아닌 중생이다.

　중생은 덩어리로서 중생이 아니라 마음·물질이 서로 의지해 있는 연기적 활동으로서 중생이니, 그 중생의 삶은 다섯 쌓임으로 표현되고 마음·물질로 표현된다.

　마음·물질은 아는 마음과 알려지는 세계가 의지해 있는 연기구조를 나타내니, 마음도 공하고 물질도 공하나 마음은 물질인 마음이고 물질은 마음인 물질이다.

　마음에서 보면 마음·물질이 마음법이라 붇다께서는 중생의 인연으로 나는 모습[依他起相]을 마음[心, citta]이라고 하고, 마음의 물든 모습을 중생(衆生, sattva)이라 하며, 마음의 있되 공한 실상이 온전히 실현된 해탈의 마음을 붇다[佛, Buddha]라 한다.

　마음으로 표시된 마음·물질의 인연의 모습이 물들어 중생이 되고, 인연의 모습이 공한 진실 깨친 이를 붇다라 하나, 마음·물질의 인연의 모습이 본래 있되 있지 않으므로 마음·중생·붇다의 세 법도 차별없어[三法無差] 셋이 곧 한 모습이다.

　연기법은 온갖 차별의 모습이 공하여 모습 없음[無相]을 한 모습[一相]이라 하고, 한 모습에서 한량없는 수를 세워 인연의 모습을 밝히고, 번뇌 끊는 실천행을 밝히며 붇다의 공덕의 모습을 말하므로, 수에서 수와 수 아님을 떠나야 연기의 진실에 돌아간다.

　하나에 하나의 모습이 없어 방편으로 세워진 수에 취할 것이 없음을, 옛 선사[大慧]는 다음과 같이 말한다.

물질과 마음이 둘이 아니고
그와 내가 차별 없다.

色心不二　彼我無差

갑자기 주장자(拄杖子)를 들고 말했다.

만약 이것을 주장자라 부르면 눈을 비벼 헛꽃을 내는 것[捏目生華]이오.
만약 주장자라 부르지 않으면 집을 깨뜨려 흩어버리는 것[破家散宅]이다.

마침내 어떤가. 던져 내리며 말했다.

푸른 산은 다만 지금과 옛날을 갈 줄만 아니
흐르는 물이 어찌 일찍이 시비를 씻을 것인가.

青山只解磨今古　流水何曾洗是非

게송의 뜻으로 보면, 저 흐르는 물만 재잘대며 움직여 흐르는 것이 아니라 가만히 움직이지 않는 것 같은 푸른 산도 찰나의 뒤가 찰나의 앞과 같지 않다.
그러므로 물의 흐름과 푸른 산의 늘 멈춰 있음에 꼭 그러함이 있다고 해서는 안 된다.
법이 항상하다 하든 덧없다 하든 그 말은 중생의 집착에 따라 방편으로 세운 말의 가르침이며, 하나[一]라 하든 여럿[多]이라 하든 방편으로 세운 법의 수[法數]이다. 방편으로 세운 말은 꼭 그렇다 함이 없어서 그 말의 모습에도 취할 것이 없다. 그러므로 방편으로 세워진 수와 말을 통해 법의 진실에 돌아가면 허물이 없지만, 법의 수와 언교(言敎)의 모습을 집착해 따지면 진여의 문밖 길 잃은 나그네가 될 것이다.

『화엄경』(「여래출현품」)은 저 바다의 용이 내리는 비가 한맛이지만 비가 혜택을 끼치는 비의 장엄이 다르듯 한량없는 수로 보이는 여래의 변재를 다음과 같이 말한다.

크게 장엄한 용이 바다 가운데서
열 가지 장엄된 비를 퍼붓거나
때로 백이나 천 천백 가지 퍼부으면
물은 비록 한맛이나 장엄은 다르네.

大莊嚴龍於海中　霔於十種莊嚴雨
或百或千百千種　水雖一味莊嚴別

마쳐 다한 여래의 변재도 이와 같아
열이나 스물 여러 법문을 설하여
백이나 천 한량없음에 이르지만
다름이 있다는 생각 내시지 않네.

究竟辯才亦如是　說十二十諸法門
或百或千至無量　不生心念有殊別

영가선사(永嘉禪師) 또한 이론불교에 빠져 오랫동안 경의 참된 뜻

[旨趣]에 돌아가지 못했던 자신의 수행을 다음과 같이 반성한다.

내 일찍이 오래도록 학문을 쌓으며
경의 풀이 따지고 경과 논을 찾아서
법의 이름과 모습 분별해 쉴 줄 몰랐으니
마치 바다에 들어가 모래를 셈과 같이
부질없이 스스로 피곤할 뿐이었네.

吾早年來積學問　亦曾討疏尋經論

分別名相不知休　入海算沙徒自困

여래의 아픈 꾸짖음 도리어 입게 되니
남의 보배 헤아린들 무슨 이익 있으리.
지금껏 헤맴이 헛된 짓인 줄 깨닫고 보니
오랜 해에 잘못 나그네 노릇 하였도다.

卻被如來苦訶責　數他珍寶有何益

從來蹭蹬覺虛行　多年枉作風塵客

1 한 사람 한 법[一人 一法]

• 이끄는 글 •

여래의 위없는 보디가 법계(法界)인 지혜라 하면, 바위 앞에 핀 꽃과 흐르는 물도 여래의 법을 설하고, 지저귀는 새와 부는 바람도 여래의 법을 말한다. 그러나 돌이켜 저 법계의 진리가 여래의 지혜인 법계라고 말하면, 모든 법의 실상은 붇다와 붇다라야만 사무쳐 다할 수 있다. 그러므로 성문 · 연각 · 보디사트바의 지혜도 여래의 지혜를 의지해야만 설 수 있고, 조사의 천칠백 공안(公案)과 천하 선지식의 천언만어(千言萬語)도 여래의 지혜를 떠나 세워질 수 없다.

『화엄경』(「세주묘엄품」世主妙嚴品)은 이렇게 노래한다.

> 시방에 있는 넓고 큰 여러 삶의 무리
> 붇다께선 그 가운데 가장 빼어나시네.
> 밝은 빛 두루 비춰 허공과 평등하사
> 온갖 중생 앞에 널리 나타나시네.
>
> 十方所有廣大衆　佛在其中最殊特
> 光明遍照等虛空　普現一切衆生前

한 사람이 이 세상에 나타나면
아무도 견줄 이 없고 짝할 이 없나니

이와 같이 들었다.

한때 붇다께서는 슈라바스티 국 제타 숲 '외로운 이 돕는 장자의 동산'에 계셨다. 그때 세존께서는 여러 비구들에게 말씀하셨다.

"만약 어떤 한 사람이 세상에 나타나면, 더불어 같이할 수 없고 본뜨지 못하며, 홀로 거닐어서 벗할 이 없고 또 짝할 이도 없다.

어떤 하늘이나 사람도 그에 미치는 이가 없고 믿음과 계율과 보시와 지혜에서도 그에게 미치는 이가 없다.

누가 그 한 사람인가. 여래·아라한·바르게 깨치신 분을 말한다.

이것을 '한 사람이 세상에 나타나면, 더불어 같이할 수 없고 본뜨지 못하며, 홀로 거닐어 벗할 이가 없고 또 짝할 이도 없으며, 어떤 하늘이나 사람도 그에 미치는 이가 없어서, 믿음·계율·보시·지혜를 모두다 갖추었다'고 하는 것이다.

그러므로 여러 비구들이여, 늘 오롯이 정진해 한마음으로 붇다를 생각해야 한다[一心念佛].

이와 같이 여러 비구들이여, 반드시 이렇게 배워야 한다."

그때에 여러 비구들은 붇다의 말씀을 듣고 기뻐하며 받들어 행하였다.

• 증일아함 8 아수라품(阿須倫品) +

한 사람이 세상에 나타나면 중생은
목숨이 늘어나고 기쁨의 빛이 넘치나니

이와 같이 들었다.

한때 붓다께서는 슈라바스티 국 제타 숲 '외로운 이 돕는 장자의 동산'에 계셨다. 그때 세존께서는 여러 비구들에게 말씀하셨다.

"만약 어떤 한 사람이 세상에 나타나면 이 중생의 무리들은 곧 목숨을 늘려 나이의 셈을 더하게 되며, 얼굴은 빛이 나고 윤이 나고, 기(氣)와 힘[力]은 차오르며, 즐거움은 끝이 없고 음성은 부드럽고 아름답게 될 것이다.

누가 그 한 사람인가. 여래·지극히 참된 이·바르게 깨치신 분을 말한다.

이것을 '한 사람이 세상에 나타나면 이 중생의 무리들은 목숨을 늘려 나이의 셈을 더하게 되며, 얼굴은 빛이 나고 윤이 나고, 기와 힘은 차오르며, 즐거움은 끝이 없고 음성은 부드럽고 아름답게 된다'고 하는 것이다.

그러므로 여러 비구들이여, 늘 오롯이 정진해 한마음으로 붓다를 생각해야 한다.

이와 같이 여러 비구들이여, 반드시 이렇게 배워야 한다."

그때에 여러 비구들은 붓다의 말씀을 듣고 기뻐하며 받들어 행하였다.

• 증일아함 10 호심품(護心品) +

두 경이 모두 여래라는 '한 사람의 세간 출현'과 '한 마음으로 붇다 생각함'의 한 법을 보이고 있다.

앞 경이 여래의 지혜와 자비의 위덕 자체를 들어 보이고 있다면, 뒤의 경은 중생에 대한 자비의 교화행을 잡아 여래를 말하고 있다.

여래가 왜 이 세간에 짝할 이 없고 견줄 수 없고 그 무엇도 미칠 수 없는이라 하는가.

지혜가 높고 높아 위가 없고 깊고 깊어 바닥이 없으므로 여래를 그 누구도 짝할 수 없고 미칠 수 없는 분이라 하고, 자비는 넓고 넓어 밖이 없으므로 그 무엇도 같이할 수 없고 벗할 수 없다고 한 것이다.

중생의 탐욕은 마음인 경계가 공한 경계인 줄 모르고 경계 가운데 취할 모습을 두어 끝없이 경계를 향해 치달리므로 중생의 멈출 줄 모르는 맹목적인 욕구를 탐욕이라 한다. 중생은 탐욕이 충족되지 못할 때 분노하고 절망하니, 그것을 성냄이라 한다.

탐냄과 성냄의 뿌리는 모습에서 모습 취하는 무명이니, 무명의 흐름[無明漏]이 다해 경계에서 취할 모습을 두지 않으면 존재의 흐름[有漏]이 다하고 탐욕의 흐름[欲漏]이 다한다.

무명의 흐름이 다하면 허무에 떨어짐이 아니라 앎에 앎 없는 지혜가 현전하고, 모습에 모습 없는 실상이 현전한다.

여래의 지혜에는 높고 높아 위가 없고 깊고 깊어 바닥이 없으며, 여래의 자비에는 마음과 세계에 취할 모습이 없으므로 넓고 넓어 밖이 없다.

여래의 법계실상 그대로의[如法界] 크나큰 행[大行]과 크나큰 서원[大願]에는 나와 중생의 닫힌 모습[我相衆生相]이 없으므로 중생을 구하되 구함이 없고 건지되 건짐이 없다.

여래의 해탈의 행은 지음 없으므로 짓지 않음이 없고, 함이 없으므로 하지 않음이 없으니, 여래가 세간에 출현하면 함이 없는 교화의 행이 두루하지 않음이 없게 된다.

법계의 모습 없는 모습 그대로 여래의 진실을 생각하는 자 그는 지혜의 목숨[慧命]이 자라고, 여래의 몸의 빛깔을 보는 자는 얼굴이 빛이 나고 윤이 날 것이다. 그리하여 끝내 여래를 생각하는 자 법의 몸[法身]을 이루며, 여래의 행을 따르는 자 삶이 해탈되어 장애가 없어질 것이다.

왜 그런가. 붇다는 중생의 본래적인 실상이자 진실의 실현이라 붇다를 생각함이란 미망의 중생이 미망을 돌이켜 지혜의 목숨과 법의 몸에 돌아감이기 때문이다.

경에서 말한 '한 마음으로 붇다를 생각하는 한 법'이란 지금 현전의 한 생각으로 곧바로 진여의 실상을 사유함이다.

붇다를 생각함이 진여를 생각함[念眞如]이므로 붇다를 생각하는 한 생각[念佛一念]으로 인해 모습에 물든 나의 망령된 생각[一念妄心]은 생각에 생각 없는[於念無念] 실상인 사유로 돌이켜진다.

생각되는바[所觀境] 붇다는, 모습에 모습 없고 모습 없음에 모습 없음도 없는 실상이니, 이 마음이 붇다를 생각할 때 이 마음이 붇다이고 이 마음이 붇다를 짓는다[是心是佛 是心作佛].

이 마음이 붇다일 때[是心是佛時] 마음도 없고 붇다도 없는 사마타(śamatha)가 되고, 이 마음이 붇다를 지을 때[是心作佛時] 봄이 없이 붇다를 보고 지음 없이 붇다의 행을 따라 짓게 되니 곧 비파사나(vipaśyanā)이다.

오롯이 정진해 '한 마음으로 붇다를 생각함'이 바로 사마타이자 비파사나이니, '붇다 생각함'[念佛]과 디야나(dhyāna, 禪)가 어찌 두 법이 되겠는가.

『화엄경』(「십회향품」)은 붇다를 생각함이 곧 온갖 것의 진실 아는 지혜 이루게 됨을, 이렇게 가르친다.

여래의 법 잘 행하는 보디사트바
모든 붇다께 있는 미세한 행과
온갖 세계 갖가지 법들에 대해
그 모든 것 따라 행해 알 수 있으며

모든 것 마쳐 다해 보디에 회향하면
니르바나 저 언덕에 이르게 되리.

諸佛所有微細行　及一切利種法
於彼悉能隨順知　究竟迴向到彼岸

만약 사람들이 이 회향 닦으면
붇다께서 행하신 도 배울 수 있어
온갖 붇다의 공덕을 얻게 되고
온갖 붇다의 지혜 얻게 되리라.

若人能修此迴向　則爲學佛所行道
當得一切佛功德　及以一切佛智慧

이와 같은 붇다의 공덕과 지혜는
온갖 세간이 무너뜨릴 수 없어서
온갖 배울 것 다 이룰 수 있으니
온갖 붇다 늘 기억해 생각하면
온갖 세간의 등불 언제나 보게 되리.

一切世間莫能壞　一切所學皆成就
常能憶念一切佛　常見一切世間燈

2 두 가지 사람 두 가지 법[二人 二法]

바름[正]과 삿됨[邪], 참됨[眞]과 거짓됨[妄]의 두 가지 법은 어떻게 분별되는가. 인연으로 일어난 온갖 법에서 있되 공한 진실대로 보고 말하면 그것을 바름과 참됨이라 하고, 있되 실로 있음이 없는 곳에서 있다거나 없다거나 있음도 아니고 없음도 아니라거나, 온갖 분별을 내 말하고 행동하면 이것이 삿됨이고 망령됨이 되리라.

그렇다면 삿됨을 끊고 바름을 얻으려 하면 그는 이미 진실을 등진 삿된 자이고, 저 삿됨이 삿됨 아님을 알 때 비로소 삿됨 속에서 바름을 행할 수 있는 것인가. 옛 사람[大慧]의 한마디 경책을 들어보자.

기름을 뿌려서 불을 끄려하면
이것은 아주 부질없는 짓이고
눈 위에다 서리를 더하는 짓
사람을 아주 근심스럽게 하는구나.

潑油救火渾閑事　雪上加霜愁殺人

나는 이제 두 가지 묘한 법을 말해주겠다

이와 같이 들었다.

한때 붇다께서는 슈라바스티 국 제타 숲 '외로운 이 돕는 장자의 동산'에 계셨다.

그때 세존께서 여러 비구들에게 말씀하셨다.

"나는 너희들을 위해 미묘한 법을 말해주겠다. 이 법은 처음도 좋고 가운데도 좋으며 마지막 또한 좋다. 뜻도 있고 맛도 있으며 범행을 닦아 갖출 수 있다.

그것은 두 가지 법을 말하니, 자세히 듣고 자세히 들어 잘 사유해 생각하라. 나는 너희들에게 갖추어 말해주겠다."

여러 비구들이 대답했다.

"그렇게 하겠습니다, 세존이시여."

삿된 삶의 길과 바른 길을 가려 보이심

여러 비구들이 붇다께 가르침을 받아 들으니, 세존께서는 말씀하셨다.

"그 어떤 것이 두 가지 법인가. 곧 삿된 견해와 바른 견해, 삿된 다스림과 바른 다스림, 삿된 말과 바른 말, 삿된 행위와 바른 행위, 삿된 생활과 바른 생활, 삿된 방편과 바른 방편, 삿된 생각과 바른 생각, 삿된 사마디와 바른 사마디이다.

이것을 비구들이여, 두 가지 법이라 한다.

나는 지금 이미 너희들에게 이 두 가지 법을 말하였다.

여래가 해야 할 일은 지금 이미 두루 마쳤다.

잘 생각하고 살피고 외워 게으르지 말라. 지금 행하지 않으면 뒤에 뉘우쳐도 미칠 수 없다."

그때에 여러 비구들은 붇다의 말씀을 듣고 기뻐하며 받들어 행하였다.

• 증일아함 16 화멸품(火滅品) 六

• 해설 •

씨앗이 공하므로 씨앗이 땅기운 물기운과 만나 싹이 트지만, 씨앗이 공하되 자기성질이 분명하므로 콩씨에서는 콩이 나고 팥씨에서는 팥이 나며, 쓴 과일씨에서는 쓴 과일이 나고 단 과일씨에서는 단 과일이 난다.

삿된 견해 바른 견해의 두 법도 마찬가지다. 삿됨과 바름이 공하므로 삿됨을 돌이켜 바름에 나아갈 수 있고, 바름의 행도 늘 반성을 통해서만 새롭게 바름으로 되어질 수 있다.

그러나 씨앗이 공하지만 쓴 씨에서 쓴 열매가 맺듯 삿된 견해는 삿된 행위를 일으키고 삿된 행위는 삿된 과보 괴로움의 과보를 내는 것이며, 단씨가 단 열매를 맺듯 바른 견해는 바른 행위를 일으키고 바른 행위는 바른 과보 즐거움의 과보를 내는 것이다.

다시 삿됨과 바름이 공한 곳에서 공에도 머물지 않고 지음 없이 바른 견해 바른 행을 지을 때 해탈의 과보가 있는 것이니, 삿됨을 끊음 없이 끊고 바름을 지음 없이 짓는 자가 여래의 당부를 잘 잊지 않고 행하는 여래의 법의 자식인 것이다.

은혜를 갚을 줄 알고 갚을 줄 모르는
두 가지 사람이 있으니

이와 같이 들었다.

한때 붇다께서는 슈라바스티 국 제타 숲 '외로운 이 돕는 장자의 동산'에 계셨다.

그때 세존께서 여러 비구들에게 말씀하셨다.

"만약 어떤 사람이 되돌려 갚을 줄 알면 그 사람은 공경할 만하다. 작은 은혜도 오히려 잊지 않았는데, 하물며 큰 은혜이겠느냐.

그는 설사 여기에서 천 요자나나 백천 요자나나 떨어져 있더라도 그 때문에 멀리 있는 것이 아니라, 내 가까이 있는 것과 다름이 없다.

왜 그런가. 비구들이여, 알아야 한다. 나는 늘 되돌려 갚을 줄 아는 사람을 찬탄하기 때문이다."

은혜 갚을 줄 모르는 이는 여래와 늘 떠나게 됨을 말씀하심

"여러 중생으로서 되돌려 갚을 줄 모르는 사람은 큰 은혜도 오히려 기억하지 못하는데, 하물며 작은 은혜이겠는가.

그는 나와 가깝지 않고 나도 그와 가깝지 않다.

비록 상가티(saṃghāṭī)를 입고 내 곁에 있더라도 이 사람은 오히려 멀다.

왜 그런가. 나는 늘 되돌려 갚을 줄 모르는 것을 말하지 않기 때문이다.

그러므로 여러 비구들이여, 늘 되돌려 갚기를 생각하고, 되돌려 갚지 않는 것을 배우지 말라.

이와 같이 비구들이여, 반드시 이렇게 배워야 한다.”

그때에 비구들은 붇다의 말씀을 듣고 기뻐하며 받들어 행하였다.

• 증일아함 20 선지식품(善知識品) 五

• 해설 •

은혜를 알고 은혜 갚아야 늘 여래와 함께 여래의 집에 머무는 자이다.

온갖 법은 연기하므로 다른 것을 의지하지 않는 존재는 없다. 하지만 법을 내는 원인과 조건은 공한 원인과 조건이다.

그러므로 ‘나’[我]와 ‘나와 다른 것’[異我]이 모두 공한 법계의 은혜를 떠나 연기하는 법은 없으니, 연기의 진실을 아는 자가 은혜를 알고, 은혜를 아는 자가 은혜를 갚으며 세간에 자비를 행하는 것이다.

그렇다면 이 세간에 그 누가 중생을 위해 가장 큰 은혜를 끼친 이이고 그 누가 큰 은혜 알아 잘 갚는 자인가. 이 세간 온갖 법 연기의 진실을 밝혀준 여래가 가장 큰 은혜 끼친 분이고, 여래를 섬기며 스스로 보디에 나아가 세간 중생을 법의 은혜로 감쌀 수 있는 자가 여래의 은혜를 알아 잘 갚는 자인 것이니, 『화엄경』(「여래출현품」)은 말한다.

여래의 길 잘 행하는 보디사트바가
모든 여래에 대해 보거나 듣고서
모든 여래를 섬겨 공양한다면
얻는 공덕은 헤아릴 수 없어서
함이 있음 가운데서 끝내 다하지 않고
반드시 번뇌 없애 뭇 괴로움 떠나리.

見聞供養諸如來 所得功德不可量

於有爲中終不盡 要滅煩惱離衆苦

비유하면 사람이 작은 금강 삼켜도
끝내 녹지 않고 반드시 나오듯
열 가지 힘 갖춘 이께 공양한 공덕
반드시 온갖 미혹과 번뇌를 끊어서
금강같은 지혜에 이르게 되리.

譬人呑服少金剛　終竟不消要當出
供養十力諸功德　滅惑必至金剛智

마른 풀을 수메루 산처럼 쌓아도
개자씨 같은 불 던져 다 태워버리듯
모든 붇다 공양한 적은 공덕으로도
반드시 번뇌 끊고 니르바나에 이르리.

如乾草積等須彌　投芥子火悉燒盡
供養諸佛少功德　必斷煩惱至涅槃

3 세 가지 사람 세 가지 법[三人 三法]

여래는 한 법도 세울 것이 없는 곳에서 세 법 네 법 법의 이름을 세우고 법의 수를 세워 중생을 해탈의 길에 이끄니, 때로 인연으로 나는 법의 이름을 세 법으로 세우고 번뇌의 이름을 세 이름으로 보이며, 번뇌를 다해 해탈에 나아가는 법을 세 이름으로 보인다.

이러한 여래의 해탈의 묘한 작용은 경 가운데 몸이 몸 아닌 곳에서 중생의 생각 따라 몸 나투는 여래의 모습으로 기술되니, 『화엄경』(「여래출현품」)은 말한다.

> 삼세의 겁과 세계의 중생들이
> 갖고 있는 생각과 근기와 욕망대로
> 이와 같은 수 등의 몸 다 나타내니
> 이 때문에 여래의 바른 깨달음을
> 한량할 수 없음이라 이름하도다.
>
> 如三世劫利衆生　所有心念及根欲
> 如是數等身皆現　是故正覺名無量

드러나야 아름답고 덮여야
아름다운 세 가지 일이 있으니

이와 같이 들었다.

한때 붇다께서는 슈라바스티 국 제타 숲 '외로운 이 돕는 장자의 동산'에 계셨다. 그때 세존께서는 여러 비구들에게 말씀하셨다.

"세 가지 일이 있는데 덮이면 아름답고 드러나면 아름답지 못하다.

어떤 것이 세 가지인가. 첫째 여인이니, 덮이면 아름답고 드러나면 아름답지 못하다.

둘째 브라마나의 주술이니, 덮이면 아름답고 드러나면 아름답지 못하다. 셋째 삿된 견해의 업이니, 덮이면 아름답고 드러나면 아름답지 못하다.

이것을 비구들이여, '세 가지 일이 있는데 덮이면 아름답고 드러나면 아름답지 못하다'고 하는 것이다."

드러나야 아름다운 세 가지 법을 보이심

"다시 세 가지 일이 있는데 드러나면 아름답고 덮이면 아름답지 않다.

어떤 것이 세 가지인가. 첫째 해와 달이니, 드러나면 아름답고 덮이면 아름답지 않다.

둘째 여래의 법이니, 드러나면 아름답고 덮이면 아름답지 않다.

셋째 여래의 말씀이니, 드러나면 아름답고 덮이면 아름답지 않다.

이것을 비구들이여, '세 가지 일이 있어 드러나면 아름답고 덮이면 아름답지 않다'고 하는 것이다."

그때에 세존께서는 이 게송을 말씀하셨다.

여인과 저 브라마나의 주술과
삿된 견해로 일으킨 좋지 못한 행
이는 덮어두어야만 가장 묘한
세간의 세 가지 법이라 한다.

저 해와 달이 널리 비추는 것과
여래의 바른 법과 여래의 말씀
이는 드러나야 그 묘함 으뜸이 되는
세간의 세 가지 법이라 한다.

"그러므로 여러 비구들이여, 여래의 법을 밝게 드러내어 덮여 숨지 않게 하여야 한다.

이와 같이 비구들이여, 반드시 이렇게 배워야 한다."

그때에 비구들은 붇다의 말씀을 듣고 기뻐하며 받들어 행하였다.

• 증일아함 22 삼공양품(三供養品) 四

• 해설 •

덮어두면 아름다우나 드러나면 아름답지 못한 세 가지는 겉이 아름다우나 그 속에 아름답지 못함이 있는 것이니, 사람의 몸과 브라마나의 주술과 삿된 견해의 업이다.

그 겉도 빛나고 속에도 진실한 공덕이 있는 세 가지는 온전히 드러나야 그 아름다움이 참으로 빛나니 해와 달, 여래의 법과 여래의 말씀이다.

여래의 말씀과 법은 드러내어 보이고 전해 이어가야 하니, 감추고 숨기면 해와 달이 가려 그 빛이 세간을 비추지 못함과 같다.

그렇다면 왜 중생은 수트라 속에 온전히 드러나 있는 여래의 말씀을 듣고도 그 참뜻에 돌아가지 못하고 여래의 지혜의 세계에 돌아가지 못하는 것인가.

언어 문자를 접하면 그 문자의 틀에 갇혀 관념의 집을 짓기 때문이고, 사물을 보면 지금 보는 것에 가려 실로 볼 것 없는 세계의 실상과 앎에 앎 없는 마음의 진실을 보지 못하기 때문이다.

『화엄경』(「수미정상게찬품」)은 말한다.

말과 문자로 나타내 보인 법에
작은 지혜는 허망하게 분별하네.
그러므로 막힘과 걸림을 내서
자기 마음의 진실 알지 못하네.

言辭所說法　小智妄分別
是故生障礙　不了於自心

마음의 참모습 밝게 알지 못하고
어떻게 바른 길을 알 수 있겠는가.
그는 뒤바뀐 지혜로 말미암아
온갖 악을 늘리고 키우게 되리.

不能了自心　云何知正道
彼由顚倒慧　增長一切惡

세 가지 어버이와 세 가지 자식이 있다

이와 같이 내가 들었다.

한때 붇다께서는 슈라바스티 국 제타 숲 '외로운 이 돕는 장자의 동산'에 계셨다.

그때 세존께서는 여러 비구들에게 말씀하셨다.

"세 가지 자식이 있다. 어떤 것이 셋인가.

따라 닮아 난 자식[隨生子], 빼어나게 난 자식[勝生子], 밑으로 처지게 난 자식[下生子]이다."

세 가지 자식을 분별해 보이심

"어떤 것이 따라 닮아 난 자식인가.

곧 그 어버이가 산목숨 죽이지 않고 도둑질하지 않으며, 음행하지 않고 거짓말하지 않으며, 술을 마시지 않는다 하자.

그 자식도 따라 배워 산목숨 죽이지 않고 도둑질하지 않으며, 음행하지 않고 거짓말하지 않으며, 술을 마시지 않으면, 이것을 '따라 닮아 난 자식'이라 한다.

어떤 것이 빼어나게 난 자식인가.

만약 그 어버이가 바른 율행을 받지 않아서 '산목숨 죽이지 않고 도둑질하지 않으며, 음행하지 않고 거짓말하지 않으며, 술을 마시지 않는 계율'을 받지 않는다 하자.

그러더라도 그 자식은 '산목숨 죽이지 않고 도둑질하지 않으며, 음행하지 않고 거짓말하지 않으며, 술을 마시지 않는 계율'을 받을 수 있으면, 이것을 '빼어나게 난 자식'이라 한다.

어떤 것이 밑으로 처지게 난 자식인가.

만약 그 어버이가 '산목숨 죽이지 않고 도둑질하지 않으며, 음행하지 않고 거짓말하지 않으며, 술을 마시지 않는 계율'을 받는다 하자.

그런데도 그 자식이 바른 율행 받지 않아 '산목숨 죽이지 않고 도둑질하지 않으며, 음행하지 않고 거짓말하지 않으며, 술을 마시지 않는 계율'을 받을 수 없으면, 이것을 '밑으로 처지게 난 자식'이라 한다."

삼보에 귀의하는 법의 아들 되도록 당부하심

그때에 세존께서는 곧 게송으로 말씀하셨다.

닮아 나거나 빼어나게 난 자식
지혜로운 어버이가 바라는 바나
처지게 난 자식은 꼭 바람 아니니
그 뒤를 잇지 못하기 때문이네.
사람으로 법의 아들 되려고 하면
반드시 우파사카가 되어야 하네.

붇다와 법과 상가의 보배에 대해
부지런히 깨끗한 마음 닦으라.
구름 걷히면 달빛 환히 드러나듯
따르는 무리 그 빛처럼 피어나리.

붇다께서 이 경을 말씀하시자, 여러 비구들은 그 말씀을 듣고 기뻐하며 받들어 행하였다.

· 잡아함 874 삼종자경(三種子經)

· 해설 ·

세 가지 어버이와 자식의 보기를 들어 큰 스승과 제자의 법을 보이고 있다.

그 어버이가 행실이 바른데 그 아들도 행실이 바르면 '닮아 난 자식'이고, 그 어버이가 행실이 바르지 못한데 그 아들은 행실이 바르면 '빼어나게 난 자식'이라 하며, 그 어버이가 행실이 바른데 그 아들이 행실이 바르지 못하면 '밑으로 처지게 난 자식'이라 한다.

스승과 제자 사이에도 제자가 스승의 법을 잘 받아 듣고[聞] 사유해[思] 닦아가야[修] 스승의 법에 전해짐이 있고 이어짐이 있다.

제자도 스승의 덕을 이어가는 제자가 있고 스승의 덕을 줄이는 제자가 있으니, 가르침을 듣기만 하고 깊이 그 뜻을 사유해 닦지 않으면 법은 전해지지 않는다.

조사선(祖師禪)의 가풍에서도 제자가 스승과 어깨를 나란히하면 스승의 덕을 반으로 줄인다 했으니, 그 뜻도 스승의 가르침을 온전히 깨달아 스승을 넘을 수 있어야 스승의 덕을 이어갈 수 있다는 뜻이리라.

우파사카 · 우파시카 또한 삼보에 그 믿음을 굳건히 해 마음을 깨끗이 하고, 가르침을 받들어 행해야 비로소 집에 사는 여래의 제자로, 여래의 법을 전해가는 여래의 법의 자식이 될 것이다.

세 가지 탐냄의 법을 알아 니르바나의 길 찾으라

이와 같이 들었다.

한때 붓다께서는 슈라바스티 국 제타 숲 '외로운 이 돕는 장자의 동산'에 계셨다.

그때 세존께서는 여러 비구들에게 말씀하셨다.

"세 가지 법이 있어서 매우 공경하고 사랑할 만하여 세상 사람들이 탐내는 것이다. 어떤 것이 세 가지인가.

먼저 젊음[少壯]이니, 그것은 매우 사랑할 만하여 세상 사람들이 탐내는 것이다.

다음은 병 없음[無病]이니, 그것은 매우 사랑할 만하여 세상 사람들이 탐내는 것이다.

다음은 목숨[壽命]이니, 그것은 매우 사랑할 만하여 세상 사람들이 탐내는 것이다.

이것을 비구들이여, '이 세 가지의 법이 있어 매우 사랑하고 공경할 만하여 세상 사람들이 탐내는 것이다'라고 한다."

병 없고 죽음 없는 니르바나의 길에 나아가길 당부하심

"비구들이여, 그러나 다시 세 가지 법이 있어 사랑하고 공경할 만하지 않아 이 법은 세상 사람들이 탐내지 않는 것이다. 어떤 것이 세 가지인가.

먼저 비록 젊음이 있지만 반드시 늙을 것이니, 그것은 사랑할 것이 못 되어 세상 사람들이 탐내지 않는 것이다.

비구들이여, 알아야 한다. 다음으로는 지금 비록 병이 없지만 반드시 앓을 때가 있을 것이니, 그것은 사랑할 것이 못 되어 세상 사람들이 탐내지 않는 것이다.

비구들이여, 알아야 한다. 다음으로는 지금 비록 목숨이 있지만 반드시 죽을 것이니, 그것은 사랑할 것이 못 되어 세상 사람들이 탐내지 않는 것이다.

그러므로 비구들이여, 비록 젊더라도 늙지 않음을 구해 니르바나의 세계에 이르러야 한다. 지금 비록 병이 없지만 방편을 구해 병에 걸리지 않게 해야 한다. 비록 지금 목숨이 있지만 방편을 구해 목숨 마치지 않도록 해야 한다.

이와 같이 여러 비구들이여, 반드시 이렇게 배워야 한다."

그때에 여러 비구들은 붇다의 말씀을 듣고 기뻐하며 받들어 행하였다.

• 증일아함 22 삼공양품 八

• 해설 •

사람은 목숨을 받으면 길이 죽지 않고 목숨을 유지하려 하고, 병 없이 건강하게 삶을 즐기려 하며, 늙지 않고 젊음을 지키려 한다. 그러나 태어남[生]이 있으면 반드시 죽음[死]이 있고, 몸[身]이 있으면 앓는 때가 있게 되며, 어린이는 젊은이가 되고 젊은이도 늙어 죽게 된다.

세간의 덧없는 나고 사라짐은, 온갖 법이 나되 남이 없음[無生]을 알지 못하면 그 덧없음의 회오리바람을 벗어나지 못하며, 온갖 있음[有]은 있되 공해 본래 니르바나되어 있음을 알지 못하면 병과 죽음의 두려움을 벗어나지 못한다.

늙지 않고 병들지 않음은 뭇 삶들이 참으로 탐내는 것이니, 어찌해야 늙음 없고 병듦 없는 삶을 살 것인가. 나고 사라짐 속에서 실로 남이 없고 사라짐이 없음을 알아 니르바나의 세계에 이르는 자, 그가 지혜의 목숨[慧命]을 얻어 길이 죽지 않는 자이니, 그가 있되 공한 법의 몸[法身]을 얻어 병과 액란을 뛰어넘어 다함없는 법의 재물[法財]로 해탈의 삶을 살아가게 될 것이다.

법의 성품이 허공 같음 깨닫지 못하면 죽음과 병과 궁핍의 땅에서 잘 견디어 해탈의 길을 볼 수 없으니, 『화엄경』(「십인품」)은 이렇게 말한다.

이와 같이 법의 성품을 살피면
온갖 것은 허공과 같아서
남이 없고 또한 사라짐 없으니
이것이 보디사트바가 얻음이네.

如是觀法性　一切如虛空
無生亦無滅　菩薩之所得

스스로 허공 같은 법에 머물러
다시 중생을 위해 설하여
온갖 마라를 항복받으니
모두 이 참음의 방편이네.

自住如空法　復爲衆生說
降伏一切魔　皆斯忍方便

어리석은 이의 세 가지 법
지혜로운 이의 세 가지 법

이와 같이 들었다.

한때 붇다께서는 슈라바스티 국 제타 숲 '외로운 이 돕는 장자의 동산'에 계셨다.

그때 세존께서는 여러 비구들에게 말씀하셨다.

"어리석은 사람에게는 세 가지 모습[三相]과 세 가지 법[三法]이 있어서, 믿고 의지할 수가 없다.

어떤 것이 세 가지인가. 여기에 대해서 이렇게 말할 수 있다.

어리석은 사람은 이루 사유하지 않아야 할 것을 사유하고, 말하지 않아야 하는 것을 말하며, 행하지 않아야 할 것을 닦아 익힌다."

어리석은 이의 세 가지 법을 자세히 분별해 보이심

"어떻게 어리석은 사람은 사유하지 않아야 할 것을 사유하는가.

어리석은 사람은 뜻의 세 가지 행을 사유해 기억한다.

어떤 것이 세 가지인가. 곧 어리석은 사람은 남의 재물과 남의 여인에 대해 질투하는 마음을 일으키고, 마음에 나쁜 말을 기억해 미워하는 마음을 일으키어 '저들이 갖고 있는 것이 나에게도 있기를 바란다'고 생각한다.

이와 같이 어리석은 사람은 사유하지 않을 것을 사유한다.

어떻게 어리석은 사람은 말하지 않아야 할 것을 말하는가.

어리석은 사람은 입의 네 가지 허물을 짓는다. 어떤 것이 네 가지인가. 곧 어리석은 사람은 늘 거짓말, 꾸밈말, 나쁜 말과 저쪽 이쪽을 싸우게 하는 두말을 좋아한다.

이와 같이 어리석은 사람은 입으로 네 가지 허물을 짓는다.

어떻게 어리석은 사람은 나쁜 짓을 행하는가. 곧 어리석은 사람은 몸으로 나쁜 짓을 행해 늘 산목숨 죽임과 도둑질과 음행을 생각한다. 이와 같이 어리석은 사람은 나쁜 짓을 행한다.

이와 같이 비구들이여, 어리석은 사람에게는 이 세 가지 행[三行]이 있어서 이 세 가지 일[三事]을 익힌다."

지혜로운 이의 세 가지 행을 보이시고 그 행 닦도록 하심

"다시 비구들이여, 지혜로운 이에게도 세 가지 일이 있으니, 늘 생각해 닦아 행해야 한다.

어떤 것이 세 가지인가. 이렇게 말할 수 있다.

지혜로운 사람은 사유해야 할 것은 곧 사유하고, 말해야 할 것은 곧 말하며, 행해야 할 착한 일은 곧 닦아 행한다.

어떻게 지혜로운 사람은 사유해야 할 것을 곧 사유하는가. 지혜로운 사람은 뜻의 세 가지 행을 사유한다. 어떤 것이 세 가지인가.

지혜로운 사람은 질투하거나 성내거나 어리석지 않고 늘 바른 견해를 행해 남의 재물을 보아도 취하는 생각을 내지 않는다.

어떻게 이와 같이 지혜로운 사람은 사유해야 할 것을 곧 사유한다.

어떻게 지혜로운 사람은 말해야 할 것을 곧 말하는가.

지혜로운 사람은 입의 네 가지 행을 성취한다. 어떤 것이 네 가지인가. 곧 지혜로운 사람은 거짓말하지 않고 남을 시켜서도 거짓말하지 않으며 남의 거짓말하는 것을 보고 마음으로 좋아하지 않는다.

이것을 '지혜로운 사람이 그 입을 보살핀다'고 하는 것이다.

다시 지혜로운 사람은 꾸밈말, 나쁜 말, 저쪽 이쪽을 싸우게 하는 두말을 하지 않고, 남을 시켜서도 그런 짓을 하지 않는다.

이와 같이 지혜로운 사람은 입의 네 가지 행을 성취한다.

어떻게 지혜로운 사람은 몸의 세 가지 행을 성취하는가. 곧 지혜로운 사람은 몸의 행을 사유해 닿아 범하는 일이 없다. 그래서 다시 스스로도 산목숨 죽이지 않고 남을 시켜서도 산목숨 죽이지 않으며 남의 산목숨 죽이는 것을 보고 마음으로 기뻐하거나 좋아하지 않는다.

스스로도 도둑질하지 않고 남을 시켜서도 도둑질하지 않으며 남의 도둑질하는 것을 보면 마음으로 기뻐하거나 좋아하지 않는다. 또 음탕하지 않아서 남의 여인을 보아도 모습 취하는 생각을 내지 않고 남을 시켜서도 음란한 짓 행하게 하지 않는다.

그래서 만약 늙은 여인을 보면 자기 어머니처럼 생각하고 젊은 여인을 보면 누이처럼 생각하며 어린 여인을 보면 딸처럼 생각하여, 뜻에 높고 낮음이 없다.

이와 같이 지혜로운 사람은 몸으로 세 가지 행을 성취한다.

이것을 지혜로운 사람이 행하는 것이라고 한다.

이와 같이 비구들이여, 이런 세 가지 함이 있는 모습[三有爲之相]이 있다. 그러므로 여러 비구들이여, 어리석은 사람의 세 가지 모습은 늘 버려 떠나고, 지혜로운 사람의 세 가지 행하는 것은 잠시도 없애지 말아야 한다.

이와 같이 비구들이여, 반드시 이렇게 배워야 한다."

그때에 여러 비구들은 붇다의 말씀을 듣고 기뻐하며 받들어 행하였다.

· 증일아함 22 삼공양품 六

· 해설 ·

어리석음의 뿌리는 연기된 존재에서 연기의 진실을 보지 못함이다.

연기의 진실을 보는 자는 지금 세계를 보는 앎에서 앎을 떠나고 보여지는 세계에서 취할 모습을 떠난다. 그러나 연기의 진실을 보지 못한 자는 나와 내 것의 실로 있음을 벗어나지 못하므로, 몸과 입과 뜻의 업에서 사유하지 않을 것을 사유하고 말하지 않을 것을 말하며 짓지 않을 행을 짓는다.

뜻으로는 마음에 드는 것을 내 것으로 취하려는 뜻을 내고, 취하지 못하면 질투하고 미워한다. 입으로는 진실을 말하지 않고 다툼 일으키는 말을 지어서 네 가지 그릇된 말의 허물을 짓는다. 몸으로는 남을 해치고 남의 것을 빼앗는 등 몸의 세 가지 나쁜 행을 짓는다.

연기의 실상을 아는 지혜로운 이는 나와 내 것, 마음과 모습에 머물 모습이 없는 줄 알아 사유하되 사유함 없이 사유하고, 말하되 말함 없이 말하고 하되 함이 없이 한다. 그리하여 뜻으로는 탐내거나 성내지 않으며, 입으로 거짓됨을 떠나고 다툼 일으키는 말을 떠나 입의 청정한 행을 성취한다.

몸으로는 해침과 훔침, 청정하지 못함을 떠나 범행을 짓고 보시를 행하며 건강한 노동으로 자신의 삶과 세간을 번영에 이끈다. 이성을 상대하되 이성을 성적인 욕구의 대상으로 보지 않고 인간적인 신뢰를 바탕으로 깨끗하고 아름다운 친선의 관계를 유지하고, 뭇 사람들에 대해 높고 낮음 잘나고 못남의 차별을 떠나 평등한 마음으로 따뜻이 대해준다.

연기의 진실을 잘 살펴 사유함이 없이 사유할 것을 잘 사유하고, 말함 없이 말할 것을 잘 말하며, 지음 없이 지을 것을 잘 짓는 것이 바로 범행이 이미 세워진 자[梵行已立]의 삶이고, 지을 바를 이미 지은 자[所作已作]의 삶인 것이다.

4 네 가지 사람 네 가지 법[四人 四法]

• 이끄는 글 •

여래는 네 가지 수로 인연으로 난 모습을 가려 보이고, 인연의 모습에 대해 일으킨 집착을 보이고 집착을 돌려 해탈에 이르는 법을 보이신다.

해탈의 법에 네 가지 법의 수가 가장 많으니 네 가지 진리[四諦], 네 곳 살핌[四念處], 네 가지 선정[四禪], 네 가지 바른 끊음[四正斷] 등이다.

인연으로 난 법이 나되 남이 없고[生而無生] 번뇌의 법이 본래 일어난 바 없음[無所起]을 보면, 네 가지로 표현된 번뇌의 법을 끊지 않고 네 가지로 표현된 인연의 법에서 해탈의 땅에 이르를 수 있는 것이다.

번뇌가 보디의 씨앗이고 고통의 땅이 니르바나의 땅이기 때문이니, 삼계의 불난 집에서 흰 소 수레가 끄는 큰 공덕의 수레[白牛大車] 몰아가는 소식이 여기에 있는 것이다.

네 가지 해와 달의 가림
네 가지 번뇌의 묶음

이와 같이 들었다.

한때 붇다께서는 슈라바스티 국 제타 숲 '외로운 이 돕는 장자의 동산'에 계셨다.

그때 세존께서는 여러 비구들에게 말씀하셨다.

"지금 해와 달에는 네 가지 가림이 있어 밝은 빛을 놓지 못하게 한다. 어떤 것이 네 가지인가.

첫째 구름이요, 둘째 먼지바람이며, 셋째 연기요, 넷째 아수라다. 이것들이 해와 달을 가려 밝은 빛 놓지 못하게 하는 것이다.

이것을 비구들이여, '네 가지 가림이 있어 해와 달이 밝은 빛을 놓지 못하게 한다'고 하는 것이다."

지혜를 가리는 네 가지 묶음을 보이시어 끊도록 하심

"이것 또한 이와 같다. 비구들이여, 네 가지 묶음[四結]이 있어 사람의 마음을 덮어 열어 알지 못하게 한다. 어떤 것이 네 가지인가.

첫째 탐욕의 묶음[欲結]이니, 그것이 사람의 마음을 덮어 열어 알지 못하게 한다.

둘째 성냄[瞋恚]이요, 셋째 어리석음[愚癡]이며, 넷째 이익됨[利養]이니, 이것들이 사람의 마음을 덮어 열어 알지 못하게 한다.

이것을 비구들이여, '네 가지 묶음이 있어 사람의 마음을 덮어 열어 알지 못하게 한다'고 하는 것이다.

그러므로 방편을 구해 이 네 가지 묶음을 없애야 한다.

이와 같이 비구들이여, 반드시 이렇게 배워야 한다."

그때에 비구들은 붇다의 말씀을 듣고 기뻐하며 받들어 행하였다.

• 증일아함 28 성문품(聲聞品) 二

• 해설 •

해와 달은 본래 밝게 비추지만 구름과 먼지 바람과 연기와 아수라가 가리면 빛이 나타나지 않는다. 구름·먼지·연기가 물질의 장애라면, 아수라(asura)는 중생의 업력(業力)이 일으킨 장애이다.

그처럼 중생은 본래 해탈되어 있고[本自解脫] 본래 니르바나되어 있는데[本來寂滅], 네 가지 묶음[四結]이 있어 삶을 얽매고 삶을 닫히게 한다.

온갖 있음이 본래 있음 아닌 있음인데 그 있음을 실체로 고집하는 생각이 어리석음이고, 어리석음 때문에 경계를 향해 내달리는 주체의 욕구가 탐욕이고, 주체의 대상을 향한 의지와 욕구가 꺾여 일어나는 파괴적 에너지의 분출이 성냄이다.

본래 니르바나되어 있는 곳에서 있음을 있음으로 집착해 삶의 닫힘이 있고, 본래 해탈되어 있는 곳에서 탐냄과 성냄이 일어나므로 삶은 얽매인다.

탐욕 가운데 수행자의 마음을 가장 이끌어 묶는 것은 이익된 공양, 이름 드날림, 남들의 좋은 평판이다. 그러므로 탐욕·성냄·어리석음·이익됨을 들어 마음을 덮는 네 가지 묶음이라 하고, 그것을 끊으라 가르치신다.

끊을바 네 가지 묶음이 실은 본래 진실이 아닌 것을 진실로 붙잡아 생겨나는 삶의 묶음이므로 본래 허깨비 같은 것이다. 끊을 바가 허깨비와 같으니, 그것이 허깨비인 줄 알면 곧 그 묶음에서 벗어나 본래 해탈되어 있는 니르바나의 땅에 돌아가리라.

길 가는 사람에 네 가지 걸음의 자취가 있나니

이와 같이 들었다.

한때 붇다께서는 슈라바스티 국 제타 숲 '외로운 이 돕는 장자의 동산'에 계셨다. 그때 세존께서는 여러 비구들에게 말씀하셨다.

"네 가지 걸어감의 자취[行跡]가 있다. 어떤 것이 네 가지인가.

첫째, 즐거워함[樂]이 있는 걸음의 자취로, 그 행하는 것이 어리석고 미혹함이다. 이것을 처음의 걸음의 자취라 한다.

둘째, 즐거워함이 있는 걸음의 자취로, 그 행하는 것이 빠름이다.

셋째, 괴로워함이 있는 걸음의 자취로, 그 행하는 것이 어리석고 미혹함이다.

넷째, 괴로워함이 있는 걸음의 자취로, 그 행하는 것이 빠름이다."

즐거워함이 있는 걸음의 자취를 가려 보이심

"그 어떤 것을 즐거워함이 있는 걸음의 자취로, 그 행하는 것이 어리석고 미혹함이라 하는가.

어떤 사람은 탐욕이 차오르고 성냄과 어리석음이 차올라, 그 행하는 것이 매우 괴로워 행의 근본[行本]과 서로 맞지 않는다.

그리고 그는 다섯 가지 진리의 뿌리[五根]가 어리석고 어두워[愚闇] 재빠르지 못하다.

어떤 것이 다섯 가지 진리의 뿌리인가. 믿음의 뿌리 · 정진의 뿌리

· 생각의 뿌리 · 지혜의 뿌리 · 선정의 뿌리다.

만약 이 어리석은 뜻으로 사마디를 구해 샘 있음을 다하고자 하면, 이것을 '즐거워함이 있는 걸음의 자취 가운데 무딘 근기가 도를 얻고자 함'이라 한다.

그 어떤 것을 즐거워함이 있는 걸음의 자취로, 그 행하는 것이 빠름이라 하는가.

어떤 사람은 욕심이 없고 음욕이 없으며 또 탐욕도 늘 치우치게 적어 간절히 구하지 않으며, 성냄과 어리석음이 아주 줄어져 적어진다. 또 다섯 가지 진리의 뿌리도 날카로워 방일하지 않는다.

어떤 것이 다섯인가. 믿음의 뿌리 · 정진의 뿌리 · 생각의 뿌리 · 선정의 뿌리 · 지혜의 뿌리니, 이것을 다섯 가지 진리의 뿌리라 한다.

그는 다섯 가지 진리의 뿌리를 얻어 사마디를 성취하고 샘이 있음을 다해 샘 없음을 이룬다.

이것을 '즐거워함이 있는 걸음의 자취 가운데 날카로운 근기가 도의 자취 행함'이라 한다."

괴로워함이 있는 걸음의 자취를 가려 보이심

"그 어떤 것을 괴로워함이 있는 걸음의 자취로, 그 행하는 것이 어리석고 미혹함이라 하는가.

어떤 사람에게 음욕이 치우쳐 많고 성냄과 어리석음이 차오른다 하자. 그는 이 법으로 스스로 즐기어 샘 있음을 다하고 샘 없음을 이룬다. 이것을 '괴로워함이 있는 걸음의 자취 가운데 무딘 근기'라고 한다.

그 어떤 것을 괴로워함이 있는 걸음의 자취로, 그 행하는 것이 빠름이라 하는가. 어떤 사람은 욕심을 줄이고 음욕을 줄이어 성냄이 없고, 모습 취하는 생각 일으켜 세 가지 법을 행하지도 않는다.

그때에 그는 다섯 가지 진리가 뿌리가 있게 되어 빠뜨려 샘이 없다[無有缺漏].

어떤 것이 다섯인가. 믿음의 뿌리·정진의 뿌리·생각의 뿌리·선정의 뿌리·지혜의 뿌리이니, 이것을 다섯 가지 진리의 뿌리라 한다.

그는 이 법으로 사마디를 얻고 샘 있음을 다해 샘 없음을 이룬다.

이것을 '괴로워함이 있는 걸음의 자취 가운데 날카로운 근기'라 한다."

괴로움이 있는 빠른 근기의 행을 닦도록 당부하심

"이것을 비구들이여, 네 가지 걸음의 자취라 하니, 방편을 구해 앞의 세 가지 걸음의 자취는 버리고 뒤의 한 가지 걸음의 자취를 다 받들어 행해야 한다.

왜 그런가. 괴로워함이 있는 걸음 자취의 사마디[苦行跡三昧]는 얻기는 어렵지만, 얻고 나면 곧 도를 이루어 이 세상에 오랫동안 머무르기 때문이다.

왜 그런가. 즐거워함으로는 즐거움을 구할 수 없고 괴로워함을 말미암아 그 뒤에 도를 이루기 때문이다.

그러므로 여러 비구들은 늘 방편으로 이 바른 걸음의 자취를 이루어야 한다. 이와 같이 여러 비구들이여, 반드시 이렇게 배워야 한다."

그때에 비구들은 붇다의 말씀을 듣고 기뻐하며 받들어 행하였다.

• 증일아함 31 증상품(增上品) 三

• 해설 •

주어진 현실에 물음을 던지지 않고 현실의 모순을 고민하지 않고서는 삶의 의혹과 문제가 해결될 수 없다. 주어진 현실에 물음을 던지지 않고 현실에 안주해 즐기는 자는 탐욕 떠난 참된 삶의 즐거움을 실현할 수 없다.

즐거움으로 참된 즐거움에 이를 수 없고 괴롭게 모순에 직면함으로써 참된 즐거움에 이를 수 있다.

즐거워함이 있는 발걸음의 자취로 그 행함이 어둡고 무딘 자는 현실에 안주하고 현실에 매몰된 자의 삶의 발걸음이다. 즐거워함이 있는 발걸음의 자취로 그 행함이 빠른 자는 크게 자신을 괴롭히는 탐욕과 성냄도 적어서 현실에 안주해 살아가지만, 현실에 지나치게 매몰되지 않고 삶에 물음을 던져 해탈을 구하는 자의 삶의 발걸음이다.

괴로워함이 있는 발걸음의 자취로 그 행함이 어둡고 무딘 자는 현실에 문제를 느끼어 해탈을 구하나, 매몰되어 있는 현실에서 쉽게 빠져나오지 못한 자의 삶의 발걸음이다. 괴로워함이 있는 발걸음의 자취로 그 행함이 빠른 자는 일시적 쾌락과 고통을 주는 온갖 현실의 일에 문제를 느끼고 그 상황과 질곡으로부터 빨리 빠져나오는 자의 삶의 발걸음이다.

다섯 가지 진리의 뿌리를 구함에서도 마찬가지다.

즐거워함의 걸음의 자취로 무딘 자는 다섯 가지 진리의 뿌리가 어둡고 어리석어 빠르지 못하다. 즐거워함의 걸음의 자취로 빠른 자는 탐욕과 성냄이 본래 적어 크게 법을 구함이 없이도 다섯 가지 진리의 뿌리가 날카로워 방일치 않는다.

괴로워함의 걸음의 자취 가운데 무딘 자는 탐냄과 성냄이 많아서 힘들게 샘 있음을 다하고 샘 없음을 얻으니, 다섯 가지 진리의 뿌리가 빠르지 못하다.

괴로워함의 걸음의 자취 가운데 빠른 자는 탐냄과 성냄을 빨리 없애고 모습 취함을 일으키지 않고 다섯 가지 진리의 뿌리가 굳건하여 샘이 없는 자이다.

현실에 큰 문제의식이 없이 쉽게 이르른 자보다 고통의 현실에 크게 문제의식을 느끼어 탐냄·성냄·어리석음을 돌이켜 지혜에 나아가는 자가 그 진리의 뿌리가 굳세어 다시 뒤로 물러섬이 없으니, 여래는 앞의 세 가지를 버리고 뒤의 하나를 구하라 가르치신다.

'크게 근원적인 삶의 물음을 던질 때 반드시 큰 깨달음이 있다'[大疑之下必有大悟]는 옛 조사들의 깨우침 또한 여래의 이 뜻을 다시 보인 것이리라.

『화엄경』(「세주묘엄품」) 또한 기나긴 겁 고난의 세간 가운데서 참기 어려운 괴로운 행을 견디고 중생 위한 갖가지 행을 성취하여 붇다께서 세간의 큰 인도자가 되셨음을 이렇게 말한다.

> 참는 힘 성취하신 세간 인도자
> 중생 위해 한량없는 오랜 겁 동안
> 갖가지 행을 두루 닦아 익히사
> 세간의 교만과 미혹 길이 여의니
> 그 때문에 그 몸 깨끗하게 장엄되었네.
>
> 成就忍力世導師　爲物修行無量劫
> 永離世間憍慢惑　是故其身最嚴淨

5 다섯 가지 사람 다섯 가지 법[五人 五法]

• 이끄는 글 •

다섯 가지 수로 연기법을 보인 다섯 쌓임[五蘊]이 붇다 교설의 가장 기본이 되고, 중생 번뇌는 다섯 가지 탐욕[五欲]·다섯 가지 덮음[五蓋]으로 표현되고, 해탈의 법은 다섯 가지 진리의 뿌리[五根]·다섯 가지 진리의 힘[五力]으로 표현된다.

다섯 가지 수가 때로 착한 법을 나타내고 때로 악한 법을 나타내니, 착한 법은 하늘의 길이요 악한 법은 지옥의 길이지만 니르바나의 길은 하늘과 악한 길을 넘어선 해탈의 길이다.

니르바나의 길은 착함과 악함을 떠나되 공에 머묾 없이 착함 없는 착함을 세간에 세우는 것이니, 그 길을 어떻다 말할까.

옛 사람[大慧]은 이렇게 노래한다.

버릇대로 다섯 봉황 누각 앞을 지나며
손에 왕의 금채찍 들고 태평을 기뻐하네.

慣從五鳳樓前過　手握金鞭賀太平

여인의 다섯 가지 힘과 마라를 이기는
수행자의 한 가지 힘

이와 같이 들었다.

한때 붇다께서는 슈라바스티 국 제타 숲 '외로운 이 돕는 장자의 동산'에 계셨다.

그때 세존께서는 여러 비구들에게 말씀하셨다.

"어떤 여인은 다섯 가지 힘[五力]을 가지고 남편을 가볍게 본다.

어떤 것이 다섯 가지인가. 첫째 이성의 아름다운 빛깔의 힘[色力]이요, 둘째 친척의 힘이요, 셋째 농사의 힘이요, 넷째 아이의 힘이며, 다섯째 스스로 지키는 힘이다.

이것을 비구들이여, 알아야 한다. 여인은 이 다섯 가지 힘에 의지해 그 남편을 가볍게 본다.

그러나 만약 남편에게 한 가지 힘만 있으면 그 여인을 다 덮어버리고 만다. 어떤 것이 한 가지 힘인가. 부귀의 힘[富貴力]을 말한다.

대개 사람들이 부유하고 귀하면 아름다운 빛깔의 힘도 따르지 못하고 친척과 농사와 아이와 스스로 지키는 힘도 따르지 못한다.

이 한 가지 힘으로 말미암아 그만한 힘들을 이기기 때문이다."

마라의 다섯 가지 경계 건너는 수행자의 한 힘을 보이심

"저 악한 마라 파피야스에게도 또한 다섯 가지 힘이 있다.

어떤 것이 다섯 가지인가. 곧 빛깔의 힘·소리의 힘·냄새의 힘·

맛의 힘·부드러운 닿음의 힘이다.

저 어리석은 사람은 빛깔·소리·냄새·맛·닿음의 법에 집착하기 때문에 파피야스의 경계를 건너가지 못한다.

그러나 만약 거룩한 제자가 한 가지 힘만 성취하면 그러한 여러 힘들을 이길 수 있다.

어떤 것이 한 가지 힘인가. 방일하지 않는 힘[不放逸力]을 말한다.

만약 거룩한 제자가 방일하지 않음을 성취하면 그는 빛깔·소리·냄새·맛·닿음에 얽매이지 않으므로 다섯 가지 욕망[五欲]에 매이지 않게 된다.

그리하여 태어남·늙음·병듦·죽음의 법을 분별해 마라의 다섯 가지 힘을 이기고, 마라의 경계에 떨어지지 않아 여러 두려움과 어려움을 건너 함이 없는 곳[無爲之處]에 이른다.”

그때에 세존께서는 곧 이 게송을 말씀하셨다.

계는 단이슬의 길이 되고
방일함은 죽음의 지름길
탐내지 않으면 죽지 않고
바른 길 잃으면 스스로 죽네.

붇다께서는 여러 비구들에게 말씀하셨다.

“늘 닦아 행할 것을 생각해 방일하지 않아야 한다.

이와 같이 여러 비구들이여, 반드시 이렇게 배워야 한다.”

그때에 비구들은 붇다의 말씀을 듣고 기뻐하며 받들어 행하였다.

• 증일아함 35 사취품(邪聚品) 四

여인의 다섯 가지 힘과 그 힘을 누르는 남편의 한 가지 부귀의 힘에 견주어 파피야스의 다섯 가지 힘을 누르는 수행자의 한 가지 힘을 보이시고 있다.

한 가지는 방일하지 않는 힘이다. 중생을 탐착케 하는 빛깔·소리·냄새·맛·닿음의 경계 그 힘은 억세고 끈질기어, 눈의 앎은 빛깔에 물들고 귀의 앎은 소리에 물들며, 나아가 몸의 앎은 부드러운 닿음에 물든다.

앎을 물들이는 저 경계가 공해 취할 것이 없음을 알면, 여섯 앎[六識]은 앎 아닌 앎이 되어 마라의 힘을 이기고 파피야스의 경계를 건너 함이 없는 곳에 이른다.

왜 그런가. 눈의 앎은 빛깔이 아니되 빛깔을 통해 나는 앎이다. 눈이 빛깔을 알 때 저 빛깔은 빛깔 아닌 빛깔이니, 쉼이 없고 방일함이 없이 진실을 살펴 보여지는바 경계가 공한 줄 알면, 지금 빛깔을 보는 앎에서 앎이 끊어져 그 봄이 봄이 없는 봄[無見之見]이 되기 때문이다.

나아가 귀의 앎·코의 앎·혀의 앎·몸의 앎 또한 소리 듣고 냄새 맡을 때 소리와 냄새에 모습 취함을 떠나면 그 앎이 앎 없는 앎이 되기 때문이다.

앎[識]이 아는바[所知] 경계를 알되, 앎 없는 앎이 되므로 파피야스의 경계를 건너 함이 없는 곳에 이르게 되니, 이곳을 니르바나의 처소라 하고 단이슬의 맛이 넘치는 곳이라 하며 두려움 없는 해탈의 땅이라 한다.

그러므로 붇다께서는 다시 계와 사마디와 방일함 없는 살핌으로 이 죽음 없는 해탈의 땅에 나아가도록 당부해 깨우쳐주신다.

병을 낫지 않게 하는 법과
병을 낫게 하는 법이 있으니

이와 같이 들었다.

한때 붇다께서는 슈라바스티 국 제타 숲 '외로운 이 돕는 장자의 동산'에 계셨다.

그때 세존께서는 여러 비구들에게 말씀하셨다.

"병을 앓는 사람이 다섯 가지 법을 행하여 이루면, 곧 때가 되어도 낫지 않고 늘 병상에 있게 된다. 어떤 것이 다섯 가지인가.

첫째, 아플 때 병을 앓는 사람이 먹을거리를 가리지 않음이다.

둘째, 때를 맞춰 먹지 않음이다.

셋째, 의약을 가까이하지 않음이다.

넷째, 근심과 기쁨과 성냄이 많음이다.

다섯째, 자비의 마음을 일으켜 병 간호하는 사람을 향하지 않음이다.

이것을 비구들이여, '병을 앓는 사람이 다섯 가지 법을 행해 이루면, 때가 되어도 곧 낫지 않는다'고 하는 것이다."

병 나음의 다섯 가지 법을 보이심

"다시 병을 앓는 사람이 다섯 가지 법을 성취하면, 때가 되어 병이 곧 낫게 된다. 어떤 다섯 가지인가.

첫째, 아플 때 병을 앓는 사람이 먹을거리를 가려서 먹음이다.

둘째, 때를 맞춰 먹음이다.

셋째, 의약을 가까이함이다.

넷째, 시름과 근심을 품지 않음이다.

다섯째, 자비의 마음을 일으켜 병 간호하는 사람을 향함이다.

이것을 비구들이여, '병을 앓는 사람이 다섯 가지 법을 성취하면 때가 되어 병이 곧 낫는다'고 하는 것이다.

이와 같으니 비구들이여, 앞의 다섯 가지 법은 늘 생각해 버려 떠나고, 뒤의 다섯 가지 법은 반드시 받들어 행해야 한다.

이와 같이 비구들이여, 반드시 이렇게 배워야 한다."

그때에 비구들은 붇다의 말씀을 듣고 기뻐하며 받들어 행하였다.

• 증일아함 32 선취품(善聚品) 八

• 해설 •

병을 낫는 길은 병 생기는 과정의 되거스름의 과정이다.

병의 결과를 결과이게 한 원인과 조건을 알아 그 원인과 조건의 뿌리를 빼내고 원인과 조건의 연결고리를 끊는 데서 병은 사라진다.

병의 치유는 병이 본래 공하므로 병 아님을 알아 병 나음으로 향해 나아가는 길이다.

병을 앓는 사람이 병을 낫지 못하는 다섯 가지 일은 그 다섯 가지 법이 바로 병의 원인과 조건을 해소하지 못하고 오히려 그 뿌리를 더욱 북돋우는 법이기 때문이다.

먹을거리를 잘못 먹음과 마음에 시름과 걱정이 병의 뿌리되지 않은 이가 거의 없으니, 병 생김의 과정을 거슬러 먹을거리를 잘 가려 때맞춰 먹고 시름과 걱정 없으며 병에 맞는 약을 쓰면 병 또한 사라져 건강을 회복할 수 있다.

이처럼 병이 인연으로 생긴 것이라 공하므로 다섯 가지 병 낫는 원인과 조건 잘 행할 때 병을 나아 건강을 회복하게 되는 것이니, 병 나음은 본래 병 없음에서 다시 병 없음에 돌아가는 과정이다.

병 간호하는 사람이 병을
낫게 하는 다섯 가지 법

이와 같이 들었다.

한때 붇다께서는 슈라바스티 국 제타 숲 '외로운 이 돕는 장자의 동산'에 계셨다. 그때 세존께서는 여러 비구들에게 말씀하셨다.

"병 간호하는 사람이 이 다섯 가지 법을 행해 이루면, 때가 되어도 병이 낫지 않고, 병을 앓는 사람은 늘 병상에 누워 있게 된다.

어떤 것이 다섯 가지인가. 이렇게 말할 수 있다.

첫째, 병을 간호하는 사람이 좋은 약을 가리지 못하는 것이다.

둘째, 게을러 용맹한 마음이 없는 것이다.

셋째, 늘 성내기를 좋아하는 것이다.

넷째, 또한 잠자기를 좋아하는 것이다.

다섯째, 다만 먹을 것을 탐착해 환자를 돌보아서 바른 법으로 공양하지 않으므로, 환자와 말을 주고받지 않는 것이다.

이것을 비구들이여, '병 간호하는 사람이 다섯 가지 법을 행해 이루면 때가 되어도 병이 낫지 않는다'고 하는 것이다."

병 낫게 하는 다섯 가지 법 행하도록 당부하심

"다시 비구들이여, 병을 간호하는 사람이 다섯 가지 법을 성취하면, 때가 되면 병이 곧 나아, 병을 앓는 사람은 병상을 털고 일어나게 된다.

어떤 것이 다섯 가지인가. 이렇게 말할 수 있다.

첫째, 병을 간호하는 사람이 좋은 약을 가릴 줄 아는 것이다.

둘째, 게으르지 않아서 아픈 사람보다 먼저 일어나고 뒤에 자는 것이다.

셋째, 아픈 사람에게 늘 이야기해주길 좋아하는 것이다.

넷째, 잠이 적은 것이다.

다섯째, 법으로 공양하여 먹을 것을 탐착하지 않으므로 환자에게 설법해줄 수 있는 것이다.

이것을 비구들이여, '병을 간호하는 사람이 다섯 가지 법을 성취하여 때가 되면 병이 곧 낫는다'고 하는 것이다.

그러므로 비구들이여, 병을 간호하는 사람이 되었을 때, 앞의 다섯 가지 법은 버리고 뒤의 다섯 가지 법은 나아가 행해야 한다.

이와 같이 비구들이여, 반드시 이렇게 배워야 한다."

그때에 비구들은 붇다의 말씀을 듣고 기뻐하며 받들어 행하였다.

• 증일아함 32 선취품 九

• 해설 •

붇다께서는 늘 보시 가운데 으뜸이 병들어 누워 있는 자를 간호해주고 병이 낫도록 도와주는 것이라 가르치신다.

중생의 고통은 일어난 것이므로 그 괴로움의 끝을 다해 니르바나를 이룰 수 있듯, 중생의 온갖 병도 생겨난 것이므로 나을 수 있다. 그러나 병을 앓는 이가 병이 깊어지면 스스로 병을 다스릴 힘이 없게 되니, 병 간호하는 이와 의사의 도와주는 힘이 없으면 병을 이겨낼 수 없다.

그러므로 병을 앓는 이가 자비의 마음을 지니고, 병 보살펴주는 이의 보살핌을 잘 받아들여야 나을 수 있다.

병이 공하되 안의 마음과 몸과 바깥 조건이 어울려 병이 있듯, 병 나음도 환자의 마음과 병의 객관적 조건과 병 다스리는 이의 뜻이 어울려야 병이 사라질 수 있다.

그러므로 의사와 간호하는 이가 병의 원인과 조건을 가려 알지 못해 제때 약을 쓸 줄 모르면 아픈 이의 병은 나을 수 없다.

또한 의사와 간호하는 이들이 환자를 정성껏 보살펴서 병 낫게 할 의지가 없이 게을러 잠자기를 좋아하고, 환자에 대한 자비의 마음이 없이 돈벌이와 이익에 탐착해 형식적으로 치료하고 간호하면 환자의 병은 낫지 않는다.

환자의 병을 돈벌이 도구로 삼고 있는 자본주의 의료체계의 문제점이 붇다의 가르침 가운데 다 지적되고 있다.

나아가 붇다는 몸의 병을 다스릴 뿐 아니라 간호하는 이가 환자에게 해탈의 가르침으로 법을 공양하고 법을 보시할 때 환자가 몸과 마음의 병에서 해탈할 수 있음을 가르치신다.

대의왕(大醫王)이신 여래의 치료의 가르침은 본래 병이 병 아닌 데서 병 없음으로 이끄시니, 그 가르침을 따르는 자, 병과 죽음이 없는 니르바나의 저 언덕으로 안온하게 건너가리라.

바른 원으로 다섯 가지 공덕의 보시 행하라

이와 같이 들었다.

한때 붇다께서는 슈라바스티 국 제타 숲 '외로운 이 돕는 장자의 동산'에 계셨다.

그때 세존께서 여러 비구들에게 말씀하셨다.

"다나파티(dāna-pati, 施主)가 은혜롭게 보시하는 날에는 다섯 가지 일의 공덕을 얻는다.

어떤 것이 그 다섯 가지 공덕 얻는 보시인가?

첫째, 목숨을 보시하는 것[施命]이다.

둘째, 몸을 보시하는 것[施色]이다.

셋째, 편안함을 보시하는 것[施安]이다.

넷째, 힘을 보시하는 것[施力]이다.

다섯째, 말재간[施辯]을 보시하는 것이다.

이것을 다섯 가지라고 한다.

다시 다나파티는 목숨을 보시할 때에는 긴 목숨 얻기를 바란다.

몸을 보시할 때에는 모습 단정함 얻기를 바란다.

편안함 보시할 때에는 병 없기를 바란다.

힘을 보시할 때에는 이길 자 없게 되기를 바란다.

말재간을 보시할 때에는 위없이 바르고 참됨 얻기를 바란다.

비구들이여, 알아야 한다. 다나파티가 보시하는 날에는 이런 다섯 가지 공덕이 있다."

그때 세존께서 곧 이 게송을 설하셨다.

목숨과 몸과 편안함, 힘과 말재간
이 다섯 가지 은혜롭게 보시하라.
다섯 가지 보시의 공덕 이미 갖추면
뒤에 다함없는 복을 받게 되리라.

지혜로운 이는 보시를 생각할 때
탐욕의 마음 없애버려야 하니
그러면 지금 몸에 좋은 이름 얻고
탐욕의 마음 없는 보시 행하면
또한 그렇게 하늘에 나게 되리라.

"만약 잘 행하는 남자와 여인이 다섯 가지 공덕을 얻고자 하거든, 이 다섯 가지 일을 행해야 한다.

이와 같이 여러 비구들이여, 반드시 이렇게 배워야 한다."

그때 여러 비구들은 붇다의 말씀을 듣고 기뻐하며 받들어 행하였다.

• 증일아함 32 선취품 十一

• 해설 •

참된 보시는 지혜의 보시이니, 지혜로 몸과 사물과 세계의 공성을 통달하면 몸과 뜻이 온통 베풀 거리가 된다. 또한 사물과 세계는 주체의 업 밖의 사물과 세계가 아니니, 지혜의 보시를 행하는 이는 눈에 보이는 재물로만 보시하지 않고 세간 온갖 것이 베풀 거리가 된다.

그러므로 지혜의 보시를 온갖 것 갖춘 보시[一切施]라 하고, 온갖 것 갖춘 보시 지혜의 보시를 다나파라미타(dāna-pāramitā)라 하니, 베풂이 곧 해탈의 행이 되는 것이다.

경에서 가르치고 있는 다섯 가지 은혜로운 보시는 무엇인가.

보시의 실상 그대로의 보시가 은혜로운 보시이니, 보시는 주는 물건의 모습과 주고받음에 갇혀서는 안 된다. 지혜의 보시 은혜로운 보시는 몸과 말과 뜻에 걸림이 없고 막힘이 없으며, 깊은 마음으로 세간 중생을 받드는 것이다.

그러므로 은혜로운 보시는 시주가 주고받는 모습을 두어 물질적으로 가진 것을 남에게 내려주는 것이 아니라 타고난 몸과 목숨 가지고 있는 것으로 남을 위해 헌신하는 것이고, 편안한 마음과 노동력 말재간을 통해서 남의 어려움을 풀어주고 위안을 주는 것을 말한다.

이와 같이 타고난 몸과 힘, 마음과 능력을 통해서 남을 돕고 남에게 보시해도 그 보시를 통해 탐욕의 마음을 내고 대가를 바라면 참된 보시라 할 수 없다.

보시자는 오히려 보시를 통해 남과 이웃 세상을 도와 나와 세상이 번영으로 나갈 삶의 토대를 굳건히 할 것을 바라야 한다.

보시하는 이는 목숨을 보시해 긴 목숨 얻기를 바라고, 몸을 보시해 단정한 몸 얻기를 바라며, 힘을 보시해 남에게 두려움 느끼지 않는 위력 갖길 바라며, 말솜씨를 보시해 남을 해탈시킬 변재 얻기를 바라야 한다.

은혜로운 공덕의 보시는 보시를 통해 나와 남이 함께 은혜롭게 되는 것이니, 탐욕 없는 보시 지혜의 보시가 공덕의 보시가 된다.

때에 맞는 다섯 가지 보시가 있으니

이와 같이 들었다.

한때 붇다께서는 슈라바스티 국 제타 숲 '외로운 이 돕는 장자의 동산'에 계셨다.

그때 세존께서 여러 비구들에게 말씀하셨다.

"때에 맞는 보시[隨時施]에 다섯 가지가 있다. 어떤 것이 그 다섯 가지인가?

첫째, 멀리서 오는 사람에게 보시하는 것이다.

둘째, 먼 길을 가는 사람에게 보시하는 것이다.

셋째, 병든 사람에게 보시하는 것이다.

넷째, 밥을 빌기 어려울 때에 보시하는 것이다.

다섯째, 처음 거둔 과일과 채소와 햇곡식을 먼저 계를 지니어 정진하는 이에게 주고 나서 스스로 먹는 것이다.

이것을 비구들이여, 때에 맞는 다섯 가지 보시라고 한다."

그때 세존께서 곧 이 게송을 말씀하셨다.

지혜로운 이는 때에 맞게 보시해
믿음의 마음 끊어지지 않으면
여기에서 시원하게 즐거움 받고
하늘에 날 뭇 덕을 갖추게 되네.

때를 따라 은혜의 보시 생각하면
복을 받음 저 메아리 울림 같아서
길이 모자람과 빠뜨림 없게 되고
나는 곳마다 언제나 부귀 누리리.

대중 위해 수행의 도구 보시하면
위없는 지위에 이를 수 있게 되며
아주 많은 공양거리 보시하고서
집착하는 생각 일으키지 않고
기뻐하면 그 복을 더욱 늘리리.

마음속에 이러한 생각을 내면
어지러운 뜻 길이 남음이 없고
몸의 안락함을 깨달아 알고
마음에 곧 해탈을 얻게 되리라.

그러므로 지혜로운 사람이라면
남자거니 여자거니 물을 것 없이
반드시 이 다섯 가지 보시 행하여
방편의 마땅함 잃지 않아야 한다.

"그러므로 여러 비구들이여, 만약 잘 행하는 남자와 여인이 이 다섯 가지 일을 행하려고 하거든 반드시 '때에 맞는 보시'를 생각해야 한다. 이와 같이 여러 비구들이여, 반드시 이렇게 배워야 한다."

그때 여러 비구들은 붇다의 말씀을 듣고 기뻐하며 받들어 행하였다.

• 증일아함 32 선취품 十二

• 해설 •

때에 맞는 보시란 보시할 때 그 행이 공덕을 주고 은혜를 주는 것이어야 하며, 그 보시의 때가 맞고, 보시 받는 자의 요구에 맞아야 한다. 곧 경의 가르침으로 보면 아무리 좋은 것을 보시해도 보시 받는 자의 요구에 맞지 않고 때에 맞지 않으면 은혜로운 보시가 되지 못하는 것이다.

때에 맞는 보시에도 다섯 가지가 있다. 먼 길을 오가는 이에게 쉴 곳과 먹을거리 드리는 보시, 병든 이에게 약과 보살핌을 주는 보시, 밥 빌기 어려운 때 밥을 주고, 범행 닦는 이에게 깨끗한 먹을거리나 수행에 필요한 갖가지 도구를 마련해 올려드리는 것이다.

때를 맞추고 기쁜 마음·평등한 마음·자비한 마음·지혜의 마음으로 보시하면 그 보시가 해탈의 보시가 되고, 늘어나고 줄어듦이 없이 늘 충만한 보시가 될 것이다. 바로 이렇게 보시를 행하면, 보시로 해탈의 저 언덕에 건너가는 파라미타(dāna-pāramitā)의 행자인 것이다.

『화엄경』(「십회향품」) 또한 보시 받는 이로 하여금 해탈의 마음 일으키게 하는 것이 가장 큰 보시임을 이렇게 말한다.

> 보디사트바는 중생의 이익됨 위해
> 보시파라미타를 늘 행하여
> 중생이 넓고 큰 마음 열도록 하니
> 그들이 다 빼어난 분 계신 곳이나
> 그 밖의 다른 현성 계신 곳에서
> 그 뜻이 늘 깨끗해 기쁨을 내네.
>
> 爲利益故而行施　令其開發廣大心
> 於尊勝處及所餘　意皆淸淨生歡喜

공덕 갖추는 다섯 가지 땅 쓰는 법

이와 같이 들었다.

한때 붇다께서는 슈라바스티 국 제타 숲 '외로운 이 돕는 장자의 동산'에 계셨다.

그때 세존께서는 여러 비구들에게 말씀하셨다.

"땅을 쓰는 사람에게 다섯 가지 일이 있으면 공덕을 얻지 못한다. 어떤 것이 다섯 가지인가.

첫째, 땅을 쓰는 사람이 거스르는 바람을 알지 못하는 것이다.

둘째, 따르는 바람을 알지 못하는 것이다.

셋째, 다시 모으지 않는 것이다.

넷째, 똥을 치우지 않는 것이다.

다섯째, 그렇게 하여 이미 쓴 곳이 다시 깨끗하지 않게 되는 것이다.

이것을 비구들이여, '땅을 쓰는 사람에게 다섯 가지 일이 있으면 공덕을 얻지 못한다'고 하는 것이다."

바르게 땅 쓰는 법을 보이심

"다시 비구들이여, 이렇게 땅을 쓰는 사람은 이 다섯 가지 공덕을 이룬다. 어떤 것이 다섯 가지인가.

첫째, 땅을 쓰는 사람이 거스르는 바람을 아는 것이다.

둘째, 따르는 바람의 이치를 아는 것이다.

셋째, 모을 줄을 아는 것이다.

넷째, 치울 줄을 아는 것이다.

다섯째, 나머지를 남기지 않아 아주 깨끗하게 하는 것이다.

이것을 비구들이여, '이 다섯 가지 일이 있으면 큰 공덕을 성취한다'고 하는 것이다. 그러므로 여러 비구들이여, 앞의 다섯 가지 일은 버리고 뒤의 다섯 가지 법을 닦아야 한다.

이와 같이 비구들이여, 반드시 이렇게 배워야 한다."

이때에 여러 비구들은 붇다의 말씀을 듣고 기뻐하며 받들어 행하였다.

• 증일아함 33 오왕품(五王品) 五

• 해설 •

세계를 사는 삶 주체는 주체만의 주체가 아니라 세계를 의지해 있는 주체이고, 세계 안에서 연기해서 세계를 주체의 행위의 힘으로 만들어가고 가꾸어가는 주체이다.

자기가 의지해 사는 삶의 터전을 아름답게 가꾸고 빛나게 꾸미는 것은 스스로의 삶을 아름답게 가꾸고 빛나게 꾸미는 일이다. 세간 삶의 터전에서 일으키는 주체의 파라미타(pāramitā)의 행이 하되 함 없으면[爲而無爲] 이 함이 없는 행[無爲行]이 곧 세간을 장엄하는 넓고 큰 행이다.

땅을 잘 쓸어 깨끗이 하는 것은 여러 사람 여러 중생이 더불어 사는 삶의 공간 삶의 터전을 깨끗이 하는 것이니, 바로 물들고 더러운 땅[穢土]을 깨끗한 땅[淨土]으로 만드는 파라미타의 행이다.

또한 삶의 터전을 깨끗이 하는 파라미타행밖에 세계도 없고 '나'도 없으니 바람 부는 방향과 바람 부는 이치를 알아 땅을 쓸고 더러운 물건을 깨끗이 치우는 것은 내 밖의 경계를 깨끗이 하는 것이 아니라, 삶의 터전을 깨끗이 함으로써 나의 삶을 아름답게 하는 길이다.

다섯 가지로 스투파를 쓸어야 공덕을 이루게 되니

이와 같이 들었다.

한때 붇다께서는 슈라바스티 국 제타 숲 '외로운 이 돕는 장자의 동산'에 계셨다.

그때 세존께서는 여러 비구들에게 말씀하셨다.

"만약 어떤 사람이 다음 다섯 가지로 스투파를 쓸면 공덕을 얻지 못한다. 어떤 것이 다섯 가지인가. 이렇게 말할 수 있다.

첫째, 어떤 사람이 스투파를 쓸면서 물을 땅에 뿌리지 않는 것이다.

둘째, 기왓장이나 조약돌을 치우지 않는 것이다.

셋째, 땅을 고루지 않는 것이다.

넷째, 뜻을 바르게 해 땅을 쓸지 않는 것이다.

다섯째, 더러운 것을 치우지 않는 것이다.

이것을 비구들이여, '땅을 쓰는 사람이 다섯 가지로 공덕을 이루지 못한다'고 하는 것이다."

바르게 스투파 쓰는 법을 보이심

"비구들이여, 알아야 한다. 다섯 가지로 바르게 스투파를 쓰는 사람은 공덕을 성취한다. 어떤 것이 다섯 가지인가.

첫째, 스투파를 쓰는 사람이 물을 땅에 뿌리는 것이다.

둘째, 기왓장이나 조약돌을 치우는 것이다.

셋째, 땅을 고루는 것이다.

넷째, 뜻을 바르게 해 땅을 쓰는 것이다.

다섯째, 더러운 것을 치우는 것이다.

이것을 비구들이여, '다섯 가지 일이 있으면 사람에게 공덕을 얻게 한다'는 것이다.

그러므로 여러 비구들이여, 그 공덕을 얻으려 하면 이 다섯 가지 일을 행해야 한다. 이와 같이 비구들이여, 반드시 이렇게 배워야 한다."

그때에 비구들은 붇다의 말씀을 듣고 기뻐하며 받들어 행하였다.

• 증일아함 33 오왕품 六

• 해설 •

연기법의 세계관에서 거룩한 곳은 세속밖에 따로 있는 것이 아니지만, 거룩함이 거룩함이 아니므로 인연으로 나는 세간법 가운데 중생의 실천으로 거룩한 곳 깨끗한 곳을 따로 세워보일 수 있는 것이다. 그러므로 오탁의 세간 속에서 깨끗한 곳 거룩한 곳을 다시 세워 빼어난 지혜를 성취하신 이, 중생의 삶을 안락에 이끌어 큰 공덕을 쌓은 이들을 기리고 그곳에 거룩함의 기치를 세워 세간을 깨끗하고 아름다운 곳으로 만드는 삶의 기단을 삼는다.

이런 뜻에서 여래는 '전륜왕·성문·연각·여래를 위해 스투파(stūpa, 塔)를 세우라' 가르치신다.

스투파는 물질이지만 이 물질로써 올바른 정치로 세간에 복된 이익을 준 사람[轉輪王], 현성의 과덕을 얻은 성문(聲聞)과 프라테카붇다[緣覺], 위없는 보디의 완성자 여래(如來)를 기리고 떠받드는 마음의 징표를 삼으니, 스투파는 물질 아닌 물질이다.

스투파로 인해 중생이 우러르는 마음을 내면 스투파에 모신 현성의 법이 더욱 늘어나고 자라며, 길이 이어져 이 세간은 더욱 아름답고 빛나는 정토의 땅이 될 것이다.

그러므로 여래는 내가 사는 삶의 터전을 깨끗이 쓸 뿐만 아니라 스투파를 모신 거룩한 곳[聖所] 진리의 깃대[法幢]가 있는 빼어난 곳[勝處]을 깨끗이 쓸고 아름답게 가꾸도록 당부하신다.

삶의 터전을 깨끗이 쓸고 아름답게 가꾸되 산의 형태, 바람과 물의 흐름 등 자연의 질서와 조화를 이루고, 주변의 다른 사물들과 어울리며 모두의 삶이 번영을 이루고 아름다움을 누리도록 가꾸어야 한다.

티끌과 더러운 냄새나는 것들을 치워 깨끗한 물이 흐르고 향내나는 풀이 자라며 숲이 우거져 뭇 삶들이 깃들 만한 곳으로 가꾸어야 한다.

그렇게 뭇 생명이 깃들 안락의 땅이 되게 할 큰 서원의 마음으로 삶의 터전[依報]을 가꾸면, 그 속에서 사람과 자연이 함께 축복받으며, 풍요와 안락이 넘치는 땅에서 탐욕과 성냄의 불을 끄고 보디와 해탈의 꽃을 피울 것이다.

그러므로 세간의 터전 가운데 가장 빼어나고 좋은 곳에 현성의 스투파를 모시고 그곳을 늘 깨끗하고 아름답게 가꾸면, 현성의 법이 이 세간에 길이 흘러 전하여 중생의 삶을 행복과 번영에 이끌 것이다.

그 스투파를 모신 땅에는 기왓장이나 조약돌이 어지럽지 않게 해야 하고 땅을 평평하게 다듬어야 하며, 정성스런 뜻으로 먼지를 쓸고 더러운 것을 치워 깨끗이 보살피고 아름답게 가꾸어야 할 것이니, 그렇게 하면 저 경계가 밝아짐으로 내가 밝아져 마음과 물질 나와 남이 함께 해탈에 나아가게 되는 것이다.

시방의 국토가 진여의 청정한 땅이지만, 한 포기 풀을 땅에 꽂고 한 줄기 향을 사루어 현실의 물든 땅을 아름답게 가꾸는 것이 진여의 공덕을 쓰는 일이니, 옛 선사[大慧]의 다음 노래를 들어보자.

신선의 윗뜰 옥의 못에 바야흐로 얼음 풀리니
사람 세상 버드나무가 또 봄빛을 드리우네.
고요한 산당에서 날이 다하도록 향 사르고 앉아
바이샬리 말 많은 사람들 길이 생각하네.

上苑玉池方解凍　人間楊柳又垂春

山堂盡日焚香坐　長憶毘耶多口人

  이처럼 본래 청정한 진여의 땅에 앉아 진여의 공덕을 다시 써서 이 세간
을 아름답고 깨끗이 가꾸는 이가 보디사트바이다.
  그러므로 『화엄경』(「정행품」)은 거룩한 곳 여래의 스투파를 깨끗이 청소
하고 스투파에 우러러 절하며 오른쪽으로 스투파를 돌며 일으키는 보디사
트바의 서원을, 다음과 같이 보인다.

  붇다의 스투파를 볼 때
  바라오니 모든 중생
  스투파처럼 존중되어
  하늘과 사람들의 공양
  모두 다 받아지이다.

  見佛塔時　當願衆生
  尊重如塔　受天人供

  공경의 마음으로
  스투파를 살필 때
  바라오니 모든 중생
  모든 하늘과 사람들의
  우러러봄이 되어지이다.

  敬心觀塔　當願衆生
  諸天及人　所共瞻仰

  스투파 오른쪽으로 돌 때
  바라오니 모든 중생

행하는 바 거슬림 없어
온갖 것 아는 지혜
반드시 이루어지이다.

右遶於塔　當願衆生
所行無逆　成一切智

스투파 세 번 돌 때
바라오니 모든 중생
붇다의 도 힘써 구해
마음에 게을러 쉼
모두 다 없어지이다.

遶塔三匝　當願衆生
勤求佛道　心無懈歇

6 여섯 가지 사람 여섯 가지 법[六人 六法]

• 이끄는 글 •

붇다의 가르침에서 주체의 아는 뿌리가 여섯 가지[六根]로 분류되고 알려지는 경계도 여섯 가지[六境]가 되므로, 그에 따라 앎은 여섯 앎[六識]이 되고, 느낌[受]·모습 취함[想]·지어감[行]·닿음[觸]도 모두 여섯 법이 된다. 또 물질의 요인인 사대(四大)와 허공, 앎을 여섯 법의 영역[六界]이라 한다.

여섯 앎에 탐욕이 있으면 여섯 가지 취함[六取]·욕망[六欲]·가림[六蔽]·애착[六愛]이 일어나 여섯으로 표시된 갖가지 법은 장애가 되고 가림이 되지만 여섯 아는 뿌리와 경계가 공한 줄 살피면 여섯 앎이 여섯 신통[六神通]이 되고, 여섯 지혜[六智]가 되고 여섯 가지 위없음이 된다.

이 경계를 어떻다 말할 수 있는가. 옛 조사는 노래한다.

연잎의 빗방울은 비취를 밟아 뒤집음인데
흰 해오라기 대숲의 안개 부딪쳐 깨뜨리네.

翡翠蹋翻荷葉雨　鷺鷥衝破竹林煙

사람의 여섯 가지 힘과 여래의 크나큰 자비

이와 같이 들었다.

한때 붇다께서는 슈라바스티 국 제타 숲 '외로운 이 돕는 장자의 동산'에 계셨다. 그때 세존께서는 여러 비구들에게 말씀하셨다.

"여섯 가지 평소 늘 그런 힘[凡常之力]이 있다. 어떤 것이 여섯인가.

첫째, 어린아이는 울음으로 힘을 삼아 말하고 싶은 것이 있으면 반드시 먼저 운다.

둘째, 여인은 성냄으로 힘을 삼아 성낸 다음에 말한다.

셋째, 사문과 브라마나는 참음으로 힘을 삼아 낮추기를 생각하고 남에게 낮춘 뒤에 스스로 말한다.

넷째, 국왕은 교만으로 힘을 삼아 그 큰 권세로써 스스로 말한다.

다섯째, 아라한은 오롯이 정진함으로 힘을 삼아 스스로 말한다.

여섯째, 모든 붇다 세존은 큰 자비[大慈悲]를 이루시어 그 큰 자비로 힘을 삼아 중생들을 널리 이익되게 한다[弘益衆生].

이것을 비구들이여, '여섯 가지 평소 늘 그런 힘이 있다'고 하는 것이다.

그러므로 비구들은 늘 큰 자비를 닦아 행하기를 생각해야 한다.

이와 같이 비구들이여, 반드시 이렇게 배워야 한다."

그때에 비구들은 붇다의 말씀을 듣고 기뻐하며 받들어 행하였다.

• 증일아함 38 역품(力品) ─

중생은 실체로서의 중생이 아니라 업(業, karma)인 중생, 행위로서의 중생이다. 중생의 행위는 세계를 의지해 일어나 세계를 규정하는 힘이 있다.

업은 늘 지어감[行]으로 표시되고 지어감은 앎[識]과 함께 일어나니, 그 사유의 방향에 따라 중생의 업의 힘[業力]은 달리 발현된다.

여래가 보이신 여섯 가지 중생의 힘을 살펴보자.

중생은 늘 타자와의 모순과 갈등을 겪고 살지 않으면 안 되니, 다툼의 세계 속에서 늘 다른 것으로부터 자기 몸을 보살필 힘이 없으면 살아남지 못한다는 강박의식을 안고 살아간다.

가장 힘이 없는 자일수록 울음 울고 소리 질러 자기를 방어하고 자기의 뜻을 남에게 표시한다.

가장 큰 힘을 가진 자가 그 힘을 온유하고 평화롭게 쓰지 않고 힘없는 자를 가볍게 보고 그를 억누르는 것이 인간의 삶을 가장 황폐케 한다.

비록 가졌지만 가진 것을 늘 나눌 줄 알고, 비록 힘이 있지만 그 힘으로 남을 누르거나 해치지 않고 보살피고 사랑하면 그는 참으로 힘있는 자이다.

어린아이와 여인이 울음과 짜증으로 의사를 표시하는 것은 약한 이가 강한 자에 자기를 방어하고 자기의사를 나타내는 방식의 한 모습이다.

국왕이 교만으로 힘을 삼고 권세로써 남에게 이야기하는 것은 강자가 강한 것으로 남을 지배하는 모습의 단적인 표현이다.

사문과 브라마나는 자기 가진 것을 버려 스스로 없는 자가 되고 자기 교만을 꺾어 스스로 낮은 자가 되어 밥을 빌고 누더기 옷을 입고 세간을 살아가는 자이다. 그는 능동적 무소유의 실천자로서 가장 낮은 자가 되어 세간의 밑바닥을 걸어 가장 높은 진리의 길을 추구하므로, 욕됨 참는 것으로 힘을 삼으며 다툼 없는 사마디로 갈등과 투쟁의 현실역사를 살아가려 한다.

여래는 세계와 삶의 진실을 온전히 체현한 지혜의 완성자이니, 그의 삶에는 삶 바깥에 다투어야 할 중생이 없고 그의 걸어감에 장애로 막아서는 대상으로서의 세계가 없다.

여래는 위아래가 없는 평등한 마음으로 살아가므로 내려다볼 낮은 자도 없고 올려다볼 절대신성의 권위도 없으며, 안이 없고 밖이 없는 넓고 큰 마음으로 살아가므로 안으로 방어해야 할 나도 없고 밖으로 따로 건져야 할 중생이 없다.

여래의 삶은 오직 모습 없고 위아래가 없는 지혜의 마음, 막힘없고 안과 밖이 없는 자비의 마음뿐이다. 위아래가 없는 지혜의 마음이 두루 살펴 싸안지 않는 중생이 없고, 안과 밖이 없는 자비의 마음이 거두어 보살피지 않는 중생이 없으니, 여래가 곧 높음 없이 가장 높은 분이고 큼이 없이 가장 크신 분이며, 강함 없이 가장 강한 분이다.

그러므로 뭇 삶들 또한 여래의 큼이 없이 큰 지혜의 힘, 강함 없이 강한 자비의 힘을 본받아 깊고 깊어 밑이 없고 넓고 넓어 밖이 없는 지혜와 자비의 세계에 나아가야 할 것이다.

화엄회상(「입법계품」)의 구도자는 여래의 평등한 몸과 자비의 위신력에 다음과 같이 찬탄의 노래를 바친다.

세간 건져주시는 자비하신 이
시방세계를 가득 채우사
삼계 모든 존재의 바다
건네주어 해탈케 하시고
묘한 몸은 시방에 두루하여
중생 앞에 널리 나타나시네.

充滿十方界　度脫三有海
妙身遍十方　普現衆生前

기둥에 매인 여섯 짐승과 여섯 앎의 해탈

이와 같이 내가 들었다.

한때 붇다께서는 카우삼비 국 고실라라마 동산에 계셨다.

그때 세존께서 여러 비구들에게 말씀하셨다.

"비유하면, 어떤 사람이 빈 집에서 놀다가 여섯 가지 중생을 얻은 것과 같다.

처음에 개를 얻어서 곧 그 개를 붙들어 한곳에 매어두었다. 다음에는 새를 얻었고, 다음에는 독사, 다음에는 여우, 다음에는 시수마라[失收摩羅, 거북류], 다음에는 원숭이를 얻었다.

그는 이런 중생들을 얻어 모두 한곳에 매어두었다.

그 개는 즐거이 마을로 들어가려고 하고, 새는 늘 허공으로 날아가고자 하며, 뱀은 늘 구멍으로 들어가고자 한다.

여우는 무덤 사이로 즐거이 가려고 하며, 시수마라는 오래도록 바다로 들어가려 하고, 원숭이는 산숲으로 들어가고자 한다.

이 여섯 가지 중생을 모두 한곳에 매어두었지만, 즐겨하는 바가 같지 않기 때문에, 각기 서로 편안한 곳에 이르기를 좋아하여, 서로 다른 곳을 즐겨하지 않는다.

그런데도 매어 있기 때문에 각기 그 힘을 써서 좋아하는 방향을 향해 벗어날 수가 없다."

한곳에 매어둔 여섯 짐승으로 아는 뿌리의 경계 향함을 비유하심

"이와 같이, 여섯 아는 뿌리[六根]는 갖가지 경계에서 각기 스스로 좋아하는 경계를 구하고 다른 경계를 좋아하지 않는다.

눈의 아는 뿌리[眼根]는 늘 사랑할 만한 빛깔을 구하고 마음에 들지 않는 빛깔은 곧 싫어한다.

귀의 아는 뿌리[耳根]는 늘 마음에 드는 소리를 구하고 마음에 들지 않는 소리는 싫어한다.

코의 아는 뿌리[鼻根]는 늘 마음에 드는 냄새를 구하고 마음에 들지 않는 냄새는 곧 싫어한다.

혀의 아는 뿌리[舌根]는 늘 마음에 드는 맛을 구하고 마음에 들지 않는 맛은 곧 싫어한다.

몸의 아는 뿌리[身根]는 늘 마음에 드는 닿음을 구하고 마음에 들지 않는 닿음은 곧 싫어한다.

뜻의 아는 뿌리[意根]는 늘 마음에 드는 법을 구하고 마음에 들지 않는 법은 곧 싫어한다.

이 여섯 아는 뿌리의 갖가지 행하는 곳과 갖가지 경계는 각기 다른 아는 뿌리의 경계를 구하지 않는다."

밧줄에 짐승 묶듯 몸 살펴 생각함으로 해탈하기를 당부하심

"그러나 이 여섯 아는 뿌리에 그 힘이 있게 되면 자재하게 느껴 아는 경계를 따를 수 있다.

마치 저 사람이 여섯 가지 중생을 굳센 기둥에 매어두면, 바로 벗어나 힘을 써 마음대로 가려고 하지만 가다 돌아와 그만 지쳐버리고 마는 것과 같다. 그것은 밧줄로 매었기 때문에 끝내 기둥을 의지하는 것이다.

여러 비구들이여, 내가 이 비유를 말하는 것은 너희들을 위해 그 뜻을 나타내 보이기 위해서이다.

여섯 가지 중생이란 여섯 가지 아는 뿌리에 비유한 것이요, 굳센 기둥이란 몸 살핌[身念處]에 비유한 것이다.

만약 몸 살펴 생각함을 잘 닦아 익히면, 생각함이 있지만[有念] 빛깔을 생각하지 않는다[不念色].

그래서 사랑할 만한 빛깔을 보아도 집착을 내지 않으며, 사랑할 만하지 않은 빛깔도 싫어하지 않는다.

귀와 소리, 코와 냄새, 혀와 맛, 몸과 닿음, 뜻과 법에서도 그러하여 마음에 드는 법이라도 하고자 함을 구하지 않고, 마음에 들지 않는 법이라도 싫어함을 내지 않는다.

그러므로 비구들이여, 반드시 몸 살펴 생각함을 부지런히 닦아 익혀 늘 거기에 많이 머물러야 한다.”

붇다께서 이 경을 말씀하시자, 여러 비구들은 그 말씀을 듣고 기뻐하며 받들어 행하였다.

• 잡아함 1171 육종중생경(六種衆生經)

• 해설 •

여섯 짐승은 여섯 아는 뿌리를 비유한다.

기둥에 묶인 여섯 짐승이 각기 그 노닐던 곳으로 돌아가려 하듯, 눈은 빛깔을 향해 치달리고, 귀는 소리를 향해 치달리며, 코는 냄새, 혀는 맛, 몸은 닿음, 뜻은 법을 향해 치달린다.

여섯 아는 뿌리를 향해 달리는 여섯 티끌경계의 있는 모습이 있되 있음 아닌 줄 모르므로 중생의 여섯 아는 뿌리는 마음에 드는 법은 취하고 마음에 들지 않는 법은 싫어하고 미워한다.

몸에서 몸을 살펴 몸이 몸 아닌 줄 알면 그 살피는 마음 또한 집착 없는 지혜의 마음이 된다. 곧 안과 밖은 서로 의지해 있는 안과 밖이므로 몸으로 보면 바깥 경계는 밖의 몸[外身]이고 여섯 아는 뿌리는 안의 몸[內身]이니, 안과 밖의 몸에서 몸을 살펴 몸에 취할 모습이 없는 줄 알면 안과 밖의 몸이 겹쳐 일어나는 여섯 가지 앎[六識]이 앎 없는 앎이 된다.

그리하여 눈은 빛깔을 보면 생각함이 있지만[有念] 생각하는바 빛깔이 공한 줄 알면 생각함에 생각함이 없게 되어, 보되 보는 바가 없게 된다. 보되 보는 바가 없으면 봄이 없이 저 보여지는 경계를 따를 수 있으니, 그 뜻을 경은 아는 뿌리에 힘이 있으면 자재하게 느껴 아는 경계를 다룰 수 있다고 한다.

몸 살펴 생각함으로 아는 뿌리가 공한 아는 뿌리임을 살피면 저 경계 또한 있되 공하게 되니, 눈이 빛깔을 볼 때 사랑할 만한 빛깔을 집착하지 않고, 사랑스럽지 않은 빛깔에도 싫어함을 내지 않는다.

여섯 짐승을 기둥에 묶어 끝내 여섯 짐승을 조복하듯, 몸 살핌이 여섯 아는 뿌리와 여섯 앎을 조복하는 길이 되는 것이니, 몸 살핌을 닦고 닦아가야 할 것이다.

7 일곱 가지 사람 일곱 가지 법[七人 七法]

• 이끄는 글 •

경에서 일곱 가지 수로 법을 나타냄은 일곱 티끌경계[七塵, 육경에 법 없음을 더함], 일곱 삶의 길[七趣, 육도에 신선의 길을 더함], 일곱 앎[七識, 육식에 뜻뿌리를 더함]이 있다.

죄와 번뇌의 법으로는 일곱 가지 나고 죽음[七種生死] · 일곱 가지 덧없음[七種無常] · 일곱 가지 물든 뜻[七情] · 일곱 가지 거스름[七逆]이 있다. 해탈의 법으로는 일곱 갈래 깨달음 법[七覺支], 일곱 가지 법의 재물[七財]이 있다. 뒤에 수록한 경에서는 일곱 물에 빠진 사람들로 실천의 차별을 말하고 일곱 가지 보시의 공덕을 말하고 있다.

끊을 번뇌의 법이 공한 줄 알면 해탈의 법에 닦음 없고 니르바나에 얻음 없으니, 옛 사람은 말한다.

　천 년의 복숭아 속이어
　원래 옛 때의 복숭아씨로다.

　千年桃核裏　元是舊時仁

물에 빠진 일곱 사람의 일과
같은 삶의 길이 있나니

이와 같이 들었다.

한때 붇다께서는 슈라바스티 국 제타 숲 '외로운 이 돕는 장자의 동산'에 계셨다.

그때 세존께서 여러 비구들에게 말씀하셨다.

"내가 지금 일곱 가지 일의 물의 비유[七事水喩]로 사람 또한 이와 같음을 말하겠으니, 자세히 듣고 자세히 들어 잘 사유하고 생각하라."

여러 비구들은 대답했다.

"그렇게 하겠습니다, 세존이시여."

세존께서는 말씀하셨다.

"그 어떤 일곱 가지 일의 물의 비유가 사람과 같은 것인가.

마치 어떤 사람이 물 밑에 가라앉아 있는 것과 같고, 다시 어떤 사람이 잠깐 물 위로 나왔다가 도로 가라앉는 것과 같으며, 다시 어떤 사람이 물 위로 나와 주위를 살펴보는 것과 같다.

다시 어떤 사람이 물 위로 머리를 내밀고 머물고 있는 것과 같으며, 다시 어떤 사람이 물에서 헤엄쳐 나아가는 것과 같으며, 다시 어떤 사람이 물에서 나와 저쪽 언덕으로 가려는 것과 같으며, 다시 어떤 사람이 이미 저쪽 언덕에 이르는 것과 같다.

이것을 비구들이여, '일곱 가지 일의 물의 비유가 세상에 사람이 나오는 것과 같다'고 하는 것이다."

물에 빠진 일곱 사람의 비유로 닦아 행함을 견주어 보이심

"그 어떤 사람이 물 밑에 가라앉아 있으면서 나오지 못하는 것인가. 이렇게 말할 수 있다. 어떤 사람은 착하지 않은 법이 그 몸을 두루 채워 몇 겁을 지나더라도 고치지 못한다.

이것을 사람이 물 밑에 가라앉아 있다고 하는 것이다.

그 어떤 사람이 물 위로 나왔다가 도로 가라앉는 것인가.

곧 어떤 사람은 믿음의 뿌리[信根]가 점점 엷어져 비록 착한 법이 있다지만 그것이 든든하고 굳세지 못하다. 그래서 그는 몸과 입과 뜻으로 착함을 행하다가 뒤에 다시 몸과 입과 뜻으로 악을 행하여 몸이 무너지고 목숨을 마친 뒤에 지옥 가운데 태어난다.

이것을 사람이 물위로 나왔다가 도로 가라앉는 것이라 한다.

그 어떤 사람이 물위로 고개를 내밀고 주위를 살펴보는 것인가.

곧 어떤 사람은 믿음의 좋은 뿌리[善根]가 있으나 몸과 입과 뜻의 행으로 다시 그 법을 늘리지 않고 스스로 지켜 머문다. 그래서 그는 몸이 무너지고 목숨을 마친 뒤에 아수라 가운데 태어난다.

이것을 사람이 물 위로 나와 주위를 살펴보는 것이라 한다.

그 어떤 사람이 물 위로 머리를 내밀고 머무는 것인가.

곧 어떤 사람은 믿음으로 정진하여 세 가지 묶음[三結]을 끊고 다시는 물러나 구르지 않으며 반드시 마쳐 다함에 이르러 위없는 도를 이룬다.

이것을 사람이 물 위로 줄곧 머리를 내밀고 머무는 것이라 한다.

그 어떤 사람이 물을 헤엄쳐 건너려는 것인가.

곧 어떤 사람은 믿음의 뿌리[信根]로 정진하면서 늘 부끄러움을 품고, 세 가지 묶음을 끊어서 음욕과 성냄과 어리석음이 엷어져, 이 세상에 다시 와 괴로움을 끊는다.

이것을 사람이 물을 헤엄쳐 건너려는 것이라 한다.

그 어떤 사람이 저쪽 언덕에 이르려는 것인가.

곧 어떤 사람은 믿음의 뿌리로 정진하여 다섯 가지 낮은 곳의 묶음 [五下分結]을 끊고, 아나가민(anāgāmin, 不來)을 이루어 그곳에서 온 전히 니르바나에 들고 다시는 이 세상으로 돌아오지 않는다.

이것을 사람이 저쪽 언덕에 이르려는 것이라 한다.

그 어떤 사람이 이미 저쪽 언덕으로 건너간 것인가.

곧 어떤 사람은 믿음의 뿌리로 정진하면서 스스로와 남에 부끄 러움을 품고, 샘 있음을 다해 샘 없음을 이루어 현재의 법 가운데 서 스스로 즐거워하여 '나고 죽음은 이미 다하고 범행은 이미 서 고, 지을 바를 이미 지어 다시는 뒤의 있음을 받지 않는다'고 진실 그대로 안다.

그는 이 남음 없는 니르바나[無餘涅槃]의 세계에서 온전한 니르바 나에 든다.

이것을 그 사람이 이미 저쪽 언덕으로 건너간 것이라고 한다."

세존의 일깨워줌 따라 게으름 없이 정진할 것을 당부하심

"이것을 비구들이여, '일곱 가지 사람의 물의 비유[七人水喩]'가 있다'고 하는 것이니, 조금전 너희들에게 말해주었다.

모든 붇다 세존께서 닦아 행해야 하는 일은 곧 온갖 사람을 맞아 건네주는 것인데 나는 지금 이미 행하였다.

너희들은 한가하고 고요한 곳에 있거나 나무 밑에 있으면서 이 말을 되새기며 좌선하여 게으름을 피우지 말라.

이것이 나의 가르쳐 일깨움[教誨]이다."

그때 여러 비구들은 붇다의 말씀을 듣고 기뻐하며 받들어 행하였다.

· 증일아함 39 등법품(等法品) 三

· 해설 ·

경에서 사람들이 빠진 물은 탐욕의 세계를 비유하고, 저 언덕은 탐욕의 세계를 건너 이를 니르바나를 비유한다.

물 위에 얼굴 내밈은 믿음의 뿌리가 갓 싹 내는 것을 나타내고, 다시 물에 가라앉지 않고 물 위에 얼굴 내밀고 머무는 것은 스로타판나가 탐욕의 흐름을 끊고 지혜의 흐름에 든 것을 나타낸다.

저 언덕에 헤엄쳐 건너려는 것은 사크리다가민의 나아감이고, 차츰 흐름 건너 저쪽 언덕에 이르려는 것은 다시 탐욕의 물에 빠져 가라앉지 않는 아나가민이며, 저쪽 언덕에 이르러 오른 것은 아라한이 나고 죽음을 다해 온전히 니르바나를 성취한 것이다.

세찬 강물을 건너 저 언덕에 이르르면 다시 강물의 흐름에 떠밀려 고통받지 않고 안온하고 평평한 곳에서 길이 쉬며 안락하게 살아가리니, 그 뉘라서 윤회의 삶을 달게 받고 니르바나의 해탈의 삶을 등질 것인가.

무명의 캄캄한 어두움이 중생으로 하여금 자기진실 속에 본래 갖추어져 있는 참된 안락을 등지고, 길고 먼 윤회의 밤길을 머리 싸매고 치달리게 한 것이다.

무명이 공한 줄 알면 무명의 진실[無明實性]이 곧 보디이니, 일곱 가지 사람의 물의 비유를 듣고 우리 모두 물에 빠져 허우적거리는 삶을 끝내고, 저 언덕 해탈의 땅 니르바나의 성에서 안락하고 고요한 삶을 살아야 할 것이다.

공덕을 늘리는 일곱 가지 일이 있나니

이와 같이 들었다.

한때 붓다께서는 아요디야(Ayodhyā) 국 강물가에서 큰 비구대중 오백 사람과 함께 계셨다.

그때에 마하쿤티는 한가하고 고요한 곳에서 이렇게 생각하였다.

'늘 공덕을 늘리는 이런 뜻이 있는가. 이런 법[此理]은 없는 것인가.'

이때 쿤티는 곧 자리에서 일어나 세존 계신 곳에 가서 머리를 대 발에 절하고 한쪽에 앉았다.

그때 쿤티는 붓다께 여쭈었다.이

"저는 아까 한가하고 고요한 곳에서 이렇게 생각했습니다.

'뭇 일을 행하는 것으로 공덕을 늘릴 수 있는 이런 법이 있는가.'

제가 지금 세존께 여쭙습니다. 말씀해주십시오."

일곱 가지 큰 공덕의 일을 보이심

세존께서는 말씀하셨다.

"공덕을 늘릴 수 있다."

쿤티가 붓다께 여쭈었다.

"어떻게 공덕을 늘릴 수 있습니까."

세존께서 말씀하셨다.

"공덕을 늘리는 일곱 가지 일이 있다. 그 복은 이루 헤아릴 수 없고 이것을 헤아려 셈할 사람도 없다.

어떤 것이 일곱 가지인가. 이렇게 말할 수 있다.

만약 좋은 종족의 남자나 여인이 아직 상가의 아라마(ārāma)가 없는 곳에 상가라마[saṃghārāma, 僧伽藍]를 세우면, 이 복은 이루 헤아릴 수 없다.

다시 쿤티여, 잘 행하는 남자와 여인이 앉을 자리를 가지고 상가라마나 비구상가에 보시하면, 이것을 쿤티여, 헤아릴 수 없는 둘째 복이라 한다.

다시 쿤티여, 잘 행하는 남자와 여인이 먹을 것을 저 비구상가에 보시하면, 이것을 쿤티여, 헤아릴 수 없는 셋째 복이라 한다.

다시 쿤티여, 잘 행하는 남자와 여인이 비웃을 가지고 저 비구상가에 보시하면, 이것을 쿤티여, 헤아릴 수 없는 넷째 복이라 한다.

다시 쿤티여, 잘 행하는 남자와 여인이 약을 가지고 비구상가에 보시하면, 이것을 쿤티여, 헤아릴 수 없는 다섯째 복이라 한다.

다시 쿤티여, 잘 행하는 남자와 여인이 넓은 들판에 좋은 우물을 파면, 이것을 쿤티여, 헤아릴 수 없는 여섯째 복이라 한다.

다시 쿤티여, 만약 잘 행하는 남자와 여인이 길 가까이 집을 지어 오거나 지나가는 사람들을 묵게 하면, 이것을 쿤티여, 헤아릴 수 없는 일곱째 복이라 한다.”

일곱 가지 보시의 공덕 성취케 하심

“이것을 쿤티여, ‘일곱 가지 공덕의 법 그 복이 헤아릴 수 없다’고 하는 것이다.

만약 다니거나 앉거나 목숨을 마치더라도, 그림자가 형상을 따르는 것같이 그 복이 뒤를 따라 복은 헤아릴 수 없다.

말하자면 그만큼의 복이 있다고 할 수 있으니, 마치 바닷물은 말이나 되로 셀 수 없는 것과 같다.

그 일곱 가지 공덕 또한 이와 같아 그 복은 헤아릴 수 없다.

그러므로 쿤티여, 옳게 행하는 남자와 여인은 반드시 방편을 구해 그 일곱 가지 공덕을 이루어 갖춰야 한다.

이와 같이 쿤티여, 반드시 이렇게 배워야 한다."

그때에 쿤티는 붇다의 말씀을 듣고 기뻐하며 받들어 행하였다.

• 증일아함 40 칠일품(七日品) 七

• 해설 •

여래께서 가르친 '함이 없는 공덕의 세계'는 아무 일도 하지 않고 관조해서 얻는 곳이거나 함이 있음을 떠나 정신의 세계에서 얻는 공덕의 세계가 아니다.

함이 없는 공덕[無爲功德]은 하되 함이 없음[爲而無爲]으로 구현되니, 이것이 쿤티가 여래께 물은 공덕의 세계이다.

여래는 일곱 가지 공덕의 법을 말씀하니 모두 진리의 공동체에 물질적 보시를 행해 바른 법이 세간에 오래 머물도록 함이거나, 우물을 파고 집을 지어 배고프고 목마른 사람을 먹게 하고 마시게 하며, 삶의 행로를 가다 지친 이들로 하여금 쉬게 하는 공덕이다.

상가라마는 상가대중이 모여 좌선하고 법을 설하며 유행(遊行)의 길에서 돌아와 쉬는 곳이다.

상가라마 없는 곳에 아라마를 짓고 범행 닦는 상가에 먹을 것·입을 것·의약품을 대드리면 재물보시 가운데 이보다 큰 것이 없다.

또 자기 먹을 것·입을 것에만 탐착하지 않고 넓은 들판에 우물을 파서 오고 가는 모든 목마른 이들이 물을 마실 수 있게 하고, 뭇 사람들이 오고 가는 길목에 집을 지어 차투르디사 상가(caturdiśa-saṃgha, 四方僧伽)의 나그네 승려들과 먼 길을 가며 발이 부르트고 피로에 지친 이들이 쉬어가게 하면 그 공덕은 이루 말할 수 없다.

여래는 왜 그렇게 말씀하시는 것이며, 왜 그럴 수 있는가.

그것은 나와 내 것에서 나와 내 것의 모습 떠난 복 지음이라, 모습 없는 실상이 다함없듯 그 모습 없는 복의 과보도 헤아릴 수 없고 셀 수 없는 것이니, 여래의 말씀 따라 모습 취함 없고 복의 갚음을 바람없이 샘이 없는 복을 지음 없이 짓고[無作而作] 또 지어야 할 것이다.

『화엄경』(「십지품」) 또한 공하되 공하지 않은 법의 실상을 알아 정진과 보시의 행을 다함없이 지어가는 보디사트바의 삶을 이렇게 보인다.

> 보디사트바는 뭇 모습을 취함 없이
> 늘 여러 사람들에게 보시 행하며
> 모든 악 본래 끊어 계 굳게 지키네.
> 법의 참모습에 해침 없음을 알아
> 언제나 잘 견디고 잘 참으며
> 법이 자기성품 여의어 공함을 알아
> 정진의 행 갖추어 닦고 또 닦네.

> 不取衆相而行施　本絶諸惡堅持戒
> 解法無害常堪忍　知法性離具精進

「정행품」 또한 법의 실상을 지혜로 살펴 늘 베풀며 중생으로 하여금 붇다의 큰 은혜 알도록 깨우치는 보디사트바의 큰 서원을, 다음과 같이 말한다.

> 만약 베푸는 것이 있으면
> 바라오니 모든 중생
> 온갖 것을 잘 버리어

마음에 애착 없어지이다.

若有所施　當願衆生
一切能捨　心無愛著

은혜 갚는 사람 보게 되면
바라오니 모든 중생
붇다와 보디사트바의
깊은 은덕 알아지이다.

見報恩人　當願衆生
於佛菩薩　能知恩德

은혜 등지는 사람 보면
바라오니 모든 중생
해 끼친 악한 사람에게
악을 되갚아 돌려줌
더하지 말아지이다.

見背恩人　當願衆生
於有惡人　不加其報

8 여덟 가지 사람 여덟 가지 법[八人 八法]

• 이끄는 글 •

여덟 가지 수로 보인 법을 살펴보면 중생의 고통을 여덟 가지 괴로움[八苦]이라 하고, 세간 경계를 여덟 가지 바람[八風]으로 보이며, 이를 다시 여덟 세간법[八世法]이라 한다. 여섯 앎[六識]에 뜻뿌리[意根, 第七識]와 열두 들임의 아라야식을 모두 거두어 여덟 앎[八識]을 말한다. 여덟 가지 삿된 길[八邪道]을 말하고, 여덟 가지 바른 길[八正道]을 말하니, 여덟 가지 바른 길이 실천법에서 중도교설의 핵심이 된다. 여덟 가지 해탈의 선정[八解脫, 八背捨]을 말하고 니르바나를 여덟 가지 법의 맛[八味]으로 표현한다.

이때 여덟 가지 수로 표현된 인연법에 자기성품[自性] 없음을 알면, 여덟 가지 수로 표현된 번뇌법·해탈법·인연법이 서로 원융함을 알게 된다. 옛 사람은 말한다.

물이 있으면 다 달을 머금고
산이 없으면 구름을 띠지 못한다.

有水皆含月　無山不帶雲

무엇에서 나를 보아 세간의 여덟 가지 법이
세간에서 굴러가게 되는가

이와 같이 내가 들었다.

한때 붇다께서는 슈라바스티 국 제타 숲 '외로운 이 돕는 장자의 동산'에 계셨다.

그때 세존께서 여러 비구들에게 말씀하셨다.

"무엇이 있기 때문에 무엇이 일어나며, 무엇에 얽매이고, 무엇에 집착하며, 무엇에서 나[我]를 보아, 세간의 여덟 가지 법[世八法]을 세간에서 굴러다니게 하는가."

비구들은 붇다께 말씀드렸다.

"세존께서는 법의 근본이시고 법의 눈이시며 법의 의지처이십니다. 널리 말씀해주시길 바랍니다. 저희들은 그 말씀을 들은 뒤에 받들어 행하겠습니다."

붇다께서는 여러 비구들에게 말씀하셨다.

"물질이 있기 때문에 물질이 일어나고, 물질에 매여 집착하기 때문에 물질에서 '나'를 본다. 그래서 세간의 여덟 가지 법을 세간에서 굴러다니게 한다.

느낌·모습 취함·지어감·앎 또한 이와 같다."

덧없는 다섯 쌓임에서 나를 보아 세간법이 구름을 보이심

"비구들이여, 어떻게 생각하는가. 물질은 항상한가, 덧없는가?"

"덧없습니다, 세존이시여."

"만약 덧없다면 그것의 집착은 괴로운 것인가?"

"그것은 괴로운 것입니다, 세존이시여."

"그와 같이 비구들이여, 만약 덧없는 것이라면 그것은 괴로운 것이다. 그 괴로움이 있기 때문에 이 일이 일어나고 거기에 매여 집착하며 거기서 나를 본다.

그래서 세간의 여덟 가지 법을 세간에서 굴러다니게 하니, 세간의 여덟 법이란 이로움[利]과 일컬음[稱], 기림[譽]과 즐거움[樂], 시듦[衰]과 헐뜯음[毀], 비방함[譏]과 괴로움[苦]이다.

느낌·모습 취함·지어감·앎 또한 이와 같다."

붇다께서 이 경을 말씀하시자, 여러 비구들은 붇다의 말씀을 듣고 기뻐하며 받들어 행하였다.

• 잡아함 148 세팔법경(世八法經)

• 해설 •

앎[識]은 세계를 통해 일어나고 세계는 아는 만큼 드러난다. 그러므로 앎에 실로 앎이 있으면 세계는 아는 만큼 드러나되 아는 만큼 가려진다. 앎에서 앎을 떠날 때 앎 없음에서 알지 못함을 떠나, 아는 것 보는 것에 닫히지 않는 자유의 삶을 살게 될 것이다.

알려지는바 물질에 취할 모습이 없고 물질을 아는 앎에 앎이 없을 때, 세간의 여덟 가지 법이 굴러 나를 장애하지 않고, 내가 여덟 가지 법을 굴려 세간을 장애하지 않을 것이다.

보여지는바 경계가 있되 공한 줄 알면 나에게 이로움이 그 무엇이고 시들게 함은 무엇이며, 나를 들추어주고 일컬어줌은 무엇이고 나를 헐뜯고 비방함은 무엇이며, 괴롭게 함은 무엇이고 즐겁게 함은 무엇인가. 아지랑이 같고 물거품 같으며 신기루 같고 허깨비 같을 뿐이리라.

그러므로 연기로 있는 법의 진실을 잘 살피는 자는 남의 공경을 받아도 그 공경의 바람에 따라가지 않고, 남의 공경을 받지 않아도 그 공경 받지 못함의 바람에 따라가지 않는다.

보디사트바는 세간의 바람 속에서 그 바람에 휘둘리지 않고 넓고 큰 마음, 뒤바뀌지 않는 마음의 서원을 일으키니 『화엄경』(「정행품」)은 말한다.

남의 공경 받게 되면
바라오니 모든 중생
모든 붓다의 법 닦아 행해
그 법 공경하여지이다.

若得恭敬　當願衆生
恭敬修行　一切佛法

남의 공경 받지 못하면
바라오니 모든 중생
온갖 착하지 않은 법
행하지 않아지이다.

不得恭敬　當願衆生
不行一切　不善之法

이 세상에는 여덟 가지 힘이 있나니

이와 같이 내가 들었다.

한때 붇다께서는 슈라바스티 국 제타 숲 '외로운 이 돕는 장자의 동산'에 계셨다. 그때 세존께서는 여러 비구들에게 말씀하셨다.

"여덟 가지 힘이 있다. 어떤 것이 여덟인가.

자재한 왕의 힘·일을 결단하는 큰 신하의 힘[斷事大臣力]·원한을 맺는 여인의 힘·우는 아기의 힘·헐뜯는 어리석은 이의 힘·깊이 살피는 지혜의 힘·욕됨을 참는 집을 나온 이의 힘[忍辱出家力]·헤아려 세는 많이 들음의 힘[計數多聞力]을 말한다.

자재한 왕의 힘이란, 왕이 자재로운 위력을 나타냄이다. 일을 결단하는 큰 신하의 힘이란, 큰 신하가 일을 결단하는 힘을 나타냄이다. 원한을 맺는 여인의 힘이란, 여인의 법이 원한 맺는 힘 나타냄이다. 우는 아기의 힘이란, 아기의 법이 우는 힘 나타냄이다. 헐뜯는 어리석은 이의 힘이란, 어리석은 이의 법이 일을 만나 헐뜯음이다.

깊이 살피는 지혜로운 힘이란, 지혜로운 사람이 늘 자세히 살핌을 나타냄이다. 욕됨을 참는 집을 나온 이의 힘이란, 집을 나온 사람이 욕됨 참음을 늘 나타냄이다.

헤아려 세는 많이 들음의 힘이란, 많이 들은 사람이 사유하고 잘 헤아려 셈을 늘 나타냄이다."

붇다께서 이 경을 말씀하시자, 여러 비구들은 붇다의 말씀을 듣고 기뻐하며 받들어 행하였다.

• 잡아함 693 광설팔력경(廣說八力經)

• 해설 •

여덟 가지 힘 가운데 앞의 다섯 가지는 세간법에 갇힌 세간의 힘이고, 뒤의 세 가지는 세간법에서 해탈하는 지혜로운 이의 힘이다.

앞의 다섯 가지 힘 가운데서도 자재한 왕의 힘[自在王力]과 일을 결단하는 큰 신하의 힘[大臣力]은 세간 권력의 힘이고, 여인의 힘·아기의 힘·어리석은 이의 힘은 범부의 업의 힘[業力]이다. 뒤의 살핌의 힘, 욕됨을 참는 힘, 많이 들음의 힘 이 세 가지는 세간법에서 벗어나는 해탈의 힘이다.

세간의 다섯 가지 힘은 줌이 있고 빼앗음이 있으며 이룸이 있고 이루지 못함이 있으며, 늘어남이 있고 줄어듦이 있고 미워함이 있고 사랑함이 있다.

번뇌의 집을 나온 이[出家者]는 욕됨을 참는 힘으로 일컬어줌과 기림을 따라 기뻐하지 않고 비방과 욕됨을 따라 슬퍼하지 않으므로 늘어나고 줄어듦이 없고 빼앗김이 없고 잃음이 없다.

또 지혜로운 이는 바른 법을 많이 들어 법의 뜻을 깊이 사유하는 지혜의 힘으로 세간법의 이루어지고 사라짐에 실로 이루어지고 사라짐이 없음을 살핀다. 그는 이루어짐과 생겨남과 사라짐에서 그것의 공성을 통달하여 그 마음이 평등하지만, 공에 머묾 없이 이루어짐이 없이 이루어지고 사라짐 없이 사라짐을 잘 알아 그 셈을 빠뜨리지 않는다.

연기의 진실을 살피는 지혜가 해탈의 힘이고 잘 참는 힘이며 파라미타의 힘이니, 해탈의 힘이 이끄는 크나큰 수레를 타고 힘차게 나아가는 자, 그는 고난의 세간 속에서 넘어지거나 되돌아옴이 없이 니르바나의 저 언덕에 반드시 이르를 것이다.

9 아홉 가지 사람 아홉 가지 법 [九人 九法]

• 이끄는 글 •

인연으로 나는 모습[依他起相]을 아홉 가지 수로 표현한 법으로는 삼세에 삼세를 곱해 구세(九世)라 하고, 십계(十界) 가운데서 붇다의 세계를 빼고 그 밖의 세계를 합해 구계(九界)라 한다. 유식불교의 여덟 앎[八識]에 아말라식(amala-vijñāna)을 더해 아홉 앎[九識]을 말하니, 아말라식은 진여의 앎으로 불성의 참된 앎이자 여래의 앎이다.

번뇌의 법으로는 아홉 맺음[九結]·아홉 집착[九執]·아홉 번뇌[九種煩惱]가 있고, 해탈의 법으로는 아홉 힘[九力]·부정관을 닦는 아홉 생각[九想]이 있으며, 아홉 대승의 선[九種大禪]이 있다.

아홉 번뇌가 공한 줄 알면 아홉 번뇌에 해탈의 길이 있으니, 옛 사람은 말한다.

밤에 좋지 못한 꿈을 꾸고
문에 크게 길함이라 쓰네.

夜夢不詳　書門大吉

이 세간에서 이루어야 할 아홉 가지 힘이 있다

이와 같이 내가 들었다.

한때 붇다께서는 슈라바스티 국 제타 숲 '외로운 이 돕는 장자의 동산'에 계셨다. 그때 세존께서는 여러 비구들에게 말씀하셨다.

"아홉 가지 힘이 있다. 어떤 것이 아홉인가.

믿음의 힘·정진의 힘·스스로 부끄러워함의 힘·남에 대한 부끄러움의 힘·생각의 힘·선정의 힘·지혜의 힘·헤아림의 힘·닦음의 힘이다.

어떤 것이 믿음의 힘[信力]인가. 여래 계신 곳에 바른 믿음의 마음을 일으켜 깊이 들어가 굳세어서, 여러 하늘과 마라, 브라흐만, 사문과 브라마나와 그 밖의 같은 법으로도 부술 수 없는 것을 믿음의 힘이라 한다.

어떤 것이 정진의 힘[精進力]인가. 네 가지 바른 끊음을 말한다.

어떤 것이 스스로 부끄러워함의 힘[慚力]인가. 악하여 착하지 않은 법 부끄러워함을 말한다.

어떤 것이 남에 대한 부끄러움의 힘[愧力]인가. 부끄러워할 일을 부끄러워하고, 악하여 착하지 않은 법이 일어나는 것 부끄러워함을 말한다.

어떤 것이 생각의 힘[念力]인가. 안의 몸에서 몸을 살펴 머무르고, 밖의 몸·안팎의 몸에서 몸을 살펴 머무름을 말한다.

어떤 것이 선정의 힘[定力]인가. 네 가지 선정을 말한다.

어떤 것이 지혜의 힘[慧力]인가. 네 가지 거룩한 진리를 말한다.

어떤 것이 헤아림의 힘[數力]인가. 곧 거룩한 제자가 한가한 방이나 나무 밑에서 이와 같이 배우는 것을 말하니, 거룩한 제자는 다음과 같이 헤아린다.

'몸과 입의 나쁜 행은 현재의 법이니, 뒷세상에 반드시 나쁜 갚음을 받는다.'

어떤 것이 닦음의 힘[修力]인가. 네 곳 생각함을 말한다."

붇다께서 이 경을 말씀하시자, 여러 비구들은 붇다의 말씀을 듣고 기뻐하며 받들어 행하였다.

• 잡아함 698 광설구력경(廣說九力經)

• 해설 •

이 험난하고 고통스런 세간에서 어떻게 평탄하고 안온하게 살아갈 것이며, 이 갈등과 투쟁의 역사 속에서 어떻게 다툼 없고 걸림 없이 살아갈 것인가.

아홉 가지 힘을 갖춘 자가 역사의 온갖 굴곡과 험난한 세간의 행로 속을 평탄하고 안온하게 걸어갈 수 있으며, 대결과 경쟁으로 요동치는 세간의 거친 물결 속에서 평화롭고 고요하게 인생의 행로를 잘 열어갈 것이다.

연기법의 진실 밖에 그 어떤 니르바나의 거룩한 이름이나 절대신의 높은 권세라도 다 허깨비의 이름일 뿐이니, 연기의 진실을 믿고 연기의 진실을 온전히 실현한 여래를 믿어 다시 흔들림없으면, 그가 믿음의 힘을 갖추어 고통의 세간 바다를 잘 항해하는 자이다.

이미 지은 악은 끊음 없이 끊고 세간의 옳은 법은 늘 지음 없이 짓는 자, 그가 정진의 힘을 갖추어 앞으로 잘 나아가는 자이다.

늘 자신의 행위를 반성적으로 정립해, 그른 짓 그른 법에 대해 스스로 부끄러워하고 공동체와 역사 앞에 뉘우칠 줄 알면, 그가 스스로와 남에 부끄러움의 힘[慚愧力]을 갖추어 사람들과 더불어 함께 살아갈 줄 아는 자이다.

나와 세계, 나의 일상의 사유를 되살펴 모습에서 모습 떠나고 생각에서 생각 떠나 온갖 관념과 모습에서 자유로우면, 그가 생각의 힘[念力]을 갖추어 환상과 거짓의 역사 속에서 자유로운 자이다.

온갖 존재의 흐름이 나되 남이 없음을 알아 흐름을 따르되 흐름 없는 삶의 고요함을 떠나지 않으면[隨流認得性], 그가 늘 선정을 닦아 그 힘으로 굽이치는 역사의 흐름 속에서 안락과 평화를 지킬 수 있는 자이다.

인간과 역사의 고통이 나되 남이 없음을 알아 온갖 시련과 고통 속에 좌절함 없이 삶을 해탈에 이끌면, 그가 지혜의 힘[慧力]을 갖추어 뭇 삶들을 저 언덕에 이끄는 자이다.

스스로의 삶을 늘 반성하고 새롭게 미래의 번영과 행복의 삶을 전망하면, 그가 잘 헤아리는 힘[數力]으로 나와 이웃과 사회에 희망을 주는 자이다.

주어진 경험현실을 살펴 온갖 것이 나되 남이 없음[生而無生]을 알아 온갖 모습의 닫혀짐을 벗어나고 온갖 것이 남이 없이 남[無生而生]을 알아 새롭게 모습 아닌 모습을 창조적으로 세워내고 미래를 희망차게 전망하고 건설하면, 그가 바로 나의 몸과 마음, 이 세계와 역사를 바로 살피고 바로 생각하는 닦음의 힘[修力]으로 니르바나의 세계를 향해 나아가는 자이다.

아홉 가지 힘이 있는 자, 그가 진리의 사람 해탈의 사람 참으로 힘 있는 사람이니, 그는 하늘도 무너뜨리지 못하고 땅도 흔들지 못하며 죽음도 그를 없애지 못할 것이다.

세간에는 공경할 만한 아홉 가지 사람이 있다

이와 같이 들었다.

한때 붇다께서는 슈라바스티 국 제타 숲 '외로운 이 돕는 장자의 동산'에 계셨다. 그때 세존께서는 여러 비구들에게 말씀하셨다.

"아홉 가지 사람이 있어서 공경할 만하고 높일 만하니, 그들에게 공양하면 복을 얻을 것이다. 어떤 것이 아홉인가.

곧 아라한에 향하는 이와 아라한을 얻은 이이다.

아나가민에 향하는 이와 아나가민을 얻은 이이다.

사크리다가민에 향하는 이와 사크리다가민을 얻은 이이다.

스로타판나에 향하는 이와 스로타판나를 얻은 이이다.

그리고 좋은 해탈의 씨앗[種性]에 향하는 사람이다. 이것이 아홉이 된다.

이것을 비구들이여, 아홉 가지 사람이 있어 그들에게 공양하면 복을 얻어 끝내 줄어들지 않는다고 하는 것이다."

그때에 여러 비구들은 붇다의 말씀을 듣고 기뻐하며 받들어 행하였다.

• 증일아함 44 구중생거품(九衆生居品) 八

• 해설 •

네 가지 현성의 과덕을 얻은 이와 그 과덕에 향하는 이, 그리고 진리 씨앗 갖춘 이가 되기 위해 노력하는 이가 세간에 높일 만하고 우러를 만한 분이다.

가진 것으로 못 가진 자를 누르고, 있는 것으로 없는 자를 업신여기고, 힘 있는 것으로 힘없는 자를 얕잡아보는 자는 다만 두려움의 대상이 되고 미워함의 대상이 될 뿐 참으로 우러름 받지 못한다.

스스로 뭇 삶들을 높이는 자가 삶들의 높임이 되고, 스스로 뭇 삶들에게 베풀어 보살피는 자가 뭇 삶들의 귀의처가 되고, 스스로 세간에 공양하는 자가 세간의 공양 받는 자가 되기 때문이다.

이 세간에서 응당 공양해야 할 분이 많고 많으나, 아라한 가운데 아라한은 여래·지극히 참된 이·바르게 깨치신 분이시다. 그러므로 스스로 복되고 지혜로운 삶을 추구하는 자 그 누구나 가장 높은 아라한인 여래의 이름을 부르고 부르며 고난의 세간을 헤쳐가야 할 것이다.

여래를 찬탄하는 것은 여래께서 깨친 법의 곳간에 돌아감이니, 여래의 법의 곳간 속 한량없는 법의 맛을 보며 늘 기쁨으로 살아가는 보디사트바의 행을 『화엄경』(「범행품」)은 이렇게 말한다.

여래의 길 잘 행하는 보디사트바는
한량없는 붇다 계신 곳 우러러 기리며
붇다의 법의 곳간 모두 깊이 맛보아
붇다 뵙고 들은 법 부지런히 닦아 행해서
단 이슬을 마신 듯 마음에 기쁨 넘치네.

無量佛所皆讚仰 所有法藏悉耽味
見佛聞法勤修行 如飮甘露心歡喜

10 열 가지 사람 열 가지 법[十人 十法]

• 이끄는 글 •

　세간법은 열 가지 착한 법[十善]과 악한 법[十惡]으로 구분되고, 악을 끊고 선을 행하도록 열 가지 계[十戒]가 설해진다.

　시간은 구세(九世)에 한 생각을 더해 십세(十世)를 말하며, 삶의 영역은 열 가지 법계[十界]가 설해진다.

　번뇌의 법에는 열 가지 미혹[十惑], 열 가지 번뇌의 얽힘[十纏], 열 가지 번뇌의 잠[十隨眠], 열 가지 깨끗하지 않음[十不淨]을 말하고, 해탈의 법으로는 열 가지 살피는 생각[十念], 마하야나에서 보디사트바의 열 가지 방편[十方便], 열 가지 빼어난 행[十勝行], 열 가지 행원[十種行願]을 말한다.

　번뇌에 실로 끊을 것이 없는 줄 알면 번뇌의 땅이 여래의 땅이라 따로 구할 것 없으니, 옛 사람은 말한다.

　　납자가 머리 모아 맞는 뜻을 구하니
　　도리어 모기가 쇠못을 씹는 것 같네.

　　衲子聚頭求的旨　却似蚊虻咬鐵釘

세간에는 열 가지 힘이 있나니

이와 같이 내가 들었다.

한때 붇다께서는 슈라바스티 국 제타 숲 '외로운 이 돕는 장자의 동산'에 계셨다.

그때 세존께서 여러 비구들에게 말씀하셨다.

"열 가지 힘이 있다. 어떤 것이 열인가.

자재한 왕의 힘·일을 결단하는 큰 신하의 힘·기술자의 교묘한 힘이다.

칼을 가진 도적의 힘·원한을 맺은 여자의 힘·우는 아기의 힘·헐뜯는 어리석은 이의 힘이다.

자세히 살피는 지혜로운 힘·욕됨을 참는 집을 나온 이의 힘·헤아려 세는 많이 들음의 힘이다."

붇다께서 이 경을 말씀하시자, 여러 비구들은 붇다 말씀을 듣고 기뻐하며 받들어 행하였다.

• 잡아함 699 십력경(十力經)

• 해설 •

세간의 열 가지 힘은 앞의 여덟 가지 힘에 '기술자의 교묘한 힘'과 '칼을 가진 도적의 힘'을 더한 것이다.

붇다 당시 이미 크샤트리아의 정치적 지배력을 능가하는 바이샤 계급과 기술자 계급의 사회적 영향력을 보시고 미래세상 기술력이 지배하는 사회를 예견하신 것인가.

또 '칼을 가진 도적의 힘'을 말씀하시니, 악이 지배하는 사회에서 남의 것을 빼앗으려는 악한 뜻과 권력의 힘이 결합할 때 나타나는 가공할 사회적 지배의 힘을 경계해 말씀해주신 듯하다.

탐욕과 불의의 힘은 나고 사라짐에 갇힌 법이라 덧없음의 바람을 따라 일어났다 시들지만, 바른 사유와 지혜의 힘은 남이 없고 사라짐 없는 진여에 뿌리를 둔 힘이다.

그러므로 해탈과 니르바나에 돌아가는 지혜의 힘이 오탁의 세간에 함께할 때 중생은 늘 고통바다 헤쳐갈 나룻배를 얻어 저 언덕 안락의 땅에 잘 건너갈 것이다.

삶의 진실을 살피는 지혜의 힘이 기술자의 교묘한 힘을 이끌지 못하면 기술의 힘이 다시 역사를 파국으로 몰아갈 것이다.

지혜와 자비가 그 기술의 힘을 이끌 때만 기술과 과학의 힘이 파괴와 지배의 힘으로 작용하지 않고 사람과 자연, 인간역사에 성장과 보살핌의 힘으로 작용할 것이다.

그러므로 보디사트바는 늘 방편행을 갖추되 이 세간의 험난한 가시밭길 속에 열 가지 힘을 이끌 프라즈냐파라미타(prajñā-pāramitā, 般若)의 깃발을 높이 세워야 할 것이다.

열 가지 끊어야 할 악한 법이 있다

이와 같이 들었다.

한때 붇다께서는 슈라바스티 국 제타 숲 '외로운 이 돕는 장자의 동산'에 계셨다.

그때 세존께서 여러 비구들에게 말씀하셨다.

몸으로 짓는 악업의 과보를 보이심

"어떤 중생이 산목숨 죽임을 닦아 행하고 산목숨 죽임을 널리 펴면 그는 지옥의 죄와 아귀·축생의 행을 심을 것이다. 만약 사람 가운데 나더라도 그 목숨이 아주 짧을 것이다.

왜 그런가. 남의 목숨을 해쳤기 때문이다.

또 어떤 중생이 남의 물건을 훔치면 세 갈래 나쁜 길의 죄를 심을 것이다. 만약 사람 가운데 나더라도 늘 가난을 만나 밥이 배를 채우지 못하고, 옷이 몸을 가리지 못할 것이다.

그것은 모두 도둑질하였기 때문이니 남의 물건을 빼앗는 이는 남의 목숨뿌리를 끊는 것이다.

또 어떤 중생이 음행하기를 좋아하면 세 갈래 나쁜 길의 죄를 심을 것이다. 만약 사람 가운데 나더라도 그 가문이 정숙하지 못하여 도둑질하고 음란할 것이다."

입으로 짓는 악업의 과보를 보이심

"또 어떤 중생이 거짓말하면 지옥의 죄를 심을 것이다. 만약 사람 가운데 나더라도 남의 업신여김을 받고 말이 믿음을 주지 못하며 남의 천대를 받을 것이다.

왜 그런가. 그것은 모두 앞세상의 거짓말로 그러는 것이다.

또 어떤 중생이 이간질하는 말을 하면 세 갈래 나쁜 길의 죄를 심을 것이다. 만약 사람 가운데 나더라도 마음이 늘 안정하지 못하고 늘 근심을 품을 것이다.

왜 그런가. 그는 두 곳에 거짓말을 전하였기 때문이다.

또 어떤 중생이 몹쓸 말을 하면 세 갈래 나쁜 길의 죄를 심을 것이다. 만약 사람 가운데 나더라도 남의 싫어함과 미움을 받아 늘 나무람을 들을 것이다.

왜 그런가. 그의 말이 오롯이 바르지 못하므로 그러는 것이다."

뜻으로 짓는 악업의 과보를 보이심

"또 어떤 중생이 이 사람 저 사람과 싸워서 어지럽히면 세 갈래 나쁜 길의 죄를 심을 것이다. 만약 사람 가운데 나더라도 원수와 미워하는 이를 늘릴 것이며, 친척들은 흩어질 것이다.

왜 그런가. 그것은 모두 앞세상에 싸워서 어지럽힘으로 그러는 것이다.

또 어떤 중생이 질투하면 세 갈래 나쁜 길의 죄를 심을 것이다. 만약 사람 가운데 나더라도 옷이 모자랄 것이다.

왜 그런가. 그는 탐욕과 미워함을 일으켰기 때문이다.

또 어떤 중생이 해칠 마음을 일으키면 세 갈래 나쁜 길의 죄를 심을 것이다. 만약 사람 가운데 나더라도 늘 거짓이 많고 참된 이치를 알지 못하고 마음이 어지러워 안정되지 않을 것이다.

왜 그런가. 앞세상에 성을 내어 사랑하는 마음이 없었기 때문이다.

또 어떤 중생이 삿된 견해를 행하면 세 갈래 나쁜 길의 죄를 심을 것이다. 만약 사람 가운데 나더라도 좋은 땅에 나지 못하고 변두리 땅에 살면서 삼보 도법의 뜻을 듣지 못할 것이다. 또한 갖가지로 몸이 갖춰지지 못한 과보를 얻게 될 것이고, 착한 법과 악한 법의 뜻을 분별하지 못할 것이다.

왜 그런가. 앞세상에 믿음 뿌리가 없어 사문·브라마나·부모·형제를 믿지 않았기 때문이다."

바른 견해 닦도록 당부하심

"비구들이여, 알아야 한다. 열 가지 악의 갚음으로 말미암아 이런 재앙이 있다.

그러므로 비구들이여, 부디 열 가지 악을 떠나고 바른 견해를 닦아 행해야 한다.

이와 같이 비구들이여, 반드시 이렇게 배워야 한다."

그때에 비구들은 붇다의 말씀을 듣고 기뻐하며 받들어 행하였다.

• 증일아함 48 십불선품(十不善品) —

• **해설** •

열 가지 끊어야 할 악업의 과보를 보이시어 악업을 돌이켜 선업으로 나아가게 하신다.

또 악업이 삿된 견해로 인해 일어나 공하므로 바른 견해를 일으키는 곳에서 악업을 그치고 선업을 짓게 되며, 그 선업마저 공한 줄 알아 취하지 않으면 선업을 짓는 곳에서 해탈의 법맛을 누려 맛보게 되는 것이다.

붇다는 악업의 과보를 말해서 다만 악을 끊어 착한 사람 되는 것을 권유하는 것이 아니다.

붇다의 가르침은 먼저 선악업의 소용돌이에 빠져 있는 이들이 선악업이 공한 니르바나의 땅에 해탈의 사람으로 서도록 한다. 그리하여 지음 없이 선업을 지어 낱낱 업이 법계의 업[法界業]이 되게 하여, 스스로를 자재해탈에 이끌고 중생을 니르바나의 땅에 함께 거두도록 하고 있는 것이다.

여래의 길 따라 행하는 보디사트바는 산목숨 죽임을 그치고 뭇 삶들을 지혜의 목숨으로 살려내고, 남의 것 빼앗음을 그치고 보시로써 세간을 풍요의 땅으로 바꾸어가며, 범행으로 청정을 행해 흐리고 물든 역사를 맑고 깨끗한 번영의 땅으로 가꾼다.

또한 사랑의 말 진실의 말로 거짓과 환상이 넘치는 세간을 정화하며 바른 견해 바른 뜻으로 투쟁의 세간에 해침을 그쳐 화해와 평화의 역사를 만들어낸다.

이와 같이 보디사트바가 스스로 서 있는 보디의 땅에 온갖 중생을 굳건히 세워주면, 이 세간은 사트바(sattva, 衆生) 자체의 파라미타행으로 말미암아 보디와 니르바나의 땅이 될 것이다.

선도 공하고 악도 공하며 선악 아님[不善不惡]도 공한 줄 알면 바른 견해가 나는 것이니, 바른 견해가 함께할 때 미망의 사트바가 보디사트바가 되고, 중생의 업이 해탈의 업이 되고 니르바나의 업이 되는 것이다.

보디사트바는 중생이 짓는 선악의 업과 그 과보에 집착 없이 중생의 업이 진여의 업인 줄 밝게 깨달아 온갖 중생의 업을 청정과 해탈의 업으로 돌이키니, 『화엄경』(「십회향품」)은 말한다.

보디사트바는 중생의 모든 지어감 살펴

그 성품 자재하지 못함 깨달아 알고

모든 법의 성품 이와 같음 알아서
업과 과보 헛되이 취하지 않네.

善薩善觀諸行法 了達其性不自在
旣知諸法性如是 不妄取業及果報

스스로 닦아 익힌 모든 공덕으로
세간이 널리 청정해지길 바라며
모든 붇다의 청정함 짝할 이 없으니
중생의 청정함도 이와 같도록 하네.

凡所修習諸功德 願使世間普淸淨
諸佛淸淨無倫匹 衆生淸淨亦如是

보디사트바는 여래의 바른 뜻에
교묘하고 좋은 방편 얻어서
모든 붇다의 가장 빼어난 법을 알아
뭇 좋은 업을 평등하게 회향하여
중생이 여래와 같게 되길 바라네.

善薩於義得善巧 能知諸佛最勝法
以衆善業等迴向 願令庶品同如來

제8부
더불어 안락을 누리는
해탈의 공동체와 나눔의 실천

여래는 빼앗는 자를 상대해 같이 싸워서
그들이 가진 것을 다시 빼앗으라고 가르치지는
않으신다. 오히려 부당하게 빼앗는 자의 악을 꾸짖고
보시만이 행복의 길임을 가르치신다.
그리고 보시와 따뜻한 위로, 이로운 행과 이익을
같이 나누며 일 같이함을 보편적인 번영의 실천윤리로
강조하신다. 그러면서도 특별히 가진 자에게 나눔을,
강자에게는 해치지 않음을, 못 가진 자 약한 자에게는
욕됨 참음과 부지런히 일함으로써 현실을
극복하도록 가르치신다.
여래는 어두움의 역사에 반야의 등불을 밝히고,
병들어 아픈 중생을 낫게 해주는 큰 의사로 세간에
오셨으며, 죽임의 역사를 살림의 역사로 바꾸고
빼앗고 빼앗김으로 갈등하는 세상을 나눔과
공동번영의 역사로 바꾸기 위해 세간에 오셨다.

개인의 해탈과 역사의 구원

1. 개인과 사회

연기법에서 온갖 존재는 스스로 그것이지 못하고 늘 다른 조건을 의지해 그것으로 존립한다. 주체적 요인과 객관 여건이 모여 존재를 구성하되 주체적 요인과 객관 여건이 모두 공하므로 주체적 요인과 객관 여건의 기계적 결합으로 존재를 말해서는 안 된다.

아함경에서는 이 뜻을 '존재는 스스로 짓는 것도 아니고[非自作] 남이 짓는 것도 아니며[非他作], 나와 남이 같이 짓는 것도 아니고[非共作], 나와 남을 떠나서 짓는 것도 아니다[非無因作]'라고 말한다.

이 경의 가르침을 우리가 주제로 삼고 있는 개인과 사회의 문제에 대입해보자.

개인으로서 나의 존재는 분명 스스로 사유하고 행동하고 결단하는 독립된 주체이다. 그러나 개인은 늘 저 세계와 사회적 조건을 통해서만 '나'로서 서 있을 수 있다. 자연세계와 사회적 조건을 떠나 나는 없지만, 사유하는 주체로서 '나'는 객관 조건에 환원할 수 없다.

나의 사유하는 활동도 분명 내가 사유하고 있는 나의 활동이다. 그러나 연기법에서 사유하는 주체는 늘 사유되어진 것[所念法]을 의지해서 사유하는 주체가 되고, 주체의 사유[念] 또한 사유하는 바를 의지해 사유함이 되어지는 사유이다. 개인의 사유는 사유되어지는 세계의 보편성을 토대로 일어나지만, 사유일 때 저 세계는 사유인 세계, 마음인 세계로 주어진다.

이와 같은 의식과 존재의 의존적 관계를 나타내기 위해 아함은 인간이 하나의 실체로서의 존재가 아니라 마음·물질[名色, nāma-rūpa]로 주어지는 존재라 말한다. 마음·물질이란 주체의 앎활동이 늘 물질적 근거를 의지해서 일어나며, 물질세계 일반은 마음에 내적인 물질로서 마음의 근거이되 마음인 물질로 드러남을 말한다.

연기법에서 마음과 주체의 활동은 세계를 토대로 연기하므로 마음은 늘 세계에 되돌려지고 세계에 회향되는 마음이다. 마음은 세계인 마음이되 세계는 마음인 세계이다.

열여덟 법의 영역[十八界說]을 말한 아함의 교설에서 여섯 아는 뿌리[六根]는 안의 여섯 법의 영역[內六界]으로 표시되고, 저 사회적 관계의 총체성과 세계는 여섯 경계[六境]로서 밖의 여섯 법의 영역[外六界]으로 표시된다.

자아와 세계는 공하되 있으므로 지금 분명히 보는 자·보여지는 것으로 현전하고, 자아와 세계는 있되 공하므로 보는 자·보여지는 것을 실체로서 붙잡을 수 없으니, 모든 것은 지금 거기 있되 그곳에 실로 있지 않다.

존재는 있되 공하므로 자기부정을 통해 이미 다른 것과 하나되고 다른 것 속에 들어가 있지만, 공하되 있으므로 자기긍정을 통해 다른 것과 서로 다른 자기만의 주체로 자기를 현전시킨다.

자아[六根]와 세계[六境]가 어울려 개인의 일상 경험의식인 여섯 앎[六識]이 일어나니, 여섯 앎은 아는 자와 알려지는 것에서 일어나지만 앎 속에 아는 자·알려지는 것이 실체로서 담겨 있지 않다.

앎 속에 아는 자·알려지는 것이 실체로 있지 않으므로, 여섯 앎은 늘 세계를 향한 새로운 관심과 지향에 의해 지금 주어진 앎을 부정하며 새로운 앎활동을 이어가는 것이다.

연기법에서 개인의 일상의식성도 공하고, 일상성의 연기가 이루어지는 사회의 총체성도 공하니, 여섯 앎이 날 때 사회의 총체성은 그 일상성 속의 사회성이 된다. 사회적 활동의 총체성은 유식불교의 표현으로 하면 제8아라야식(ālaya-vijñāna)이 된다.

연기의 법에서 개인과 사회, 개인의식과 총체적 사회활동의 실상이 이와 같으므로, 붓다께서 가르친 해탈은 개인과 세계, 일상성과 사회성이 모두 공함을 통달할 때 구현된다.

일상성의 주체인 자아[我]가 공한 줄 모르면 세계로부터 단절된 개인의 이기적 삶과 이웃과 고립된 닫힌 개아(個我)만이 남을 것이다. 또한 현존재의 실체성에 갇혀 앞으로 올 죽음의 두려움에 떠는 초라한 개아만이 남을 것이다.

그러나 다시 일상성의 객관적 토대인 세계와 사회성이 공한 줄 모르면, 개인은 세계의 산물이 될 뿐 스스로 판단하고 행위할 수 있는 자립성이 설명될 수 없을 것이며, 돌파할 수 없는 세계의 두터운 장벽이 개인의 자유를 억압할 것이다.

연기법은 여섯 아는 뿌리의 실체성을 타파함으로써 사회적이지 않고 객관적이지 않은 어떤 고립된 개인의 이기적 삶의 실체를 부정한다. 또한 연기법은 여섯 경계의 실체성을 부정함으로써 주체의 삶 활동[六識] 밖에 스스로 있는 세계의 초월성을 타파한다.

연기법의 교설을 바르게 사유할 때 세계가 없는 나의 고립성과 나 없는 세계의 초월성을 넘어 사회적이되 자발적 주체이며 자발적 주체이되 사회적인 인간의 진실이 설명된다.

아함경에서 해탈한 아라한의 삶을 '나의 태어남은 이미 다하고[我生已盡] 뒤의 존재를 다시 받지 않는다[不受後有]'고 말하는 것은 나의 존재가 주체적 요건과 객관 여건의 연기이므로 공한 줄 알아 자아에서 자아의 실체성을 타파함이다.

자아의 실체성을 타파함으로 나의 존재는 본래 나되 남이 없으므로 태어남이 다한 것이고, 지금 존재가 이미 공하여 본디 그러한 모습이 없으므로 뒤의 받을 존재의 실체가 없는 것이다.

그러나 나[我]에서 나의 존재의 실체성을 타파함[無我]은 있음을 깨뜨려 없음에 돌아가는 것이 아니다. 있음이 있음 아니므로 없음 또한 없음이 아니니, 있음에서 있음이 없는 것은 곧 있음 아닌 있음의 창조적 자기전개의 행이 되는 것이다.

또한 자아를 자아이게 하는 주체적 요인과 객관 여건이 공한 줄 알 때 일상성과 사회성의 실체를 모두 뛰어넘되, 자기요인과 객관요건을 떠남이 없이 창조적인 행을 새롭게 발현할 수 있는 것이다.

이것이 아함경에서 '범행은 이미 서고[梵行已立] 지을 바를 이미 지었다[所作已作]'고 한 뜻이다.

'지을 바를 지었다'고 한 뜻을 다시 생각해보자. 나[我]가 나 없음[無我]임을 체달한 곳에 허무와 적멸이 있는 것이 아니라, 있음에서 있음을 넘어서고 없음에서 없음을 넘어서는 능동적인 행이 있는 것이다.

또한 나를 나이게 하는 여러 법[諸法]이 공한 줄 아는 곳에 사회성의 실체를 넘어서 주체의 자발성을 세우되 일상성의 닫힌 틀마저 깨뜨리게 된다.

그리하여 나의 낱낱 행은 중생의 요구와 상황의 새로운 전개에 맞게 짓되 지음 없이 새로운 행으로 전개되는 것이니, 이것이 지을 바를 이미 지었다고 하는 것이다.

개아의 실체와 객관세계의 실체에 모두 물들지 않는 행이 범행이며, 나의 낱낱 행이 그대로 공한 행이 되어 세계와 역사에 회향되는 것이, 지을 것을 지음 없이 지어 행하는 '나 없음의 행'[無我行]이다.

그러므로 연기법의 진리의 눈[法眼]을 뜬 자는 나에서 나 없음을 체달하는 행 자체가 온전히 세계를 장엄하고 중생을 해탈의 땅에 건네주는 파라미타행이 되는 것이니, 그 가운데 나를 먼저 건지느니 중생을 제도하느니 하는 분별이 없는 것이다.

연기법에서는 생각에서 생각 떠나고 나에서 나를 떠나 오직 보디를 향하는 참된 자기실현의 길[菩提廻向]만이 있는 것이니, 그 길이 곧 진리[實際, nirvāṇa]에의 복귀[實際廻向]가 되고 중생(衆生, sattva)을 해탈시키는 사회적 실천[衆生廻向]이 되는 것이다.

2. 바른 정치와 종교적 해탈

연기법의 세계관에서는 사회정치적 관계를 떠난 어떤 고립된 개인도 존재하지 않는다. 붇다께서 가르친 해탈 또한 사회적 관계를 떠난 어떤 닫힌 내면의 자유나 초월적 자유를 말하지 않는다.

그러나 붇다의 연기론적 해탈은 세계와 자아의 실체성을 모두 뛰어넘을 때 실현되는 자유이므로, 그 자유는 삶의 안락을 위한 객관 여건의 충족으로 구현되는 자유 곧 정치적 자유나 경제적 부의 성취만으로 설명될 수 없다.

붇다 이전 인도사회는 제사계급인 브라마나 지배의 사회였다. 제사계급이 신 앞의 제사와 기도의 권리를 독점할 뿐 아니라 사회적 지배권을 갖던 사회였다.

차츰 경제적 부를 축적한 상인계급이 국가의 주도세력이 되고, 작은 부족세력들이 국가로 통합되는 과정에서 정치권력을 장악한 세력이 부족의 수장 위치를 뛰어넘어 국가의 지배자로서 지위를 차지하게 된다.

국왕(rāja)은 작은 부족의 대표자들 가운데 군사정치적 지배력이 우월한 세력이 전제군주의 지위를 차지한 것이다. 붇다 당시 인도사회는 열여섯 개 분권적 국가로 나뉜 사회였다고 한다.

그 가운데 가장 강력했던 나라가 마가다 국과 코살라 국이다. 마가다 국의 수도 라자그리하와 코살라 국의 수도 슈라바스티가 붇다 교화의 중심지로서 이른바 불교중국(佛敎中國)의 핵심지역이 된다.

부족국가의 수장이 작은 부족들을 통합하고 도시상업국가의 부를 지배하면서 전제군주가 되는 과정은, 많은 왕족 가운데 뽑힌 자가 정수리에 물을 뿌리는 의식 곧 관정(灌頂)이라는 공식 승인 절차를 치름으로써 라자(rāja)의 지위에 오른다.

붇다는 스스로 세속권력의 왕인 전륜왕(轉輪王)이 아니라 위없는 보디의 완성자로서 진리의 왕[法王, dharma-rāja]임을 선언하신다.

법왕은 세속 지배자의 길을 걷지 않는다. 그러나 보디의 완성자이신 붇다는 지혜를 가르치고 자비를 가르침으로써 라자에게도 바른 정치의 길을 걷도록 일깨우시니, 붇다의 길 법왕의 길은 세속정치의 길과 다르지만 세속정치의 길을 떠나지 않는다.

세속정치의 영역이 붇다의 세계관으로 세속제(世俗諦)라 한다면, 붇다의 깨달음의 길은 진제(眞諦)이다. 세속제와 진제는 같은가 다른가. 같다 해도 붇다의 해탈의 길이 아니고, 다르다 해도 붇다의 니르바나의 길이 아니다.

붇다의 진제는 세속제의 모습과 관계 속에 갇힌 진리가 아니므로 같지 않지만, 진제는 세속제의 공한 실상밖에 초월적인 진리의 영역이 아니므로 다르지 않다.

붇다의 진제의 길은 사회정치적 영역을 포함하여 온갖 연기된 세계의 있되 공한 진실을 깨닫는 길이다. 진제는 연기하는 세속제 가운데서 나와 내 것의 실체를 뛰어넘어 해탈의 삶을 사는 것일 뿐, 세속제 너머 진제의 영역을 말하지 않는다.

세속권력이 우주적 보편 진리의 산물이므로 종교의 진리를 쥔 종교지도자가 세속권력의 지배자가 되어야 한다거나, 종교의 진리가 세속권력을 이끌어야 한다는 사고는 절대신성을 전제한 종교의 세속권력에 대한 입장이다. 중세 기독교는 초월적 신성의 뜻을 세간에 전하는 교황이 신의 이름으로 정치권력을 장악한 역사적 사례라 할 수 있다.

반면 정교분리주의자들은 종교적 진리와 세속권력은 서로 다른 영역 속에 있는 것이므로 종교지도자들은 세속권력에 간여하지 않고 내면의 영성에 철저해야 한다고 말한다.

이는 대개 진리를 사회역사의 살아 있는 관계성 속에서 보지 않고 내면의 영성으로 파악한 내면주의적 진리관을 가진 이들의 주장이다.

불교사상사에서 보면 중국 남북조(南北朝)시대 '사문은 왕에게 경배하지 않아야 한다는 논문'[沙門不敬王者論]을 써서 남조 지식인들을 백련사(白蓮社)의 결사로 묶어낸 여산혜원법사(廬山慧遠法師)는 '몸은 사라지되 정신은 사라지지 않는다는 주장'[身滅神不滅論]을 폈다.

이 혜원법사가 불교사상사에서 정교분리론을 주장한 대표적인 예이고, 고려불교 보조지눌선사(普照知訥禪師)의 초기 사상도 그런 경향을 지니고 있다.

정신과 육체의 이원론적 세계관을 토대로 정교분리를 주장하는 이들에게는 스스로 내면의 정신적 자유를 추구하면서 사회의 불의와 악을 도외시하거나 사회의 불의를 감싸주는 치우침과 허물이 생기게 된다.

우리 근세사에서는 한반도에서 일본의 식민지배를 인정하고 미국이 기독교 선교의 자유를 획득했던 카쓰라테프트 조약도 정교분리론이 해악을 끼친 대표적 사례라 할 것이다.

붇다 또한 '왕의 일을 말하지 말고 오직 괴로움으로부터 니르바나에 이르는 길을 말하라'고 비구들에게 가르치신다.

붇다께서 '왕의 일을 말하지 말라' 함은 세속정치의 옳고 그름의 실체적 대립에 떨어져, 바르고 삿됨 옳고 그름을 가리고, 대립 속에 있는 옳음으로 그름을 대응하는 생각을 비판하신 것이다.

붇다의 세속비판은 세간법이 온전히 있되 공한 진제의 바탕에서 삿됨을 바름에 돌이키고 악을 선으로 돌이키게 하심이다. 여래의 정치와 사회 비판은 지혜의 비판이고 해탈의 비판이다.

선과 악, 착한 천사와 악한 마라의 이분법적 대립구도 속에서 세속정치를 비판하는 것은 늘 선악의 실체성에서 벗어나지 못하는 것이다.

그러므로 설사 악을 비판해서 선이 악을 이기고 천사가 악한 마라를 이긴다 해도, 선한 자에 의해 악이라고 규정되는 자도 스스로를 선이라고 말하고 있으므로, 이런 선악의 대결은 여래가 보인 니르바나의 길이 아니고 해탈의 길이 아니다.

악을 그치고 선을 행하게 하는 여래의 가르침을 계율[戒, śīla]을 통해 살펴보자.

착함의 판단기준은 '절대신의 명령'이거나 '스스로 그러한 도'[自然之道]에서 나온 것이 아니라 연기적 존재의 진실에 부합된 삶이냐 아니냐에 있다.

'산목숨 죽이지 말라'고 가르치는 것은 나와 너, 나와 대상이 둘이되 둘 아닌 실상을 등지고 '너를 죽이고 목숨을 해치는 것'이 연기의 진실을 등진 삶이고, 목숨을 살려내고 나와 너가 더불어 번영의 삶을 사는 것이 존재의 진실이기 때문이다.

오계(五戒)의 첫 계율인 '산목숨 죽이지 말라'는 가르침도 단순히 소극적 금지의 뜻을 보이기 위함이 아니라 연기의 진실대로의 삶인 생명에 대한 자비와 사랑을 소극적 금지로써 나타낸 말씀이다.

그리고 그 가르침은 개인의 선행을 일깨우는 가르침일 뿐만 아니라, 당시 정치적 지배권을 둘러싼 죽임과 전쟁의 시대상황에 대한 엄중한 경고이신 것이다.

'훔치지 말라'는 계율 또한 이웃과 사회에 가진 것을 나누라는 뜻을 소극적 금지로써 보인 가르침일 뿐 아니라, 당시 전제군주들이 가혹하게 세금을 징수해 주민의 이익을 수탈하는 정치적 불의에 대한 여래의 경책이신 것이다.

'거짓말하지 말라'는 계율도 남을 속이고 거짓을 말하는 개인의 그릇된 행위에 대한 타이름일 뿐 아니라, 온갖 거짓과 속임수의 장치로 대중을 지배하고 조작하는 군주들의 기만적 정치에 대한 꾸짖음이기도 한 것이다.

여래는 '남의 것을 빼앗지 않고 보시하는 자, 해침과 거짓이 없이 널리 자비를 베풀고 바른 계행으로 힘써 일하는 자는 반드시 하늘에 난다'고 약속한다. 행위의 인과가 비록 공하되 그 과보가 끊어져 없어지지 않음을 보여, 여래는 이처럼 해치고 속이는 자들의 광란의 행위를 그치게 하고, 부지런히 일하고 베푸는 자에게 미래의 해탈과 번영을 약속하신다.

여래는 빼앗는 자를 상대해 같이 싸워서 그들이 가진 것을 다시 빼앗으라고 가르치지는 않으신다. 오히려 부당하게 빼앗는 자의 악을 꾸짖고 보시만이 행복의 길임을 가르치신다.

그리고 보시(布施)와 따뜻한 위로[愛語], 이로운 행[利行]과 이익을 같이 나누며 일 같이함[同事]을 보편적인 번영의 실천윤리로 강조하신다. 그러면서도 특별히 가진 자에게 나눔[布施]을, 강자에게는 해치지 않음[慈悲]을, 못 가진 자 약한 자에게는 욕됨 참음[忍辱]과 부지런히 일함[精進]으로써 현실을 극복하도록 가르치신다.

여래는 어두움의 역사에 반야의 등불을 밝히고, 병들어 아픈 중생을 낫게 해주는 큰 의사[大醫王]로 세간에 오셨으며, 죽임의 역사를 살림의 역사로 바꾸고 빼앗고 빼앗김으로 갈등하는 세상을 나눔과 공동번영의 역사로 바꾸기 위해 세간에 오셨다.

그러나 여래는 투쟁과 증오의 에너지로 역사를 바꾸게 하지 않는다. 여래의 세간 구원의 길은 죽임과 빼앗음을 꾸짖되 죽이는 자, 빼앗는 자마저 그 마음을 돌이켜 끝내 진리의 바다에 거두는 큰 자비의 길이며, 정토의 실현 역사의 해탈로 깨달음의 참된 완성을 삼는 넓고 큰 서원[廣大願]의 길인 것이다.

3. 오늘의 실천과 새로운 삶 새로운 세상

마이트레야 붇다(Maitreya Buddha, 彌勒佛)는 지금 사카무니 붇다의 눈앞에서 가르침을 잘 받아 행하는 수행자 마이트레야의 미래 해탈된 삶에 대해 언약하신 이름이다.

마이트레야의 해탈의 삶은 세계로부터 고립된 개인의 내면의 자유로 주어지지 않는다.

마이트레야의 해탈은 탐욕과 무명이 다해 다툼과 빼앗음이 없고 거짓과 속임수가 사라져 물질적 풍요와 사람 사이의 사랑과 평화가 넘치는 해탈의 세상과 함께 주어진다.

새로운 평화와 해탈의 세상이 이루어질 때 마이트레야 붇다가 세간에 출현한다고 한 것은 무엇을 말하는 것인가.

연기론에서 보면 어떤 개인도 세계 속에서 세계를 의지해 연기한 주체이고, 세계는 늘 주체의 행위와 앎으로 드러나는 세계이다. 주체의 해탈의 삶은 사물과 사물 사람과 사람 사이 걸림 없고 막힘없는 세계의 진실이 실현됨과 함께 완성된다.

그러므로 마이트레야 붇다는 넘치는 풍요와 안락으로 소유의 다툼이 없어지고 사람 사이의 미움과 해침이 없는 해탈된 세상이 구현될 때 이 세간에 나타난다.

미래의 어느날 '마이트레야 붇다와 마이트레야의 세상이 도래한다'고 한 여래의 뜻을 연기법 자체에서 다시 살펴보자.

연기법에서 자아[我]는 실체로서의 자아가 아니고 나[我]에 나 없는[無我] 자아이다. 나에 나 없되 나 없음도 없음은 바로 자아가 오직 활동으로서의 자아임을 나타낸다.

『기신론』(起信論)의 범주로 보면 나[我]는 연기된 모습[相]이고,

나에 나 없음은 본래 청정한 법의 바탕[體]이며, 나 없음에 나 없음
도 없음은 바로 모습과 바탕이 둘 없는 존재의 머묾 없는 활동[用]
을 나타낸다.

　아함의 가르침으로 보면 나[我]는 덧없으므로 나 없고[無我], 나
없으므로 덧없는 것이다. '덧없으므로 나 없다는 것'이 나고 사라지
는 존재의 연기가 곧 공함을 말하고, '나 없으므로 덧없다는 것'은
공하므로 존재가 연기함을 말한다.

　존재는 나고 사라지되 실로 남이 없고 사라짐 없으며 남 없되 남
없음도 없는 활동으로서의 존재이니, 존재가 활동이라 함은 바로 존
재가 업(業, karma) 자체로 주어짐을 말한다.

　업은 여기 나를 떠나 있지 않지만 나한테 있는 것이 아니다. 업은
자아와 세계 속에서 연기하되 자아와 세계는 온전히 업으로 드러나
는 자아와 세계이다. 곧 업은 세계를 토대로 일어나되 업이 자아와
세계를 새로운 자아와 세계로 규정한다.

　지금 내가 말하고 사유할 때 여기 있는 내가 말하고 사유할 뿐 아
니라, 사유와 말이 곧 자아이고 세계인 것이다. 자아와 세계가 업인
자아와 세계이므로 자아가 사유밖에 물러나 사유하는 것이 아니고,
세계가 자아의 사유밖에 동떨어져 사유되는 것이 아니니, 자아는 곧
사유인 자아이고 세계는 사유와 업으로서의 세계인 것이다.

　중생의 사유하고 말하고 몸으로 짓는 행위[身口意三業]는 지금
의 자아와 세계의 연기이자 지금의 업이 내일의 자아와 세계를 규
정한다.

　업은 있되 공하고 공하되 있다. 지금 짓는 업이 있되 공하므로 지
금의 업이 그대로 뒤에 이어지지 않는다. 그러나 업은 공하되 있으

므로 지금의 업은 공하되 끊어져 없어지지 않고[空而不斷] 미래의
새로운 업으로 현전한다.

중생의 업이 늘 머묾[常住]도 아니고 끊어져 사라짐[斷滅]도 아닌
뜻을『화엄경』(「십회향품」)은 다음과 같이 가르친다.

법의 진실 잘 살피는 보디사트바
늘 머무는 법의 모습 취하지 않고
끊어져 사라지는 모습 집착하지 않네.
법의 성품 있음 아니고 없음 아니니
공하되 차제로 나는 업의 이치는
끝내 아주 사라져 다하지 않도다.

不取諸法常住相　於斷滅相亦不著

法性非有亦非無　業理次第終無盡

만약 이와 같이 모든 법 살피면
모든 붇다 아시는 바와 같으리니
비록 그 성품 구해 얻을 것 없지만
보디사트바의 짓는 바 또한 헛되지 않네.

若能如是觀諸法　則如諸佛之所解

雖求其性不可得　菩薩所行亦不虛

모든 세간법이 다 평등함을 알면
중생의 마음과 말 온갖 업이 모두
공해 평등하지 않음이 없네.

중생은 허깨비의 변화 실다움이 없으나
있는 과보가 이 공함 좇아 일어나네.

知諸世間悉平等　莫非心語一切業
衆生幻化無有實　所有果報從茲起

화엄의 뜻으로 보면 온갖 세계가 중생의 업인 세계라 업과 세계가
모두 공하여 얻을 것이 없어서 세간법이 평등한 것이다. 그러나 세
간법이 공한 곳에서 허깨비의 변화와 같이 중생과 세계의 새로운 과
보가 있는 것이다.

곧 세계인 중생의 업이 공하지만 과보가 없지 않으니, 앞의 업이
끊어져 사라짐도 아니고 앞의 업이 그대로 뒤의 업으로 이어짐도 아
니므로[不斷不常] 오늘 짓는 착한 업 바른 업 파라미타행이 결코 허
무 속에 사라지지 않고 미래의 새로운 자아와 세계를 규정하게 되는
것이다.

업이 공한 줄 안다는 것은 자아[六根]와 세계[六境]가 공함을 아
는 것이고, 업이 공하되 끊어지지 않음을 안다는 것은 업의 진실한
힘이 자아와 세계의 모습 아닌 모습을 새롭게 현전시킴을 아는 것
이다.

그러므로 업이 공한 곳은 다만 모든 것이 사라진 허무의 처소가
아니니, 그 공함이 실로 공함이 아님을 알면 그곳이 모든 공덕의 씨
앗이 갖추어진 공덕의 곳간[功德藏]이며, 새로운 존재와 새로운 사
회의 모든 가능성의 원천[法界藏]이 되는 것이다.

마이트레야 붓다에 대한 사카무니 붓다의 언약은 마이트레야 한
사람에 대한 언약이 아니다.

그 언약은 지금 연기의 진리를 바르게 믿는 이, 위없는 보디의 완성자에 우러름의 마음을 낸 자, 열 가지 착한 업을 지어 보디의 길에 나아가려는 자, 탐냄·성냄·어리석음의 불길을 끄고 지혜와 자비의 삶으로 결단하는 자 모두에게 주신 언약이다.

지금의 한 생각 바른 마음은 비록 공해도 끊어지지 않고[雖空不斷] 미래의 세상 새로운 세계의 창조의 씨앗이 되고 열매가 되니, 지금 바른 뜻·바른 말·바른 노동으로 살아가는 자는, 다 미래의 보다 나은 삶, 해탈의 삶에 대해 여래의 언약을 받는 것이다.

중생이 지금의 내 것을 내 것으로 지키고 키우는 탐욕의 마음을 모두를 살리는 넓고 큰 서원으로 돌이키고, 남의 것을 빼앗는 악업을 돌이켜 나눔과 베풂의 삶으로 돌이킨다 하자. 그러면 그러한 주체의 착한 행과 창조적 행은 개인의 해탈과 번영에만 그치는 것이 아니라, 미래의 죽임과 빼앗음이 없고 물질적 궁핍이 없고 투쟁과 갈등이 없는 사회건설에 그 온갖 업의 공덕이 회향된다.

연기법에서 여기 다른 것과 고유의 장 속에 닫힌 나와 내 것은 없다. 그러므로 죽임과 해침, 거짓과 환상을 돌이켜 자비와 지혜에 돌아가고 모두의 행복과 번영 해탈을 기원하는 크고 넓은 서원의 마음을 일으키면, 그 지혜[智]와 자비[悲]와 서원[願]의 업은 미래의 평화와 번영의 세계, 환상의 꿈이 사라진 지혜의 왕국으로 그 모든 실천의 공덕이 회향된다.

중생의 업이 공하되 그 공함도 공하므로 법계진리 그대로의 뜻과 말과 몸짓을 일으키는 자, 그는 반드시 번뇌가 공한 지혜의 곳간[智慧藏] 속 다함없는 지혜의 물이 그의 삶을 지혜의 공덕수로 적셔줄 것이다. 그리고 여래장 공덕의 곳간[如來藏] 속 끝없이 넘치는 공덕의 힘이 그를 이끌어, 마이트레야의 세상에서 마이트레야 붇다와 함께 해탈의 삶을 누리게 할 것이다.

사카무니 붇다의 마이트레야의 세상에 대한 언약은 바로 자기존재 그 진실의 발현에 대한 언약이고, 지금의 닫힌 사회 속에 이미 해탈되어 있는 세계의 진실에 대한 실천적 확인이며 미래의 안락과 풍요의 삶에 대한 희망의 약속인 것이다.

지금 거짓과 환상을 떠나 바른 보디의 마음을 낸 자, 지금 뭇 삶들과 세상을 위해 의로움을 행하는 자, 탐욕과 성냄의 불길을 끄고 세간과 이웃에 자비를 행하는 자는 바로 마이트레야의 때 마이트레야의 세상에 자리를 언약받은 자이다.

중생에게 언약된 마이트레야의 세상은 지금 번뇌와 탐욕이 본래 공한 여래장의 곳간, 법계의 진리처에 이미 있는 존재의 왕국이다.

그러나 그 세계는 늘 다함없이 보디에 돌아가고 존재의 진실에 복귀하며 중생을 위해 헌신하고 세계를 정토(淨土)로 장엄하는 크나큰 서원의 마음, 넓고 큰 보디사트바의 실천[廣大行]을 통해서만 구현되는 당위의 왕국이다.

마이트레야의 세상은 지금 이곳 중생의 고난과 시련의 현장에 늘 있되 앞으로 이루어가야 할 미래의 땅이다.

제1장

바른 정치, 죽임과 억압이 없는 사회

"대왕이여, 바른 법으로 나라를 다스리고
그른 법으로 하지 마시오. 또 바른 도리로
백성들을 다스리고 그른 도리로 하지 마시오.
대왕이여, 여러 바른 법으로 백성들을 다스리는 사람은
목숨을 마친 뒤에 모두 하늘위에 태어날 것이요.
그렇게 하면 바로 대왕이여, 목숨 마친 뒤라도 백성들은
추모해 기억하고 끝내 잊지 않을 것이고,
좋은 이름이 멀리 퍼질 것이오."

붇다께서 출현하신 시대는 급격한 사회변동기에 속한다. 붇다 당시는 제정일치의 브라마나 지배의 시대가 끝나고, 정치와 군사를 장악한 크샤트리아 계급과 사회적 부를 가진 바이샤 계급이 사회 주도세력으로 부상하던 시기였다.

당시는 부족중심 농경사회가 상업도시를 중심으로 국가단위가 재편되던 시기였으며, 국가가 성립되고 재편되면서 정복전쟁이 끊임없이 일어나던 시기였다.

사리푸트라 존자의 이름이 어머니의 성씨인 사리를 따라 지어지고, 경전 가운데 '사슴 성씨 아들의 어머니'[鹿子母]라는 다나파티의 이름이 나오는 것은 바로 모계 중심 사회의 자취를 나타낸다. 그러나 붇다의 시대는 모계사회가 무너지고 부계 중심 사회질서가 정착되면서 여성의 지위와 역할이 추락하고 제약되던 시기였다.

붇다는 고향 카필라 국에 돌아가면서 집안에 갇혀 있던 여성들을 붇다의 설법의 현장, 새로운 대중교육의 장소에 남성과 동등하게 참여하도록 하였다.

비록 비구니상가를 허용하면서 팔경법(八敬法)이라는 제약조건을 두어 여성의 출가를 인정했지만, 붇다의 상가 안에 비구니상가가 이루어짐으로써 인류 최초의 출가 여성수행자 공동체가 출현하게 된 것이다.

부족국가의 수장들 가운데서 라자(rāja, 王)를 뽑아 국가를 이루고, 국가가 확장되고 재편되는 과정에서 대중은 정복전쟁에 동원됨으로써 살생과 폭력이 일반화되었을 것이며, 국가권력이 강화되는 과정에서 국가에 의한 과도한 세금징수 등의 수탈이 자행되었을 것이다.

이처럼 당시 대중에 가해지는 왕들의 가혹한 세금 수탈과 전쟁으로 인한 살육에 대해서 붇다는 계율의 법문을 통해, 산목숨을 죽이고 주지 않는 것을 빼앗으며 남의 여성을 탈취해서 자기 소유로 하는 등 악행을 저지르면 그 업의 과보로 세 가지 악한 길에 떨어진다고 경고하신다.

그리고 비록 가진 것 없지만 나누어 쓸 줄 알고 생명을 사랑해 보살피며 가족관계를 믿음과 사랑으로 지키고 술과 마약 등 방탕한 생활을 하지 않는 자들에게는, 지금 비록 힘들고 어렵지만 그 복으로 미래에 보다 나은 삶의 행복을 보장받고 목숨 다해서는 하늘에 난다고 격려하신다.

'산목숨 죽이지 말라' 함은 전쟁과 살육으로 얼룩진 광란의 정치에 대한 여래의 엄한 꾸짖음이고, '남의 것 훔치고 빼앗지 말라' 함은 백성의 것을 가혹하게 수탈하고 가진 자가 더 많이 갖기 위해 없는 자의 것을 빼앗는 시대의 모순을 경책하심이다.

여래는 '금한 계를 잘 지키면 멀리 있어도 여래와 같이 있는 것이고, 금한 계를 무너뜨려 악업을 지으면 가까이 있어도 여래와 같이 있지 못한다'고 가르치신다.

이 말씀은 바로 광란과 살육, 거짓과 수탈의 시대정치와 시대상황에 대한 여래의 사회적 발언이시고, 혼란의 역사 속에서 고통받는 민중에 대한 여래의 자비하신 위로와 따뜻한 거둠의 가르침인 것이다.

1 민주적인 논의가 살아있는 정치, 폭압이 사라진 사회

• 이끄는 글 •

붇다 당시에는 작은 부족들이 통합되어 국가가 형성되고, 국가들이 다시 큰 나라들에 통합되는 과정을 겪던 시기였으므로 군소국가들과 그 나라들을 통제하는 큰 나라들이 함께 섞여 있었다.

당시 인도의 큰 나라로는 앙가(Aṅga) · 마가다(Magadha) · 카시(Kāsi) · 코살라(Kośala) · 브릿지(Vṛji) · 말라(Mala) · 체디(Cedi) · 밤사(Vaṃsa, Vasta) · 쿠루(Kuru) · 판차라(Pañcala) · 마차(Matsya) · 수라세나(Śūrasena) · 아쓰바카(Aśvaka) · 아반티(Avanti) · 간다라(Gandhāra) · 캄보자(Kamboja) 등이 있었다.

이들 나라 가운데 아쓰바카와 아반티는 서부인도에 있었고, 간다라와 캄보자는 서북인도에 있었으며, 나머지 국가는 주로 중부인도 강가아 강 본류나 그 유역에 자리하고 있었다.

그 가운데 규모가 작은 나라들은 대중공의에 바탕을 둔 공화정 체제로 운영되고 있었으며, 큰 나라들은 전제군주 국가의 형태를 띠고 있었다.

붇다는 늘 대중의 민주적 논의를 중시하는 공화정 체제의 국가를 지지하고 대중공의 제도를 상가의 논의틀로 받아들였다.

아자타사트루 왕이 브릿지 국에 대한 정복전쟁을 일으키려 할 때, 브릿지 국의 공화정 체제의 민주적인 논의구조를 찬탄하고 대중의 화합이 있고 민주적인 논의구조가 있는 한 브릿지 국이 멸망하지 않으리라고 한 것이, 바로 공화정을 지지하는 붇다의 정치적 입장을 보인 것이다. 또한 그와 같은 답변이 정복전쟁을 반대하고 평화를 지지하는 붇다의 뜻을 나타내보인 것이다.

그러나 역사의 대세는 보다 강성한 전제군주 국가가 작은 공화정 국가를 통합하는 과정으로 전개된다. 붇다의 고국 카필라는 코살라 국에 통합되고 브릿지 국은 마가다 국에 통합되며, 코살라 국이 다시 마가다 국에 통합되어 마가다 국이 통일왕조를 건설하는 과정으로 전개된다.

이러한 역사의 대세 속에서도 붇다는 민주적 논의제도를 지지하시고, 전쟁을 반대하시며 평화와 화해의 정치를 강조하시고 죽임과 폭압이 아니라 자비와 보살핌의 정치를 강조하신다.

붇다는 약자를 쳐서 이기는 길이 참으로 이김이 아니며, 이기고 짐이 없고 빼앗음과 빼앗김이 없는 화해와 어울림의 세상을 만드는 것이 모두가 이기는 세상이고 함께 번영과 행복을 누리는 삶임을 강조하신다.

붇다는 힘을 가진 권력자가 정의와 자비의 정치를 펴도록 하기 위해 정의의 왕인 전륜왕을 이상적인 권력자의 모습으로 제시한다.

경에서 전륜왕은 늘 황금보배바퀴가 그 권력의 정통성을 인정해주고 끝없는 국토의 작은 왕과 대중이 그의 통솔에 동의하고 함께함으로 그 권력의 정당성을 다스림받는 자가 인정해준다. 그러나 전륜왕은 늘 바른 정치가 구현되고 그 권력을 후계자에게 승계한 뒤에는 그 스스로 정의의 왕으로서 권력의 자리를 내버리고 해탈의 법을 찾아 세속의 집을 나오는 것으로 기술된다.

붇다에게 정의의 정치는 전륜왕으로 표현된 정의의 권력마저 자양됨으로써 실현된다.

그때가 마이트레야의 시대이다. 곧 붇다의 뜻으로 보면 다스리는 자가 있고 다스림받는 자가 있는 세상은 바른 다스림이 실현된 사회가 아니다. 그러므로 마이트레야의 세상에서는 정의의 왕인 상카가 왕의 자리를 버리고 집을 나옴[出家]으로써, 마이트레야의 시대 다스리고 다스림받음이 없는 새 세상을 예비하는 모습을 보여준다.

지배와 다스림이 사라진 곳에 바른 다스림이 실현되는 것이니, 법왕(法王)이신 여래의 가르침 따라 니르바나의 성[涅槃城] 진리의 왕국[法性土]에 돌아가는 길이, 이 세간에 정의의 나라를 건설하는 바른 길임을 우리 모두 가슴에 새겨야 하리라.

대중의 뜻을 따르고 대중의 이익을 지키는 정치

나는 들었다, 이와 같이.

한때 붇다께서는 라자그리하 성에 노니시면서 그리드라쿠타 산에 계셨다.

그때 바이데히(Vaidehī)의 아들 마가다 국의 왕 아자타사트루는 브릿지 국과 서로 미워하게 되어 늘 권속들 앞에서 자주 이렇게 말했다.

'브릿지 국 사람은 생활에 큰 만족[大如意足]이 있고, 큰 위덕[大威德]이 있으며, 큰 복[大福祐]이 있고, 큰 위신[大威神]이 있다. 나는 브릿지 사람의 씨를 끊어 없애고 브릿지 국을 쳐부수어, 브릿지 사람들로 하여금 헤아릴 수 없는 액난을 겪게 하겠다.'

이에 바이데히의 아들 마가다 국의 왕 아자타사트루는 세존께서 라자그리하 성에 노니시면서 그리드라쿠타 산에 계신다는 말을 듣고, 곧 대신 바르샤카라(Varṣakāra, 雨勢)에게 말하였다.

아자타사트루 왕이 대신을 보내
브릿지와의 전쟁의 일을 여쭙게 함

"나는 사문 고타마께서 라자그리하 성에 노닐면서 그리드라쿠타 산에 계신다는 말을 들었다. 바르샤카라여, 너는 사문 고타마 계신 곳에 가서 내 이름으로 이렇게 문안하라.

'거룩하신 몸은 편안하시고 즐거우셔 병이 없으시고, 기력은 한결같으십니까.'

그리고 이렇게 말하라.

'고타마시여, 바이데히의 아들 마가다 국의 왕 아자타사트루는 거룩한 몸은 편안하고 즐거우셔 병이 없으시고, 기력은 한결같으신가 문안드립니다. 고타마시여, 바이데히의 아들 마가다 국의 왕 아자타사트루는 브릿지 국과 서로 미워하게 되어 늘 권속 앞에서 이렇게 말합니다.

〈브릿지 국 사람은 생활에 큰 만족이 있고, 큰 위덕이 있으며, 큰 복이 있고, 큰 위신이 있다. 나는 브릿지 사람의 씨를 끊어 없애고 브릿지 국을 쳐부수어, 브릿지 사람들로 하여금 헤아릴 수 없는 액난을 겪게 하겠다.〉

사문 고타마시여, 어떻게 말씀해주시겠습니까.'

바르사카라여, 만약 사문 고타마가 말해주는 것이 있으면 너는 잘 받아 가져야 한다. 왜냐하면 이와 같으신 분은 끝내 거짓말을 하지 않기 때문이다."

브릿지 국의 일곱 시들지 않는 법을 보이심

대신 바르사카라는 왕의 분부를 받고, 가장 좋은 수레를 타고 오백 수레와 함께 라자그리하 성을 나가 곧 그리드라쿠타 산으로 갔다.

그리드라쿠타 산에 올라서자 수레에서 내려 걸어 붇다 계신 곳에 가서 세존과 서로 같이 문안하고, 물러나 한쪽에 앉아 말씀드렸다.

"고타마시여, 바이데히의 아들 마가다 국의 왕 아자타사트루는 거룩한 몸은 편안하고 즐거우셔 병이 없으시고, 기력은 한결같으신가 문안드립니다.

고타마시여, 바이데히의 아들 마가다 국의 왕 아자타사트루는 브릿지 국과 서로 미워하게 되어 늘 권속 앞에서 이렇게 말합니다.

'브릿지 국 사람은 생활에 큰 만족이 있고, 큰 위덕이 있으며, 큰 복이 있고, 큰 위신이 있다. 나는 브릿지 사람의 씨를 끊어 없애고 브릿지 국을 쳐부수어, 브릿지 사람들로 하여금 헤아릴 수 없는 액난을 겪게 하겠다.'

사문 고타마시여, 어떻게 말씀해주시겠습니까."

세존께서는 말씀하셨다.

"바르사카라여, 나는 일찍이 브릿지 국에 노닌 일이 있었소. 그 나라에 아라마(ārāma, 寺)가 있었는데 차허라[遮惢邏]라고 하였소.

바르사카라여, 그때에 나는 브릿지 국 사람들을 위하여 '일곱 가지 시들지 않는 법'[七不衰法]을 말해주었고, 브릿지 국 사람들은 그 일곱 가지 시들지 않는 법을 받아 행하였소. 바르사카라여, 만약 브릿지 국 사람들이 그 일곱 가지 시들지 않는 법을 행하여 범하지 않는다면, 브릿지 국은 반드시 이기고 시들지 않을 것이오."

대신 바르사카라가 세존께 말씀드렸다.

"사문 고타마께서 그 일을 간략히 말씀하시고 널리 분별하지 않으시니, 저희들은 이 뜻을 알 수 없습니다. 사문 고타마께서는 널리 분별하여 말씀하시어, 저희들이 그 뜻을 알게 해주시기를 바랍니다."

붇다께서 말씀하셨다.

"바르사카라여, 자세히 듣고 잘 사유해 생각하시오. 나는 그대를 위해 이 뜻을 널리 말해주겠소."

대신 바르사카라는 그 분부를 받아들였다.

아난다와의 문답을 통해 일곱 가지 시들지 않는 법을 갖추어 보이심

이때에 존자 아난다는 털이를 들고 붇다를 모시고 있었다.

세존께서는 돌아보고 물으셨다.

"아난다여, 너는 브릿지 국 사람들은 자주자주 함께 모이고 많이 모인다는 말을 들었느냐."

아난다가 대답했다.

"세존이시여, 저는 브릿지 국 사람들은 자주자주 함께 모이고 많이 모인다는 말을 들었습니다."

세존께서는 곧 대신 바르사카라에게 말씀하셨다.

"만약 저 브릿지 국 사람들이 자주자주 함께 모이고 많이 모인다 합시다. 그러면 브릿지 국은 반드시 이기고 시들지 않을 것이오."

세존께서는 다시 존자 아난다에게 물으셨다.

"아난다여, 너는 브릿지 국 사람들은 함께 같이 모이고, 브릿지 국 일을 함께 힘쓰며, 함께 일어난다는 말을 들었는가."

아난다가 대답했다.

"세존이시여, 저는 브릿지 국 사람들은 함께 모이고, 브릿지 국 일을 함께 힘쓰며, 함께 일어난다는 말을 들었습니다."

세존께서는 다시 대신 바르사카라에게 말씀하셨다.

"만약 브릿지 국 사람들이 함께 모이고, 브릿지 국 일을 함께 힘쓰며, 함께 일어난다 합시다. 그러면 브릿지 국은 반드시 이기고 시들지 않을 것이오."

세존께서는 다시 존자 아난다에게 물으셨다.

"아난다여, 너는 브릿지 국 사람은 아직 베풀어 세우지 않은 것[未施設者]을 다시 함부로 베풀어 세우지 않고, 본래 베풀어 세웠던 것[本所施設]은 함부로 고쳐 바꾸지 않아서, 브릿지 국의 옛 법을 잘 받들어 행한다는 말을 들었는가."

아난다가 대답했다.

"세존이시여, 저는 브릿지 국 사람은 아직 베풀어 세우지 않은 것을 다시 함부로 베풀어 세우지 않고, 본래 베풀어 세웠던 것은 함부로 고쳐 바꾸지 않아서, 브릿지 국의 옛 법을 잘 받들어 행한다는 말을 들었습니다."

세존께서는 다시 대신 바르사카라에게 말씀하셨다.

"만약 저 브릿지 국 사람이 아직 베풀어 세우지 않은 것을 다시 함부로 베풀어 세우지 않고, 본래 베풀어 세웠던 것은 함부로 고쳐 바꾸지 않아서, 브릿지 국의 옛 법을 잘 받들어 행한다 합시다. 그러면 브릿지 국은 반드시 이기고 시들지 않을 것이오."

세존께서는 다시 존자 아난다에게 물으셨다.

"아난다여, 너는 브릿지 국 사람은 세력으로써 남의 부인이나 남의 처녀를 범하지 않는다는 말을 들었는가."

아난다가 대답했다.

"세존이시여, 저는 브릿지 국 사람은 세력으로써 남의 부인이나 남의 처녀를 범하지 않는다는 말을 들었습니다.

세존께서는 다시 대신 바르사카라에게 말씀하셨다.

"만약 저 브릿지 국 사람이 세력으로써 남의 부인이나 남의 처녀를 범하지 않는다 합시다. 그러면 브릿지 국은 반드시 이기고 시들지 않을 것이오."

세존께서는 다시 존자 아난다에게 물으셨다.

"아난다여, 너는 브릿지 국 사람은 이름과 덕망이 있어 존중할 만한 사람이 있으면, 브릿지 국 사람은 모두 그를 존경하고 공손히 받들며 공양하고, 그에게서 가르침을 들으면 곧 그대로 받아들인다는 말을 들었는가."

아난다가 대답했다.

"세존이시여, 저는 브릿지 국 사람은 이름과 덕망이 있어 존중할 만한 사람이 있으면, 브릿지 국 사람은 모두 그를 존경하고 공손히 받들며 공양하고, 그에게서 가르침을 들으면 곧 그대로 받아들인다는 말을 들었습니다."

세존께서는 다시 대신 바르사카라에게 말씀하셨다.

"만약 저 브릿지 국 사람이 이름이 있고 덕망이 있어 존중할 만한 사람이 있으면, 브릿지 국 사람은 모두 그를 존경하고 공손히 받들며 공양하고, 그에게서 가르침을 들으면 곧 그대로 받아들인다 합시다. 그러면 브릿지 국은 반드시 이기고 시들지 않을 것이오."

세존께서는 다시 존자 아난다에게 물으셨다.

"아난다여, 너는 브릿지 국 사람은 거기 있는 옛 절을 같이 수리하여 꾸미고 지켜 받들며, 공양하고 절하며 섬기어서 본래 만들었던 것은 함부로 없애지 않고, 본래 한 일은 함부로 줄이지 않는다는 말을 들었는가."

아난다가 대답했다.

"세존이시여, 저는 브릿지 국 사람은 거기 있는 옛 절을 같이 수리하여 꾸미고 지켜 받들며, 공양하고 절하며 섬기어서 본래 만들었던 것은 함부로 없애지 않고, 본래 한 일은 함부로 줄이지 않는다는 말을 들었습니다."

세존께서는 다시 대신 바르사카라에게 말씀하셨다.

"만약 저 브릿지 국 사람이 거기 있는 옛 절을 같이 수리하여 꾸미고 지켜 받들며, 공양하고 절하며 섬기어서 본래 만들었던 것은 함부로 없애지 않고, 본래 한 일은 함부로 줄이지 않는다 합시다. 그러면 브릿지 국은 반드시 이기고 시들지 않을 것이오."

세존께서는 다시 존자 아난다에게 물으셨다.

"아난다여, 너는 브릿지 국 사람이 다같이 여러 아라한을 옹호하여 아주 크게 사랑하고 공경하며, 아직 오지 않은 아라한은 빨리 오도록 늘 바라고, 이미 온 아라한은 늘 오래 머무르기를 바라, 늘 입을 옷·먹을거리·자리끼·의약품 등이 모자라지 않게 해, 여러 생활도구가 갖추어지도록 한다는 말을 들었는가."

아난다가 대답했다.

"세존이시여, 저는 브릿지 국 사람이 다같이 여러 아라한을 옹호하여 아주 크게 사랑하고 공경하며, 아직 오지 않은 아라한은 빨리 오도록 늘 바라고, 이미 온 아라한은 늘 오래 머무르기를 바라, 늘 입을 옷·먹을거리·자리끼·의약품 등이 모자라지 않게 해, 여러 생활도구가 갖추어지도록 한다는 말을 들었습니다."

세존께서는 다시 대신 바르사카라에게 말씀하셨다.

"만약 저 브릿지 국 사람이 다같이 여러 아라한을 옹호하여 아주 크게 사랑하고 공경하며, 아직 오지 않은 아라한은 빨리 오도록 늘 바라고, 이미 온 아라한은 늘 오래 머무르기를 바라, 늘 입을 옷·먹을거리·자리끼·의약품 등이 모자라지 않게 해, 여러 생활도구가 갖추어지도록 한다 합시다. 그러면 브릿지 국은 반드시 이기고 시들지 않을 것이오.

바르사카라여, 브릿지 국 사람은 이 일곱 가지 시들지 않는 법을 행하오. 이 일곱 가지 시들지 않는 법을 받아가지면, 브릿지 국은 반드시 이기고 시들지 않을 것이오."

세존의 말씀에 승복하고 바르사카라가 돌아감

이에 대신 바르사카라는 곧 자리에서 일어나 옷을 한쪽으로 치우쳐 걸치고 두 손을 맞잡고 붇다게 말씀드렸다.

"고타마시여, 만약 저 브릿지 국 사람이 한 가지 시들지 않는 법만 성취한다 해도, 바이데히의 아들 마가다 국의 왕 아자타사트루가 그들을 항복시킬 수 없는데, 하물며 일곱 가지 시들지 않는 법을 갖춤이겠습니까. 고타마시여, 저는 나랏일이 많아 돌아가고자 합니다."

"가고 싶으면 뜻을 따라 하시오."

이에 대신 바르사카라는 붇다의 말씀을 듣고서는 곧 잘 받아 지니고 일어나 세존을 세 바퀴 두르고 물러갔다.

• 중아함 142 우세경(雨勢經) 전반부

• 해설 •

여래는 세간정치의 세계에서도 강자가 약자를 지배하는 세상이 아니라 사람과 사람이 서로 거두는 자비의 정치가 역사의 흐름을 주도하는 세상을 지지하고 그런 세상이 이루어지도록 가르치신다.

브릿지 국이 비록 현실역사에서 좌절했지만 여래가 가르친 일곱 가지 시들지 않는 법을 온 나라가 받들어 행했다면, 브릿지라는 정치공동체는 무니(muni)가 가르친 그대로 여래의 법을 받들어 행하는 해탈의 공동체라 할 만하다.

일곱 가지 시들지 않는 법은 받들어 행하면 설사 일시적으로 정치적 좌절을 겪어도 그 집단은 길이 시들지 않고 민중의 삶을 번영과 행복에 이끌 것이며, 긴 역사 속에서는 결코 실패하지 않은 정치공동체가 될 것이다.

함께 모여 논의하고 많이 모임은 민주적인 논의가 살아 있고 다수의 의견 따라 의사를 결정했음을 말한다.

같이 모여 일하고 같이 일어남은 사회복지와 공익을 위해 함께 노동하고 공공복리를 위해 대중이 집단적 실천에 힘을 함께 모아감을 말한다.

함부로 새것을 만들지 않음은 개혁의 이름으로 과거의 문화적 성취와 기존 역사의 성과를 무시하지 않고, 옛 전통을 토대로 새로운 법 새로운 제도 만들어감을 말한다.

세력으로 남의 여인 빼앗지 않음은 가진 자 힘센 자가 없는 자 약한 자를 억압하거나 수탈하지 않음을 말한다.

이름 있고 덕망 있는 이를 존중하고 그 가르침을 받아들임은 현성을 공경하고 창조적 지식을 가르치는 교사를 존중하며, 바른 사상과 세상을 번영케 하는 신지식·신사조를 배척하지 않고 잘 받아들임을 말한다.

옛 절을 잘 수리하고 옛것을 함부로 없애지 않음은 문화유산을 잘 지켜 보존하며 과거의 역사적 성취를 계승해서 새로운 미래문명의 건설에 힘씀을 말한다.

아라한을 공경하고 생활필수품을 공양함은 세간의 지혜로운 이와 창조적 지식인, 올바른 스승을 공경하고 그들이 수행과 교화, 연구활동에 전념하도록 생활을 잘 보장해주는 것을 말한다.

일곱 가지 여래의 가르침이 받아들여지는 공동체는 바로 민주적인 논의의 사회요, 온 나라가 공동선과 복지를 위해 역량을 모으는 사회이며, 억압과 수탈이 없고 현성과 올바른 지식인이 존중받는 사회이며, 옛것을 계승하되 그릇된 것을 잘 개혁하는 사회이다.

이것은 사랑과 공경이 넘치고 나눔과 베풂이 넘치는 사회다. 이 일곱 가지 법이 억압과 수탈, 대립과 갈등이 있는 우리 사회가 늘 본받아 실천해야 할 시들지 않는 사회이념이 되어야 할 것이다.

사랑과 공경이 넘치는 사회는 보디사트바의 지혜와 자비가 중생의 삶을 이끄는 사회이니, 『화엄경』(「범행품」)은 중생을 내 몸처럼 거두는 보디사트바의 행을 다음과 같이 가르친다.

여래의 길 잘 행하는 보디사트바의
자비 마음 넓고 커서 중생에 두루해
온갖 것 아는 지혜 빨리 이루기 바라
늘 집착 없고 의지함 없는 곳에서
모든 번뇌를 떠나 자재함 얻네.

慈心廣大遍衆生　悉願疾成一切智
而恒無著無依處　離諸煩惱得自在

중생을 가없이 여기는 넓고 큰 지혜
온갖 중생 널리 거두어 자기와 같이 하네.
존재가 공하고 모습에 모습 없어서
온갖 법에 진실이 없음을 알아
그 마음 행함에 게을러 물러섬 없네.

哀愍衆生廣大智　普攝一切同於己
知空無相無眞實　而行其心不懈退

비구들이여, 상가를 화합으로 이끌 시들지 않는 법을 말해주겠다

대신 바르사카라가 간 뒤 오래지 않아 세존께서는 아난다를 돌아보고 말씀을 하셨다.

"만약 비구들이 그리드라쿠타 산 곳곳에 머무르고 있으면, 여러 비구들에게 명령을 내려 모두 강당에 모이게 하고, 모두 모이거든 내게 와서 알려라."

존자 아난다는 붇다의 분부를 받고 대답하였다.

"그렇게 하겠습니다, 세존이시여."

그리드라쿠타 산에서 일곱 가지 시들지 않는 법을 설하심

이때에 존자 아난다는 곧 영을 돌려 그리드라쿠타 산 곳곳에 머무르는 비구들을 바로 모두 강당에 모이게 하고, 모두 모인 뒤 곧 붇다 계신 곳에 다시 가서 머리를 대 발에 절하고, 물러나 한쪽에 서서 말씀드렸다.

"세존이시여, 저는 이미 영을 돌려 그리드라쿠타 산 곳곳에 머무르는 비구들을 모두 강당에 모이게 해 지금 모두 모였습니다.

세존께서는 그때를 스스로 아시길 바랍니다."

이에 세존께서 존자 아난다를 데리고 강당으로 가시어, 비구대중 앞에서 자리를 펴고 앉으시어 여러 비구들에게 말씀하셨다.

"지금 너희들을 위하여 일곱 가지 시들지 않는 법을 말해주겠다.

너희들은 자세히 듣고 잘 사유해 생각하라."

때에 여러 비구들이 대답하였다.

"그렇게 하겠습니다."

'함께 모여 논의함'을 중심으로
첫째 일곱 가지 시들지 않는 법을 보이심

붇다께서 말씀하셨다.

"어떤 것이 일곱인가.

만약 비구들이 자주자주 같이 모이고 많이 모인다 하자. 그러면 그 비구는 반드시 빼어나게 되어 법이 시들지 않을 것이다.

만약 비구들이 함께 같이 모이고, 대중의 일을 같이하며 함께 일어난다 하자. 그러면 그 비구는 반드시 빼어나게 되어 법이 시들지 않을 것이다.

만약 비구들이 아직 베풀어 세우지 않은 일을 함부로 다시 베풀어 세우지 않고, 본래 베풀어 세웠던 것은 함부로 고쳐 바꾸지 않고, 내가 말한 계를 잘 받들어 행한다 하자. 그러면 그 비구는 반드시 빼어나게 되어 법이 시들지 않을 것이다.

만약 비구들이 아직 오지 않은 것[未來]에 대해 사랑하고 기뻐하는 욕심이 함께하여, 이러저러한 것에 사랑하고 좋아함이 일어나도 따르지 않는다 하자. 그러면 비구는 반드시 빼어나게 되어 법이 시들지 않을 것이다.

만약 비구들이 장로와 높은 존자들이 계시면 함께 범행을 배우고서 비구들이 모두 같이 존경하고 공손히 받들어 공양하고 그분들에게 가르침을 듣고 받아 그대로 따른다 하자. 그러면 그 비구는 반드시 빼어나게 되어 법이 시들지 않을 것이다.

만약 비구들이 일없는 곳[無事處]·산숲·높은 바위, 고요한 곳에서 한가히 머물러[閑居靜處] 고요하여 소리가 없고[寂無音聲], 멀리 떠나 악이 없으며, 사람이 없이 편안히 좌선함을 따라[隨順安坐] 즐거이 머물러 떠나지 않는다 하자. 그러면 그 비구는 반드시 빼어나게 되어 법이 시들지 않을 것이다.

만약 비구들이 여러 범행자들을 옹호하여, 지극히 존중하고 사랑하고 공경하며, 아직 오지 않은 범행자는 빨리 오도록 바라고, 이미 온 범행자가 늘 오래 머무는 것을 좋아해, 늘 입을 옷·먹을거리·자리끼·의약품 등이 모자라지 않게 해 모든 생활도구가 갖추어지도록 한다 하자. 그러면 그 비구는 반드시 빼어나게 되어 법이 시들지 않을 것이다.

만약 비구들이 이 일곱 가지 시들지 않는 법을 행하고 받아 지니어 범하지 않으면, 반드시 빼어나게 되어 법이 시들지 않을 것이다."

'스승과 바른 법 공경함'을 중심으로
둘째 일곱 가지 시들지 않는 법을 보이심
세존께서 다시 여러 비구들에게 말씀하셨다.

"나는 너희들을 위하여 다시 일곱 가지 시들지 않는 법을 말해주겠다. 너희들은 자세히 듣고 잘 사유해 생각하라."

때에 여러 비구들이 대답하였다.

"그렇게 하겠습니다."

붇다께서 말씀하셨다.

"어떤 것이 일곱인가.

만약 비구들이 스승을 공경하고, 아주 존중해 공양하고 받들어 섬긴다 하자. 그러면 그 비구는 반드시 빼어나게 되어 법이 시들지 않을 것이다.

만약 비구들이 다르마[法]와 상가[僧]와 계(戒), 방일하지 않음[不放逸], 바쳐 대드림[供給], 선정[定]을 공경하고 아주 존중해 공양하고 받들어 섬긴다 하자.

그러면 그 비구는 반드시 빼어나게 되어 법이 시들지 않을 것이다.

만약 비구들이 이 일곱 가지 시들지 않는 법을 행하고 받아 지니어 범하지 않으면, 반드시 빼어나게 되어 법이 시들지 않을 것이다."

'그릇된 업 익히지 않음'을 중심으로
셋째 일곱 가지 시들지 않는 법을 보이심

세존께서 다시 여러 비구들에게 말씀하셨다.

"나는 너희들을 위하여 다시 일곱 가지 시들지 않는 법을 말해주겠다. 너희들은 자세히 듣고 잘 사유해 생각하라."

때에 여러 비구들이 대답하였다.

"그렇게 하겠습니다."

붇다께서 말씀하셨다.

"어떤 것이 일곱인가.

만약 비구들이 업을 짓지 않고 업을 즐겨하지 않으며 업을 익히지 않는다 하자. 그러면 그 비구는 반드시 빼어나게 되어 법이 시들지 않을 것이다.

쓸데없이 지껄이지 않고 지껄이기를 즐겨하지 않으며 지껄이기를 익히지 않는다 하자.

그리고 쓸데없는 모임을 짓지 않고, 모이기를 즐겨하지 않으며 모이기를 익히지 않는다 하자. 그러면 그 비구는 반드시 빼어나게 되어 법이 시들지 않을 것이다.

잡되게 합하지 않고 잡되게 합하기를 즐겨하지 않으며, 잡되게 합하기를 익히지 않는다 하자.

그리고 다시 잠자기를 짓지 않고 잠자기를 즐겨하지 않으며, 잠자기를 익히지 않는다 하자. 그러면 그 비구는 반드시 빼어나게 되어 법이 시들지 않을 것이다.

다시 이로움을 위하지 않고 기림을 위하지 않으며, 다른 사람 때문에 범행을 행하지 않아서 다시 잠깐이라도 그렇게 하지 않는다 하자.

그리고 덕이 빼어나도록 하기 위해 그 가운데 방편을 버리지 않고 덕이 빼어나도록 한다 하자. 그러면 그 비구는 반드시 빼어나게 되어 법이 시들지 않을 것이다.

만약 비구들이 이 일곱 가지 시들지 않는 법을 행하고 받아 지니어 범하지 않으면, 반드시 빼어나게 되어 법이 시들지 않을 것이다."

'믿음의 재물 등 일곱 가지 법의 재물'[七法財]로 넷째 일곱 가지 시들지 않는 법을 보이심

세존께서 다시 여러 비구들에게 말씀하셨다.

"나는 너희들을 위하여 다시 일곱 가지 시들지 않는 법을 말해주겠다. 너희들은 자세히 듣고 잘 사유해 생각하라."

때에 여러 비구들이 대답하였다.

"그렇게 하겠습니다."

붇다께서 말씀하셨다.

"어떤 것이 일곱인가.

만약 비구들이 믿음의 재물[信財]·계율의 재물[戒財]·스스로 부끄러워함의 재물[慚財]·남에 대한 부끄러움의 재물[愧財]·널리 들음의 재물[博聞財]·보시의 재물[施財]을 성취하고, 지혜의 재물[慧財]을 성취한다 하자. 그러면 그 비구는 반드시 빼어나게 되어 법이 시들지 않을 것이다.

만약 비구들이 이 일곱 가지 시들지 않는 법을 행하고 받아 지니어 범하지 않으면, 반드시 빼어나게 되어 법이 시들지 않을 것이다."

'믿음의 힘 등 일곱 가지 힘'[七力]으로
다섯째 일곱 가지 시들지 않는 법을 보이심

세존께서 다시 여러 비구들에게 말씀하셨다.

"나는 너희들을 위하여 다시 일곱 가지 시들지 않는 법을 말해주겠다. 너희들은 자세히 듣고 잘 사유해 생각하라."

때에 여러 비구들이 대답하였다.

"그렇게 하겠습니다."

붇다께서 말씀하셨다.

"어떤 것이 일곱인가.

만약 비구들이 믿음의 힘[信力]·정진의 힘[精進力]·스스로 부끄러워함의 힘[慚力]·남에 대한 부끄러움의 힘[愧力]·생각의 힘[念力]·선정의 힘[定力]을 성취하고, 지혜의 힘[慧力]을 성취한다 하자. 그러면 그 비구는 반드시 빼어나게 되어 법이 시들지 않을 것이다.

만약 비구들이 이 일곱 가지 시들지 않는 법을 행하고 받아 지니어 범하지 않으면, 반드시 빼어나게 되어 법이 시들지 않을 것이다."

'일곱 갈래 깨달음 법'으로
여섯째 일곱 가지 시들지 않는 법을 보이심

세존께서 다시 여러 비구들에게 말씀하셨다.

"나는 너희들을 위하여 다시 일곱 가지 시들지 않는 법을 말해주 겠다. 너희들은 자세히 듣고 잘 사유해 생각하라."

때에 여러 비구들이 대답하였다.

"그렇게 하겠습니다."

붇다께서 말씀하셨다.

"어떤 것이 일곱인가.

만약 비구들이 '생각의 깨달음 법'을 닦아 '버려 떠남'[捨離]을 의지하고, '욕심 없음'[無欲]을 의지하며, '사라져 다함'[滅盡]을 의지하여 벗어남[出要]에 나아간다 하자.

그리고 법 가림·정진·기쁨·쉼·선정의 깨달음 법과 버림의 깨달음 법을 닦음 또한 그러하여, 버려 떠남을 의지하고, 욕심 없음을 의지하며, 사라져 다함을 의지하여 벗어남에 나아간다 하자. 그러면 비구는 반드시 빼어나게 되어 법이 시들지 않을 것이다.

만약 비구들이 이 일곱 가지의 시들지 않는 법을 행하고 받아 지니어 범하지 않으면, 반드시 빼어나게 되어 법이 시들지 않을 것이다."

'상황에 맞는 바른 율'을 중심으로
일곱째 일곱 가지 시들지 않는 법을 보이심

세존께서 다시 여러 비구들에게 말씀하셨다.

"나는 너희들을 위하여 다시 일곱 가지 시들지 않는 법을 말해주 겠다. 너희들은 자세히 듣고 잘 사유해 생각하라."

때에 여러 비구들이 대답하였다.

"그렇게 하겠습니다."

붇다께서 말씀하셨다.

"어떤 것이 일곱인가.

만약 비구들이 '얼굴 앞의 율'[面前律]을 주어야 할 것은 '얼굴 앞 의 율'을 준다 하자.

'기억함의 율'[憶律]을 주어야 할 것은 '기억함의 율'을 주며, '어 리석지 않은 율'[不癡律]을 주어야 할 것은 '어리석지 않은 율'을 준 다 하자.

'스스로 드러냄의 율'[自發露]을 주어야 할 것은 '스스로 드러냄 의 율'을 주고, '같이 일함[居]의 율'을 주어야 할 것은 '같이 일함의 율'을 주며, '더욱 전해 그치게 하는 율'[展轉]을 주어야 할 것은 '더 욱 전해 그치게 하는 율'을 주고, 대중 가운데서 다툼을 일으키면 쓰 레기 빗자루로 쓸듯[如棄糞掃] 다툼 그치는 법[止諍法]으로써 다툼 을 그치게 한다 하자.

그러면 비구는 반드시 빼어나게 되어 법이 시들지 않을 것이다.

만약 비구들이 이 일곱 가지 시들지 않는 법을 행하고 받아 지니 어 범하지 않으면, 반드시 빼어나게 되어 법이 시들지 않을 것이다."

대중을 위하여 니르바나 얻게 하는
여섯 가지 위로법을 보이심

세존께서 다시 여러 비구들에게 말씀하셨다.

"이제 너희들을 위하여 여섯 가지 위로법[六慰勞法]을 말해주겠
다. 너희들은 자세히 듣고 잘 사유해 생각하라."

때에 여러 비구들이 대답하였다.

"그렇게 하겠습니다."

붇다께서 말씀하셨다.

"어떤 것이 여섯인가.

사랑하는 몸의 업[慈身業]으로써 여러 범행 닦는 이들을 향하는
것이 위로법이고, 사랑의 법이요 즐거움의 법이다.

이 법이 남으로 하여금 사랑하게 하고 존중하게 하며, 받들게 하
고 공경하게 하며, 닦게 하고 거두게 한다.

또한 사문을 얻게 하고[得沙門] 한마음을 얻게 하며[得一心], 정
진을 얻게 하고[得精進] 니르바나를 얻게 한다[得涅槃].

이와 같이 사랑하는 입의 업[慈口業], 사랑하는 뜻의 업[慈意業]
또한 그러하다.

만약 법의 이익[法利]이 있으면 법 그대로 이익을 얻고, 먹는 밥에
서부터 발우 가운데 남은 밥까지, 이와 같은 이익된 것을 여러 범행
닦는 이들에게 보시하는 것[布施諸梵行]이 이 위로법이고, 사랑의
법이요 즐거움의 법이다.

이 법이 남으로 하여금 사랑하게 하고 존중하게 하며, 받들게 하
고 공경하게 하며, 닦게 하고 거두게 한다.

또한 사문을 얻게 하고 한마음을 얻게 하며, 정진을 얻게 하고 니
르바나를 얻게 한다.

만약 계(戒)가 있어 이지러지지도 않고, 뚫리지도 않으며, 더러움
도 없고 검음도 없어서, 마치 땅이 다른 것을 따르지 않음과 같으면,

성인이 일컬어 기리는 것[聖所稱譽]이다.

이 계를 두루 갖추어 잘 받아가지고, 이와 같은 계를 여러 범행 닦는 이들에게 보시하는 것이 이 위로법이고, 사랑의 법이요 즐거움의 법이다.

이 법이 남으로 하여금 사랑하게 하고 존중하게 하며, 받들게 하고 공경하게 하며, 닦게 하고 거두게 한다.

또한 사문을 얻게 하고 한마음을 얻게 하며, 정진을 얻게 하고 니르바나를 얻게 한다.

만약 이 거룩한 벗어남의 길[聖出要]이 있음을 보면, 밝게 깨쳐 깊이 통달하여 바르게 괴로움을 다하고, 이와 같은 견해를 여러 범행 닦는 이들에게 보시하면 이것이 이 위로법이고, 사랑의 법이요 즐거움의 법이다.

이 법이 남으로 하여금 사랑하게 하고 존중하게 하며, 받들게 하고 공경하게 하며, 닦게 하고 거두게 한다.

또한 사문을 얻게 하고 한마음을 얻게 하며, 정진을 얻게 하고 니르바나를 얻게 한다.

내가 아까 말한 여섯 가지 위로법이란 이것을 인하여 말한 것이다."

붇다께서 이렇게 말씀하시니, 여러 비구들은 붇다의 말씀을 듣고, 기뻐하며 받들어 행하였다.

• 중아함 142 우세경 후반부

• 해설 •

정치공동체를 시들지 않게 하는 일곱 가지 법을 다시 상가를 길이 시들지 않게 하는 일곱 법으로 보이시고 있다.

일곱 법은 한 법이 다른 여섯 법을 모두 거두고 있으므로 일곱의 한 법으로 다시 일곱 법을 열어보이신다. 그 큰 줄기는 다음과 같이 다시 말해볼 수 있을 것이다.

첫째, 상가대중이 같이 자주 모이고 많이 모여 가장 바른 뜻을 대중의 총의에 의해서 결정한다면, 그 법이 어찌 옳은 옛 법 없애버리고 그른 새 법을 함부로 세울 것이며, 장로와 높은 현성들을 공경하지 않는 법이겠는가. 상가의 합의된 뜻을 잘 지키는 비구는 늘 고요한 곳에서 여래가 가르친 법을 사유하고 좌선하여 정진할 것이니, 이렇게 행하면 상가는 길이 시들지 않을 것이다.

둘째, 스승을 공경하고 바른 법을 공경하면 그는 계와 선정과 지혜를 닦아 방일하지 않을 것이니, 이와 같이 행하면 상가는 길이 시들지 않을 것이다.

셋째, 여래가 금하신 그릇된 업을 익히지 않으면 쓸데없이 떠들고 지껄이며 쓸데없는 모임을 만들지 않고 잠자기를 즐기지 않고 늘 사마디를 닦아 행할 것이니, 이와 같이 행하면 상가는 길이 시들지 않을 것이다.

넷째, 믿음과 계율의 재물, 스스로와 남에게 부끄러워함의 재물, 널리 들음과 보시의 재물, 지혜 재물의 이 일곱 가지 재물을 성취하면 상가는 길이 시들지 않을 것이다.

다섯째, 일곱 가지 법의 재물을 지니어 그 일곱 가지 법의 힘을 성취하여 잘 정진해가면 상가는 길이 시들지 않을 것이다.

여섯째, 생각[念]의 깨달음 법·법 가림·정진·기쁨·쉼·선정·버림의 깨달음 법 등 일곱 갈래 깨달음 법[七覺支]을 닦아, 버려 떠남[捨離]을 의지하여 욕심 없음[無欲]에 의지하며 사라져 다함을 의지해 벗어남에 나아가면 상가는 길이 시들지 않을 것이다.

일곱째, 상가에 다툼이 일어나는 그때, 사람과 벌어진 일에 따라 일곱 가지 다툼 없애는 율(律, vinaya)을 주어 다툼을 없애고 바름을 세우면 상가는 길이 시들지 않을 것이다.

상가와 상가의 법을 시들지 않게 하는 일곱 가지 법을 보이신 뒤 다시 대중을 위로하는 여섯 가지 위로법[六慰勞法]을 말씀하시니, 곧 여섯 가지 화합하고 공경하는 법[六和敬]이다.

사랑하는 몸의 업[慈身業]·사랑하는 입의 업[慈口業]·사랑하는 뜻의 업[慈意業]으로 범행 닦는 이를 위로하고 서로 사랑하고 공경하게 하는 것은 곧 몸과 입과 뜻의 사랑[身口意慈]으로 서로 화합하고 공경함이다.

재물이나 법의 이익을 얻으면 그 이익을 함께 나누어 대중을 위로함은 바로 이익됨을 같이해 화합하고 공경함이다[同利和敬].

스스로 잘 받아 지키는 계를 남들에게 보시해 위로함은 바른 윤리적 실천을 같이해 화합하고 공경함이다[同戒和敬].

벗어남의 길 해탈의 길을 스스로 깨쳐 이 법을 범행 닦는 이들에 보시해 위로함은 그 바른 행을 같이해 화합하고 공경함이다[同行和敬].

이 여섯 가지 위로법이 상가에 있으면 상가는 늘 바른 수행자가 끊어지지 않고, 한마음의 지혜와 사마디의 정진이 늘 이어져서 상가에서 법을 받아 지니는 자는 니르바나를 성취하게 된다.

그러므로 경에서 붇다는 이 위로법이 있으면 사문을 얻게 하고 한마음을 얻게 하고 정진을 얻게 하고 니르바나를 얻게 한다고 가르치신 것이다.

현성과 선지식을 공경하고 여래가 가르치신 바른 법 좋은 업을 닦아 익히면 상가가 시들지 않을 뿐 아니라 이 세간이 정토의 땅으로 장엄될 것이니, 『화엄경』(「세계성취품」)은 가르친다.

오래도록 선지식을 가까이하고
좋은 업 같이 닦아 청정해지며
자비의 마음과 행이 넓고 커서
온갖 중생에 널리 두루해지면

이로써 세계 바다 장엄하리라.

久遠親近善知識　同修善業皆淸淨
慈悲廣大遍衆生　以此莊嚴諸刹海

중생을 이익되게 하기 위하여
갖가지 빼어난 행을 닦으면
복덕이 넓고 커 늘 늘어나 자라
비유하면 구름 퍼져 허공과 같아지듯
온갖 세계바다 모두 성취하리라.

爲利衆生修勝行　福德廣大常增長
譬如雲布等虛空　一切刹海皆成就

모든 파라미타행 한량없어서
저 끝없는 세계의 티끌과 같네.
행을 이미 다 닦아 갖추도록 하면
크나큰 원의 파라미타 다함이 없어서
깨끗한 세계바다 이를 좇아 생겨나리.

諸度無量等刹塵　悉已修行令具足
願波羅蜜無有盡　淸淨刹海從此生

정치지도자가 이루어야 할 열 가지 바른 법

이와 같이 들었다.

한때 붇다께서는 슈라바스티 국 제타 숲 '외로운 이 돕는 장자의 동산'에 계셨다.

그때 세존께서 여러 비구들에게 말씀하셨다.

"만약 국왕이 열 가지 그른 법을 성취한다면 그는 오래 보존하지 못하고 또 여러 도적이 많을 것이다.

어떤 것이 열 가지인가?"

국왕의 열 가지 그른 법을 보이심

"때로 국왕이 인색하고 탐욕스러워 작고 가벼운 일로도 곧 화를 내고 뜻과 이치[義理]를 살피지 않는 것이다. 만약 국왕이 이 첫 번째 그른 법을 성취한다면 오래 보존하지 못하고 나라에 도적이 많게 될 것이다.

다시 국왕이 재물을 탐착하여 기꺼이 보시하지 않는다 하자. 그러면 이것을 국왕이 '이 두 번째 법을 성취하면 오래 보존하지 못한다'고 하는 것이다.

다시 국왕이 남의 충고를 받아들이지 않고 사람 됨됨이가 포악하여 사랑의 마음이 없다 하자. 그러면 이것을 국왕이 '세 번째 법을 성취하면 오래 보존하지 못한다'고 하는 것이다.

다시 국왕이 백성들을 억눌러 함부로 묶고 가두어서 감옥에서 내보낼 기약이 없다 하자. 그러면 이것을 국왕이 '네 번째 법을 성취하면 오래 보존하지 못한다'고 하는 것이다.

다시 국왕이 법도가 없고 대신들 또한 바른 행을 살피지 않는다 하자. 그러면 이것을 국왕이 '다섯 번째 법을 성취하면 오래 보존하지 못한다'고 하는 것이다.

다시 국왕이 남의 여자를 탐하고 제 아내를 멀리한다 하자. 그러면 이것을 국왕이 '여섯 번째 법을 성취하면 오래 보존하지 못한다'고 하는 것이다.

다시 국왕이 술을 좋아하고 즐겨 나랏일을 처리하지 않는다 하자. 그러면 이것을 국왕이 '일곱 번째 법을 성취하면 오래 보존하지 못한다'고 하는 것이다.

다시 국왕이 노래와 춤과 놀이를 좋아하여 나랏일을 처리하지 않는다 하자. 그러면 이것을 국왕이 '여덟 번째 법을 성취하면 오래 보존하지 못한다'고 하는 것이다.

다시 국왕이 늘 오랜 병을 앓아 건강한 날이 없다 하자. 그러면 이것을 국왕이 '아홉 번째 법을 성취하면 오래 보존하지 못한다'고 하는 것이다.

다시 국왕이 충성스럽고 효성스런 신하를 믿지 않아 곁을 지켜주는 이가 적고 튼튼한 대신이 없다 하자. 그러면 이것을 국왕이 '이 열 번째 그른 법을 성취하면 오래 보존하지 못한다'고 하는 것이다."

비구의 열 가지 그른 법을 보이심

"지금 비구대중 또한 다시 이와 같다. 만약 열 가지 그른 법을 성취하면 착함의 근본인 공덕을 늘리지 않고, 몸이 무너지고 목숨을 마치고는 지옥에 들어간다.

어떤 것이 열 가지인가? 이렇게 말할 수 있다.

비구가 금한 계를 지니지 않고 다시 공경하고 삼가는 마음이 없다 하자. 그러면 이것을 비구가 '첫 번째 법을 성취하면 마침내 이르를 곳을 얻지 못한다'[不得究竟有所至到]고 하는 것이다.

다시 비구가 붇다를 받들어 섬기지 않고 참된 말씀[眞言]을 믿지 않는다 하자. 그러면 이것을 비구가 '두 번째 법을 성취하면 오래 머물지 못한다'[不得久住]고 하는 것이다.

다시 비구가 법을 받들어 섬기지 않고 여러 계율을 빠뜨린다 하자. 그러면 이것을 비구가 '세 번째 법을 성취하면 오래 머물지 못한다'고 하는 것이다.

다시 비구가 거룩한 상가를 받들어 섬기되 늘 스스로 뜻을 낮추어 상가의 받아줌을 믿지 않는다 하자. 그러면 이것을 비구가 '네 번째 법을 성취하면 오래 머물지 못한다'고 하는 것이다.

다시 비구가 이익됨[利養]에 탐착하여 마음에서 놓아버리지 못한다 하자. 그러면 이것을 비구가 '다섯 번째 법을 성취하면 오래 머물지 못한다'고 하는 것이다.

다시 비구가 많이 배워 묻지 않고 부지런히 외우고 읽어 익히지 않는다 하자. 그러면 이것을 비구가 '여섯 번째 법을 성취하면 오래 보존하지 못한다'[不得久存]고 하는 것이다.

다시 비구가 좋은 벗을 따라 일하지 않고 늘 나쁜 벗과 같이 일한다 하자. 그러면 이것을 비구가 '일곱 번째 법을 성취하면 오래 보존하지 못한다'고 하는 것이다.

다시 비구가 늘 일하기만 좋아하고 좌선(坐禪)을 생각하지 않는다 하자. 그러면 이것을 비구가 '여덟 번째 법을 성취하면 오래 보존하지 못한다'고 하는 것이다.

다시 비구가 세간의 숫자 셈에 집착하여 길을 돌이켜 세속으로 나아가[返道就俗] 바른 법을 익히지 않는다 하자. 그러면 이것을 비구가 '아홉 번째 법을 성취하면 오래 보존하지 못한다'고 하는 것이다.

다시 비구가 범행 닦는 것을 좋아하지 않고 깨끗하지 않은 것을 탐착한다 하자. 그러면 이것을 비구가 '열 번째 법을 성취하면 오래 보존하지 못한다'고 하는 것이다.

이것을 '비구가 이 열 가지 그른 법을 성취하면 반드시 세 갈래 나쁜 세계에 떨어지고 좋은 곳에 태어나지 못한다'고 하는 것이다."

이루어야 할 국왕의 열 가지 법을 보이심

"만약 국왕이 열 가지 바른 법을 성취하면 세상에 오래 머무르게 된다.

어떤 것이 열 가지인가? 이렇게 말할 수 있다.

국왕이 재물에 집착하지 않고 성을 내지 않으며 또 작은 일로 성내 해치려는 마음을 일으키지 않는다 하자. 그러면 이것을 국왕이 '첫 번째 법을 성취하면 오래 보존할 수 있다'고 하는 것이다.

다시 국왕이 여러 신하들의 충고를 받아들여 그 말을 거스르지 않는다 하자. 그러면 이것을 국왕이 '두 번째 법을 성취하면 오래 보존할 수 있다'고 하는 것이다.

다시 국왕이 늘 보시하기를 좋아해 백성들과 즐거움을 같이한다 하자. 그러면 이것을 국왕이 '세 번째 법을 성취하면 오래 보존할 수 있다'고 하는 것이다.

다시 국왕이 바른 법으로 재물을 거두고 그른 법으로 하지 않는다 하자. 그러면 이것을 국왕이 '네 번째 법을 성취하면 오래 보존할 수 있다'고 하는 것이다.

다시 국왕이 남의 여자를 탐하지 않고 늘 스스로 그 아내를 지켜 보살핀다 하자. 그러면 이것을 '다섯 번째 법을 성취하면 오래 보존할 수 있다'고 하는 것이다.

다시 국왕이 술을 마시지 않고 마음이 거칠거나 어지럽지 않다 하자. 그러면 이것을 국왕이 '여섯 번째 법을 성취하면 오래 보존할 수 있다'고 하는 것이다.

다시 국왕이 우스갯놀이 하지 않고 바깥 적을 항복받는다 하자. 그러면 이것을 국왕이 '일곱 번째 법을 성취하면 오래 보존할 수 있다'고 하는 것이다.

다시 국왕이 법을 살펴 다스리며 끝내 굽은 마음[阿曲]이 없다 하자. 그러면 이것을 국왕이 '여덟 번째 법을 성취하면 오래 보존할 수 있다'고 하는 것이다.

다시 국왕이 신하들과 화목하며 마침내 다투지 않는다 하자. 그러면 이것을 국왕이 '아홉 번째 법을 성취하면 오래 보존할 수 있다'고 하는 것이다.

다시 국왕이 병이 없고 기와 힘이 넘친다 하자. 그러면 이것을 국왕이 '열 번째 법을 성취하면 오래 보존할 수 있다'고 하는 것이다.

만약 국왕이 이 열 가지 법을 성취한다면 오래 보존할 것이요, 아무도 그를 어쩌지 못할 것이다."

이루어야 할 비구의 열 가지 법을 보이심

"비구대중 또한 다시 이와 같아, 열 가지 법을 성취하면 팔을 굽혔다 펴는 사이에 하늘위에 태어날 것이다.

어떤 것이 열 가지인가? 이렇게 말할 수 있다.

비구가 금한 계를 받들어 지니며 계율의 덕을 갖추어 바른 법을 범하지 않는다 하자. 그러면 이것을 비구가 '첫 번째 법을 성취하면 몸이 무너지고 목숨을 마치고 하늘위의 좋은 곳에 태어난다'고 하는 것이다.

다시 비구가 여래 계신 곳[如來所]에 공경하는 마음이 있다 하자. 그러면 이것을 비구가 '두 번째 법을 성취하면 좋은 곳에 태어나게 된다'고 하는 것이다.

다시 비구가 법의 가르침에 따라 하나도 범하지 않는다 하자. 그러면 이것을 비구가 '세 번째 법을 성취하면 좋은 곳에 태어나게 된다'고 하는 것이다.

다시 비구가 거룩한 상가를 공경히 받들며 게으른 마음이 없다 하자. 그러면 이것을 비구가 '네 번째 법을 성취하면 하늘위에 나게 된다'고 하는 것이다.

다시 비구가 욕심 줄여 만족할 줄을 알아 이익됨에 집착하지 않는다 하자. 그러면 이것을 비구가 '다섯 번째 법을 성취하면 하늘위에 나게 된다'고 하는 것이다.

다시 비구가 제멋대로 뜻을 쓰지 않고 늘 계법(戒法)을 따른다 하자. 그러면 이것을 비구가 '여섯 번째 법을 성취하면 좋은 곳에 나게 된다'고 하는 것이다.

다시 비구가 일에만 집착하지 않고 늘 좌선하기를 좋아한다[常喜

坐禪] 하자. 그러면 이것을 비구가 '일곱 번째 법을 성취하면 하늘위에 나게 된다'고 하는 것이다.

다시 비구가 한가하고 고요한 곳을 좋아해 사람들 사이에 있지 않는다 하자. 그러면 이것을 비구가 '여덟 번째 법을 성취하면 좋은 곳에 나게 된다'고 하는 것이다.

다시 비구가 나쁜 벗과 같이 일하지 않고 늘 좋은 벗과 같이 일한다 하자. 그러면 이것을 비구가 '아홉 번째 법을 성취하면 좋은 곳에 나게 된다'고 하는 것이다.

다시 비구가 늘 범행을 닦아 나쁜 법을 떠나고 많이 듣고 뜻을 배워 그 차례를 잃지 않는다 하자. 그러면 이것을 비구가 '열 번째 법을 성취하면 좋은 곳에 나게 된다'고 하는 것이다."

비구에게 그른 법을 버리고 열 가지 바른 법 행할 것을 당부하심

"이와 같이 비구가 열 가지 법을 성취한다면 팔을 굽혔다 펴는 사이에 하늘위의 좋은 곳에 태어날 것이다.

이것을 여러 비구들이여, 그른 법을 행하면 지옥에 들어간다는 것이니, 반드시 버려 떠날 것을 생각하고, 열 가지 바른 법의 행을 받들어 닦아야 한다.

이와 같이 여러 비구들이여, 반드시 이렇게 배워야 한다."

그때 여러 비구들은 붇다의 말씀을 듣고 기뻐하며 받들어 행하였다.

• 증일아함 46 결금품(結禁品) 六

　대중의 이익과 행복을 위한 바른 정치로 권력의 정당성을 유지하지 못하는 한 정치지도자는 그 지위를 보존하지 못할 것이다.

　붇다께서 경계하시는 열 가지 그릇된 정치가 있으니 다음과 같다.

　첫째, 정치지도자가 권력을 대중의 행복을 위해 쓰지 않고 자기 탐욕을 위해 쓰거나 사리사욕과 당파적 이익에 빠져 합리적 국가정책을 펼치지 않는 경우이다.

　그렇게 되면 그 정치지도자 스스로가 도적이 되고 나라 안은 부정비리가 판치게 된다. 그리하여 권력자와 힘센 자가 약한 자를 억압하고 수탈하면 나라 안은 온통 원성이 넘칠 것이다.

　둘째, 정치지도자가 사회의 공익과 대중의 복리에 힘쓰지 않으면 그 권력은 오래 유지될 수 없다.

　셋째, 정치지도자가 언론의 자유를 인정하지 않고 반대파의 의견을 탄압하면 그 권력은 오래 유지될 수 없다.

　넷째, 정치지도자가 독재와 폭압의 정치로 민중을 탄압해 감옥에 가두면 그 권력은 오래 유지될 수 없다.

　다섯째, 정치지도자가 올바른 국가정책을 수립하지 못하고 당쟁만을 일삼으면 그 권력은 오래 유지될 수 없다.

　여섯째, 정치지도자가 사생활이 문란하여 권력을 이용해 남의 사람 남의 재물을 빼앗으면 그 권력은 오래 유지될 수 없다.

　일곱째, 정치지도자가 방탕하여 합리적 사고로 나랏일을 처리하지 못하면 그 권력은 오래 유지될 수 없다.

　여덟째, 정치지도자가 연회와 파티를 좋아하여 나랏일을 처리하지 못하면 그 권력은 오래 유지될 수 없다.

　아홉째, 정치지도자가 몸과 마음이 건강하지 못해 위기관리 능력이 떨어지고 상황대처 능력이 떨어지면 그 권력은 오래 유지될 수 없다.

열째, 정치지도자가 바른 정치적 연대세력이 없이 옳은 정치적 충고 정책제안을 받아들이지 않으면 그 권력은 오래 유지될 수 없다.

세간법이 곧 출세간법이라 세간 사회정치에 적용되는 바른 원칙이 곧 상가공동체를 유지시키는 바른 법과 다르지 않다. 그른 법이 세간 정치집단 속에 넘치면 그 사람과 정치집단이 오래갈 수 없듯, 수행자 또한 열 가지 그른 법이 있으면 지혜의 목숨[慧命]을 성취하지 못하고 파멸에 이르게 되며 상가가 유지될 수 없다.

수행자의 열 가지 그른 법은 다음과 같이 말할 수 있다.

첫째, 삼가고 공경하는 마음이 없이 그 생활이 문란하고 질서가 없으면 니르바나에 이르지 못한다.

둘째, 여래와 여래의 참된 말씀을 믿지 않으면 자기진실을 믿지 않음이라 그 사람은 니르바나에 이르지 못한다. 붇다의 바른 가르침은 삶과 세계의 진실을 열어 보이는 말씀이며 참된 말씀[眞言]이기 때문이다.

셋째, 여래의 법을 듣고 깊이 사유해 행하지 않으면 그는 니르바나에 이르지 못한다.

넷째, 여래의 법을 위해 모인 진리의 공동체에 한 구성원이 된 것을 깊이 감사하고 받들어 섬기지 않으면 그는 니르바나에 이르지 못한다.

다섯째, 세간의 이익과 이름을 버리고 법의 몸[法身] 법의 재물[法財]을 구하지 않고 이익됨을 좇아 살면 그는 니르바나에 이르지 못한다.

여섯째, 스승에게 많이 들어 배우고 외워 지니지 않으면 그는 니르바나에 이르지 못한다.

일곱째, 범행 닦는 좋은 벗과 같이 일하지 않고 이익 좇는 무리들과 패거리 지어 살면 그는 니르바나에 이르지 못한다.

여덟째, 절집의 살림살이에만 매몰되어, 참선하고 경을 배우고 갖가지 사마디의 방편에 힘써 정진하지 않으면 그는 니르바나에 이르지 못한다.

아홉째, 셀 수 있는 세간법에 탐착하여 함이 없고 지음 없는 여래의 법을 등지면 그는 니르바나에 이르지 못한다.

열째, 탐욕의 흐름을 끊고 범행을 닦지 않으며 욕망에 내맡겨 환상을 좇아 살면 그는 니르바나에 이르지 못한다.

위와 같이 해서는 안 될 열 가지 그른 법을 가르치시지만, 그름은 꼭 그러한 그름이 아니니 그른 줄 알고 잘못된 줄 알아 그 사고와 행동의 방향을 바꾸면 그릇된 마음을 돌이켜 바름에 나아갈 수 있다.

세간의 정치나 사문의 해탈의 법에서도 그름을 그름인 줄 알면, 그릇된 짓하는 그 자리에서 바로 그름을 바꾸어 바름으로 나아갈 수 있는 길이 열린다.

우거진 가시덤불 속에 우트팔라(utpala) 꽃이 피고 저 활활 타는 지옥불 가운데서 연꽃[puṇḍarīka] 피는 소식을 볼 수 있으니, 옛 선사[大慧]의 다음 노래를 들어보자.

가을강이 맑아지고 낮아졌을 때
하얀 이슬 안개 낀 섬에 섞이네.
거룩하다 관세음 보디사트바여
온몸이 묵은 풀 속에 들어가도다.

秋江淸淺時 白露和煙島
良哉觀世音 全身入荒草

대왕이여 사람의 목숨은 짧고 위태롭소
죽임과 폭압의 정치를 그만두어야 하오

이와 같이 들었다.

한때 붇다께서는 슈라바스티 국 제타 숲 '외로운 이 돕는 장자의 동산'에 계셨다.

그때 프라세나짓 왕은 그 서모(庶母)의 아들 백 명을 죽이고 곧 이렇게 마음이 변해 뉘우치게 되었다.

'내가 악의 근원을 지은 것은 아주 많다. 다시 이런 짓을 한 것은 왕위 때문이다. 이렇게 백 명을 죽였으니, 누가 내 시름과 근심을 없애줄 수 있을까?'

프라세나짓 왕은 또 이렇게 생각하였다.

'오직 세존만이 내 근심을 없애주실 수 있을 것이다.'

그때 왕은 다시 이렇게 생각하였다.

'나는 지금 이런 시름과 근심을 품어서는 안 된다.

잠자코 세존 계신 곳에 찾아가되, 왕의 위엄을 짊어지고 세존 계신 곳에 가야 한다.'

백 명의 이복들을 죽인 프라세나짓 왕이 세존께 와 참회함

그때 프라세나짓 왕은 많은 신하들에게 말하였다.

"너희들은 보배깃털 수레를 멍에 지우도록 재촉하라. 앞의 왕들의 법대로 슈라바스티 성을 나가 몸소 여래께 가리라."

뭇 신하들은 왕의 명령을 받고 나서 곧 보배깃털 수레를 꾸며 준비하고서 곧 왕에게 와 말씀드렸다.

"수레 준비는 이미 끝났습니다. 왕이시여, 때를 아십시오."

그러자 프라세나짓 왕은 곧 보배깃털 수레를 타고는 종을 치고 북을 울리며 비단 깃발과 일산을 걸고, 따르는 이[從者]들에겐 모두 갑옷을 입혔다.

왕은 여러 신하들에게 둘러싸여 슈라바스티 성을 나가 제타 숲의 동산에 이르러 거기서부터는 걸어서 제타 숲 정사[祇園精舍]로 들어갔다.

그리고 앞의 왕의 법대로 지녔던 다섯 가지 왕의 몸가짐[威儀]을 버렸다. 곧 일산[傘蓋]·하늘 갓[天冠]·털이[拂]·칼[劍]·가죽신[履屣] 등을 모두다 버리고 세존 계신 곳에 이르러 머리를 땅에 대고, 다시 손으로 여래의 발을 어루만지면서 널리 스스로 마음을 열어 말씀드렸다.

"저는 지금 허물을 뉘우칩니다. 지난 잘못을 고치고 앞으로 올 일을 닦겠습니다. 어리석고 미혹하여 참됨과 거짓을 가리지 못하고 왕의 위력으로 서모의 아들 백 명을 죽였으니, 왕의 위력 때문입니다.

지금 와서 스스로 깊이 뉘우치고 있으니 받아주시길 바랍니다."

사람의 목숨이 짧고 위태로움을 보여 악업 짓지 않도록 하심

붇다께서 왕에게 말씀하셨다.

"잘 말했소. 대왕이여, 다시 본래 자리로 돌아가시오. 지금 법을 설하겠소."

프라세나짓 왕은 곧 자리에서 일어나 세존의 발에 절하고 본래 자리로 돌아갔다.

붇다께서 왕에게 말씀하셨다.

"목숨은 아주 위태롭고 약한 것이오. 아주 오래 살아야 백 년을 지나지 못하니, 넘는 사람은 몇 되지 않소. 사람의 목숨 백 년을 서른세 하늘의 날로 세면 하루 낮 하룻밤이오. 그 하늘의 낮과 밤 삼십 일을 세면 한 달이 되고 열두 달은 한 해가 되오.

저 서른세하늘의 바른 목숨[正壽]인 일천 세는 사람의 목숨으로 세면 십만 세가 되오.

또 그 하늘의 목숨을 세어보면 '죽고서 바로 다시 살아나는 지옥' [還活地獄]의 하루 낮 하룻밤이 되고, 그 지옥의 낮과 밤 삼십 일을 한 달로 세면 열두 달은 한 해가 되는데, '죽고서 다시 살아나는 지옥'의 수명은 오천 세가 되오.

그렇게 거기에서 반 겁(劫)을 살기도 하고, 한 겁을 살기도 하는데, 그것은 그 사람이 지은 행에 따라 그렇게 되는 것이오. 그 가운데서 일찍 죽는 이가 있기도 하지만, 사람의 목숨으로 세면 백억 세가 되오.

지혜로운 사람은 늘 널리 이 행 닦기를 생각하는데, 다시 악을 짓게 되면 즐거움은 적고 괴로움만 많아 그 재앙은 이루 다 헤아리기 어렵소. 그러므로 대왕이여, 자기 몸이나 부모·처자·나라의 땅·백성들로 말미암아 죄업을 행하지 말고, 또한 왕의 몸을 위하여 죄의 근본을 짓지 마시오.

비유하면 마치 석밀(石蜜)이 처음에는 달지만 뒤에는 쓴 것처럼, 이 또한 이와 같은데 짧은 목숨 가운데 무엇하러 악을 짓겠소.

대왕이여, 알아야만 하오. 네 가지 크게 두려운 것이 늘 사람들의 몸을 내몰아서 끝내 눌러 막아낼 수가 없소. 그것은 또한 주술(呪術)

이나 전투(戰鬪)나 약초(藥草)로써도 억눌러 꺾을 수 없는 것이니, 태어남과 늙음, 병듦과 죽음이오.

마치 네 개의 큰 산(山)이 사방에서 각기 서로 밀려오면 나무를 꺾고 부수어 모두 없애는 것처럼, 그 네 가지 일 또한 다시 같소.

대왕이여, 알아야만 하오. 만약 태어나 세상에 올 때면 부모로 하여금 근심 · 시름 · 괴로움 · 번민을 하게 해 이루 다 헤아릴 수 없는 것이오.

만약 늙음이 이르러 오게 되면 다시 젊음은 없고 몸을 허물어뜨려서, 몸의 활개와 마디는 차츰 늘어지게 되오.

만약 병이 오면 한창 건강한 나이라도 다시 기와 힘이 없게 되고 목숨이 더욱 짧아지게 되오.

만약 죽음이 오면 목숨뿌리를 끊어 사랑하는 사람과 헤어지고 다섯 쌓임[五陰]은 각기 흩어질 것이오.

대왕이여, 이것을 네 가지 큰 요소[四大]가 있어 모두 자재할 수 없다고 하는 것이오."

열 가지 죄업의 과보를 보이시어 죽임 등의
악행 짓지 않도록 하심

"만약 다시 어떤 사람이 만약 산목숨 죽임을 가까이한다면 온갖 죄의 근원을 다 받아 사람 가운데 태어나도 목숨이 아주 짧아질 것이오.

만약 사람이 도둑질을 익히면 뒷생애에는 가난해져, 옷은 몸을 가리지 못하고 음식은 배를 채우지 못할 것이오. 왜냐하면 다른 사람의 재물을 빼앗았기 때문에 이런 좋지 못한 변화를 이루게 되는 것이오. 그래서 만약 사람 가운데 태어나도 괴로움 받음이 한량없을 것이오.

만약 사람이 남의 아내와 음행을 즐기면 뒷세상에 사람 가운데 태어나더라도 그 아내는 정숙하지 못할 것이오.

만약 사람이 거짓말하면, 뒷세상에 사람 가운데 태어나더라도 그 말에 미더움이 없고 다른 사람에게 업신여김을 받을 것이니, 그것은 앞세상에 거짓말을 하였기 때문이오.

만약 사람이 모진 말을 하면 지옥의 죄를 받고, 만약 사람 가운데 태어나도 얼굴빛이 아주 못나고 더러울 것이니, 그것은 모두 앞세상의 모진 말을 말미암아 이런 과보를 이루게 되는 것이오.

만약 사람이 꾸며서 하는 말을 하면 지옥의 죄를 받고, 만약 사람 가운데 태어나도 집안이 화목하지 못하여 늘 싸워 어지럽게 될 것이오. 왜냐하면 다 앞세상 몸이 지은 행의 과보를 말미암은 것이오.

만약 사람이 두말로 이쪽저쪽 사람을 싸우게 하면 지옥의 죄를 받고, 만약 사람 가운데 태어나도 집안이 화목하지 못하여 늘 다툼이 있을 것이오. 왜냐하면 다 앞세상 이쪽저쪽 사람을 싸우게 해서 그렇게 되는 것이오.

만약 사람이 다른 사람을 미워하고 질투하기를 좋아하면 지옥의 죄를 받고, 만약 사람 가운데 태어나도 다른 사람의 미움을 받을 것이니, 모두 앞세상 지은 행의 근본으로 말미암아 그렇게 되는 것이오.

만약 사람이 남을 해치려는 마음을 내면 지옥의 죄를 받고, 사람 가운데 태어나도 뜻이 오롯이 안정되지도 못할 것이오. 왜냐하면 다 앞세상에 이런 마음을 일으켰기 때문이오.

만약 사람이 삿된 견해를 익히면 지옥의 죄를 받고, 만약 사람 가운데 태어나도 몸의 아는 뿌리가 갖추어지지 않아·다른 사람이 나쁘게 보게 될 것이오. 그렇게 된 까닭은 다 앞세상에 지은 행의 근본으로 인해 그렇게 되는 것이오.

이것을 대왕이여, 열 가지 악의 과보로 말미암아 이런 재앙을 이루고 한량없는 괴로움을 받는다고 하는 것이오.

하물며 다시 밖의 다른 것이겠소?"

악업의 과보 보여 그른 법의 정치를 크게 경계하심

"그러므로 대왕이여, 바른 법으로 나라를 다스리고 그른 법[非法]으로 하지 마시오. 또 바른 도리로 백성들을 다스리고 그른 도리로 하지 마시오.

대왕이여, 여러 바른 법으로 백성들을 다스리는 사람은 목숨을 마친 뒤에 모두 하늘위[天上]에 태어날 것이요, 그렇게 하면 바로 대왕이여, 목숨 마친 뒤라도 백성들은 추모해 기억하고 끝내 잊지 않을 것이고, 좋은 이름이 멀리 퍼질 것이오.

대왕이여, 알아야만 하오. 그른 법으로 백성들을 다스리는 사람은 죽은 뒤에 모두 지옥에 날 것이니, 그때 옥졸들은 다섯 얽음[五縛]으로 잡아맬 것이니, 그 가운데서 괴로움 받는 것은 이루 다 헤아릴 수 없을 것이오.

채찍질하거나 묶기도 하고, 종아리를 치기도 하며, 네 활개와 몸마디를 자르기도 하고, 불로 지지기도 하며, 끓는 구리쇳물을 그 몸에 붓기도 하고, 살갗을 벗기기도 할 것이오.

또 풀을 뱃속에 넣기도 하고, 혀를 뽑기도 하며, 그의 몸을 찌르기도 하고, 톱으로 그 몸을 썰기도 하며, 쇠절구통 가운데서 찧기도 하고, 바퀴로 그 얼굴을 갈기도 하며, 칼산과 칼나무[刀樹] 위로 달리게 하기도 하여 잠깐도 쉬지 못하게 할 것이오.

다시 뜨겁게 달아오른 구리쇠 기둥을 안게 하기도 하고, 눈을 뽑아내기도 하며, 귀를 뭉개기도 하고, 손발을 자르기도 하며, 귀나 코를 베어내기도 하는데, 이미 베어내고 나면 다시 돋아나오.

온몸을 큰 가마솥에 넣고 쇠 가지[鐵叉]로 그 몸을 흔들어대며 잠깐도 쉬어 머물지 않게 하다가, 다시 가마솥에서 꺼내어 등의 힘줄을 뽑아서는 수레를 고치는 데 쓰오.

또는 '뜨겁게 굽는[熱炙] 지옥'에 들어가게도 하고, 또는 '뜨거운 오줌[熱屎] 지옥'에 들어가게도 하며, '찌르는 지옥'에 들어가게도 하고, 또는 '재[灰] 지옥'에 밀어넣기도 하며, 또는 '칼나무 지옥'에 밀어넣기도 할 것이오.

또는 반듯하게 눕히고 뜨거운 쇠구슬을 먹이면 창자와 밥통 등 오장(五藏)이 모두 다 문드러지면서 쇠구슬이 밑으로 내려가게 할 것이며, 다시 끓는 구리쇳물을 입에 부어 밑으로 내려가게 할 것이오.

이렇게 그 가운데에서 괴로움 받는 것은 반드시 그 죄가 다 끝나고 나서야 비로소 벗어날 수 있소.

이와 같이 대왕이여, 중생들이 지옥에 들어가는 것은 그 일이 이와 같으니, 다 앞세상 다스리는 법이 바르지 않아서 그렇게 되는 것이오."

그른 법으로 다스리는 악업의 과보를 보여 깨우치심

그때 세존께서 곧 이 게송을 읊으셨다.

백 년 동안 방일함을 익히어서
뒷세상 그 때문에 지옥에 가네.
이것을 끝내 무엇하러 탐하리.
죄를 받음 이루 헤아릴 수 없어라.

"대왕이여, 법으로 다스려 교화(敎化)하면 스스로 그 몸과 부모·처자·부리는 이·친족을 건질 것이며, 나랏일을 잘 보살필 것이오.

그러므로 대왕이여, 늘 바른 법으로 다스려 교화하고 그른 법으로 하지 마시오.

사람의 목숨은 아주 짧아서 세상에 있는 것이 잠깐이며, 나고 죽음은 길고 멀어 온갖 두려움과 어려움이 많소.

만약 죽음이 이르르면 그 가운데서 아무리 울부짖어도 뼈마디는 모두 나뉘어 흩어지고 몸은 온갖 아픔을 겪을 것이오.

그때에는 건져줄 사람이 없으니, 부모·처자·부리는 이·따르는 이·심부름꾼·나라의 땅·백성들도 다 건져줄 수 없을 것이오. 이러한 어려움이 있는데 그것을 누가 대신할 수 있겠소?

거기에는 오직 보시와 계 지니는 것만이 있을 뿐이니, 말은 늘 부드럽게 하여 남의 마음을 다치게 하지 말고, 여러 공덕을 지어 착함의 근본을 행하도록 하십시오."

악업 짓는 과보를 보여 지혜로운 보시 등 좋은 법 행하도록 하심

그때 세존께서 곧 이 게송을 말씀하셨다.

지혜로운 이는 보시해야 하니

붇다께서 아름답다 찬탄하시리.
그러므로 맑고 깨끗한 마음으로
게을러 교만한 뜻 두지 마라.

죽음에 내몰려 쫓기게 되면
아주 큰 괴로움과 번민 받아서
저 악한 길 가운데 이르게 되어
그치어 쉬는 때가 전혀 없으리.

만약 다시 태어나 오려 할 때는
아주 크게 고뇌를 받게 되며
모든 아는 뿌리 저절로 무너지니
악한 짓 쉬지 못하기 때문이네.

만약 의사가 병을 고치러 와서
여러 약초들을 한데 모은다 해도
그 몸에 약이 두루하지 않으니
악한 짓 쉬지 못하기 때문이네.

만약 다시 친족들이 찾아와서
그 재화의 바탕을 물어보아도
귀가 또한 묻는 소리 듣지 못하니
악한 짓 쉬지 못하기 때문이네.

만약 다시 재화 옮겨 땅에 두어
병든 이가 그 위에 누워 있으면
그 모습 마른 나무의 뿌리 같으니
악한 짓 쉬지 못하기 때문이네.

만약 다시 이미 목숨 다해 마쳐서
몸과 목숨 앎이 이미 서로 떠나면
모습은 마치 장벽의 흙과 같으니
악한 짓 쉬지 못하기 때문이네.

만약 다시 그 사람 죽은 시체를
친족들이 무덤 사이로 들고 갈 때
그는 지니고 갈 것 전혀 없으니
오직 복만이 믿을 수 있을 뿐이네.

"그러므로 대왕이여, 방편을 구해 복업(福業)을 베풀어 행해야 하오. 지금 하지 않고서 뒤에 뉘우쳐도 이익이 없소."

복된 업을 짓고 바른 법으로 다스리도록 당부하심

그때 세존께서 곧 이 게송을 말씀하셨다.

여래는 그 복의 힘으로 말미암아
마라와 그 권속 다 항복받으시고
지금 이미 붇다의 힘 이룬 것이오.

그러므로 복의 힘이 높은 것이오.

"그러므로 대왕이여, 복 짓기를 생각해야 하오. 악을 지었으면 곧 뉘우치고 다시는 범하지 마시오."
그때 세존께서 곧 이 게송을 읊으셨다.

비록 아주 큰 악의 근원 지었어도
허물 뉘우치면 차츰 다시 엷어지네.
허물 뉘우치는 그때 이 세간에서는
악의 근본 다 사라져 없어지리라.

"그러므로 대왕이여, 자기 몸으로 말미암아 악을 닦아 행하지 말고, 부모·처자·사문·브라마나를 위해 악을 베풀어 행하거나 그 악한 행을 익히지 마시오.
이와 같이 대왕이여, 반드시 이렇게 배워야 하오."
그때 세존께서 곧 이 게송을 말씀하셨다.

지금 이 악 벗어나게 할 수 있는 이
부모도 아니요 형제도 아니며
또한 여러 가까운 친족도 아니네.
부모 형제 친족들 모두 다 버리고
끝내 죽음에 돌아가는 것이네.

"그러므로 대왕이여, 지금부터 이 뒤로는 바른 법으로 다스려 교화하고 그른 법으로 하지 마시오.

이와 같이 대왕이여, 반드시 이렇게 배워야 하오."

그때 프라세나짓 왕은 붇다의 말씀을 듣고 기뻐하며 받들어 행하였다.

• 증일아함 52 대애도반열반품(大愛道般涅般品) 八

• 해설 •

붇다와 상가에 귀의한 코살라 국의 프라세나짓 왕과 마가다 국의 빔비사라 왕이 각기 그 나라에서 자신들의 권좌를 노리는 새로운 정치세력과의 싸움에서 패배하여 비참하게 삶을 마친 뒤, 붇다로 인해 유지되었던 인도사회의 평화는 깨지고 인도사회는 전쟁의 광풍에 휩싸이게 된다.

프라세나짓 왕의 친족에 대한 죽임 또한 권력투쟁의 결과이다. 프라세나짓 왕이 자신의 왕위를 노린다는 이유로 이복형제 백 명을 죽였으니, 그가 어찌 편히 잠을 잘 수 있겠는가. 근심과 시름 끝에 여래 앞에 나아가 지은 죄를 뉘우치고 산목숨 죽임의 업을 돌이키니, 비록 죄업을 지었지만 지옥의 죄업 속에서 해탈할 비결을 아는 자이다.

여래는 프라세나짓 왕에게 백 년도 안 되는 사람 목숨에서 한때 권력의 유지를 위해 죄업을 지어 기나긴 겁 죄업의 과보 받게 됨을 보여 다시 죄업을 짓지 못하게 가르치신다.

사람 세상 백 년의 긴 목숨이 긴 목숨 하늘의 하루 밤낮밖에 되지 않고, 사람 세상 빼어난 여인의 아름다움도 저 하늘여인의 아름다움에 견줄 바가 되지 못한다.

세속 왕의 권좌가 높고 권력의 힘이 항상한 것 같지만 세간 권세의 힘으로도 죽음과 병은 막을 수 없고, 세간 그 어떤 주술의 힘 군대의 힘으로도 죽음의 군대를 이길 수 없다.

덧없는 권력을 위해 죄업을 지어 긴 생의 괴로움을 달게 받을 것인가. 복된 업으로 바른 정치를 행해 뒷세상 사람들의 추앙을 받고 좋은 이름을 얻으며 하늘위의 복된 과보를 얻을 것인가.

법왕의 법을 따라 나고 사라짐 없는 법의 몸[法身]을 깨치고 지혜의 목숨[慧命]을 얻어 긴 생의 안락과 니르바나의 기쁨을 얻어야 할 것이다.

권세를 가진 왕이 스스로 대중에 사랑의 정치를 펴고 널리 재물을 나누어 물질적 풍요를 보장해주면, 그는 죽은 뒤에도 민중의 사랑과 존경을 받아 뒷사람이 그를 위해 전륜왕의 스투파를 세워줄 것이며, 목숨 마쳐도 하늘의 좋은 곳에 나 더 큰 풍요와 안락이 그의 뒷세상 삶에 보장될 것이다.

권세를 지닌 왕이 폭압의 정치로 민중을 감옥에 넣고 고문하고 채찍질하면, 그 스스로 뒷세상 몇 백 배 쓰라린 고통의 과보를 얻어 긴 생을 지내야 할 것이다.

사랑의 정치를 펴면 처자와 친족, 나라의 백성을 건지고 스스로의 바른 목숨을 보전할 것이고, 폭압과 죽임의 정치를 펴면 스스로를 망치고 이웃과 나라를 무너뜨리고 뭇 대중의 존경과 사랑을 잃을 것이며 먼 뒷세상까지 그 나쁜 이름이 길이 전해질 것이다.

그러나 죄를 짓고 악을 지은 자도 허물 뉘우쳐 본래 죄와 악이 실로 남이 없는 곳에서 한 생각 지혜의 마음 자비의 마음을 일으키면, 한량없고 셀 수 없는 죄업장을 씻고 해탈의 몸으로 다시 태어나는 길이 열리게 된다.

죄업이 본래 공한[罪業本空] 니르바나의 처소가, 죄업의 몸이 크게 죽어 해탈의 몸을 받아 나는 진리의 모태가 되니, 죄업의 마음이 나되 남이 없음[生而無生]을 살피는 것이 복업의 첫걸음이 되는 것이다.

설사 복된 업을 지어 하늘위에 날 과보를 얻고 세간 권세의 왕이 된다고 해도, 보디사트바는 세간 복업과 왕의 권세에 머물지 않고 스스로 보디의 도를 행하고 함께하는 대중을 해탈의 길에 들게 하니, 『화엄경』(「입법계품」)은 이렇게 말한다.

보디의 도 잘 행하는 마하사트바는

모든 선정과 해탈에 깊이 들어가서
사마디와 신통 지혜의 행 갖춰
노랫가락 말하고 중생과 같이 놀아도
방편으로 모두 붇다의 도 머물게 하네.

深入諸禪及解脫　三昧神通智慧行
言談諷詠共嬉戲　方便皆令住佛道

때로 왕의 높은 옷 입어 몸을 가꾸고
머리에 화관 쓰고 높은 일산을 덮어
네 군대가 앞뒤로 같이 에워싸면
대중을 이끌기 위해 서원 세워서
위엄스런 모습 나퉈 작은 왕들 누르네.

或現上服以嚴身　首戴華冠蔭高蓋
四兵前後共圍遶　誓衆宣威伏小王

때로 세간 보살피는 네 하늘왕 되어
여러 용과 야크샤들을 거느리면
그 무리들의 모임 위해 법을 설하여
그 온갖 무리 다 크게 기쁘게 하네.

或作護世四天王　統領諸龍夜叉等
爲其衆會而說法　一切皆令大欣慶

2 차별과 빼앗음이 없는 평화의 삶

세간의 다툼과 전쟁의 원인은 무엇인가. 옳고 그름, 이해관계의 다툼과 갈등이 화해할 수 없는 극단으로 치달리고, 욕구와 욕구의 충돌이 분노의 불길로 치솟아 폭력적 수단으로 자기 이해의 요구를 관철하며 서로를 파괴하고 무너뜨리는 힘으로 발동하는 것을 말한다.

성냄은 욕구의 확장이 좌절할 때 일어나고, 탐냄은 나[我]에 내[我]가 있고 내 것[我所]에 붙들어야 할 내 것이 있다는 미혹이 뿌리가 되어, 내 것을 실로 있는 것을 소유하고 소유를 넓혀가려는 반복적 의지[思, 行]를 말한다.

붇다는 개인의 탐욕의 삶과 투쟁의 역사 속에서, 그 업력(業力)의 뿌리인 탐냄·성냄·어리석음[貪瞋痴]을, 지혜와 자비 모두를 함께 살리는 크나큰 서원[悲智願]으로 돌이키게 하신다. 그리하여 다툼과 죽임이 넘치는 삶의 터전을 평화와 사랑, 화해와 나눔의 세상으로 만들도록 가르치신다.

세상의 옳고 그름, 선과 악의 다툼 가운데 상대적으로 더 옳고 더 나음은 있지만, 그 옳음과 나음이 절대적으로 옳고 나음이 아니다.

자신을 절대적인 옳음이고 선이라고 생각해 타자의 그름과 악을 규탄하면 옳고 그름의 싸움은 그치지 않는다.

옳음과 그름의 싸움에서 그름 가운데도 옳다고 말할 수 있는 측면이 없지 않으므로 옳음을 절대적으로 옳다 해서는 안 된다. 또한 지금의 옳음도 내일의 변화된 상황에서는 지금의 옳음을 반성해서 새로운 옳음을 정립해야 내일의 상황에 맞는 새로운 옳음이 되므로 옳음은 늘 옳음이 아니다.

옳음은 옳음이되 옳음 아닌 옳음이다. 옳음과 그름, 선과 악이 공한 곳에서 옳음 아닌 옳음, 바름 아닌 바름을 세움 없이 세우고[立而不立] 그름을 깨뜨림 없이 깨뜨릴 때[破而不破] 옳음이 저 그름마저 함께 거둘 수 있는 '크게 옳음'이 되고 '크나큰 바름'이 된다.

여래의 길은 이기고 짐이 없이 크게 이기는 길이고, 그렇다 할 것이 없는 크게 그러함의 길[不然之大然]이다. 그러므로 우리는 여래를 이김 없이 온갖 것을 이긴 분[一切勝者]이라고 일컬으며, 앎이 없이 온갖 것을 바로 아는 분[一切智者]이라고 우러르니, 여래의 보디의 길을 따를 때 이 험악한 충돌과 시비의 역사 속에서 참으로 이긴 자가 되어 안락과 평화의 삶을 살게 될 것이다.

사랑을 말하는 종교가 종교의 이름으로 전쟁을 부추기는 세간의 어지러움 속에서 참된 지혜의 가르침이 아니면 지옥과 아귀와 같은 죽임과 다툼의 길을 그치게 할 수 없으니, 『화엄경』(「야마궁중게찬품」)은 말한다.

　붇다의 몸과 신통의 자재함은
　이루 생각하고 말할 수 없어라.

감도 없고 또한 옴도 없지만
법을 설해 중생을 건네주시네.

佛身及神通　自在難思議
無去亦無來　說法度衆生

만약 이와 같은 여래의 법을 듣고
공경히 믿고 즐거워하는 자는
지옥 아귀 축생 이 세 악한 길과
모든 괴로움과 액난을 길이 떠나리.

若聞如是法　恭敬信樂者
永離三惡道　一切諸苦難

만약 어떤 사람이 이와 같이
드물고 자재한 법을 듣고서
기뻐하는 마음을 낼 수 있다면
의심의 그물 빨리 없애게 되리.

若人得聞是　希有自在法
能生歡喜心　疾除疑惑網

대왕이여, 잡은 적을 놓아주면
늘 안락할 것이오

이와 같이 내가 들었다.

한때 붇다께서는 슈라바스티 국 제타 숲 '외로운 이 돕는 장자의 동산'에 계셨다.

그때 프라세나짓 왕과 마가다 국 바이데히의 아들인 아자타사트루 왕은 서로 같이 어긋나 등졌다. 그리하여 마가다 국 바이데히의 아들인 아자타사트루 왕이 네 종류의 군대를 일으켜 코살라 국으로 쳐들어왔다.

프라세나짓 왕도 네 종류의 군대를 곱절이나 일으켜 나가 같이 전투하였다. 이 싸움에서 프라세나짓 왕의 네 군대가 이기고, 아자타사트루 왕의 네 군대는 물러나 항복하고 별처럼 흩어졌다.

프라세나짓 왕은 아자타사트루 왕의 코끼리·말·수레·돈·재물·보물 등을 모조리 빼앗고 아자타사트루 왕을 사로잡았다.

잡은 적의 왕을 놓아주고 원한과 싸움 그치게 하심

그래서 같은 수레를 타고 함께 붇다 계신 곳으로 가서 붇다의 발에 머리를 대 절하고 한쪽에 물러나 앉았다.

프라세나짓 왕이 붇다께 말씀드렸다.

"세존이시여, 이 사람은 바로 바이데히의 아들인 아자타사트루 왕입니다. 기나긴 밤에 제게 원한이 없던 사람이었는데, 원한의 맺음을 내고, 좋은 사람들이 있는 곳에서 좋지 못함을 지었습니다.

그러나 그는 나의 좋은 벗의 아들입니다. 놓아주어 자기 나라로 돌아가게 하겠습니다."

붇다께서 프라세나짓 왕에게 말씀하셨다.

"잘 생각했소, 대왕이여. 그를 놓아주어 돌아가게 한다면 대왕을 기나긴 밤에 안락하게 하고 요익하게 할 것이오."

그때 세존께서 곧 게송을 말씀하셨다.

> 싸우는 그 힘이 자재하게 되면
> 널리 그들을 붙잡고 뺏을 수 있네.
> 그 힘이 늘면 더욱 원한 돕나니
> 싸우는 힘 그치고 원한을 쉬면
> 나와 남의 이익 곱절이나 거두리.

붇다께서 이 경을 말씀하시자, 프라세나짓 왕과 바이데히의 아들인 아자타사트루 왕은 붇다의 말씀을 듣고 기뻐하면서 절하고 떠나갔다.

• 잡아함 1237 전투경(戰鬪經) ②

• 해설 •

코살라 국의 프라세나짓 왕과 마가다 국의 빔비사라 왕은 모두 붇다의 제자가 되고 각기 그 수도에 정사를 지어 상가를 받들어 모셨으므로 두 왕이 살아 있을 때 인도사회는 평화의 시대였다.

두 왕의 아들의 시대 코살라 국이 카필라 국을 정복하고 마가다 국이 브릿지 국을 공격하고, 다시 마가다 국과 코살라 국이 격돌하면서 전쟁의 광풍이 인도 전역을 몰아친다.

지금 이 전쟁은 빔비사라 왕이 죽고 마가다 국의 왕이 된 아자타사트루가 아직 프라세나짓 왕이 살아 있는 코살라 국을 공격하여 벌어진 전쟁이다.

전쟁에서 이긴 프라세나짓 왕이 옛 벗 빔비사라 왕을 생각해서 그 아들을 죽이지 않고 놓아주려고 붇다께 허락을 받으러 오니, 붇다께선 원한을 쉬고 이기고 짐이 없는 삶의 길을 걷도록 가르치고 있다.

전쟁의 시대 각국은 자기 민족이 모시는 신의 이름으로 전쟁을 감행하니, 신의 이름이 자비가 되지 못하고 평화가 되지 못한다. 또한 힘을 가진 자 정의의 깃발을 걸고 불의와 악을 징벌한다고 전쟁을 일으키니, 정의의 이름이 정의가 되지 못한다.

오직 중생의 삶 한복판 역사의 한복판에서 미망과 분노, 탐욕과 죽임의 검은 그림자를 걷어낼 때 화해의 역사가 이루어진다.

붇다는 놓아줌으로써 스스로를 크게 살리고, 용서함으로써 스스로 용서받는 길을 가도록 가르치시니, 이 일이 어찌 다만 옛일이겠는가.

이기고 짐이 없는 삶이 참된 평화의 삶이니

이와 같이 내가 들었다.

한때 붇다께서는 슈라바스티 국 제타 숲 '외로운 이 돕는 장자의 동산'에 계셨다.

그때 프라세나짓 왕과 마가다 국 바이데히의 아들인 아자타사트루 왕은 같이 서로 어긋나고 등졌다.

마가다 국 바이데히의 아들인 아자타사트루 왕은 코끼리 군대[象軍]·말의 군대[馬軍]·수레 군대[車軍]·걷는 군대[步軍] 등 네 종류 군대를 일으켜 코살라 국으로 쳐들어왔다.

프라세나짓 왕은 바이데히의 아들인 아자타사트루 왕의 네 종류 군대가 쳐들어온다는 말을 듣고, 그 또한 코끼리 군대·말의 군대·수레 군대·걷는 군대 등 네 종류 군대를 모아 나가 같이 전쟁을 벌였다.

그리하여 아자타사트루 왕의 네 군대가 이겼고, 프라세나짓 왕의 네 군대는 그들만 못해 물러나 져서 별처럼 흩어지고, 프라세나짓 왕은 한 대의 수레를 타고 도망쳐 슈라바스티 성으로 돌아왔다.

마가다 국과 코살라 국의 전쟁에서 코살라 국이
패전한 소식을 세존께 전함

그때 많은 비구들이 이른 아침에 가사를 입고 발우를 가지고 슈라바스티 성에 들어가 밥을 빌었다. 그러다가 다음과 같은 전쟁 소식을 들었다.

'마가다 국 바이데히의 아들인 아자타사트루 왕이 네 종류 군대를 일으켜 코살라 국으로 쳐들어왔고, 프라세나짓 왕도 네 종류 군대를 일으켜 나가 전쟁을 벌였다.

그 전투에서 프라세나짓 왕의 네 군대가 그들만 못해 물러나 져서 별처럼 흩어지고, 프라세나짓 왕은 두려워 허둥대어 한 대의 수레를 타고 도망쳐 슈라바스티 성으로 돌아왔다.'

그들은 이런 전쟁 소식을 들었다. 그들은 그것을 듣고서 밥 빌기를 마치고 정사로 돌아와 가사와 발우를 거두어 들고 발을 씻은 뒤에, 붇다 계신 곳으로 가서 붇다의 발에 머리를 대 절하고 한쪽에 물러나 앉아서 붇다께 말씀드렸다.

"세존이시여, 저희 많은 비구들이 오늘 성에 들어가 밥을 빌었습니다. 그러다가 이런 소식을 들었습니다.

'마가다 국 바이데히의 아들인 아자타사트루 왕이 네 종류 군대를 일으켜 코살라 국으로 쳐들어왔고, 프라세나짓 왕도 네 종류 군대를 일으켜 나가 전쟁을 벌였다.

그런데 프라세나짓 왕의 네 군대가 그들만 못해 물러나 져서 별처럼 흩어지고, 프라세나짓 왕은 두려워 허둥대어 한 대의 수레를 타고 도망쳐 슈라바스티 성으로 돌아왔다.'"

이기고 짐이 없는 평화의 길을 보이심

그때 세존께서 곧 게송으로 말씀하셨다.

싸워 이기면 원수와 적을 늘리고
져서 괴로우면 누워도 편치 않네.
이기고 짐 두 가지를 함께 버리면
누웠건 깨었건 고요하여 즐거우리.

붇다께서 이 경을 말씀하시자, 여러 비구들은 붇다의 설법을 듣고
기뻐하며 받들어 행하였다.

• 잡아함 1236 전투경 ①

• **해설** •

바이데히는 아자타사트루의 어머니로서 빔비사라 왕의 부인이다. 붇다
께 이찬티카(icchantika, 一闡提)의 죄를 짓고 아버지의 벗인 프라세나짓 왕
을 공격하는 아자타사트루를 차마 붇다의 제자인 빔비사라 왕의 아들이라
기술할 수 없어서, 경전 편집자들이 바이데히의 아들이라고 기술하지 않았
나 생각한다.

프라세나짓 왕의 군대가 승리한 앞의 경과 패배한 뒤의 경 가운데 어떤
것의 내용이 시대적으로 앞선 것인지 분간하기는 어렵다. 다만 코살라 국의
군대가 패배할 때 그 군사력이 괴멸된 것으로 보아 앞의 경의 내용이 시대
적으로 앞선 것으로 볼 수 있을 것이다.

곧 마가다 국의 젊은 왕 아자타사트루에게 코살라 국의 군사력이 크게
무너진 뒤 코살라 국도 아들 비두다바(Viḍūḍabha)로 정권이 교체되고, 다
시 마가다 국의 정복전쟁에 코살라 국이 패배한 것이 아닌가 생각해본다.

'이기고 짐이 없는 길을 걸으라'는 붇다의 가르침이 일시적인 역사 현실
에서는 약자의 투항을 부추기고 강자를 관념적 관용주의에 빠뜨리는 것처
럼 볼 수 있다. 그러나 긴 역사 속에서는 그렇게 하는 것이 한때의 모멸감을
딛고 참으로 이기는 길이고, 현실적으로도 전쟁의 참혹함에서 자기역량을

보존하고 길이 살아남아 이기는 길이다.

동아시아 역사 속에서도 고구려와 당의 전쟁, 조선과 청의 전쟁이 일어날 당시 시대상황 속에 놓여진 전쟁과 화해의 갈림길에 대해 한번 깊이 생각해볼 일이다.

그리고 장기화되고 있는 현대 한국역사 속 분단상황의 종식을 위해서도 전쟁의 참화 속에 던진 붇다의 경책을 깊이 받아 안아야 될 것이다.

역사 속 미혹과 갈등의 꿈을 없애주는 여래의 지혜등불을 『화엄경』(「승야마천궁품」)은 다음과 같이 찬탄한다.

여래는 세간에 나오시어
세간 위해 미망의 어두움 없애주니
이와같은 세간의 등불은
아주 드물어 보기 어렵네.

如來出世間 爲世除癡冥
如是世間燈 希有難可見

베풂과 계 지님과 욕됨을 참음
정진과 디야나와 프라즈냐
이 여섯 가지 파라미타 행
이미 모두 닦아 행하시고서
이로써 세간을 비추시네.

已修施戒忍 精進及禪定
般若波羅蜜 以此照世間

대왕이여, 가지고 있는 재물 함께 나누며
기나긴 밤 안락하게 살아야 하오

이와 같이 내가 들었다.

한때 붓다께서는 슈라바스티 국 제타 숲 '외로운 이 돕는 장자의 동산'에 계셨다.

때에 프라세나짓 왕은 홀로 고요히 사유하다가 이렇게 생각하였다.

'세상에는 빼어나고 묘한 재물의 이익을 얻고서 방일하지 않고 탐착하지 않으며 중생에게 악행을 일으키지 않을 수 있는 사람은 적다. 세상에는 빼어나고 묘한 재물의 이익을 얻으면 방일함을 일으키고 탐착을 늘리며 온갖 삿된 행을 일으키는 사람이 많다.'

많이 가진 것으로 삿된 행을 짓는 허물을 말씀하심

이렇게 생각하고는 붓다 계신 곳에 가서 붓다의 발에 머리를 대 절하고 한쪽에 물러앉아 붓다께 말씀드렸다.

"세존이시여, 저는 홀로 고요히 사유하다가 이렇게 생각하였습니다.

'세상에는 빼어나고 묘한 재물의 이익을 얻고서 방일하지 않고 탐착하지 않으며 중생에게 악행을 일으키지 않을 수 있는 사람은 적다. 세상에는 빼어나고 묘한 재물의 이익을 얻으면 방일함을 일으키고 탐착을 늘리며 온갖 삿된 행을 일으키는 사람이 많다.'"

붓다께서는 말씀하셨다.

"그렇소, 대왕이여. 그렇소, 대왕이여. 세상에는 빼어나고 묘한 재물의 이익을 얻고서 탐착하지 않고 방일하지 않으며 삿된 행을 일으키지 않는 사람은 적소. 세상에는 빼어나고 묘한 재물을 얻으면 그 재물에 방일하여 탐착을 일으키고 여러 삿된 행을 일으키는 사람이 많소.

대왕이여, 알아야 하오. 저 여러 세상 사람이 빼어나고 묘한 재물을 얻고서, 그 재물에 방일하여 탐착을 일으키고 삿된 행을 지으면 어리석은 사람이니, 그는 기나긴 밤 동안에 이익되지 않은 많은 괴로움을 얻을 것이오.

비유하면 사냥꾼이나 사냥꾼의 제자가 빈 들판이나 숲속에 그물을 펼치고 덫을 놓아 짐승을 많이 죽이는 것이 중생을 괴롭혀서 악한 업이 늘고 넓어지는 것과 같소.

저 세상 사람이 빼어나고 묘한 재물의 이익을 얻고서, 그 재물에 방일하여 탐착을 일으켜 여러 삿된 행을 짓는 것 또한 다시 이와 같소. 이 사람은 어리석은 사람으로 기나긴 밤 동안에 이익되지 않은 괴로움을 얻을 것이오."

그때 세존께서는 다시 게송을 말씀하셨다.

빼어난 재물에 탐욕을 내어
그 탐욕 때문에 헤매어 취하고
미쳐 어지러움 깨닫지 못하는 것
마치 저 짐승 잡는 사냥꾼 같네.
그는 이런 방일함으로 말미암아
큰 괴로움의 갚음을 받게 되리라.

붓다께서 이 경을 말씀하시자, 프라세나짓 왕은 듣고 기뻐하면서 절하고 떠나갔다.

• 잡아함 1230 재리경(財利經)

• 해설 •

덩이밥을 먹어야 살고 입을 거리를 입고 덮을 거리를 덮고 누워 쉬어야 목숨을 지탱할 수 있는 중생의 엄혹한 생활현장 속에서, 갖가지 다툼과 불평과 불만은 가진 것을 함께 나누지 못함으로 일어난다.

몇몇 사람이 너무 많이 가지게 되고 배고파 굶주리고 헐벗은 이들이 많아 불만이 넘치면 건전한 사회 안락한 사회가 되지 못한다.

자기 생업에서 정당한 방법으로 성실히 일해 재화를 모을 수 있는 자유를 보장하되, 얻은 재물의 가치를 더불어 누리고 함께 나누어 쓸 수 있는 제도가 보장되어 눈물짓고 한숨짓는 이들이 없어진다면 건강한 사회이다.

붓다는 덫을 놓아 뭇 짐승을 잡아 죽이고 괴롭히는 사냥꾼의 비유로 권력을 쥐고 재화를 가진 자들의 악업을 경계하고 계신다.

곧 세간 권력의 힘으로 약한 자 다스림받는 자들을 죽이고 가두고 괴롭히는 악업을 사냥꾼의 비유로 보이시고, 가진 재물에 더욱 탐착하는 마음을 내 나누어 쓰지 못하는 자들의 어리석음에 반드시 큰 괴로움의 갚음이 있을 것이라 깨우치신다.

권력을 가진 자들이 약자를 억누르지 않고 재물을 가진 자가 더욱 많이 갖기 위해 없는 자의 것을 빼앗지 않으며, 사회적 재부를 더불어 나누어 쓰고 사람과 사람, 사람과 자연이 함께 공존하는 사회가 붓다께서 가르치시는 아름다운 사회의 모습이다.

대왕이여, 피로써 피를 씻는 삶이 있고
밝음에서 밝음으로 가는 삶이 있소

이와 같이 내가 들었다.

한때 붇다께서는 슈라바스티 국 제타 숲 '외로운 이 돕는 장자의 동산'에 계셨다.

때에 프라세나짓 왕은 붇다 계신 곳에 와 그 발에 머리를 대 절하고 한쪽에 물러앉아 붇다께 말씀드렸다.

"어떻습니까, 세존이시여. 브라마나로서 죽으면 자기 성인 브라마나의 집에 도로 태어납니까. 크샤트리아나 바이샤나 수드라의 집에 태어납니까."

붇다께서는 말씀하셨다.

"대왕이여, 어찌 이렇겠소. 대왕이여, 알아야 하오.

네 가지 사람이 있소. 어떤 것이 넷이오.

한 가지 사람은 어두움에서 어두움으로 들어가고, 한 가지 사람은 어두움에서 밝음으로 들어가오.

한 가지 사람은 밝음에서 어두움으로 들어가고, 한 가지 사람은 밝음에서 밝음으로 들어가오."

짓는 행위에 의해 미래가 규정됨을 네 가지 사람으로 보이심
어두움에서 어두움으로 들어감

"대왕이여, 어떤 것을 사람이 어두움에서 어두움으로 들어가는 것이라 하오.

곧 세상의 어떤 사람이 낮은 성씨의 집, 곧 찬다알라 집, 어부의 집, 대공예품 만드는 집, 수레 만드는 집이나 그 밖의 갖가지 낮은 기술자의 집에 태어났다 합시다. 그리하여 가난하고 목숨이 짧으며, 몸이 시들어 핼쑥한데 게다가 다시 천한 업을 닦고 익혀 남에게 낮고 천하게 부림을 받으면 이것을 어두움이라 하오.

그리고 그가 어두움 가운데 살면서 다시 몸의 악한 짓을 행하고 입과 뜻의 악한 짓을 행하면, 이 인연 때문에 몸이 무너져 목숨 마친 뒤에는 나쁜 곳에 나서 지옥에 떨어지오.

비유하면 어떤 사람이 밤에서 밤으로 들어가고, 뒷간에서 뒷간으로 들어가며, 피로써 피를 씻고 악을 버렸다가 악을 받아들이는 것처럼, 어두움에서 어두움으로 들어가는 것 또한 이와 같소.

그러므로 이것을 어두움에서 어두움으로 들어가는 것이라 하오."

어두움에서 밝음으로 들어감

"어떤 것을 사람이 어두움에서 밝음으로 들어가는 것이라 하오. 곧 세상의 어떤 사람이 낮은 성씨의 집에서 태어나서 나아가 남을 위해 여러 천한 업을 지으면, 이것을 어두움이라 하오.

그러나 그가 그 어두움 가운데 살면서 다시 몸의 착한 행을 행하고 입과 뜻의 착한 행을 행하면, 이 인연 때문에 몸이 무너져 목숨을 마친 뒤에는 좋은 곳에 나서 하늘에 변화해 남을 받게 되오.

비유하면 어떤 사람이 평상에 올라 말을 타고 말에서 코끼리에 올라타는 것처럼, 어두움에서 밝음으로 들어가는 것 또한 이와 같소.

이것을 사람이 어두움에서 밝음으로 들어가는 것이라 하오."

밝음에서 어두움으로 들어감

"어떤 것을 사람이 밝음에서 어두움으로 들어가는 것이라 하오. 곧 세상의 어떤 사람이 부유하고 즐거운 집, 곧 크샤트리아의 큰 성씨의 집안이나 브라마나의 큰 성씨의 집안이나 그 밖의 갖가지 부유하고 즐거운 집안에 태어났다 합시다. 그리하여 돈과 재물, 따르는 이들과 심부름꾼이 많고, 널리 아는 이들을 모으며, 단정한 몸을 받아 총명하고 지혜로우면, 이것을 밝음이라 하오.

그러나 그가 그 밝음 가운데 살면서 다시 몸의 악한 짓을 행하고, 입과 뜻의 악한 짓을 행하면, 이 인연 때문에 몸이 무너져 목숨 마친 뒤에는 나쁜 곳에 나서 지옥에 떨어지오.

비유하면 어떤 사람이 높은 다락에서 내려와 큰 코끼리를 타고, 코끼리에서 내려와 말을 타며, 말에서 내려와 가마를 타고, 가마에서 내려와 평상에 앉으며, 평상에서 내려와 땅에 떨어지고, 땅에서 구덩이에 떨어지는 것처럼, 밝음에서 어두움으로 들어가는 사람 또한 이와 같소.

이것을 사람이 밝음에서 어두움으로 들어가는 것이라고 하오."

밝음에서 밝음으로 들어감

"어떤 것이 사람이 밝음에서 밝음으로 들어가는 것이라 하오. 곧 세상의 어떤 사람이 부유하고 즐거운 집에 태어나서 형상이 단정하고 잘났으면, 이것을 밝음이라 하오.

그리고 그가 그 밝음 가운데 살면서 다시 몸의 착한 행을 행하고 입과 뜻의 착한 행을 행하면, 이 인연 때문에 몸이 무너져 목숨을 마친 뒤에는 좋은 곳에 나서 하늘에 변화해 태어남을 받게 되오.

비유하면 어떤 사람이 다락에서 다락으로 가고, 이와 같이 평상에서 평상으로 가는 것처럼, 밝음에서 밝음으로 들어가는 사람 또한 이와 같소.

이것을 사람이 밝음에서 밝음으로 들어가는 것이라 하오."

다시 밝음과 어두움으로 나아가는 사람들의 차별을 노래하심

그때에 세존께서는 다시 게송으로 말씀하셨다.

가난하여 몹시 괴로움 겪는 사람
믿지 않고 성냄과 원한 늘리어
아끼고 탐내며 나쁜 생각으로
어리석고 미혹해 공경하지 않고
사문으로 잘 닦아 행하는 이들
계 지니고 많이 들은 이 보고서
헐뜯고 꾸짖으며 기리지 않아
남의 보시함과 받음 가로막으면
이러한 짓 하는 여러 사람은
이 세상에서 저 세상에 이르면
지옥 같은 나쁜 곳에 떨어지니
어두움에서 어두움으로 들어감이네.

만약 어떤 가난하게 사는 사람이
믿는 마음으로 성냄과 원한 줄이어
부끄러워하는 마음 언제나 내고

보시하여 아낌의 때를 여의고
저 사문이나 브라마나 가운데
계율 지니고 많이 들은 이 보고
겸손하게 낮추어 안부 물으며
알맞음 따라 잘 대어드리고
남에게 보시하도록 권하며
시주와 받는 이를 찬탄하여서
이와 같이 착한 행 닦는 사람은
이 세상에서 저 세상에 이르더라도
좋은 곳 하늘위에 오르게 되니
어두움에서 밝음으로 들어감이네.

부유하고 즐거운 어떤 사람이
믿지 않고 성냄과 원한이 많고
탐내고 질투하는 나쁜 생각과
삿된 미혹으로 공경하지 않아서
저 사문이나 브라마나를 보고서
헐뜯고 꾸짖으며 기리지 않고
남의 보시의 은혜를 막아버리고
또 그 보시 받음을 끊어버려서
이와 같이 나쁜 짓 하는 사람은
이 세상에서 저 세상에 이르더라도
몹시 괴로운 지옥에 나게 되나니
밝음에서 어두움으로 들어감이네.

만약 어떤 부유한 사람이 있어
믿음의 마음으로 성내지 않고
부끄러워하는 마음 언제나 내고
은혜롭게 가진 것을 베풀어주고
언제나 성냄의 때를 여의어서
저 사문이나 브라마나 가운데
계 지니고 많이 들은 이 보고
먼저 받들어 맞아 안부 물으며
알맞음 따라 쓸 것 대어드리고
남을 권하여 공양하도록 하여
시주와 받는 이를 찬탄한다면
이와 같이 좋은 행 짓는 사람은
이 세상에서 저 세상에 이르더라도
저 서른세하늘 좋은 곳 나게 되니
밝음에서 밝음으로 들어감이네.

붇다께서 이 경을 말씀하시자, 프라세나짓 왕은 붇다의 말씀을 듣고 기뻐하고 따라 기뻐하면서 절하고 떠나갔다.

• 잡아함 1146 명명경(明冥經)

• 해설 •

붇다 당시 인도사회에서 사성계급의 질곡은 엄연한 역사적 현실이다. 이런 속에서 붇다는 계급제도를 타파하는 정치투쟁가의 길을 걸은 분은 아니다.

그러나 붇다는 사성계급의 질서를 신의 뜻이라고 말하는 이들의 세계관이 허구임을 일깨우고, 네 족성의 종족적 정체성이 공함을 깨우쳐 길고 먼

역사 속에서 인간의 해탈의 길을 열어주신다.

붇다의 가르침에 의하면 브라마나의 집에 난 자가 브라흐만 신성의 선택으로 다시 브라마나의 집에 나는 것이 아니라, 그의 행위의 힘에 의해 내일의 삶 미래의 삶이 결정된다.

주어진 역사적 조건 속에서 어두움의 현실과 밝음의 현실은 계급적 질서에 갇힌 자들의 삶을 족쇄처럼 옥죄이고 있다.

그러나 밝음과 어두움은 부수어질 수 없는 필연으로서 밝음과 어두움이 아니다. 어두움 속에서 밝은 행을 지으면 그는 어두움을 깨뜨리고 밝음에 나아가고, 밝음 속에서도 어두운 행을 지으면 그는 밝음을 가려 어두움에 떨어진다.

그러므로 어두움에서 어두움으로 나아가는 이도 있고 어두움에서 밝음에로 나아가는 이도 있으며, 밝음에서 어두움으로 나아가는 이도 있고 밝음에서 밝음으로 나아가는 이도 있다.

그 어떤 것이 어두움 속에서 또 어두움을 더하는 자인가. 캄캄한 밤에 먹물 뿌리는 자이다. 그 누가 밝음에서 또 밝음을 더하는 자인가. 환한 대낮에 촛불 켜는 자이다.

그러나 돌이켜보면 어두움에 어두움을 더하고 밝음에 밝음을 더할 수 있으므로 어두움이 어두움이 아니고 밝음이 밝음이 아니니, 어두움과 밝음에 모두 머물지 않으면 캄캄한 밤길 속에 본래 밝음을 여의지 않고 역사의 밤길을 밝혀 해탈의 땅에 이를 것이다.

옛 조사가 '밤길 가는 것을 허락지 않으니 밝혀서 이르러야 한다'[不許夜行 投明須到]고 말했으니, 이 사람이 바로 밤길 속에서 어두움에 빠지지 않는 자인가. 그는 누구인가.

『화엄경』에서도 '해가 밤의 어두움과 합하지 않듯 참된 보디의 빛은 세간 미혹의 어두움에 합하지 않는다'고 하니, 경의 말씀처럼 어두움과 밝음을 함께 넘어선 밝음의 뜻을 아는 자가 캄캄한 윤회의 밤길 밝히는 자인가.

『화엄경』(「도솔궁중게찬품」)은 말한다.

여래는 분별을 떠나시어
삼세의 때가 아니라
모든 수를 벗어났으니
삼세의 크신 인도자들
세간에 오심 다 이와 같네.

如來離分別　非世超諸數
三世諸導師　出現皆如是

비유하면 깨끗하고 밝은 저 해가
밤의 어두움과 합하지 않으나
어느 날 밤이라 말하는 것처럼
모든 붇다의 법도 이와 같아라.

譬如淨日輪　不與昏夜合
而說某日夜　諸佛法如是

과거 현재 미래 삼세의 온갖 겁이
여래와 합하지 아니 하지만
삼세의 붇다를 말하는 것이니
크신 인도자의 법 이와 같아라.

三世一切劫　不與如來合
而說三世佛　導師法如是

여래의 큰 지혜의 빛은
모든 세간 널리 깨끗이 해
세간이 이미 깨끗해지면
모든 붇다의 법 열어보이네.

如來大智光　普淨諸世間

世間旣淨已 開示諸佛法

「세주묘엄품」 또한 여래의 지혜의 빛이 세간의 밝음과 어두움의 대립을
뛰어넘어 온갖 중생의 괴로움 널리 건져주는 모습을 다음과 같이 찬탄한다.

여래의 성품 청정함을 그대 살피라.
여래는 위신력의 빛 널리 나투어
뭇 차별된 중생 모두 이롭게 하고
단이슬의 도를 보여 시원케 하니
세간 뭇 괴로움들 길이 사라져서
의지하는 바 아주 없게 되리라.

汝觀如來性淸淨 普現威光利群品
示甘露道使淸涼 衆苦永滅無所依

시방에 살고 있는 넓고 큰 중생
붇다께선 그 가운데서 빼어나시네.
밝은 빛이 온갖 곳 두루 비추심
저 허공이 온갖 곳에 두루함같아
온갖 중생 앞에 널리 나타나시네.

十方所有廣大衆 佛在其中最殊特
光明遍照等虛空 普現一切衆生前

3 왕에 대한 여래의 설법

붇다는 인류역사에서 최초로 인종과 계급의 차별이 없고 남녀·신분의 구분이 없이, 모든 대중에게 가림 없이 해탈의 법을 설하는 체계적 대중교육을 상가(saṃgha) 조직을 통해 열어낸 분이다.

여래의 대중교육은 이미 규정된 이념과 관념 속에 대중을 끌어들이고 기성 사회의 지배이데올로기로 대중을 길들이는 교육이 아니라, 대중이 스스로 자기 삶의 진실을 깨달아 알아 스스로 자기해탈의 주인이 되게 하는 가르침이다.

그러므로 붇다의 인간 교육에서 최고의 완성태는 더 이상 가르칠 것이 없고 배울 것이 없이 스스로 해탈의 주체가 된 사람, 곧 배울 것 없는 이[無學] 아라한(Arhat)이다.

교육에서와 같이 정치에서도 붇다는 다수 대중의 지지를 받아 이루어진 정의의 힘으로, 대중을 억누르거나 수탈하지 않고 대중의 복리를 위해 일하는 것을 좋은 정치라고 말씀한다.

붇다의 경전에서 억압과 수탈이 없고 대중이 행복과 번영을 누리는 사회의 최고 형태는 마이트레야(Maitreya)의 세상으로 표현된다.

마이트레야의 세상은 베풂의 정치를 편 정의의 지도자 상카 왕이 왕위를 버리고 세간 탐욕의 집을 벗어남[出家]으로 열린다.

그러므로 붇다가 제시하는 이상적인 정치는 정의의 권력마저 지양된 세상, 다스림과 다스려짐의 대립이 끊어진 사회를 말한다.

붇다 당시는 부족국가가 작은 공화정 국가로 통합되고, 작은 공화정 국가들이 전제군주 국가의 지배 아래 놓이게 되는 격동의 시기였으며, 크샤트리아 계급 왕(王, Rāja)의 힘이 절대적 권력으로 자리 잡았던 시기였다.

붇다는 이러한 왕권의 절대화라는 시대의 흐름을 직시하시며 그 절대권력을 가진 왕들에게 가진 힘으로 죽임과 억압의 정치, 가혹한 수탈의 정치를 펴지 말고 보살핌의 정치, 나눔의 정치를 펴도록 일깨우신다. 그리고 정의로운 권력자의 모습을 전륜왕으로 제시하여 자비의 전륜왕이 되도록 일깨우며, 전륜왕이 되어 붇다의 법과 상가를 보호해 미래 만대까지 여래의 법을 전해가도록 당부한다.

『번역명의집』에서는 제왕(帝王)에 대해 다음과 같이 기술하고 있다.

제왕에 대해 간략히 논해 말하면 다음과 같다.

제왕이란 반드시 덕(德)을 세우고 공(功)을 세워야 크게 될 수 있고 오래갈 수 있다.

이를 날줄[經]로 말하면 어짐[仁]과 의로움[義]이고, 이를 씨줄[緯]로 말하면 인문[文]과 군사[武]이다. 뿌리를 깊이 하고 꽃받침을 굳건히 해야 그 자손을 이어갈 수 있고, 한 마디 말 하나의 행실도 모범이 되어야 만대에까지 그 힘을 드리워 바꿀 수 없게 될 것이다.

이런 뜻으로 황제의 영역 가운데 하늘의 네 큰 왕[四大王]도 한 자리를 차지하는 것이다.

황제의 힘은 만방을 누를 수 있고 왕의 위력은 수많은 백성을 다스릴 수 있으므로 붇다께서 몸소 입으로 왕에게 법을 보살피도록 당부를 남기시고 니르바나의 마지막 밤 사라 숲에서 돌아보아 명하신 것이다.

이는 뒷세상에 사부대중이 그 힘이 약해지는 것을 염려하시고 삼보(三寶)가 시들어 떨어지는 것을 걱정하시어 나라의 위엄스런 힘과 왕의 세력과 바른 관계를 세우도록 하신 것이다.

그러므로 제왕에게 맡기어 여래의 법의 유통을 당부하신 것이다.

『번역명의집』의 이 기록에는 중국 황제 중심 왕조사의 시각으로 제왕의 권위에 대한 존중의 뜻이 실려 있기는 하지만, 그 가운데 붇다께서 제왕으로 하여금 붇다의 바른 법을 탄압하지 않고 잘 보살피도록 당부하신 뜻을 아울러 보이고 있다. 그러므로 이 기록을 통해 상가가 권력의 시녀가 되지 않고서 권력을 가진 이가 여래의 법에 귀의하고 여래의 법을 따라 정의의 권력으로 나라를 이끌게 하신 붇다의 뜻을 살펴야 할 것이다.

『화엄경』(「십회향품」)은 보디사트바가 인연을 따라 정치권력의 방편을 쓰기 위해 정의의 왕이 되어 세간 교화하는 모습을 다음과 같이 보인다.

보디사트바는 몸을 나퉈 나라왕이 돼
세간의 지위 가운데 높은 이 되니

복덕과 위덕의 빛 온갖 것 이겨
널리 중생 위해서 이익 일으키네.

菩薩現身作國王　於世位中最無等
福德威光勝一切　普爲群萌興利益

그 마음 청정해 물들어 집착 없고
이 세간 가운데서 자재하여서
모든 이들 다 우러러 공경하네.
공경받는 보디사트바 나라의 왕은
바른 법을 널리 펴 사람 깨우쳐
중생이 널리 안온함 얻게 해주네.

其心淸淨無染著　於世自在咸遵敬
弘宣正法以訓人　普使衆生獲安隱

1) 프라세나짓 왕과 빔비사라 왕

대왕이여, 그 모습만으로
사람의 옳고 그름 알려하지 마시오

이와 같이 내가 들었다.

한때 붇다께서는 슈라바스티 국 제타 숲 '외로운 이 돕는 장자의 동산'에 계셨다.

그때 프라세나짓 왕이 붇다 계신 곳으로 찾아와 붇다의 발에 머리를 대 절하고 한쪽에 물러나 앉았다.

그때 그곳에는 니르그란타푸트라(Nirgrantha-putra) 일곱 사람과 머리 묶는 자틸라스(jaṭilas) 일곱 사람과 흰옷 입는 에카사타카[一 舍羅] 일곱 사람이 있었는데, 그들은 한결같이 모두 몸집이 거칠고 컸다. 그들이 천천히 걸어서 제타 숲 동산의 문밖에 와서 머물고 있었다.

프라세나짓 왕은 그들이 문밖에서 거니는 것을 멀리서 보고, 곧 자리에서 일어나 그들 앞으로 가서 합장하고 문안한 뒤에 세 번 자기 이름을 일컬었다.

"저는 프라세나짓 왕입니다. 코살라 국의 왕입니다."

왕에게 그 계행과 지혜로 사람의 옳고 그름 가려야 함을 보이심

그때 세존께서 프라세나짓 왕에게 말씀하셨다.

"대왕은 지금 무슨 까닭으로 이들을 공경하여 세 번씩이나 이름을 말하며 합장하고 문안을 드리는 것이오?"

왕이 붇다께 말씀드렸다.

"저는 '만약 세상에 아라한이 있다면 이분들이 바로 그들일 것이다'라고 생각했기 때문입니다."

붇다께서 프라세나짓 왕에게 말씀하셨다.

"대왕은 지금 그만 그치시오. 당신은 이들이 아라한인지, 아라한이 아닌지 알지 못하오. 남의 마음을 아는 지혜를 얻지 못했기 때문이오. 우선 가까이 지내며 그 계행(戒行)을 살펴보셔야 하오.

그렇게 오래도록 하게 되면 저절로 알게 될 것이니, 그리 빨리 단정하지 마시오. 자세하고 깊이 살펴야지 함부로 흠모하지 마시오. 지혜를 써야지 지혜 아님으로 해서는 안 되오.

여러 괴로움과 어려움을 겪어보아야 스스로 가릴 수 있는 것이고, 서로 사귀면서 헤아려 살펴보아야 참인지 거짓인지를 가릴 수 있으며, 말하는 것을 보아야 아는 것이 밝아지고 그렇게 오래되어야 바로 아는 것이니, 갑자기 알려고 해서는 안 되오.

그러니 깊이 사유하여 지혜로 살펴야 하오."

왕이 세존의 가르침을 깊이 받아들임

왕이 붇다께 말씀드렸다.

"기이하십니다, 세존이시여. 이 이치를 잘 말씀해주셨습니다.

세존께서는 '오랫동안 서로 가까이 사귀어 그 계행을 살펴야 하고, 나아가 말하는 것을 보아야 아는 것이 밝아진다'고 말씀해주셨습니다.

저에게 집안사람[家人]이 있었는데, 그 또한 집을 나와 이런 사문의 모습을 짓고 다른 나라를 두루 돌아다니다가 다시 돌아와서는 입었던 옷을 버리고 다섯 가지 욕망의 즐거움을 받아 누리고 있습니다. 그러므로 세존께서 잘 말씀해주신 것을 알아야 하니, 세존께서는 이렇게 말씀하셨습니다.

'함께 살면서 그 계행을 살펴보고, 나아가 말하는 것에 지혜가 있는지 보아야 한다.'"

그때 세존께서 게송을 설하셨다.

사람들의 겉모습만 얼른 보고서
사람의 착함과 악함 알려고 마오.
또한 잠깐 서로 보고 마음과 뜻을
더불어 같이하지 말아야 하오.

드러난 몸과 입에는 숨김이 있어
물든 마음 거두어 알 수 없나니
마치 놋쇠나 돌이나 구리에다
참된 금을 발라 칠한 것 같소.

그들은 안에 더러운 마음 품고서
밖으로 거룩한 몸가짐을 나타내
여러 나라 두루 노닐어 다니며
세상 사람들을 거짓 속이고 있소.

붇다께서 이 경을 말씀하시자, 프라세나짓 왕은 붇다의 말씀을 듣고 기뻐하고 따라 기뻐하면서 절하고 떠나갔다.

• 잡아함 1148 형상경(形相經)

• 해설 •

역사적으로 제정일치 시대가 끝난 뒤에는 정치권력과 종교세력은 때로 서로 지배하고 이용하며 야합하고 종속되는 등 갖가지 모습의 유착 관계를 형성해왔다. 중세 기독교처럼 종교세력이 정치권력을 갖게 되면 가공할 만한 사상탄압을 저지르고 자기 종교의 이름으로 이교문화를 깨뜨리고 지배하는 등 역사에 큰 해독을 끼치게 된다는 것을 경험했다.

정교일치(政敎一致)의 한 예라고 볼 수 있는 티베트 불교가 중국 원(元) · 청(淸) 왕조의 국가통합의 이념이 되는 과정과 달라이라마 판첸라마에게 정치적 지배권이 부여되는 과정은 상응한다. 티베트에 불교가 들어옴으로써 불교를 중심으로 민족이 통합되고, 불교문화와 전통문화가 융합한 라마 불교가 티베트의 문화적 정체성을 이루게 된다. 그러므로 정교일치적인 티베트 불교의 전통은 과거 전투적 민족이 붇다의 자비사상과 다라니삼매 수행에 신앙적 정열을 바친 민족으로 거듭난 긍정적 일면이 있지만, 봉건왕조 시절 종교세력이 봉건지배 세력이 된 부정적 측면도 있다.

중국사에서 불교계에 닥친 정치적 탄압은 불교 내적 언어로 삼무일종(三武一宗)의 법란(法亂)이라 말한다. 20세기 중국 사회주의 정권의 문화혁명도 과거의 법란에 못잖은 불교 파괴의 역사적 사례에 속하므로, 삼무일종일모(三武一宗一毛)의 법란이라고 말할 수 있다.

이와 같이 법란으로 기술된 불교 탄압은 그 내용을 들여다보면 정치권력이 불교사상을 국가통합의 이념으로 활용하다 불교교단이 왕조권력에 모순으로 작용할 때 가혹하게 탄압한 사례이다.

중세 기독교와 티베트 불교와 같은 정교일치가 연기적 세계관에 합당하지 못한 사상적 입장인 것처럼, 정치와 종교를 이원화해서 서로 간섭하지 않고 세속의 정치와 초월적 정신의 영역을 각기 점유하도록 하는 것도 진속불이(眞俗不二)의 세계관과 맞지 않는다.

붇다는 왕을 교화해서 삼보에 귀의케 하고 그들의 정치가 폭압과 살육의 정치로 나가지 못하도록 깨우쳐 정치지도자를 이끌지만, 상가는 상가의 길을 걷도록 한다. 그리하여 붇다는 사문은 오직 사문의 뜻[沙門義]과 사문의 법[沙門法]을 말하도록 하고, 상가는 오직 니르바나의 법으로 보편적 인간의 해탈을 위해 일하도록 가르치신다.

여래가 가르치신 니르바나는 세간법의 모습에 갇히지 않지만 세간법을 떠나지 않는다. 상가의 길은 정치적 자유를 마지막 지향점으로 삼지 않으나 사회적 관계에서 보면 종교집단 수행자의 공동체도 사회제도의 일부다.

권력자의 입장에서는 상가공동체도 관리하고 지배하는 사회제도의 일부이므로, 권력을 가진 왕과 지배세력은 자기 정치적 이해관계에 따라 종교세력을 이용하려 할 것이다. 프라세나짓 왕이 벌거벗은 고행자들에게 경배하는 것도 그와 같은 마음이었으리라.

붇다는 고행자의 겉모습, 특이한 신비체험을 지향하는 겉의 행태만을 보고 종교세력을 우러르고 그들의 말을 지혜로운 말이라고 받아들이려는 왕을 꾸짖는다.

진실은 그 행위를 통해서 검증되고 그 행위의 결과가 나와 남에게 해탈의 이익을 주는가를 살펴야만 검증될 수 있다. 거짓의 교사는 자신의 주장을 넓히고 교도를 확장하기 위해 자기 교리와 조직을 통해 정치권력을 이용하려 할 것이다.

그러므로 실천적 검증이 없이 허상에 속고 허위적 관념을 믿어 거짓된 종교세력과 손잡는 정치지도자는 스스로 자신의 정치적 운명을 파멸에 몰아넣을 뿐 아니라 나라와 대중을 불행에 이끌게 된다.

스스로 헛것을 만들어 세상을 속이지 않고 헛것에 속지 않는 지혜로운 자만이 지혜로운 스승 지혜로운 교사를 알아볼 수 있다.

대왕이여, 지혜로운 사람은
많은 재물 얻으면 보시해 공덕을 짓소

이와 같이 내가 들었다.

한때 붇다께서는 슈라바스티 국 제타 숲 '외로운 이 돕는 장자의 동산'에 계셨다.

그때에 프라세나짓 왕은 붇다 계신 곳에 와서 붇다의 발에 머리를 대 절하고 한쪽에 물러앉아 붇다께 말씀드렸다.

"세존이시여, 이 슈라바스티 국에는 장자가 있는데 마하나마 (Mahānāma)라고 합니다. 그는 재물이 많은 큰 부자로서, 순금을 백천억이나 감추어 쌓아두었는데 하물며 다른 재물이겠습니까.

세존이시여, 그 마하나마 장자는 이와 같은 큰 부자이지만 이렇게 먹습니다. 곧 싸라기밥을 먹고 콩국을 먹으며 썩은 생강을 먹습니다. 거친 베옷을 입고 홑 가죽신을 신으며, 낡아 깨진 수레를 타고는 나뭇잎 일산을 씁니다.

그러면서 일찍이 사문이나 브라마나에게 공양하고 보시하거나, 가난에 시달리는 이나 갑자기 노자가 떨어진 나그네나 여러 빌어서 사는 이들을 가엾이 여겨 돌아보았다는 말을 듣지 못하였습니다.

그는 문을 닫고 먹으면서 사문이나 브라마나나 가난한 사람이나 나그네들이나 여러 거지들이 보지 못하게 합니다."

보시하지 않는 장자가 바른 장자 아님을 말씀하심

붇다께서는 프라세나짓 왕에게 말씀하셨다.

"이런 사람은 바른 장자가 아니오.

그는 빼어난 재물의 이익을 얻었으면서 스스로도 받아 쓰지 않고, 부모를 공양하거나 처자와 친척과 권속들을 돌보아 대주지 않소.

또한 여러 모셔 따르는 이와 심부름꾼들을 가엾이 여기거나, 아는 벗들에게 보시할 줄을 알지 못하오.

때를 따라 사문이나 브라마나에게 보시해, 좋은 복밭에 씨 뿌리어 빼어난 곳을 우러러 향하면 길이 안락함을 받고, 오는 세상 하늘에 나게 될 것인데, 그는 그것을 알지 못하오.

그는 빼어난 재물을 얻고서도 널리 써서[廣用] 그 큰 이익 거둘 줄을 알지 못하오.

대왕이여, 비유하면 마치 넓은 들판의 큰 못에 물을 모아두었지만, 그것을 받아 쓰거나 씻고 목욕하거나 마시는 사람이 없어, 그 못물이 볕에 타 말라 없어지는 것과 같소.

이와 같이 이 옳지 못한 장자가 빼어난 재물을 얻었으면서 널리 받아 쓰게 해서 큰 이익을 거두지 못하는 것도 마치 저 못물과 같소."

얻은 재물의 이익으로 더욱 크게 복된 이익 거두는 길을 보이심

"대왕이여, 어떤 잘 행하는 사람은 빼어난 재물의 이익을 얻으면 스스로 즐거이 받아 쓰고, 부모를 공양하고 처자와 친척과 권속을 돌보아 대주오. 또한 모셔 따르는 이들을 가엾이 여겨 돕고, 여러 아는 벗들에게 보시하오.

때때로 사문이나 브라마나에게 공양해 빼어난 복밭에 씨를 심어 빼어난 곳을 우러러 향해, 오는 세상 하늘에 나게 되오.

그는 빼어난 돈과 재물을 얻으면 스스로 널리 받아 쓰면서도 곱절이나 큰 이익을 거두게 되오.

비유하면 대왕이여, 마을이나 성 주변에 맑고 깨끗하고 시원한 못물이 있는데, 나무숲이 그늘로 덮어 사람들이 즐거움을 받게 하여, 많은 사람과 나아가 짐승까지 받아 쓰게 하는 것과 같소.

이와 같이 잘 행하는 사람은 빼어나고 묘한 재물을 얻으면 스스로 즐겁게 사는 데 쓰고, 부모를 공양하며, 친척과 권속을 돌보아주오.

나아가 세간의 빼어난 복밭에 씨를 심어 널리 큰 이익을 거두게 되오."

현재와 미래에 모두 복된 보시의 길을 노래하심

그때에 세존께서는 다시 이 게송을 말씀하셨다.

넓은 들판에 맑은 못물이 있어
맑고 시원하여 아주 깨끗하여도
아무도 받아 쓰는 이가 없으면
곧 그곳에서 말라 다하게 되네.

이와 같이 빼어나고 묘한 재물도
나쁜 사람이 그 좋은 재물 얻고도
스스로 받아 즐겁게 쓰지 못하고
또한 남을 가엾이 여겨주지 않으면
헛되이 스스로 괴롭게 쌓아 모아

모이고 나면 스스로 없애게 되네.

지혜로운 이 빼어난 재물 얻으면
스스로 즐겁게 받아 쓰고서
널리 보시해 좋은 공덕 지으며
친척과 권속들에게 보시하여
주어야 할 곳을 따라 대주나니
마치 소의 왕이 소 떼 거느림 같네.

베풀어주고 스스로도 받아 쓰며
으레 주어야 할 곳을 잃지 않으니
바른 도리 따르다 목숨 마치면
하늘에 나 복된 즐거움 받게 되리.

붇다께서 이 경을 말씀하시자, 프라세나짓 왕은 붇다의 말씀을 듣고 기뻐하고 따라 기뻐하면서 절하고 떠나갔다.

• 잡아함 1232 간경(慳經)

• 해설 •

이 세상에서 누가 가장 불행하고 사악한 인간인가.

스스로 가진 힘으로 남을 도우며 남의 어려움을 풀어주지 않고 그 힘을 휘둘러 남을 죽이고 가두며 빼앗고 억누르는 자이다.

그 누가 이 세상에서 가장 가난한 자인가. 산더미처럼 많은 것을 소유했으면서 더 많은 것을 갖기 위해 잠 못 이루며 이웃과 나누어 쓸 줄 모를 뿐 아니라 자기 몸을 위해서도 쓰지 못하는 자이다.

누가 가장 행복하고 누가 가장 넉넉한 자인가.

있음에서 있음을 벗어나고 없음에서 없음을 벗어나, 있음을 있음 아닌 있음으로 세울 줄 알고, 없음을 없음 아닌 없음으로 쓸 줄 아는 자이다.

있음에 갇히고 없음에 갇힌 불행한 이를 어떻게 건져낼 것인가.

그들에게 옛 조사[芭蕉慧淸]는 다음과 같이 공안을 던진다.

그대에게 주장자가 있으면 내가 그대에게 주장자를 줄 것이고, 그대에게 주장자가 없으면 나는 그대에게서 주장자를 빼앗아오겠다.

你有拄杖子 我與你拄杖子
你無拄杖子 我奪你拄杖子

조사가 말한 이 주장자는 있음인가 없음인가. 있고 없음이 아닌 주장자의 참모습 보면 그가 바로 길이 빼앗길 수 없고, 주고 주되 다하지 않는 법재(法財)를 얻어 영겁의 보시행을 행하는 보디사트바가 되는 것인가.

위 공안에 대해 지해일(智海逸)선사는 이렇게 노래한다.

파초선사가 대중에게 보이는 뜻은
세상에서 아무도 짝할 이 없어
자재하게 주고 뺏음 알기 어렵네.
비 개고 구름 걷혀 어디로 갔나
한가로운 놀이꾼들 흘리는 눈물
부질없이 수건만 적시게 하네.

芭蕉示衆世無隣 與奪縱橫不易親
雨散雲收何處去 空令遊子泊沾巾

비구들이여, 여러 왕들이 큰 힘이 있고
큰 부자임을 말해 무엇하려느냐

이와 같이 내가 들었다.

한때 붇다께서는 라자그리하 성 칼란다카 대나무동산에 계셨다. 때에 많은 비구들은 식당에 모여 이렇게 논의하였다.

'프라세나짓 왕과 빔비사라 왕은 누가 큰 힘이 있고 누가 큰 부자인가.'

그때에 세존께서는 선정 가운데서 하늘귀로 여러 비구들의 논의하는 소리를 들으셨다. 곧 자리에서 일어나 식당으로 가시어 대중 앞에 자리를 펴고 앉아 여러 비구들에게 물으셨다.

"너희들은 어떤 것을 서로 이야기하느냐?"

때에 여러 비구들은 위의 일을 갖추어 세존께 말씀드렸다.

붇다께서는 여러 비구들에게 말씀하셨다.

"너희들은 여러 왕들이 큰 힘이 있고 큰 부자임을 말해 무엇하려느냐. 너희 비구들은 이런 말을 하지 말라.

왜냐하면, 그것은 뜻으로 요익함도 아니요, 법으로 요익함도 아니며, 범행으로 요익함도 아니요, 지혜도 아니며, 바른 깨달음도 아니어서 니르바나로 향하지 않기 때문이다.

너희들은 이 괴로움의 진리, 괴로움 모아냄의 진리, 괴로움 사라짐의 진리, 괴로움을 없애는 길의 진리를 말하여야 한다.

무슨 까닭인가. 이 네 가지 거룩한 진리는 바로 뜻의 요익함이요,

법의 요익함이며, 범행의 요익함이요, 바른 지혜, 바른 깨달음으로 바로 니르바나로 향하기 때문이다.

그러므로 비구들이여, 네 가지 거룩한 진리에 대하여 아직 사이가 없는 평등한 살핌이 없으면, 방편에 힘써서 더욱 하고자 함을 일으켜 사이가 없는 평등한 지혜를 배워야 한다."

붓다께서 이 경을 말씀하시자, 여러 비구들은 붓다의 말씀을 듣고 기뻐하며 받들어 행하였다.

• 잡아함 413 왕력경(王力經)

• 해설 •

그 어떤 비구가 여래의 법을 잘 받아들여 행하는 많이 들은 거룩한 제자인가. 프라세나짓 왕이 되었든 빔비사라 왕이 되었든 아무리 큰 세간 권력을 쥐었어도 그 또한 저 흙바람처럼 덧없는 것인 줄 아는 자가 참으로 항상하고 무너짐 없는 진리의 힘을 아는 것이니, 그가 많이 들은 거룩한 제자이다.

어떤 비구가 여래의 집 그 맏아들로 여래로부터 법의 재물을 물려받을 것인가. 천 마리의 소로 농사짓고 천 대의 수레로 장사하는 큰 부자의 많은 재물이라도 그 모습에 취할 모습이 없는 줄 아는 자가 모습에 모습 없되 모습 없음도 없는 진리의 재물을 얻은 여래의 맏아들인 것이다.

세간의 권세와 부를 부러워하며 그 누가 힘센 자인가 따지고, 그 누가 많이 가진 자인가를 따지는 것은 있음이 있음 아닌 줄 알지 못하는 것이니, 그는 여래의 법의 재물을 등지고 여래의 지혜의 목숨을 저버리는 자이다.

마하나마여, 저 빔비사라 왕이 즐거운가
여래가 즐거운가

이와 같이 들었다.

한때 붇다께서는 사카족 카필라바스투의 니그로다 동산에 계셨다.

그때에 사카족 마하나마는 세존 계신 곳에 가서 머리를 대 발에 절하고 한쪽에 앉았다. 그때 사카족 마하나마는 세존께 말씀드렸다.

"저는 여래께 몸소 이런 가르침을 들었습니다."

'어떤 잘 행하는 남자와 여인이 세 가지 묶음을 끊어 스로타판나를 이루면 물러나 구르지 않음이라 이름하게 되니, 그는 반드시 진리의 과덕을 이룰 것이다.

그래서 다시는 바깥길 배움 다른 이들을 구하지 않고, 다른 이들이 말한 것을 살피지 않을 것이다.'

설사 그렇다고 해도 이 일은 그럴 수 없습니다. 왜냐하면 제가 만약 사나운 소나 말이나 낙타를 보면 곧 두려움이 생겨 옷의 털마저 다 곤두서기 때문입니다. 그때에 저는 이렇게 생각했습니다.

'만약 내가 지금 이 두려움을 품고 목숨을 마치면 어느 곳에 날 것인가.'"

깨끗한 업과 지혜의 행으로 물러섬이 없게 됨을 보이심

세존께서 마하나마에게 말씀하셨다.

"두려워하는 마음 일으키지 말라. 비록 목숨을 마치더라도 세 갈래 나쁜 길에는 떨어지지 않을 것이다.

왜냐하면 지금 세 가지 사라져 없어지는 뜻이 있기 때문이다. 어떤 것이 세 가지인가.

만약 음욕에 집착해 번민하고 어지러움을 일으키며, 다시 다른 사람 해치려는 마음을 일으키다, 이미 이 욕심이 없어지면[已無此欲] 해쳐 죽이려는 마음을 일으키지 않고, 이미 현재의 법 가운데 고뇌를 일으키지 않는다.

또 온갖 악하여 착하지 않은 법이 있어 스스로를 해치려 해도, 만약 그 욕심이 없어지면 곧 흔들려 어지러움 없게 되어[無擾亂], 곧 시름과 근심이 없게 된다[便無愁憂].

이것을 마하나마여, '세 가지 사라짐의 뜻으로, 악하여 착하지 않은 법은 떨어져 밑에 있고 모든 좋은 법은 위에 있다'고 하는 것이다.

이는 마치 타락웃물병이 물속에서 깨어지면 깨어진 조각들은 곧 물 밑에 가라앉고 타락웃물은 위에 떠오르는 것처럼, 이 또한 이와 같아 온갖 악하여 착하지 않은 법은 밑에 가라앉고 모든 좋은 법은 위에 떠오른다."

성도 전 고행의 보기를 들어 괴로움에서 즐거움에 이르름을 보이심

"마하나마여, 알아야 한다. 내가 옛날 깨달음의 도 이루기 전 우루빌라 숲에서 육 년 동안 고행할 때에 맛난 음식을 먹지 않고 몸은 바짝 여위어 백 살이나 먹은 사람 같았으니, 그것은 먹지 않아 그렇게 된 것이었다.

그때에 만약 나는 일어나려고 할 때면 곧 땅에 쓰러졌다. 그때 다시 나는 생각하였다.

'만약 내가 이 가운데 목숨 마치면 어느 곳에 날 것인가.'

그때 다시 생각하였다.

'나는 지금 목숨 마치더라도 반드시 나쁜 곳에는 나지 않을 것이다. 그렇게 되는 것은 다시 즐거움에서 즐거움으로 이를 수 없는 것이고, 반드시 괴로움으로 말미암아 즐거움에 이르는 것이기 때문이다.'"

니르바나는 즐거움을 취하는 행으로는 이룰 수 없음을 보이심

"나는 그때에 선인이 사는 굴속에서 노닐고 있었다.

어떤 니르그란타푸트라가 거기서 도를 배우고 있었는데, 그는 손을 들어 해를 가리키면서 몸에 햇볕을 쬐며 도를 배우고 있었고, 또는 쭈그리고 앉아 도를 배우고 있었다.

나는 그때 니르그란타푸트라가 있는 곳에 가서 물었다.

'그대들은 왜 자리를 떠나 손을 들고 발을 세우고 있소?'

니르그란타푸트라는 대답하였다.

'고타마여, 알아야 하오. 옛날 우리 스승이 착하지 못한 짓을 행하였소. 지금 내가 이렇게 고행하는 것은 그 죄를 없애려고 하기 때문이오. 지금 내가 비록 몸을 드러내어 욕됨이 있고 부끄러움이 있지만, 또한 착하지 못한 이런 일을 없앨 수 있는 것이오.

고타마여, 알아야 하오. 지어감이 다하면[行盡] 괴로움도 다하고 [苦盡] 괴로움이 다하면 지어감도 다하며, 괴로움의 지어감이 다하면 니르바나에 이르게 되오.'

그때에 나는 니르그란타푸트라에게 또 말하였다.

'이 일은 그렇지 않소. 지어감이 다한다고 괴로움이 다할 수 없고 괴로움이 다한다[苦盡]고 지어감 또한 다해[行亦盡] 니르바나에 이르는 것이 아니오. 다만 지금 괴로움의 지어감이 다하면[苦行盡] 니르바나에 이른다는 것은 그럴 수 있소. 다만 즐거움에서 즐거움에 이를 수는 없는 것이오.'

그 니르그란타푸트라가 말하였다.

'빔비사라 왕은 즐거움에서 즐거움에 이르는데 무슨 괴로움이 있겠습니까.'

나는 그때 다시 니르그란타푸트라에게 말했다.

'빔비사라 왕의 즐거움이 어찌 내 즐거움과 같겠소.'

니르그란타푸트라가 대답했다.

'빔비사라 왕의 즐거움이 당신의 즐거움보다 빼어납니다.'

나는 그때 니르그란타푸트라에게 다시 말했다.

'빔비사라 왕이 스스로 이레 낮밤 동안 두 발 맺고 앉아 몸을 옮겨 움직이지 않게 할 수 있겠소? 바로 엿새·닷새·나흘·사흘·이틀 나아가 하루만이라도 두 발 맺고 앉을 수 있겠소?'

니르그란타푸트라가 대답했다.

'아닙니다, 고타마시여.'

세존께서 말씀했다.

'나는 두 발 맺고 앉아 몸을 움직이지 않을 수 있소. 니르그란타푸트라여, 누가 더 즐겁소. 빔비사라 왕이 즐겁소 내가 즐겁소.'

니르그란타푸트라가 말하였다.

'고타마 사문이 즐겁습니다.'"

괴로움의 끝이 다해 참된 해탈의 즐거움에 이르름을 보이심

"이와 같이 마하나마여, 이런 방편을 지어 즐거움에서 즐거움에는 이를 수 없고 반드시 괴로움에서 즐거움에 이르는 줄을 알아야 한다.

마치 다음과 같다. 마하나마여, 큰 마을 좌우에 큰 못물이 있는데 세로와 가로가 한 요자나요, 거기 물이 가득 차 있는데, 만약 어떤 사람이 와서 한 방울의 물을 떴다 하자.

그러면 어떻던가. 마하나마여, 물은 어느 것이 많겠는가. 한 방울의 물이 많겠느냐, 그 못물이 많겠느냐."

마하나마는 대답하였다.

"못물이 많고 한 방울 물이 많지 않습니다."

세존께서 말씀하셨다.

"또한 이와 같다. 현성의 제자가 모든 괴로움이 이미 다하고 길이 다시 없다면, 남은 것이 있다 해도 겨우 한 방울의 물과 같다.

나의 제자 가운데 그 도가 가장 낮은 자라 해도 일곱 번 죽고 일곱 번 태어남을 넘지 않고 괴로움의 끝을 다할 것이다.

만약 다시 더 용맹스레 정진하면 곧 '사크리다가민에 향하는 이[家家]'가 되어 도의 자취를 얻을 것이다."

그때에 세존께서는 거듭 마하나마를 위해 미묘한 법을 말씀하셨다.

그는 그 법을 듣고 곧 자리에서 일어나 떠났다.

그때에 마하나마는 붇다의 말씀을 듣고 기뻐하며 받들어 행하였다.

• 증일아함 41 막외품(莫畏品) —

• 해설 •

지금 현존재의 있음에서 있음을 떠나는 것이 뒷세상 존재를 다시 받지 않음이다. 지금의 있음을 있음으로 붙들고 앉아 뒷세상의 존재 받음을 두려워하는 것은 여래의 해탈의 길이 아니다.

이런 뜻에서 붇다는 마하나마에게 지금 이미 믿음을 내고 탐욕의 마음이 엷어졌으면 오직 지금의 삶에서 존재의 흐름과 무명의 흐름 다할 뜻을 오롯이 이해야지 뒤를 두려워해서는 안 된다고 가르치신다.

중생의 탐욕은 지금 고통을 주는 경계는 버리고 즐거움을 주는 경계는 취하는 것이다. 탐욕의 중생은 지금 고통의 경계 버리고 즐거움 주는 경계에 빠져 괴로움과 즐거움의 악순환이 다한 참된 삶의 즐거움을 얻지 못한다. 그러므로 탐욕할 즐거움의 경계도 버리고, 고통 속에서도 그 고통을 취하지 않고 괴로움을 이겨낼 수 있을 때 참된 즐거움을 얻을 수 있다.

이런 뜻에서 붇다는 즐거움을 취하는 생활에서 즐거움에 이르지 못하고, 탐욕의 즐거움을 버리고 괴로움을 견디는 생활에서 즐거움에 이를 수 있다고 가르치신다.

과거의 악업을 벗어나기 위해 억지로 지금의 지어감을 눌러 없앤다고 악업에서 벗어나지 못하고, 악이 나되 남이 없는 줄 알아 악을 돌이켜 새로운 착한 업을 남이 없이 나게 할 때 그 악업에서 벗어난다.

그러므로 죄와 악업이 공한 줄 모르고 죄와 악업에서 벗어나기 위해 몸에 고통을 더하거나 그릇된 계법에 집착해서는 죄업을 벗어날 수 없다.

중생의 지어감[行]은 괴로움과 즐거움, 괴롭지도 않고 즐겁지도 않음으로 그 지어감이 분별되니, 그 모든 지어감에 지음이 있고[有作] 함이 있으면[有爲] 세 가지 지어감이 모두 고통이 된다.

지어감이 지어감 아닌 지어감인 줄 알지 못하면 지어감을 끊어서 짓지 않는다고 괴로움이 다하지 않는다.

괴로움을 다한다는 것은 지어감을 짓지 않고 없앰이 아니라 온갖 지어감을 지음 없이 짓는[無作而作] 곳에 있다. 그러므로 괴로움이 다한다고 지어감이 다하는 것은 아니다.

경은 괴로움의 지어감이 다하면 니르바나라 이름한다고 하니, 이것은 무슨 뜻인가.

괴로움과 즐거움, 괴롭지도 않고 즐겁지도 않은 느낌에 지음 있는 것이 모두 괴로움의 지어감이므로, 이 세 가지 지어감이 공한 줄 알아야 괴로움의 지어감이 다해 니르바나의 고요함이 됨을 가르친 것이다.

이때 괴로움이 다한 니르바나란, 바로 아무것도 짓지 않는 고요함이 아니라 온갖 지어감 가운데 짓되 지음 없고[作而無作] 지음 없이 지어감[無作而作]을 말한다.

그러므로 중생이 즐거움에서 즐거움을 벗어나고 괴로움에서 괴로움을 벗어날 때 니르바나의 즐거움이 있는 것이니, 중생의 즐거움을 탐착해서 참된 즐거움에 이를 수 없고, 중생이 즐거움이라 취하는 경계도 괴로움인 줄 알고 괴로움 가운데서 괴로움을 넘어설 때 참된 즐거움을 얻는다.

이미 믿음의 땅에 발을 대고 탐착해야 할 중생의 즐거움을 버리고 앞으로 나아가는 자, 그는 이미 현존재의 삶에 존재의 흐름을 다하므로 다시 뒤에 올 존재에 대한 두려움이 없다.

그는 비록 일시적 동요가 있어도 믿음의 집과 더 높은 실천의 집을 오가며[家家] 끝내 물러섬이 없이 니르바나의 저 언덕에 이르를 것이다.

괴로움의 지어감이 다하면[苦行盡] 괴롭고 즐거움의 온갖 업이 나되 남이 없는 업의 성품을 깨달아 업의 물결에 물듦 없되 업의 과보 깨뜨리지 않게 되니, 『화엄경』(「십회향품」)은 이렇게 말한다.

> 업의 성품 업 아님을 밝게 알지만
> 또한 모든 법의 모습 어기지 않고
> 또한 업의 과보 무너뜨리지 않으며
> 모든 법의 참모습이 인연을 따라
> 남이 없이 일어남을 말하여주네.

了達業性非是業　而亦不違諸法相
又亦不壞業果報　說諸法性從緣起

중생에게 실로 남 있음이 없으며
흘러 구르게 할 중생 없음 깨치면
말할 수 있는 중생이 본래 없으나
다만 세속의 생각 의지하여서
짐짓 중생이라 나타내 보이네.

了知衆生無有生　亦無衆生可流轉
無實衆生而可說　但依世俗假宣示

2) 그 밖의 여러 왕들과의 대화와 설법

① 브릿지 국의 우데나 왕

무슨 까닭으로 젊은 비구가 늘 평화롭고 청정하게 범행을 닦아갈 수 있습니까

이와 같이 내가 들었다.

한때 존자 핀도라는 카우삼비 국 고실라라마 동산에 있었다. 때에 브릿지 국 우데나 왕이 존자 핀도라 있는 곳에 찾아와 서로 같이 문안하고서는 한쪽에 물러앉아 존자 핀도라 바라드바자(Piṇḍola-bhāradvāja)에게 말했다.

"물을 일이 있습니다. 한가하면 대답해주시겠습니까."

존자 핀도라 바라드바자는 대답하였다.

"대왕이여, 대왕은 우선 물으십시오. 아는 것이면 대답해드리 겠소."

비구가 안락하게 머무는 세 가지 법을 답함

바른 몸가짐으로 답함

브릿지 국 우데나 왕은 존자 핀도라 바라드바자에게 물었다.

"무슨 인연으로 새로 배우는 젊은 비구가 이 법과 율에서 집을 나온 지 오래지 않으면서도, 아주 안락하게 머물면서 모든 아는 뿌리가 기쁨에 넘칩니까.

그래서 그 얼굴 모습은 청정하며 살갗의 빛깔은 깨끗하여 고요함을 즐겨해 움직임을 줄이고, 남에게 그대로 맡겨 살아가며, 그 마음을 들짐승처럼 놓아 지내되, 목숨이 다하도록 범행을 닦아 지니어 순일하고 청정할 수 있습니까."

존자 핀도라 바라드바자는 대답하였다.

"붇다의 말씀대로 보면, 여래·아라한·바르게 깨치신 분께서는 그 아시고 보시는 것으로 비구들을 위해 이렇게 말씀하셨습니다.

'너희들 여러 비구들이여, 만약 늙은 여인을 보거든 어머니라 생각하고, 젊은 여인을 보거든 누이나 여동생으로 생각하고, 어린 소녀를 보거든 딸이라 생각하라.'

이 인연으로 젊은 비구가 이 법과 율에서 집을 나온 지 오래지 않아도 안온하고 즐겁게 머물면서 모든 아는 뿌리는 기쁨이 번져 넘칩니다.

그리고 얼굴 모습은 청정하며 살갗의 빛깔은 깨끗하여 고요함을 즐겨해 움직임을 줄이고, 남에게 그대로 맡겨 살아가며, 그 마음을 들짐승처럼 놓아 지내되, 목숨이 다하도록 범행을 닦아 지니어 순일하고 청정할 수 있습니다."

몸이 깨끗하지 않다는 살핌으로 답함

브릿지 국 우데나 왕은 존자 핀도라에게 말했다.

"지금 여기 세간의 탐하고 구하는 마음은 불처럼 타올라, 만약 늙은 여인을 보고는 어머니라 생각하고, 젊은 여인을 보고는 누이나 여동생으로 생각하고, 어린 소녀를 보고는 딸이라 생각해도 바로 그때의 마음 또한 따라서 일어나 탐욕이 불처럼 타오르고 타오릅니다.

성냄과 어리석음도 불처럼 타오릅니다.

반드시 다시 빼어난 인연이 없습니까.”

존자 핀도라 바라드바자는 브릿지 국 우데나 왕에게 말하였다.

“다시 인연이 있습니다.

세존의 말씀대로 보면, 여래 · 아라한 · 바르게 깨치신 분께서는 그 아시고 보시는 것으로 비구들을 위해 이렇게 말씀하셨습니다.

‘이 몸은 발에서 정수리에 이르기까지 뼈줄기에 살을 바르고 얇은 껍질로 덮고 갖가지 깨끗하지 않은 것들이 그 가운데를 가득 채웠다.

두루두루 살펴보아야 하니 머리털 · 털 · 손톱 · 발톱 · 티끌 · 때 · 침 · 살갗 · 살 · 흰 뼈 · 힘줄 · 염통 · 간장 · 허파 · 쓸개 · 콩팥 · 창자 · 밥통 · 선 것 받는 장기 · 삭히는 장기 · 태의 껍질 · 눈물 · 땀 · 기름덩이 · 골수 · 가래 · 고름 · 피 · 골 · 더러운 물 · 똥 · 오줌이다.’

대왕이시여, 이 인연으로 젊은 비구가 이 법과 율에서 집을 나온 지 오래지 않아도 안온하고 즐겁게 지내며 범행이 순일하고 원만하며 청정할 수 있는 것입니다.”

여섯 아는 뿌리 보살핌으로 답함

브릿지 국 우데나 왕은 존자 핀도라에게 말했다.

“사람의 마음은 가볍게 날리고 빨라, 만약 깨끗하지 않다고 살펴면[若觀不淨] 따라서 깨끗하다는 생각[淨想]도 나타날 것입니다.

그렇다면 다시 어떤 인연으로, 젊은 비구가 이 법과 율에서 집을 나온 지 오래지 않아도 안온하고 즐겁게 지내며 범행이 순일하고 원만하며 청정하도록 합니까.”

존자 핀도라가 말했다.

"대왕이시여, 그럴 인연이 있습니다. 세존의 말씀대로 보면, 여래·아라한·바르게 깨치신 분께서는 그 아시고 보시는 것으로 비구들을 위해 이렇게 말씀하셨습니다.

'너희들은 반드시 아는 뿌리의 문[根門]을 지켜 보살펴 그 마음을 잘 거두어야 한다[善攝其心].

만약 눈이 빛깔을 볼 때에는 그 빛깔의 모습[色相]을 취하지 말고, 좋은 모습을 따라 취해 그 붙잡아 지님[執持]을 더욱 늘리지 마라.

만약 눈의 아는 뿌리를 거두어 머물지 못하면, 세간의 탐욕과 애착, 악하여 착하지 않은 법이 곧 그 마음을 흘러 새게 할 것이다.

그러므로 이런 것들에서 눈의 바른 몸가짐[眼律儀]을 받아 지니어야 한다. 귀와 소리·코와 냄새·혀와 맛·몸과 닿음·뜻과 법에 있어서도 또한 이와 같다.

그러니 그 빛깔의 모습을 취하지 말고 나아가 이런 것들에서 뜻의 아는 뿌리 등을 거두어 머물러 뜻의 바른 마음가짐[意律儀] 등을 받아 지니어야 한다.'"

핀도라 존자의 설법을 왕이 크게 찬탄하고
스스로의 삶을 돌이켜 살핌

그때에 브릿지 국 우데나 왕은 존자 핀도라 바라드바자에게 말했다.

"참 잘 말씀하셨습니다. 참으로 좋은 설법이십니다. 여인에 대해 바른 몸가짐 마음가짐을 지니고 몸의 깨끗하지 않은 행을 바르게 살피고 여섯 아는 뿌리 보살피게 하시니, 존자 핀도라 바라드바자시여, 저 또한 이와 같습니다.

어떤 때에는 몸을 지켜 보살피지 않고, 모든 아는 뿌리의 바른 몸가짐을 지니지 않고, 그 생각을 한결같이 하지 못한 채[不一其念]로 궁 안에 들어가면, 그 마음은 아주 크게 탐욕을 내어 불처럼 타오르고 어리석음이 불처럼 타오릅니다.

비록 한가한 방에 홀로 있더라도 또한 이 세 가지 독은 마음을 불태우거늘 하물며 궁 안이겠습니까.

또 나는 어떤 때에는 그 몸을 잘 보살피고, 모든 아는 뿌리를 잘 거두어[善攝諸根] 그 생각을 오롯이 하나되게 해[專一其念] 궁 안에 들어가도 탐욕과 성냄과 어리석음이 일어나 그 마음을 태우지 않습니다.

안의 궁 가운데서도 그 몸을 태우지 않고 그 마음을 태우지 않는데 하물며 다시 한가하게 홀로 있을 때이겠습니까.

이렇게 하므로 마음을 잘 거두는 이 인연[此因此緣]이 젊은 비구로 하여금 이 법과 율에 의해 출가한 지 오래지 않아도 안온히 즐거이 머물게 하여 범행이 순일하게 깨끗하게 하는 것입니다."

때에 브릿지 국 우데나 왕은 존자 핀도라 바라드바자의 말을 듣고 기뻐하고 따라 기뻐하면서 자리에서 일어나 떠나갔다.

• 잡아함 1165 빈두라경(賓頭羅經)

• 해설 •

핀도라 존자는 동아시아 불교에서 독성각(獨聖閣)에 독성(獨聖)으로 모시는 아라한이니, 이 경은 브릿지 국 우데나 왕과 핀도라 존자의 문답이다.

여래의 법은 비록 가르침의 방편이 듣는 이의 마땅함을 따라 달라지지만, 그 말씀의 맛과 뜻은 출가사문에게 설한 법이나 집에 있는 흰옷의 제자에게 설한 법이 다르지 않다.

이 경에서 집을 나와 처음 배우는 이를 위한 법이 흰옷 입은 거사를 위한 법이고, 우파사카의 법이 우파시카의 법이며, 왕을 위한 설법이 저 낮은 수드라를 위한 설법이다.

그러므로 우데나 왕이 출가사문의 법을 물었으나, 핀도라 존자의 설법을 듣고 사문의 법이 곧 자신의 법임을 알아차린 것이다.

왕은 묻는다. 집을 나와 처음 배우는 이가 가진 것 없어도 그 모습이 넉넉하고, 떨어진 누더기 옷을 입어도 그 얼굴이 깨끗하고 환하며 그 눈빛이 맑은 것은 왜인가.

첫째, 그것은 바로 이성을 대하는 마음가짐이 올발라서 이성을 탐욕의 대상으로 보지 않기 때문이다.

둘째, 이 몸이 깨끗하지 않다고 살펴 몸에 대한 탐착을 떠났기 때문이다.

셋째, 눈이 빛깔 보고 귀가 소리 들으며 뜻이 법을 알 때 빛깔과 소리 등 경계에 물들지 않기 때문이다.

저 빛깔을 보는 나의 눈과 귀, 몸과 뜻이 공한 줄 알고, 보여지는바 빛깔과 듣는 소리 닿음과 법에 취할 모습이 없는 줄 알면 빛깔을 보는 앎에 앎이 없어서 고요하고, 고요하되 밝아서 앎 없이 경계를 안다.

이것은 참된 해탈의 법이라 따라 행하면 탐욕의 경계 속에서도 안온함을 얻을 수 있는데, 하물며 아란야에서 범행을 닦는 자이겠는가. 또한 이것은 오래 닦음과 처음 배움의 차별이 없으니 처음 배우는 이라도 바르게 배워 나아가면 곧바로 탐욕의 불길이 쉬고 번뇌의 바람이 쉬어 늘 고요하고 밝은 것이니, 이 가르침은 오래된 장로의 법이자 처음 배우는 이의 법이고, 비구의 법이자 비구니의 법이고, 왕의 법이자 낮은 백성의 법이다.

여래의 법은 평등하여 높고 낮음이 없으니[無有高下], 가르침을 받아 들어 바르게 사유하고 행하는 자는 높은 이나 낮은 이, 남자나 여자, 늙은이나 젊은이, 가진 자나 갖지 못한 자 모두가 여래의 보디의 집에 들어가 진리의 자식이 될 것이다.

② 마투라 국의 왕

대왕이여, 네 종성은 다 평등한 것이오

이와 같이 내가 들었다.

한때 붇다께서는 슈라바스티 국 제타 숲 '외로운 이 돕는 장자의 동산'에 계셨고, 존자 마하카타야나는 빽빽한 숲 가하나(gahana)에 있었다.

그때 마투라(Mathurā) 국의 왕은 서방의 왕자인데, 존자 마하카타야나 있는 곳에 찾아와 마하카타야나의 발에 절하고 한쪽에 물러앉아 존자 마하카타야나에게 물었다.

"브라마나들은 스스로 이렇게 말합니다.

'우리가 으뜸이요 다른 사람들은 낮고 못났다. 우리는 희고 다른 사람은 검다. 브라마나는 청정하나 브라마나가 아닌 사람은 그렇지 않다.

우리들은 브라흐만의 아들로서 입에서 태어났고 브라흐만이 변화한 것이다. 우리들은 브라흐만에게 있는 것이다.'

존자 마하카타야나시여, 이 뜻은 어떻습니까?"

존자 마하카타야나가 마투라 국의 왕에게 말했다.

"대왕이여, 그것은 세간의 말일 뿐입니다. 세간 사람들은 말합니다. '브라마나가 으뜸이요 다른 사람은 낮고 못났다. 브라마나는 희

고 다른 사람은 검다. 브라마나는 청정하나 브라마나가 아닌 사람은
그렇지 않다.

우리 브라마나는 브라흐만에서 났으니, 브라흐만의 입에서 태
어났고 브라흐만이 변화한 것이다. 우리들은 모두 브라흐만의 것
이다.'

그러나 대왕이여, 아셔야 하오. 그것은 다 업의 진실[業眞實]이라
업에 의한 것[依業]입니다."

네 종성이 평등한 뜻을 여러 보기를 들어 말해줌

왕이 존자 마하카타야나에게 말했다.

"이것은 너무 간략한 말씀이라 저는 이해할 수가 없습니다. 거듭
분별해주시길 바랍니다."

존자 마하카타야나가 말했다.

"이제 대왕께 묻겠으니, 묻는 대로 제게 대답해주십시오.

대왕이여, 당신은 브라마나 출신 왕입니다.

당신 나라 땅에 있는 여러 브라마나·크샤트리아·거사·장자 등
이 네 가지 사람들을 모두 불러와, 왕의 재물과 힘을 가지고 그들이
왕을 모셔 지키도록 해, 먼저 일어나고 뒤에 눕게 하고, 그 밖의 여러
가지 심부름을 시키면 모두 뜻대로 되겠습니까?"

대답했다.

"뜻대로 될 것입니다."

다시 물었다.

"대왕이여, 크샤트리아가 왕이 되거나 거사가 왕이 되거나 장자
가 왕이 된다 합시다.

그들도 자신의 나라 땅에 있는 네 종성[四姓]을 모두 불러와, 왕의 재물과 힘을 가지고 그들이 왕을 모셔 지키도록 해, 먼저 일어나고 뒤에 눕게 하고, 그 밖의 여러 가지 심부름을 시키면 모두 뜻대로 되겠습니까?"

"뜻대로 될 것입니다."

"이와 같다면 대왕이여, 그와 같이 네 종성은 다 평등한데, 무슨 차별이 있겠습니까?

대왕이여, 아셔야 합니다. 네 종성은 모두다 평등하여 빼어나고 못한 차별이 없습니다."

마투라 국의 왕이 존자 마하카타야나에게 말했다.

"참으로 그렇습니다. 존자여, 네 종성은 다 평등하여 갖가지의 빼어나고 못한 차별이 없습니다."

"그러므로 대왕이여, 아셔야 합니다. 네 종성이란 세간에서 차별지어 말한 것일 뿐입니다. 나아가 그것들은 다 업에 의한 것으로서 진실로 차별이 없는 것입니다.

다시 대왕이여, 이 나라의 땅 안에서 어떤 브라마나가 도둑질을 했다면 어떻게 하시겠습니까?"

왕이 존자 마하카타야나에게 말했다.

"만약 브라마나 가운데 도둑질한 자가 있다면, 때리거나 묶을 것이고 나라 밖으로 쫓아내거나, 돈을 벌로 물리거나 또는 손·발·귀·코를 베거나, 죄가 무거우면 곧 죽일 것입니다.

그래서 그 도둑이 비록 브라마나라 하더라도 도둑이라 부를 것입니다."

다시 물었다.

"대왕이여, 만약 크샤트리아·거사·장자 가운데 도둑질한 자가 있으면 다시 어떻게 하시겠습니까?"

왕이 존자 마하카타야나에게 말했다.

"그들 또한 때리거나 묶을 것이고 나라 밖으로 쫓아내거나, 돈을 벌로 물리거나 또는 손·발·귀·코를 베거나, 죄가 무거우면 곧 죽일 것입니다."

"이와 같다면 대왕이여, 어찌 네 종성이 다 평등하지 않겠으며, 거기에 무슨 갖가지 차별이 있겠습니까?"

왕이 존자 마하카타야나에게 말했다.

"이와 같은 뜻이라면, 참으로 거기에는 갖가지 빼어나고 못한 차별이 없을 것입니다."

존자 마하카타야나가 다시 왕에게 말했다.

"아셔야 합니다, 대왕이여. 네 종성이란 세간에서 하는 말일 뿐입니다. 그들은 말합니다.

'브라마나가 으뜸이요 다른 사람은 낮고 못났다. 브라마나는 희고 다른 사람은 검다. 브라마나는 청정하나 브라마나가 아닌 사람은 그렇지 않다.'

그러나 그것은 다 업의 진실[業眞實]이라 업에 의한 것입니다."

네 종성이 모두 지은 업으로 과보 받음을 보여 업의 진실을 밝힘

다시 물었다.

"대왕이여, 만약 브라마나가 산목숨 죽임·도둑질·삿된 음행·거짓말·악한 말·두말·꾸민 말·탐냄·성냄·삿된 견해 등 열 가지 좋지 않은 업[十不善業]을 짓는다면 나쁜 곳에 태어나겠습니까, 좋은 곳에 태어나겠습니까?

아라한 계신 곳에서 어떻게 들으셨습니까?"

왕이 존자 마하카타야나에게 말했다.

"브라마나라도 열 가지 좋지 않은 업을 지으면 반드시 나쁜 곳에 떨어질 것입니다.

또 아라한 계신 곳에서도 이렇게 들었습니다.

'크샤트리아 · 거사 · 장자 또한 이와 같이 말한다'고."

"대왕이시여, 만약 브라마나가 열 가지 좋은 업[十善業]인, 산목숨 죽임의 여읨, 나아가 바른 견해를 행한다면, 어느 곳에 태어나겠습니까? 좋은 곳입니까, 나쁜 곳입니까? 아라한 계신 곳에서 어떻게 들으셨습니까?"

왕이 존자 마하카타야나에게 말했다.

"만약 브라마나가 열 가지 좋은 업을 지었다면 반드시 좋은 곳에 태어날 것입니다.

또 아라한 계신 곳에서도 이렇게 말씀하고 이렇게 들었습니다.

'크샤트리아 · 거사 · 장자 또한 이와 같이 말한다.'"

다시 물었다.

"대왕이여, 어떻습니까? 이와 같다면 네 종성은 평등하지 않겠습니까? 갖가지 빼어나고 못한 차별이 있다고 하겠습니까?"

왕이 존자 마하카타야나에게 말했다.

"이와 같은 뜻이라면 곧 평등해서, 갖가지의 빼어나고 못한 차별이 없을 것입니다."

"그러므로 대왕께서는 아셔야 합니다. 네 종성은 모두다 평등할 뿐이라 갖가지의 빼어나고 못한 차별이 없습니다. 그런데도 세간 사람들의 말 때문에 이런 소리가 있게 된 것입니다.

'브라마나가 으뜸이다. 브라마나는 희고 다른 사람은 검다. 브라마나는 청정하나 브라마나가 아닌 사람은 그렇지 않다.

브라흐만에서 태어났는데, 태어날 때 입에서 나왔다. 브라흐만이 만들고 브라흐만이 변화된 것이며, 브라흐만에게 있는 것이다.'

그러나 그것은 다 업의 진실[業眞實]이라 업에 의한 것입니다."

왕이 네 종성이 모두 평등한 뜻을 받아 듣고 기뻐함

왕이 존자 마하카타야나에게 말했다.

"참으로 그 말씀과 같습니다. 그것은 다 세간에서 하는 말일 뿐이니, 이런 도리가 있게 된 것입니다.

'브라마나는 뛰어나고 다른 사람은 낮고 못났다. 브라마나는 희고 다른 사람은 검다.

브라마나는 청정하나 브라마나가 아닌 사람은 그렇지 않다. 브라흐만에서 태어났는데, 태어날 때 입에서 나왔다. 브라흐만이 변화한 것으로 브라흐만에게 있는 것이다.'

그러나 그것은 다 업의 진실이라 업에 의한 것입니다."

그때 마투라 국의 왕은 존자 마하카타야나의 말을 듣고 기뻐하고 따라 기뻐하면서 절하고 떠나갔다.

• 잡아함 548 마투라경(摩偸羅經)

• 해설 •

마투라는 야무나 강가에 있는 왕국으로 지금 인도 수도 델리 남방이고, 코살라 국과 마가다의 불교중국으로 보면 서방에 치우쳐 있는 나라이다.

인도 서방은 붇다의 교화가 시기적으로 늦게 이루어진 지역이다. 마하카 타야나 존자는 마투라 국보다 훨씬 서쪽인 아반티 출신의 비구이다.

불교중국에서 보면 변방에 속하는 마투라 국의 왕이, 마투라보다 더 변방으로 당시 교화가 뿌리내리지 못했던 아반티 국 출신으로서 여래의 제자가 된 마하카타야나 존자를 찾아와 여래의 가르침을 물은 것이다.

먼 풍문으로 여래와 여래의 가르침에 대해 듣고서 찾아온 왕으로서는 깊은 철학적 관점이나 해탈의 방법에 대한 물음보다는, 당시 인도사회를 지탱하고 있었던 사성계급 제도가 큰 관심사였을 것이다.

마투라 국의 왕이 브라마나 출신이라는 이 문답 내용을 통해서 왕이 꼭 크샤트리아 계급에서만 나오는 것이 아니라 브라마나 계급 가운데서도 권력과 부를 장악한 자가 왕이 될 수 있음을 알 수 있다.

마하카타야나 존자는 브라마나 계급들이 스스로 브라흐만에 의해 선택된 종족이라는 생각이 그릇된 것임을 깨우쳐준다. 그리고 누구나 스스로 지은 업에 의해 스스로의 존재를 결정하고 현실의 삶이 업의 진실에 의해서 규정됨을 왕의 통치현실을 들어 설명한다.

태생으로 얼굴 빛깔이 희고 검을 수는 있지만 타고난 종족이 브라마나라도 그 행위가 국가의 법을 어겨 죄를 지으면 형벌을 받고, 타고난 종족이 바이샤·수드라라도 그 행위가 나라에 공을 세우면 공훈을 받듯 중생은 행위에 의해 스스로 자기 삶을 결정하는 존재이다.

존재는 오직 업의 진실 그대로이며 업에 의해 중생의 삶이 이루어지는 것이니, 여래의 가르침 안에서 네 계급의 차별은 사라진다.

저 마투라 국의 왕이 비록 브라마나 출신이지만 마하카타야나 존자의 합리적 설명을 듣고 기쁜 마음으로 받아들이니, 그는 밝음에서 밝음으로 나아갈 수 있는 자이다.

③ 우다야나 왕

———

설사 우다야나 왕이 포악하다 해도
너는 왜 왕을 위해 설법하지 않았는가

이와 같이 들었다.

한때 붓다께서는 카우삼비 국 고실라라마 동산의 과거 네 붓다[過去四佛]가 계시던 곳에서 지내셨다.

그때에 우다야나(Udayana) 왕과 오백 여자와 사미 부인이 동산놀이를 가려고 하였다. 마침 그때에 슈라바스티 성안의 어떤 비구는 생각하였다.

'나는 세존과 헤어진 지 오래되었다. 지금 가서 절하고 공경하며 받들어 분부 받으며 문안드려야겠다.'

그 비구는 때가 되어 가사를 입고 발우를 가지고 슈라바스티 성에 들어가 밥을 빌었다. 밥을 다 먹은 뒤 가사와 발우와 앉을 자리를 치우고, 신통으로 허공을 날아 카우삼비 국의 동산으로 갔다.

그때 그 비구는 도로 신통을 거두고 숲속으로 들어가 한가하고 고요한 곳에서 두 발을 맺고 앉아, 몸과 마음을 바르게 하고 생각을 매어 앞에 두고 있었다.

선정에 든 비구를 사미 부인과 오백 여인이 경배함

그때에 사미 부인은 오백 여자를 데리고 그 숲으로 갔다. 그는 멀리서 어떤 비구가 신통의 도로써 나무 밑에 앉아 있는 것을 보았다. 그 모습을 보고서는 앞으로 나아가 머리를 대 발에 절한 뒤에 두 손 맞잡고 서 있었다. 오백 부인들도 머리를 대 발에 절한 뒤에 두 손 맞잡고 물러서 있었다.

때에 우다야나 왕은 멀리서 오백 여자들이 두 손 맞잡고 그 비구를 둘러싸고 서 있는 것을 보고 곧 이렇게 생각하였다.

'여기에는 반드시 사슴 떼나 다른 짐승들이 있을 것이다. 반드시 그러해 의심할 것이 없다.'

그때 왕은 곧 말을 타고 급히 달려 그 여인들의 모임 가운데로 갔다. 사미 부인은 왕이 오는 것을 보고 생각하였다.

'이 우다야나 왕에게는 아주 흉악함이 있어서 이 비구를 잡아 해칠 수 있다.'

때에 부인은 오른손을 들고 왕에게 말하였다.

"대왕께서는 아셔야 합니다. 이분은 비구입니다. 다시 놀라지 마십시오."

우다야나 왕이 설법하기를 청하자 비구가 설하지 않음

왕은 곧 말에서 내려 활을 버리고 비구 있는 곳에 와 말하였다.

"비구여, 나를 위해 설법하시오."

비구는 눈을 들어 왕을 올려다보고는 잠자코 말하지 않았다.

이때 왕은 다시 비구에게 말하였다.

"빨리 나를 위해 설법하시오."

비구는 다시 눈을 들어 왕을 올려다보고는 잠자코 말하지 않았다. 왕은 생각하였다.

'나는 이제 선정 가운데 일을 물어보아야겠다.

만약 나를 위해 설법하면 그에게 공양하고 또 몸과 목숨이 다하도록 입을 옷·먹을거리·자리끼·의약품을 대줄 것이요, 만약 나를 위해 설법하지 못하면 곧 잡아 죽이겠다.'

왕은 다시 말하였다.

"비구여, 나를 위해 설법하시오."

비구는 또한 잠자코 대답하지 않았다.

그때에 나무 신은 왕의 마음을 알고 멀리서 사슴 떼를 변화해 만들어 왕의 귀와 눈을 어지럽혀 딴 생각을 일으키려 하였다.

왕은 멀리서 그 사슴들을 보고 이렇게 생각하였다.

'지금 우선 이 사문은 버려두자. 사문이 끝내 어디로 가겠는가.'

곧 말을 타고 가서 사슴 떼를 쏘았다.

그때에 부인은 비구에게 말하였다.

"비구여, 어디로 가시렵니까."

비구는 대답하였다.

"과거 네 분다께서 머물던 곳에 가서 세존을 뵈려 하오."

"비구시여, 지금이 바로 그때입니다. 빨리 계시던 곳으로 가십시오. 여기 머무르지 마십시오.

왕의 해침을 받으면 왕의 죄가 매우 무거울 것입니다."

비구는 곧 자리에서 일어나 가사와 발우를 거두어 들고 허공을 날아 멀리 떠났다. 이때 부인은 비구가 허공을 날아 멀리 떠나는 것을 보고 곧 왕에게 소리쳤다.

"대왕께서는 이 비구에게 큰 신통이 있음을 살펴보십시오. 지금 허공에서 솟구치고 내려앉음이 자재합니다. 지금 이 비구도 오히려 이런 힘이 있는데 하물며 사카무니 붇다야 미칠 수 있겠습니까."

우다야나 왕에게 설법하지 않은 까닭을 물으심

때에 그 비구는 고실라라마 동산으로 가서 도로 신통을 버리고 보통 법으로 세존 계신 곳에 나아갔다.

그는 머리를 대 발에 절하고 한쪽에 앉았다.

그때에 세존께서는 그 비구에게 물으셨다.

"어떤가, 비구여. 슈라바스티 성에서 여름 안거를 지냈는가. 때를 따라 밥 빌기는 힘들지 않았는가."

비구는 말씀드렸다.

"저는 슈라바스티 성에 있으면서 참으로 힘든 것이 없었습니다."

붇다께서 비구에게 말씀했다.

"오늘은 왜 여기 왔는가."

비구가 붇다께 말씀드렸다.

"세존을 뵙고 지내시기 어떠신지 문안드리러 일부러 왔습니다."

세존께서 말씀했다.

"너는 지금 나와 이 네 붇다가 사시던 곳을 보는가. 그대가 지금 왕의 손을 벗어났다니, 그것은 참으로 다행한 일이다.

그대는 왜 왕을 위해 설법하지 않았는가. 우다야나 왕은 이렇게 말하지 않았던가.

'비구여, 지금 나를 위해 설법해주시오. 그대는 지금 왜 나를 위해 설법해주지 않으시오.'

만약 그대가 왕을 위해 설법하였더라면 왕은 아주 기쁜 마음을 품을 것이고, 기뻐하고는 몸과 목숨이 다하도록 입을 옷·먹을거리·

자리끼 · 의약품 등을 공양하였을 것이다.”

이때 비구가 붇다께 말씀드렸다.

“그때에 그 왕은 선정 가운데 일을 물으려 하였습니다. 그래서 이 뜻을 대답하지 않았습니다.”

“그대 비구여, 왜 왕을 위해 선정 가운데 일을 말해주지 않았는가.”

비구가 대답했다.

“우다야나 왕은 이 선정으로 근본을 삼고 흉악한 마음을 품고 사랑의 마음이 없어 중생을 죽임이 이루 헤아릴 수 없었습니다.

그는 탐욕과 서로 맞아 세 가지 독[三毒]이 불처럼 치솟아, 깊은 구렁에 빠져 바른 법을 보지 못합니다. 그래서 미혹을 익히어 바로 아는 것이 없어서 여러 악을 널리 모으고 교만을 행했습니다.

그는 왕의 세력을 의지해 재보를 탐하고 집착하며, 세상 사람을 업신여기고 장님과 같이 바로 보는 눈이 없습니다.

이런 사람이 선정을 닦는다고 무엇하겠습니까.

대개 선정의 법은 모든 법 가운데서도 묘하여 깨달아 알기 어렵고 형상이 없으며 마음으로 헤아릴 수 없어서, 그것은 보통 사람의 미칠 바가 아니요, 지혜로운 사람이라야 알 것입니다.

이 때문에 왕을 위해 설법하지 않았습니다.”

포악한 왕을 위해 설법하지 않음을 꾸중하심

세존께서는 말씀하셨다.

“만약 떨어지고 낡은 옷이라면 반드시 씻어야 깨끗해지고, 아주 치솟는 욕심은 ‘깨끗하지 않다는 생각’[不淨想]을 닦아야 없어진다.

만약 성내는 마음이 치솟으면 ‘사랑의 마음’[慈心]으로 그것을 없애고, 어리석음의 어두움은 '열두 가지 인연법'[十二因緣法]을 써야 없앨 수 있다.

그런데도 비구여, 그대는 왜 그 우다야나 왕을 위해 설법하지 않았느냐. 만약 그를 위해 설법하였더라면 왕은 아주 기뻐하였을 것이다. 아주 치솟는 불길도 오히려 끌 수 있는데, 어찌 하물며 사람이겠는가."

그 비구는 잠자코 말하지 않았다.

그때 세존께서는 다시 비구에게 말씀하셨다.

"여래가 세상을 살아가는 법은 매우 기이하고 뛰어나다.

설사 하늘이나 용과 귀신, 간다르바가 와서 여래에게 뜻을 묻더라도 나는 그들을 위해 말해줄 것이요, 크샤트리아 등 네 가지 종성이 와서 여래에게 뜻을 묻더라도 나는 그들을 위해 말해줄 것이다.

왜냐하면 여래는 네 가지 두려움 없음을 얻어 법을 설함에 겁내거나 약함이 없기 때문이다. 네 가지 선정을 얻어 그 가운데 자재하고, 아울러 네 가지 자재한 신통[四神足]을 얻어 이루 헤아릴 수 없으며, 다시 네 가지 평등한 마음을 행하기 때문이다.

그러므로 여래의 설법에는 겁내거나 약함이 없어서 아라한(arhat, 聲聞)이나 프라테카붇다(pratyekabuddha, 緣覺)가 미칠 수 있는 것이 아니다.

그러므로 여래의 설법에는 또한 어려움이 없다."

네 가지 일로 널리 설법하게 하심

"너희들 지금 여러 비구들이여, 반드시 방편을 구해 네 가지 평등한 마음인, 사랑의 마음 · 가엾이 여기는 마음 · 기뻐하는 마음 · 보살피는 마음을 닦아야 한다.

이와 같이 여러 비구들이여, 반드시 이렇게 배워야 한다.

왜 그런가. 만약 비구는 그 어디든 있는 곳[比丘所]에서 중생과 좋은 벗을 위해서 그리고 부모나 아는 이들을 만나게 되면 반드시 네 가지 일[四事]로써 법을 알게 하여야 하기 때문이다.

어떤 것이 네 가지인가.

첫째, 붇다를 공경하도록 함[恭敬於佛]이다. 이때 공경할 바 여래란 아라한·바르게 깨치신 분·지혜와 행을 갖추신 분·잘 가신 이·세간을 잘 아시는 분·위없는 스승·잘 다루는 장부·하늘과 사람의 스승으로서 붇다 세존이라 부르며, 사람 건네줌이 한량없는 분이다.

둘째, 법을 구하도록 함[當求於法]이다. 바르고 참된 법을 닦아 행하면 더럽고 나쁜 행을 없애는 것이니, 이것이 지혜로운 사람이 닦아 행하는 것이다.

셋째, 반드시 방편으로 상가대중에 공양하도록 함[供養衆僧]이다. 여래의 상가란 늘 함께 화합하여 다툼이 없고, 법을 성취하고 계를 성취하고 사마디를 성취하고 지혜를 성취하고 해탈을 성취하고 해탈지견을 성취한 사람으로, 존중할 만하고 높일 만하여 네 짝 여덟 무리[四雙八輩] 이 열둘의 어진 수행자를 말한다. 이것이 여래의 거룩한 상가이니, 존중할 만하고 높일 만하여 세간의 위없는 복밭이다.

넷째, 물들거나 더러움이 없고 고요하여 함이 없는 현성의 법(法, dharma)과 율(律, vinaya)을 반드시 권하고 도와서[勸助] 행하게 하는 것[行賢聖法律]이다.

만약 비구가 도를 행하고자 하면 이 네 가지 일의 법을 널리 함께 행하도록 하라. 왜 그런가. 법으로 삼보를 공경히 공양하는 것이 가장 거룩하고 가장 높아 그에 미치는 것이 없기 때문이다.

이와 같이 비구들이여, 반드시 이렇게 배워야 한다."

그때에 비구들은 붇다의 말씀을 듣고 기뻐하며 받들어 행하였다.

• 증일아함 31 증상품(增上品) 二

• 해설 •

우다야나는 카우삼비 국의 왕이다. 카우삼비 국은 바라나시의 서쪽에 있는 나라로 야무나 강과 강가아 강 사이에 있는 지방이다.

한문불교에서 우다야나 왕은 우전왕(優塡王)으로 표기되고 있으나, 이는 우다야나에 대한 오기(誤記)이다.

이 왕은 그 성격이 난폭하여 지혜와 자비의 마음이 없으나 선정(禪定)을 중요시하고 선정만을 강조했으니, 지혜와 자비 없는 선정은 삿되다.

그러므로 이 경에서 아라한 비구가 이러한 우다야나 왕의 포악함과 지혜 없음을 알고 설법 요청을 듣지 않고서 왕의 포악함을 피해 세존께 돌아오자, 세존은 우다야나 왕에게 설법하지 않은 비구를 꾸중하신다.

여래의 법은 큰 의사의 법[大醫王法]과 같아 그 중생이 탐욕이 많으면 탐욕 다스려 탐욕의 불을 끄는 몸 살핌 법[身念處]으로 가르쳐서 해탈에 이끌어야 하고, 성냄이 많은 중생에게는 성냄 다스리는 사랑의 마음[慈心]으로 가르쳐서 해탈에 이끌어야 하며, 삿된 세계관에 빠진 어리석은 중생에게는 십이연기의 법 살피는 인연관(因緣觀)으로 다스려서 그 어리석음을 없애주어야 하기 때문이다.

세존께서는 그 비구에게 누구든지 찾아와 묻는 이가 있으면, 그 묻는 이가 왕이든 천민이든 가림 없이 설법해야 함을 가르친다.

또 큰 권세 가진 이, 위력을 가진 이, 포악한 이에게 두려움 없는 마음으로 네 가지 일로써 설법하길 가르치시니, 이는 폭군을 교화해 자비의 왕이 되게 하지 못한 비구를 타이름이시다.

네 가지 일이란, 비구는 그 어디든 있는 곳마다 중생을 위해 붇다를 공경하도록 하고, 여래의 법을 구하도록 해야 하고, 상가를 공양하도록 하며, 붇다의 거룩한 법과 율을 행하도록 해야 함을 말한다.

곧 위없는 법왕이신 여래의 법의 아들이 된 자라면 있는 곳마다 그 스스로 여래의 니르바나의 집에 들어가[入如來室], 여래의 두려움 없는 설법의 자리에 함께 앉고[坐如來座], 여래의 자비와 욕됨 참는 법의 옷을 입고[着忍辱衣], 가림 없는 마음 두려움 없는 마음으로 대중을 위해 여래의 법을 설해야 하는 것이다.

그래야 참으로 여래의 법을 말하는 법사(法師)라 할 수 있으니, 저 포악한 서방의 군중들 속에 들어가 두려움 없이 법을 설하다 목숨 마친 푸르나 존자 같은 분이 그 이름에 값하는 법사라 할 만하다.

뒷세상 못난 사람들은 여래의 진리의 방에 들어가지 못하고 문밖[門外]에서 헤아리고 망설이며, 세간의 권세와 위력 있는 자에 대한 두려움을 떨쳐내지 못하고, 많이 가진 자 지위 높은 이들에 대한 비하감을 벗어나지 못한 채 거침없는 마음으로 설법하지 못하니 그를 어찌 법사라 할 것인가. 깊이 살피고 살펴야 할 것이다.

④ 일곱 나라 왕

세존이시여, 일곱 나라 왕이 제게
일곱 벌의 옷을 주었으니 받아주십시오

이와 같이 내가 들었다.

한때 붇다께서는 슈라바스티 국 제타 숲 '외로운 이 돕는 장자의 동산'에 계셨다.

그때 프라세나짓 왕을 우두머리로 한 일곱 나라의 왕과 모든 대신들이 한자리에 모두 같이 모여서 이와 같이 논의하였다.

'다섯 가지 욕망[五欲] 가운데 어느 것이 으뜸인가?'

어떤 사람이 말하였다.

"빛깔[色]이 으뜸이다."

다시 어떤 사람이 말하였다.

"소리[聲]·냄새[香]·맛[味]·닿음[觸]이 으뜸이다."

그 가운데 어떤 사람은 또 말하였다.

"우리들 낱낱 사람이 각기 으뜸이라고 말하니, 마침내 판정할 수가 없을 것이다. 세존 계신 곳에 가서 이 같은 뜻을 여쭈어보고 세존의 말씀대로 같이 기억해 지녀야 한다."

각기 뜻에 맞음을 따라 다섯 가지 욕망의 공덕이 있음을 보이심

그때 프라세나짓 왕을 우두머리로 한 일곱 나라 왕들과 대신, 그리고 그 권속들은 붇다 계신 곳으로 가서 붇다의 발에 머리를 대 절하고 한쪽에 물러나 앉아 붇다께 말씀드렸다.

"세존이시여, 우리들 일곱 나라의 왕과 여러 대신들은 이렇게 의논하였습니다.

'다섯 가지 욕망의 공덕[五欲功德] 가운데 어느 것이 으뜸인가?'

그 가운데 어떤 이는 빛깔이 으뜸이라고 하였고, 어떤 이는 소리가 으뜸이라고 하였으며, 어떤 이는 냄새가 으뜸이라고 하였습니다. 어떤 이는 맛이 으뜸이라고 하였으며, 어떤 이는 닿음이 으뜸이라고 하였습니다.

그래서 마침내 결정할 수 없어서 세존께 와 여쭙습니다. 끝내 어떤 것이 빼어납니까?"

붇다께서 여러 왕들에게 말씀하셨다.

"각기 뜻에 맞음을 따르니, 나는 다 다른 말을 하게 되오. 이 때문에 나는 다섯 가지 욕망의 공덕을 말하는 것이오.

그렇듯 스스로 어떤 사람이 빛깔에 뜻이 맞아 한 빛깔만을 사랑해 그의 뜻과 바람을 채우면, 그 위를 지나는 여러 빼어난 빛깔이 있다 해도 그가 사랑하는 것이 아니니, 그는 닿지도 않고 보지도 않소. 그래서 자기가 사랑하는 것이 으뜸이라 그 위를 지나는 것이 없다고 말하오.

빛깔을 사랑하는 사람과 같이 소리·냄새·맛·닿음 또한 다 이와 같소. 그래서 그가 사랑하는 것을 만나면 곧 가장 빼어나다고 말하면서 기뻐하고 좋아해 집착하게 되오.

비록 그 위를 지나는 빼어난 것이 있다 해도 그가 바라는 것이 아니기 때문에 닿지도 않고 보지도 않으며, '오직 내가 사랑하는 것이 가장 빼어나고 견줄 수 없고 위가 없다'고 말할 것이오."

찬다나 우파사카가 여래의 빼어나신 모습과 지혜를 찬탄함

그때 그 모임 가운데 있던 찬다나(Candana)라는 우파사카가 자리에서 일어나 옷을 바로 여미고는 오른쪽 어깨를 드러내고 두 손을 맞고 붇다께 말씀드렸다.

"잘 말씀해주셨습니다, 세존이시여. 잘 말씀해주셨습니다, 잘 가신 이시여."

붇다께서 그 우파사카에게 말씀하셨다.

"잘 말하였다, 찬다나여. 시원스럽게 말하였다, 찬다나여."

찬다나 우파사카가 곧 게송으로 말하였다.

앙가 종족에서 태어난 왕이
구슬과 목걸이 갑옷 걸쳤네.
여래께서 그 나라에 나타나심
마가다의 대중 기뻐해 모이니
그 이름 널리 흘러 퍼지는 것은
마치 저 산의 왕인 설산 같아라.

깨끗한 물에 피어난 저 연꽃이
청정하여 더러운 티가 없어서
햇빛을 따라서 그 꽃 열리어 피면
좋은 향내 그 나라에 널리 풍기듯
앙가 국이 밝게 드러나는 것은

마치 허공 가운데 해와 같아라.

여래의 지혜의 힘을 살펴보니
마치 밤에 타오르는 횃불 같아
눈이 되고 큰 밝음 되어주시사
오는 이를 위해 의심 풀어주시네.

일곱 나라의 왕이 웃옷을 벗어 찬다나에게 주자
찬다나가 세존께 바침

그러자 여러 나라 왕들도 찬탄하였다.

"잘 말했소, 찬다나 우파사카여."

그때 일곱 나라의 왕은 일곱 가지 보배로 된 웃옷을 벗어 우파사카에게 바쳤다. 그리고 그 일곱 나라의 왕은 붇다의 말씀을 듣고 기뻐하고 따라 기뻐하면서 자리에서 일어나 떠나갔다.

그때 찬다나 우파사카는 여러 왕들이 떠난 것을 알고 나서, 자리에서 일어나 옷을 바르게 여미고 오른쪽 어깨를 드러내고 두 손을 맞고 붇다게 말씀드렸다.

"지금 일곱 나라 왕이 저에게 일곱 벌의 웃옷을 주었습니다. 세존께서는 저를 가엾이 여겨 이 일곱 벌의 옷을 받아주십시오."

그때 세존께서 그를 가엾이 여겨 일곱 벌 옷을 받으시자, 찬다나 우파사카는 기뻐하고 따라 기뻐하면서 절하고 떠나갔다.

• 잡아함 1149 칠왕경(七王經)

코살라 국 프라세나짓 왕을 중심으로 일곱 나라 왕이 모이니, 아마도 코살라 국과 동맹관계에 있거나 정치적 지배권에 종속된 작은 나라의 왕들일 것이다.

세간에 왕이 가장 그 권세가 높고 그 가진 것이 많으나, 지혜로 보면 여래의 말씀을 바로 알아듣고 세존께 찬탄의 노래 바친 찬다나 우파사카가 왕들보다 빼어나다. 비록 권세가 높은 왕들이지만 지혜가 높은 우파사카를 존중해 찬다나에게 보배옷을 벗어주니, 왕들 또한 지혜의 흐름에 들어섰다고 할 만하다.

또 찬다나의 게송에 앙가 국의 왕과 앙가 국을 높이 찬탄한 것을 보면 일곱 나라의 왕이 모여 토론한 곳이 앙가 국의 땅이 아니었는가 생각한다.

일곱 나라의 왕이 탐욕 가운데 그 힘이 가장 빼어난 것이 무엇인가를 토론하다 뜻을 결정할 수 없어 여래께 여쭈니, 여래는 중생이 자기 익힌 업에 의해 각기 좋아함을 따라 다섯 가지 욕망의 공덕에 집착한다 가르치신다.

어찌 탐욕의 경계가 한곳으로 정해질 수 있겠는가.

술 마시기 좋아하는 중생은 술로 탐착의 경계를 삼고, 담배 피우는 중생은 담배의 냄새로 탐착의 경계를 삼고, 화려한 빛깔로 탐착의 경계를 삼는 중생은 빛깔로 경계를 삼고, 부드러운 감촉 즐기는 중생은 닿음으로 탐착의 경계를 삼는다.

탐욕하는바 빛깔이 빛깔 아닌 빛깔인 줄 알고 소리가 소리 아닌 소리인 줄 알고 맛이 맛 없는 맛인 줄 알면, 탐착하는바 욕망의 공덕이 길이 무너지지 않는 법신의 공덕이 되는 것이니, 어찌 빛깔과 소리를 끊고 으뜸가는 뜻의 진리[第一義諦]를 찾을 것인가.

일곱 나라의 왕은 우파사카 찬다나에게 일곱 가지 보배옷을 벗어주고 찬다나는 여래께 다시 그 일곱 가지 보배옷을 바치니, 세간의 온갖 탐욕과 번뇌가 모두 나되 남이 없음을 알면, 모든 빛깔과 모습이 여래의 진여의 바다 진리의 곳간에 돌아가는 소식이라 할 것이다.

⑤ 다섯 왕

대왕들이여, 빛깔과 소리 속에 해탈이 있소

이와 같이 들었다.

한때 붇다께서는 슈라바스티 국 제타 숲 '외로운 이 돕는 장자의 동산'에 계셨다.

그때에 프라세나짓 왕을 우두머리로 한 다섯 나라의 왕은 동산에 모여 각기 이런 논의를 하였다.

어떤 사람들이 다섯 왕인가 하면, 곧 프라세나짓 왕·빔비사라 왕·우데나 왕·비루다카 왕·우다야나 왕이었다.

다섯 왕이 다섯 가지 욕망 가운데 가장 묘함을 논하다
세존께 가서 여쭘

그때 그 다섯 왕은 한곳에 모여 이렇게 논의하였다.

"여러 어진 이들이여, 알아야 하오. 여래께서는 다섯 가지 욕망을 말씀하셨소. 어떤 것이 다섯이냐 하면, 다음과 같소.

만약 눈이 빛깔을 보고는 매우 사랑하고 공경히 생각하면 세간 사람들은 그것을 바라는 것이오. 만약 귀가 소리를 듣고 코가 냄새를 맡으며 혀가 맛을 알고 몸이 부드러운 닿음을 알아도 그와 같으니, 여래께서는 이 다섯 가지 욕망을 말씀하셨소.

그러면 이 다섯 가지 욕망 가운데 어느 것이 가장 묘한가.

눈이 빛깔을 보는 것이 가장 묘한가.

귀가 소리를 듣는 것이 가장 묘한가.

코가 냄새를 맡는 것이 가장 묘한가.

혀가 맛을 보는 것이 가장 묘한가.

몸이 닿음을 아는 것이 가장 묘한가.

이 다섯 가지 가운데 어느 것이 가장 묘한가."

그 가운데 어떤 왕은 빛깔이 가장 묘하다 하고, 어떤 왕은 소리가 가장 묘하다 하며, 어떤 왕은 냄새가 가장 묘하다 하였다. 어떤 왕은 맛이 가장 묘하다 하며, 어떤 왕은 닿음이 가장 묘하다 하였다.

이때 빛깔이 가장 묘하다 말한 것은 우다야나 왕이고, 소리가 가장 묘하다 말한 것은 우데나 왕이며, 냄새가 가장 묘하다 말한 것은 비루다카 왕이다. 맛이 가장 묘하다 말한 것은 프라세나짓 왕이며, 닿음이 가장 묘하다 말한 것은 빔비사라 왕이다.

그때에 다섯 왕은 각기 서로 말하였다.

"우리는 이 다섯 가지 욕망을 같이 논의하였다. 그러나 어느 것이 가장 묘한지 알지 못했다."

이때 프라세나짓 왕이 네 왕에게 말하였다.

"지금 여래께서는 가까이 슈라바스티 국 제타 숲 '외로운 이 돕는 장자의 동산'에 계신다. 우리는 다같이 세존 계신 곳에 가서 이 뜻을 여쭈어보자. 그래서 만약 세존께 무슨 가르침이 계시면 우리는 그대로 받들어 행하자."

이때 여러 왕들은 프라세나짓 왕의 말을 듣고 곧 다같이 세존 계신 곳에 서로 이끌며 가서 머리를 대 발에 절하고 한쪽에 앉았다.

프라세나짓 왕은 다섯 가지 욕망에 대해 같이 토론한 것을 갖추어 말씀드렸다.

**다섯 가지 욕망에서 좋아하는 바를 따라
가장 묘함이 세워짐을 분별하심**

세존께서 여러 왕들에게 말씀하셨다.

"여러 왕들이 논한 것은 각기 따라 맞는 것이오.

왜냐하면 대개 그 사람의 성품과 행실이 빛깔에 집착하면 아무리 보아도 싫증내 물림이 없소. 이 사람은 빛깔이 가장 묘하고 가장 높아 그보다 자재한 것이 없소. 그때에 그는 소리·냄새·맛·닿음에는 집착하지 않고 다섯 가지 욕망 가운데서 빛깔이 가장 묘하다고 하는 것이오.

만약 어떤 사람의 성품과 행실이 소리에 집착하면, 그는 그 소리를 듣고는 아주 기뻐해 싫증내 물림이 없소. 그 사람은 소리가 가장 묘하고 가장 높아 다섯 가지 욕망 가운데서 소리가 가장 묘하다고 하는 것이오.

만약 어떤 사람의 성품과 행실이 냄새에 집착하면, 그는 그 냄새를 맡고는 아주 기뻐해 싫증내 물림이 없소. 그 사람은 냄새가 가장 묘하고 가장 높아 다섯 가지 욕망 가운데서 냄새가 가장 묘하다고 하는 것이오.

만약 어떤 사람의 성품과 행실이 맛에 집착하면, 그는 그 맛을 보고는 아주 기뻐해 싫증내 물림이 없소. 그 사람은 맛이 가장 묘하고 가장 높아 다섯 가지 욕망 가운데서 맛이 가장 묘하다고 하는 것이오.

만약 어떤 사람의 성품과 행실이 닿음에 집착하면, 그는 부드러운 닿음을 알고는 아주 기뻐해 싫증내 물림이 없소. 그 사람은 부드러운 닿음이 가장 묘하고 가장 높아 다섯 가지 욕망 가운데서 부드러운 닿음이 가장 묘하다고 하는 것이오.

만약 다시 그 사람의 마음이 빛깔에 집착하면 그때에 그 사람은 소리·냄새·맛·닿음에는 집착하지 않소.

만약 다시 그 사람의 성품과 행실이 소리에 집착하면 그때에 그 사람은 빛깔·냄새·맛·닿음에는 집착하지 않소.

만약 다시 그 사람의 성품과 행실이 냄새에 집착하면 그때에 그 사람은 빛깔·소리·맛·닿음에 집착하지 않소.

만약 다시 그 사람의 성품과 행실이 닿음에 집착하면 그때에 그 사람은 빛깔·소리·냄새·맛에는 집착하지 않소."

자기가 구해 기쁨 삼음을 따라 묘함이 세워짐을 노래로 보이심

그때에 세존께서는 곧 다음 게송으로 말씀하셨다.

욕망의 뜻이 불처럼 일어날 때는
하고자 함 반드시 이루게 되니
이루고는 곱절이나 더욱 기뻐해
바라는 것에 의심이 없게 되네.

그는 이 욕망을 얻게 되어도
탐하는 마음이 다 풀리지 않지만
이것으로 기쁨을 삼게 되나니
그를 따라 그것이 가장 묘하다 하네.

만약 다시 귀가 소리를 들을 때에는
하고자 함 반드시 이루게 되니
듣고는 곱절이나 더욱 기뻐해
바라는 것에 의심이 없게 되네.

그는 이 소리를 듣게 되어도
탐하는 마음이 다 풀리지 않지만
이것으로 기쁨을 삼게 되나니
그를 따라 그것이 가장 묘하다 하네.

만약 다시 냄새를 맡을 때에는
하고자 함 반드시 이루게 되니
맡고는 곱절이나 더욱 기뻐해
바라는 것에 의심이 없게 되네.

그는 이 냄새를 맡게 되어도
탐하는 마음은 다 풀리지 않지만
이것으로 기쁨을 삼게 되나니
그를 따라 그것이 가장 묘하다 하네.

만약 다시 그 맛을 얻게 될 때는
하고자 함 반드시 이루게 되니
맛보고는 곱절이나 더욱 기뻐해
바라는 것에 의심이 없게 되네.

그는 이 맛을 얻게 되어도
탐하는 마음은 다 풀리지 않지만
이것으로 기쁨을 삼게 되나니
그를 따라 그것이 가장 묘하다 하네.

만약 다시 부드러움을 얻을 때에는
하고자 함 반드시 이루게 되니
닿고는 곱절이나 더욱 기뻐해
바라는 것에 의심이 없게 되네.

그는 이 부드러움을 얻게 되어도
탐하는 마음은 다 풀리지 않지만
이것으로 기쁨을 삼게 되나니
그를 따라 그것이 가장 묘하다 하네.

다섯 가지 욕망 안에 탐착할 맛과 허물과 해탈이 있음을 보이심

빛깔에 해탈 있음을 보이심

"그러므로 대왕들이여, 만약 빛깔이 묘하다고 말하려면 평등하게 그것을 말해야 하오.

왜냐하면 빛깔에는 기와 맛이 있기 때문이오. 만약 빛깔에 기와 맛이 없다면 중생들은 끝내 물들어 집착하지 않을 것이오.

거기에 맛이 있기 때문에 다섯 가지 욕망 가운데서 빛깔이 가장 묘하다고 하는 것이오.

그러나 빛깔에는 허물이 있소. 만약 빛깔에 허물이 없다면 중생들은 싫어해 걱정하지 않을 것이오.

거기에 허물이 있기 때문에 중생들은 그것을 싫어해 걱정하는 것이오.

그러나 빛깔에는 벗어남이 있소. 만약 빛깔에 벗어남이 없다면 이 중생들은 나고 죽음의 바다에서 벗어나지 못했을 것이오.

거기에 벗어남이 있기 때문에 중생들은 '두려움이 없는 니르바나의 성'[無畏涅槃城]에 이르게 되는 것이오. 그러므로 다섯 가지 욕망 가운데 빛깔이 가장 묘하다고 하는 것이오."

소리에 해탈 있음을 보이심

"다시 대왕들이여, 만약 소리가 묘하다고 말하려면 평등하게 그것을 말해야 하오.

왜냐하면 소리에는 기와 맛이 있기 때문이오. 만약 소리에 기와 맛이 없다면 중생들은 끝내 물들어 집착하지 않을 것이오.

거기에 맛이 있기 때문에 다섯 가지 욕망 가운데서 소리가 가장 묘하다고 하는 것이오.

그러나 소리에는 허물이 있소. 만약 소리에 허물이 없다면 중생들은 싫어해 걱정하지 않을 것이오.

거기에 허물이 있기 때문에 중생들은 그것을 싫어해 걱정하는 것이오.

그러나 소리에는 벗어남이 있소. 만약 소리에 벗어남이 없다면 이 중생들은 나고 죽음의 바다에서 벗어나지 못했을 것이오.

거기에 벗어남이 있기 때문에 중생들은 '두려움이 없는 니르바나의 성'에 이르게 되는 것이오. 그러므로 다섯 가지 욕망 가운데 소리가 가장 묘하다고 하는 것이오."

냄새에 해탈 있음을 보이심

"대왕들이여, 알아야 하오. 만약 냄새가 묘하다고 말하려면 평등하게 그것을 말해야 하오.

왜냐하면 냄새에는 기와 맛이 있기 때문이오. 만약 냄새에 기와 맛이 없다면 중생들은 끝내 물들어 집착하지 않았을 것이오.

거기에 맛이 있기 때문에 다섯 가지 욕망 가운데서 냄새가 가장 묘하다고 하는 것이오.

그러나 냄새에는 허물이 있소. 만약 냄새에 허물이 없다면 중생들은 싫어해 걱정하지 않을 것이오.

거기에 허물이 있기 때문에 중생들은 그것을 싫어해 걱정하는 것이오.

그러나 냄새에는 벗어남이 있소. 만약 냄새에 벗어남이 없다면 이 중생들은 나고 죽음의 바다에서 벗어나지 못했을 것이오.

거기에 벗어남이 있기 때문에 중생들은 '두려움이 없는 니르바나의 성'에 이르게 되는 것이오. 그러므로 다섯 가지 욕망 가운데 냄새가 가장 묘하다고 하는 것이오."

맛에 해탈 있음을 보이심

"다시 대왕들이여, 만약 맛이 묘하다고 말하려면 평등하게 그것을 말해야 하오.

왜냐하면 맛에는 기와 맛이 있기 때문이오. 만약 맛에 기와 맛이 없다면 중생들은 끝내 물들어 집착하지 않았을 것이오.

거기에 맛이 있기 때문에 다섯 가지 욕망 가운데 맛이 가장 묘하다고 하는 것이오.

그러나 맛에는 허물이 있소. 만약 맛에 허물이 없다면 중생들은 싫어해 걱정하지 않을 것이오.

거기에 허물이 있기 때문에 중생들은 그것을 싫어해 걱정하는 것이오.

그러나 맛에는 벗어남이 있소. 만약 맛에 벗어남이 없다면 이 중생들은 나고 죽음의 바다에서 벗어나지 못했을 것이오.

거기에 벗어남이 있기 때문에 중생들은 '두려움이 없는 니르바나의 성'에 이르게 되는 것이오. 그러므로 다섯 가지 탐욕 가운데 맛이 가장 묘하다고 하는 것이오."

닿음에 해탈 있음을 보이심

"다시 대왕들이여, 알아야 하오. 만약 부드러운 닿음이 묘하다고 말하려면 평등하게 그것을 말해야 하오.

왜냐하면 부드러운 닿음[細滑]에 기와 맛이 있기 때문이오. 만약 부드러운 닿음에 기와 맛이 없다면 중생들은 끝내 물들어 집착하지 않았을 것이오.

거기에 맛이 있기 때문에 다섯 가지 욕망 가운데 부드러운 닿음이 가장 묘하다고 하는 것이오.

그러나 부드러운 닿음에는 허물이 있소. 만약 부드러운 닿음에 허물이 없다면 중생들은 싫어해 걱정하지 않을 것이오.

거기에 허물이 있기 때문에 중생들은 그것을 싫어해 걱정하는 것이오.

그러나 부드러운 닿음에는 벗어남이 있소. 만약 부드러운 닿음에 벗어남이 없다면 이 중생들은 나고 죽음의 바다에서 벗어나지 못했을 것이오.

거기에 벗어남이 있기 때문에 중생들은 '두려움이 없는 니르바나의 성'에 이르게 되는 것이오. 그러므로 다섯 가지 욕망 가운데 닿음이 가장 묘하다고 하는 것이오.

그러므로 대왕들이여, 좋아하는 곳에 마음이 집착하는 것이오. 이와 같이 대왕들이여, 반드시 이렇게 알아야 하오."

그때에 왕들은 붇다의 말씀을 듣고 기뻐하며 받들어 행하였다.

• 증일아함 33 오왕품(五王品) ─

• 해설 •

보이고 들리는바 빛깔과 소리, 냄새와 맛을 떠나지 않고 '으뜸가는 뜻의 진리'[第一義諦]가 있고 해탈이 있음을 가르치시니, 이 경은 참으로 위대하고 말씀은 참으로 거룩하다.

다섯 왕 가운데 프라세나짓 왕과 빔비사라 왕이 포함된 것을 보면, 다섯 왕은 곧 중심국가인 마가다 국과 코살라 국 그리고 그 가까이 있는 나라들의 왕들임을 알 수 있다.

다섯 왕이 각기 좋아함을 따라 어떤 이는 빛깔이 묘하다 하고, 어떤 이는 소리가 묘하다 하며, 어떤 이는 냄새가 묘하다 하고, 어떤 이는 맛이 묘하다 하며, 어떤 이는 닿음이 묘하다 말한다.

이 묘함은 실로 묘함이 아니고 각기 뜻에 좋아함을 일으켜 관념 속에 묘함을 세운 것이니, 헛된 묘함이다.

중생의 밖으로 구함이 있고 하고자 함이 있는 것은 스스로 구함 따라 구해진 것을 자기 것으로 붙들고 탐착하는 삶이다.

그러나 구하고 취하는바 경계에 실로 취할 것 없고 구할 것 없는 줄 알면 모습에서 모습 아닌 실상을 알게 되니 이것이 참된 묘함이다.

경계의 있음을 실로 있음으로 취하면 경계는 허물이 되고 가림이 되고 막힘이 된다.

그러나 경계의 있음이 있음 아닌 있음인 줄 알면 경계가 곧 으뜸가는 뜻의 진리[第一義諦]가 되고 해탈이 되고 니르바나가 된다.

이 뜻을 천태선사는 '한 빛깔 한 냄새도 중도실상 아님이 없다'[一色一香無非中道]고 가르치니, 진실의 눈을 뜨면 장애가 해탈이 되고 나고 죽음의 윤회가 니르바나의 공덕장[涅槃功德藏]이 되며, 중생의 근심과 걱정거리가 두려움이 없는 니르바나의 성[無畏涅槃城]이 되는 것이다.

다섯 왕이 다섯 경계에서 탐착과 허물만을 보다 다섯 경계 가운데 해탈이 있다는 여래의 말씀을 듣고 크게 기뻐하듯, 선종의 문헌인 『인천보감』(人天寶鑑)에 보면, 중국 송대 천태가(天台家)의 변재원정법사(辯才元淨法師) 또한 비슷한 법문에서 홀연히 법의 눈을 뜬다.

원정법사는 스승인 명지조소법사(明智祖韶法師)로부터 『마하지관』(摩訶止觀)강설을 듣다가, 지관 가운데 '수행에 다섯 가지 방편 갖춤'[方便五緣]에 인용된 『비말라키르티수트라』의 가르침을 접하고 크게 깨닫는다.

『마하지관』의 먹음[食]의 방편에서는 비말라키르티 거사의 '밥에 평등한 자가 또한 법에 평등하고, 법에 평등한 자가 또한 밥에 평등하다'[於食等者 於法亦等 於法等者 於食亦等]는 가르침이 인용되고, 밥을 먹되 먹는 밥의 맛이 맛 아닌 맛이고 법계인 맛[法界味]인 줄 모르면, '비록 밥을 빌되 대승의 법의 밥을 얻지 못한 것이다'[雖行乞食 已未曾得 大乘法食]라는 『대품반야경』의 법문이 인용된다.

원정법사는 이 구절에서 먹는 밥의 맛이 맛이 아니되 맛 아님도 아닌 중도의 뜻을 깨달아, 먹는 밥의 맛과 들리는 소리를 떠나지 않고 바로 한 빛깔 한 냄새가 곧 중도실상임을 깨닫는다.

그리하여 중생으로서 덩이의 밥을 받아 먹되 여래의 해탈의 맛을 먹고

[解脫食] 법의 기쁨을 먹으며[法喜食] 선정의 기쁨을 먹는[禪悅食] 참된 먹음의 뜻을 깨닫는다.

해탈의 맛 해탈의 밥이 곧 '마하야나의 진리의 밥'[大乘法食]이니, 이 뜻이 바로 빛깔·냄새·맛 가운데 해탈이 있다는 아함의 가르침이다.

옛 조사(祖師) 또한 여래의 가르침 그대로 '일승에 나아가려면 여섯 티끌경계를 싫어하지 말라'[欲趣一乘 勿惡六塵]고 말했으니, 요즈음 몸속의 신령한 한 물건을 찾아 해탈을 구하려는 선류(禪流)들은 참으로 크게 깨쳐야 할 것이다.

이 뜻을 『화엄경』(「십회향품」)은 모습이 곧 공한 줄 알면 모습 밖에 진여의 법[眞如法]이 없고 해탈의 행[解脫行]이 없음을 다음과 같이 보인다.

온갖 모든 세간 밝게 깨달아 알면
진여의 성품과 모습에 다 평등하도다.
이 생각할 수 없고 말할 수 없는 법
이 법을 바로 보아 알 수 있으면
이것이 모습 없는 법 아는 것이네.

了知一切諸世間　悉與眞如性相等
見是不可思議相　是則能知無相法

이 깊고 깊은 법에 머물 수 있으면
늘 보디사트바의 행 닦기 좋아하며
모든 중생 이익되게 하기 위하여
서원의 힘 장엄해 물러섬 없네.

若能住是甚深法　常樂修行菩薩行
爲欲利益諸群生　大誓莊嚴無退轉

이것이 곧 세간에서 세간을 벗어나

나고 죽는 헛된 분별 내지 않음이니
그 마음이 허깨비 변화 같음을
깊이 통달해서 바로 깨달아 알면
뭇 여러 좋은 행을 부지런히 닦아
여러 중생 저 언덕에 건네주리라.

是則超過於世間　不起生死妄分別
了達其心如幻化　勤修衆行度群生

「현수품」 또한, 지혜의 눈을 뜨면 세간의 소리가 묘한 지혜의 소리가 되어 세간 소리 속에서 붇다의 음성 듣게 됨을 다음과 같이 노래한다.

밝은 빛을 놓으면 묘한 소리라 이름하니
이 빛이 모든 보디사트바 깨닫게 해
삼계에 있는 모든 소리 듣는 이들이
이것이 여래의 음성이라 하게 하네.

又放光明名妙音　此光開悟諸菩薩
能令三界所有聲　聞者皆是如來音

크나큰 음성으로 붇다를 찬탄하고
방울 목탁 모든 음악 베풀어서
세간 사람 붇다의 음성 듣도록 하니
그러므로 이 밝은 빛 이루었도다.

以大音聲稱讚佛　及施鈴鐸諸音樂
普使世間聞佛音　是故得成此光明

제2장

마이트레야의 때,
마이트레야의 세상

"이때에는 팔만의 큰 성이 일어날 것이다.
마을과 성들은 서로 나란히 이웃하여 닭 우는 소리가
서로 들릴 것이다. 그런 때가 되면 붇다가 세상에 나타나
이름을 마이트레야 여래라 하고, 여래·공양할 분·
지극히 참된 이·바르게 깨치신 이 등 열 가지 이름을 갖출 것이다.
그것은 지금 여래가 열 가지 이름을 갖춘 것과 같다.
그는 저 인드라하늘·브라흐마하늘·마라와 마라의 하늘,
여러 사문과 브라마나, 여러 하늘과 세상 사람 가운데서
스스로의 몸으로 깨달음을 얻을 것이다."

중생의 업은 세계에서 연기하나, 세계는 중생의 업을 통해 중생의 세계로 드러나고 업을 통해 발현된다. 업은 세계인 업이고 세계는 업인 세계다.

업과 세계는 각기 서로 다른 것을 의지해 연기하므로 공하여, 붙잡을 모습 없되 새롭게 연기하는 업인 세계와 세계인 업은 한량없고 셀 수 없다.

업과 세계가 공해 모습이 없으므로 한량없고 셀 수 없지만, 세계는 업의 활동만큼 중생의 경험활동으로 구성되고 아는 만큼 알려지며[應所知量], 업을 따라 세계는 발현된다[循業發現].

세계의 모습은 땅·물·불·바람의 물질운동과 허공[地水火風空]이 어울려 세계가 이루어진다. 육계설(六界說)에 의하면 땅·물·불·바람·허공의 물질운동은 앎인 물질운동으로 앎밖에 따로 있는 세계가 아니다. 또한 앎은 땅·물·불·바람·허공의 물질운동과 세계를 떠나 따로 있는 내면의 앎이 아니다.

여섯 영역은 있되 공하고 공하되 있다.

세계는 땅·물·불·바람·허공의 연기적 결합 속에서 이루어짐 없이 이루어지고[無成而成] 머묾 없이 머물며[住] 달라져 무너지고 [壞] 허무로 돌아간다[空].

그러나 이루어지고 달라지고 없어지지만, 실로 이루어짐 없이 이루어지고 달라짐 없이 달라지며 사라짐 없이 사라진다.

세계가 업인 세계이므로 중생의 업이 열 가지 착한 업으로 발현되면 하늘의 세계가 현전하고, 중생의 업이 열 가지 악한 업으로 발현되면 지옥과 같은 어두운 세계가 현전한다.

탐냄·성냄·어리석음의 중생의 업이 욕계(欲界)·색계(色界)·무색계(無色界)라는 삼계(三界)의 중생세계를 발현하고, 다섯 가지 흐린 중생의 업[五濁惡業]이 크게 악한 역사[大惡世]를 만든다.

다섯 가지 흐린 중생의 업은 전쟁·배고픔·질병이 넘치는 시대의 흐림[劫濁], 삿된 견해의 흐림[見濁], 번뇌의 흐림[煩惱濁], 중생 과보의 흐림[衆生濁], 목숨의 흐림[命濁]이다.

뭇 삶들의 삶이 어우러져 같이 일으킨 탐욕과 분노의 업[共業]으로 인해 삶의 터전이 파괴되고 하늘땅의 질서가 교란되는 것이며, 인간의 탐욕으로 인해 물들고 뒤틀린 세계가 다시 인간의 업을 오염시키는 것이니, 환경파괴로 인한 지구촌 인간 생존의 위기가 바로 불교 세계관의 진실성을 검증해준다.

탐욕과 분노의 업이 넘치면 세상에는 전쟁과 질병, 배고픔의 시대가 도래하고, 흐린 업·악한 업·파괴의 업이 치성해지면 세계가 이루어지고 유지되고 무너지는 안정된 질서는 교란되니, 물·불·바람의 재앙이 세계의 기반을 뒤흔든다.

붇다의 가르침은 세계의 파괴와 역사의 파국과 같은 종말론적 세계관으로 인간을 위협해서 새로운 구원의 세계로 이끄는 가르침이 아니다. 붇다는 고통과 윤회 속에서 해탈의 길을 일깨워주고, 파멸과 허무의 필연 속에서 사라지되 사라짐 없는 니르바나의 길을 열어 보인다.

연기법의 길에서는 중생의 업을 탐냄·성냄·어리석음에서 지혜와 자비의 업으로 돌이키면, 업인 세계운동 속에서 세계의 파멸에 의해 파멸하지 않는 해탈의 길을 찾을 수 있다.

또한 세계의 모습에서 모습을 넘어서되 모습 없음에 빠짐이 없는 지혜의 사람[bodhisattva]은 모습 아닌 모습을 굴려 물든 세계를 정토로 꾸려내는 크나큰 행원을 발휘할 수 있다.

그러므로 열 가지 착한 업을 닦는 자나, 비록 보디를 완성하지 못해도 지금 깨끗한 믿음의 마음을 내고 파라미타의 행을 일으키는 자, 그는 마이트레야를 따라 투시타하늘의 세계를 그의 삶 안에 불러들일 수 있다.

다시 그 짓는 착한 업에서 행위의 모습과 지음의 자취를 뛰어넘어 보디에 나아가면, 그는 삼세(三世) 역사의 흐름을 떠나지 않되 역사의 흐름에 머물거나 물듦이 없이 다섯 가지 흐리고 악한 역사를 마이트레야의 새로운 세상으로 만들 수 있다.

모습과 모습 없음을 모두 뛰어넘은 보디사트바는 마이트레야를 따라 보다 높은 곳에 태어나되[上生] 태어남에 실로 태어남이 없고 머묾에 머묾 없음을 알아, 다시 남이 없이 이 고난의 세상에 돌아오며[下生], 이 세간 물든 역사의 땅[濊土]을 돌이켜 정토(淨土)의 새 역사로 만들어가게 된다.

지금 사카무니 붇다의 법(法, dharma)과 율(律, vinaya) 안에서 믿음을 내고 바른 선업과 바른 사회적 실천에 함께하면, 그가 바로 마이트레야의 세상에 해탈의 자리를 언약 받은 자이다.

중생과 중생이 의지하는 세계는 두 법이 아니니, 중생의 업과 보디사트바의 닦아 행함으로 세계가 성취됨을 『화엄경』(「세계성취품」)은 이렇게 말한다.

보디사트바는 모든 원의 바다 닦아 행해
중생의 마음 하고자 함을 널리 따르네.

중생 마음의 지어감은 넓어 끝이 없으니
보디사트바의 국토는 시방에 두루하네.

菩薩修行諸願海　普隨衆生心所欲
衆生心行廣無邊　菩薩國土遍十方

보디사트바는 온갖 것의 진실 아는
사르바즈냐나의 바다에 나아가
갖가지 자재한 힘 부지런히 닦아
한량없는 원의 바다 널리 나타내니
넓고 큰 세계의 땅 다 성취되도다.

菩薩趣於一切智　勤修種種自在力
無量願海普出生　廣大利土皆成就

1 역사의 대파국과 재난

많은 종교가 종말론의 공포로 중생을 두려움에 떨게 하고 그 두려움을 통해 새로운 구원의 메시지를 주려고 한다.

불교에서도 또한 중생의 일상의 삶 속에 태어남이 있고 죽음이 있으며 늙음이 있고 병듦이 있고 재난이 있듯, 세계 속에도 이루어짐[成]이 있고 머무르고 달라짐[住異]이 있으며, 지금 존재하는 모든 것은 끝내 무너져 허무에 돌아감[壞空] 있다고 가르친다.

그리고 세계가 유지되고 머물러 있는 그 동안에도 전쟁·질병·기아와 같은 역사의 재난과 물·불·바람의 재난[水火風三災]이 있음을 말한다.

그러나 불교에서 재난과 파멸의 교설은, 연기된 것은 본래 없던 것이 연기된 것이므로 끝내 사라짐을 말하는 세계관의 자기 모습일 뿐이다.

붇다의 가르침의 속뜻은 비록 세계가 나고 사라지되 그 나고 사라짐에 실로 남이 없고 사라짐이 없음을 보이는 것이다. 또한 저 세계가 물·불·바람의 재난으로 무너지고 불타지만, 그 무너지는 모습에 모습 없음을 알면 그 재난에 빠지지 않는 해탈의 길이 있고 니르바나의 길이 있음을 보이는 것이다.

세계는 이루어지고[成] 머물며[住] 무너지고[壞] 텅 비는[空] 네 가지 순환구조를 지니고 운동한다. 이 한 번 순환하는 기나긴 시간을 큰 겁[大劫, mahā-kalpa]이라 한다.

큰 겁 사이에 이루어지는 겁[成劫, vivarta-kalpa], 머무는 겁[住劫, vivarta-sthāyin-kalpa], 무너지는 겁[壞劫, saṃvarta-kalpa], 텅 비는 겁[空劫, saṃvarta-sthāyin-kalpa]은 가운데 겁[中劫, madhyama-kalpa]이다. 가운데 겁 가운데 스무 개의 작은 겁이 있다.

곧 가운데 겁인 머무는 겁 가운데도 다시 작은 겁[小劫, antara-kalpa]이 있어서 과거·현재·미래의 시간이 이어지니, 과거의 겁을 장엄겁(莊嚴劫)이라 하고 현재의 겁을 현겁(賢劫)이라 하며 미래의 겁을 성수겁(星宿劫)이라 한다.

작은 겁인 과거·현재·미래의 겁에 각기 천 붓다[千佛]가 출세한다 하시니, 이는 그 어느 때마다 보디의 성취자가 있고 중생을 건네주는 해탈의 스승이 있음을 말해주는 희망의 교설이다.

현재 머물러 있는 겁[住劫] 가운데 목숨이 늘고 주는 스무 개의 작은 겁이 있고, 마지막 줄어드는 겁에 세 가지 작은 재앙[小三災]이 있으니, 전쟁의 재앙[刀兵災]·배고픔의 재앙[饑餓災]·질병의 재앙[疾病災]이다.

그리고 가운데 무너지는 겁의 마지막 작은 겁에 큰 세 가지 재앙[大三災]이 있으니, 불의 재앙[火災]·물의 재앙[水災]·바람의 재앙[風災]이 있다. 곧 가운데 겁의 큰 재앙이란 이 세계가 무너질 때 물·불·바람의 재앙이 닥쳐 세계가 무너짐을 나타낸다.

이러한 재앙에 관한 여래의 가르침은 무엇을 뜻하는가.

머무는 겁의 작은 겁 가운데 전쟁·기아·질병의 재앙은 중생의 탐욕·분노·무명의 공업(共業)에는 그에 따르는 전쟁·질병·배고픔의 역사적 과보가 함께함을 경고하신 것이다.

또 넘치는 탐욕, 치솟는 분노의 불길, 무명의 검은 바람이 다시 중생 세간에 물·불·바람의 재앙으로 돌아올 수 있음을 경고하신 것이다.

그러나 물·불·바람이 재앙을 일으켜 물질세계를 파괴한다는 이 뜻을 더 깊이 살펴보자. 물·불·바람의 재앙은 곧 흙·물·불·바람은 물질의 성립 조건이지만, 또한 늘 파괴의 조건이 됨을 보이신 것이다.

예를 들어보자. 흙과 씨앗, 물과 바람과 햇빛, 사람의 노동이 잘 어울려야 땅에 뿌린 씨앗이 싹을 틔워 싹이 다시 열매를 맺는다.

씨앗이 싹을 내고 싹에서 열매가 나지만, 물과 불이라는 열매를 이루어내는 조건이 넘치거나 모자라거나 결핍되거나 왜곡되면 씨앗이 썩고 싹이 부러지며 열매를 맺지 못한다.

이와 같이 존재를 이루게 하는 조건[成相]이 존재를 다시 무너뜨리는 조건[壞相]이 됨을, 경은 물·불·바람 이 삼재(三災)의 재앙으로 가르치신 것이다.

땅·물·불·바람·허공은 물질 성립의 바탕이 되지만, 다시 세계 파괴의 모습이 된다는 것이 세 가지 재앙의 교설이다.

그러므로 물질세계의 종국적 파멸의 교설을 듣고 불안과 절망감을 가져서는 안 되니, 물질세계가 물·불·바람에 의해 사라져 없어진다는 여래의 재앙의 교설은 곧 재앙에서 벗어남의 길을 보이기 위함이다.

지금 조건에 의한 물질의 생성 속에 곧 파멸이 함께한다는 것은 물질의 이루어짐이 실로 이루어짐이 아님을 보이는 가르침이다.

물질의 이루어짐이 실로 이루어짐이 아닌 줄[成而無成] 알면, 그 사라짐 또한 실로 사라짐이 아닌 줄 알게 되니, 지혜의 사람은 파멸의 교훈 속에서 없어지되 없어지지 않는 존재의 진실을 볼 수 있다.

물질의 모습을 실로 일어난 것, 실로 있음으로 보는 사유 속에서 파괴와 사라짐은 늘 두려움으로 남게 된다. 물질의 재앙은 물질의 모습이 모습으로 있다는 집착과 모습에 대한 탐욕이 있는 중생의 삶을 상대해서 보인바, 있는 것의 필연적 소멸의 교훈이다.

물질은 물질 아닌 물질이다. 그러므로 물질의 있는 모습에 대한 탐욕을 벗어나 물질의 장애를 넘어서면, 파괴와 소멸의 불과 바람이 들이쳐도 물질의 재앙이 닿지 않으니, 이 물질의 재앙이 닿지 않는 곳은 네 가지 선정의 하늘[四禪天]로 표현된다.

색계(色界) 네 가지 선정 가운데 둘째 선정의 하늘은 '불의 재앙이 닿지 않는 꼭대기'[火災之頂]이고, 셋째 선정의 하늘은 '물의 재앙의 닿지 않는 꼭대기'[水災之頂]이며, 넷째 선정의 하늘은 '바람의 재앙이 닿지 않는 꼭대기'[風災之頂]이다.

더 나아가 모습에 모습 없고 마음에도 마음 없음을 깨달아 '느낌과 모습 취함을 뛰어넘은 선정'[滅受想定]에 서게 되면, 세 가지 재앙뿐 아니고 나고 죽음에서 나고 죽음의 흐름에 빠지지 않는 해탈이 있으니, 남이 곧 남이 아니고 죽음이 곧 죽음이 아니기 때문이다.

이와 같이 여래의 세 가지 재앙의 교설을 잘 살피면 물·불·바람에 의한 세계의 성립과 물·불·바람에 의한 세계의 파괴·소멸이 늘 지금 이 자리에 있는 것이다.

　그리고 조건을 통한 물질의 이루어지고 사라짐 속에서 연기의 진
실을 지혜로 살피게 되면 이루어짐과 사라짐의 필연을 떠나지 않고,
이루어짐과 사라짐의 쳇바퀴를 넘어선 해탈과 니르바나가 지금 이
곳 현전의 삶에 있는 것이다.

　파멸의 바람 속에서 지혜의 눈을 뜨면 세계 파괴의 바람이 곧 해탈
의 바람이 됨을 『화엄경』(「여래출현품」)은 이렇게 말한다.

　세계가 무너지는 겁의 때에
　흩어 무너뜨리는 바람 있으면
　대천세계를 무너뜨릴 수 있네.
　만약 따로 바람 그침이 없으면
　한량없는 세계까지 무너뜨리리.

　有風名散壞　能壞於大千
　若無別風止　壞及無量界

　큰 지혜의 바람 또한 그러해
　모든 보디사트바의 미혹 없애네.
　따로 교묘한 방편의 바람 있으면
　여래의 땅에 머물도록 하리라.

　大智風亦爾　滅諸菩薩惑
　別有善巧風　令住如來地

한량없는 시간 속에 전쟁의 겁, 굶주림의 겁
병이 퍼지는 겁이 있나니

붇다께서 비구들에게 말씀하셨다.

"세 가지 가운데 겁[三中劫]이 있다. 어떤 것이 셋인가.

첫째, 전쟁의 겁[刀兵劫]이라 이름한다.

둘째, 굶주림의 겁[穀貴劫]이라 이름한다.

셋째, 병이 퍼지는 겁[疾疫劫]이라 이름한다."

서로 죽이고 함께 굶주리는 전쟁의 겁을 보이심

"어떤 것이 전쟁의 겁인가.

이 세간 사람의 본래 수명은 사만 세다. 그 뒤에 점점 줄어 이만 세, 그 뒤에 다시 줄어 만 세, 더욱 줄어 천 세, 더욱 줄어 오백 세, 더욱 줄어 삼백 세·이백 세, 지금의 사람 수명이란 백세에서 벗어남은 적고 줄어듦은 많다.

그 뒤에 사람의 수명은 점점 줄어 십 세가 될 것이다.

이때에는 여인이 나서 다섯 달이 되면 시집갈 것이다.

그때의 세간에 있는 아름다운 맛이란 타락·기름·꿀·석밀·검은 석밀인데, 모든 아름다운 맛은 모두다 저절로 없어질 것이다.

다섯 곡식은 나지 않고 오직 가라지[稊]나 피[稗]뿐일 것이다. 이때에는 높은 옷감인 비단베·무명베·삼베 따위는 다 없고 오직 거칠게 짠 풀옷뿐일 것이다.

그때에는 이 땅에는 순전히 가시덩굴이 나고 모기·등에·벌·도마뱀·뱀 따위의 독충이 있을 것이다.

금·은·유리 등의 일곱 가지 보배구슬은 저절로 땅속에 빠지고 오직 돌과 모래만이 있어 더럽고 나쁜 것이 가득 찰 것이다.

그때의 중생은 다만 열 가지 악을 더하고 다시 열 가지 착함은 이름을 듣지 못하게 된다. 그리하여 착함의 이름도 없는데 하물며 착한 일을 행하는 자가 있겠는가.

그때의 사람은 부모에게 효도하지 않고 스승을 공경하지 않으며 악을 행하는 자가 곧 공양을 얻고 남에게 공경스런 대접을 받을 것이니, 그것은 지금 사람이 부모에게 효순하고 스승을 공경히 섬기며 착한 일을 행하면 그 사람이 곧 공양을 얻고 공경스런 대접을 받는 것과 같을 것이다.

저 사람들이 악을 행하여 곧 공양을 얻는 것 또한 이와 같다.

그때의 사람들이 목숨을 마치고 축생에 떨어지는 것은 마치 지금 사람이 하늘위에 태어날 수 있는 것과 같다.

그때의 사람들이 서로 보고 해칠 마음을 품어 다만 서로 죽이고자 하는 것은 마치 사냥꾼이 저 사슴 떼를 보고 다만 죽이고자 하여 하나도 착한 생각이 없는 것과 같다.

그때의 사람들도 이와 같이 다만 서로 죽이고자 하여 하나도 착한 생각이 없다.

그때에 이 땅은 고랑과 시내, 골짜기와 산언덕, 낮은 언덕으로서 평평한 땅이 하나도 없다.

그때 사람들은 가고 오며 놀라고 두려워해 옷의 털마저 곤두설 것이다.

때에 이레 동안 전쟁의 겁이 일어난다.

그때 사람들은 손에 풀과 나무, 기와나 돌을 잡으면 다 변해 칼이 된다. 칼날의 끝은 아주 날카로워 휘두르는 곳은 모두 끊어져 더욱 더 펼쳐 서로 해친다.

그 가운데서 어떤 지혜로운 사람은 칼로 군대가 서로 해치는 것을 보고는 두려워해 도망쳐 산숲이나 굴속 같은 사람이 없는 곳으로 들어가 이레 동안 숨어 있다가 스스로 속마음으로 이렇게 말한다.

'나는 남을 해치지 않는다. 남도 나를 해치지 말라.'

그 사람은 이레 동안 풀과 나무의 뿌리를 먹고 스스로 살아남는다. 이레가 지난 뒤 도로 산숲에서 나와 그때 어떤 사람이 있어 서로 만나보게 되면 기뻐하면서 말한다.

'지금 산 사람을 보았다. 지금 산 사람을 보았다.'

마치 부모가 외아들과 헤어진 지 오래간만에 서로 보고 기뻐 뛰면서 스스로 이기지 못하는 것처럼 그들 또한 이와 같이 기뻐 뛰면서 스스로 이기지 못한다.

이때의 사람들은 이레 동안에는 서로 바라보고 울다가 또 이레 동안에는 서로 같이 즐기며 기뻐하고 축하한다.

그때의 사람들은 몸이 무너지고 목숨이 마치면 다 지옥에 떨어진다. 왜냐하면 그것은 그 사람들은 늘 성내어 해치고자 하는 마음으로 서로 향해 사랑하고 어진 마음이 없기 때문이다.

이것을 전쟁의 겁이라 한다."

풀과 나무를 먹고, 뼈를 삶아 먹는 굶주림의 겁을 보이심

붇다께서 비구들에게 말씀하셨다.

"어떤 것이 굶주림의 겁인가.

그때의 사람들은 많이 그른 법을 행하고 삿된 견해로 열 가지 악한 업을 행한다. 악을 행하기 때문에 하늘은 비를 내리지 않는다. 백 가지 풀은 말라 죽고 다섯 곡식은 되지 않아 다만 줄기와 짚만 있다.

어떤 것이 굶주림인가. 그때 사람들은 마을 밭이나 거리나 사람 사는 길거리의 똥흙에서 남은 곡식을 쓸어 거두어 그것으로써 스스로 살아간다. 이것이 굶주림이다.

다시 굶주리는 겁의 때에는 그 사람들은 길거리나 마을, 푸줏간이나 무덤 사이에서 여러 가지 해골을 주워 그것을 삶아 물을 마시면서 스스로 살아간다. 이것이 '흰 뼈 먹는 굶주림'이다.

다시 굶주리는 겁의 때에는 심은 다섯 곡식은 모두 풀과 나무로 변한다. 그때의 사람들은 꽃을 따다 삶아 물을 마신다.

다시 굶주림의 때에는 풀과 나무의 꽃이 떨어져 땅 밑에 깔려 있다. 그때의 사람들은 땅을 파헤치고 꽃을 가져다 삶아 먹으면서 스스로 살아간다.

이것을 '풀과 나무의 굶주림'이라 한다.

그때 중생들은 몸이 무너지고 목숨이 마치면 아귀 속에 떨어진다. 왜냐하면 그것은 그 사람들은 굶주림의 겁에 있으면서 늘 아끼고 탐내는 마음을 품고 베풀어주는 마음이 없어 기꺼이 나누지 않고 액난에 빠진 사람을 생각하지 않기 때문이다.

이것이 굶주림의 겁이다."

보이지 않는 귀신의 정기에 닿아 죽는 병의 겁을 보이심

붇다께서 비구들에게 말씀하셨다.

"어떤 것이 병이 퍼지는 겁인가.

그때 세상 사람들은 바른 법을 수행하고 바른 견해로 견해가 뒤바뀌지 않아 열 가지 착한 행을 갖춘다.

다른 세계의 귀신이 오더라도 여기 이곳의 귀신은 방일하고 음란하여 사람을 살피지 못한다.

다른 곳의 귀신은 이 세간 사람들에게 치고 들어와 괴롭힌다.

사람을 치고 때리고 몽둥이질하여 그 사람의 마음을 어지럽게 하고 내몰아 데리고 간다.

마치 국왕이 모든 장수들에게 명령하여 지켜 보살피게 하지만, 다른 곳의 도적이 치고 들어와 괴롭히는 것처럼 이 방일한 사람에게 마을과 나라를 빼앗는 것 또한 이와 같다.

다른 곳 세계의 귀신이 와서 여기 이곳 사람들을 잡아다 치고 때리고 몽둥이질하여 내몰아 데리고 간다."

붇다께서 비구들에게 말씀하셨다.

"바로 여기 이곳의 귀신으로 하여금 방일하고 음란하지 않게 해도 다른 곳 세계에 큰 힘이 있는 귀신이 오면 여기 이곳 귀신은 두려워하여 피해간다.

저 큰 귀신이 쳐들어와 이 사람을 괴롭게 하여 때리고 치고 몽둥이질하여 그 정기를 닿게 해 이 사람을 죽이고 간다.

마치 국왕이나 왕의 대신이 여러 장수를 보내어 백성들을 지키고 막게 하면 그 장수가 맑고 삼가며 방일함이 없다 해도 다른 곳에 있는 굳세고 사나운 장수가 많은 군대를 거느리고 와서 마을과 성을 부수고 사람과 물건을 약탈하는 것처럼 이것 또한 이와 같다.

바로 이 세간의 귀신들이 감히 방일하지 않도록 해도 다른 곳 세계에 있는 힘이 많은 귀신이 올 때에는 이 세간의 귀신은 두려워해 피해간다.

그래서 저 큰 귀신이 이 사람들에게 쳐들어와 괴롭혀서 치고 때리고 몽둥이질하여 그 정기를 닿게 해 이 사람을 죽이고 간다.

때에 병이 퍼지는 겁 가운데 사람들은 몸이 무너지고 목숨이 마치면 모두 하늘위에 태어난다.

무슨 까닭인가. 그것은 그때의 사람들이 사랑의 마음으로 서로 향하여 서로 더욱 '네 병은 나았는가. 몸은 안온한가'라고 묻기 때문이다. 이 인연으로써 하늘위에 날 수 있다.

그러므로 병이 퍼지는 겁이라 이름한다.

이것이 세 가지 가운데 겁[三中劫]이다."

• 장아함 30-11 세기경(世記經) 삼중겁품(三中劫品)

• 해설 •

중생의 업과 중생의 세계는 서로 의지해 있고 서로 규정한다.

중생의 물들고 닫힌 업이 세계를 물들여 더럽히고 닫히게 하며, 물들고 어두운 세계가 다시 중생의 업을 닫히게 하고 물들여 어둡게 한다.

업과 세계가 서로 규정해 역사의 큰 파국이 일어나니, 전쟁의 겁에 사람은 서로 죽이고 해쳐 그 목숨이 줄어들고, 굶주림의 겁에 먹을거리가 되는 씨앗과 풀이 말라죽고 사람들은 배가 고파 아귀처럼 울부짖는다.

병이 퍼지는 겁에 다른 곳의 귀신들이 쳐들어와 그 기운에 사람들을 닿게 해 죽이니, 이는 보이지 않는 작은 균들이 몸에 침범하여 몸의 항체를 죽이고 사람들이 세균의 기운에 닿아 죽는 것을 말한다.

경에서 세 가운데 겁[三中劫]이라고 한 것은, 크나큰 겁 안에 머무는 겁[住劫]이 가운데 겁인데 그 안에 전쟁·굶주림·병이 넘치는 작은 겁[小劫]

을 가운데 겁의 세 때로 말해 보인 것이리라.

전쟁의 시대와 중생의 죽임과 해침의 업은 서로 떠나지 않는다.

죽이고 해치며 서로를 미워하고 다투는 업이 죽임의 역사를 만들어 사람들은 살고 있는 나라마다 서로 다투고 서로 죽이어 제 목숨을 채우지 못하고 죽어서 평균수명이 현저히 낮아지고 인구가 줄고 세간은 텅 비어버린다.

굶주림의 시대와 중생의 끝없는 탐욕의 업은 서로 떠나지 않는다. 내 것을 늘리기 위해 남의 것을 빼앗고, 먹을 것을 나누지 않고 끝없는 탐욕의 마음으로 자연을 파괴하고 생명을 함부로 짓밟고 꺾어 누른 공업(共業)이, 함께 굶주려 서로 먹을 것을 찾아 산과 들을 헤매고 울부짖는 배고픔의 역사를 만든다.

병으로 죽는 시대와 중생의 깨끗하지 못한 업은 서로 떠나지 않는다. 범행을 닦지 않고 함부로 몸의 업·입의 업·뜻의 업을 놓아 지내, 불건전한 성생활, 절제가 없는 식생활, 방탕한 생활을 영위함으로 인해 사람 사이의 관계와 세상을 병들게 해 전염병이 창궐하고 약과 의술로 나을 수 없는 병이 덮쳐 제 수명을 채우지 못하고 죽는 악한 시대가 벌어진다.

업이 세계를 통해 일어나고 세계는 업을 통해 발현된다. 업과 세계가 의지해 일어나므로 업도 공하고 세계도 공하니, 업을 정화하면 세계가 정화되고 세계를 깨끗하고 아름답게 가꾸면 업이 정화된다.

업밖에 세계와 역사가 없으니, 중생이 죽임의 업을 버리고 자비와 살림의 업을 일으키며, 빼앗음·훔침·탐욕의 업을 버리고 함께 나눔과 보살핌의 업을 이루면 이 세간에는 평화·번영·풍요의 역사가 이루어질 것이다.

그리고 몸과 입과 뜻의 물들어 더러운 업을 돌이켜 범행에 나아가고, 청정한 업을 일으켜 이 세간 이 국토를 지혜와 자비의 업으로 아름답게 장엄해가면, 이 중생의 국토에는 병과 액난에 내몰리지 않는 안락한 삶이 이루어질 것이다.

이 세계 속에 어떤 고난과 파국의 역사가 펼쳐지더라도 업과 세계가 공하되 업과 세계가 서로 의지해 일어남을 알아 지혜의 업을 일으키면, 고난과 파국의 역사 속에 해탈의 길이 열리게 된다.

그 뜻을 『화엄경』(「보현행품」)은 이렇게 말한다.

온갖 삼세의 때 가운데서
한량없는 모든 국토들이
일어나고 사라지는 모습은
깊고 깊은 지혜를 갖추게 되면
그 이루어지고 없어짐 다 깨닫네.

一切三世中　無量諸國土
具足甚深智　悉了彼成敗

한량없는 여러 보디사트바들
잘 배워서 법계에 들면
신통의 힘이 자재하여서
시방에 널리 두루하리라.

無量諸佛子　善學入法界
神通力自在　普遍於十方

온갖 있는바 모든 세계의
미세하고 넓고 큰 국토들의
갖가지로 달리 장엄된 모습
다 업으로 일어난 것이네.

一切諸世界　微細廣大刹
種種異莊嚴　皆由業所起

「십인품」 또한 보디사트바가 보디에 향하는 업 그대로 세간을 정토로 장엄해감을 다음과 같이 가르친다.

중생과 중생이 사는 국토는
갖가지 업으로 지은 것이니
허깨비의 바탕에 들어가면
그것에 의지해 집착함 없네.

衆生及國土　種種業所造

보디의 행을 늘 닦아 익히어
변화의 곳간을 장엄하고
한량없는 선으로 세간 장엄하면
선업과 공덕의 업 그대로
이 세간을 정토로 만들어가리.

修習菩提行　莊嚴於化藏

無量善莊嚴　如業作世間

「세계성취품」또한 이렇게 말한다.

한량없는 모든 중생들이
모두 보디의 마음을 내면
그 마음이 세계 바다로 하여금
머무는 겁에 늘 청정케 하네.

無量諸衆生　悉發菩提心

彼心令刹海　住劫恒清淨

오래고 먼 시간에 세 가지 재앙이 있게 되니
해탈의 도를 구하라

한때 붇다께서는 비구들에게 말씀하셨다.

"네 가지 일[四事]이 길고 오래되어 한량없고 끝이 없어 낮과 달, 햇수로써 헤아릴 수 없다.

어떤 것이 네 가지인가.

첫째, 세간의 재앙이 차츰 일어나 이 세간을 무너뜨리려 할 때 그 가운데는 길고 오래되어 한량없고 끝이 없어 낮과 달, 햇수로써 헤아릴 수 없다.

둘째, 이 세간이 다 무너진 뒤에 그 가운데가 텅 비어 세간이 없고 길고 오래며 아득히 멀어 낮과 달, 햇수로써 헤아릴 수 없다.

셋째, 하늘과 땅이 처음으로 일어나 이루어지려 할 때 그 가운데는 길고 오래되어 낮과 달, 햇수로써 헤아릴 수 없다.

넷째, 하늘과 땅이 이미 이루어져 오래 머물러 무너지지 않는 것은 낮과 달, 햇수로써 헤아릴 수 없다.

이것이 네 가지 일이 길고 오래되어 한량없고 끝이 없어 낮과 달, 햇수로써 헤아릴 수 없는 것이다."

세 가지 재앙과 재앙이 이르지 못하는 끝을 보이심

붇다께서 비구에게 말씀하셨다.

"세상에는 세 가지 재앙[三災]이 있다. 어떤 것이 셋인가.

첫째 불의 재앙이요, 둘째 물의 재앙이요, 셋째 바람의 재앙이다.

세 가지 재앙에는 위로 오르는 끝이 있다. 어떤 것이 셋인가.

첫째 빛과 소리의 하늘[光音天]이요, 둘째 두루 깨끗한 하늘[遍淨天]이요, 셋째 과덕이 진실한 하늘[果實天]이다.

만약 불의 재앙이 일어날 때 '빛과 소리의 하늘'에 이르면 빛과 소리의 하늘이 그 끝이 된다.

만약 물의 재앙이 일어날 때 '두루 깨끗한 하늘'에 이르면 두루 깨끗한 하늘은 그 끝이 된다.

만약 바람의 재앙이 일어날 때 '과덕이 진실한 하늘'에 이르면 과덕이 진실한 하늘은 그 끝이 된다."

불의 재앙을 보이시고 해탈의 도 찾도록 하심

"어떤 것을 불의 재앙[火災]이라 하는가.

불의 재앙이 처음 일어날 때에는 이 세간 사람은 다 바른 법을 행하고, 바른 견해로 뒤바뀌지 않아 열 가지 착한 행을 닦는다.

이 법을 행할 때 어떤 사람은 둘째 선정을 얻어 몸을 솟구쳐 허공 가운데 올라가 거룩한 사람의 도·하늘의 도·브라흐만의 도에 머물면서 소리 높여 외친다.

'여러 어진 이들이여, 알아야 하오. 이것은 느낌 없고[無覺] 살핌 없는[無觀] 둘째 선정의 즐거움이오. 느낌 없고 살핌 없는 둘째 선정의 즐거움이오.' 그때 세간 사람들은 이 소리를 듣고 우러러 그에게 말한다.

'잘 말하고 잘 말했소. 우리들을 위하여 느낌 없고 살핌 없는 둘째 선정의 도를 말씀해주십시오.'

때에 하늘에서는 사람들이 그 말을 듣고 곧 그를 위하여 느낌 없고 살핌 없는 둘째 선정의 도를 설명한다. 이 세간 사람들은 그 말을 듣고 곧 느낌 없고 살핌 없는 둘째 선정의 도를 닦는다. 그래서 몸이 무너지고 목숨 마치면 '빛과 소리의 하늘'에 태어난다.

이때에 지옥의 중생은 죄가 끝나고 목숨 마친 뒤 사람 사이에 태어난다. 다시 느낌 없고 살핌 없는 둘째 선정의 도를 닦고 몸이 무너지고 목숨 마치면 '빛과 소리의 하늘'에 태어난다.

다시 축생·아귀·아수라·네 하늘왕·도리하늘·야마하늘·투시타하늘·변화가 자재한 하늘·타화자재하늘·브라흐마하늘의 중생들도 목숨 마치고 사람 사이에 태어나 느낌 없고 살핌 없는 둘째 선정의 도를 닦는다. 그래서 몸이 무너지고 목숨 마치면 '빛과 소리의 하늘'에 태어난다.

이 인연으로 말미암아 지옥도가 다하고 축생·아귀·아수라·네 하늘왕 나아가 브라흐마하늘이 모두 다한다. 이때가 되면 먼저 지옥이 다하고 그 뒤에 축생이 다하고, 축생이 다한 뒤에 아귀가 다한다. 아귀가 다한 뒤에 아수라가 다하고, 아수라가 다한 뒤에 네 하늘왕이 다한다.

네 하늘왕이 다한 뒤에 도리하늘이 다하고, 도리하늘이 다한 뒤에 야마하늘이 다한다. 야마하늘이 다한 뒤에 투시타하늘이 다하고, 투시타하늘이 다한 뒤에 변화가 자재한 하늘이 다한다.

변화가 자재한 하늘이 다한 뒤에 타화자재하늘이 다하고, 타화자재하늘이 다한 뒤에 브라흐마하늘이 다한다. 브라흐마하늘이 다한 뒤에 사람이 다하여 남음이 없고, 사람이 다하면 남는 것이 없다.

이 세상이 무너졌다가 다시 이루어지게 되면 재앙이 되니, 그 뒤에는 하늘은 비를 내리지 않아 백 가지 곡식과 풀과 나무는 저절로 말라 죽는다."

붇다께서는 비구들에게 말씀하셨다.

"이로써 알아야 한다. 온갖 행은 덧없다. 변하고 바뀌고 무너져 믿어 의지할 수 없다. 함이 있는 모든 법은 매우 싫어하고 걱정해야 할 것이니, 세간 건널 해탈의 길[度世解脫之道]을 구해야 한다.

그 뒤에 오래오래 크고 검은 바람이 사납게 일어나 큰 바다의 물을 불어친다. 바닷물의 깊이는 팔만 사천 요자나인데 그것을 불어 양쪽을 헤친다. 그리고 해의 궁전을 앗아다 수메루 산 가운데 두고, 땅에 가기 사만 이천 요자나쯤 있는 해의 길 가운데 둔다.

이로 말미암아 세간에는 두 해가 나오고 두 해가 나온 뒤에는 이 세간에 있는 모든 작은 강과 봇물과 도랑물을 다 말려버린다."

붇다께서는 비구들에게 말씀하셨다.

"이로써 알아야 한다. 온갖 행은 덧없다. 변하고 바뀌고 무너져 믿어 의지할 수 없다. 함이 있는 모든 법은 매우 싫어하고 걱정해야 할 것이니, 세간 건널 해탈의 길을 구해야 한다."

(중략)

붇다께서는 비구들에게 말씀하셨다.

"불의 재앙이 일어날 때에는 하늘은 다시는 비를 내리지 않아 백 가지 곡식과 풀과 나무는 저절로 말라 죽는다.

누가 믿겠는가. 홀로 보는 자가 있으면 스스로 알 수 있을 뿐이다.

이와 같이 나아가 땅 밑의 물이 다하고 물 밑의 바람이 다한다.

누가 믿겠는가. 홀로 보는 자가 있으면 스스로 알 수 있을 뿐이다.

이것을 불의 재앙이라 한다."

불의 재앙이 다시 돌아감을 보이심

"어떻게 불의 겁[火劫]이 다시 돌아가는가. 그 뒤에 오래오래 크고 검은 구름이 허공 가운데 있어 '빛과 소리의 하늘'[光音天]에 이르면 두루 비를 내려 빗방울이 수레바퀴와 같다.

이와 같이 셀 수 없는 백천만 세 동안 비가 내려 물이 점점 불어 그 높이가 셀 수 없는 백천 요자나나 되어 빛과 소리의 하늘에 이르게 된다. 그때 네 가지 큰 바람[四大風]이 일어나 이 물을 바람이 지니어 머무른다[持此水住].

어떤 것이 넷인가. 첫째 머무는 바람[住風]이라 이름하고, 둘째 지니는 바람[持風]라 이름하며, 셋째 움직이지 않음[不動]이라 이름하고, 넷째 굳고 단단함[堅固]이라 이름한다.

그 뒤에 이 물은 차츰 줄어 백천 요자나가 된다. 셀 수 없는 백천만 요자나가 되면 그 물의 사면에 큰 바람이 일어난다.

바람의 이름을 상가라 한다. 그 바람이 물을 불어 움직이게 하면 물결을 쳐 뒤흔들어 거품을 일으켜 모여 쌓이게 한다. 바람이 물결을 불면 거품은 물을 떠나 허공 가운데 올라가서 저절로 굳어져 하늘궁전을 이루니, 일곱 가지 보배로 꾸며지게 된다.

이 인연으로써 브라흐마카이카 하늘의 궁전이 있게 된다.

(중략)

그 뒤에 오래되어 저절로 구름이 있어 허공 가운데 두루 찬다.

큰비가 두루 내려 빗방울은 수레바퀴와 같다. 그 물이 가득 차 네 천하와 수메루 산을 잠기게 한다. 그 뒤에 어지러운 바람이 땅에 불어 큰 구덩이를 만들고, 시냇물도 그 안에 들어간다.

이로 말미암아 바다가 되고 이 인연으로 네 가지 큰 바닷길이 있게 된다."

(중략)

물의 재앙을 보이시고 해탈의 도 찾도록 하심

붇다께서는 비구들에게 말씀하셨다.

"어떤 것을 물의 재앙[水災]이라 하는가.

물의 재앙이 일어날 때에는 이 세간 사람은 다 바른 법을 받든다. 바른 견해로 견해가 삿되지 않아 열 가지 착한 업[十善業]을 닦는다. 착한 업을 닦아 마친 때에 사람은 기쁨이 없는 셋째 선정을 얻는다.

그는 몸을 솟구쳐 허공 가운데 올라가 거룩한 사람의 도·하늘의 도·브라흐만의 도에 머물면서 소리 높여 외친다.

'여러 어진 이들이여, 알아야 하오. 이것은 기쁨이 없는 셋째 선정의 즐거움이오. 기쁨이 없는 셋째 선정의 즐거움이오.'

그때 세간 사람들은 이 소리를 듣고 우러러 그에게 말한다.

'잘 말하고 잘 말했소. 우리들을 위하여 기쁨이 없는 셋째 선정의 도를 말씀해주십시오.'

때에 허공 가운데 사람들이 그 말을 듣고 곧 그들을 위하여 기쁨이 없는 셋째 선정의 도를 연설한다. 이 세간 사람들은 그 말을 듣고 곧 기쁨이 없는 셋째 선정의 도를 닦는다. 그래서 몸이 무너지고 목숨 마치면 '두루 깨끗한 하늘'에 태어난다.

이때에 지옥의 중생은 죄가 끝나고 목숨 마친 뒤 사람 사이에 태어난다. 거기서 다시 기쁨이 없는 셋째 선정의 도를 닦고 몸이 무너지고 목숨 마치면 '두루 깨끗한 하늘'에 태어난다.

축생 · 아귀 · 아수라 · 네 하늘왕 · 도리하늘 · 야마하늘 · 투시타하늘 · 변화가 자재한 하늘 · 타화자재하늘 · 브라흐마하늘 · 빛과 소리의 하늘의 중생들도 목숨 마치고 사람 사이에 태어나 기쁨이 없는 셋째 선정의 도를 닦는다. 그래서 몸이 무너지고 목숨 마치면 '두루 깨끗한 하늘'에 태어난다.

이 인연으로 말미암아 지옥도가 다하고 축생 · 아귀 · 아수라 · 네 하늘왕 나아가 '빛과 소리의 하늘'이 모두 다한다. 이때가 되면 먼저 지옥이 다하고 그 뒤에 축생이 다하고, 축생이 다한 뒤에 아귀가 다한다. 아귀가 다한 뒤에 아수라가 다하고, 아수라가 다한 뒤에 네 하늘왕이 다한다.

네 하늘왕이 다한 뒤에 도리하늘이 다하고, 도리하늘이 다한 뒤에 야마하늘이 다한다. 야마하늘이 다한 뒤에 투시타하늘이 다하고, 투시타하늘이 다한 뒤에 변화가 자재한 하늘이 다한다.

변화가 자재한 하늘이 다한 뒤에 타화자재하늘이 다하고, 타화자재하늘이 다한 뒤에 브라흐마하늘이 다한다. 브라흐마하늘이 다한 뒤에 '빛과 소리의 하늘'이 다하고, '빛과 소리의 하늘'이 다한 뒤에 사람이 다하여 남음이 없고, 사람이 다하면 남는 것이 없다.

이 세상이 무너졌다가 다시 이루어지게 되면 재앙이 되니, 그 뒤에 오래오래 크고 검은 구름이 사납게 일어나 위로 두루 깨끗한 하늘에 이르러 두루 큰비를 내리는데 순전히 뜨거운 물을 내린다.

그 물이 들끓어 하늘 위를 볶으면 여러 하늘의 궁전은 다 녹아 없어져 남음이 없다. 그것은 마치 타락의 기름[酥油]을 불 속에 두면 볶이고 녹아 사라져 남는 것이 없는 것과 같아서 '빛과 소리의 하늘'의 궁전 또한 이와 같다.

이로써 알아야 한다. 온갖 행은 덧없다. 변하고 바뀌는 법이라 믿어 의지할 수 없다. 함이 있는 모든 법은 매우 싫어하고 걱정해야 할 것이니, 세간 건널 해탈의 길을 구해야 한다.

그 뒤에 이 비는 또 브라흐마카이카 하늘의 궁전을 다시 잠기게 하고 볶아 녹이어 남는 것이 없게 한다. 마치 타락의 기름을 불 속에 두면 남는 것이 없는 것과 같아서 브라흐마카이카 하늘의 궁전 또한 이와 같다.

그 뒤에 이 비는 다시 타화자재하늘·변화가 자재한 하늘·투시타 하늘·야마하늘의 궁전을 잠기게 하고 볶아 녹이어 남는 것이 없게 한다. 마치 타락의 기름을 불 속에 두면 남는 것이 없는 것과 같아서 그 모든 궁전들 또한 이와 같다.

그 뒤에 이 비는 다시 네 천하 및 팔만 천하의 모든 산·큰 산·수 메루 산왕까지를 잠기게 하고 볶아 녹이어 남는 것이 없게 한다. 마치 타락의 기름을 불 속에 두면 남는 것이 없는 것과 같아서 그 또한 이와 같다.

그러므로 알아야 한다.

'온갖 행은 덧없다. 변하고 바뀌는 법이라 믿어 의지할 수 없다. 무릇 모든 함이 있는 법은 매우 싫어하고 걱정해야 할 것이니, 세간 건널 해탈의 길[度世解脫之道]을 구해야 한다.'

그 뒤에 이 물은 큰 땅을 볶아 녹이어[煎熬] 남는 것이 없게 하니, 땅 밑의 물도 다하고 물 밑의 바람도 다한다.

그러므로 알아야 한다.

'온갖 행은 덧없다. 변하고 바뀌는 법이라 믿어 의지할 수 없다. 무릇 모든 함이 있는 법은 매우 싫어하고 걱정해야 할 것이니, 세간 건널 해탈의 길을 구해야 한다.'"

붇다께서는 비구들에게 말씀하셨다.

"두루 깨끗한 하늘의 궁전은 볶이고 녹아 없어진다. 누가 믿겠는 가. 홀로 보는 자가 있으면 알 수 있을 뿐이다.

브라흐마카이카 하늘의 궁전은 볶이고 녹아 없어진다. 나아가 땅 밑의 물이 다하고 물 밑의 바람이 다한다.

누가 믿겠는가[誰能信者]. 홀로 보는 자가 있으면[獨有見者] 알 수 있을 뿐이다.

이것을 물의 재앙이라 한다."

물의 재앙이 다시 돌아감을 보이심

"어떻게 물의 재앙이 다시 본래로 돌아가는가. 그 뒤에 오래오래 크고 검은 구름이 허공을 가득 채워 '두루 깨끗한 하늘'에 이르면 두 루 비를 내려 빗방울이 수레바퀴 굴대와 같다.

이와 같이 셀 수 없는 백천만 세가 되면 그 물이 점점 불어 두루 깨끗한 하늘에 이르면 네 가지 큰 바람이 있어 이 물을 지니어 머무 른다.

어떤 것이 넷인가. 첫째는 머무는 바람이라 이름하고, 둘째는 지 니는 바람이라 이름하며, 셋째는 움직이지 않음이라 이름하고, 넷째 는 굳고 단단함이라 이름한다.

그 뒤에 이 물은 점점 줄어 셀 수 없는 백천 요자나가 되면 사면에 서 큰 바람이 일어난다. 그 바람의 이름을 상가아라 하니, 물을 불어 움직이게 하고 물결을 쳐 뒤흔들어 물거품을 일으켜 모여 쌓이게 한 다. 바람이 불면 물거품은 물을 떠나 허공 가운데서 저절로 '빛과 소리의 하늘'의 궁전으로 변하여 일곱 가지 보배로 꾸며져 있다.

이 인연으로 말미암아 '빛과 소리의 하늘'의 궁전이 있게 된다.

그 물이 더욱 줄어 셀 수 없는 백천 요자나가 되면 저 상가아 바람은 물을 불어 움직이게 하고 물결을 쳐 뒤흔들어 물거품을 일으켜 모여 쌓이게 한다. 바람이 불면 물거품은 물을 떠나 허공 가운데서 있으면서 저절로 브라흐마카이카 하늘의 궁전으로 변하니, 일곱 가지 보배로 꾸며져 있다.

이와 같이 나아가 바닷물이 한맛으로 짜고 쓴 것도 또한 불의 재앙이 본래대로 돌아갈 때와 같다.

이것을 물의 재앙이라 한다."

바람의 재앙을 보이시고 해탈의 도 찾도록 하심

붇다께서는 비구들에게 말씀하셨다.

"어떤 것을 바람의 재앙[風災]이라 하는가.

바람의 재앙이 일어날 때에는 이 세간 사람은 다 바른 법을 받든다. 바른 견해로 견해가 삿되지 않아 열 가지 착한 업을 닦는다. 착한 업을 닦아 마친 때에 사람은 보살피는 생각이 청정한 넷째 선정을 얻는다.

그는 허공 가운데 거룩한 사람의 도·하늘의 도·브라흐만의 도에 머물면서 소리 높여 외친다.

"여러 어진 이들이여, 알아야 하오. 이것은 보살피는 생각이 청정한 넷째 선정의 즐거움이오. 보살피는 생각이 청정한 넷째 선정의 즐거움이오.'

그때 세간 사람들은 이 소리를 듣고 그를 우러러 그에게 말한다.

'잘 말하고 잘 말했소. 우리를 위하여 보살피는 생각이 청정한 넷째 선정의 도를 말씀해주십시오.'

때에 허공 가운데 사람들이 그 말을 듣고 곧 그들을 위하여 보살피는 생각이 청정한 넷째 선정의 도를 연설한다. 이 세간 사람들은 그 말을 듣고 곧 보살피는 생각이 청정한 넷째 선정의 도를 닦는다. 그래서 몸이 무너지고 목숨 마치면 '과덕이 진실한 하늘'에 태어난다.

이때에 지옥의 중생은 죄가 끝나고 목숨 마친 뒤 사람 사이에 태어난다. 다시 보살피는 생각이 청정한 넷째 선정의 도를 닦고 몸이 무너지고 목숨 마치면 '과덕이 진실한 하늘'에 태어난다.

축생·아귀·아수라·네 하늘왕 나아가 '두루 깨끗한 하늘'의 중생들도 목숨 마치고 사람 사이에 태어나 보살피는 생각이 청정한 넷째 선정의 도를 닦는다. 그래서 몸이 무너지고 목숨 마치면 '과덕이 진실한 하늘'에 태어난다.

이 인연으로 말미암아 지옥도가 다하고 축생·아귀·아수라·네 하늘왕 나아가 '두루 깨끗한 하늘'의 세계가 모두 다한다.

이때가 되면 먼저 지옥이 다하고 그 뒤에 축생이 다하고, 축생이 다한 뒤에 아귀가 다한다. 아귀가 다한 뒤에 아수라가 다하고, 아수라가 다한 뒤에 네 하늘왕이 다한다.

네 하늘왕이 다한 뒤에 이와 같이 계속하여 '두루 깨끗한 하늘'이 다하기에 이른다. '두루 깨끗한 하늘'이 다한 뒤에는 사람이 다해 남음이 없게 된다.

사람이 다해 남음이 없으면 이 세간은 무너지고, 이루어지게 되면 재앙이 되니, 그 뒤에 오래오래 큰 바람이 일어난다.

그 바람의 이름을 큰 상가아라 하여 이에 '과덕이 진실한 하늘'에까지 이르른다. 그 바람은 사방으로 퍼져 '두루 깨끗한 하늘' 궁전과 '빛과 소리의 하늘' 궁전을 불면 궁과 궁이 서로 부딪히게 하여 가는 티끌처럼 부숴버린다.

그것은 마치 힘센 장사가 두 개의 구리쇠 공이를 가지고 서로 부딪혀 남음이 없게 하는 것과 같아서 두 궁전이 서로 부딪히는 것 또한 이와 같다.

이로써 알아야 한다.

'온갖 행은 덧없다. 변하고 바뀌는 법이라 믿어 의지할 것이 없다. 무릇 모든 함이 있는 법은 아주 싫어하고 걱정해야 할 것이니, 세간을 건널 해탈의 길[度世解脫之道]을 구해야 한다.'

그 뒤에 이 바람은 브라흐마카이카 하늘의 궁전과 타화자재하늘의 궁전을 불어 궁과 궁은 서로 부딪혀 가는 티끌처럼 부서져 남음이 없게 된다. 마치 힘센 장사가 두 개의 구리쇠 공이를 가지고 공이와 공이를 서로 부딪혀 부수어 다해 남음이 없는 것과 같다. 두 궁전이 서로 부딪히는 것 또한 이와 같다.

이로써 알아야 한다.

'온갖 행은 덧없다. 변하고 바뀌는 법이라 믿어 의지할 것이 없다. 무릇 모든 함이 있는 법은 아주 싫어하고 걱정해야 할 것이니, 세간을 건널 해탈의 길을 구해야 한다.'

그 뒤에 이 바람은 변화가 자재한 하늘 궁전과 투시타하늘 궁전과 야마하늘 궁전을 불어 궁과 궁이 서로 부딪혀 가는 티끌처럼 부서져 남음이 없게 한다. 마치 힘센 장사가 두 개의 구리쇠 공이를 가지고 공이와 공이를 서로 부딪혀 부수어 다해 남음이 없게 하는 것과 같아서 저 궁전 또한 이와 같이 부서져 남음이 없다.

이로써 알아야 한다.

'온갖 행은 덧없다. 변하고 바뀌는 법이라 믿어 의지할 것이 없다. 무릇 모든 함이 있는 법은 아주 싫어하고 걱정해야 할 것이니, 세간을 건널 해탈의 길을 구해야 한다.'

그 뒤에 이 바람은 네 천하 및 팔만 천하의 모든 산과 큰 산과 수메루 산왕까지 불어 허공에 둔다. 높이는 백천 요자나인데 산과 산은 서로 부딪혀 가는 티끌처럼 부서진다. 마치 힘센 장사가 손에 가벼운 겨를 가져 허공 가운데 뿌리는 것과 같아 저 네 천하의 수메루 산, 모든 산이 다 부서져 흩어지는 것 또한 이와 같다.

이로써 알아야 한다.

'온갖 행은 덧없다. 변하고 바뀌는 법이라 믿어 의지할 것이 없다. 무릇 모든 함이 있는 법은 아주 싫어하고 걱정해야 할 것이니, 세간을 건널 해탈의 길을 구해야 한다.'

그 뒤에 바람이 큰 땅을 불어 다하게 하면 땅 밑의 물이 다하고 물 밑의 바람이 다한다. 그러므로 알아야 한다.

'온갖 행은 덧없다. 변하고 바뀌는 법이라 믿어 의지할 것이 없다. 무릇 모든 함이 있는 법은 아주 싫어하고 걱정해야 할 것이니, 세간을 건널 해탈의 길을 구해야 한다.'"

붇다께서는 비구들에게 말씀하셨다.

"두루 깨끗한 하늘 궁전과 빛과 소리의 하늘 궁전이 서로 부딪혀 가는 티끌처럼 부서진다.

누가 믿겠는가[誰當信者]. 홀로 보는 자가 있다면[獨有見者] 알 수 있을 뿐이다. 이와 같이 하여 나아가 땅 밑의 물이 다하고 물 밑의 바람이 다한다.

누가 믿겠는가. 홀로 보는 자가 있다면 알 수 있을 뿐이다. 이것을 바람의 재앙이라 한다.”

바람의 재앙이 다시 본래로 돌아감을 보이심

“어떻게 바람의 재앙이 다시 돌아가는가.

그 뒤에 오래오래 크고 검은 구름이 허공에 두루하여 ‘과덕이 진실한 하늘’에 이르면 큰비를 내려 빗방울은 수레바퀴 굴대와 같다.

셀 수 없는 백천만 세 동안 장맛비가 내려 그 물이 점점 불어 ‘과덕이 진실한 하늘’에 이르면 때에 네 가지 바람이 있어 이 물을 가지고 머무른다. 어떤 것이 넷인가.

첫째는 머무는 바람이라 이름하고, 둘째는 지니는 바람이라 이름하며, 셋째는 움직이지 않음이라 이름하고, 넷째는 굳고 단단함이라 이름한다.

그 뒤에 이 물이 점점 줄어들어 셀 수 없는 백천 요자나가 되면 그 물의 사면에 큰 바람이 일어난다. 그 바람을 상가아라 이름하니, 그 바람이 물을 불어 움직이게 하고 물결을 쳐서 뒤흔들어 거품을 일으켜 모여 쌓이게 한다.

바람이 불면 거품은 물을 떠나 허공 가운데 있어 저절로 ‘두루 깨끗한 하늘’ 궁전으로 변하니, 뒤섞인 빛깔이 사이사이 끼워진 일곱 가지 보배로 이루어진 것이다. 이 인연으로써 ‘두루 깨끗한 하늘’ 궁전이 있게 된다.

그 물이 더욱 줄어 셀 수 없는 백천 요자나가 되면 그 상가아 바람은 물을 불어 움직이게 하고 물결을 쳐서 뒤흔들어 거품을 일으켜 모여 쌓이게 한다.

바람이 불면 거품은 물을 떠나 허공 가운데 있어 저절로 '빛과 소리의 하늘' 궁전으로 변한다. 뒤섞인 빛깔이 사이사이 끼워진 일곱 가지 보배로 이루어진 것이다.

나아가 바닷물이 한맛으로 짜고 쓴 것도 또한 불의 재앙이 본래로 돌아갈 때와 같다. 이것을 바람의 재앙이라 한다.

이것이 세 가지 재앙[三災]이고 세 가지가 다시 돌아감[三復]이다."

• 장아함 30-9 세기경(世記經) 삼재품(三災品)

• 해설 •

온갖 법은 인연으로 일어나서, 일어나 머물고, 머물다 달라지고, 달라졌다 무너지고 없어진다. 온갖 법의 연기의 진실은 한 티끌에서도 그러하며 몸의 한 털구멍에서도 그러하며 끝없는 저 우주의 셀 수 없는 세계에서도 또한 그러하다.

땅·물·불·바람·허공이 어울려 세계가 이루어지고, 땅·물·불·바람·허공이 어긋나 세계가 무너진다.

물·불·바람의 재앙은 연기한 것이므로 그 재앙도 다시 다해 본래로 돌아가는 것이니, 경은 세 가지 재앙[三災]과 세 가지가 다시 돌아감[三復]을 말하고 있다. 재앙은 물·불·바람이 파괴의 요인이 됨을 말한다면, 다시 돌아감은 새롭게 생성의 요인이 됨을 말한다.

물과 불의 재앙과 소멸은 몸이 있고 모습 있는 중생 세간에서 결코 피할 수 없다. 그러나 연기의 진리를 깨달은 참사람, 지극히 바른 이는 온갖 법이 나되 남이 없고 사라지되 사라짐 없음을 알아 천지개벽의 거센 회오리바람 속에서도 고요할 수 있고, 물과 불의 재앙이 와도 물에 젖지 않고 그 불에 타지 않는다.

모습에 취할 모습이 남아 있는 중생에게는 물·불·바람의 재앙이 재앙이 되는 것이나, 착한 업을 닦아 모습의 거친 저 소용돌이가 그친 '빛과 소리의 하늘'에 가면 불의 재앙이 미치지 않고, '두루 깨끗한 하늘'에 오르면 물의 재앙이 미치지 않으며, '과덕이 진실한 하늘'에 가면 바람의 재앙이 미치지 않는다.

그러나 하늘에 올라 재앙을 피한들 재앙으로부터의 참된 피난처가 되지 못한다. 물·불·바람의 재앙이 미치지 않는 참된 피난처는 어디인가. 물이 물이 아니고 불이 불이 아니며 바람이 바람이 아닌 법계의 진실처, 니르바나의 본래 고요한 곳이다. 그 피난처를 깨친 이가 붇다이고, 그 피난처를 보인 가르침이 다르마이며, 그 피난처를 찾아 범행을 닦는 이가 상가이다. 그렇다면 끝내 그 피난처에는 어떻게 가서 이르를 것인가.

온갖 존재는 무너짐이 있으므로 생겨남이 있고 공하기 때문에 비로소 있어지는 것이니, 온갖 존재가 덧없음을 바로 보는 곳에 덧없음에서 벗어날 길이 있고, 온갖 존재가 나 없음을 바로 보는 곳에 물질의 붕괴, 물과 불의 재앙에서 살아날 길이 있다.

이를 누가 믿겠는가. '홀로 보는 자가 있다면 알 수 있을 뿐이다'라고 했으니, 생성과 파괴의 우주적 소용돌이 속에서 고요함을 볼 수 있는 자가 그 사람인가.

물·불·바람의 재앙이 닿지 않는 곳에 참으로 살 수 있는 길은 어떤 곳인가. 옛 조사는 '산 자를 죽여야 산 자를 보고, 죽은 자를 살려야 죽은 자를 볼 것이다'라고 했으니, 이 뜻은 무엇인가.

있음이 공해 한 물건도 있지 않음을 보는 자가 있음의 진실을 보고, 없음의 공함 또한 공해 만법이 연기함을 보는 자가 공함의 진실을 본다는 말인가.

『화엄경』(「여래출현품」)은 먼저, 물·불·바람의 재앙으로 세계가 무너질 때에도 복업을 닦고 선정을 닦으면 재앙의 바람에 닿지 않음을 이렇게 보인다.

삼천세계가 무너져 없어지는 때에

중생의 복된 힘이 이런 소리를 내리.
네 선정의 하늘 고요해 모든 고통이 없네.
그리하여 그 소리를 듣는 이는 누구나
모든 탐욕을 떠나 편안케 하리.

三千世界將壞時　衆生福力聲告言
四禪寂靜無諸苦　令其聞已悉離欲

열 가지 힘 갖춘 세존 또한 이 같아
묘한 음성 법계에 두루 내어서
모든 행의 괴로움과 덧없음을 말해
그 법의 소리 듣는 이들이 모두
길이 나고 죽음의 바다 건너게 하네.

十力世尊亦如是　出妙音聲遍法界
爲說諸行苦無常　令其永度生死海

　다시 「여래출현품」은 물질이 공함 깨달아 걸림 없는 지혜의 몸을 얻으면 땅·물·불·바람에 의한 우주의 생성과 소멸의 순환에서 벗어나게 됨을 이렇게 말한다.

비유하면 세계가 이루어지고 없어지나
저 허공에는 늘고 줆이 없음과 같이
온갖 모든 붇다께서 세간에 나오심은
보디의 한 모습이라 늘 모습이 없네.

譬如世界有成敗　而於虛空不增減
一切諸佛出世間　菩提一相恒無相

「세주묘엄품」 또한 이렇게 가르친다.

지혜는 허공과 같아 끝이 없으며
법의 몸은 넓고 커서 사의할 수 없네.
그러므로 바르게 깨치신 여래
시방에 자재하게 출현하시니
여기에서 불꽃같은 눈 하늘신은
법의 진실 잘 살펴보게 되었네.

智慧如空無有邊　法身廣大不思議
是故十方皆出現　焰目於此能觀察

화엄의 가르침은 물질운동의 나되 남이 없는 실상을 온전히 체현한 지혜
가, 여래의 자비와 지혜의 몸이라 중생이 여래의 지혜의 몸에 나아갈 때 우
주의 생성과 소멸의 순환에서 벗어날 수 있음을 가르친다.

그렇다면 수트라의 가르침대로 영겁으로 돌아오는 생성과 파멸의 굴레
에서 벗어난 삶의 길은 어떤 것인가. 옛 선사[大慧]의 한 노래를 들어보자.

빠른 매는 울타리 속 토끼를 잡지 않고
사나운 범은 끝내 엎드린 고기 먹지 않네.
털끝의 별이 북두 앞에 나타나니
하늘 빗장 땅의 굴대 잡아서 끊네.

俊鷂不打籬邊兎　猛虎終不食伏肉
毛頭星現北斗前　把斷天關幷地軸

2 마이트레야의 새로운 세상

1. 중생인 아지타의 투시타하늘에의 왕생과 성불

마이트레야(Maitreya, 彌勒)와 마이트레야가 여는 새로운 세상은 어떤 것인가.

마이트레야는 붇다 당시 아지타(Ajīta)라는 수행자의 어릴 때 이름이자, 그에게 주신 언약의 이름이다. 그는 한낱 범부 비구의 사람이었지만 여래의 법에 바른 믿음을 내고 착한 업을 잘 닦아 여래로부터 '투시타하늘에 날 것이다'라 언약 받고, 뒷세상 마이트레야 붇다가 되어 '이 세상에 다시 오시리라' 언약된 사람이다.

마이트레야는 구체적인 현실역사 속 인간이되 미망을 돌이켜 해탈의 실천에 나아가는 온갖 중생의 대명사이다.

온갖 중생은 본래 니르바나되어 있는 해탈의 땅에서 본래 없는 거짓과 헛것을 붙들고 스스로 미혹과 고통의 삶을 살고 있다. 그러므로 중생이 미망을 돌이켜 보디에 나아가면 그 누구라도 반드시 본래 니르바나되어 있는 삶의 진실을 회복해 해탈의 사람이 된다.

마이트레야의 뒷세상 붇다됨의 언약은 지금 보디에 돌아갈 결단을 일으킨 온갖 중생에 대한 언약이다. 마이트레야의 세상 또한 마찬가지다.

세계의 모습은 나와 내 것이 공하고 나고 죽음이 공하여 본래 해탈되어 있고 본래 막힘과 걸림이 없는 법계이다. 다만 중생 스스로 걸림 없는 법계 가운데 나와 내 것을 두어 탐욕을 내고 미움을 일으켜 서로 빼앗고 서로가 서로를 해쳐 나와 너, 이것과 저것이 대립하고 갈등하는 모순의 역사를 만들어간다.

자각한 인간이 바른 믿음을 내 나눔과 베풂의 착한 업과 자비와 지혜의 업을 일으켜서 세간의 대립과 갈등을 대립 아닌 대립으로 돌이키면 모순과 대립의 역사는 해탈의 역사로 바뀐다.

마이트레야의 세상 또한 본래 해탈되어 있는 걸림 없는 법계의 진실이, 삶 주체들의 창조적인 실천행을 통해 다툼이 없고 궁핍이 없는 역사공동체의 구체적인 해탈의 모습으로 다시 실현된 것이다.

그러므로 마이트레야와 마이트레야의 세상은 멀리 있되 여기 있고, 먼 뒷날이되 늘 지금이다.

'마이트레야에 관한 경'은 동아시아 불교권에서 『미륵상생경』(彌勒上生經) · 『미륵하생경』(彌勒下生經) · 『미륵성불경』(彌勒成佛經)의 세 가지 경이 함께 묶여 '미륵삼부경'(彌勒三部經)이라는 이름으로 유통되고 있다.

첫째, 『미륵상생경』은 갖춰진 이름이 '마이트레야 보디사트바가 투시타하늘에 가서 태어남을 살피도록 붇다께서 말씀하신 경'[佛說觀彌勒菩薩上生兜率天經]이다. 곧 붇다 당시 한 수행자로 머물러 있던 마이트레야가 앞으로 십이 년 뒤 목숨 마치고 투시타하늘에 날 것을 언약한다.

이 경에서는 마이트레야가 태어날 하늘의 장엄한 모습과 하늘사람의 모습을 보이고, 누구나 열 가지 착한 업을 닦고 그 세계에 가서 날 것을 발원하면 투시타하늘 마이트레야 있는 곳에 가서 나게 됨을 보이고 있다.

이 경에 관해서는 우리불교 원효성사(元曉聖師)의 『미륵상생경종요』(彌勒上生經宗要)가 남아 있다.

미륵삼부경의 다른 두 경은 모두 아함경에 실린 것으로, 하나는 『미륵성불경』이고, 또 하나는 『미륵하생경』이다.

『미륵성불경』의 갖춰진 이름이 '마이트레야가 뒤에 성불할 것을 붇다께서 말씀하신 경'[佛說彌勒大成佛經]으로 장아함경에 실려 있다.

『미륵하생경』은 갖춰진 이름이 '마이트레야 보디사트바가 이 세상에 내려올 것을 살피도록 붇다께서 말씀하신 경'[佛說觀彌勒菩薩下生經]으로 증일아함경에 실려 있다.

본 '아함전서'의 편집에서 이 증일아함경이 앞으로 올 '마이트레야의 세상'에 대한 주된 가르침을 보이고 있다.

『미륵성불경』과 『미륵하생경』이 모두 마이트레야가 이 세상에 내려와 성불하고 마이트레야의 설법 듣고 뭇 중생이 함께 해탈할 것을 언약하고 있다.

본 아함전서에서는 증일아함경의 『미륵하생경』만 수록하고 장아함경의 『미륵성불경』은 수록하지 않되 그 가운데 마이트레야에 관한 다른 경을 수록하였다.

『미륵성불경』과 『미륵하생경』에 관해서는 우리불교 신라 경흥법사(憬興法師)의 『성불경소』(成佛經疏)와 『하생경소』(下生經疏)가 남아 있다.

세 경이 모두 아직 번뇌와 탐욕을 다 끊지 못한 마이트레야가 여래로부터 투시타하늘에 날 것을 언약 받고, 투시타하늘에 머물다 다시 이 탐욕의 세간에 돌아와 위없는 보디를 완성하고 새로운 세상을 열어낸다는 기본 내용을 말하고 있다.

마이트레야가 투시타하늘에 가서 나는 것[往生]은 다음과 같은 우팔리 존자의 물음에 대한 여래의 응답 형식으로 설해지고 있다.

『미륵성불경』은 말한다.

그때 우팔리가 곧 자리에서 일어나 붇다의 발에 머리를 대 절하고 붇다께 말씀드렸다.

"세존이시여, 세존께서는 지난 옛날 비나야장과 수트라장 가운데서 아지타가 다음에 반드시 붇다가 되리라고 말씀하셨습니다. 그런데 이 아지타는 범부의 몸을 갖추어 아직 여러 번뇌의 흐름을 끊지 못하였는데, 이 사람이 목숨 마치면 어느 곳에 나게 됩니까.

그 사람이 지금 비록 집을 나와 사문이 되었으나 선정을 닦지 않고 번뇌를 끊지 못했는데 붇다께서는 이 사람이 붇다 이룸에 의심할 것이 없다고 언약하시니, 이 사람은 목숨 마치면 어느 국토에 태어납니까."

이 물음을 통해 미래의 마이트레야 붇다로 언약을 받은 아지타는 비록 출가해 비구가 되었으나 선정을 얻지 못하고 번뇌를 끊지 못한 범부승(凡夫僧)임을 알 수 있다. 그런데 붇다께서 이 범부인 아지타가 투시타하늘에 왕생하고 오십육억 칠천만 년 뒤 이 사바세계에 돌아와 마이트레야 붇다가 되고 새 세상을 열게 될 것이라 언약하신 것이다.

이 언약은 무엇을 뜻할까.

범부승 아지타가 태어날 투시타하늘은 욕계의 하늘이라 아직 번뇌의 흐름이 있고 남녀의 애욕이 있는 세상이다. 그러나 그곳은 늘 대중이 모여 진리를 설하고 들으며 공덕의 물이 넘치고 보배궁전이 화려한 세상으로 표현되어 있다.

그러므로 붓다의 아지타에 대한 언약은 지금 비록 번뇌가 다하지 못했지만 크나큰 믿음과 원력으로 보디의 길을 결단하면 다시 저 탐욕의 구렁텅이 어두움의 길에 빠지지 않음을 언약하신 것이다. 그리하여 다시 어두움에 빠짐이 없이 보디를 이룰 실천의 조건이 갖춰진 보다 높은 세계에 가서 지금의 믿음을 딛고 더욱 물러섬 없이 정진하여 끝내 보디를 완성하게 됨을 언약하신 것이다.

이는 지금 보디를 이루지 못한 자, 아직 깊은 사마디를 성취하지 못한 자, 진리에 믿음을 냈지만 아직 갈등과 회의가 다하지 못한 자에 대한 여래의 희망의 약속이다.

그러므로 마이트레야의 투시타하늘의 왕생과 미래 성불에 대한 언약은 마이트레야에게만 주신 것이 아니라, 겨우 진리의 문에 들어섰으나 아직 갈등하고 회의하며 번뇌의 불길이 다하지 못한 자들에 대한 여래의 해탈의 약속이다.

곧 범부승 아지타에 대한 미래의 해탈 약속은 바로 지금 오늘의 삶 속에 번뇌하고 갈등하는 우리들 중생에 대한 언약이다.

중생의 번뇌와 미혹이 공한 줄 알면 중생은 중생이 아니라 여래장(如來藏)인 중생이고 보디인 중생[bodhisattva]이다. 그러므로 마이트레야에 대한 여래의 약속은 중생이 중생이 아니라 중생이 보디인

사트바로서 중생임을 우리들 중생에게 깨우쳐주는 여래의 자비한 언약이다.

『미륵상생경』에서 성불을 언약 받은 마이트레야는 우리 중생과 똑같이 세상에 태어나 살았던 구체적 역사 속의 인간이다. 마이트레야는 바라나 국 겁파리 마을 바바라 브라마나의 집안에 태어난 사람으로 경은 기록하고 있다. 여래께서 성불언약의 경을 설하실 때부터 십이 년 뒤 이월 십오일이 되면 고향 겁파리 마을에 돌아가 선정에 들어 이 세상의 목숨을 마치고 투시타하늘에 난다고 말하고 있다.

경은 이 마이트레야가 투시타하늘에 나서 머물다, 중생 아닌 보디사트바로서 중생의 모습을 나타내 '이 세간에 다시 온다'고 표현하고 있다.

이는 바로 중생이 중생 아니라 보디인 중생이며 보디인 중생은 중생이 아니되 중생 아님도 아님을 그대로 보이고 있는 것이다.

원효는 『미륵상생경종요』에서 이렇게 말한다.

다음으로 마이트레야가 몸을 내신 곳[生身處所]을 밝힘이다.

경 따라 나신 곳 말씀하심이 다르다.

『화엄경』(「입법계품」) 가운데서는 '마이트레야 보디사트바'가 선재 어린이[善財童子]에게 이렇게 말했다.

"나는 이 잠부드비파 남쪽 세계 마리 국 안의 구티 마을[拘提聚落] 브라마나 종족 집안 가운데서 났다. 이는 브라마나의 교만한 마음을 없애기 위해서이고 어버이와 친족을 교화해 건네주기 위함이다.

여기에서 목숨 마치고 투시타하늘에 나는 것은 저 여러 하늘대중들을 교화해 건네주려고 하기 때문이다."

『현우경』(賢愚經) 제십이권에는 이렇게 말하고 있다.

"그때 바라나 왕은 이름을 파라미타라 하였다. 왕에게는 재상이 있어서 한 사내아이를 낳았다.

그 아이가 뭇 좋은 서른두 모습이 갖추어져 있어서 재상이 더욱 기뻐 곧 관상가를 불러 점치게 해 그로 인해 이름을 세웠다.

관상가가 물었다.

'나서부터 어떤 기이한 일이 있었습니까.'

재상이 대답했다.

'그 어머니가 타고난 성품이 착하지 못했는데 아이를 배고부터 괴로움과 어려움에 빠진 이들을 슬피 여기고 여러 사람들을 사랑으로 윤택케 하였소.'

관상가가 기뻐하면서 말했다.

'이것이 아이의 뜻입니다.'

그래서 그 때문에 이름을 세워 마이트레야(Maitreya, 사랑하는 이)라 하였다. 그 아이의 이름이 빼어나 여러 사람들이 듣게 되자 왕이 듣고서 두려움을 품고 말했다.

'지금 이 어린아이의 이름과 모습이 드러나게 아름답다. 만약 높은 덕까지 있게 되면 반드시 나의 자리를 빼앗을 것이다. 차라리 더 자라기 전에 미리 없애버리자.'

이렇게 계략을 짜서 그 재상에게 분부했다.

'그대에게 아들이 있어서 얼굴 모습이 기이하다고 들었는데 그대가 데려올 수 있겠소. 내가 한번 보려 하오.'

그 아이에게 외삼촌이 있어서 바바리라 하였는데 바리부라 국에 살면서 그 나라의 스승이었다.

　그때 재상은 그 아들을 슬피 여기고 아들이 얼굴에 상처받는 것을 두려워해 가만히 계책을 꾸미어 몰래 사람과 수레를 보내 그 외삼촌에게 아이를 보내 기르게 하였다.”

　이렇게 널리 말하고 있다.

『현우경』에서는 바라나 국의 재상이 아들을 낳았다 하고, 지금 이 『미륵상생경』은 ‘바라나 국의 겁파리 마을 큰 브라마나 집안이 본래 난 곳이다’라고 하였다.

　또 『화엄경』은 마리 국의 구티 마을 브라마나 집안에서 났다고 하였다. 그렇다면 이 세 경의 말씀을 어떻게 서로 이해할 것인가.

　원효는 이렇게 풀이해 말한다.

　“뒤의 두 경의 글은 글이 다르나 뜻은 같다. 그 까닭은 이렇다.

　『현우경』의 뜻은 아버지에 부쳐 태어남을 나타내므로 ‘재상이 한 아들을 나았다’고 말했으니, 이것은 그 난 곳을 바로 보인 것은 아니다.

　『미륵상생경』의 글은 그 글이 바로 난 곳을 밝히고 있다. 그 나라의 법은 아내가 아이를 배면 친정 본집에 돌아가 아이를 낳는데 친정 본집은 겁파리 마을에 있었다.

　그러므로 이 두 경의 글이 서로 어긋나지 않음을 알 수 있다.

　『화엄경』의 뜻은 성인이 곳[處] 달리함을 따로 나타낸 것이다. 크신 성인이 몸을 나눔은 중생의 기틀을 따라 달리 보이고 곳곳에 달리 태어나는 것이니 괴이하게 여길 것이 못 된다.

이런 도리로 말미암아 세 경의 글이 서로 어긋나 등짐이 아닌 것이다."

2. 마이트레야의 세 경에 관한 대승·소승 논쟁

마이트레야에 관한 경은 세 경이 묶여 '삼부경'으로 유통된다. 그 가운데 마이트레야가 이 사바세계에 다시 돌아와 보디를 성취하고 용화(龍華)의 새로운 세상을 열게 됨을 말하는『미륵성불경』과『미륵하생경』은 장아함과 증일아함의 경이다.

그에 비해 마이트레야의 투시타하늘의 왕생을 언약한『미륵상생경』에는 아함경 이후에 편집된 대승경전의 술어들이 등장한다.

그래서 중국교판사상의 경전구분법으로 보면 아함에 속한 두 경은 소승(小乘, hīna-yāna),『미륵상생경』은 대승(大乘, mahāyāna)으로 분류된다.

『미륵상생경종요』를 쓴 원효의 경전해석 또한 동아시아 불교의 교판사상에서 자유롭지는 못하다.

여기서 교판불교의 소승·대승 개념을 살펴보자. 소승이란 말은 보디사트바의 실천의 수레[菩薩乘]가 바로 붇다의 뜻이라고 믿는 수행자들이 기존 부파불교의 유아론적이고 출가중심주의적 불교관을 소승이라고 비판한 뜻이다.

이렇게 보면 아함의 가르침을 그릇 이해한 부파의 사문집단이 소승으로 비판받은 것이지 아함을 통해 편집된 붇다의 원론적 교설 자체가 소승인 것은 아니다.

『미륵상생경』에서는 지금 번뇌를 끊지 못한 아지타가 투시타하늘에 나서 보디사트바가 된다고 말하고, 소승으로 분류된『미륵하생경』과 『미륵성불경』에서는 그 보디사트바가 이 세간에 돌아와 스스로 보디를 완성하고 뭇 삶들을 해탈시키며, 이 세간을 정토의 세상이 되게 한다고 가르친다.

지금 진리에 믿음을 일으킨 뭇 삶들을 새로운 정토의 땅에서 모두 해탈시킨다는 이 『미륵하생경』의 가르침이 바로 해탈을 역사와 사회 속에 보편화시키는 여래의 뜻이고 마하야나이다.

또 『미륵상생경』에서 마이트레야가 번뇌를 끊지 않고도 투시타하늘에 나고 보디사트바가 된다는 것은 『법화경』과 『비말라키르티수트라』에서 강조하고 있는 뜻과 같다.

두 경에서는 번뇌의 실상밖에 보디가 없음을 '중생의 번뇌를 끊지 않고 여섯 아는 뿌리를 청정케 하고[不斷煩惱 淨諸六根] 탐욕을 끊지 않고 보디를 이룬다'고 가르치고 있다.

세 경이 비록 형식적 교판사상으로 보면 소승·대승으로 구분되나 그 뜻은 다르지 않으니, 원효의 『미륵상생경종요』의 풀이를 살펴보자.

다음으로 네 번째 『미륵상생경』·『미륵성불경』·『미륵하생경』 세 경의 같음과 다름을 밝힌다.

『미륵상생경』·『미륵하생경』·『미륵성불경』은 서로 바라보아 간략히 세 가지 같음과 다름이 있다.

첫째 행하는 것에 같음과 다름[所行同異]이고, 둘째 말로 보임에 같음과 다름[所說同異]이며, 셋째 가르침의 거두어짐에 같음과 다름[所攝同異]이다.

먼저, 행하는 것에 같음과 다름이란 관행[觀]을 닦는 것이다.

닦는 사람에 세 단계[三品]가 있다.

맨 윗단계 사람[上品之人]은 붇다를 살피는 사마디[觀佛三昧]를 닦거나 참회하는 행법[懺悔行法]을 인해 현재의 몸으로 마이트레야를 볼 수 있음이니, 그 마음의 낮고 못함을 따라 마이트레야 몸의 크고 작음을 보게 된다.

이런 사람은 '붇다를 살피는 사마디의 경'[觀佛三昧經]이나 『대방등다라니경』(大方等陀羅尼經)에서 말함과 같다.

가운데 단계 사람[中品人]은 붇다를 살피는 사마디를 닦거나 여러 깨끗한 업을 지어, 이 몸을 버리고 투시타하늘에 나서 마이트레야를 뵙고 물러섬이 없는 지위에 이르름이다.

그러므로 이 사람에 대해서 『미륵상생경』에서 말하고 있는 것이다.

낮은 단계의 사람[下品之人]은 보시와 계율 등 갖가지 착한 업을 닦고 이 업에 의지해 원을 일으켜[發願] 마이트레야 뵙기를 바라면 이 몸을 버린 뒤 업을 따라 태어남을 받게 된다.

그러고서 마이트레야가 '보디의 도'[菩提道]를 이룰 때 반드시 마이트레야 세존께서 세 번의 법회 설법으로 건네줌을 보게 되는 것이다. 이 『미륵하생경』과 『미륵성불경』에서 말한 바와 같다.

이것이 곧 『미륵상생경』에서 행하는 것은 가운데 단계 사람이 되고, 다른 두 경의 행하는 것은 낮은 단계 사람이 되는 것이다.

둘째, 말로 보임에 같음과 다름이 있는 것은 다음과 같다.

『미륵상생경』에서 말씀하신 것[上生所說]은 바로 하늘의 과보가 보디사트바의 공덕에 응함을 말씀하신 것이다. 다른 두 경은 사람의 과보에 의해서 붇다의 도 이루는 등의 모습을 말씀한 것이다.

이 『미륵상생경』과 뒤의 두 경은 서로 넓히고 줄임이 있으나 그 말씀하신 이치의 큰 뜻은 같은 것이다.

셋째, 가르침이 거두어짐에 같음과 다름이 있는 것은 다음과 같다.

『미륵상생경』은 보살장(菩薩藏, bodhisattva-piṭaka)에 거두어지니 그 뜻은 앞에서 말한 것과 같다.

다른 두 경은 성문장(聲聞藏, śrāvaka-piṭaka)에 거두어진다. 그 까닭은 『미륵성불경』은 장아함경에 나오고 『미륵하생경』의 글은 깊고 얕음이 있지만 『미륵성불경』과 다르지 않기 때문이다.

또 두 경이 도를 이룸을 말하지만, 아직 응해 나타남[應現]을 밝히지 않고 경을 의지해 얻는 해탈의 이익이 소승의 과덕을 얻기 때문이다. 이로써 두 경이 보살장이 아님을 알 수 있다.

그러나 옷을 꿰맬 때에 짧은 바늘이 필요하고 비록 긴 창이 있어도 쓸모가 없으며, 비오는 날 비를 피할 때 작은 우산이 필요하고 하늘 덮는 일산은 구할 것이 없는 것이다.

그러므로 작은 것을 가볍게 여겨서는 안 되니, 그 중생의 근기와 성질에 따라 크고 작은 것이 다 보배가 되는 것이다.

원효의 세 경에 대한 회통이 참으로 시원스럽다.

붓다의 가르침은 그 맛과 뜻이 하나이지만 경 따라 중생의 근기와 성질의 마땅함에 따라 가르침의 크고 작음, 넓힘과 좁힘을 분별해 설하신다.

가장 높은 근기의 사람은 지금 현재의 생각 현재의 몸에서 바로 나의 진실과 마이트레야의 진실이 둘 아닌 실상을 바로 살펴, 중생의 망념 속에서 보디사트바의 공덕을 실현한다.

가운데 근기는 착한 업과 파라미타의 행을 닦아 투시타하늘에 태어나 하늘의 과보를 통해 보디사트바의 공덕을 이룬다.

가장 낮은 근기는 비록 착한 업과 파라미타의 행을 닦고도 하늘에 날 복된 과보를 이루지 못하고 사람의 몸으로 윤회해도, 지금의 믿음과 서원 파라미타의 행으로 끝내 마이트레야의 세상에서 사람의 몸으로 보디사트바의 공덕을 이룬다.

이처럼 『미륵하생경』은 비록 사람의 몸으로 깨끗한 믿음과 서원의 마음을 냈지만 온갖 하늘에 나지 못한 못난 중생이나 윤회의 고통을 벗어나지 못한 중생도, 이 고난의 인간역사 속에서 마이트레야의 세상을 만나 모두다 해탈하게 됨을 가르치고 있다.

이 『미륵하생경』의 가르침 속에 대승의 큰 뜻이 있으니, 큰 가르침과 작은 가르침을 언어의 형식으로 구분할 것이 있는가.

비오는 날 작은 우산으로 비를 피하는 것이 급할 뿐, 하늘을 가릴 큰 일산을 찾다가 비에 젖는 어리석음을 범해서는 안 될 것이다.

가장 낮은 중생, 저 하늘에 날 복이 없는 못난 중생에게 해탈의 세상과 해탈의 과덕을 언약한 아함의 이 가르침에, 온갖 중생을 모두 싣고 저 언덕에 이르려는 여래의 크나큰 진리의 수레[mahāyāna, 大乘] 그 뜻이 온전히 다 드러나 있다.

3. 중생과 세계의 자기실현으로서 마이트레야의 세상

마이트레야는 지금 비록 번뇌를 다하지 못한 범부이지만 투시타하늘에 올라 보디사트바의 몸으로 머물다 다시 인간 세상에 돌아와 보디를 성취하고 죽임과 다툼, 서로 빼앗음의 현실역사를 평화와 번영의 해탈세계로 만든다.

그 마이트레야란 누구인가. 바로 중생의 자기얼굴이다. 중생은 본래 해탈된 법계의 존재로서 중생 아니지만, 또한 지금 고통과 시련의 역사 속에 중생으로 살아가고 있다. 그 중생이 본래 니르바나되어 있는 중생과 세계의 자기실상을 새롭게 실현하는 모습이 마이트레야와 마이트레야의 세상이다.

그러므로 마이트레야의 세상은 안이 아니고 밖이 아니되 안을 떠나지 않고 밖을 떠나지 않으며, 지금이 아니되 지금을 떠나지 않고 먼 미래이되 늘 지금인 해탈의 세계이다.

마이트레야의 세상은 안을 떠나지 않지만 정신의 자유만을 말하는 관념의 왕국이 아니며, 밖을 떠나지 않지만 물질의 혁명만으로 이루어질 물질의 왕국이 아니다.

마음이 아니되 마음의 해탈 아님도 아니고, 물질이 아니되 물질의 해탈 아님도 아니며, 지금이 아니되 지금 아님도 아닌 마이트레야의 세상은 어떤 것인가.

원효의 『미륵상생경종요』의 맨 첫머리 경의 대의(大意)를 밝히는 곳에 '중생이 아니되 중생 아님도 아니고 마음과 물질이 아니되 마음과 물질 아님도 아닌 마이트레야의 사람됨'을 밝힌 글을 우리말로 옮김으로써 그 물음의 답을 대신하려 한다.

원효는 이렇게 말한다.

맨 처음은 경의 큰 뜻을 말하는 것이다.
들어보면 마이트레야 보디사트바의 사람됨은 다음과 같다.

멀고 가까움을 헤아릴 수 없고 깊고 얕음을 잴 수 없어서 비롯함도 없고 마침도 없으며 마음도 아니고 물질도 아니니, 하늘땅도 그 공(功)을 실을 수 없고 우주도 그 덕(德)을 담을 수 없다.

여덟 성인[八聖]이 그 자재한 바뀜[遞]을 엿보지 못하고 일곱 가지 말재간[七辯]이 그 지극해 모습 없음[極]을 말하지 못해, 고요하고 고요하며 그윽하고 그윽하여 말도 아니고 말 없음도 아닌 분이로다. 그러나 두루할 수 없는 산의 높음도 그 발자취가 밟을 수 있고, 아침에서 밤까지 들어가야 할 못의 깊음도 그 부지런함이 거쳐갈 수 있는 것이다.

이로써 지극한 사람의 참으로 아득하고 그윽함에도 오히려 찾아갈 발자취가 있으며, 깊은 덕의 멀고 넓음에도 건널 수 있는 행이 없지 않음을 알 수 있는 것이다.

지금 시작하는 가까운 발자취[近蹤]의 부지런히 행함[跡彊]을 따라, 비롯하여 마치게 되는 먼 길[始終之遠趣]을 참으로 말해보자.

그 비롯함[始]을 말한다면 다음과 같다.

자비선정[慈定]의 밝은 빛을 느끼어 받아 중생을 널리 건지려는 보디의 마음을 내는 것이다. 그리하여 여덟 해탈[八解脫]의 맑게 흐르는 물에 몸을 씻고, 일곱 갈래 깨달음법[七覺支]의 동산에서 노닐어 쉬며, 네 가지 한량없는 마음으로 네 가지 삶들을 평등하게 적셔주며, 세 가지 밝은 지혜로 삼계의 중생을 밝게 이끌어주는 것이다.

그 마침[終]을 말해보면 다음과 같다.

법의 구름[法雲]으로 괴로움의 바다를 건너고, 기나긴 꿈[長夢]에서 평등한 깨달음[等覺]을 일으키며, 지혜의 장애와 번뇌의 장애 두 막힘[二障]의 겹친 어두움을 없앤다.

그리하여 네 지혜[四智]의 밝은 거울을 비치며, 여섯 신통[六通]의 진실한 수레를 타고, 여덟 방위의 끝[八極] 넓은 들판을 노닐어 다니시니, 천 가지로 응하고 만 가지로 변하는 방편의 일이 어찌 백억의 세계에 그칠 뿐이겠는가.

지금 이 수트라(sūtra, 經)는 지극한 사람이 하늘에 드리운 묘한 자취[垂天之妙迹]를 간략히 찬탄하고 중생[物]이 비파사나[觀]를 닦도록 권하는 참된 경전[眞典]이다.

원효의 위 풀이를 다시 살펴보자. 마이트레야가 걷는 보디의 발걸음 첫 모습은 어떤 것인가. 마이트레야는 마음도 공하고 물질세계도 공한 진여의 땅에서 보디의 마음을 일으켜 처음 성문승의 모습으로, 일곱 갈래 깨달음 법과 네 가지 선정의 법으로 보디사트바의 몸을 이루어 중생을 이끄신다. 그리하여 등각(等覺)의 깨달음으로 여섯 가지 신통을 나투어 시방 법계에 자재히 변화의 몸을 나투시고, 오는 세상 정토의 땅을 열어 한량없는 중생을 그 땅에 거두심으로 보디의 여정에 마침을 삼는다.

그러나 『법화경』의 가르침으로 보면 사카무니 붇다가 금생 마가다 국 보디 나무에서 깨달음을 이루었지만, 본래 갖춘 깨달음에서 보면 사카무니는 보디 나무 아래서 새로 보디 이룬 것이 아닌 것이다. 그 뜻으로 보면 아지타 비구에게 언약 주신 사카 붇다가 빠르지 않고 사카무니로부터 언약 받은 마이트레야가 늦은 것이 아니다.

원효 또한 이렇게 말한다.

『법화경』(「여래수량품」)에서는 '내가 실로 붇다 이룬 지는 한량없고 셀 수 없고 끝없는 백천만억 나유타 겁이었다'고 말씀하고, 또 널리 말했다[廣說].

이 가르침을 살펴서 말한다면, 사카무니께서 보디의 과덕 증득한 것은 오래됨[久]이 있고 가까움[近]이 있는 것이니, 마이트레야의 보디의 도 이룸도 그 보기가 또한 그래야 하는 것이다.

참으로 많이들 바탕의 진리를 같이해서 하나의 자취 드리웠음[本共垂一迹]을 말미암아 말을 달리한 것[異言]이라, 모두 진실하지 않음이 없는 것이다. 이런 도리 때문에 서로 어긋나지 않은 것이다.

이렇게 보면 마이트레야보다 아홉 겁을 먼저 보디 이룬 사카무니가 앞이 아니고 뒤에 보디 이룰 마이트레야가 뒤가 아니다. 법계의 진리처에서 자취 드리움이 차별되므로 다름을 말한 것이다. 법계진리의 땅에서 이미 보디 이룬 마이트레야가 법계 그대로의 원[稱法界願]으로 범부승 아지타로 와서 하늘몸이 되었다가 법계의 진리를 떠남이 없이 마이트레야로 다시 오심이리라.

옛 조사[布袋和尙]는 이렇게 노래한다.

마이트레야 참된 마이트레야여
몸을 천백억으로 나누시도다.
때때로 그때 사람에게 보이지만
그때 사람들이 모두 알지 못하네.

彌勒眞彌勒　分身千百億
時時示時人　時人自不識

마을과 나라가 서로 어울려 하나될 때
마이트레야가 세상에 오시리라

이와 같이 내가 들었다.

한때 분다께서는 마투라 국 사람 사이에 노니시다가 천이백 비구들과 같이 차츰 마루국(摩樓國)에 이르셨다. 그때 세존은 여러 비구들에게 말씀하셨다.

"너희들은 스스로를 등불로 삼고 법을 등불로 삼아 다른 것을 등불로 삼지 말라.

스스로에 귀의하고 법에 귀의하여 다른 곳에 귀의하지 말라.

어떤 것을 '비구가 스스로를 등불로 삼고 법을 등불로 삼아 다른 것을 등불로 삼지 않으며, 스스로에 귀의하고 법에 귀의하여 다른 곳에 귀의하지 않는다'고 하는 것인가. 이렇게 말할 수 있다.

비구는 안의 몸[內身]에서 몸을 살펴 부지런히 힘써 게으르지 않고, 기억해 생각하여 잊지 않으며, 세간의 탐욕과 근심을 없앤다. 바깥 몸[外身]에서 몸을 살피고 안팎의 몸[內外身]에서 몸을 살펴 부지런히 힘써 게으르지 않고, 기억해 생각하여 잊지 않으며, 세간의 탐욕과 근심을 없앤다.

느낌[受]과 뜻[意]과 법(法)을 살핌 또한 이와 같이 한다.

이것을 '비구가 스스로를 등불로 삼고 법을 등불로 삼아 다른 것을 등불로 삼지 않으며, 스스로에 귀의하고 법에 귀의하여 다른 곳에 귀의하지 않는다'고 하는 것이다."

과거 전륜성왕을 본보기로 들어 바른 행을 말씀하심

"이와 같이 행하는 자는 마라도 어지럽히지 못해 공덕은 날로 늘어난다. 무슨 까닭인가.

지나간 오래고 먼 세상 왕이 있었는데, '굳센 생각'[堅固念]이라고 이름하였다. 그는 정수리에 물을 부어 왕이 되는 크샤트리아 종족이었다. 그는 전륜성왕이 되어 네 천하를 다스리고 있었다.

때에 왕은 자재하게 법으로써 다스리고 교화하여 사람 가운데 뛰어나 일곱 가지 보배를 갖추었다.

일곱 가지 보배는 첫째 금수레바퀴 보배, 둘째 흰 코끼리 보배, 셋째 검푸른 말 보배, 넷째 신묘한 구슬 보배, 다섯째 아름다운 여인 보배, 여섯째 거사 보배, 일곱째 군대를 주관하는 보배이다.

그는 천 명의 아들을 갖추었는데 아들들은 용맹하고 건장하며 원수와 도적을 항복받아 무기를 쓰지 않고도 저절로 태평했다.

'굳센 생각 왕'이 이미 오래도록 세상을 다스렸을 때에 금수레바퀴 보배는 곧 허공에서 갑자기 본래 자리를 떠났다. 그때 금수레바퀴 보배를 맡은 사람은 재빨리 왕에게 가서 말했다.

'대왕이여, 아셔야 합니다. 지금 금수레바퀴 보배는 본래 자리를 떠났습니다.'

때에 '굳센 생각 왕'은 그 말을 듣고 생각했다.

'내 일찍이 덕이 높은 노인에게 들은 바로는, 만약 전륜왕의 금수레바퀴 보배가 자리를 옮기면 왕의 수명은 얼마 남지 않은 것이다.

나는 성지금 이미 사람 가운데 복락을 받았다. 다시 방편을 세워 하늘의 복락을 받으리라. 반드시 태자를 세워 네 천하를 맡게 하고 따로 한 고을을 떼어 이발사에게 주고는 수염과 머리를 깎도록 한

뒤 세 가지 법의 옷[三法衣]을 입고 집을 나와 도를 닦아야겠다.'

'굳센 생각 왕'은 곧 태자에게 명령해 말했다.

'너는 아느냐. 내가 일찍이 덕이 높은 노인에게 들은 바로는, 만약 전륜성왕의 금수레바퀴 보배가 자리를 옮기면 왕의 수명은 얼마 남지 않은 것이다.

나는 지금 이미 사람 가운데 복락을 받았다. 다시 방편을 세워 하늘의 복락을 받아야 한다. 나는 이제 수염과 머리를 깎고 세 가지 법의 옷을 입고 집을 나와 도를 닦고자 한다. 네 천하를 너에게 맡긴다.

너는 스스로 힘써 백성들을 잘 거두어 사랑해야 한다.' "

전륜성왕이 왕위를 아들에게 물려주고 바른 법의 정치를 당부함

"이때에 태자가 왕의 분부를 받으니, '굳센 생각 왕'은 곧 수염과 머리를 깎고 세 가지 법의 옷을 입고 집을 나와 도를 닦았다.

왕이 집을 나온 지 이레 만에 그의 금수레바퀴 보배는 갑자기 보이지 않았다. 그 금수레바퀴 보배를 맡은 사람은 왕에게 가서 아뢰었다.

'대왕이여, 아셔야 합니다. 이제 금수레바퀴 보배가 갑자기 보이지 않습니다.'

때에 왕은 언짢아 곧 '굳센 생각 왕' 있는 곳에 갔다. 그곳에 이르러서는 곧 왕에게 말했다.

'부왕이여, 아셔야 합니다. 지금 금수레바퀴 보배가 갑자기 보이지 않습니다.'

'굳센 생각 왕'은 그 아들에게 대답했다.

'너는 근심하거나 언짢아하지 말라. 그 금수레바퀴 보배는 이 아비의 재산도 아니다. 너는 다만 거룩한 왕의 바른 법[聖王正法]을 부지런히 행하라. 바른 법을 행하고는 보름달이 밝을 때를 맞아 향탕에 목욕하고 아름다운 여인들에게 둘러싸여 바른 법의 전각 위에 오르면 금수레바퀴 보배는 저절로 나타날 것이다.

그 금수레바퀴 보배는 천 개의 바퀴살이 있어 밝은 빛과 색깔을 갖추었으니, 그것은 하늘의 장인이 만든 것으로서 이 세상에 있는 것이 아니다.'

아들은 부왕에게 말씀드렸다.

'전륜성왕의 바른 법은 어떤 것입니까. 또 어떻게 행해야 합니까.'"

왕은 아들에게 말했다.

'반드시 법에 의해 법을 세우고 법을 갖추어 그것을 공경하고 존중하라. 법을 살피고 법으로써 우두머리로 삼고 바른 법을 보살피라. 또 반드시 법으로써 모든 여인들을 가르치고 또 법으로써 보살펴주어야 한다.

그리고 여러 왕자와 대신, 모든 관리와 백성, 사문과 브라마나를 보살피고 가르쳐 깨우치라. 밑으로는 짐승에 이르기까지 다 보살펴주어야 한다.'

또 아들에게 말했다.

'또 네 나라의 구역 안에 사문이나 브라마나로서 행실이 맑고 참되고 공덕을 갖추어 정진하여 게으르지 않은 분이 있다 하자.

그는 교만을 버리고 욕됨을 참아 어질고 사랑하며, 또 홀로 고요히 스스로 닦으며 홀로 스스로 그치어 쉬며 홀로 니르바나에 이른 분일 것이다.

그는 스스로 탐욕을 버리고 남을 교화하여 탐욕을 버리게 하며,

스스로 성냄을 버리고 남을 교화하여 성내지 않게 하며, 스스로 어리석음을 버리고 남을 교화하여 어리석지 않게 할 것이다.

또 물듦에서 물들지 않고, 악에서 악하지 않으며, 어리석음에서 어리석지 않고, 집착할 만한 데도 집착하지 않으며, 머물 만한 데도 머물지 않고, 살 만한 데도 살지 않을 것이다.

또 몸의 행동이 발라 곧고, 입의 말이 발라 곧으며, 뜻의 생각이 발라 곧으며, 또 몸의 행동이 맑고 깨끗하고, 입의 말이 맑고 깨끗하며, 뜻의 생각이 맑고 깨끗하며, 바른 생각은 맑고 깨끗할 것이다.

어짊과 지혜[仁慧]에 싫증냄이 없으며, 옷과 밥에는 만족할 줄 알고, 발우를 가지고 밥을 빌어 그로써 중생을 복되게 하는 사람일 것이다. 이런 사람이 계신다 하자. 그러면 너는 반드시 자주자주 찾아가 때를 따라 이렇게 물어야 한다.

'무릇 닦아 행함에서 어떤 것이 착하며 어떤 것이 악합니까. 어떤 것이 범하는 것이고 어떤 것이 범하지 않는 것입니까.

어떤 것이 가까이할 만하고 어떤 것이 가까이하지 않아야 합니까.

어떤 것은 지어야 하고 어떤 것은 짓지 않아야 합니까. 또 어떤 법을 베풀어 행하면 기나긴 밤에 즐거움을 받습니까.'

너는 이렇게 묻고 나서 뜻으로 살펴 행해야 할 것은 곧 행하고 버려야 할 것은 곧 버려야 한다.

또 나라에 외로운 이와 노인이 있거든 필요한 것을 대주어 건져주고 가난하여 살기 힘든 사람이 와서 달라는 것은 부디 거스르지 말라 [愼勿違逆].

또 나라에 좋은 법이 있거든 너는 그것을 함부로 고치지 말라.

이런 것들이 전륜성왕이 닦아 행해야 할 법이다.

너는 받들어 행해야 한다.”

왕위를 물려받은 아들 또한 바른 정치로
금수레바퀴의 보배를 성취함

붇다께서는 여러 비구들에게 말씀하셨다.

“그때 전륜성왕은 아버지의 분부를 받고 그 말대로 닦아 행했다. 뒤에 보름달이 밝을 때를 맞아 향탕에 목욕하고 높은 전각에 올라 아름다운 여인들이 둘러싸고 있을 때 금수레바퀴 보배가 저절로 갑자기 나타나 앞에 있었다.

그 금수레바퀴 보배는 천 개의 바퀴살이 있어 밝은 빛과 색깔을 갖추고 있었다.

그것은 하늘의 장인이 만든 것으로서 이 세상에 있는 것이 아니었다. 순금으로 이루어진 바퀴의 지름은 열네 자였다.

때에 전륜성왕은 잠자코 스스로 생각했다.

‘내가 일찍이 덕이 높은 노인에게서 들은 바로는 다음과 같다.

만약 정수리에 물을 부은 크샤트리아 종족의 왕이 보름달이 밝을 때 향탕에 목욕하고 높은 전각에 오르면 아름다운 여인들이 둘러싼다.

그때에 금수레바퀴 보배가 저절로 갑자기 앞에 나타난다. 바퀴에는 천 개의 바퀴살이 있어 밝은 빛과 색깔을 갖추고 있다.

그것은 하늘의 장인이 만든 것으로서 이 세상에 있는 것이 아니다. 순금으로 된 바퀴의 지름은 열네 자이다. 이와 같이 되는 것을 전륜성왕이라 이름한다.’

지금 이 수레바퀴가 나타나는 것도 이런 일이 아닌가. 이제 나는 이 금수레바퀴 보배를 시험해보리라.

전륜성왕은 곧 네 군대를 부르고 금수레바퀴 보배를 향해 오른쪽 어깨를 드러내고 오른쪽 무릎을 땅에 붙이고 다시 오른손으로 금수레바퀴를 어루만지면서 말했다.

'너는 동방을 향해 법대로 굴러 항상한 법칙을 어기지 말라.'

수레바퀴는 곧 동으로 굴렀다. 때에 왕은 곧 네 군대를 거느리고 그 뒤를 따랐다. 금수레바퀴 보배의 앞에는 네 신[四神]이 있어 이끌었다.

금수레바퀴 보배가 멈추는 곳에서는 왕도 곧 수레를 멈추었다.

그때에 동방의 모든 작은 나라 왕들은 이 대왕이 오는 것을 보고 금발우에는 은조를 담고 은발우에는 금조를 담아 왕에게 와서 머리를 숙여 절하고 말하였다.

'잘 오셨습니다, 대왕이여. 이제 이 동방의 땅은 풍요롭고 즐거우며 백성들은 불꽃같이 일어날 것입니다.

그들은 성품이 어질고 온화하며 사랑하고 효도하며 충성스럽습니다. 성왕께서는 다스림을 바르게 해주시길 바랍니다.

우리들은 좌우에서 모시어 분부하신 것을 받들겠습니다.'

전륜성왕은 작은 왕들에게 말했다.

'그만두시오, 그만두시오. 여러 어진 이들이여.

그대들은 곧 나를 공양해 마쳤소. 다만 바른 법으로 나라를 다스려 부디 치우치거나 굽게 하지 마시오. 온 나라 안에 그른 법이 행하지 않도록 하시오. 이것을 〈내가 다스리는 것〉이라 하오.'

때에 여러 작은 왕들은 이 가르침을 듣고 곧 대왕을 따라 여러 나라를 돌고 동쪽 바닷가에 이르렀다.

이렇게 남방·서방·북방으로 금수레바퀴 보배가 가는 곳을 따랐다.

그 여러 국왕들이 각기 그 나라의 땅을 바치는 것은 동방의 모든 작은 왕들과 같았다.

때에 전륜성왕은 금수레바퀴 보배를 따라 네 바다를 두루 돌아다니면서 도로써 교화하고 백성들을 안위시킨 뒤 다시 본국으로 돌아왔다.

금수레바퀴 보배는 궁문 위의 허공에 머물러 있었다. 전륜성왕은 기뻐 뛰면서 말했다.

'이 금수레바퀴 보배는 참으로 나의 상서다. 나는 이제 참으로 전륜성왕이다.'

이와 같은 것이 금수레바퀴 보배의 성취이다."

금수레바퀴 보배를 성취한 왕 또한 왕위를 물려주고 출가함

"그 왕이 오랫동안 세상을 다스리고 나니, 때에 금수레바퀴 보배가 허공에서 갑자기 본래 자리를 떠났다. 그 금수레바퀴 보배를 맡은 사람은 빨리 가서 왕에게 말했다.

'대왕이여, 아셔야 합니다. 지금 금수레바퀴 보배는 본래 자리를 떠났습니다.'

때에 왕은 그 말을 듣고 생각했다.

'내 일찍이 덕이 높은 노인에게 들은 바로는 다음과 같다. 만약 전륜성왕의 금수레바퀴 보배가 자리를 옮기면 왕의 수명은 얼마 남지 않은 것이다.

나는 지금 이미 사람 가운데 복락을 받았다. 다시 방편을 세워 하늘의 복락을 받아야 한다. 태자를 세워 네 천하를 맡게 하고, 따로 한 고을을 떼어 이발사에게 주어 내 수염과 머리를 깎도록 한 뒤에 세 가지 법의 옷을 입고 집을 나와 도를 닦으리라.'

그때 왕은 곧 태자에게 명령해 말했다.

'너는 아느냐. 내가 일찍이 덕이 높은 노인에게 들은 바로는, 만약 전륜성왕의 금수레바퀴 보배가 본래 자리를 옮기면 왕의 수명은 얼마 남지 않은 것이다.

나는 지금 이미 사람 가운데 복락을 받았다. 방편을 세워 하늘의 즐거움을 옮겨 받아야 한다. 나는 이제 수염과 머리를 깎고 세 가지 법의 옷을 입고 집을 나와 도를 닦고자 한다. 네 천하를 너에게 맡긴다.

너는 스스로 힘써 백성들을 잘 거두어 사랑해야 한다.'

이때에 태자가 왕의 분부를 받으니, 왕은 곧 수염과 머리를 깎고 세 가지 법의 옷을 입고 집을 나와 도를 닦았다.

왕이 집을 나온 지 이레 만에 그의 금수레바퀴 보배는 갑자기 보이지 않았다. 그 금수레바퀴 보배를 맡은 사람은 왕에게 가서 아뢰었다.

'대왕이여, 아셔야 합니다. 이제 금수레바퀴 보배가 갑자기 보이지 않습니다.'

때에 왕은 이 말을 듣고 그리 근심하지도 않고 또 가서 부왕의 뜻을 묻지도 않았다."

새 왕이 바른 법을 지키지 않아 도적이 늘고
굶주림의 때가 오래됨

"그 부왕은 갑자기 목숨을 마쳤다. 이로부터 앞의 여섯 전륜성왕은 다 서로서로 이어받아 바른 법으로써 다스렸다.

오직 이 한 왕은 제 뜻대로 나라를 다스리면서 옛 법을 이어받지 않았다. 그 정치는 공평하지 않아 천하는 원망으로 호소하고 나라의 땅은 줄어들며 백성들은 시들어 떨어졌다.

때에 어떤 브라마나의 대신은 왕에게 가서 말했다.

'대왕이여, 아셔야 합니다. 이제 나라의 땅은 줄어들고 백성들은 시들어 더욱 평소 같지 않습니다.

대왕이여, 지금 나라 안에는 바로 아는 이가 많이 있어 총명과 지혜로 널리 두루 통달해 옛날과 지금을 밝게 알고 앞의 왕들의 정치의 법을 갖추어 알고 있습니다.

그런데 왜 그들을 불러 모아 그 아는 것을 물어보지 않으십니까. 그들은 반드시 대답해줄 것입니다.'

때에 왕은 곧 여러 신하를 불러 선왕이 나라 다스린 법을 물었다. 때에 모든 지혜 있는 신하는 여러 일들을 갖추어 대답했다.

왕은 곧 그 말을 듣고 옛날의 정치를 행하고 법으로써 세상을 보살폈다. 그러나 아직도 외로운 이들이나 늙은이를 건져주지 않고 낮고 가난한 사람들에게는 그 베풂이 미치지 못했다.

그래서 백성들은 갈수록 더욱 가난해져 드디어 서로 쳐들어가 빼앗아 도적이 아주 크게 일어났다. 관리가 도적을 붙잡아서 왕 있는 곳에 데리고 가서 말했다.

'이 사람은 도둑입니다. 왕께서 이 자를 다스리시길 바랍니다.'

왕은 곧 물었다.

'너는 참으로 도둑이냐.'

그는 대답했다.

'참으로 그렇습니다. 저는 가난하고 배고파 살 수 없었습니다. 그래서 도둑이 되었습니다.'

왕은 창고의 물품을 내어 그에게 주면서 말했다.

'너는 이 물건으로 부모를 공양하고 아울러 친척을 보살펴주라. 지금부터는 다시 도둑이 되지 말라.'

다시 다른 사람이 도둑질한 사람에게 왕이 재물을 주었다는 말을 전해 듣고, 그는 다시 남의 물건을 도둑질하다가 관리에게 붙잡히니, 왕 있는 곳에 데리고 가서 말했다.

'이 사람은 도둑입니다. 왕께서 이 자를 다스려주시길 바랍니다.'

왕은 다시 물었다.

'너는 참으로 도둑이냐.'

그는 대답했다.

'참으로 그렇습니다. 저는 가난하고 배고파 살 수 없었습니다. 그래서 도둑이 되었습니다.'

왕은 창고의 물품을 내어 그에게 주면서 말했다.

'너는 이 물건으로 부모를 공양하고 아울러 친척을 보살펴주라. 지금부터는 다시 도둑이 되지 말라.'

다시 다른 사람이 도둑질한 사람에게 왕이 재물을 주었다는 말을 전해 듣고, 그는 또 남의 물건을 도둑질했다. 또 관리에게 붙잡히니, 그를 왕 있는 곳에 데리고 가서 말했다.

'이 사람은 도둑입니다. 왕께서 이 자를 다스려주시길 바랍니다.'

왕은 다시 물었다.

'너는 참으로 도둑이냐.'

그는 대답했다.

'참으로 그렇습니다. 저는 가난하고 배고파 살 수 없었습니다. 그래서 도둑이 되었습니다.'

때에 왕은 생각했다.

'먼저 도둑이 된 자는 내가 그 가난함을 보고 재물을 그에게 주면서 도둑질을 그만하도록 말했는데, 다른 사람이 그 말을 전해 듣고 서로 본받아 도적은 날로 심해져 이렇게 그치지 않는다.

나는 지금 차라리 그 사람을 칼과 수갑을 채우고 거리에 돌린 뒤 밖으로 싣고 나가 넓은 들에서 죽여 뒷사람을 경계해야겠다.'

때에 왕은 곧 좌우에 명령하여 그를 묶게 하고 북을 쳐서 명령을 알려 여러 거리에 두루 돌린 뒤 그를 싣고 성을 나가 넓은 들에서 그를 죽였다.

그래서 나라 사람들이 그가 도적이 되어서 왕이 묶어 거리에 돌린 뒤 넓은 들에서 죽인 것을 다 알았다.

사람들은 이 말을 전해 듣고 서로 말했다.

'우리도 만약 도둑질을 한다면 또한 이와 같아 다름이 없을 것이다.'"

폭압의 다스림으로 전쟁의 겁이 시작되고 사람들의 수명이 줄어듦

"이에 나라 사람들은 스스로를 막아 보살피기 위해 드디어 칼과 활 따위의 무기를 만들어 서로 해치고 쳐들어가 빼앗게 되었다.

이는 곧 이 왕으로부터 가난함이 있게 되고, 가난함이 있은 뒤에 도적이 있게 되고, 도적이 있은 뒤에 무기가 있게 되고, 무기가 있게 되자 해쳐 죽임이 있게 되고, 해쳐 죽임이 있게 되자 사람들의 얼굴빛은 근심으로 타들어가며 목숨이 짧아지게 된 것이다.

그때 사람의 목숨은 바로 사만 세였다가 그 뒤에 점점 줄어 이만 세였다. 그래서 그 중생들에게는 오래 삶이 있고 일찍 죽음이 있고 괴로움이 있고 즐거움이 있게 되었다.

그 괴로움이 있는 자는 문득 삿된 음행과 탐해 취하는 마음을 내어 많이 방편을 써서 남의 물건을 가지려 했다.

이때의 중생들에게는 가난함과 도적질과 무기와 죽임이 더욱더 많아졌다. 그래서 사람의 목숨은 점점 줄어 만 세가 되었다.

만 세 때에도 중생은 또 서로 빼앗았다. 관리에게 붙잡히면 왕 있는 곳에 데리고 가서 말했다.

'이 사람은 도둑입니다. 왕께서 이 자를 다스리시길 바랍니다.'

왕은 물었다.

'너는 참으로 도둑질했느냐.'

그는 대답했다.

'나는 도둑질을 하지 않았습니다.'

곧 그는 대중 가운데서 일부러 거짓을 말했다. 때에 그 중생들은 가난함 때문에 곧 도적질을 했고, 도적질 때문에 곧 무기가 있었고, 무기가 있었기 때문에 곧 해치고 죽임이 있었고, 해치고 죽임이 있었기 때문에 곧 탐내 취함과 삿된 음행이 있었고, 탐내 취함과 삿된 음행이 있었기 때문에 곧 거짓말이 있었고, 거짓말이 있었기 때문에 그 목숨은 점점 줄어 천 세가 되었다.

천 세 때에는 곧 입의 세 가지 악한 행이 비로소 세상에 나왔다.

첫째 두말이요, 둘째 욕설이요, 셋째 꾸밈말이다. 이 세 가지 악한 업이 더욱 펼쳐 불처럼 일어나자 사람의 목숨은 점점 줄어 오백 세가 되었다.

오백 세 때의 중생에게는 또 세 가지 악한 행이 일어났다.

첫째 그른 법의 음행이요, 둘째 그른 법의 탐욕이요, 셋째 삿된 견해이다.

이 세 가지 악한 업이 더욱 펼쳐 불처럼 일어나자 사람의 목숨은 점점 줄어 삼백 세, 이백 세가 되었다.

그래서 이제 내 때의 사람들은 목숨이 백 세가 되어 넘는 이는 적고 죽는 이가 많다. 이와 같이 더욱 펼쳐 악을 행하여 쉬지 않으면 그 목숨은 점점 줄어 앞으로 십 세까지에 이를 것이다.

십 세 때의 사람들은 여자가 난 지 다섯 달이 되면 곧 시집갈 것이다.

이때의 세간에는 타락기름·돌꿀·검은 돌꿀 따위의 여러 달고 좋은 맛은 다시 그 이름조차 듣지 못할 것이다.

양식이 되는 쌀이나 벼는 변해 못 먹는 풀이나 가라지가 될 것이요, 무늬 없는 비단·가는 비단·금빛비단·무늬비단·무명·흰 베 등의 지금 세상의 좋은 옷은 그때 다 나타나지 않고 다만 거친 털로 짠 옷이 가장 좋은 옷이 될 것이다.

이때 이 땅에는 가시나무가 많이 돋아나고 모기·파리·이·뱀·벌·구더기 따위의 독한 벌레들이 많을 것이다.

금·은·마노·구슬 따위의 이름난 보배는 다 땅속에 들어가고 오직 기와와 돌과 모래와 자갈이 땅위에 나올 것이다.

그때 중생의 무리들은 길이 열 가지 옳은 행[十善]의 이름을 듣지 못하고, 오직 열 가지 악[十惡]이 있어 세간을 가득 채울 것이다. 곧 착한 법의 이름이 없는데 사람들이 무엇으로 말미암아 착한 행을 닦을 수 있겠는가.

이때의 중생들은 아주 악한 일을 저지르게 되어 부모에게는 효도하지 않고 스승과 어른을 공경하지 않으며, 충성스럽지 않고 의롭지 않아 바른 도가 없이 거스르는 자가 도리어 존경을 받는다.

그것은 마치 지금 때에 착한 행을 닦아 부모에게는 효도하고 스승과 어른을 공경하고 순종하며 충성스럽고 믿음이 있어 의롭게 도를 따라 닦아 행하는 자가 곧 존경을 받는 것과 같다.

그때의 중생은 열 가지 악을 많이 닦아 악한 길에 떨어진다.

중생들은 서로 보면 죽이고자 하는 것이 마치 사냥꾼이 사슴 떼를 보는 것과 같다.

때에 이 땅에는 많이 도랑과 구덩이와 시내와 개울, 깊은 골이 있고 땅은 드넓어도 사람은 드물어 가고 오는 사람들은 두려워하고 놀랄 것이다.

그때 전쟁의 겁[刀兵劫]이 일어나 손에 풀과 나무를 잡으면 그것은 다 창이 되어 이레 동안 더욱 서로 해칠 것이다.”

전쟁의 겁에서 살아남은 이들이 착한 행 짓게 됨을 보이심

“때에 어떤 지혜로운 사람은 멀리 숲속으로 도망쳐 들어가 구덩이에 의지해 있으면서 이레 동안 두려워하는 마음을 가지고 있다가 자비롭고 착한 말로 외칠 것이다.

‘너는 나를 해치지 않고 나도 너를 해치지 않을 것이다.’

그리고 풀과 나무의 씨를 먹으면서 목숨을 보전할 것이다.

이레가 지난 뒤, 산숲에서 나올 때 살아 있는 사람들이 서로 보고 기뻐하고 축하해 말할 것이다.

'너는 죽지 않았구나, 너는 죽지 않았구나.'

마치 부모가 외아들과 오랫동안 헤어져 있다가 서로 만날 때 그 기쁨이 한량없는 것과 같아 그 사람들도 이와 같이 각기 기쁜 마음을 품고 서로 번갈아 축하할 것이다.

그다음에 서로 그 집을 물어보아서 그 집에 친족이 많이 죽었으면 다시 이레 동안 슬피 울고 부르짖고 서로 향해 소리내어 울 것이다.

이레가 지나고서 다시 이레 동안은 살아 있음을 서로 같이 축하하고 즐거워하며 기뻐할 것이다.

그러고는 곧바로 속으로 생각할 것이다.

'우리들이 악을 쌓은 것은 더욱 넓다. 그러므로 이런 어려운 일을 만나 친족들은 죽고 가족들은 뒤엎어져 사라졌다. 이제는 조금이라도 함께 착한 일을 닦아야 하겠다.

어떤 착한 행을 닦아야 할까. 산목숨을 죽이지 않아야 한다.'

그때에 중생들은 다 사랑의 마음을 품고 서로 해치지 않게 된다. 여기서 중생들은 육신의 목숨이 점점 불어간다. 십 세인 사람은 목숨이 이십 세가 될 것이다.

목숨이 이십 세일 때의 사람들은 또 이렇게 생각한다.

'우리들은 조금 착함을 닦아 서로 해치지 않음으로 말미암아 목숨이 늘어나 이십 세가 되었다. 이제 조금 더 착한 행을 늘려야 한다.

어떤 착한 행을 닦아야 할까. 이미 산목숨 죽이지 않았으니 도둑질하지 않아야 한다. 이미 도둑질하지 않음을 닦으면 목숨이 늘어나

사십 세가 될 것이다.'

목숨이 사십 세일 때의 사람은 다시 이렇게 생각한다.

'우리들이 조금 착한 행을 닦음으로 말미암아 목숨이 늘어났다. 이제 조금 더 착한 행을 늘려야 한다.

어떤 착한 행을 닦아야 할까. 삿된 음행 하지 않아야 한다.'

이에 그 사람들은 다 삿된 음행 하지 않음으로 그 목숨은 늘어나 팔십 세가 될 것이다.

목숨이 팔십 세 때의 사람은 다시 이렇게 생각한다.

'우리들이 조금 착한 행을 닦음으로 말미암아 목숨이 늘어났다. 이제 조금 더 착한 행을 늘려야 한다.

어떤 착한 행을 닦아야 할까. 거짓말을 하지 말아야 한다.'

이에 그 사람들은 다 거짓말을 하지 않음으로 그 목숨은 늘어나 백육십 세가 될 것이다.

목숨이 백육십 세 때의 사람은 다시 이렇게 생각한다.

'우리들이 조금 착한 행을 닦음으로 말미암아 목숨이 늘어났다. 이제 조금 더 착한 행을 늘려야 한다.

어떤 착한 행을 닦아야 할까. 두말을 하지 말아야 한다.'

이에 그 사람들은 다 두말을 하지 않음으로 그 목숨은 늘어나 삼백이십 세가 될 것이다.

목숨이 삼백이십 세 때의 사람은 다시 이렇게 생각한다.

'우리들이 조금 착한 행을 닦음으로 말미암아 목숨이 늘어났다. 이제 조금 더 착한 행을 늘려야 한다.

어떤 착한 행을 닦아야 할까. 욕설을 하지 말아야 한다.'

이에 그 사람들은 다 욕설을 하지 않음으로 그 목숨은 늘어나 육백사십 세가 될 것이다.

목숨이 육백사십 세 때의 사람은 다시 이렇게 생각한다.

'우리들이 조금 착한 행을 닦음으로 말미암아 목숨이 늘어났다. 이제 조금 더 착한 행을 늘려야 한다.

어떤 착한 행을 닦아야 할까. 꾸밈말을 하지 말아야 한다.'

이에 그 사람들은 다 꾸밈말을 하지 않음으로 목숨은 늘어나 이천 세가 될 것이다.

목숨이 이천 세 때의 사람은 다시 이렇게 생각한다.

'우리들이 조금 착한 행을 닦음으로 말미암아 목숨이 늘어났다. 이제 조금 더 착한 행을 늘려야 한다.

어떤 착한 행을 닦아야 할까. 아끼어 탐내지 않아야 한다.'

이에 그 사람들은 다 아끼어 탐내지 않고 보시를 행함으로 목숨은 늘어나 오천 세가 될 것이다.

목숨이 오천 세 때의 사람은 다시 이렇게 생각한다.

'우리들이 조금 착한 행을 닦음으로 말미암아 목숨이 늘어났다. 이제 조금 더 착한 행을 늘려야 한다.

어떤 착한 행을 닦아야 할까. 질투하지 않고 사랑의 마음을 내야 한다.'

이에 그 사람들은 다 질투하지 않고 사랑의 마음을 냄으로 목숨은 늘어나 만 세가 될 것이다.

목숨이 만 세 때의 사람은 다시 이렇게 생각한다.

'우리들이 조금 착한 행을 닦음으로 말미암아 목숨이 늘어났다. 이제 조금 더 착한 행을 늘려야 한다.

어떤 착한 행을 닦아야 할까. 바른 견해를 행해 뒤바뀜을 내지 않

아야 한다.'

이에 그 사람들은 다 바른 견해를 행해 뒤바뀜을 내지 않음으로 목숨은 늘어나 이만 세가 될 것이다.

이만 세 때의 사람은 다시 이렇게 생각한다.

'우리들이 조금 착한 행을 닦음으로 말미암아 목숨이 늘어났다. 이제 조금 더 착한 행을 늘려야 한다.

어떤 착한 행을 닦아야 할까. 세 가지 착하지 않은 법을 없애자. 첫째 그른 법의 음행이요, 둘째 그른 법의 탐욕이요, 셋째 삿된 견해이다.

이에 그 사람들은 다 세 가지 착하지 않은 법을 없앰으로 목숨은 늘어나 사만 세가 될 것이다.

목숨이 사만 세 때의 사람은 다시 이렇게 생각한다.

'우리들이 조금 착한 행을 닦음으로 말미암아 목숨이 늘어났다. 이제 조금 더 착한 행을 늘려야 한다.

어떤 착한 행을 닦아야 할까. 효성으로 부모를 모시고 스승과 어른을 공경히 섬겨야 한다.'

이에 그 사람들은 효성으로 부모를 모시고 스승과 어른을 공경히 섬김으로 목숨은 늘어나 팔만 세가 될 것이다.

목숨이 팔만 세 때의 사람의 여인은 나이 오백 세에 비로소 시집 갈 것이다.

그때의 사람에게는 아홉 가지의 병이 있을 것이다.

첫째 추위요, 둘째 더위요, 셋째 굶주림이요, 넷째 목마름이요, 다섯째 대변이요, 여섯째 소변이요, 일곱째 욕심이요, 여덟째 더욱 탐냄이요, 아홉째 늙음이다.

이 큰 땅은 평평하고 골라 고랑과 구덩이, 언덕이나 가시나무가 없을 것이다. 또 모기나 등에, 뱀이나 독사나 독한 벌레가 없고 기와나 돌, 모래나 자갈은 다 변해 유리가 될 것이다.

백성은 불처럼 일어나고 다섯 곡식은 널리 깔려 풍성하고 즐겁기 끝이 없을 것이다.

착한 업이 쌓여 전쟁과 다툼, 굶주림이 다할 때 마이트레야 여래가 세상에 오심을 보이심

이때에는 팔만의 큰 성[大城]이 일어날 것이다. 마을과 성들은 서로 나란히 이웃하여 닭 우는 소리가 서로 들릴 것이다.

그런 때가 되면 붇다가 세상에 나타나 이름을 마이트레야 여래라 하고, 여래·공양할 분·지극히 참된 이·바르게 깨치신 이 등 열 가지 이름을 갖출 것이다.

그것은 지금 여래가 열 가지 이름을 갖춘 것과 같다.

그는 저 인드라하늘·브라흐마하늘·마라와 마라의 하늘, 여러 사문과 브라마나, 여러 하늘과 세상 사람 가운데서 스스로의 몸으로 깨달음을 얻을 것이다.

그것은 또한 내가 이제 모든 인드라하늘·브라흐마하늘·마라와 마라의 하늘, 여러 사문과 브라마나, 여러 하늘과 세상 사람 가운데서 스스로의 몸으로 깨달음을 얻은 것과 같다.

그는 설법할 것이니, 처음 말도 좋고 가운데와 끝의 말도 좋아 뜻과 맛을 갖추어 범행을 깨끗이 닦도록 할 것이다.

그것은 오늘 내가 설법하면 처음과 가운데와 끝의 말이 다 참되고 발라 뜻과 맛을 갖추고 범행을 깨끗이 닦도록 하는 것과 같은 것이다.

그의 상가의 제자는 셀 수 없는 천만이다.

나의 오늘 제자가 수백 명인 것과 같다.

그때의 사람들은 그 제자를 일컬어 '어지신 이의 아들'[慈氏子]이라 부를 것이다. 그것은 나의 제자를 '사카무니의 아들'[牟尼子]이라고 부르는 것과 같다.

마이트레야 여래 때 상카 왕이 집을 나와
보디의 길 구하게 됨을 보이심

그때에 왕이 있어 이름을 상카라 할 것이다.

그는 정수리에 물을 붓는 크샤트리아 종족의 전륜왕으로 네 천하를 맡아 바른 법으로 다스리어 항복받지 않음이 없고 일곱 가지 보배를 갖출 것이다.

일곱 가지 보배는 첫째 금수레바퀴 보배, 둘째 흰 코끼리 보배, 셋째 검푸른 말 보배, 넷째 신묘한 구슬 보배, 다섯째 아름다운 여인 보배, 여섯째 거사 보배, 일곱째 군대를 주관하는 보배이다.

왕에게는 천 명의 아들이 있어 용맹하고 힘이 있어 바깥 적을 물리칠 수 있으니, 사방이 모두 공경히 따라 무기를 쓰지 않아도 저절로 태평하게 될 것이다.

그때에 전륜성왕은 큰 보배의 깃발을 세울 것이다.

주위의 둘레는 열여섯 길이고 높이는 천 길이고, 천 가지의 여러 섞인 빛깔로 그것을 꾸미었다.

그 깃대에는 백 개의 대쪽이 있고 한 대쪽에는 백 개의 가지가 있는데, 보배 실로 짜서 여러 보물이 사이사이 끼어 있다.

여기서 전륜성왕은 그 깃대를 부수어 사문과 브라마나와 온 나라 안의 가난한 사람들에게 보시할 것이다.

그런 뒤에 수염과 머리를 깎고 세 가지 법의 옷을 입고 집을 나와 도를 닦고 위없는 행을 닦아 현재의 법 가운데 스스로의 몸으로 깨달아 증득할 것이다.

그리하여 '태어남은 이미 다하고 범행은 이미 서고 지을 바를 이미 지어 다시는 뒤의 있음을 받지 않을 것'이다."

다시 세간의 권세를 뛰어넘는 비구의 바른 도, 해탈의 도를 닦도록 당부하심

붇다께서는 여러 비구들에게 말씀하셨다.

"너희들은 부지런히 착한 행을 닦아야 한다.

착한 행을 닦음으로써 곧 목숨은 늘어나고 얼굴빛은 더욱 좋아지며 안온하고 즐거울 것이다. 또 재보는 넉넉하고 위력은 갖추게 될 것이다.

그것은 마치 여러 왕이 전륜성왕의 옛 법을 따라 행하면 곧 목숨은 늘어나고 얼굴빛은 더욱 좋아지며 안온하고 즐거우며 재보는 넉넉하고 위력이 갖추어지는 것과 같을 것이다.

비구 또한 이와 같으니 착한 법을 닦으면 목숨은 늘어나고 얼굴빛은 더욱 좋아지며 안온하고 즐거우며 재보는 넉넉하고 위력이 갖추어질 것이다.

어떤 것이 비구의 목숨이 늘어남인가. 이와 같이 비구가 '하고자 함의 선정'[欲定]을 닦아 익혀 부지런히 정진해 게으르지 않으면 지어감 없음을 성취하여 신통[神足]을 닦는다.

그렇게 정진의 선정·뜻의 선정·사유의 선정을 부지런히 정진해 게으르지 않으면 지어감 없음을 성취하여 신통을 닦는다. 이것이 곧 목숨이 늘어남이다.

어떤 것을 비구의 얼굴빛이 더욱 좋아짐이라 하는가. 곧 비구가 계율을 갖추어 바른 몸가짐을 성취하며 작은 죄를 보아도 큰 두려움을 내서 여러 계를 고르게 배워 두루 채우고 모두 갖추면, 이것이 곧 비구의 얼굴빛이 좋아짐이다.

또 어떤 것을 비구의 안온한 즐거움이라 하는가. 곧 비구가 음욕을 끊어 착하지 않은 법을 없애면, 느낌이 있고 살핌이 있으며 떠남에서 기쁨과 즐거움을 내 첫째 선정을 행하게 된다.

다음에는 느낌과 살핌을 없애고 안의 믿음이 기쁘고 즐거우며 마음을 거두어 오롯이 하나되면 느낌도 없고 살핌도 없이 기쁨과 즐거움을 내 둘째 선정을 행한다.

다음에는 기쁨을 버리고 지켜 보살펴서 마음을 오롯이해 어지럽지 않으므로 스스로 몸의 즐거움을 알고 현성의 구하는 바인 평정[捨, upekṣā]의 생각, 그 즐거운 행으로 셋째 선정을 행한다.

다음에는 괴로움과 즐거움을 버리고 먼저 근심과 기쁨을 없애어 괴롭지도 않고 즐겁지도 않아서[不苦不樂] 평정의 생각이 맑고 깨끗하여[捨念淸淨] 넷째 선정을 행한다.

이것이 비구의 안온한 즐거움이다.

어떤 것을 비구의 재보가 넉넉함이라 하는가. 곧 비구가 사랑의 마음을 닦아 익히어 일 방에 가득 채우고 다른 방위에서도 그렇게 한다 하자. 그리하여 그 마음이 넓게 두루하여 둘도 없고 헤아림도 없으면 모든 맺음과 원한을 없애고 마음에는 질투가 없으며 고요하고 말없이 어질고 부드러워 스스로 즐기게 된다.

슬피 여김[悲心]과 기뻐함[喜心], 평정의 마음[捨心]도 이와 같으면, 이것이 비구의 재보가 넉넉함이다.

어떤 것을 비구가 위력을 갖춤이라 하는가. 곧 이 비구가 괴로움의 거룩한 진리를 진실 그대로 알고 괴로움 모아냄·괴로움의 사라짐·괴로움을 없애는 길의 진리를 진실 그대로 알면, 이것이 비구가 위력을 갖춤인 것이다."

붇다께서는 비구들에게 말씀하셨다.

"내가 지금 여러 힘있는 자들[諸有力者]을 살펴보니, 마라의 힘을 넘는 것이 없다.

그러나 흐름이 다한 비구[漏盡比丘]의 힘은 그 힘을 뛰어넘는다."

그때 여러 비구들은 붇다의 말씀을 듣고 기뻐하며 받들어 행했다.

• 장아함 6 전륜성왕수행경(轉輪聖王修行經)

• 해설 •

세계와 마음의 연기적 진실이 무엇인가. 마음은 세계인 마음이고 세계는 마음인 세계라, 세계를 의지해 있는 중생의 삶의 참모습 또한 공하되 그 공함도 공해 여래장의 공덕이 다함없다. 그러므로 밖으로 구함을 끊고 스스로를 등불로 삼아 지금의 왜곡되고 물든 삶의 현실을 보디의 참모습으로 돌이키는 곳에 미래 해탈의 삶이 있다.

세계인 마음과 마음인 세계의 진실 살피는 한 법밖에 마이트레야의 새 세상을 세워내는 실천의 동력은 없다.

전쟁과 배고픔 질병의 역사가, 그른 법으로 통치하는 이 세간 불의의 정치와 무관하지 않음을 경은 설하고 있다. 이를 통해 붇다 당대의 왕들이 전쟁을 일으켜 백성을 도탄에 빠뜨림으로써 이 세상이 죽임과 배고픔, 질병이 휩쓰는 참혹한 어두움의 세상이 되었음을 알 수 있다.

여래는 민중을 억압하고 죽이는 불의의 권력자들을 향해 전륜성왕이라는 바른 정치의 통치자를 상징으로 내세운다.

세간의 정치에서는 부족장이나 왕족끼리 그리고 앞의 왕과 뒤의 왕이 서로 이어 정수리에 물을 뿌리는 의식[灌頂式]으로 왕이 된다.

그러나 전륜성왕의 상징인 금수레바퀴의 보배는 인간의 땅에서 인간이 만든 것이 아니라 하늘의 장인이 만든 것이다. 이는 권력자 스스로 만든 불의(不義)의 법으로 통치하는 세간의 왕들에게, 세간 권력이 범할 수 없는 더 높은 바른 권력의 징표를 보인 것이다.

여래는 비록 세속 권력을 견제하기 위해 바른 정치의 상징을 하늘의 장인이 만든 금수레바퀴로 보이고 있지만, 여래가 보인 세속 정치에서 바른 법은 절대신의 명령이거나 하늘의 계시, 스스로 그러한 도[無爲自然之道]의 법이 아니라, 연기적인 세계의 진실에 부합된 법이고 지혜의 삶에서 우러나오는 자비의 법이다.

전륜성왕의 상징인 금수레바퀴는 세간에 정의의 통치가 사라지면 없어지고 정의의 정치가 실현되면 나타난다.

이 경에서 금수레바퀴가 성취된 정의의 통치자는, 늘 얼마간의 바른 법의 통치가 끝나면 스스로 왕위를 아들에 물려주고 출가하여 보디의 도를 배우니, 이는 다스림받는 자에게 바른 다스림마저 사라져야 참으로 바른 다스림[正治]이 되는 것을 뜻한다.

또한 바른 것도 바른 것으로 집착되어지거나 덧없는 세속 권력을 항상한 것으로 붙잡으면 연기의 진리 그대로의 바른 법이 아님을 나타낸다.

그릇된 통치자는 백성을 억압하고 수탈하다 저항하는 백성을 무마하기 위해 거짓으로 위하는 척하다 다시 탄압하므로 백성들의 저항의 폭력이 일어난다. 억압과 저항의 악순환 속에서 세간에는 전쟁의 역사가 시작된다.

죽임과 빼앗음과 억누름의 역사가 중생의 삶을 피폐케 해 목숨을 단축케 하며 세간을 온통 광기가 지배하는 사회로 만든다.

죽음과 광기의 역사를 반성하고 서로 돕고 보살피며 나눔의 업을 쌓으므로 세간은 다시 평화와 안락을 되찾고, 중생의 수명은 늘고 삶은 풍요와 번영을 누리게 된다.

빼앗음과 억누름, 원한과 분노가 없는 때, 마이트레야 보디사트바는 세간에 오실 것이고, 상카라는 정의의 왕이 세간을 화해와 평화로 이끌어갈 것이다. 정의의 왕이 스스로 정의의 권력마저 부정하고 자기 가진 것을 온전히 공동체에 돌려주는 날, 그리하여 다스림과 다스림 받음의 이원성이 철저히 무너지는 날, 이 세상은 마이트레야의 새로운 세상이 되고 암흑의 역사 현장에는 지혜와 자비의 빛이 충만한 새날이 밝아올 것이다.

그날은 멀지 않다. 지금 번뇌에 물들고 갇힌 마음[心]·몸[身]·세계[境]의 공한 진실을 살펴 생각생각 보디에 돌아가고, 베풂과 나눔 한량없는 파라미타행에 돌아갈 때 지금 중생의 한 생각이 뒤에 올 그날을 만들고 그 세계를 이루어낸다.

그러므로 고난의 세간 속 보디인 스스로의 진실에 귀의하고 스스로와 법을 등불로 삼는 자, 그가 마이트레야의 세상 마이트레야의 앉으신 자리 옆 절반의 자리를 언약 받은 자이다.

마이트레야 붇다가 세상 오실 때에도
이 산 이름은 변치 않으리

이와 같이 들었다.

한때 붇다께서는 라자그리하 성의 그리드라쿠타 산에서 큰 비구 대중 오백 사람과 함께 계셨다.

그때 세존께서는 여러 비구들에게 말씀하셨다.

"너희들은 이 그리드라쿠타 산을 보느냐."

비구들은 대답하였다.

"예, 그렇습니다. 봅니다."

"너희들은 알아야 한다. 지나간 오래고 먼 옛날에도 이 산은 다시 다른 이름이 있었다.

너희들은 저 비풀라 산(Vipula, 廣普山)을 보느냐."

비구들은 대답하였다.

"예, 봅니다."

"지나간 오래고 먼 옛날에도 이 산은 다시 다른 이름이 있어 지금과 같지 않았다.

너희들은 저 희고 좋은 산[白善山]을 보느냐."

비구들은 대답하였다.

"예, 봅니다."

"지나간 오래고 먼 옛날에도 이 산은 다시 다른 이름이 있어 지금과 같지 않았다.

너희들은 저 무거운 산[負重山]을 보느냐.”

비구들은 대답하였다.

“예, 봅니다.”

선인의 산은 이름이 변치 않음을 보이심

“너희들은 저 선인의 산[仙人掘山]을 보느냐.”

비구들은 대답하였다.

“예, 봅니다.”

“지나간 오래고 먼 옛날에도 또한 이 이름을 같이하여 다른 이름이 없었다.

왜 그런가. 이 선인의 산은 늘 신통이 있는 보디사트바와 도를 얻은 아라한의 여러 선인들이 살던 곳이다. 또 프라테카붇다 또한 그 가운데서 노닐어 살았다.

내가 지금 그 프라테카붇다의 이름을 말해주겠으니, 자세히 듣고 잘 사유해 생각하라.

그 이름은 아리타(阿利咤) 프라테카붇다 · 팔리타[婆利咤] 프라테카붇다 · 깊이 거듭 살피는 프라테카붇다[審諦重] · 잘 살피는 프라테카붇다[善觀] · 마쳐 다한 프라테카붇다[究竟] · 총명한 프라테카붇다[聰明] · 때 없는 프라테카붇다[無垢] · 생각 살피는 프라테카붇다[帝奢念觀] · 사라짐 없는[無滅] 프라테카붇다 · 모습 없는[無形] 프라테카붇다 · 빼어난[勝] 프라테카붇다 · 가장 빼어난[最勝] 프라테카붇다 · 아주 큰 프라테카붇다[極大] · 번갯불빛 프라테카붇다[極雷電光明] 등이었다.”

붇다 오시기 전에도 현성들이 이 선인의 산에 살았음을 보이심

"이렇게 비구들이여, 여러 프라테카붇다들이 세상에 나오시지 않을 때, 그때 이 산 가운데 이 오백 프라테카붇다가 이 선인의 산 가운데 살고 있었다.

여래가 투시타하늘에서 이 세상에 내려오려 할 때에 저 '맑은 이들이 사는 하늘'[淨居天]의 하늘사람이 스스로 와 여기에 있으면서 널리 알렸다.

'붇다의 땅을 깨끗이 해야 한다. 이 년 뒤에는 여래께서 세상에 나타나실 것이다.'

이 여러 프라테카붇다들은 이 말을 듣고 모두 허공에 올라가 다음 게송으로 말하였다.

여러 붇다 아직 세상 나오기 전에
이곳에는 현성들 살고 있었으니
스스로 깨달은 프라테카붇다들이
늘 이 산 가운데 살고 있었네.

이 산을 선인의 산이라 이름하니
프라테카붇다의 현성들 살고 있는 곳
많은 선인과 여러 아라한들 계셔
끝내 텅 비어 빠뜨린 때가 없었네.

이때 여러 프라테카붇다들은 곧 허공 가운데서 몸을 불태워 온전한 니르바나에 들었다.

왜냐하면 세상에는 두 붇다의 이름이 없기 때문이다. 그러므로 니르바나에 든 것이다.

한 무리의 장사치 가운데는 두 길잡이가 없고, 한 나라 가운데는 두 임금이 없으며, 한 붇다의 세계에는 두 붇다의 이름이 있을 수 없다.

왜 그런가. 다음과 같다. 먼 옛날 이 라자그리하 성안에 '기쁨이 더하는 이'[喜益]라는 왕이 있었다. 그는 늘 지옥의 고통을 생각하고 아귀와 축생의 고통을 생각하였다. 그때에 그는 생각하였다.

'나는 늘 지옥·아귀·축생의 고통을 생각한다. 나는 지금 다시 이 세 가지 나쁜 길에는 들어가지 않아야 한다.

지금 나는 왕의 지위와 처자와 따르는 이들을 모두 버리고 굳센 믿음으로 집을 나와 도를 배워야 한다.'

그때 대왕은 쓰라린 괴로움을 싫어해 곧 왕의 지위를 버리고는 수염과 머리를 깎고 세 가지 법복을 입고 집을 나와 도를 배웠다.

그는 비어 한가한 곳에 있으면서 스스로 자기를 이기어 다섯 가지 쌓임을 살피고 그것의 덧없음을 밝게 살펴보았다.

곧 그 살핌은 다음과 같다.

'이것은 물질이다. 이것은 물질의 익히어냄이다. 이것은 물질의 사라짐이다.

느낌·모습 취함·지어감·앎 또한 이와 같아서 모두 덧없는 것이다.'

다섯 가지 쌓임을 살필 때에 '모든 익히어낼 수 있는 법은 다 사라지는 법이다'라고 살피고, 이 법을 살피고는 곧 프라테카붇다의 도를 이루었다.

이때 '기쁨이 더하는 이'는 곧 다음 게송을 읊었다.

나는 저 지옥의 쓰라린 괴로움과
축생 등 다섯 길 속 고통 생각해
모두 버리고 지금 도를 배우나니
홀로 가서 근심이 전혀 없도다.

이때에 이 프라테카붇다는 저 선인의 산 가운데 살았다.

비구들이여, 알아야 한다. 이런 방편으로 이 선인의 산 가운데는 늘 신통을 얻은 보디사트바와 도를 얻은 아라한들이 살았음을 알 수 있다.

선인의 도를 배우는 사람이 그 가운데 살았기 때문에 이름을 '선인이 사는 산'이라고 하였고 다시 다른 이름이 없다."

마이트레야 붇다의 때에도 산 이름이 그대로임을 보이심

"만약 여래가 아직 세상에 나오기 전에는 이 선인의 산 가운데 여러 하늘들이 늘 와서 공경할 것이다. 왜냐하면 이 산에는 순전히 참사람만이 살았고 다른 뒤섞인 사람은 없기 때문이다.

만약 마이트레야 붇다가 세상에 내려오실 때에도 이 여러 산들은 제각기 이름이 달라지겠지만, 이 선인이 사는 산만큼은 다시 다른 이름이 없을 것이다.

이 현겁[賢劫] 가운데에도 이 산 이름은 또한 달라지지 않을 것이다.

너희 비구들이 이 산을 가까이하여 받들어 섬기며 공경하면 여러 공덕을 더욱 늘릴 것이다.

이와 같이 비구들이여, 반드시 이렇게 배워야 한다."

그때에 비구들은 붇다의 말씀을 듣고 기뻐하며 받들어 행하였다.

• 증일아함 38 역품(力品) 七

• 해설 •

여래의 법은 여래만의 신비한 법이 아니라 중생과 세계의 실상을 밝힌 법이니, 여래가 세상에 오시든 오시지 않든 그 어느 때인들 자기진실을 밝힌 중생이 없을 것인가.

자기진실을 밝힌 중생이 보디사트바이고 아라한이며 홀로 깨친 이 프라테카붇다이다. 다만 위없는 보디의 완성자 지혜와 복덕을 모두 갖추신 이 여래를 진리의 표준을 삼으므로, 여래가 계신 때와 계시지 않은 때를 말했을 뿐이다.

온갖 것은 찰나찰나 생기고 사라지므로 머물러 있는 것은 없다.

그런데 경에서 온갖 산 이름이 다 변하지만 아라한과 프라테카붇다가 사는 이 산의 이름은 변치 않는다는 뜻은 무엇인가.

지금 어제의 일이 현재가 아니고 현재의 일이 미래가 아니다. 그러므로 과거 · 현재 · 미래에는 항상됨이 없다.

과거 · 현재 · 미래에는 과거의 것이 그대로 현재가 되고 현재의 법이 미래가 되지 않으므로, 삼세의 시간은 끊어짐 없이 늘 이어지는 것이 아니다. 그러나 과거의 것이 사라지되 사라짐 없고 현재의 것이 있되 머묾이 없고, 미래의 것은 오되 옴이 없으니, 과거 · 현재 · 미래는 나고 사라지나 끊어짐이 아니고, 같지 않으나 다르지 않다.

온갖 법은 늘 머묾도 아니고[無有常住] 실로 나고 사라짐도 아니니[亦無起滅], 이 뜻을 저 선인이 머무는 산은 마이트레야 붇다 때까지 그 이름이 변치 않는다고 한 것이다.

곧 여래는 선인의 산 이름이 변치 않는다는 것을 통해 온갖 존재가 비록 공하되 끊어짐이 아니고 비록 있되 항상함이 아님[雖空亦不斷 雖有亦不常]을 보인 것이다.

이 가르침과 연관된 법문이 『불조통기』(佛祖統紀)에 실려 있다.

중국 송대에 많은 수행자들이 천태산에서 같이 머물고 있었으니, 천태가의 조사 나계희적존자(螺溪義寂尊者)의 회상과 법안종(法眼宗)의 조사 천태덕소선사(天台德韶禪師)의 회상은 서로 왕래하며 법을 배우고 지관을 수행했다.

고려선사로 중국에 유학한 보운의통존자(寶雲義通尊者) 또한 두 문을 오가며 법을 배워 천태의 정맥 조사가 되었으며, 원공지종선사(圓空智宗禪師) 또한 법안 천태를 오가며 법을 배워 고려승 삼십육 명이 함께 영명연수선사(永明延壽禪師)로부터 법안종의 골수를 받아왔다.

어느 때 나계희적존자의 제자 흥교명사(興敎明師)가 천태덕소선사와 다음과 같이 문답하였다.

흥교명사가 나이 젊어서 법회에서 경을 듣다가 늘 스스로 의심해 말했다.

"카샤파가 사카무니 붓다의 여섯 길 옷을 지니고 마이트레야 붓다의 백 척의 몸에 걸치니, 바로 그 크기에 맞았다고 하였는데 옷이 풀어져 늘어난 것인가 몸이 풀어져 줄어든 것인가."

그때 덕소국사가 운거(雲居)에 살았는데 오백 대중을 모아 가르쳤다.

명법사가 가서 물으니 국사가 말했다.

"좌주여, 도리어 이것은 그대가 아는 생각이다"[座主却是汝會].

명법사가 화난 빛으로 소매를 떨치고 나가버리니 국사가 말했다.

"내가 만약 답한다고 해도 너는 옳지 않다 할 것이니, 반드시 인과가 있을 것이다."

명법사가 나계에게 돌아와 입에서 피를 토하니 정광법사(定光法師, 義寂)가 듣고 놀라 말했다.

"이는 새롭게 경계하는 힘이 보디사트바를 거스르는 사람에 닿은 것이다."

명법사가 앞의 이야기를 들어 보이니 적법사[義寂]가 말했다.

"너는 국사의 뜻을 모른다. 빨리 가서 참회하라."

명법사가 몸가짐을 갖추어 앞에 나아가 슬피 울며 절하고 허물을 뉘우쳤다.

국사가 노래로 앞의 화두[前話]를 드러내 말했다.

붇다와 붇다의 도가 가지런하나
또렷하게 높기도 하고 낮기도 하네.
사카 붇다와 마이트레야 붇다가
마치 진흙에 도장 찍음과 같네.

佛佛道齊　宛爾高低

釋迦彌勒　如印印泥

명법사가 이로부터 병이 나았다. 돌아와 적법사에게 감사하고 말했다.

"스님의 가르침이 아니었다면 이 생을 거의 망칠 뻔했습니다."

위의 덕소선사의 게송은 앞의 붇다와 뒤의 붇다의 법이 '진흙에 도장 찍음과 같다'고 한 한 마디로, 사카 붇다의 때와 마이트레야 붇다의 때가 끊어짐도 아니고 항상함도 아니며, 앞의 붇다와 뒤의 붇다의 크고 작은 모습이 평등함을 보이고 있다.

덕소선사의 게송에서 '도장으로 저 진흙에 도장 찍은 것과 같다'고 한 뜻은 무엇인가.

찍는 도장과 찍히는 진흙이 같다 해도 안 되고 다르다 해도 안 되며, 이어짐이라 해도 안 되고 끊어짐이라 해도 안 되는 것이니, 마이트레야 붇다의 때에도 다른 산의 이름은 바뀌어도 선인이 머무는 이 산의 이름이 변치 않는다는 이 경의 뜻과 서로 다르지 않다 할 것이다.

마이트레야의 때는 다툼이 사라지고
큰 안락이 가득한 세상이니

이와 같이 들었다.

한때 붇다께서는 슈라바스티 국 제타 숲 '외로운 이 돕는 장자의 동산'에서 큰 비구대중 오백 사람과 함께 계셨다.

그때 아난다가 오른쪽 어깨를 드러내고 오른쪽 무릎을 땅에 대고는 세존께 말씀드렸다.

"여래께서는 그윽히 비추시어 살피지 못하는 일이 없습니다.

미래·과거·현재 삼세를 모두 밝게 아시고 여러 과거 모든 붇다의 성과 이름, 또 옆과 뒤를 따르는 제자 보디사트바들이 얼마인지 모두 아십니다.

그리고 일 겁·일백 겁 셀 수 없는 겁을 다 살펴 아시고, 또 국왕·대신·사람들의 성과 이름을 분별하시며, 지금 현재의 여러 세계들 또한 밝게 아십니다.

앞으로 올 오래고 먼 뒷날 마이트레야가 오시면 그 지극히 참된이·바르게 깨치신 분의 신묘한 변화를 듣고 싶습니다.

옆과 뒤를 따르는 제자들은 얼마 되시며, 그 붇다의 경계[佛境]의 넉넉함과 즐거움은 어떠하며, 그때는 얼마만한 때를 지나야 합니까?"

먼저 붇다가 오실 나라의 풍요와 다툼 없는 사람의 일을 보이심
붇다께서 아난다에게 말씀하셨다.

"너는 자리로 돌아가 앉아 내 말한 것을 들어라. 그리고 마이트레야께서 세상에 나타날 때 그 나라의 넉넉하고 즐거움과 그 제자가 얼마인지 듣고서 잘 사유하여 생각하라."

이때 아난다는 붇다께 분부를 받아 곧 자리로 돌아가 앉았다.

그때 세존께서는 아난다에게 말씀하셨다.

"앞으로 올 오래고 먼 뒷날 이 나라의 구역에 닭머리[鷄頭]라는 성곽이 있어 동서는 열두 요자나요, 남북은 일곱 요자나로서 땅은 풍성하고 사람들은 불처럼 일어나 거리가 줄을 이룰 것이다.

그때 그 성에는 물빛[水光]이라는 용왕(龍王)이 살며 밤이면 비를 내려 촉촉하고 향기로우며 낮에는 맑고 부드러울 것이다.

이때 닭머리 성안에 잎꽃[葉華]이라는 라크샤(rakṣa) 귀신이 있을 것이다. 그는 하는 일이 법을 따라 바른 가르침을 어기지 않으며, 늘 사람들이 잠들기를 기다렸다가 온갖 더럽고 나빠 깨끗하지 않은 것들을 치우고는 또 향수를 그 땅에 뿌려 아주 향기롭고 깨끗하게 할 것이다.

아난다여, 알아야 한다. 그때 이 잠부드비파는 동·서·남·북이 십만 요자나요, 모든 산과 강과 석벽들은 다 저절로 없어질 것이며, 네 바다의 물이 각기 한 방위를 차지할 것이다.

그때의 잠부드비파는 아주 평평하여 거울처럼 맑고 밝을 것이다. 온 잠부드비파 안에는 곡식이 넉넉하고 흔해 사람들이 불처럼 일어나며, 여러 진기한 보배가 넘쳐나고 마을들은 서로 가까워 닭 우는 소리가 서로 들릴 것이다.

또 그때는 더러운 꽃과 과일나무들은 모두 말라버리고, 나쁘고 더러운 것들 또한 저절로 없어지며, 그 밖의 달고 맛있는 과일나무로 향기가 아주 빼어난 것들이 땅에서 자라날 것이다.

그때 날씨는 부드럽고 알맞아 네 때가 철을 따르고, 사람 몸에는 백여덟 가지 걱정이 없을 것이다.

탐욕·성냄·어리석음이 크게 일어나지 않아 사람들은 마음이 고르고 모두 그 뜻이 같아서, 서로 보면 기뻐하고 좋은 말로 서로 마주하고 말씨가 한 가지라 차별이 없을 것이니, 꼭 저 웃타라쿠루(Uttara-kuru) 사람들과 같아 다름이 없을 것이다.

그리고 이때 잠부드비파 사람들은 크고 작기가 같아 한 가지라 조금의 차별도 없을 것이다.

또 그때 남녀들이 대소변이 보고 싶으면 땅이 저절로 갈라졌다가 일을 마치면 그 땅이 다시 도로 합쳐질 것이다.

그때 잠부드비파 안에는 멥쌀이 저절로 자라는데 껍질이 없으며 아주 향기롭고 맛있으며, 그것을 먹으면 걱정과 괴로움이 없어질 것이다.

또 진기한 보배라 말하는 금·은·자거·마노·진주·호박 등이 땅에 흩어져 있어도 그것을 살피고 가져가는 사람이 없을 것이다.

그들은 이 보배를 손에 들고 서로 이렇게 말할 것이다.

'옛날 사람들은 이 보배 때문에 서로 다치고 해치며 감옥에 묶어 가두었으며 또 셀 수 없이 괴로워하고 번민했다.

그러나 지금은 이 보배들이 기왓조각이나 돌과 같아서 아무도 지켜 보살피는 사람이 없다.'"

상카 법왕이 세간에 나타남을 보이심

그때 법왕(法王, dharma-rāja)이 나타날 것이니, 이름을 상카

(Śaṅkha)라 할 것이다.

그는 바른 법으로 다스려 교화하고 일곱 보배를 성취할 것이다.

일곱 보배란 바퀴 보배[輪寶]·코끼리 보배[象寶]·말 보배[馬寶]·구슬 보배[珠寶]·아름다운 여인 보배[玉女寶]·군대를 주관하는 보배[典兵寶]·곳간을 지키는 보배[守藏寶]이다.

그가 이 잠부드비파를 다스릴 때에는 칼이나 몽둥이를 쓰지 않아도 저절로 모두 항복할 것이다.

지금처럼 아난다여, 그때에도 네 보배 창고가 있을 것이다.

첫째, 간다라(Gandhāra) 국의 엘라바트라(Elābattra) 보배창고에 온갖 보배와 기이한 물건들이 이루 헤아릴 수 없을 것이다.

둘째, 미틸라(Mithilā) 국의 판두카(Pāṇḍuka) 큰 창고인데 거기도 보배가 많을 것이다.

셋째, 수라스타(Surastā) 대국에 있는 핑가라(Piṅgala) 보배창고인데 거기도 보배가 많을 것이다.

넷째, 바라나시(Vārāṇasī) 국의 상카(Śaṅkha) 보배창고인데 거기도 온갖 보배가 이루 헤아릴 수 없이 많을 것이다.

이런 네 개의 큰 창고가 저절로 따라 나타날 것이다.

여러 창고지기들은 각기 그 왕에게 가서 말할 것이다.

'대왕께서는 이 보배창고의 물건들을 가난하여 없는 사람들에게 보시하시길 바랍니다.'

그때 상카 대왕은 이 보배를 얻고도 살펴 갖지 않을 것이니 마음에 재물이라는 생각이 없기 때문이다.

이때 잠부드비파에서는 저절로 나무 위에서 옷이 열릴 것이니, 그 옷은 아주 곱고 부드러워 사람들은 그것을 가져다 입을 것이다.

마치 지금 웃다라쿠루 사람들이 나무에서 저절로 열리는 옷을 입는 것과 조금도 다름없을 것이다."

마이트레야 붇다가 브라흐마유와 브라흐마바티를
부모로 삼을 것을 보이심

"그때 그 왕에게는 브라흐마유(Brahmāyu)라는 대신이 있을 것이다. 이 사람은 어릴 때부터 왕과 서로 좋아하여 왕이 매우 사랑하고 공경하는 사람이다.

또 그는 얼굴이 단정하고, 키가 크지도 않고 작지도 않으며, 살찌지도 않고 여위지도 않으며, 희지도 않고 검지도 않으며, 너무 늙지도 않고 젊지도 않을 것이다.

또 그 브라흐마유에게는 브라흐마바티(Brahmavatī)라는 아내가 있을 것이다. 그녀는 아름다운 여인들 가운데서도 가장 뛰어나고 묘하여 하늘왕[天帝]의 왕비 같을 것이다.

입에서는 우트팔라 연꽃의 향기가 나고 몸에서는 찬다나 향기가 나, 여러 부인들의 여든네 가지 맵시도 그 앞에서는 아주 빛깔을 잃을 것이다.

또한 그는 병도 없고 어지러운 생각도 없을 것이다.

그때 마이트레야 보디사트바는 투시타하늘에서 나이가 너무 늙지도 않고 젊지도 않은 분으로, 그 부모가 될 이들을 살피고 곧 신(神)을 내려 아래로 내려오고 오른쪽 옆구리에서 태어날 것이다.

지금의 내가 오른쪽 옆구리에서 태어났던 것과 다름없이 마이트레야 보디사트바 또한 이와 같을 것이다.

이때 투시타하늘의 여러 하늘들은 각기 외칠 것이다.

'마이트레야 보디사트바께서 이미 신을 내려 내려가셨다.'

이때 브라흐마유는 곧 그 아들에게 마이트레야(Maitreya, 慈氏)라는 이름을 지어줄 것이다. 그는 서른두 가지 모습과 여든 가지 좋은 모습으로 장엄해 그 몸은 황금빛일 것이다.

그때 사람들 목숨은 아주 길어 여러 병이 없을 것이니, 그 목숨은 팔만 사천 세요, 또 여인은 나이 오백 세가 되어야 시집을 갈 것이다.

그때 마이트레야 보디사트바는 집에 있은 지 얼마 되지 않아 곧 집을 나와 도를 배울 것이다."

용화라는 보디 나무 아래서 성도와 처음 해탈한
아라한 대중을 보이심

"그때 닭머리 성에 가기 멀지 않은 곳에 용화(龍華)라는 보디 나무[道樹]가 있을 것인데 높이는 한 요자나요, 넓이는 오백 걸음이다.

마이트레야 보디사트바는 그 나무 밑에 앉아 위없는 도를 이루는데, 그날 밤중에 마이트레야는 집을 나와 그 밤으로 위없는 도를 이룰 것이다.

이때 삼천대천세계는 여섯 번 변해 떨려 움직이고 땅의 신들은 각기 저희들끼리 이렇게 말할 것이다.

'지금 마이트레야께서 이미 붇다가 되셨다.'

그 소리는 네 하늘왕의 궁전까지 들릴 것이다.

'마이트레야께서 이미 깨달음의 도를 이루셨다.'

그리하여 더욱더 서른세하늘·야마하늘·투시타하늘·변화가 자재한 하늘·타화자재하늘까지 들리고 더 나아가 그 소리는 브라흐마하늘까지 전해질 것이다.

'마이트레야께서 이미 깨달음의 도를 이루셨다.'

그때 대장(大將)이라는 마라의 왕[māra-rāja]은 법으로 그 세계를 다스리고 교화하다가 여래의 이름과 가르침, 그 소리 울림을 듣고 기뻐 뛰놀며 스스로 이기지 못해 이레 낮밤을 자지 못할 것이다.

그는 욕계의 셀 수 없는 하늘사람들을 데리고 마이트레야 붇다 계신 곳에 와 공경하고 절할 것이다. 마이트레야 붇다는 그 하늘들을 위하여 차츰 미묘한 논을 설명할 것이다.

그 논해줌이란 보시를 논하고 계를 논하고 하늘에 태어남을 논하고 탐욕은 깨끗하지 않다는 생각과 벗어남이 묘함이 된다는 것을 말씀하실 것이다.

그때 마이트레야 붇다는 그 사람들이 마음을 내 기뻐하는 것을 보고 모든 붇다 세존께서 늘 말씀하시는 법인, 괴로움과 괴로움의 모아냄과 괴로움의 사라짐과 괴로움을 없애는 길에 대해 그 하늘사람들을 위하여 널리 그 뜻을 분별하실 것이다.

그때 그 자리에 있던 팔만 사천 하늘사람들은 모든 티끌의 때가 다하고 법의 눈이 깨끗해질 것이다.

그때 마라의 왕 대장은 그 세계 사람들에게 이렇게 말할 것이다.

'너희들은 빨리 집을 나와라. 왜냐하면 마이트레야께서 오늘 이미 저 언덕으로 건너셨기 때문이다. 또한 너희들을 건네 저쪽 언덕에 이르게 하실 것이다.

그때 닭머리 성에 선재(善財)라는 장자가 있을 것이다. 그는 마라의 왕의 분부와 또 붇다라는 말을 듣고는 팔만 사천 무리를 데리고 마이트레야 붇다 계신 곳에 나아가 머리를 대 발에 절하고 한쪽에 앉을 것이다.

마이트레야 붇다는 그를 위해 미묘한 논을 설명할 것이다.

그 논해줌이란 보시를 논하고 계를 논하고 하늘에 태어남을 논하고 탐욕은 깨끗하지 않다는 생각과 벗어남이 묘함이 된다는 것을 말씀하실 것이다.

그때 마이트레야 붇다는 사람들의 마음이 열리고 뜻이 풀린 것을 보시고, 여러 붇다 세존께서 늘 말씀하시는 법인, 괴로움과 괴로움의 모아냄과 괴로움의 사라짐과 괴로움을 없애는 길에 대해 그 사람들에게 널리 그 뜻을 분별하실 것이다.

그러면 그때 그 자리에 있던 팔만 사천 명은 모든 티끌의 때가 다하고 법의 눈이 깨끗하게 될 것이다.

이때 선재와 팔만 사천 명의 사람들은 앞으로 나아가 붇다께 이렇게 말씀드릴 것이다.

'집을 나와 범행을 잘 닦아서 다 아라한의 도 이루고자 합니다.'

그때 마이트레야 붇다의 첫 번째 모임[第一會]은 팔만 사천 아라한이 될 것이다."

**법왕 상카와 마이트레야의 부모가 집을 나와
해탈의 길 따름을 보이심**

"이때 상카 왕은 마이트레야께서 이미 깨달음의 도 이루셨다는 말을 듣고 곧 붇다 계신 곳에 가서 법을 듣고자 할 것이다.

이때 마이트레야 붇다는 그를 위하여 설법하실 것이다. 그 법은 처음도 좋고 가운데도 좋고 마지막도 좋으며, 뜻과 이치는 매우 깊고 그윽할 것이다.

그리고 대왕은 다시 그 뒤에 태자를 세워 자리를 물려주고 보물은 이발사에게 주고 또 여러 브라마나들에게는 여러 가지 보물들을 나눠줄 것이다.

그러고는 팔만 사천 무리를 데리고 붇다 계신 곳에 가서 사문이 되기를 원하여 모두 도의 과덕을 이루어 아라한을 얻을 것이다.

이때 브라흐마유 큰 장자도 마이트레야 보디사트바가 깨달음의 도 이루었다는 소식을 듣고 팔만 사천 브라마나들을 데리고 그 붇다 계신 곳에 가서 사문이 되기를 구해 다 아라한을 얻게 될 것이다.

그 가운데 오직 브라흐마유 한 사람만은 세 가지 묶음의 번뇌[三結使]를 끊고 반드시 괴로움의 끝을 다하게 될 것이다.

이때 붇다의 어머니 브라흐마바티도 팔만 사천 궁녀들을 데리고 붇다 계신 곳에 가서 사문이 되기를 구할 것이다.

이때 여러 여인들이 다 아라한을 얻는데, 오직 브라흐마바티 한 사람만은 세 가지 묶음의 번뇌를 끊고 스로타판나를 이룰 것이다.

그때 여러 크샤트리아 부인들도 마이트레야 여래께서 세간에 나오시어, 바르고 평등한 깨달음[正等覺]을 이루셨다는 소식을 듣고, 수천만 무리들이 붇다 계신 곳에 와 머리를 대 발에 절하고 한쪽에 앉아, 각기 마음을 내 사문이 되기를 구해 집을 나와 도를 배울 것이다.

그 가운데는 차례를 뛰어넘어 깨달음을 증득하는 이도 있고, 증득하지 못하는 이도 있을 것이다.

그때 아난다여, 차례를 뛰어넘어 증득하지 못하는 이들도 다 법을 받드는 사람으로서 '온갖 세상은 즐거워할 것이 없다는 생각'으로 세간을 걱정거리로 생각해 집착하지 않을 것이다.

그때 마이트레야 붇다는 삼승(三乘)의 가르침을 말씀하실 것이다.

그리고 지금 나의 제자 가운데 저 마하카샤파는 열두 가지 두타행을 실천하는데, 과거에도 여러 붇다 계신 곳에서 범행을 잘 닦았다. 이 사람이 늘 마이트레야를 곁에서 도와 사람들을 교화할 것이다."

마하카샤파 등 네 성문에게 마이트레야의 회상 때까지
니르바나에 들지 말도록 당부하심

그때 카샤파는 여래께 가기 멀지 않은 곳에서 두 발을 맺고 앉아, 몸을 바르게 하고 마음을 바르게 해 생각을 매어 앞에 두고 있었다.

그때 세존께서 카샤파에게 말씀하셨다.

"나는 이제 늙어 나이 여든이 넘었다. 그러나 지금 여래께는 네 사람의 큰 성문[大聲聞]이 있어 노닐어 다니며 교화할 수 있다.

그들은 지혜가 다함이 없고 뭇 덕을 갖추었다.

어떤 사람이 넷인가. 마하카샤파 비구 · 쿤다다나(Kuṇḍa-dhāna) 비구 · 핀도라 바라드바자 비구 · 라훌라 비구를 말한다.

너희들 네 큰 성문은 반드시 온전히 니르바나에 들지 말라. 내 법이 사라져 다할 때를 기다려, 그 뒤에 온전히 니르바나에 들라.

마하카샤파도 온전히 니르바나에 들지 말고 마이트레야께서 세간에 나오실 때를 기다려라. 왜냐하면 마이트레야께서 교화할 제자는 다 사카무니 붇다의 제자로서, 내가 남긴 교화로 말미암아 샘 있음을 다할 수 있기 때문이다.

마하카샤파는 저 마가다 국 비제 마을[毗提村] 가운데 그 산속에서 머무르라.

마이트레야 여래께서 셀 수 없는 천 사람들에게 앞뒤로 둘러싸여 이 산속으로 갈 것이고, 붇다의 은혜를 입은 여러 귀신들이 마이트레야 붇다를 위하여 문을 열고 카샤파가 선정에 든 굴을 보도록 할 것이다.

이때 마이트레야 붇다는 오른손을 펴서 카샤파를 가리키며 여러 사람들에게 이렇게 말할 것이다.

'지나간 오래고 먼 옛날 사카무니 붇다의 제자로서 카샤파라 한다. 오늘 현재에도 두타의 괴로운 행에 있어 그가 으뜸이다.'"

마이트레야의 세 번 법의 모임[三會說法]에서 해탈한 이들을 보이심

"이때 여러 사람들은 그것을 보고 일찍이 없었던 일이라고 찬탄할 것이다. 그리고 그 셀 수 없는 백천 중생들은 모든 티끌과 때가 다하고 법의 눈이 깨끗해질 것이다. 다시 어떤 중생은 카샤파의 몸을 자세히 볼 것이니, 이것을 맨 처음의 모임[最初之會]이라 한다.

그때 구십육억 사람들이 다 아라한을 얻을 것이니, 이 사람들은 다 나의 제자들이다.

왜냐하면 그들은 다 내 교훈을 받아 그렇게 된 것이고, 또 네 가지 일의 인연으로 말미암아 그렇게 된 것이니, 네 가지란 보시[惠施]·사랑[仁愛]·이로운 행[利人]·더불어 일함[等利]이다.

그때 아난다여, 마이트레야 여래께서는 카샤파의 상가티를 받아 입을 것이고, 이때 카샤파의 몸은 갑자기 별처럼 흩어질 것이다.

그러면 마이트레야 붇다는 다시 갖가지 향과 꽃을 가져다 카샤파에게 공양할 것이다.

왜냐하면 모든 붇다 세존은 바른 법에 공경하는 마음이 있기 때문이요, 마이트레야 또한 내게서 바른 법의 교화를 받아 위없이 바르고 참된 깨달음을 이루었기 때문이다.

아난다여, 알아야 한다. 마이트레야 붇다의 두 번째 모임[彌勒第二會時]에는 구십사억의 사람이 모이는데 그들은 다 아라한이다.

또한 다시 내가 가르침을 남긴 제자로서 네 가지 일의 공양을 행하여서 그렇게 된 것이다.

또 마이트레야 붇다의 세 번째 모임[彌勒第三之會]에는 구십이억의 사람이 모이는데, 그들도 다 아라한으로서 또한 내가 가르침을 남긴 제자이다.

그때 비구들의 성과 이름은 모두 '어지신 이[慈氏, Maitreya]의 아들'이라고 할 것이다.

마치 나의 오늘 성문들이 모두 '사카무니의 아들'이라고 일컬어지는 것과 같다."

현재의 붇다와 미래의 붇다의 법이 다르지 않음을 보이심

"그때 마이트레야 붇다께서는 모든 제자들을 위해 이렇게 설법하실 것이다.

'너희 비구들은 〈덧없다는 생각〉과 〈즐거움에 괴로움이 있다는 생각〉을 사유하고, 〈나라고 헤아리지만 나는 없다는 생각〉, 〈참으로 공하다는 생각〉, 〈물질은 변한다는 생각〉을 사유해야 한다.

또 〈시퍼렇게 멍든다는 생각〉, 〈퉁퉁 불어 터진다는 생각〉, 〈소화되지 않은 음식이라는 생각〉, 〈핏덩어리라는 생각〉, 〈온갖 세간은 즐거워할 것이 없다는 생각〉을 사유해야 한다.

왜냐하면 비구들이여, 알아야 한다.

이 열 가지 생각[十想]은 다 과거 사카무니 붇다께서 너희들을 위해 말씀하시어 샘 있음을 다하고 마음의 해탈을 얻게 하는 것이기 때문이다.

만약 다시 이 대중 가운데 사카무니 붇다의 제자들은 지나간 때에 범행을 닦고 나 있는 곳에 온 것이다.

또 사카무니 붇다 계신 곳에서 그 법을 받들어 지니다가 나 있는 곳에 온 것이요, 사카무니 붇다 계신 곳에서 삼보를 공양하고 나 있는 곳에 온 것이다.

사카무니 붇다 계신 곳에서 손가락 튕길 사이 착함의 근본을 닦고 나 있는 곳에 온 것이요, 사카무니 붇다 계신 곳에서 네 가지 한량없는 마음[四等心]을 닦고 나 있는 곳에 온 것이다.

사카무니 붇다 계신 곳에서 다섯 계와 삼보에 귀의함을 받아 지니다가 나 있는 곳에 온 것이요, 사카무니 붇다 계신 곳에서 아라마(ārāma, 寺)나 스투파(stūpa, 塔)를 세우고 나 있는 곳에 온 것이다.

또 사카무니 붇다 계신 곳에서 낡은 절을 수리하고 나 있는 곳에 온 것이요, 사카무니 붇다 계신 곳에서 팔관재법(八關齋法)을 받고 나 있는 곳에 온 것이며, 사카무니 붇다 계신 곳에서 향과 꽃으로 공양하고 나 있는 곳에 온 것이다.

또 다시 거기에서 붇다의 법을 듣고는 슬피 울며 눈물을 흘리고 나 있는 곳에 온 것이며, 사카무니 붇다께 뜻을 오롯이해 법을 듣고 나 있는 곳에 온 것이다.

다시 몸과 목숨 다하도록 범행을 잘 닦다가 나 있는 곳에 온 것이며, 다시 쓰고 읽고 외우고 읊조리다 나 있는 곳에 온 것이요, 받들어 섬기고 공양하다가 나 있는 곳에 온 사람들이다.'"

지난 세상 바른 법 행한 이들이 끝내
해탈하게 됨을 노래로 보이심

"이때 마이트레야 붇다는 곧 다음 게송을 말할 것이다.

계율 지님과 많이 들음의 덕
선정과 사유의 업을 더욱 늘리고
깨끗한 범행 잘 닦아 행하고서
모두 나 있는 곳에 오게 되었네.

보시를 권하고 기쁜 마음을 내며
마음의 바른 바탕 닦아 행하고
뜻에 여러 갈래 생각 없는 이들
모두 나 있는 곳에 오게 되었네.

어떤 이들 평등한 마음을 내어
여러 붇다들을 받들어 섬기며
거룩한 상가에 먹을 것 대드리고
모두 나 있는 곳에 오게 되었네.

어떤 이들 계율과 경전 외우고
잘 익히어 남에게 그 법 말해주며
법의 근본 불타오르듯 정진하여
지금 나 있는 곳에 오게 되었네.

사카의 종족으로 잘 교화하여
여러 사리를 받들어 공양하고서
법을 받들어 섬기고 공양하여
지금 나 있는 곳에 오게 되었네.

또 어떤 이는 경을 잘 베껴 쓰며
흰 비단 위에 게송을 널리 펴거나
그 가운데 경전에 공양 올린 이
모두 나 있는 곳에 오게 되었네.

고운 빛깔 비단과 갖가지 물건
절에 가져가 상가에 공양하면서
스스로 '나무 붇다' 일컬은 이들
모두 나 있는 곳에 오게 되었네.

지금 계신 모든 한량없는 붇다와
과거의 여러 붇다께 공양 올리고
바른 사마디 선정을 닦아 행하면
그 마음 늘 바르고 평등하여서
또한 다시 늘어나고 줄어듦 없네.

그러므로 붇다와 붇다의 바른 법과
거룩한 상가를 받들어 섬기라.
마음을 오롯이해 삼보 섬기면

반드시 함이 없는 곳 이르게 되리.

지금 바른 법 행하는 이는 끝내 해탈함을 다시 언약하심

"아난다여, 알아야 한다. 마이트레야 여래께서는 그 대중 가운데 이런 게송을 말할 것이다.

그때 대중 가운데의 여러 하늘과 사람들은 그 열 가지 생각[十想]을 사유하고 한량없는 수의 사람[十一垓]들이 모든 티끌과 때가 다해 법의 눈이 깨끗해질 것이다.

마이트레야 여래 때에는 천 년 동안 상가대중에 더러운 티끌이 없을 것이다.

그때는 늘 한 게송으로 금하는 계를 삼을 것이다.

입과 뜻으로 악을 행하지 말고
몸 또한 범하는 것 없게 하라.
이 세 가지 나쁜 행을 없애버리면
나고 죽음의 못을 빨리 벗어나리.

천 년이 지난 뒤에 계 범하는 이가 있게 되면 다시 계를 세우게 될 것이다.

마이트레야 여래의 목숨은 팔만 사천 세일 것이요, 그분이 온전히 니르바나에 든 뒤, 남기신 법도 팔만 사천 년 동안 보존될 것이다.

왜냐하면 그때의 중생들은 모두 그 근기가 날카롭기 때문이다.

만약 잘 행하는 남자와 여인으로 마이트레야 붇다와 세 차례 모임의 성문들과 또 닭머리 성을 보려 하거나, 또 상카 왕과 네 개의 큰 보배 곳간을 보려 하거나, 또 저절로 자란 맵쌀을 먹고 저절로 생기는 옷을 입다가 몸이 무너지고 목숨 마친 뒤에 하늘위에 나려고 하는 이는 부지런히 더욱 정진해 게으름을 내지 말아야 한다.

그리고 여러 법사들을 받들어 섬기고 공양하되 이름난 꽃과 찧은 향 등 갖가지를 공양하며 빠뜨림이 없게 해야 한다.

이와 같이 아난다여, 반드시 이렇게 배워야 한다."

그때 아난다와 큰 모임의 대중들은 붇다의 말씀을 듣고 기뻐하며 받들어 행하였다.

• 증일아함 48 십불선품(十不善品) 三

• 해설 •

다섯 쌓임의 교설에서 마음은 물질인 마음이고 물질은 마음인 물질이다. 마이트레야의 보디의 성취와 풍요로 넘치는 마이트레야의 세상은 물질인 마음의 해탈과 마음인 물질의 해탈을 나타낸다.

연기법에서 존재는 주체 스스로 지음이 아니지만 객관이 지음도 아니고 객관을 떠남도 아니다. 그러므로 마이트레야 세상의 해탈은 객관 없는 주체의 해탈과 개아(個我)의 해탈 없는 사회공동체의 해탈을 넘어선다.

마이트레야의 해탈의 세상은 개인의 삶 자체인 역사공동체의 해탈을 나타낸다.

마이트레야의 때는 먹을거리 입을 것 등 물질이 풍요하고 세상에는 더러운 것은 사라지고 아름다움이 넘쳐나는 세상이다.

사람의 몸과 마음에 근심과 걱정거리가 사라지고 사람들 사이에 소유의 갈등과 다툼이 사라지고 서로 빼앗고 죽임이 사라진 세상이다.

그 세상은 주체의 마음의 해탈 · 업의 해탈이 밀어올리는 존재의 해탈 · 세계의 해탈을 나타낸다.

마이트레야가 오실 때 진리의 왕 상카가 출현하여 정의의 정치, 억압과 죽임, 수탈과 폭력이 없는 정치를 펴 세상에 물질적 재부가 넘치고 사람들의 삶에 빈곤과 궁핍이 사라지니, 이는 사회공동체의 평화와 번영이 다시 주체의 삶에 안락과 해탈 성취시켜줌을 나타낸다.

상카 왕의 시대 평화와 번영의 땅에 마이트레야가 출현하여 용화라는 보디 나무[龍華樹, Nāgavṛkṣa] 아래서 위없는 보디를 완성하니, 그 곳[處]과 때[時]는 바로 의식과 존재, 마음과 물질이 공한 실상을 온전히 실현한 해탈의 때·해탈의 곳을 말한다.

진리의 왕 상카는 정의의 권력자로서 그 권력의 자리를 버리고 붇다를 따라 출가하여 아라한이 되니, 마이트레야의 때는 바로 다스리는 자와 다스림받는 자가 사라진 자기 다스림의 시대, 억압의 힘이 사라진 자재해탈(自在解脫)의 때임을 말한다.

연기법에서 지금 한 생각 보디의 씨앗은 공하지만 끊어지지 않고 끝내 보디의 열매를 이루어낸다.

여래께서 마하카샤파 등 네 비구에게 니르바나에 들지 말고 마이트레야의 때를 기다리라고 당부하신 것도 사카무니 붇다의 때가 항상하지 않되 끊어짐이 없이 마이트레야의 때가 됨을 말한다.

또한 사카무니 시대 여러 성문의 갖가지 파라미타행과 선업이 끝내 사라지지 않고 마이트레야의 새 세상을 밀어올리고 마이트레야 세상에 거두어짐을 뜻한다.

카샤파가 마이트레야 붇다께 상가티를 바치고 그 몸이 별처럼 부서지는 것은 카샤파의 마음과 몸이 끊어지지 않되 항상함이 아님을 나타내니, 카샤파가 영적인 실체의 몸으로 마이트레야의 시대를 만난다고 말해서는 안 된다.

온갖 법이 공하되 끊어지지 않으므로 사카무니 붇다의 시대 범행을 닦은 이, 믿음을 낸 이, 삼보에 공양한 이, 한 술 밥을 배고픈 이에게 보시한 이, 절을 고치고 집 없는 나그네를 슬피 여겨 쉴 집을 마련해준 이, 그 모두는 마이트레야 붇다 시대 마이트레야의 설법을 듣고 니르바나의 성에 들어갈 것이다.

여래의 법 가운데는 한 사람 한 중생도 따돌림받는 자가 없으니, 여래의 법이 바로 중생의 법이기 때문이고, 여래의 자비는 넓고 넓어 밖이 없기 때문이다. 그러므로 스스로 본래 니르바나되어 있는 자기진실에 돌아가 나 아니되 나 아님도 아닌 중생에게 공덕을 회향하는 자, 그는 지금 비록 고난과 시련 속에 상처받고 어두움 속에 눈물 지어도 끝내 마이트레야의 때, 마이트레야의 세상에서 해탈의 왕관을 쓰고 해탈의 법좌(法座)에 앉을 것이다.

붇다의 때는 정해진 때가 아니라 온갖 존재가 있되 공하고 공하되 있는 존재의 실상이 실현된 때를 말한다.

그러므로 모든 사람은 본래 붇다의 때와 곳을 떠남이 없지만, 지혜의 눈으로 공한 존재의 진실을 알고 지혜 그대로의 자비행에 나아갈 때 비로소 온갖 필연의 힘 속에서 필연의 힘에 갇히지 않는 자유의 삶을 살게 되며, 열린 자유 속에서 온갖 필연을 필연 아닌 필연으로 세워내게 된다.

마이트레야의 때는 하나와 온갖 것이 모두 공해 서로 들어가고 서로 하나되는 삶의 실상이 실현되니, 개인의 해탈이 사회의 안락과 번영에 회향되고 사회공동체의 해탈이 개인의 삶의 자유로 발현된다.

마이트레야의 때는 의식[心]과 존재[色]가 모두 해탈된 때이니, 물든 마음이 세계의 실상을 제약하지 않고 억압된 문명 닫힌 사회가 환상의 관념을 강요하지 않는다.

그러므로 온갖 법이 있되 공하고[有而空] 나되 남이 없음[生而無生]을 알아 필연 속에서 자유를 사는 자, 그리고 온갖 법이 공하되 있고[空而有] 남이 없이 남[無生而生]을 알아 자유 속에서 자유인 필연의 인과를 씀이 없이 쓰는 자, 그가 지금이되 늘 미래인 마이트레야의 때를 사는 자이다.

그가 바로 마이트레야의 때 그 법의 모임[法會]에 함께할 대중으로 언약받은 자이며, 마이트레야의 때 여래를 만나 위없는 보디의 언약을 다시 받을 자이다.

학담 鶴潭

1970년 도문화상(道文和尙)을 은사로 출가하여
동헌선사(東軒禪師)의 문하에서 선(禪) 수업을 거친 뒤
상원사·해인사·봉암사·백련사 등 제방선원에서 정진했다.
스님은 선이 언어적 실천, 사회적 실천으로 발현되는
창조적 선풍을 각운동(覺運動)의 이름으로 제창하며,
용성진종선사 유업 계승의 일환으로 서울 종로에
대승사 도량을 개설하고 역경불사를 진행하여
『사십이장경강의』『돈오입도요문론』『원각경관심석』
『육조법보단경』『법화삼매의 길』 등 많은 불전 해석서를 발간했다.
이밖에도 한길사에서 출간한 『물러섬과 나아감』을 비롯하여,
『소외와 해탈의 연기법』『선으로 본 붇다의 생애』 등
많은 저서가 있다.
시대의 흐름에 맞는 새로운 선원과 수행처 개설을 위해
도량을 양평 유명산(有明山)으로 이전하고
화순 혜심원 진각선원(眞覺禪院), 오성산 낭오선원(朗晤禪院)
도량불사를 진행 중이다.

아함경 ¹¹
출가의 길과 세간생활의 도

지은이 · 학담
펴낸이 · 김언호
펴낸곳 · (주)도서출판 한길사

등록 · 1976년 12월 24일 제74호
주소 · 413-120 경기도 파주시 광인사길 37
　　　www.hangilsa.co.kr
　　　http://hangilsa.tistory.com
　　　E-mail: hangilsa@hangilsa.co.kr
전화 · 031-955-2000~3　　팩스 · 031-955-2005

부사장 · 박관순 | 총괄이사 · 김서영 | 관리이사 · 곽명호
영업이사 · 이경호 | 경영담당이사 · 김관영 | 기획위원 · 류재화
책임편집 · 서상미 이지은 박희진 박호진
기획편집 · 백은숙 안민재 김지희 김지연 김광연 이주영
전산 · 노승우 | 마케팅 · 윤민영
관리 · 이중환 문주상 김선희 원선아

CTP출력 및 인쇄 · 예림인쇄 | 제본 · 경일제책

제1판 제1쇄 2014년 7월 30일

값 40,000원
ISBN 978-89-356-6291-3 94220
ISBN 978-89-356-6294-4 (세트)